蒋赞初先生八秩华诞颂寿纪念论文集

《蒋赞初先生八秩华诞颂寿纪念论文集》

编委会　编

學苑出版社

图书在版编目（CIP）数据

蒋赞初先生八秩华诞颂寿纪念论文集／《蒋赞初先生八秩华诞颂寿纪念论文集》编委会编．—北京：学苑出版社，2009.9

ISBN 978-7-5077-3414-0

Ⅰ．蒋… Ⅱ．蒋… Ⅲ．①蒋赞初－纪念文集 ②文物－考古－中国－文集 Ⅳ.K825.81-53 K870.4-53

中国版本图书馆CIP数据核字（2009）第152991号

责任编辑：潘占伟
装帧设计：徐道会
出版发行：学苑出版社
社　　址：北京市丰台区南方庄2号院1号楼
邮政编码：100079
网　　址：www.book001.com
电子信箱：xueyuan@public.bta.net.cn
销售电话：010-67675512　67678944　67671101（邮购）
经　　销：新华书店
印 刷 厂：保定华升印刷有限公司
印　　张：27.375
开本尺寸：850 × 1168　1/16
版　　次：2009年9月第1版
印　　次：2009年9月第1次印刷
定　　价：160.00元

蒋赞初先生和夫人张彬在南秀村家中，摄于 2007 年 12 月

蒋赞初先生近影

蒋赞初先生在鉴定汉代封泥

蒋赞初先生在徐州汉代采石场保护现场

目 录

南京城内唯一的史前和商周遗址

——追记北阴阳营遗址的发现和发掘

在南京老城（明代初年的都城）中心点鼓楼岗西面的1公里许，有一条南北向的通江水道——金川河的上游在此缓缓流过，北阴阳营遗址就位于这条河道的东侧百余米的二级台地上。（图一）

说起北阴阳营这个地名，还有着一个历史典故。在明代初年，南京城内鼓楼岗以北的地方都被划为驻军区，金川河的上游就驻有一支名为“鹰扬卫”的禁卫军，并由此而得名“鹰扬营”。但在明亡以后，这里变成了菜农的家园，或许是某个时候曾经居住过小有名气的阴阳先生，鹰扬营也就被讹化称为北阴阳营，而且出现了南、北阴阳营两个地名。到了民国时期，南阴阳营成为金陵女子文理学院的教职员宿舍区和居民区，北阴阳营成则被金陵大学农学院辟为农事实验场。解放以后，经过1952年的高等学校院系调整，北阴阳营遗址成为属于南京大学职工宿舍里的一片空地。

1954年的秋天，南京大学主办的工农速成中学准备在北阴阳营的这片空地上兴建新校舍，在平整土地的过程中发现了许多石器。由于这处遗址的西面是一座小学的操场，小学生们在课后便拣拾磨光的石器作为玩具。此事随即被时任南京大学历史系主任的韩儒林先生得知，他派人收集了一部分石器标本送交南京博物院。博物院的尹焕章先生等也很快就来到现场调查，确认这是一处相当重要的古文化遗址，并向南京大学校方提出了先发掘后施工的建议。

第二年（1955年）的春天，经过中央文化部文物局的批准，南京博物院对北阴阳营遗址进行正式发掘，由赵青芳先生任组长，我任副组长。发掘组的成员有张正祥、李连春、黎忠义等同志，分别负责测量、照相、绘图等工作。赵、张、李、黎四位都是解放前参加文博工作的老同志，我则刚从第三届中央

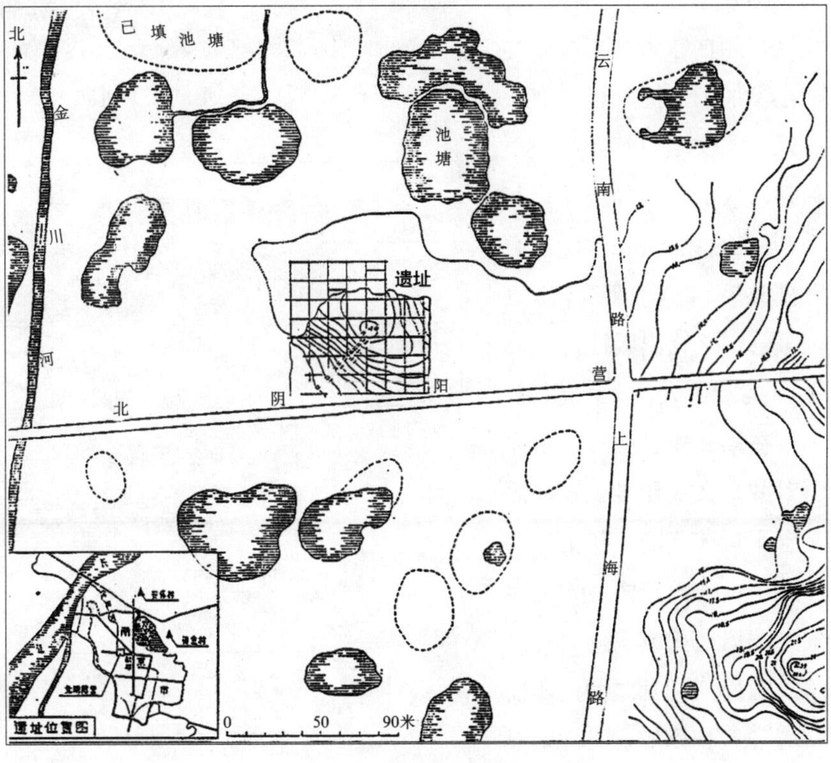

图一　北阴阳营遗址地理位置及地形图

考古训练班辅导员的岗位上归来不久，所以就学习西安半坡村遗址发掘时的布方经验，先对遗址进行全面测量后，按10×10米的规格进行布方。测出遗址的现存面积为7100平方米，原面积大约应有万余平方米。它的南部被早年开辟的北阴阳营小巷破坏，西部被小学操场破坏，西北部因近年来平整土地被破坏，北部还发现有一座抗日战争时期的防空洞。遗址的外围，除西面是金川河外，南北西面原有一些大小不等的池塘，在发掘前还留有十余个，可见当年遗址的所在，本是一处三面环水的台地。它的东面是一片自西至东的低山丘陵区，自鼓楼岗、鸡笼山（北极阁山）、覆舟山（小九华山）和富贵山直抵钟山（紫金山）的西北麓，海拔高度在25-80米之间，很便于先民们的生产生活。(图二)

这处遗址，我们曾经以为是当时的最新发现，后承夏鼐先生告知，早在抗日战争以前，金陵大学农学院的教师就曾经在该处发现过石器。所以1954年是再次被发现，并被提上了考古发掘的日程。

遗址的正式发掘是从1955年2月23日开始。我们决定先从表土层和部分文化层已被破坏了的西北部入手，其面积将近1000平方米左右。在发掘开始后不久，又获悉工农速成中学不拟再在此处兴建校舍，院方也就改定为逐年分期发掘。发掘共进行了三次，将主要的文化堆积基本上发掘完毕。第二次和第三次我没有参加具体的发掘工作，到第四次我又带领南京大学历史系的学生参加了发掘，直至结束。所以，本文是以笔者第一次和第四次的发掘经历作为基础，并结合第二、三次的主要发掘成果（据《北阴阳营》发掘报告，文物出版社，1993年），写点个人体会。(图三)

图二　遗址第一次发掘现场

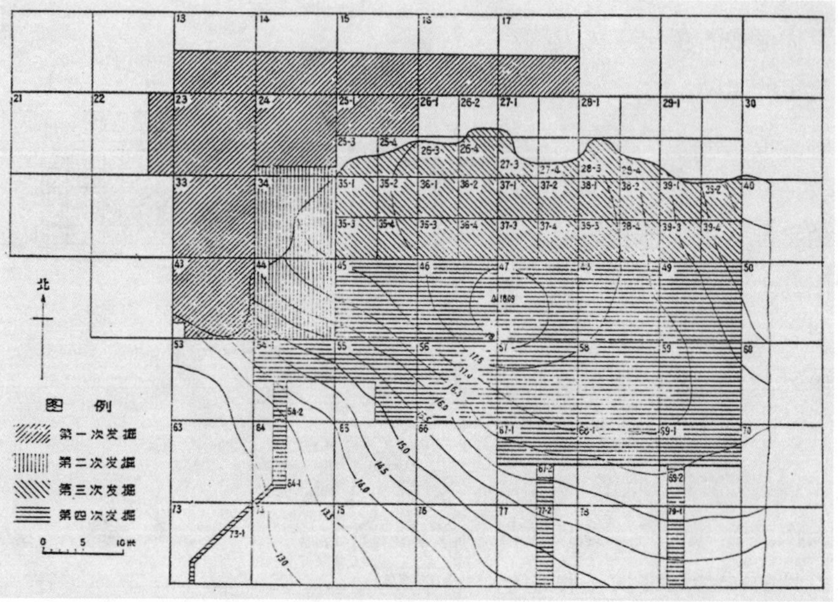

图三　北阴阳营遗址发掘坑位图

在第一次发掘时，最先面对的是文化层堆积较厚而又含水量较高的黄灰土层和深灰土层，出土的遗物为大量的泥质红陶或灰陶的几何印纹陶片，我们称之为“印纹软陶”，几何印纹硬陶片则很少见，但以鬲、甑为主的夹砂红陶或灰陶的炊器碎片发现较多。这些遗物特征均与当时才发现不久的南京近郊江宁县湖熟镇附近的青铜时代遗址群的文化内涵相近。因此，我们就将北阴阳营遗址的黄灰土层和深灰土层合称为“上层文化”，而将其下包含遗物与之不同的地层称为“下层文化”。

在这次发掘的位于遗址西部的下层文化层，土色黄褐，由于土中夹有大量的烧土碎屑，所以土质相当坚硬，也比较干燥。这层的墓葬比较集中，我们在4个探方里就发现了88座墓葬。其埋葬方法是将死者置于生土面上直接用夹有烧土屑的硬土掩埋，但缺乏明显的墓坑痕迹。上面再用同样的硬土掩埋一位死者。最多的可以自上而下掩埋4层，每层的厚度在0.3–0.8米之间。而且，其中只有极少数墓葬可以看出打破关系，大部分墓葬只能根据其埋葬的深度了辨别其早晚关系。在葬式上是以单人仰身直肢葬为主，少数是单人俯身直肢葬，极少数二次葬，还有个别的成年人与儿童合葬墓（图四），头向以北偏东者居多，向北者也有一定的比例。

这批墓葬随葬品的情况也颇具特点。从随葬品的数量来看，大约85%的墓葬是在12件以下，并以3–10件居多。类别以陶器为主，石器和玉石饰品次之。随葬品超过12件的多数是由于玉饰品和花石子（雨花石）的增加，或者是石器和陶器的增加。以随葬品最多的3座墓葬为例。如M74有39件随葬品，其中玉饰品就占了31件，包括玉管28件，玉坠、玉玦、玉璜各1件，另有陶鼎、豆、碗、盆、罐各1件，陶钵3件，其中玉管应属一串，也许还可包括玉坠在内。

M57有38件随葬品，其中玉饰品就占16件，包括玉管7件、玉坠4件、玉璜3件，小玉环、玉坠各1件，还有花石子7件，而玉管、玉坠和小玉环同属串饰。另有陶罐3件，鼎、匜各2件，豆、碗、盆、钵各1件，以及石纺轮2件。

M33有33件随葬品，其中玉饰占11件，包括玉管10件和玉玦1件，另有石斧3件，石锛11件，陶

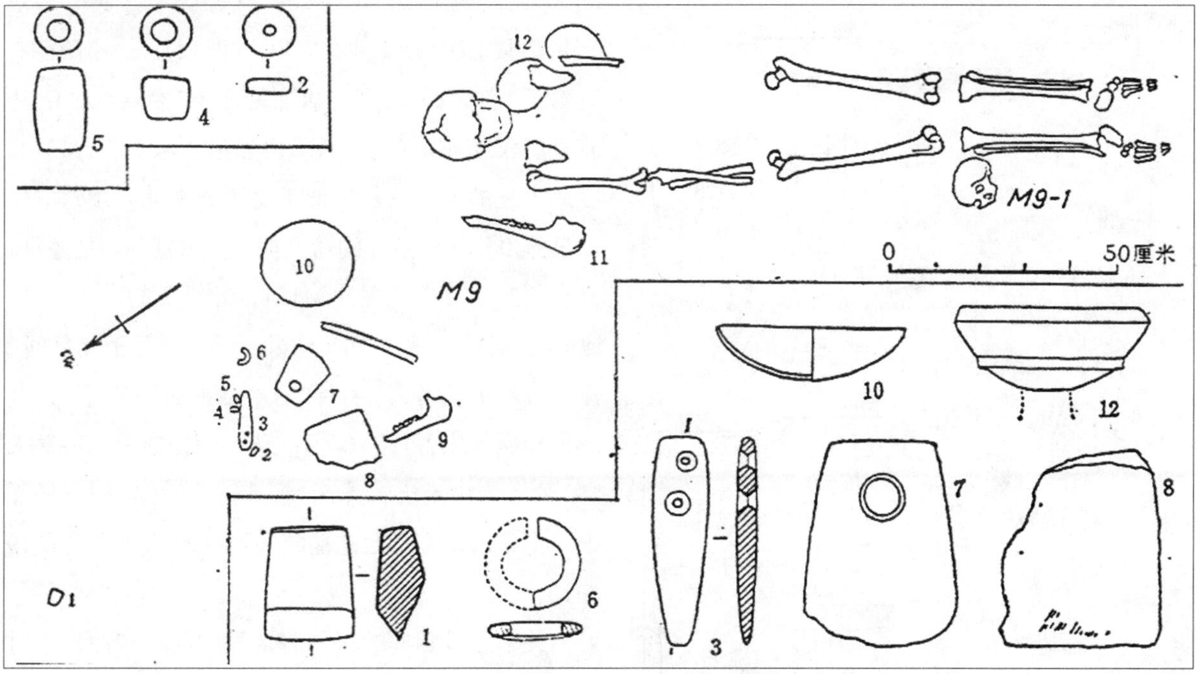

图四　M9、M9–1平面图及随葬器物

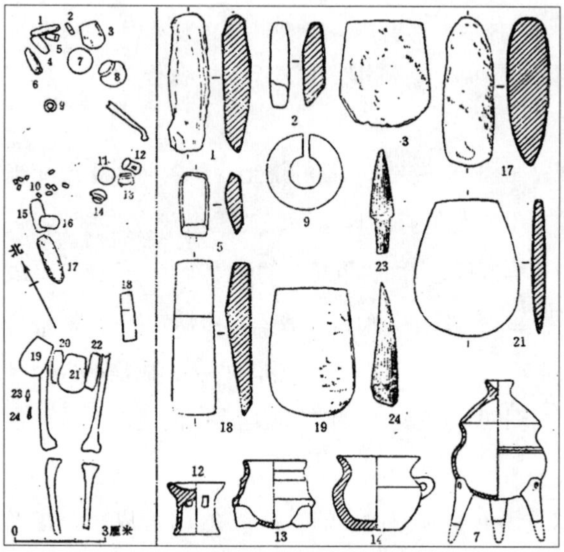

图五 M33平面图及随葬器物

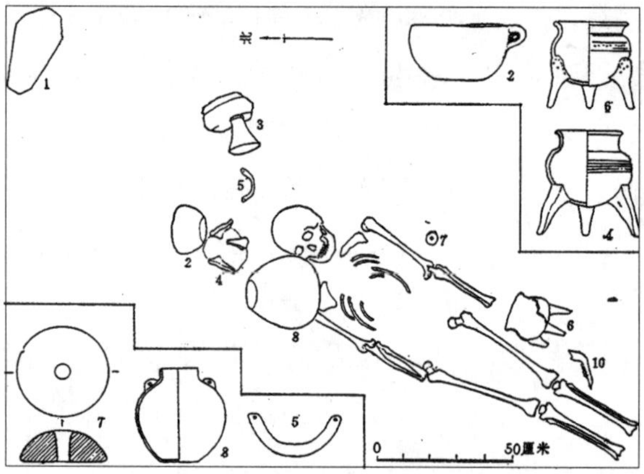

图六 M79平面图及随葬器物

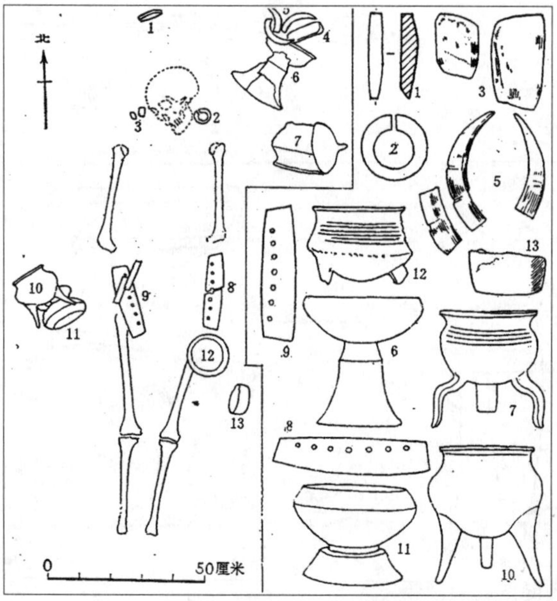

图七 M131平面图及随葬器物

鼎、罐各2件，陶豆、彩碗各1件，骨镞、骨锥各1件。（图五）

由于早年报道北阴阳营遗址的发掘的情况时，曾经提到这批墓葬中随葬品最多的1座有40件（按：即指M74，因该墓的玉璜在出土时是1对，但可缀合成1件），最少的只有1件，甚至没有随葬品；又提到有少数几座墓用猪的下颌骨或牙床随葬。因此，就曾经被有的通史著作引证过，认为是氏族社会末期贫富分化的一种重要迹象。但是，正如上文所提及的，仅仅是玉饰品和花石子的增加，或者是陶器和石器的少量增加，恐怕不足以说明贫富的分化。同样，这批墓葬中所发现用猪的下颌骨和牙床随葬的少数几座墓，却又是随葬品较少的的墓。如用2件猪下颌骨合葬的M9，只有其他随葬品10件，包括玉管2件、小玉环和玉玦各1件、砺石1块、石斧和石锛各1件、陶豆和陶锛各1件，也不能看出是属于富人或是权贵的墓葬。由于此墓是成年人和男性儿童的合葬墓，用猪下颌骨随葬也许是反映了这种特殊的情况。用猪牙床随葬的3座墓中，一座随葬有玉璜2件，陶纺轮1件，陶鼎2件，陶豆、钵、罐、尊各1件，再加猪牙床1件（M79）（图六）；一座随葬有花石子1件，石斧5件，再加猪牙床1件（M29）；还有一座仅随葬花石子2件，再加猪牙床1件（M31）。因此上述的考古资料，似乎也不能将北阴阳营的史前墓葬用猪牙床随葬的情况理解为财富不均的象征，只有一座第二次发掘的M131，除常见的陶鼎、豆、罐、石锛、凿、砺石和玉玦外，还有仅见于此墓的2件长方形七孔石刀、4件带有刻纹的野猪獠牙，以及鹿角和鹿牙床各1件，似可以认为是氏族中的特殊人物。死者生前是氏族首领，抑或是优秀的猎人，还需进一步分析研究。但此墓随葬器物的总数也只有19件。（图七）

关于这批随葬的玉石装饰品的原料来源，当时我们的想法是玛瑙石和花石子显然是采自南京南郊的雨花台一带。雨花台古名石子岗，又称玛瑙岗或

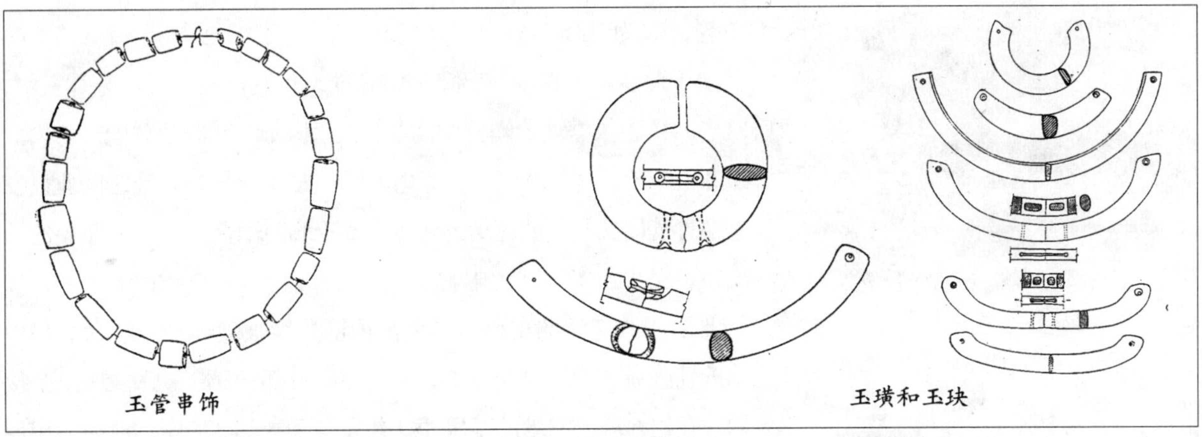

图八　出土玉器

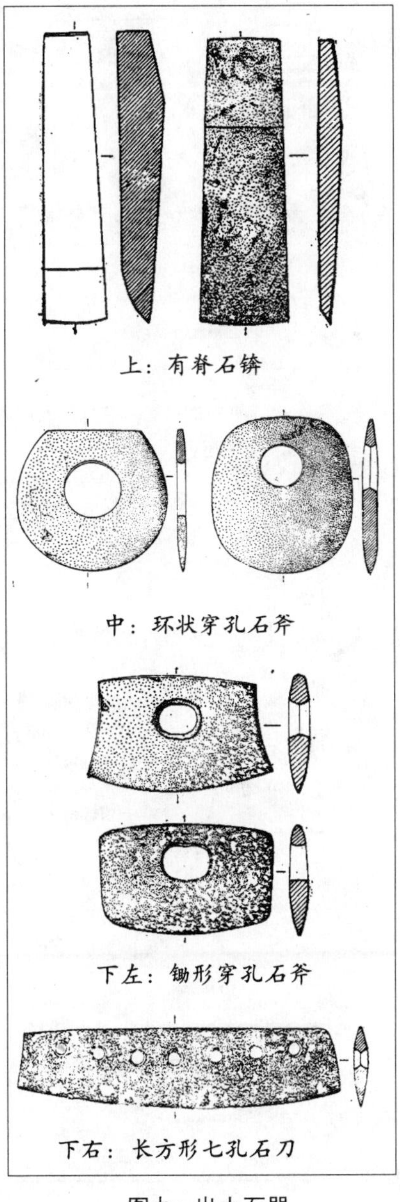

图九　出土石器

聚宝山，自古以来即以盛产玛瑙石和花石子而闻名于世，地质学界认为它们是200万－300万年前古长江的堆积物，所以或许也会有由水力冲积而来的其他玉料。近年来，有些学者认为江南发现的史前玉器（特别是良渚文化的玉器）的原料主要产自南京东南百余公里的溧阳市小梅山，此处玉矿我们曾经考察过，但同行的玉器研究专家并不认同此说。当然，北阴阳营的先民们跋涉上百公里去取得玉料并非不可能，但也可以通过氏族间的交换取得。（图八）

随葬石器的墓葬在北阴阳营下文化层的墓葬区内约占半数左右，又以石锛所占的比例最大。有一种肩部带脊的长方形条状石锛比较突出，我们曾经也称之为有段石锛，认为是流行于南方史前文化中的一种带特征性的石器，现在看来称为“有脊石锛”可能更为合适。(图九，上）穿孔石斧的数量大体上是石锛的一半左右，除常见扁平舌状的穿孔石斧外，还发现有器形较为特殊的环状穿孔石斧和锄形穿孔石斧（图九，中、下左），石凿和石纺轮也常有发现，至于石刀则仅见如前所述的长方形七孔石刀两件（图九，下右）。经过鉴定，石器的原料多产自紫金山北麓的蒋王庙一带，如石锛的主要原料页岩，即与紫金山的命名是由于盛产紫色的页岩之说相吻合。

陶器是这批墓葬中最普遍的随葬品，在器形上流行三足、圈足和平底，常见带盖、带流、带把和带鋬器。在器类上以鼎、罐、豆、碗、钵、盉、盆7种发现较多，其中具有外撇的凿形三足的罐形鼎、带双耳的直颈扁鼓腹平底罐、带喇叭形圈足的镂孔豆、带圈足并有白衣红彩或红衣深红彩的碗、内绘黑彩的钵和外壁施红衣内壁绘彩的双曲腹钵、带管状流和宽带状把手的盉，以及带折肩的红衣黑彩盆等较具特殊性。（图十至图十四）

此外，还发现有相当数量的粗制小器皿，如小鼎、小罐、小豆、

上：红衣黑彩陶鼎

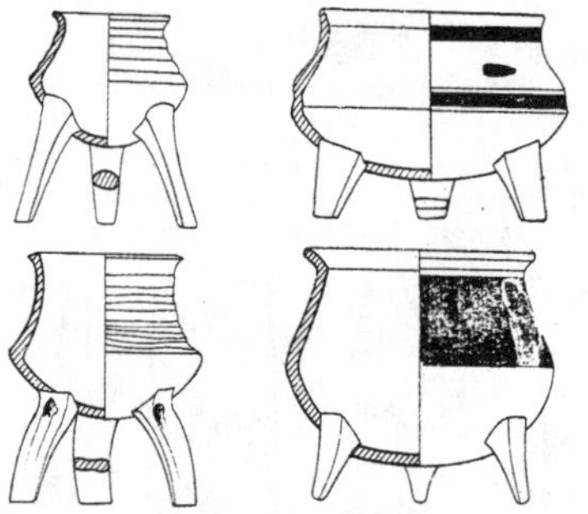

下：凿形足陶鼎和短足带彩鼎

图十

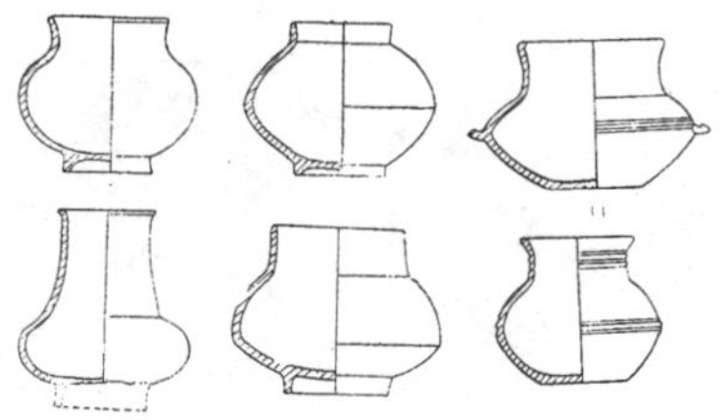

上：平底陶罐和圈足陶罐

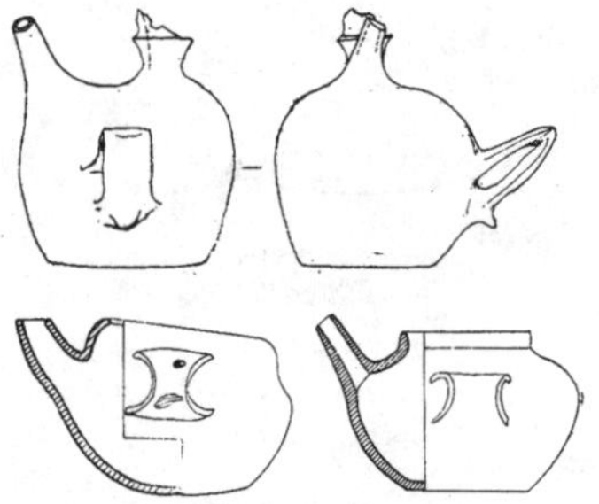

中：陶

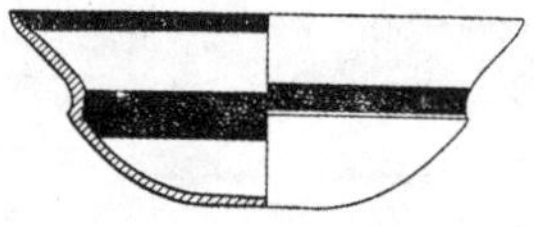

下：红衣黑彩陶盆

图十一

小尊等，似为专作明器之用。（图十三，下）

由于此遗址发掘时，江南一带还缺乏可资比较的史前墓葬资料，所以当时只能依据随葬陶器中的鼎、盉、豆、罐、钵等部分器形与内壁彩绘和红衣红彩等装饰方法上的相似性，归属于当时江淮之间业已发现是“青莲岗文化”的范畴。后来，鉴于北阴阳营这批史前墓葬的地区特征，又提出了“北阴阳营文化”的称谓。

北阴阳营遗址的史前墓葬区除西部边缘被破坏外，其余均集中在第一次发掘的西部4个探方，以及与之毗邻的第二次发掘的2个探方内。在这600平方米的范围里，共发现墓葬达228座，再加上相连的偏中部的3个探方内发现的30座墓，合计为一个多达258座墓葬的墓区，也就是我国考古界公认的“北阴阳营文化”的代表性遗存。后来在《北阴阳营》发掘报告中被认定为该遗址新石器时代文化中的第二期。

此外，在第一、三、四次发掘中，又在遗址中部和东部的居住区边缘地带，发现了分散埋葬的史前墓葬13座。它们在随葬品上的特点是陶器中罐形鼎和盆形鼎的足均呈窄面向外的扁三角形，出现了与“崧泽文化”相同的花瓣形矮圈足的罐、折腹圈足罐、折腹壶，以及腹下带垂棱的豆，缺乏西部墓葬区常见的圈足碗、圜底或平底的钵、平底盉、平底罐和彩陶器；石器中的石锛类型单一，只有长方形条形的一种，由长方形扁平穿孔石斧代替了舌形穿孔石斧，并且罕见玉石饰品。据后来的研究，这批墓葬时代应晚于西部的墓葬区和中、东部的居住区，是居住区被废弃后入葬的。因此，此期文化定为该遗址新石器时代文化中的第三期。

除史前墓葬的发现外，第一次发掘时还在遗址北部偏西的探坑

白衣红彩圈足碗

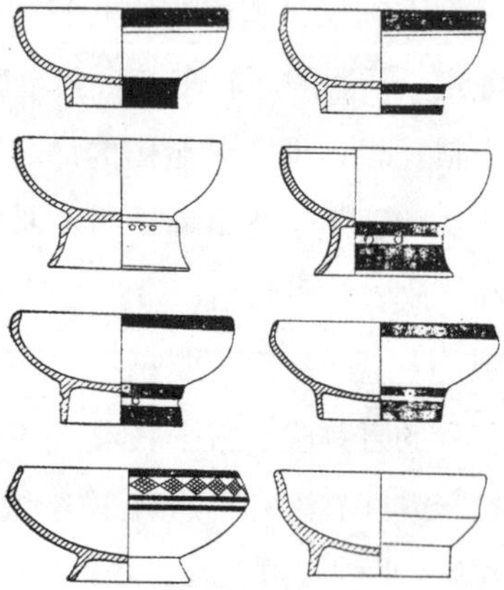

各形圈足碗

图十二

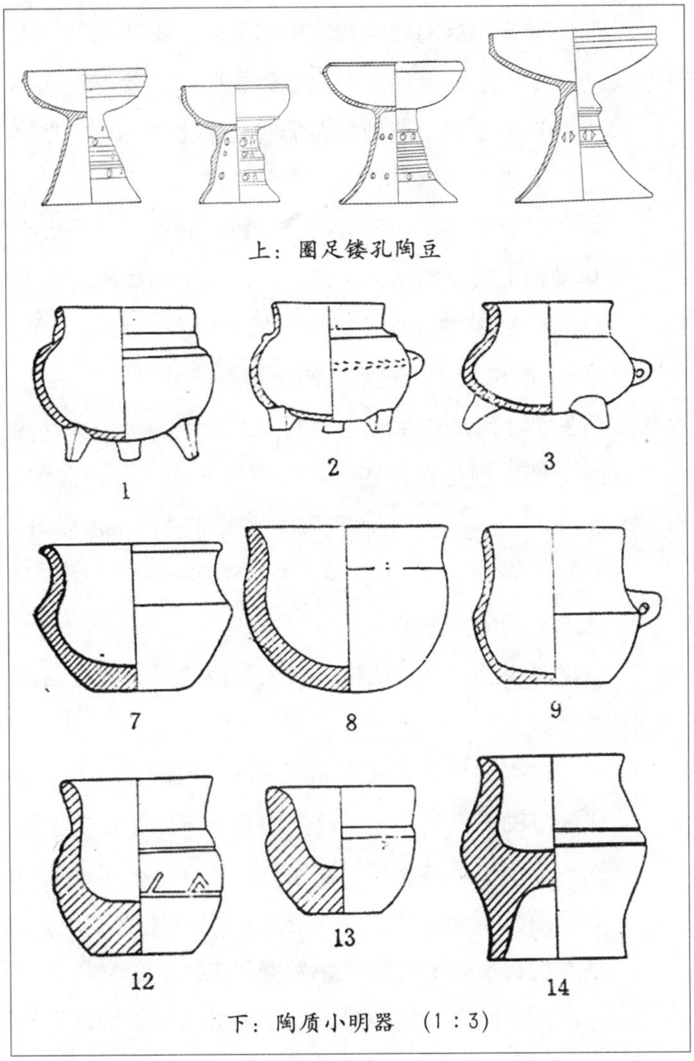

图十三

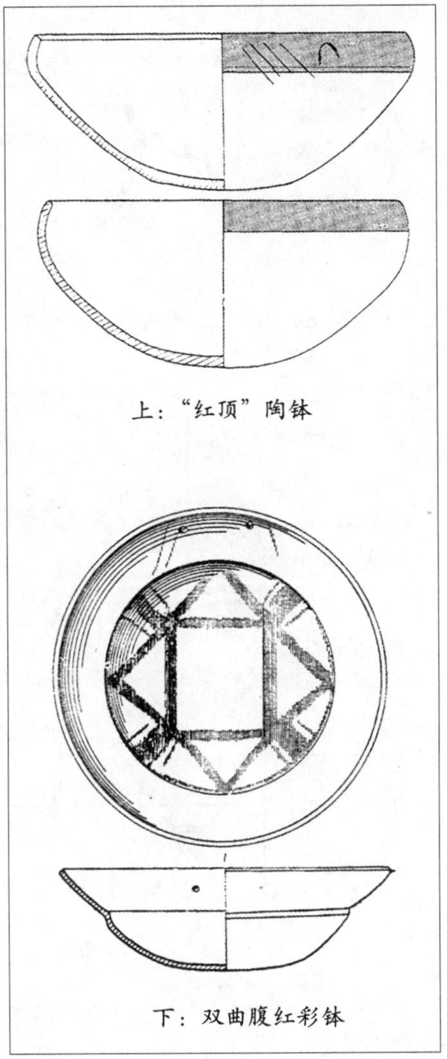

图十四

地层中发现了一个重要的灰坑——H2。坑口开在深灰土层的下面，坑底挖破了生土层。此灰坑由赵青芳先生亲自动手清理，共发现了陶鬶3件，陶缸、陶盆、石镞、石圆饼各1件。（图十五，下）经后来的研究，其中粗颈鼓腹弧裆袋足的鬶，以及刻画有飘带纹和圆圈纹的深腹圜底篮纹缸，均具有明显的大汶口文化的特征；而另一种细长颈捏流高裆细长袋足的鬶，又具有良渚文化的风格。这一发现表明该地区受到了北方大汶口文化和南方良渚文化的双重影响，或者说当时这两支重要的新石器时代晚期文化曾经在这里"碰撞"过。因此，这期文化被定义为该遗址新石器时代文化中的第四期。

在第三次发掘时，继续了第一次开始发掘的遗址北部居住区，并向南、向东扩展。在中部偏北的近底层，又发现了两处新石器时代的重要灰坑——H68和H70。这两座灰坑的坑口均开在黄褐土层之下，并出土有相同陶系和器形的夹砂红陶片和兽骨等。从出土陶片中常见的腰沿釜残片看，以腰沿平直的浅腹釜居多。（图十五，上）一般认为，腰沿釜是马家浜文化中的罗家角类型，但在淮安青莲岗遗址中也有发现。据后来的对比研究，认为H68和H70出土的浅腹腰沿釜更接近青莲岗遗址的同类器。另外，H70出土的侈缘鼓腹小平底罐腹上的鸡冠形耳装饰，也始见于马家浜文化晚期，流行于崧泽文化时期。

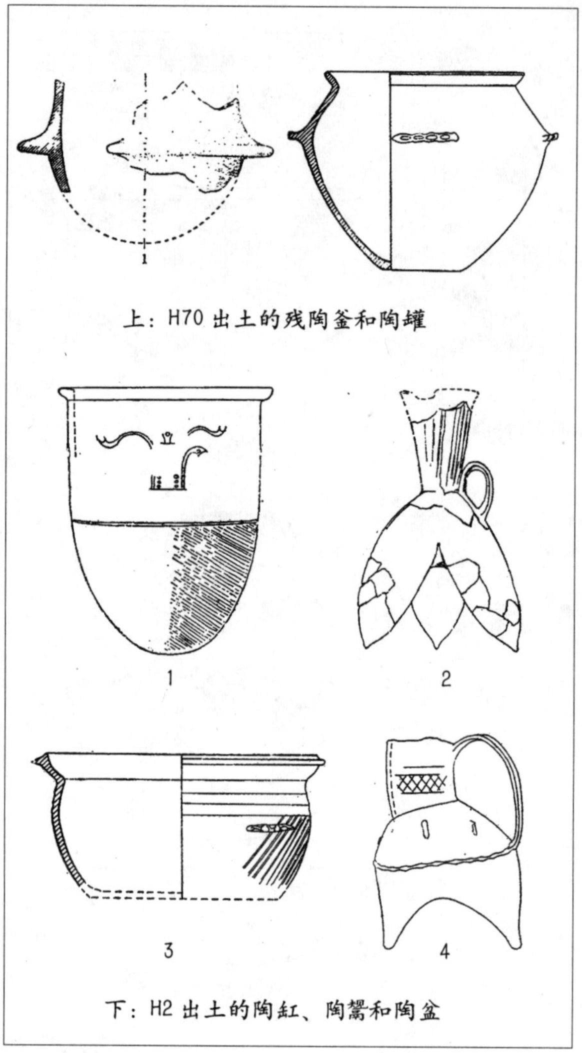

图十五

如此看来，这两处在灰坑中出土的早于西部墓葬区的遗物，也带有南北文化“碰撞”的迹象。这期文化后来被定为该遗址新石器时代文化中的第一期。

第四次发掘在1958年的春夏之际进行。当时正处在“大跃进”的形势下，学校方面要求师生大力开展勤工俭学活动，考古部门则希望在高校有关系科的协助下进行高效率的、规模较大的发掘工作。这样，南京大学历史系与南京博物院就签订了协议，由三个年级的学生承担北阴阳营遗址的第四次发掘的全部发掘劳动，各年级的辅导老师也一道参加，此外，还有毕业班的6位同学在遗址进行考古实习，并写作毕业论文。3个多月内，前后有200位师生在遗址参加了发掘劳动，发掘面积达1300多平方米，可以说是当时高校历史系较大规模的考古发掘活动之一。

这次发掘由尹焕章先生主持，我作为历史系的代表协助尹先生工作，并共同指导毕业生论文。发掘的范围是延续了前三次发掘的地点，在遗址的中部偏南和东部地区进行发掘，至1958年7月20日，基本上将主要的文化堆积发掘完毕。

由于此次发掘的对象主要是居住区，所以发现

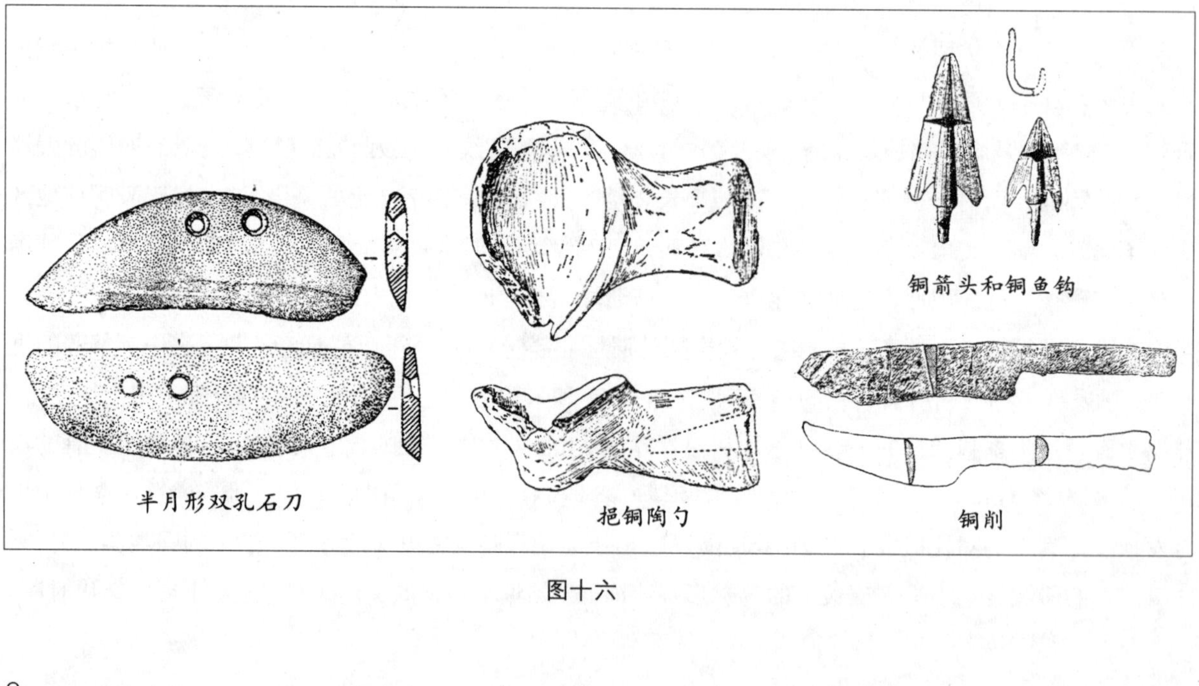

图十六

的遗迹与遗物基本上与第三次发掘的相类似。在上文化层（黄灰土层和深灰土层）发现的遗迹以灰坑和火塘为主，并发现了4座陶窑；比较突出的遗物有鹿角斧、半月形双孔石刀、铜鱼钩、铜削和挹铜液的陶勺等。（图十六）在下文化层（黄褐土层），与西部墓葬密集地带相连的3个探坑中，也发现了同属一个墓区的30座墓葬。在居住区内则发现了一些烧土堆和狗骨架。

在这次发掘开始的时候，我们曾经有意识得保存了一些发掘出来的遗迹，包括陶窑、灰坑和墓地等，并拟在有条件的时候仿照西安半坡博物馆的先例，建设一座遗址博物馆。但在当时的政治环境之下，不仅建馆的愿望迟迟未能实现，而且保存下来的一些遗迹，也于发掘结束10余年后被改作建房的地基。就这样，最能表现南京城历史的城内唯一遗址便从此难觅踪影了。

由于事隔40余年，笔者的记述和判断或许有误。有关此遗址的确切资料，请读者以《北阴阳营》遗址发掘报告为准。

（2003年3月完稿）

蒋赞初

初识秦墓

——关于楚国郢都遗址内的几座秦墓的发掘

1975年的3–4月间，我带领南京大学考古专业第一届的5位同学再度外出“开门办学”。该次考古教学和实习的地点是在湖北江陵楚国的郢都遗址。我们通过长江流域规划办公室（简称“长办”）考古队接受纪南城文物保护和发掘领导小组的安排，参加了郢都纪南城东南隅凤凰山古墓群的发掘。这是当时国内为数不多的“考古大会战”之一。一起在纪南城做考古工作的人员，除了湖北省文物工作队和荆州地区博物馆的同志外，还有北京大学、四川大学、厦门大学、吉林大学、山东大学和我校等高等学校考古专业的师生，以及上海、湖南、河南、四川、山西等省市的考古工作者。在各个工地之间，经常进行互访和考察活动，交流发掘经验。在整个纪南城里，到处都可以发现考古工作者的身影。

凤凰山是纪南城内唯一的高岗，海拔为35米，高出该城的平原地带10米左右。考古钻探资料表明，在楚国建都时期，山的东南麓一带分布有多处高台建筑物的基址，应属宫殿遗迹。

在我们到达之前，湖北省的考古钻探队已经在凤凰山高地的范围钻探出上百座墓葬，曾由“长办”第二期考古人员训练班于1973年下半年首次发掘了位于山南麓的9座墓葬，并撰写了简报（见《文物》1974年6期）。从简报中，我们得到的启示是凤凰山一带约在郢都废弃以后，于西汉时期成为墓地，墓葬的形制均属楚文化传统的土坑竖穴木椁墓，以一棺一椁的中小型墓为主，椁的上下四周均填塞有俗称为“白膏泥”的青灰色黏土，以期起到密封的作用。木椁上有盖板，下有底板和垫木，椁室内常隔成棺室、头厢和边厢三部分，在棺室通向头厢和边厢的隔板上或设有象征性的门窗。随葬品以漆木竹器和陶器居多，陶器的组合为壶、罐、盘、钵、豆、甑、釜和仓、灶，但少见铜器，未出玉器。

但是，在我们具体发掘凤凰山顶偏东的3座中小型墓的过程中，却发现这几个墓葬除了在形制上与南麓西汉墓之间的共同性较多，以及在随葬品方面也以漆木器为主外，还存在着一定的差别。

鉴于当年我们在工地初步整理出来的发掘简报（1975年油印本）目前已经没有条件再正式发表，所以拟在文中稍作一些资料性的介绍。

以纪凤M70（泠贤墓）为例。该墓的方向为347°，接近正北方向。墓口到墓底的深度为3.98米。墓坑内上部的填土是经过夯筑的五花土，夯层一般厚0.16米左右，夯窝多作方形，长宽均在0.04–0.06米之间。在五花土中夹杂有较多的碎片。下部填土从椁盖板上方0.7米处开始，就用“白膏泥”填塞椁的四周，直到墓圹底部的生土面。只是此墓的“白膏泥”填塞得不够严密，地下水已大量渗入椁室，以致椁盖板被水长期浸泡后朽不成形，椁室内积满淤泥。椁室长4.18米、宽1.90米、高1.40米。由于地下水的作用，棺室和头厢之间的隔梁和隔板也均已腐朽变形或移位。

椁室上部的这种朽坏状况，使大家都有些担心：这座墓会不会是一座考古价值不大的残墓呢？作为带队的教师，我当即向学员们讲明，我们发掘古代墓葬的目的，主要在于通过它了解当时的墓葬制度与丧葬习俗，以及各类随葬品的工艺制作水平，如果保存有较完整的建筑结构和人体骨架，还可借以研究当时的建筑技术、人种问题以及疾病问题等。完整的墓葬固然能够说明较多的问题，但即使是残破的或者是盗掘过的墓葬，仍具有一定的研究价值。因为古代的墓葬多半被盗掘，或者有不同程度的损坏，其劫余的墓葬结构和随葬器物，仍然是考古研究的对象之一，也是历史性质博物馆藏品的主要来源之一。特别是作为考古实习，更需要了解各种性质的古墓葬，要防止单纯的“挖宝”思想。

在安定了学员和工人们的情绪以后，就开始进行椁室的清理。鉴于棺盖已被水力掀开，浮动并斜压于边厢的淤土之上，我们就先行清理棺内的淤泥。棺为长方形，长2.18米，宽0.76米，棺口已被破坏，残高0.33米，内外均髹以黑漆。棺内淤泥被清除掉三分之二左右的时候，开始露出随葬器物。其中使我们感兴趣的是一方篆书“泠贤”两字的墓主人玉印的发现（图一，左)，还有环、璜、佩、觿等4件玉佩饰（图三至七)，琫、璏、珌等3件玉剑饰（图八至十)，以及桥形小钮的连弧纹铜镜1面（图二)。另有椭圆形漆奁1件，残漆耳杯3件和残木梳1件，上述器物均分布于棺的左半部。

接着清理头厢内的淤泥。出乎我们意外的是，在厢的底部不仅发现了包括鼎、鍪、釜、洗、匕、勺、卮等一组铜质饮食器（图十一至十五)，而且有发现了1方篆书“泠贤”的铜质印章（图一，右）和1件精致的带钩（图十八)，还发现了鎏金杯形铜车饰（可能是车棚顶部铜饰）1件（图十六）和轴形铜车饰2件（图十七)，以及铜小环4个，连同头厢内出土的1根长达1.50米的木盖弓、木牛1件和木俑1件，这几件器物可能是象征着一辆牛车。

此外，头厢内还出土有部分漆器和少量陶器。漆器中最重要的发现是带有针刻纪年文字的漆耳杯和错银铜钔漆盂。前者杯口长0.19米、宽0.11米，通耳宽0.144米、高0.16米，针刻文字位于杯底中心，为“卅七年工□□工□□”9字，其中漆工的姓氏不可识，耳下还有刻画而成的“工”字，但笔画较粗；器耳和器身的口沿上则绘有山形的带状纹，其间夹有小簇花的图案。(图二十）后者口径0.282米、底径0.21米、高0.07米，针刻的文字位于盂底中心，为“廿六年左工冣(最）元”7个字，盂的铜钔上用极细的银丝和银箔错成。圆形和交叉直线云纹的图案，器腹上下则有朱绘的几何形纹饰。(图十九）另1件纹饰较为繁复流畅的漆盂，出土是与上述错银铜钔盂上下相合，盂的口沿上绘有山

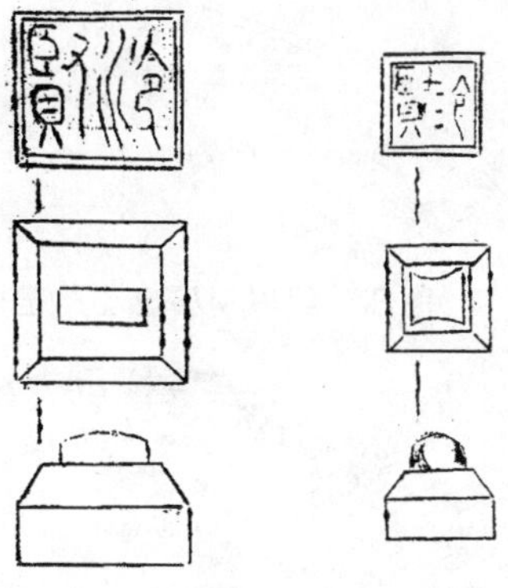

图一　纪凤M70出土的印章

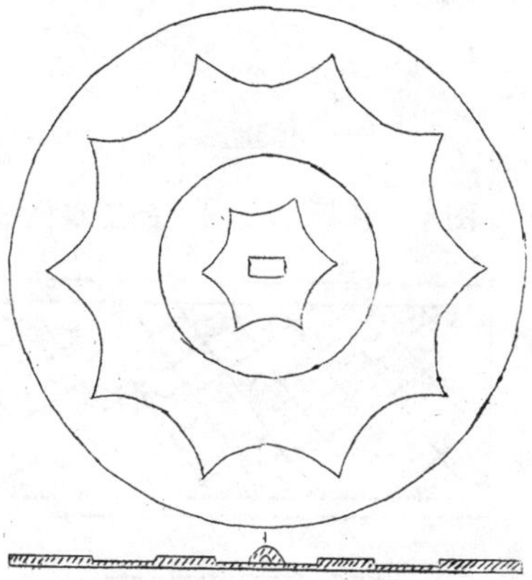

图二　纪凤M70出土的内连弧文铜镜（M70：14)

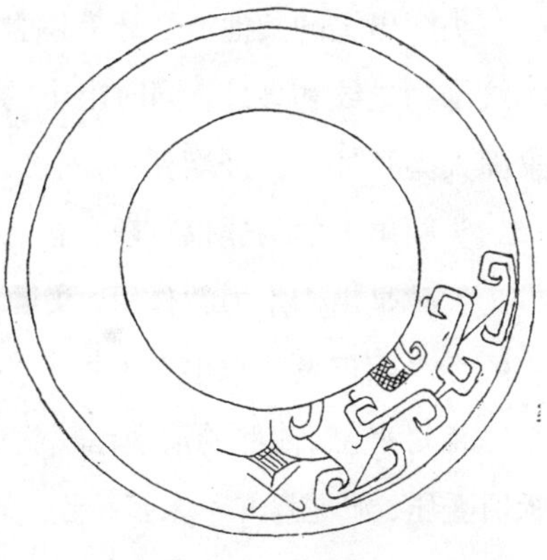

图三　纪凤M70出土的玉环（M70：5)

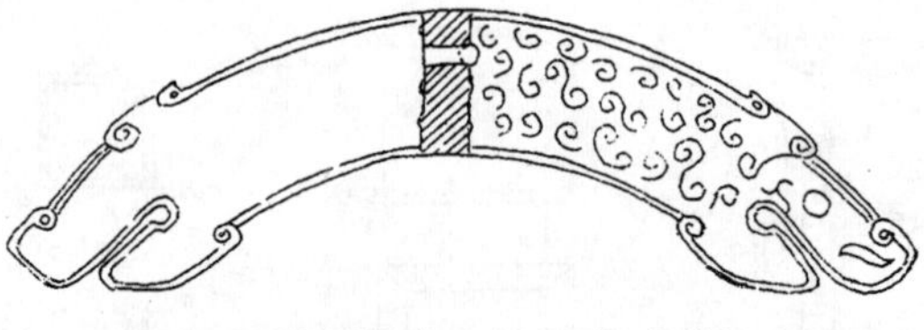

图四　纪凤M70出土的玉璜（M70：3）

图六　纪凤M70出土的玉觿（M70：9）

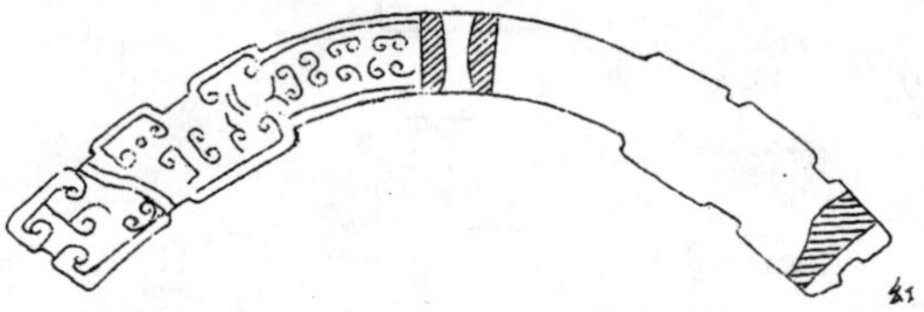

图五　纪凤M70出土的玉璜（M70：8）

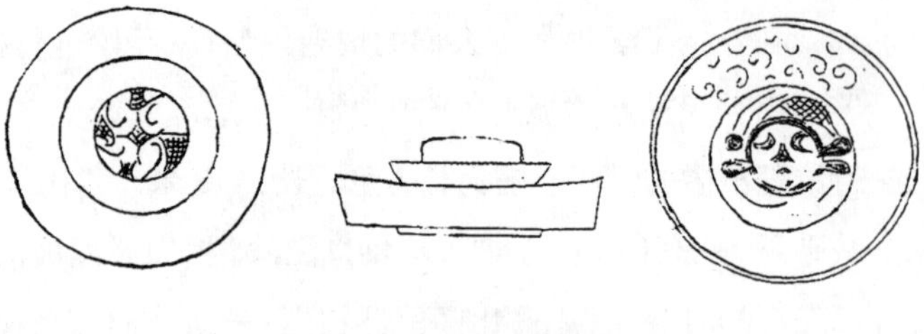

图八　纪凤M70出土的玉琫（M70：13）

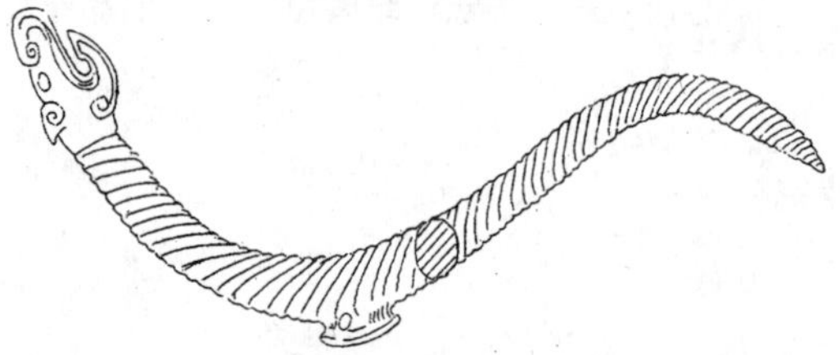

图七　纪凤M70出土的玉觿(M70：4)

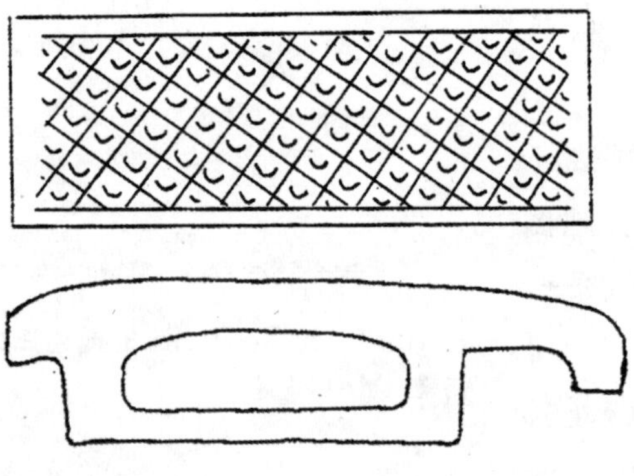

图九　纪凤M70出土的玉璏(M70：10)

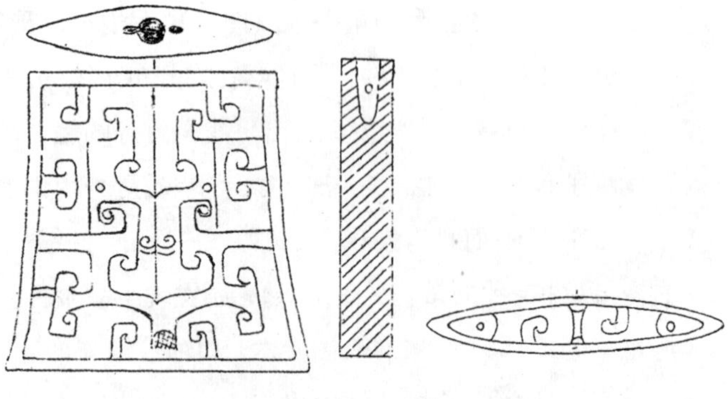

图十　纪凤M70出土的玉珌(M70：7)

形带状的纹饰，内底中心则绘有一圈云兽纹。

头厢出土的其他漆器还有圆盒和长方形的奁各1件，其中圆盒的腹部纹饰是星云纹，长方形奁盖上的纹饰为龙纹和鸟纹。同时出土的大小耳杯计有8件，其中有杯口长0.25米、宽0.15米、高0.07米的素面大型耳杯，内外均髹漆。（图二十）

头厢出土的陶器仅有甑、盂各1件，发现时甑置于盂上，两者均为灰陶。（图二十一、二十二）

大致是由于水力的作用，头厢内的出土器物均集中在其前半部，尤以右前最为密集，靠近边厢和棺室的后半部仅发现木牛、木榫、小铜环和残漆器各1件。

相对来说，边厢的清理比较简单。这是由于边厢是上部压有棺盖，底部又被原置棺下的笭牀式的花木板所叠压，淤泥量并不太多。出土的器物仅发现圆形残漆盒和残陶罐各1件。前者发现于雕花木版上的淤泥中；后者发现于残漆盒左侧的边厢底部，其器形为侈口、折沿、短颈，在圆腹上密布细绳纹，且体型较大，但已残破过甚，不能复原。考虑到边厢与头厢、椁室之间的隔梁和隔板均已残破或移位，所以不能排

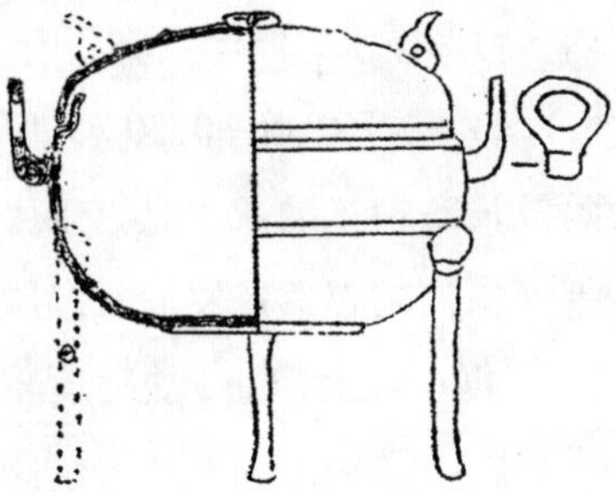

图十一　纪凤M70出土的铜鼎（M70：23）

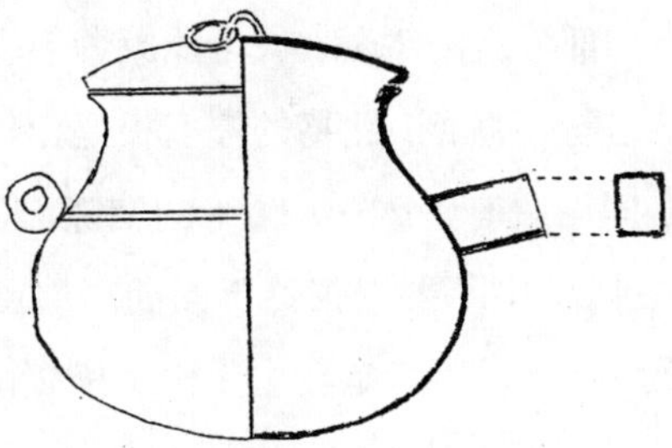

图十二　纪凤M70出土的铜鍪（M70：24）

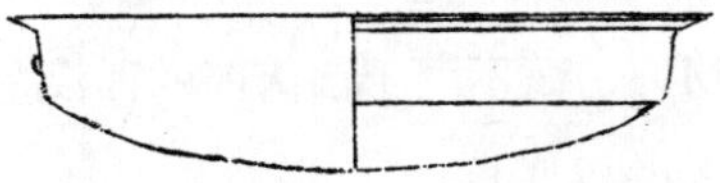

图十三　纪凤M70出土的大铜釜（M70：29）

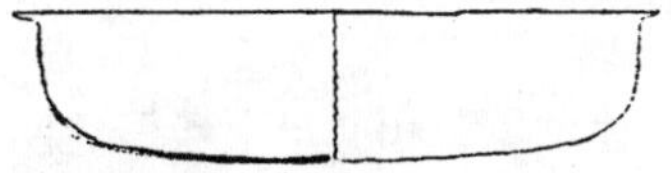

图十四　纪凤M70出土的小铜洗（M70：41）

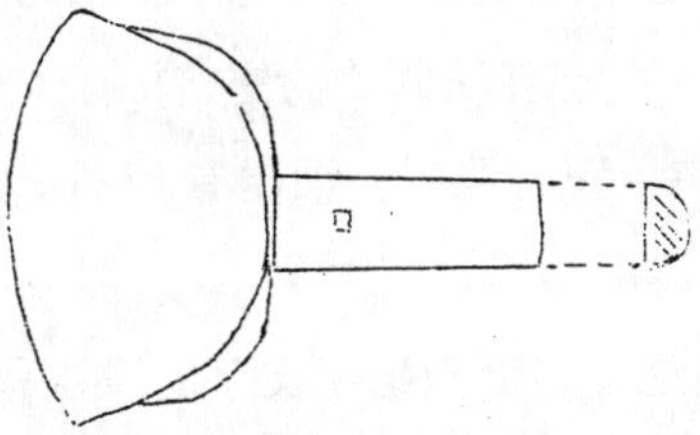

图十五　纪凤M70出土的铜匕（M70：43）

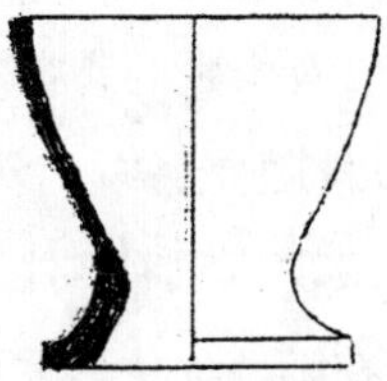

图十六　鎏金杯形车饰（M70：47）

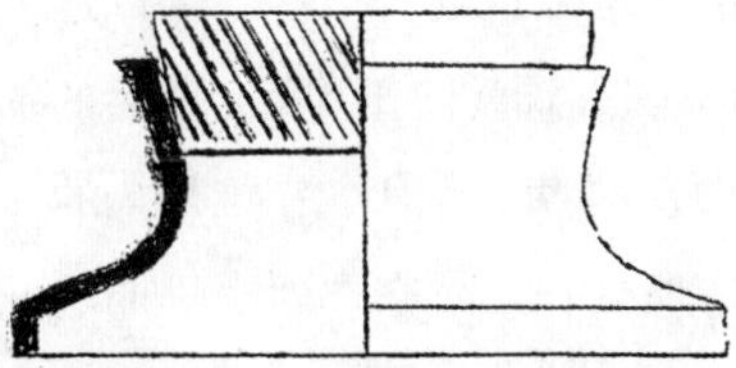

图十七　纪凤M70出土的铜车饰（M70：48）

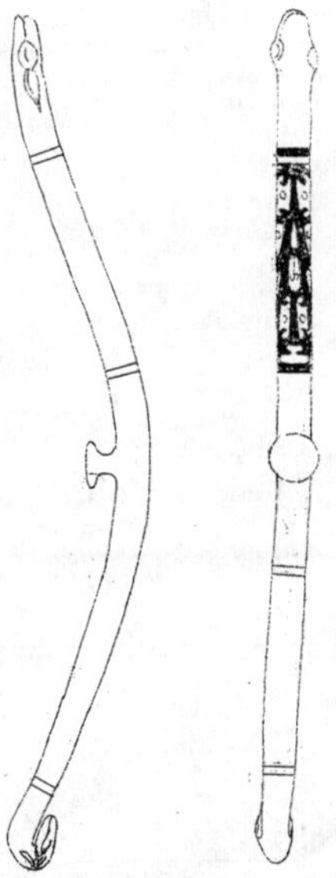

图十八　铜错金嵌绿松石带钩（M70：35）

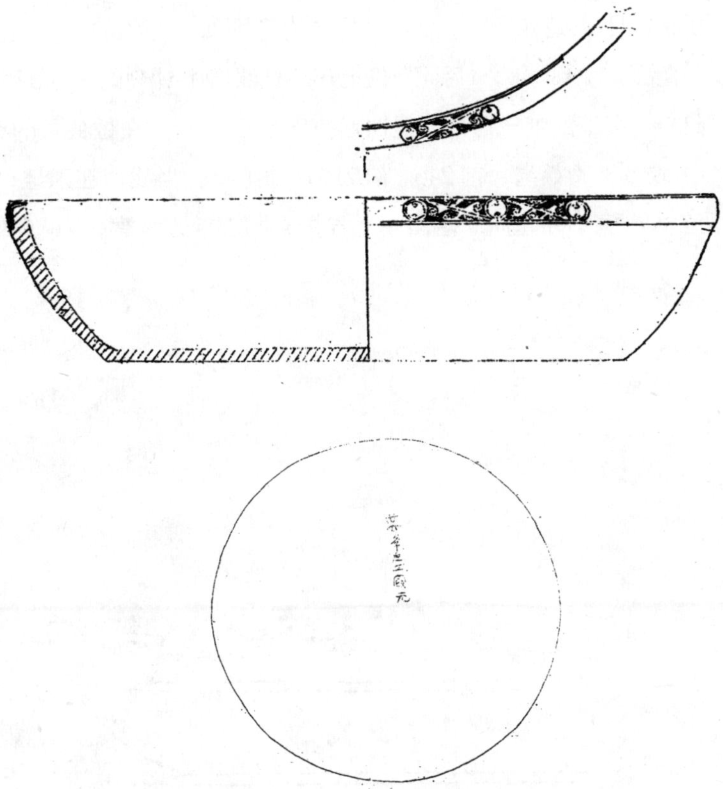

图十九　纪凤M70出土的错银铜釦带字漆盂（M70：26）

除头厢内的某些出土物，特别是有一部分上的漆器，有可能原置于边厢之内，后来被水力漂浮到头厢内。

最后，我们对椁室底部的结构进行了解剖。此墓的椁底板是由8块横长1.83米、宽0.40—0.59米、厚0.16米的木板横铺而成，但木板之间均留有0.04—0.06米的空隙。其下为两根长2.14米的长木纵置于生土面之上。这种椁底的结构方式在凤凰山墓群中仅见于同期同地由湖南省博物馆同志负责发掘的纪凤M53，而不同于山南麓的西汉墓纪凤M8，后者是在生土面上横置两根垫木，再在其上横铺3块宽度较大的椁底板。

总起来说，此墓虽然在整体结构上不太完整，但椁底的结构仍有其特点。而且在棺的内外均髹以黑漆，与纪凤M8的棺外髹黑漆、内髹朱漆的情况有别，棺下放置笭牀式雕花木板的做法也较纪凤M8更接近于战国楚墓的传统。随葬品的原有布局虽被冲浮移位，但仍可看出在头厢内是以铜器、漆器和车器为主，有个别的陶容器。棺内则以玉佩饰和玉剑饰为主，并有少量的漆器和墓主人玉印章的发现。在全部60件随葬品中，漆木器就占30件，正好半数；铜器有17件，接近三分之一；玉器也有9件；仅陶器为数最少，只有3件，为甑、盂、罐的组合。

在随葬品中最重要的发现当然是带有针刻纪年文字的漆盂和漆耳杯。“廿六年”和“卅七年”这两个纪年，依据墓的形制和随葬器物的特征来判断，应是战国末年至西汉早期的楚、秦或西汉早期某代国君的纪年。先看楚国，在战国末期的楚王墓中，只有楚顷襄王在位最久（公元前298－前263年），但顷襄王二十一年时（前278年），秦将白起即攻占了郢都，秦在郢都置南郡，楚被迫迁都于陈。兼以这两件漆器上的针刻文字的书体为篆书，其中的钔器又是蜀国的特产，当属秦国灭蜀（前316年）以后的蜀地的产品，而非楚地所产，故可以排除为楚顷襄王纪年的可能性。再看西汉早期的纪年，在位最久的文帝，“前元”为十六年，“后元”仅七年，且漆器上针刻的文字的书体应有所变化，故亦非西汉早期的纪年。这样，留下的唯一可能就是白起拔郢以后的两个在位最久的秦王——昭襄王（前306年－前251年）或秦王政（即秦始皇，前246－前210）的纪年。当我们在工地讨论此墓年代的时候，正巧知名的战国秦汉考古专家俞伟超同志陪同湖北省领导同志前来考察，我就向他请教这一问题。他认为制器的年代可

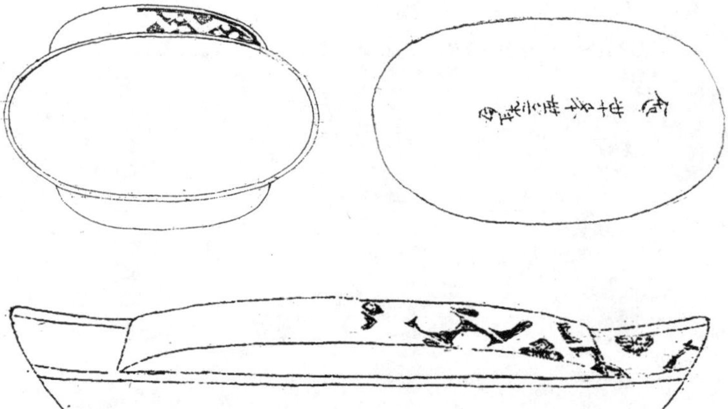

图二十　纪凤M70出土中型带字漆耳杯（M70：32）

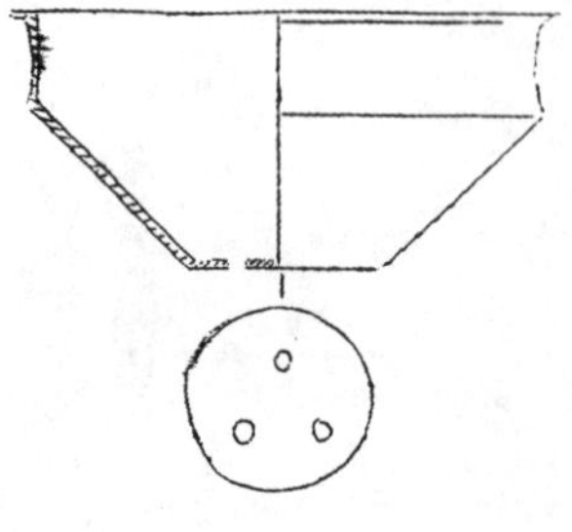

图二十一　纪凤M70陶甑（M70：21）

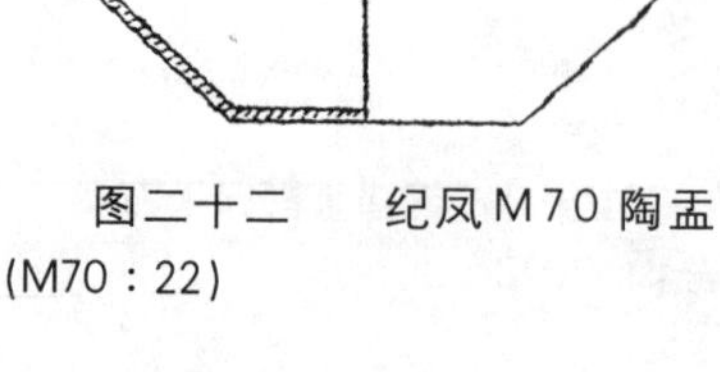

图二十二　纪凤M70陶盂（M70：22）

定在昭襄王时期，而墓的下葬年代则定在始皇时期为宜，我们采纳了他的意见。这样，郢都废弃后葬在遗址上的第一座年代明确的秦墓就在考古界定了下来，工地指挥部还为此专门印发了内部简报。

接着，我们又研究了墓主人身份问题。当时，我现已故去的老友、湖北省博物馆的程欣人同志也在工地，承他将随身携带的一本董说著的《七国考》借给我们查阅。该书卷一《楚职官》有《泠人》条引《左传》云："晋侯观于军府，见钟仪问之曰：'南冠而絷者，谁也？'有司对曰：'郑人所献楚囚也。'使税之，召而吊之，再拜稽首。问其族，曰：'泠人也。'"注云："泠人，乐官名，古泠氏世掌官，因此为号。泠音伶。"故泠贤应是楚国乐官的同族，秦占郢都后可能仍居旧地。后曾出仕秦国，死后还葬于凤凰山巅的这块原属于楚王宫殿后苑的风水宝地。当然，这只是当年的一种推测，证据尚不十分充分，留待大家再行考证。不过，这座泠贤墓却明确地见证了郢都废弃后的凤凰山由禁地变为秦代墓地的历史。

下面附带谈一谈与泠贤墓形制完全相同的纪凤M53。因为从发掘时间的先后来讲，该墓应是纪南城内凤凰山上发现的第一座秦墓，但由于该墓早年被盗严重，又未发现纪年文字，故未被确认。直到泠贤墓发掘以后，才被承认为同属秦墓。此墓是1975年3月中旬由湖南博物馆同志主持发掘的，当时我们对长江中游的楚文化传统的土坑木椁墓并不熟悉，因而就近观摩了该墓的发掘的全过程，并承湖南省博物馆同志结合长沙左家塘出有"四年相邦吕"铜戈一棺一椁的秦墓详加介绍（笔者按：左家塘秦墓还出有玉剑首、玉缄珥和连弧纹铜镜等与泠贤墓非常相似的器物）。纪凤M53未曾编写简报，仅油印了一篇题为《凤凰山53号墓出土的绘画象梳篦》的内部参考短文。现从保存考古资料的角度出发，将该墓的情况摘记若干，以便与泠贤墓相对比，并向当年在凤凰山顶一道工作的湖南省博物馆的同志遥致谢意。

纪凤M53的方向为273°。墓坑长4.67米、宽3.40米、深3.78米。椁室长3.70米、宽1.65米、内深1.10米（图二十三）。在填土和"白膏泥"层中即可见明显的盗洞，并穿破椁盖板，直抵边厢和头厢，故随葬器物受到严重的破坏。清理出仅存随葬品28件。铜器有素面镜、羽状纹地四山纹镜、砝码、削各1件，玉石器有璜、璧、水晶、玉饰各1件，漆器能看出器形的有奁1件、盒3件、耳杯4件，余者皆为残片，木梳、篦各1件，残竹器1件，陶器有盖罐2件，绳纹壶、甑、盂、钤各1件，余皆残破。最突出的器物就是棺中漆奁内发现的梳、篦，皆长0.07米、宽5.9厘米、厚1厘米，柄部的正反两面均有用黑漆勾勒轮廓，再敷以红、绿、黄诸彩的人物画，分别为进食、舞蹈、献酒、相扑4个场面。（图二十四）借此亦可说明泠贤墓棺内发现的木梳亦应原置于漆奁之内。

至于我们在凤凰山顶发掘的另外两座墓——纪凤M68和纪凤M51均为小型的土坑木椁墓，在形制上有简化的趋势，而在随葬品的特征方面又有一些有差别的地方。

如纪凤M68的方向为80°。墓坑长3.8米、宽2.15—2.20米、深3.40米。椁室长3.20米、宽1.34米、内深0.55—0.60米，仅分头厢和棺室

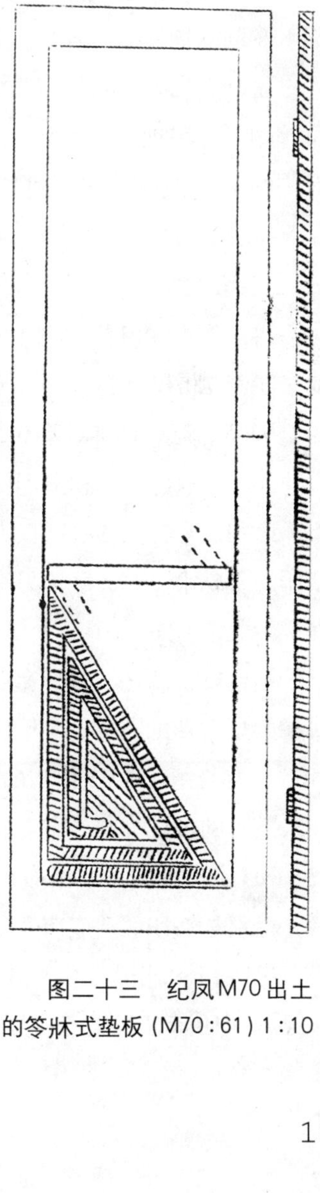

图二十三　纪凤M70出土的笭牀式垫板（M70：61）1：10

正面　反面　正面　反面

75纪凤M53出土木梳　7.4cm × 5.9cm × 1cm　　75纪凤M53出土木篦　7.4cm × 5.9cm × 1cm

图二十四

两部分。椁底板由长3.20米、宽0.39—0.49米、厚0.20米的3块长木纵铺而成，其下无垫木。棺作长方盒形，内外均髹以黑漆，长1.86米、宽0.87米、高0.40米。此墓亦受到地下水的长期浸泡，椁室和棺内积满淤泥。棺内的随葬品有玉琫、石璧、残漆奁、铜镜和木篦等5件。其中铜镜为羽状纹地四山纹镜，与木篦同出于残漆奁内。（图二十五）头厢内的随葬器物较多，铜器中有铜鼎1件、铜壶2件、铜釜1件、铜匕1件、剑首1件和剑格1件，其中釜、匕同出，剑首和剑格并出；漆器中有奁1件、盒2件、盂1件、耳杯8件，虽然残破者多，但均有复杂而流畅的纹饰，或带刻文字，纹饰系用红、褐、金黄等颜色在黑地或红地上绘以龙凤、云气，以及各种几何形图案。在1件漆盒下腹部的花纹带之间，有针刻的“□里臞”3字（图二十六），漆盂的圈足内有“赵里□”3字（图二十七），漆奁的残底上有“醜厂”两字。（图二十八，右）陶器中有陶壶2件、陶罐1件、熏炉1件、陶盂1件和陶甑1件。（图）共出土随葬器物34件。

再如纪凤M51的方向为11°。墓坑长3.19米、宽1.45米。椁室长2.56米、宽0.84米、高0.68米，分成头厢、边厢和棺室3部分。椁底板有纵铺的4块长木板构成，底板下再横放两根垫木。棺亦作长方盒形，长1.93米、宽0.60米、高0.51米。此墓也同样受到地下水的作用，棺椁和随葬品的保存情况不好。此墓的随葬品只有漆木器和陶器两类，漆木器中有漆奁1件、漆盂1件和漆耳杯8件，纹饰已较为简单粗浅，如漆盘和漆耳杯上的纹饰仅为折线纹夹圆点纹（图三十一），漆盂的纹饰为粗浅的星点纹，盂底圆足内有烙印的“成市”等文字。另有粗制的木片俑5件。（图二十八，左）陶器中有绳纹陶壶1件，黑衣陶壶2件，带盖罐3件。（图三十二）共出土随葬器物28件，均发现于头厢和边厢中，棺内未发现随葬品。

综合以上所述，泠贤墓（纪凤M70）和纪凤M53两座墓在前文中已作了较多的介绍，我们认为均属秦始皇时期的墓葬，其年代大体上应与长沙左家塘出有“四年相邦吕”的铭文铜戈的秦墓相当。纪凤M68出有与纪凤M53相同的四山纹羽状纹地铜镜，陶器为盂、甑、壶、罐的组合，用玉剑饰和铜剑零件来随葬的做法亦与泠贤墓、纪凤M53以及长沙左家塘秦墓相同，但漆器的装饰作风又与湖北云梦大坟头M1出土的同类器相似，所以我们认为其年代应属秦汉之际。纪凤M51的漆器作风已具有汉初的风格，特别是烙印的“成市”等文字的出现亦见于前述的凤凰山南麓的西汉墓，但纪凤M51的陶器组合仍于纪凤M68相似，尚未出现仓、灶等陶明器，故其年代应早于出有陶仓和陶灶的纪凤M8、纪凤M9和纪凤M10等西汉文帝、景帝时期的墓葬。

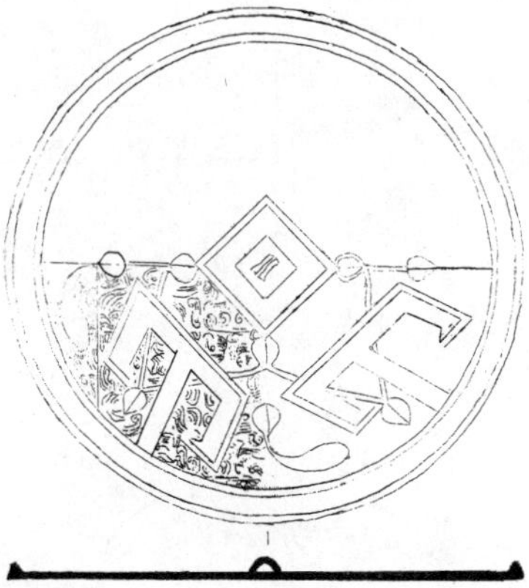

图二十五　M68：33 铜镜

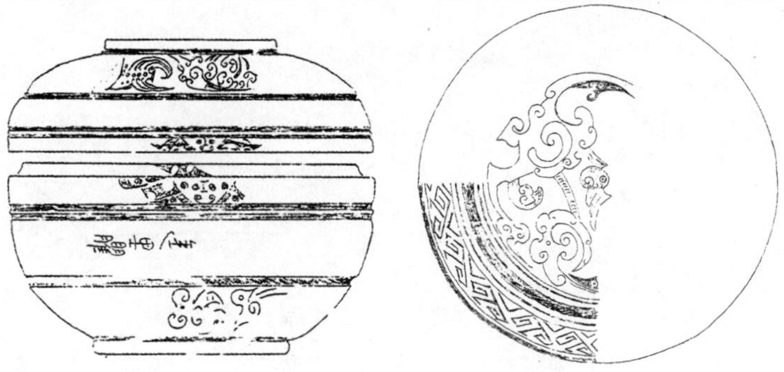

M68：8　漆盒（盒盖为M68：14）　　漆盒内壁中心纹饰

图二十六

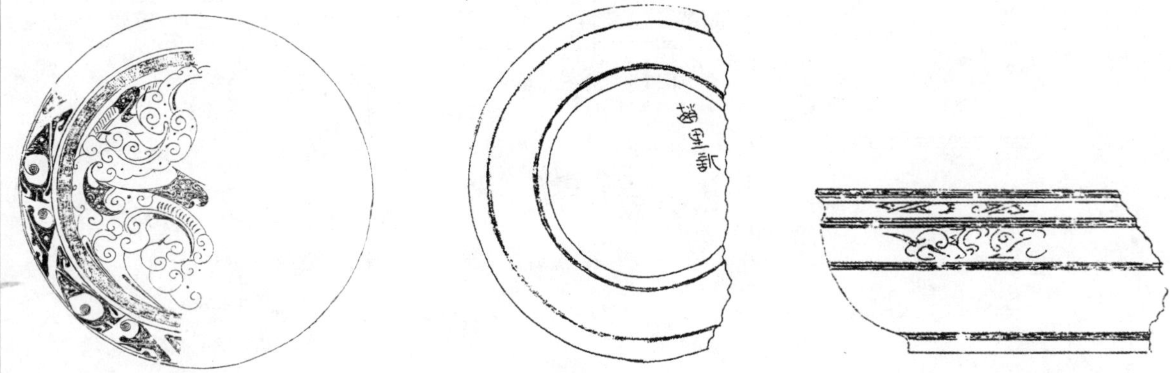

漆盂内壁中心纹饰　　漆盂底视　　M68：12 残漆盂

图二十七

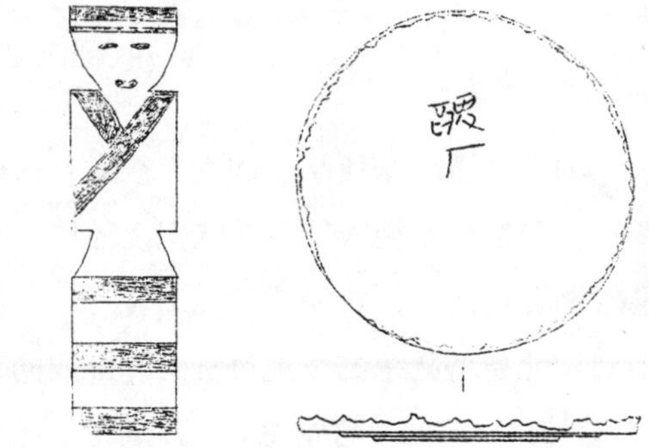

木片俑　M51：21　　残漆奁底　M68：32

图二十八

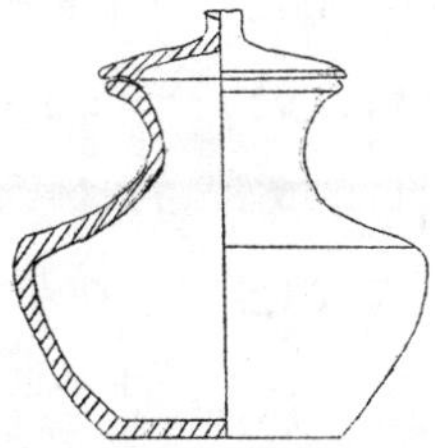

图二十九　M68：10　陶壶

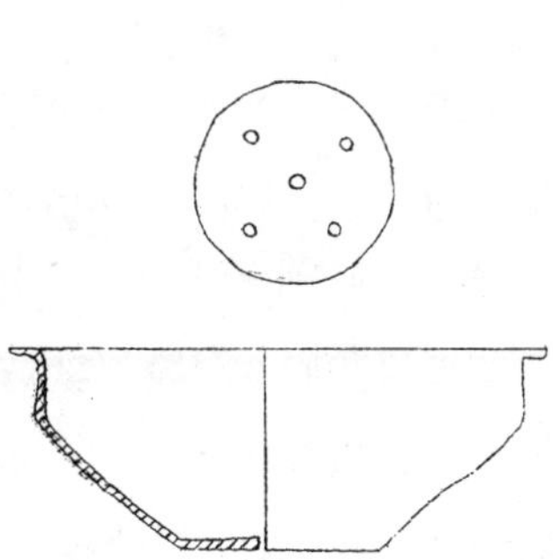

图三十　M68：15　陶甑

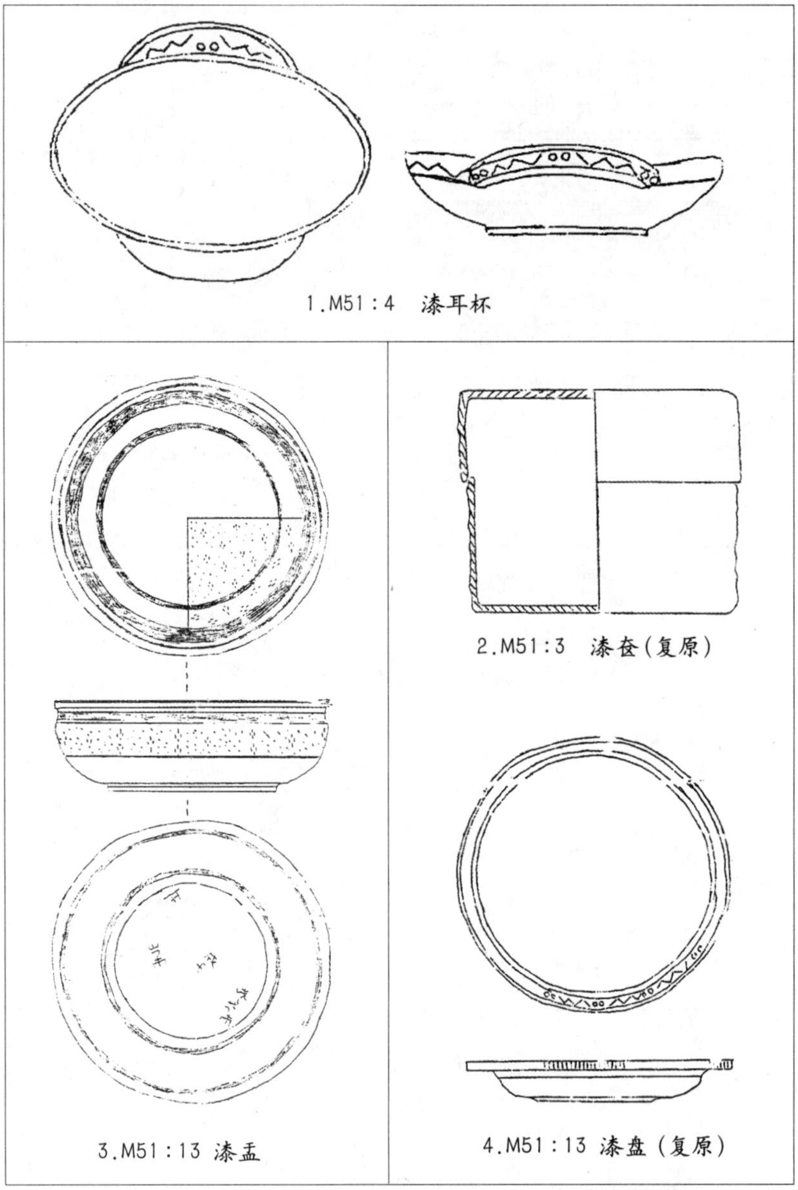

图三十一　纪凤M51出土漆器

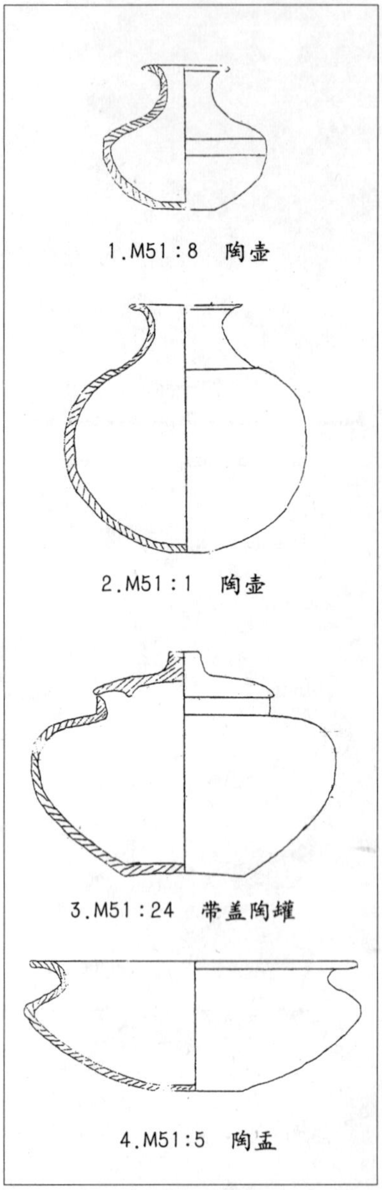

图三十二　纪凤M51甲出土陶器

关于秦墓的发掘和研究，近30年来已经有了长足的发展。因笔者多年来所从事的考古教学科研的方向与这个课题相距较远，撰写本文时也来不及参考大量新的有关考古发掘报告，在认识上还停留在1975年发掘时的水平，只是想借此机会提供一些过去的秦墓发掘资料而已，希望读者见谅。

当年我们在江陵纪南城进行“开门办学”的时候，曾经得到湖北省博物馆的工地负责人谭维四同志等的热心指导和支持，以及程欣人、郭德维同志在业务上的大力协助，他们的盛情笔者至今难忘。在我们一行7人中，有裘士京、阚绪杭、李德文、熊承芬和周金玲5位同学，还有长办考古队的1位同志。他们在艰苦的条件下团结互助地完成了这次的发掘任务，并编写出初步的简报。5位同学后来成为考古界和高校的骨干力量，可惜熊承芬同志于2003年春天过早地逝世，在此谨表示悼念之意！

蒋赞初

巧遇楚王墓
——记徐州北洞山西汉楚王墓的发掘

江苏省徐州市古称彭城，其名渊源于夏商时代的大彭国。大彭国的始祖就是传说中的著名长寿老人彭祖，他的寿命据说长达800岁，这可能意味着大彭国有着800年的历史。到了西周，彭城属于宋国，战国时还一度成为宋国的国都。传说孔子周游列国时还曾经到过彭城，并在近郊泗水北岸圣女山的大檀树下教弟子们演习周礼，但受到宋国大司马桓魋的迫害，不得不仓皇逃走。《水经注》一书中还有桓魋在圣女山上开凿墓穴的记载，称为"桓魋石室"，或"桓魋石椁"，此山也就改称为"桓山"。后人因桓魋意欲杀害孔子，又主张厚葬，应引以为戒，故亦称"桓戒山"，并成为彭城近郊的一处名胜。北宋著名的文学家苏轼在担任徐州知州期间曾三次前往游览，并留有诗文多篇。在该石室墓道两侧的石壁上，至今还遗存有近百首北宋以至明清文人的摩崖题诗。这座桓山就在我们发掘的北洞山西汉墓东南约200米处。

由于我们发掘北洞山汉墓时的考古工作站设在桓山西麓的洞山小学内的缘故，桓山一带就成为我们经常登临的地方。通过多次考察，明确了所谓的崖洞墓长约13米，露天的墓道长约20米，宽4.5米，墓道两侧的石壁上密布摩崖题刻的诗文，墓门上方的崖壁上有曾被佛教徒开凿过的小佛龛，墓室内已被盗掘一空。从墓葬的总体情况看，应该是西汉楚王的一座陪葬墓，其年代绝不会在早到春秋时期，故与宋国的桓魋无关。

在我们发掘北洞山汉墓以前，其实并不了解它的考古价值。徐州市有关方面向我们提供的情况认为是相邻的两座已被多次盗掘过的汉墓，后经文物部门将盗掘洞封闭，并定为市级文物保护单位。当我们初步决定将该处作为考古专业83级学生的毕业实习地点时，还有考古界了解情况的好心人劝说我们改择他处，因为这两座汉墓于1970年前后还有不少农民进去过，很可能与"桓魋石室"一样，是两座空墓。我们则认为作为石结构的崖洞墓，其建筑本身一般不会遭到盗掘者的太大破坏，而在随葬品方面，根据我们过去的经验，即使是被盗掘过多次的墓葬，总还会留下一些劫余的器物。因此，仍然决定向国家文物部门申请了发掘执照，由笔者担任领队，徐州博物馆与南京大学历史系考古专业两个单位的人员共同发掘这两座汉墓。这也是笔者在花甲之年最后一次带领考古专业的学生进行毕业实习。

1986年9月2日的傍晚，笔者与李晓晖和魏鸣两位青年教师作为先遣队到达徐州。当晚在下榻处聆听了徐州博物馆负责人刘大乾和李银德同志关于发掘筹备工作的情况介绍。第二天清晨，就由徐州博物馆考古部主任邱永生同志带路，乘车先到距离徐州市区10公里的京杭大运河南岸的孟家沟民用码头，然后乘木船渡河，前往北洞山考古工地。渡口的西南方向有一座树木葱茏的青山耸立于运河南岸；东面的近处是港务局码头，远处是津浦线的铁路桥；再往东北瞭望，还可见茅村电厂的高大烟囱，江苏省重点文物保护单位之一的茅村东汉画像石墓就位于电厂附近，而北洞山汉墓所在的洞山村也属于茅村乡管辖。

图一　北洞山楚王墓主体建筑发掘前的情景

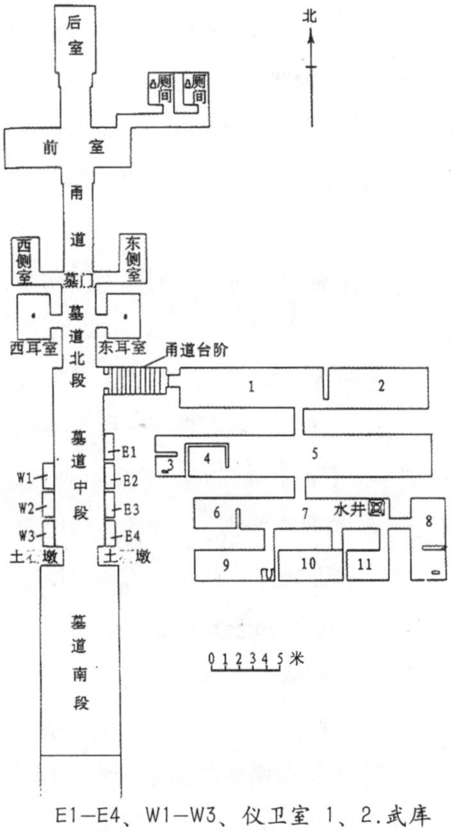

E1—E4、W1—W3、仪卫室 1、2.武库 3、4.盥洗室 5.宴乐室 6、7.炊厨 8.厕间 9、11.饮食库 10.凌阴

图二　北洞山西汉楚王墓平面图

北洞山位于洞山村的东北端，是一座海拔54米的石灰岩小山。洞山的得名就是由于山上曾经开凿过石室墓。在徐州市近郊除北洞山外，还有东洞山、南洞山等，均为西汉时期的大型石室墓的所在地。

我们到达工地时，见到北洞山的山体已被近年来农民取土开石破坏，仅余北部高约10余米的墓葬封土，并露出下面的岩石。在被称为“一号墓”的墓门外面，凌乱地堆放着被盗掘者打碎的塞石。由于封闭盗掘洞时填塞得较为严实（图一），民工们正在奋力打开。但是，位于“一号墓”左前方的“二号墓”盗掘洞较小，已被民工打开。那是一个高约0.4米、宽约0.6米的小洞，周围全是石块，进入十分不便。但笔者还是决定亲自爬入墓室，以便制定清理计划。我和魏鸣两人仰身贴地而入，靠着手脚的挪动和支撑，向下坡的方向滑行了7米左右才到达墓室内的淤土面。由于墓内严重缺氧而又潮湿，呼吸颇为困难，又怕踩坏了淤土上的随葬品，只能凭借两只大号手电筒所射出的微弱光束，向着墓室的深处小心翼翼地摸索前进。

在墓内转了两遍以后，才基本上弄清了它的结构和布局。这是全用石条、石块和石板砌成的两坡式顶墓室，共计4进11间。（图二）

我们仰首翘望，从墓顶的石缝中垂下无数参差不齐的饱含水分的植物根须，在手电的光束中呈现出银白色的晶莹的线条，构成一幅幅奇妙的景象。地面的薄层淤土上，则到处散布着残断破碎的彩绘陶俑、大型陶器和漆器，都是被盗墓者破坏的。令我们惊讶的是除了这些随葬品外，有的室内还砌着砖灶，有的室内掘有上附石栏的浅井，有的室内掘有深仓，还有带蹲坑的厕间和遗留着大量炭屑的柴房等等。这就使我们意识到，像如此布局的汉墓，在已经公布的考古资料中还是非常少见的。

在爬出洞口时，似乎比进入更困难。因为要仰卧着朝上坡方向挪动。我们回到地面上时已经是满身泥泞、疲惫不堪了，但回想起这一罕见的墓室布局，仍然觉得这次的体力消耗是非常值得的。笔者还与在场的同志谈起，在1950年的秋天，我也是通过这么大的盗掘洞爬入南京近郊著名的南唐二陵中去勘察的。

这天勘察的结果，我们判断它不是一个单独的墓葬，而是带有地下府库和仓厨性质的附属建筑，大体上相当于木椁墓的外藏椁。后来的清理证实了我们的判断。

清理时发现，这组地下建筑的总面积达335平方米。甬道口内有12级台阶通向落差达3米的地下建筑。第一进分前后两室，前室（平面图中的1室）的淤土内清理出铜弩机、成束的铜箭镞、铁剑和铁戟，还有成群的原来持刀、佩剑的陶俑，其刀剑已腐朽缺失，仅余放置之孔，故此室带有明显的防卫性质，或与后来在墓道中发现的铜质"楚武库印"中的武库有关。后室（2室）的前半部有大量彩绘漆器的堆积层，剔剥非常困难，师生们不得不趴在潮湿的地面上，凭借着微弱的灯光进行细致的摹绘。（图三）这些漆器大部分作长方形的盘状，四边上翘，夹纻胎上施外红内黑的底色再绘以红彩图案。图案的线条严谨细腻，内容多为抽象或变形的山峰、云气和鸟兽动物等，色彩艳丽，绘制精美，富有想象力和浪漫主义色彩。我们估计这一漆器堆积的外部原为扁长方形的大漆箱，其中整齐地放置有两排漆盘，可能是墓主人的宴饮用具。此室的后半部分全是大型陶器的残片，器表呈青灰色，胎质细腻坚硬，初步辨认出的器形有瓮、罐、缸、坛等，个别器物的肩部还划刻有表示容积的文字。所以此室可能是器物库。

图三　南京大学考古专业师生在附属建筑2室内摹绘漆器图案

第二进有3间墓室，最大的一间（5室）有近50平方米。（图四）遗物有彩绘的舞乐陶女俑、陶瑟、陶竽、铜编钟、石编磬、玻璃杯、漆杯和铜镜等，但多半残缺。从此室出土的器物看，显然具有宴饮和乐舞的性质。这一进还有套间式的两个小室。里面的一室（3室）地面上设有长方形的蹲坑，旁有一堵空心砖的隔墙，墙外地面上又发现有圆形的铜锈痕迹，当系铜洗之类的器物的遗迹，看来这是厕间及盥洗之所；外面的一室（4室）发现有条状漆器的残

图四　北洞山楚王墓附属建筑的5室全景

迹，或系漆几、漆案之类的器物，此室可能是更衣室。

第三进也有三室。中间的一室（7室）较大，发现有大量的作拱立和踞坐状的陶俑，在墓室的一隅凿有水井，上盖石质井台，井台上设有石井栏。靠前方的一室（6室）较小，室内有砖砌的灶，并出土了残陶釜、陶甑等器物，显系厨房。靠后方的一室（8室）较狭长，以空心砖垒成的墙隔成二小间，外间堆满木炭屑，当为柴房；里间设有蹲坑，系厕所。

第四间亦为三进室，中间一室（10室）的地面低于其他各室约1.4米，底层发现有碳化的植物纤维堆积，很可能是作为地下贮藏室（凌阴）之用。前、后两室均为厨房，前一室（9室）除设有砖灶外，还出土有陶釜、陶甑、陶俑和一些动物骨骼；后一室（11室）也有砖灶、残陶俑、陶釜、陶甑和陶缸等器物。

从这组建筑的布局和出土的器物看，可以明显看出这是为墓主人所设置的地下府库、仓厨和宴乐之所，也是过去已发现的大型汉墓中所罕见的。

但是清理工作相当艰苦。这是由于此组建筑处于地下，低于地平面3米左右，室内地面潮湿泥泞，而入口处又被盗掘者堆满乱石，一时难以扩大，以致造成室内空气异常稀薄，甚至火柴也不能点燃，在室内停留稍久就会感到头晕胸闷。而室内各种器物的不断发现，又使我们的精神状态处于兴奋之中。

依据清理的结果，以及其甬道口与“一号墓”的墓道垂直相交等情况，我们便将这组建筑定位为“一号墓”的附属建筑。

图五　北洞山楚王墓主体建筑墓门及甬道内的塞石

我们初次进入“一号墓”的日子是1986年的9月6日。与“二号墓”在山坡上开凿石圹后再以石材砌筑的情况不同，它全部是从山岩中开凿出来的，甬道中用两列双层的巨大塞石封堵，上下层塞石之间几乎没有什么空隙，盗墓者就是抽走了上层左侧的一列塞石后才进入墓室的。前室中还横卧着一块被盗墓者从连接前、后室的甬道中拖出来的大塞石，它一端的中央被凿出一个俗称“牛鼻扣”的凹孔，便是盗墓者拖拉塞石时所凿。而这种“牛鼻扣”在龟山发现的第六代楚王刘注墓的塞石上也曾发现过（该墓据估计于西汉末年的王莽时期即被盗掘），故此墓初次被盗的时期应大致相同。

我们沿着盗墓者的足迹前进，见到这组建筑有前后三道门，可能是经过髹漆涂朱的木门，均已腐朽。墓门朝南（图五），前面有长墓道与附属建筑朝西的甬道垂直相交。墓门内计有左右两侧室、前室、后室、两厕间、前后两甬道和侧甬道，连同木门外的左右两耳室，共有八室及三条甬道，室内总面积为100余平方米，南北总长21米多，东西最宽处也有15米多。

我们注意到这组建筑的各室风格多样，前室和后室为两坡式顶，侧室为四阿式（覆斗式）顶，耳室、厕间和甬道皆为平顶，其中墓门前左右两侧的耳室中还设有中心柱。由于墓顶和墓壁原为自然的岩面，开凿后有不平之处则用石板镶嵌补平，周边再以铁楔固定，使得全组建筑棱角分明，非常工整。墓顶和墓壁的表面处理也十分讲究：先施一层砂浆使之更为平整，然后全部髹漆涂朱。连厕间也不例外，甚至在两间侧室的地面上亦有涂朱的痕迹。这样，就似乎把我们带入了一个红彤彤的世界，周围都充满了一种神秘的气氛。朱砂有固体水银之称，用于墓室可以防虫和防腐的作用过去虽然有所发现，但是像这样大面积使用尚属少见。而且证实了有关秦始皇陵地宫的文献记载，如《汉旧仪》中所说的“塞以文石，致以丹漆”的情况仍为西汉时期的贵族大墓所仿效。

这组建筑我们称之为主体建筑，它的前后室是盗墓者劫掠的重点。经过几次洗劫，棺椁已荡然无存，地面上仅有薄层的淤土，清理时虽然我们再三寻觅，仅在前室个通往厕间的侧甬道等处发现了少量的玉衣片和几小段金缕。这种玉衣片呈鳞片状的委角凸字形，上有七孔（图六），与西汉中期以后常见的呈长方形或方形四孔的玉衣片有所区别，并且使我们联想到《吕氏春秋》中所提到的国君和大贵族死后处理尸体时的“含珠鳞施”之说，这可能是玉衣的一种早期形式。前室中还发现了两方铜印，一方为“山桑丞印”，一为“凌之左尉”，它们显然不属于施有金缕玉衣的墓主人，而很可能是作为助葬品而置入墓中的。

比起严重被盗的前室和后室，甬道左右的两间侧室所遗留的随葬品要丰富一些。右侧室曾被农民掘出过大型玉熊和玻璃兽，我们在此室清理出透雕的蟠龙玉佩（图七）和玉珌(图八)。令人高兴的是又发现了4件纯金的带钩，每件重25−27克左右，其中一对作天鹅状，纹饰精细，形象生动，头顶部有镶嵌宝石的凹槽，镶嵌物已失落，虽经精心寻觅，仍未找到；另一对则不能确定为何种鸟兽形，原来似乎也有镶嵌物。(图九）此室还出土了11件小型铜带钩，联系到它的地面上亦有涂朱的痕迹，所以很可能是一间放置楚王服饰用品的库房。左侧室则发现有金耳饰、玉衣片和彩绘漆器的残件。墓门外左右两侧的耳室中均发现有“半两”钱和残陶俑，右耳室的地面上还残留着大面积的朽木板和漆皮，这两间耳室或为钱库所在。此外，在主体建

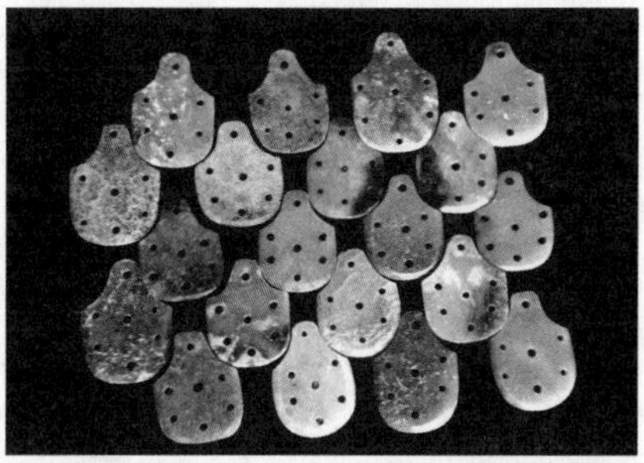

图六　北洞山楚王墓主体建筑内出土的玉衣片

图七　北洞山楚王墓主体建筑内出土的透雕玉佩

图八　北洞山楚王墓主体建筑内出土的剑饰——玉珌

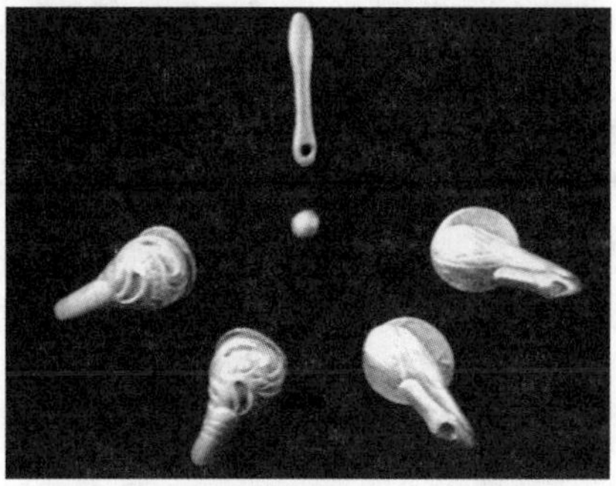

图九　北洞山楚王墓主体建筑内出土的金带钩和金饰品

筑大门内的地面上安装有铜质双齿封门器，侧室门内发现有相似的单齿封门器，这也是过去汉墓中很少发现的。

在清理两组墓室的过程中，长约10米、宽约3米的填置有塞石的墓道也全部露出来了。墓道上层的塞石大部分已被盗墓者所破坏，但我们发现缝隙中埋有大量的“半两”钱及相当数量的玉衣片、铜印章等重要文物。因此，如不及时移走，就将影响下一步的清理工作。我们这一要求得到了徐州市领导的全力支持，派出了专业起重队和大吊车前来工地，仅用了四天时间就移走了五十余方塞石。较大的每方近3米，高宽各近1米，重达6－7吨，小的也重3吨左右。（图十）

图十　笔者与徐州市博物馆领导刘大乾在研究移走墓道内的塞石（前方右侧戴帽者为笔者）

塞石凿得相当规整，表面平润，上下两面分别凿有凸榫和凹槽，以便叠压时相互扣合。塞石的一端均有朱书文字，记载了塞石及其榫卯的尺寸和工匠的姓名，书体兼具篆、隶，字迹工整而秀丽，这又是一个新的发现。

随着塞石的移走，我们又在这段墓道中发现了大量的“半两”钱以及数量不等的玉衣片、玉器、铜印章和铜铺首等器物。“半两”钱先后出土达200多公斤，约7万余枚，大多是汉代的“八铢半两”和“四铢半两”，少量是秦代的“半两”钱。钱质优劣不等，可能为郡国或民间私铸，相当一部分没有使用过的痕迹。玉器中有玉具剑上的玉饰和璧、环、佩饰等。铜印章有“楚邸”、“楚御府印”、“楚武库印”、“缯丞”、“彭之右尉”、“萧之左尉”6方，连同墓室内所出的共为8方。铜铺首则器形硕大，纹饰精美。以上的墓道内出土物，绝大部分都应是盗掘者从主体建筑的各室扰动出来的。

图十一　墓道两壁发现放置彩绘陶俑的小龛（背手而立者为笔者）

墓道前段的夯土部分是放在最后才清理的，这是由于要让吊车得以顺利通过。塞石移动走后，接着就进行此段墓道的清理。这里的夯层和夯窝非常明显，夯层厚11－23厘米不等，夯窝作圆形，直径8厘米左右。工作几天以后，新的重要的发现又呈现在我们眼前，这就是墓道两侧放置彩绘仪卫俑小龛的发现。（图十一）

到1986年10月22日，7个彩绘陶俑龛全部暴露出来了（图十二），通过摄影、录像、绘图和文字记录以后，我们将彩绘陶俑逐一妥善包裹，立即运至徐州博物馆地下库房内保存。（图十三）彩俑的总数达222个，由于从未经过人工的破坏，因而绝大多数保存完好，彩绘鲜艳如新。（图十四）

墓道小龛内出土的这批彩俑均为男立俑，高0.5米左右，头戴风帽或小冠，身着深衣，或拱手，或作持物状，腰佩长剑，并悬有佩绶，多数俑均背负箭箙，足登双翘尖首履，或着翘首短靴。俑的头部先施白粉，双颊微抹红粉，并以黑彩描出眉目和须发，唇部涂朱；身上用红、白、黑、绿、青、蓝、紫诸色施于不同的部位，在衣领、衣襟、飘带和箭箙上的纹饰特别精细，使人看来有栩栩如生之感。所以，这批彩俑可能是江苏省内保存得最好的一批汉代的彩绘陶俑，在全国亦属少见。

小龛之南的墓道两侧，有用土坯砌成的两个土墩。土坯外面先抹黄泥，再施白垩。这两个土坯或许就象征着双阙。土墩南面的墓道更为宽敞，宽度近6米，两壁有的地方涂以白垩，有的地方镶以陶片或板瓦片，墓道内的夯土也更为坚实。墓道南端的10米左右因被现代民居所叠压，故未能施工。总计我们清理出的墓道总长已达46米，连同21米长的主体建筑形成一条南北中轴线，显得很有气魄。

根据此墓的规模和随葬品的状况，特别是金缕玉衣和数方带有“楚”国字样铜印的发现，可以推定此墓为汉代封于彭城的诸侯王之墓。

自秦汉之际到东汉初年，封于彭城的楚王有十余个。其中最早的是西楚霸王项羽，他失败后自刎于乌江（今安徽和县），后被刘邦以鲁公礼葬于谷城（今山东谷阳县）。其次是西汉初年的楚王韩信，但他被杀时已降为淮阴侯，且死于长安。而此墓的器物特征也不可能早到秦汉之际和高祖初年，所以此墓与项羽和韩信无关。

图十二　墓道小龛内的彩绘仪卫俑（远景）

图十三　南京大学青年教师魏鸣正在小心翼翼地从小龛中捧出彩绘陶俑

图十四　墓道小龛内的彩绘仪卫俑（近景）

再从出土的大量“半两”钱的铸造年代来看，其中最晚的是汉文帝五年（公元前175年）时铸造的“四铢半两”钱，而未发现汉武帝于元狩五年（公元前118年）起铸造的“五铢”钱。因此，这墓的年代应该在公元前175年－前118年之间，而墓主人也应该是这一年代范围之内的某一代楚王。

按汉高帝六年（公元前201年）时，刘邦将韩信的封地一分为二，以淮东53县封从兄刘贾为荆王，后由其侄刘濞继位为吴王；另以彭城、东海、薛郡36县封其异母弟刘交为楚王，传至第八代楚王刘延寿，因谋立广陵王刘胥为帝，被告发后于宣帝地节元年（公元前69年）冬自杀国除。所以，我们发掘的这座楚王墓，应属楚王刘交后裔的前几代。

此墓属于楚王刘交的可能性应予排除，因为刘交死于汉文帝前元元年（公元前179年），当时尚未铸造“四铢半两”钱。另据《后汉书·郡国志》注和《水经注》的记载，均云刘交葬于铜山县夹河的楚王山，该墓封土至今犹保存完整。

刘交之子楚夷王刘郢客死于文帝前元五年（公元前175年），在位仅4年。其子刘戊即位，后因参与“吴楚七国之乱”，被汉文帝大将周亚夫击败，于景帝前元三年（公元前154年）自杀，在位21年（公元前174－前154年）。景帝改立其叔刘礼为楚王，即楚文王，在位仅三年（公元前153－前151年），由其子楚安王刘道继位，在位22年之久（公元前150－前129年）。刘道之子楚襄王刘注之墓已在徐州龟山发现，且已出现了五铢钱。故北洞山的楚王墓只可能是楚夷王刘郢客、楚王刘戊、楚文王刘礼、楚安王刘道等四代楚王之一的陵墓。此外，还有学者认为本文前面提到的“桓魋石室”应是北洞山楚王墓墓主的王后之墓。

（2003年6月完稿，2009年6月定稿）

蒋赞初

本文系由笔者与魏鸣同志合作而成的《徐州北洞山西汉楚王墓发掘纪实》一文（《文物天地》1987年2期）改写而成，改写时曾参考该墓的发掘简报（《文物》1988年2期）。北洞山楚王墓的发掘报告已于2003年11月由文物出版社出版，读者可以参阅。

南唐二陵发掘漫记

一、“太子墩”的传说

今日江宁的牛首山和祖堂山一带，从六朝以来就是金陵胜迹较多的地方，特别是到了春季，满山春兰和杜鹃，加以松竹掩映，景色绝佳，是郊游的好去处，而且恰与金陵东北郊栖霞山秋日的红叶相媲美，故南京民间很早就流传“春牛首、秋栖霞”的谚语。在清代乾隆年间形成的“金陵四十八景”中，就包含有“祖堂振锡”（指祖堂山幽栖寺内的佛事）、“献花清兴”（指祖堂山北峰献花岩的清幽）和“牛首烟岚”（指牛首山的景色）三处。佛教寺院有始建于南朝刘宋年间的祖堂山幽栖寺、南朝天监年间的牛首山宏觉寺（南朝时名佛窟寺）、南朝天监年间始建的吉山寺（寺址紧邻祖堂山的南麓）以及南朝时原有小庵，后来于明代成化年间扩建而成的献花岩之花岩寺等。所以，这一方面表明了“天下名山僧占多”的情况，另一方面也反映了在六朝时期的牛首山和祖堂山地区的佛教寺院要多于栖霞山一带。

名山附近，必有古代官僚贵族甚至是帝王的陵墓，这也是古代墓葬分布的特点之一。但是，史籍记载与20世纪中叶的留存遗迹却显示，在1950年前，牛首山地区的古墓却少于并晚于栖霞山一带。见于史志的仅有明代的三保太监郑和墓、守备南京司礼太监郑强墓，以及兵部尚书王以旂墓等少数几座，而且至今只有后两处有部分神道石刻留存。这就令人们有些不解。

1950年的春天，牛首山、祖堂山以及邻近的将军山（旧名观音山，因明代初年赐葬镇守云南的大将黔宁王沐英于此山，后人遂称之为将军山）地区，发生了规模较大的盗墓事件。江宁县人民政府立即制止了这起严重的违法行动，逮捕了盗墓分子，收缴了被盗的文物。但仍有部分文物流入了夫子庙的古董市场，经过南京市文物保管委员会的检查，主要是明代的文物，其中包括有目前珍藏于南京博物馆的国宝级文物——绘有“萧何月下追韩信”故事的青花人物梅瓶。根据南京市人民政府的指示，江宁县人民政府将收缴的被盗文物，分两次移交给南京博物馆院，笔者曾经参与了第二次的文物接收工作，目睹了其中沐英墓中出土的金山（铜制鎏金）、银山（铁制鎏银）、铜号、铜喇叭以及兵器架等。其余的被盗文物则多为宋代以至明清的陶瓷器。我们还一道参加了由江宁县农会在东善桥镇举行的公审大会，当场枪决了盗墓的主犯，并判决了其余的不法分子。

为了进一步摸清被盗古墓的情况，南京文物保管委员会（以下简称为南京文保会）联合南京博物院随即展开了现场调查。发现其中最有价值的就是位于祖堂山南麓的、被群众称为“太子墩”的古墓。墓内当时积满淤土，但仍然可以看出有仿木结构的墓壁，以及墓壁上所绘的部分壁画。由于南京博物院直属中央文化部文物局，故立即以书面形式报告了中央文物局，要求科学发掘此墓，并抄报南京市人民政府（当时南京为中央直辖市），而且很快就得到了中央文物局的批准。调查组对于“太子墩”古墓年代

图一 南唐李昪陵前的测绘工作，自左至右为沈九如、张彬、曾昭燏、吕群及一名工友。(1950年10月中旬)

的判断，认为“上限为六朝，下限在唐五代之间”。

由于民间传说和古地名对于发现古代遗址或墓葬有着重要的参考意义，所以南京博物院的有关人员在著名的文史专家胡小石教授（时任南京大学文学院院长、南京博物院顾问、南京文保会副主任委员）的指导下对南京历史上可能葬在南郊的“太子”们，逐一对照史籍，进行清理，但并未得到具体满意的结果。因此关于“太子墩”的墓主问题，还只能依靠墓内出土的事物来进行判断。

二、考古队下榻幽栖寺

祖堂山的得名，是由于唐太宗贞观初年时，高僧法融在该山北峰洞窟中修行得道，成为佛教南宗的第一祖师。传说当法融得道之际，曾经发生过百鸟献花的奇异景象，所以后人就命名祖堂山的北峰为献花岩，其修行的洞窟为祖师洞。

此山芙蓉峰下南麓山坳里的幽栖寺，可以说是20世纪前中期金陵南郊保存较为完整的一座六朝古寺。由于该寺几经沧桑，我们考古队于1950年10月上旬进驻时所见到的寺院，大部分已是晚清同治、光绪年间所建。此寺依山势而筑，层累而上，石阶达数百级。山门以内的第一座殿堂是无量殿，供养有西方无量寿佛。殿后有小溪流过，建有石桥和多级石阶以通天王殿。殿内供奉的四大天王像造型逼真，优于当时金陵的其他寺庙。自天王殿再拾级而上，即是大雄宝殿。建筑体量甚大，主尊为三世佛，两侧侍立十八罗汉，主尊的背面后壁，则塑千手观音像。在正殿的东面有一座两层楼的幽静院落，是庙主方丈修禅、迎客兼住宿之处。那时，江宁县的“土改运动”即将开始，该寺的香火较衰，因而寺方乐于将方丈楼全部租给我们考古队，以便用这笔租金来补贴寺内僧众的生活费用。

由于祖堂山下“太子墩”古墓的发掘乃是建国以来南京博物院（以下简称“南博”）首次进行的大规模发掘，所以院方特别重视。院长徐平羽同志（时任南京军管会文教部主任、高教处处长兼南博院长）亲自过问。主持日常工作的副院长、女考古学家曾昭燏先生则大部分时间常住幽栖寺考古工作站，具体指导田野发掘工作。发掘团体的正、副团长由原中央研究院历史语言研究所考古组的资深技术人员王文林与李连春两位老同志担任。王团长的铺位就设在老方丈的床榻之上，方丈室的楼上东侧厢房由曾院长和张彬两位女同志居住，我们8名男队员则住在楼上西侧厢房，中间堂屋供奉有观音佛像。我们在楼板上铺着厚厚的稻草，倒也相当温暖。

三、“太子墩”古墓传言发现黄金

每天早晨6时，我们一听到王团长的哨声，就立即起身，穿上棉制服，匆匆下楼洗漱。7时早餐，7时半出发，要步行2里多的山间小径，经过古拜经台，才能到达古墓所在地。我们于上午8时开始工作，下午5时才收工回寺。下午6时晚餐，7时至8时半政治学习，并进行文物编号，间或聆听王团长少年时所唱的北京民间小曲“莲花落”，以及他给德国考古学者捡马球的故事。他最爱重复的话语是“考古，考古，就是吃苦；不能吃苦，就不会考古”。当时工会所起的作用较大，申请入会需要经过严格的审查批准手续。我们10名考古队员都是工会会员，公推蒋赞初为工会小组组长，领导政治学习，黎忠义为文娱干事，张彬为通讯干事，共同协助王团长的工作。

据笔者为《南博旬刊》（油印本）所写的通讯报道：田野考古队从南京带来了6位工友，加上当地农会介绍来的10位政治上可靠的工友，共计16位工友参加发掘劳动。他们的工资是每日5升米，每5天发放一次。每天上午8时开始劳动，到10时休息一刻钟到12时在墓地用餐；下午1时再开始劳动，3时许休息一刻钟继续劳动，到5时收工。工友与考古队员一样，没有星期天和假日。

当时，我们的协作单位南京市文保会的会址在原总统府内，派有联络员刘俊亭同志经常来工地了解情况。有一次他陪同几位文保会的同志前来工地慰问，并带来的慰问信和一大批慰问品。当年的《南博旬刊》登载的慰问信内容中写道：“作为站在同一文物岗位上的战友，我们愿向你们学习并致敬！现在送上自己生产的冬瓜一只，重36斤；青菜20斤；大葱10斤；鲤鱼一尾，重10斤。请收下佐餐，聊表我们一点慰问的心意，祝你们的工作顺利完成。”

“太子墩”古墓开始发掘不久，附近的农村中就谣传墓内发现了大量黄金，致使围观的群众日益增多，影响了发掘工作的正常进行，也存在着安全方面的隐患。经过南博领导与市文保会领导共同会商，并报告市人民政府后，决定派遣刘俊亭、蒋赞初两位同志为联络员，持市政府介绍信面见江宁县长宋波同志（原为解放军“三野”的一位团长），要求派遣一些解放军战士来墓地负责安全保卫工作。宋波同志听取了我们的汇报后，非常爽快地应允，立即派出10余名战士随同我们前来祖堂山工地，在墓前支起帐篷，日夜轮流值班。记得有一位战士出生于猎户家庭，他曾先后两次猎得獐子，从而使我们品尝了两顿美味。

就这样，在古老的幽栖寺内，王团长的哨声、解放军的军号声，与寺内的种磐之声交织在一起，汇集成一种特殊的、令人终身难忘的音响。

四、南唐第一帝陵的发掘

1950年10月7日，南博田野考古工作的主要人员在曾院长的带领下，步行到“太子墩”墓地，再次进行实地勘察，制定第二天的工作计划。(图一)我们从该墓地前室西侧室西南角的盗掘洞爬进墓内，用多支手电筒照明，自前室南墙上半截（下半截已被淤土填塞）测出墓门的大致宽度和比较准确的方向，决定在墓门外开掘探沟，按照正规科学发掘的要求，从墓道进入墓室，然后进行清理工作。

图二　南唐二陵墓道内露出第一层青石板（封门石），自左至右站立者为张彬、曾昭燏、黎忠义、吕群，蹲坐者为沈九如。1950年10月12日。

10月8日，发掘工作正式开始。据笔者为《南博旬刊》所写的报道中说：“8日，星期天，落雨。7时半从工作站动身，途中雨大，在古拜经台避雨半小时，8时半到达墓地，支好帐篷，开始动工（我们在墓门外开掘了一条长8米、宽4米的探沟）。从早到晚，雨时大时小地落着。雨大了，我们就到帐篷中避雨，大家唱歌，工友同志们也热情地学着，他们很快就学会了《东方红》等革命歌曲。看雨落小了，大家又忙着继续工作。坚持到下午4时3刻，雨又大了起来，我们把工作做到离盗掘洞的一尺的距离就告一段落，收拾工具回来。总计今天因雨，工作断断续续地做了4小时。大家回到寺中，换洗了污湿的衣服。每人的精神都很愉快，晚饭吃得特别香。”

图三　南唐李昪陵前的记录工作，自左至右为曾昭燏、蒋赞初、黎忠义、张彬，前方蹲坐者为吕群。1959年10月15日。

发掘工作进行到第5天，探沟里就露出了堆积在墓门外上部的3层青石板。(图二)又工作了几天，探沟里陆续露出了5层青石板和形状不规则的黄石板。到了第12天，原来的墓门东西两侧呈八字形的青灰色挡土墙的墙顶显露出来了。接着，又露出里5层堵塞的墓门外的大石条。这五层大石条计有29块，有2—3吨重。因此，如何移走这些大石条，使墓门能全部露出来，就成为我们发掘工作所面临的主要难题。(图三)

笔者在当年的《南博旬刊》上写道："在（探沟）偏东第3层的青石板下，露出一个小洞，宽35厘米，高30厘米。俯在大石条上，从洞口窥见墓正门上方的红、白、黄、绿、黛5色绘成的花卉壁画……但接着连落了3天大雨，不能展开工作。有的同志们焦急地撑开了伞，跑到墓地，俯在洞口上望望壁画，看着堵门的大石条，烦得连声叹息。我们集体商讨了如何保留下完整的壁画，移去墓门前的大石条。鉴于大家从来没有过处理这种大石条的经验，生怕损伤了埋藏在底下并经历了许多年的珍贵的艺术品。经过慎重考虑之后，我们决定向院方请示，从南京城里找专门的石工师傅来帮忙。"两天之后，6位石工师傅携带着取石工具，在我们雇请的工友的帮助下，于4天之内仅移走了第一层的5块大石条。我们感到这样工作下去，在时间上和经费上都不够节约。因此，从搬移第二层大石条起，就由本院技工沈九如与老工人杨玉潦为主的几位工作人员，加上工友们自己动脑筋钻研，创用了一种滚筒的方法，即在向外倾斜的探沟内铺上长木板，将长约70厘米、直径6.5厘米的废旧的铁质自来水管4—5节放在探沟的地面上，再用大铁钎将大石条掀在铁管上，利用圆管的滚动和绳索的拉力，把大石条拉到探沟之外。由于使用了这种新方法，就在一周之内把其余4层24块大石条全部移走，共节约了12个工作日和100多万元(旧人民币）的经费，鲜艳夺目的墓门彩画也全部呈现在我们的面前，正巧是开工后的第30天。彩画均绘于墓门门券上方的阑额、柱头枋、斗拱以及墓门两侧的倚柱上，皆用石青、石绿、朱红诸色绘以枝叶回旋的牡丹花，斗拱上除绘有牡丹花外，还加绘华丽的重瓣宝相花。据当时来指导工作的南京大学工学院建筑史专家刘敦桢教授说，这类彩画应该是盛唐至宋初的一种流行的壁画装饰，在敦煌壁画的边饰中较为常见，但在江南的金陵地区能够出现十分难得。

五、墓主是南唐开国皇帝李昪

发掘工作转入第二阶段——墓室内部的清理工作。此时我们已经弄清了整座墓葬的布局：共分为前、中、后三个主室，前室和中室各有两个侧室，后室则多达6个侧室。(图四）前室和中室是砖结构，彩绘均绘在砖砌的柱、和斗拱上。后室则全部是石结构，彩画均绘在石质的柱、枋和斗拱上。彩画的内容除与墓门彩画相同的牡丹花和宝相花外，还有柿蒂花与仰莲和覆莲的纹样，用色也基本相同。只是墓门彩画因为历经千年未经扰动，发现时的色彩最为鲜艳，前室和后室虽经盗墓者的破坏，但淤土不多，对彩画的损伤较小。而中室由于室顶有一个早期盗洞，淤土几乎遍及全室，对彩画的损坏最大。在后室的室顶则彩绘有天象图，东方画有朱红色的旭日，西方画有淡蓝色的明月，南方画有南斗星座，北方画有北斗星座，日、月、南斗与北斗星座的周围，还分别绘有几十颗星象，这应该就是《史记·秦始皇本纪》中所描绘的"上具天文"的较为简单的表现方式。后室的石铺地面上，则雕刻有迂回曲折的浅沟，也就是象征着《史记》中所描绘的"下具地理"的江河形象。这是封建帝王陵墓内的一种特殊制度。

此外，后室前有石门、石门上方雕有双龙戏珠的浮雕，两侧分别雕有足踩祥云的持剑武士像，石雕上还有贴金的痕迹。后室的北部正中设有由6块大青石板合成的棺床，表面周边饰有浅浮雕的海石榴花

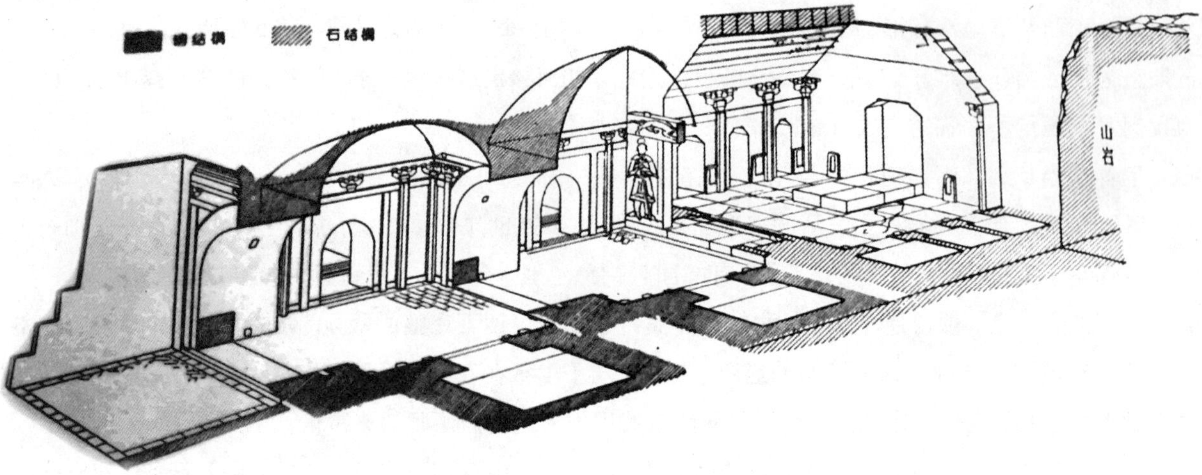

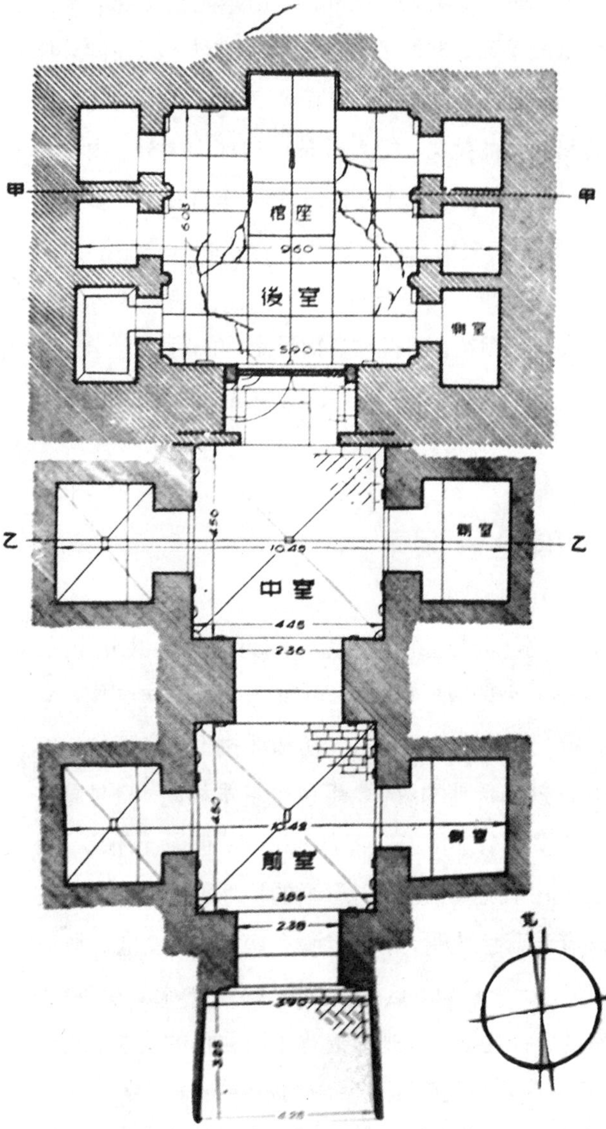

图四　南唐李昪陵平面图及透视图

纹饰，左、右、前三个侧立面上则分别浮雕有共计8条行龙。

到第66个工作日，墓室内的清理工作全部结束。在各室的淤土中共清理出陶、瓷、铜、铁、玉、石各类完整的或残缺的文物421件。其中最有价值的是刻字填金的玉质哀册23片，多数发现于后室东面偏南侧室的砖台上下，有些玉哀册片还粘着漆皮和铁块。另外发现有两件石函。推测这批玉哀册片原来包在漆函内，然后将漆函置于铁函中。估计这一套石函藏有玉哀册40片，内容是记述已故皇帝的功德。第二套石函藏有玉哀册32片，内容是记述已故皇后的功德。这72片玉哀册中的59片已被盗掘者掠走。幸运的是第一套中的开端第一片虽然已碎成三块，但被我们在墓内的3处淤土中发现，拼成一片后的文字是："维保大元年岁次癸卯十（下一片缺）子嗣皇帝臣瑶伏以（下一片缺）高祖开基"。按"保大"是南唐中主李璟的年号，保大元年是公元943年，也就李璟(原名瑶）即位之年。这样，就将"太子墩"墓主的身份与年代全部肯定了下来。它应该是南唐开国皇帝烈祖李昪的陵墓（玉册上发现有"烈祖"字样），下葬于公元943年，相当于北方五代时期的后晋天福八年。关于陵名的问题，发现于第二套玉册的一件残片上，上书"钦陵……礼也"，由于这套玉册的残片上多为刻写歌颂女性美德的词语，所以我们推测应是属于李昪的皇后宋氏的哀册。因此，“太子墩”古墓又可定性为南唐开国皇帝和皇后的合葬陵。

这墓出土的另一批较有价值的文物是象征宫中仕女的136件男女陶俑，以及11件象征神话动物的人首鱼身、人首蛇身和人首龙身俑。

第三阶段的工作是绘制墓的结构图、照相、制作拓片以及临摹彩画等技术性工作，其中临摹彩画的工作是请南京大学艺术系的6位同学前来墓地进行的。到1951年的1月21日，才结束了此墓的全部考古工作，前后费时达3个月。

六、两位野战军司令员莅临参观

1950年11月30日傍晚，南博派专人来到幽栖寺的考古工作站，要求市文保会的刘俊亭和南博的蒋赞初两人，在第二天中午以前赶回城里，接受任务。12月1日清晨，刘、蒋两人沿着南京沦陷期间日本侵略者为掠夺江宁县铁矿资源而修建到板桥江边的废弃铁道路基，步行到达东善桥，搭乘长途汽车至中华门车站，再转乘公共汽车到大行宫，然后，登上马车到中山门（当时从大行宫到中山门还未通行公共汽车），已经是午餐时分了。这时，由“三野”司令部派来的两辆军用吉普车早已到达南博，并有两名参谋随同我们去刚刚发掘完毕的李昪陵。原来，他们是奉命为首长前往参观而先期去探路的。

当年的这种军用吉普车的速度很快，不到1小时就开到东善桥，试探着能否在废弃的铁道上行驶。由于这条铁道路基上的铁轨已被国民党政府拆走，移作恢复宁芜铁路之用，只剩下残旧的枕木和碎石路基，又受到多年来山洪的冲击，造成了不少沟坎。但是，我们乘坐的这种吉普车性能很好，只是因为路基坑洼不平，颠簸得比较厉害。接着，两名参谋又察看了墓地周围的地形和幽栖寺内外的环境，在墓地和幽栖寺逗留了两小时左右就回去复命了。

这时，由于李昪陵的发掘结果受到有关领导部门的重视，特地拨出专款，为南博田野工作团购置了发电机以代替此前我们在墓地内照明用的马灯（汽灯），并借以装上电灯来作为照相、绘图之用。还购买了一辆卡车作为交通运输之用（此前的南博只有一辆中央博物院筹备处留下来的旧吉普车）。我们工作站的全体人员和工友们于12月2日全天分别打扫了李昪陵内外和幽栖寺工作站的周围，以迎接首长们的到来。

1950年12月3日，刘俊亭和蒋赞初奉命一早就赶到东善桥，在指定的地点等候首长。上午10时左右，终于等来了首长。他们竟然是我们敬仰已久的解放军“二野”的司令员兼南京市人民政府市长刘伯承将军，以及解放军“三野”的司令员兼上海市人民政府市长陈毅将军等首长，他们是由南博徐羽平院长陪同前来的。根据徐羽平院长的安排，刘俊亭跟随刘司令员，蒋赞初跟随陈司令员，先参观李昪陵，再到幽栖寺休息。两位探过路的参谋建议首长们乘坐吉普车前往，但被两位首长拒绝，坚持要步行前往。陈司令员行走时步履矫健，蒋赞初紧跟其后，随时准备答复他的询问。路基两侧的小丘上则行走着一排警卫战士。

记得陈司令员在途中见到一群正在飞行的野鸡，立即从警卫手中拿过手枪，击中了一只野鸡。上午11时左右，陈司令员来到李昪陵内参观。他浏览了前、中、后三室的布局，彩画和雕刻，对蒋赞初说：“究竟是小国之君，精巧有余，气魄不足。”

二号墓当时尚未打开墓门，墓主的身份还未确定，陈毅司令员就未去参观发掘现场，要求回寺时顺便看一下拜经台。路过拜经台时，曾经进去看了这座小庙里的接引佛像。约中午12时，刘伯承司令员在刘俊亭的陪同下，也到达了幽栖寺。两位司令员与随行的首长们畅谈了南唐二主（中主李璟和后主李煜）的词，以及南唐在政治上和军事上的问题。因事隔多年，其他的具体内容已经记不清了。

这时，南京市人民政府交际处已经在寺中客堂内准备好了午餐，派人来请首长们用餐。刘俊亭和蒋赞初正准备离开之际，时任南京市委统战部部长的刘述周同志要我们留下来共同就餐，以便随时回答首长的提问。记得同桌就餐的首长中，除了刘、陈两位司令，刘述周部长和徐平羽院长外，还有南京市人民政府副市长柯庆施、市委宣传部长石西民、统战部副部长兼交际处处长史永以及高教处副处长赵卓等首长。席间，还发生了一件非常有意思的趣事，陈司令员问曾昭燏院长："您的名字是怎么写，读什么音？"曾院长回答说："是火字旁加个橘字的右半边。"陈司令员于是半开玩笑地说："你的名字是个火烧的橘子啊！"

饭后，徐平羽院长要蒋赞初陪同刘司令员父女二人到寺内各处看看，先后参观了天王殿和大雄宝殿等处。当走到大雄宝殿三世佛龛后壁的千手观音像前时，刘司令的小女儿发问道："这是什么佛？"刘司令员就代蒋赞初回答说："这就是你的前世观音菩萨，因为她很爱吃零食，所以就长出了很多只手。"当时这位小女孩的左手中握着一个苹果，右手拿着香蕉正在吃着。

在刘俊亭和蒋赞初陪同在两位司令员在寺内参观时，徐平羽院长还抽空召集南博田野工作团的全体同志开了一次谈话会，代表首长们对两个月来大家辛勤的田野考古工作表示慰问，对李昪陵清理发掘的成绩给予肯定，要求再接再厉，做好二号墓的清理发掘工作，并研究如何保护好墓内彩画和出土文物的妥善方法。在场的同志们也一致表示要加倍的努力工作来回答首长们的关怀。

七、南唐中主李璟陵的发掘

在等待移走堆积在"太子墩"古墓墓道里的大石条期间，工作团鉴于古代陵墓一般都有族葬的习俗，考虑"太子墩"古墓周围会不会还有同期陵墓存在。我们分头在周遭各处山坡上仔细观察，希望能发现蛛丝马迹。几天以后，终于在"太子墩"古墓之西约60米处一个小坡的南面断崖上，发现似有人工修造痕迹。于是，我们就在1950年11月8日开始，也就是"太子墩"古墓墓门被打开之际，抽调了一部分工作人员和工友们前往发掘，我们假定它的方向和"太子墩"相同，先在这处山坡尽头的南面开了一条长5米、宽2米的探沟，以求得墓门所在。

到第11天，探沟内距坡顶深3.6米处露出了一层平铺的青石板，证明它的确是一座墓葬。但是我们误认为是该墓前室东侧室的室顶石，就将探沟向西延伸了10米，这样走了一个段弯路，直到第20天才把墓门的范围弄清楚。到了第29天，墓门两侧挡土墙和墓门外第一层封门青石板露出来了。此后，又露出了几层同样的青石板，还出现了大小不同的黄石条，但远没有堵塞"太子墩"古墓墓门外的石条那样巨大。我们用了10个工作日才把这些石板和石条移走。到了第40天，幕门全部露出来了。门券上方和两侧也同样有枋、柱以及一斗三升式的斗拱、枋柱和斗拱上也有彩画，可惜该墓地势较低，且地下有山泉通过，潮气甚重，兼以封门石板与墓门砖墙之间是用石灰和糯米汁等来浇灌的，因而绝大部分彩画已经模糊不清。只有墓门上部阑额上可以看出残存有枝叶回旋的牡丹花纹的

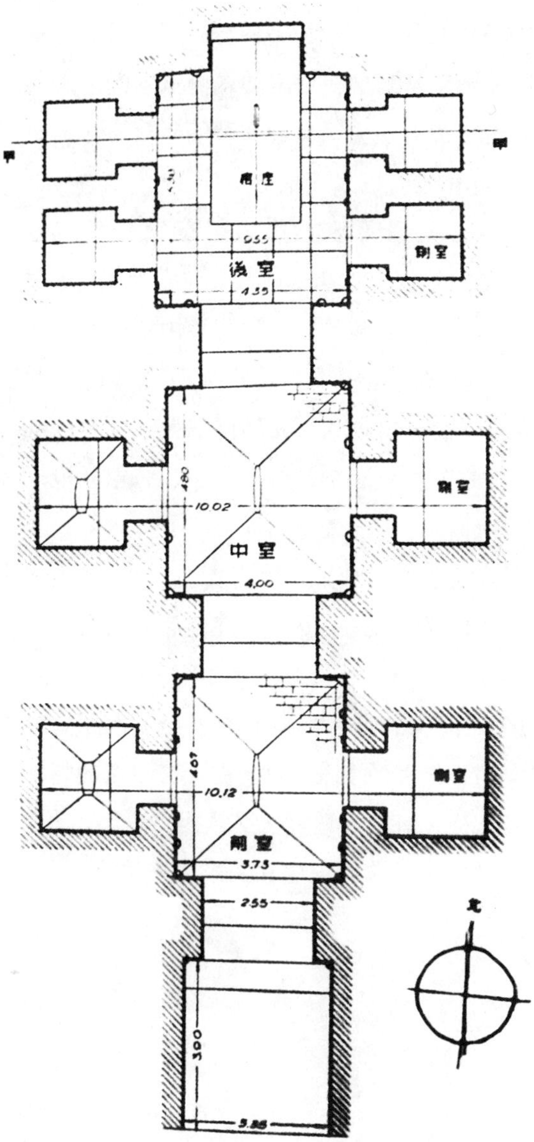

轮廓，以及由朱红、石绿诸色晕染的斑点。

发掘结果表明此墓平面布局与李昪陵相似，也分为前、中、后三个主室，前室和中室的东、西方向各有一间侧室，后室的东、西方向各有两间侧室，但全部为砖结构，较李昪陵后室少了两间侧室。（图五）其余各室仿木结构的柱、枋和斗拱均与李昪陵相同，其上也绘有彩色。只是由于前室和中室室顶均有早期盗掘洞，堆积淤土较李昪陵的前室和中室更多一些，仅后室淤土略少，都是从中室以及后室棺床后壁破坏部分渗漏进来的。

此墓出土文物共计220件，包括陶、瓷、铜、铁、玉、石、骨等待各类器物。其中较有价值的也是玉哀册片，计残存40片，玉质较差，每片宽度只有李昪陵所出的玉哀册片三分之一，但厚度略大，呈窄长条状。每片只刻文字一行，刻得很浅，没有填金粉的痕迹。根据玉哀册上的残余文字看，可以确定此墓是南唐中主李璟及其皇后钟氏的陵墓。此墓出土的54件男女陶俑虽然也具有一定历史艺术价值，但制作较差，类型也较少，不如李璟陵所出同类俑精致和繁复。

八、关注南唐二陵的先生们

胡小石先生是曾院长的恩师，他对南唐二陵发掘最为关注。在发掘的开始阶段，他就去图书馆遍查史料，帮

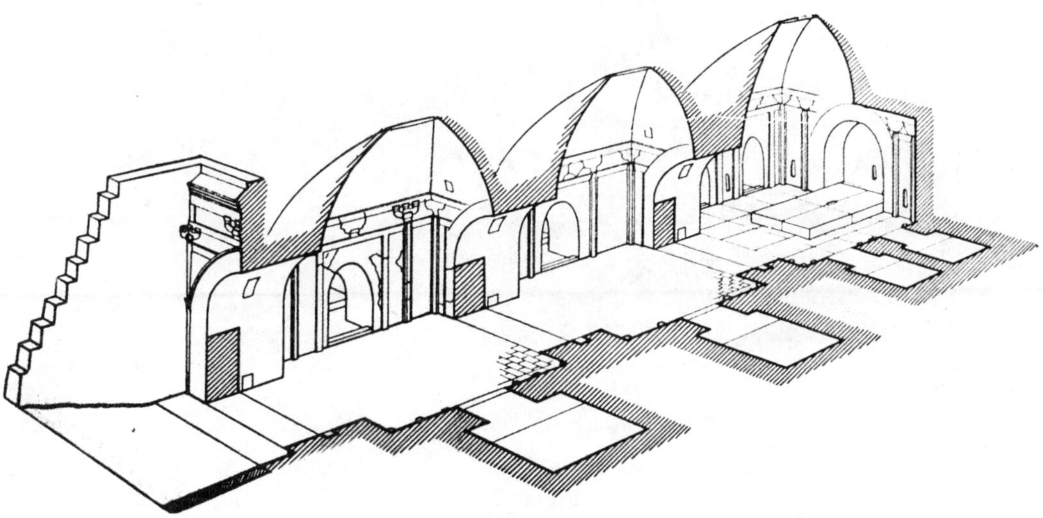

图五　南唐李璟陵平面图及透视图

助我们从文献中查找墓主的有关资料。当断成三块、带有“保大”年号的“嗣皇帝臣瑶”那片最具史料价值的玉册片在墓内发现时（其中带有“保大”年号的一小块玉册片是张彬在前室的东侧室内淤土中发现的），曾院长看到后欣喜不已，立即连夜赶回城内，与胡先生一道对照史籍，核实墓的年代，并确认了墓主就是南唐先主李昪，也补正了史籍中失载的南唐先主李昪在位时曾名李瑶的史实。

刘敦桢先生对南唐二陵发掘工作与报告编写的贡献很大。他多次到现场考察，在带有“保大”年号的那片玉册发现以前，就从建筑史的角度确定了“太子墩”古墓的年代是在唐宋之间。他告诉我们，根据他在1931年主持修缮的南京栖霞寺五代时期舍利石塔的印象，该塔浮雕的天王像与墓内石刻武士像的风格相似，而塔基座上所浮雕的海石榴花纹也与此墓后室棺座上浅浮雕的海石榴花纹一致。因此，两者的年代亦应相近。他还指导了张彬撰写南唐二陵建筑部分的文稿，要求张彬先到南京大学学习一年“中国古代建筑史”和“西洋建筑史”课程，然后动笔。初稿经刘先生逐页标注修改要求，张彬就根据刘先生的要求重写，并在曾院长的具体指导下定稿。

时任中国科学院考古研究所副所长的夏鼐先生，是曾院长在伦敦大学研究生院考古系的同学。建国以后，曾院长与夏鼐先生经常书信来往，讨论一些国内考古业上的有关问题。因此，在南唐二陵发掘期间，夏鼐先生也起到间接的指导作用。

在南唐二陵发掘期间，南京市文保会曾经多次邀请在宁的专家学者前往考察。记忆所及的有原中央大学历史系系主任、首任南京图书馆馆长贺昌群先生，南京大学历史系系主任、中国古代史专家韩儒林先生，南京地方史专家朱偰先生，南京大学建筑系主任杨廷宝先生，南京大学哲学系教授、著名美学专家宗白华先生，中国科学院历史研究所南京史料整理处的史料学专家罗尔纲先生和王可风先生等。他们

图六　南唐二陵发掘工作人员合影（包括南京文保会委员胡小石、刘敦桢、陈之佛等先生和南京大学艺术系的同学，以及解放军警卫战士和工友们）。1950年12月中旬。

图七　蒋赞初在南唐二陵核对报告时的工作素描（1955年11月4日在祖堂山，黎忠义绘）

当时都是南京学术界的翘楚，也是我们的师辈学者。他们对南唐二陵的评价和建议，对正在进行中的清理发掘工作，以及后来的考古报告编写工作，都起了相当重要的指导作用。南京大学的历史、艺术、建筑、地质系的教授和高年级同学也先后前来考察。（图六）

此外，在1951年的秋天，时任上海市常务副市长的潘汉年同志偕夫人曾专程前来南唐二陵参观。

南唐二陵的正式发掘报告于1957年7月由文物出版社正式出版，曾院长任总主编。她对发掘报告中的文稿逐字逐句进行推敲，对插图和图版亦非常认真地核对。在初稿即将完成之际，曾院长又派蒋赞初、黎忠义、李连春三人于1955年11月赴南唐二陵进行有关文字描述和建筑图的核实工作，并补拍了一部分照片。（图七）我们两人前后参与报告的编写和核对工作长达两年之久。曾院长是我们在田野考古方面的启蒙老师，她对文物考古方工作的执著精神，使我们终身受益。

九、南唐二陵发掘后记

1950年的冬天到初春，南京的雨雪较往年多。从幽栖寺到南唐二陵的两里多崎岖的山间小路，湿滑难行。我们男同志都穿了长筒胶鞋踩着泥路或积雪而行，曾院长和张彬两位女同志走得更是吃力，她们穿着胡小石先生特地请人为她们编织的草鞋，艰难地扶棍前行。幸而下大雪时我们已经完成了室外发掘，开始进行墓内的清理，所以对工作的影响还不算大。

南唐二陵的规划，史载是出自大臣韩熙载与江文蔚之手，虽然规模较小，但从中可以窥见唐代帝陵的制度。

据史书记载，南唐李昪时代采用休养生息政策，对邻国采取和平政策，因此国力较强，陵墓建筑比中主李璟规模要大。而李璟由于连年战败，先后向中原的后周与北宋称臣，去帝号，称国主，并以长江为界，从此国力大衰。墓中不再出现龙形石雕，但在后室的室顶上仍彩绘有天象图。

但是，南唐中主李璟在中国文学史却是著名的词人之一。在他的倡导下，其子后主李煜与大臣冯延巳都是历史上著名的词人。南唐的书画和雕刻艺术也相当发达，史载后主李煜的书法“遒劲如寒松霜竹，谓之金错刀”。南唐画院的滥觞，可能始于中主时期，而以后主时期最为发达，如著名画家顾闳中所作的“韩熙载夜宴图”（现藏故宫博物院）和王齐翰所作的“勘书图”（又名“挑耳图”，画面上还盖着后主李煜收藏书画的印章“建业文房之印”，以及后来北宋宋徽宗“瘦金体”题写的“勘书图”，和“王齐翰妙笔”等字，现藏南京大学考古与艺术博物馆）等。至于壁画和雕刻，既反映于南唐二陵仿木结构的枋、柱、斗拱上的彩画，以及雕龙和石刻武士像；也反映在栖霞寺舍利石塔的普贤菩萨像图、四大天王像、释迦牟尼八相图，以及基座上浅浮雕的海石榴、凤凰、鱼、龙、水花和花卉的纹饰上。因此，南唐二陵的发掘成果也丰富了我国在唐宋之间过渡时期的建筑、绘画和雕刻艺术宝库中的内容。

在南唐二陵发掘工作结束的37年后，即1987年的秋天，台湾著名作家白先勇以美国大学兼职教授的身份来南京大学讲学，他指名一定要参观南唐二陵。这是由于其母在他幼年生活于南京期间，曾经教他背诵过南唐二主词（指中主李璟和后主李煜的词）之故。为此，南京大学校方特地致电正在徐州主持北洞山楚王墓发掘报告工作的蒋赞初回校，与张彬一道陪同白先勇前往，同行者还有叶子铭教授。在途中和参观过程中，白先勇还不时吟诵着南唐二主词中的名句，并要求一定要在南唐二陵现场陈列室内悬挂有我们两人在内的工作照前面合影留念。当晚，他又约我们一道欣赏了江苏省昆剧院著名演员张继青为他专场演出的《牡丹亭·游园惊梦》，使我们更加喜爱上了昆曲。

时至今日，57年前领导南唐二陵发掘的曾昭燏先生、王文林先生和李连春先生，以及共同参加工作的刘俊亭、黎忠义、张正祥、董启炎、杨玉潒诸同志已经先后逝世（沈九如同志情况不明），健在的吕群、梅晓春和我们两人亦已年逾八旬。谨以此文纪念所有参加并支持过南唐二陵发掘工作的先生们。

蒋赞初、张彬

作者附言：本文写作时，承南京博物院院长龚良研究员提供南唐二陵发掘时有关照片，以及发掘期间的《南博旬刊》复印件；又承南京博物院老院长梁白泉研究员帮助回忆，在此谨向他们表示谢意。此文曾在南京《晨报》副刊中刊登（2007年底至2008年年初），收入本集时作者又进行了修改，并补入插图和照片。

关于金陵大报恩寺与琉璃塔的历史渊源问题

金陵大报恩寺为明代南京的三大刹之一，寺内的琉璃塔又是中古时期世界范围内的建筑奇迹之一。近年来，随着我国经济实力的增强，以及文化、旅游、宗教等事业的发展，有关方面已启动了在原址上重建该寺、塔的工程。因此，清理其历史渊源与文化内涵，也是必须从事的工作之一。这篇短文主要是依据有关史籍和考古资料，就它的历史渊源问题，讲几点看法。一是大报恩寺与塔的最早渊源，即阿育王塔、长干寺的始建年代，兼及长干寺与建初寺的关系问题；二是长干寺的废弃年代与宋代天禧寺在其旧址上重建的问题；三是明成祖朱棣为何选择天禧寺及舍利塔作为大报恩寺及琉璃塔的基础问题。

一

金陵大报恩寺与琉璃塔的最早渊源是三国早期的阿育王塔与两晋南朝的长干寺（梁陈时的阿育王寺），这在史籍的记载中是比较清楚的。最早的正史记载，见于《南史·扶南国传》，但关于阿育王塔则有荒诞之说，传为周敬王时古印度阿育王所造的八万四千塔之一。后经清代学者孙文川、陈作霖所著《南朝佛寺志》考证，认为“是说诞不足信，或是汉末笮融所造，遗留于此”，笔者同意此意见。

按笮融为丹阳郡秣陵县人，于汉献帝年间投奔其同郡丹阳县（县治在今江宁、当涂分治的小丹阳镇）人徐州刺史陶谦，被委任为“督广陵、下邳、彭城运粮。遂断三郡委输，大起浮屠寺。上累金盘，下为重楼，又堂阁周回，可容三千许人，作黄金涂像，衣以锦彩。每浴佛，辄多设饮饭，布席于路，其有就食及观者且万余人。及曹操击谦，徐方不安，融乃将男女万口、马三千匹走广陵……杀（广陵太守赵昱）放兵大掠，因以过江”（见《后汉书·陶谦传》)。《三国志·吴书·刘繇传》所载笮融事迹略同，唯加有“悉课读佛经，令界内及旁郡人有好佛者听受道，复其他役以招致之，由此远近前后至者五千余人户”。所以，笮融在历史记载中虽然被说成是一个残暴成性的官吏，但却在徐淮地区至长江下游一带传播佛教，信徒很可能包括其故乡丹阳郡内的民众。又据《江表传》，笮融于兴平元年（公元194年）率众过江后，屯兵于秣陵县南，与守城的将领薛礼依扬州刺史刘繇为盟主，兴平二年时曾与孙策交战，而且孙策“为流矢所伤，伤股，不能乘马，因自舆还牛渚营”，说明双方未分胜负。后来，笮融虽然“南奔豫章，杀郡守朱皓，入据其城。后为扬州刺史刘繇所破，走入山中，为人所杀”（见《后汉书·陶谦传》)，但他在东汉献帝兴平年间或稍早时间，于其故乡建造佛塔应是十分可能的事。

关于长干寺与建初寺的关系问题，在明代以前的记载中，均是分别记述的，只是到了明代的洪武、永乐年间才将两寺混为一谈，详见明代天启七年南京礼部祠祭司郎中葛寅亮所撰的《金陵梵刹志》。由于此志流传甚广，对后代的影响较大。但据《南朝佛寺志》考证，建初寺应位于“花盝岗（今作花露岗）之南”，寺前有孙吴时之“大市”故亦称“大市寺”，刘宋时所建的凤凰台即在附近，故与长干寺无涉。加以1960年镇江市甘露寺铁塔塔基内出土的唐代长庆四年（公元824年）润州刺史李德裕所撰的“重瘗长干寺阿育王塔舍利记”石刻的铭文中明言“上元县长干寺阿育王塔舍利二十一粒，缘寺久荒废，以长庆甲辰岁十一月甲子移置建初寺，分十一粒置北固山，依长干旧制，造石塔，永护城镇，与此山俱”（图一），如若长干寺与建初寺同为一寺，则断无移置之举。所以，将长干寺与建初寺混为一谈之说，随着“重瘗长干寺阿育王塔舍利记”石刻的出土，也就不辩自明了。

二

关于长干寺的废弃时间与宋代天禧寺在其旧址上重建的问题，在元代的《至正金陵新志》的“天禧寺”条中，引用了宋代文人苏颂的《长干诗注》云：“至南唐时，废寺为营庐。”因而有些论述亦依此说。如今已有上述唐代长庆四年的石刻铭文明言“缘寺久荒废”，则长干寺的废弃至迟可定为中唐时期。

至于宋代的天禧寺在长干寺旧址上的重建，据宋代李之仪所撰的《天禧寺新建法堂记》云：“天禧寺者，乃长干道场葬释迦真身舍利。祥符中建塔，赐号圣感舍利宝塔。至天圣中，又赐今额”。按“祥符”为宋真宗的年号，“天圣”为宋仁宗的年号，由于宋仁宗赵祯在当皇子时曾受封为昇王，兼任江宁府尹，因而天禧寺于宋真宗和仁宗之际在长干寺旧址上的重建，当与宋仁宗曾受封为昇王并兼任江宁府尹密切相关。

三

关于明成祖朱棣为何选择天禧寺及舍利塔作为大报恩寺及琉璃塔的基础的问题，笔者认为可能是基于下列几个因素。最主要的因素是明太祖朱元璋相当重视天禧寺，他在洪武二十一年（公元1488年）所撰的《御制黄侍郎立恭完塔记》中，特别强调了其九级浮图与阿育王和康僧会之间的关系，故所耗费用高达黄金二万五千两。而建文帝朱允炆在位时亦曾关心过天禧寺的藏经问题（承夏维中教授见告）。故明成祖为天禧寺“充广殿宇，重作浮图，比之于旧，工力万倍……”（见永乐十一年《重修报恩寺敕》）也可能带有超越建文帝，直接继承明太祖的崇佛之举。

其次，可能是考虑到宋仁宗赵祯曾作为皇子在江宁府做昇王时复建长干寺旧址上的圣感舍利宝塔，登帝位后又定名为天禧寺这一可以为其自身作比拟的历史因素。

再次，在天禧寺“重造浮图，高壮坚丽，度越前代”（见永乐二十二年撰《御制大报恩寺碑》碑文，即今左碑，已于早年被毁，仅存龟趺），可以在表面上“报皇考（按指明太祖）皇妣（按指马皇后）罔极之恩”（见永乐十一年《重修报恩寺敕》），又可为其生母硕妃祈福。

基于上述三个因素，明成祖朱棣遂于永乐十一年将天禧寺改称为大报恩寺，又在永乐二十二年的《御制大报恩寺碑》中予以重申。

以上分析是否有当，敬请方家指正。

图一　李德裕重瘗长干寺阿育王塔舍利题记石刻拓本

图二　长干寺舍利金棺及拓本

图三　长干寺舍利银棺及拓本

有唐大和三年己酉歲正月廿四日
乙巳於上元縣禪衆寺舊塔基下獲
舍利石函以其年二月十五日乙丑
重瘞於丹徒縣甘露寺東塔下金
棺一銀槨一錦繡襆九重皆余之施
也余長慶壬寅歲
穆宗皇帝擢自憲臺廉于浙國星霜
八稔伏事三朝永懷舊恩殁
齒難報創甘露寶剎重瘞　舍利所
以資
穆皇之冥福也浙江西道觀察等使
銀青光祿大夫檢校禮部尚書兼潤
州刺史御史大夫李德裕記
長干寺　舍利在東函　禪衆寺　舍利在西函

图四　李德裕重瘗长干寺阿育王塔舍利题记石刻拓本（原图见《江苏省出土文物选集》，文物出版社，1963年）

（2007年12月10日）

蒋赞初

附记：唐代李德裕重瘗长干寺阿育王塔舍利记石刻与长干寺舍利金棺、银棺，以及重瘗金陵禅众寺舍利题记石刻现藏镇江市博物馆。发掘简报见江苏省文物工作队、镇江市博物馆：《江苏镇江甘露寺铁塔塔基发掘记》，载《考古》1961年6期。

关于南京云锦发展的历史过程

本文试图从我国织锦发展的史实中，勾勒出南京（金陵）[1]云锦的历史演变，以及形成今日“中华一绝”的简要过程。

一、东晋以前我国织锦的概况

我国素以“丝绸之国”享誉世界。早在距今7000年前至5000年前的新石器时代中晚期，在黄河中下游和长江下游的史前遗址中，就分别发现了蚕茧、陶蚕形饰物，以及陶器和牙器上的蚕形纹饰。[2]特别是在黄河中游河南荥阳的青台遗址出土的丝帛残片[3]，以及太湖之滨的吴兴钱山漾遗址出土的绢片和丝带等实物更为重要。[4]凡此，均足以证明我国丝绸历史的悠久。

到了夏商时期，随着王朝的建立与统治者对丝绸织品的特殊需求，丝织物的需要逐渐增多，质量也不断提高。一般认为，丝织品中质量最高、技术最复杂的品种——锦，是出现于西周时期[6]，而另一种高级丝织品——绮，则在商代晚期就已经出现。[5]西周时期的重要文献《诗经》的《小雅·巷伯》篇中就有“萋兮斐兮，成是贝锦”的诗句，《书经》的《禹贡》篇也有“厥篚织贝”的记载。由于海贝产于南海，中原地区得之不易。所以，将贝纹织在锦上，也从另一方面说明锦的贵重意义。辽宁、山东、陕西等地的周代墓葬中，都发现过锦的残片，如辽宁朝阳的西周早期墓和山东临淄郎家庄的东周墓均出土过两种以上的彩色丝线提花的“经帛”。[7]到了战国时期，经锦技术又有了很大的发展，尤以南方的楚锦闻名于世。楚锦的纹饰一般是在几何纹样的格式中填以人物和鸟兽等生动的图案。在湖南长沙、湖北的江陵和随县的楚墓中均有实物出土，其中长沙左家塘的楚墓中还发现了6种不同纹饰的织锦残片。[8]至汉代，又出现了多色的经锦，凡是三色以上的，多用两种不同的色丝排牵成彩条，可以在不增加织物厚度的情况下增加纹样的色彩，纹样的内容大多以充满神话色彩的动物、云气和山岳为主题，表现得生动而活泼。这类汉代经锦的实物在新疆和内蒙古的一些汉代遗址和墓葬中均有发现。[9]西汉政府在首都长安设有东织室和西织室，并在陈留郡襄邑（今河南睢县）和齐郡（今山东临淄）设有服官以从事高级丝织品的生产，尤以襄邑的织锦闻名全国。据《汉书·贾谊传》，当时的富商甚至用锦绣来装饰墙壁，让奴婢穿上绣衣和丝履。又据葛洪《西京杂记》的记载，当时的熟练的工匠已能使用120镊的织机来织成“蒲桃（葡萄）锦”和“散花绫”等高级丝织品。至东汉时期，位于四川的蜀郡已设有锦官，所产的蜀锦与河南襄邑的织锦齐名，特别是到了汉末三国时期，中原地区战乱频繁，襄邑的织锦衰落，由蜀锦取而代之，蜀锦也成为蜀汉政权的主要经济支柱。

在以金陵（今南京市）为中心的长江中下游地区，在三国时代以前，就有了较为发达的丝织业。东吴在此建都以后，更设置了由皇室直接控制的“织室”，以生产高端的丝织品。[10]织室的规模在末帝孙皓时已发展到上千人。[11]据《三国志·吴书·华覈传》载，东吴末期时，“兵民之家，犹复逐俗，内无担石之储，而出有绫绮之服”，说明当时东吴的民间已能生产绫绮之类的丝织品。

二、东晋至唐宋时期金陵织锦的盛衰

西晋灭吴以后，东吴皇家的织室虽被撤销，但江南民间的丝织业仍然兴盛。据左思《吴都赋》载，当时吴地的经济状况是“国税再熟之稻，乡贡八蚕之锦”。“八蚕”即“八辈蚕”的简称，是当时的一种优良品种，使用这种蚕丝为原料的丝织品无疑也是高端的产品。至西晋覆亡时，中原地区又有近百万人渡江南下，其中既有上层的皇族和官僚，也有下层的农民和手工业工匠，很可能包括了一部分丝织业工人。而东晋在建康（今南京市）建都后不久，就设置了“织坊”，以生产皇室所需的高级丝织品。据《晋书·后妃传》记载，东晋孝武帝之母李太后，“本出微贱……时为宫人，在织坊中”。

对于金陵织锦最具历史意义的是在东晋晚期，当时的大将刘裕率军北伐，攻灭建都于长安的后秦，迁汉魏以来集中于长安的包括织锦工匠在内的中原地区百工前来建康（今南京市），并于义熙十三年（公元417年）在建康设置了“锦署”。由于地处秦淮河南岸的斗场市，故史称“斗场锦署”，这对金陵丝织业的发展起着决定性的影响。所以，南朝人山谦之在《丹阳记》中说：“斗场锦署，平关右，迁其百工也。江东历代未有锦，而成都独称妙，故三国魏则市于蜀，而吴亦资西道，至是始有之。”斗场市是东晋南朝时建康都城南郊的重要市场之一，位于名刹斗场寺（又名道场寺）之前，故名斗场市。据孙文川、陈作霖的《南朝佛寺志》考证，其具体的位置“当在今聚宝门外赤石矶附近”。按赤石矶即今城东南的周处读书台所在地，南临杨吴与南唐时开凿的城南护城河（今外秦淮河南段），在雨花台的东北麓，与六朝的著名住宅区——长干里相近，也是佛寺的集中地之一，亦与越城和朱雀航相距不远。因此，刘裕将长安迁来的百工设置于此，并以“锦署”命名是很合适的。鉴于后秦是继前秦的一个北方少数民族政权，而前秦的苻坚曾经短期统一过北方中原地区，所以这批百工中的织锦工匠既承袭了两汉魏晋的传统，又融合了少数民族统治者的喜爱加金织锦的技艺[12]，这正符合日后南京云锦的主要特征之一。因此，我们有理由认为东晋晚期刘裕从长安迁来的后秦百工，是南京云锦业的先驱者。

在整个南朝时期（包括刘宋、南齐、萧梁、陈四代，自公元420—589年），金陵（当时称建康）的织锦业持续发展。据史料记载，南朝各代都在中央政府机构设立少府，下设平准令以掌织染，锦署亦属平准令管辖，皇家还另设有织室和绣房。南齐时的织成锦工艺已闻名天下。所以地处蒙古高原的柔然国曾向南齐政府请求派遣，但被齐武帝以“织成锦工，并女人，不堪远涉”为由[13]，婉言谢绝。梁武帝时，又出现了“公家织官纹锦饰”的规范[14]，叛将侯景曾向梁武帝索锦万匹[15]，足见当时御府锦署生产量之巨大。至陈代，地方官员亦能一次进献罗纹被达两百条之多。[16]凡此，均可说明南朝织锦业的发达程度。

从考古发现看，也可以证实南朝时期建康织锦业的兴盛。如当时与东晋南朝关系密切的地处东北的高句丽国，其国王于东晋义熙九年（公元413年）起，即被东晋封为高丽王、乐浪公，南朝时又加爵为大将军，都督营、平二州诸军事，双方互赠礼品，往来不绝。[17]在其都城（今吉林省集安市）发现的一批公元5世纪左右的王公贵族墓中，均有仿自南朝墓葬中模印砖画的摹仿织锦壁衣的风格，其图案亦以莲花纹和缠枝忍冬纹等有关佛教题材的纹样为主，有些墓中还出土了具有南朝特点的江南青瓷。特别是在长川二号墓中更发现了被认为是江南产品的织锦残片，这块织锦残片以桔黄色为地，用经线显花，织出绛红色和深蓝色的图案花纹。[18]最近，在南京江宁镇陈塘湖村发掘的一座大型南朝墓内，更发现了墓内的铺地砖上均模印有莲花的图案花纹，象征了南朝贵族以织锦铺地的豪奢习俗，此墓的后壁还用莲花纹砖砌成两座佛塔，左右两壁则有成群男女侍者形象的模印砖画。[19]

再从南朝织锦的命名上看，除了上面提到的"官纹锦"和"罗纹锦"外，还首次出现了"云锦"的名称，见于南朝文献《殷芸小说》。该书的原文为："天河之东有织女，天帝之子也，年年机杼劳役，织成云锦天衣。"[20]作者借神话的叙述，道出了人间巧妇的精湛技艺，这也是云锦之名在文献中的最早出现。而《齐书·舆服志》亦有"加饰金银薄，世亦谓之天衣"的记载，也可与同时代的《殷芸小说》所述相印证。再据《太平御览》卷八一五引魏文帝曹丕之语："自吾所织如意、虎头、连璧锦，亦有金薄，来自洛邑。"研究者认为加金薄的锦即是织金锦，其做法始于三国。[21]由此，亦可证明"云锦"之名实始于南朝，而且特指加金银薄的织金锦而言。

隋灭陈后，金陵的政治经济地位一再被贬低，并降为普通的州县，锦署亦当在撤销之列。有研究者认为"当时南京（金陵）丝织业被迫转移到广陵（今扬州）"。[22]唐代继承了隋代抑制金陵的政策，将唐初一度设在金陵的扬州大都督府固定在江都（今扬州市），并迁金陵居民数千家去江都[23]，其中亦应该包括有丝织业工人。这些资料意味着后来唐代扬州丝织业的兴盛，特别是向首都长安进贡的名闻天下的蕃客袍锦和半臂锦等高级织锦，其中就应有南朝金陵织锦工匠及其后裔的贡献。南朝锦署的另一部分工匠则可能被迁至当时管辖金陵的润州（今镇江市）。唐末时，吴越国的创始人钱镠曾任镇海节度使（治所在杭州）兼润州刺史（治所在丹徒，即今镇江市），后来他在兼治两浙（浙西和浙东），晋爵越王时，就网罗润州技艺高超的织锦工匠300余人至杭州西府的手工业作坊劳作，成为历史上杭州有官营织造的开始。[24]

唐末至五代十国时，扬州屡遭战乱。杨吴国虽建都于扬州，但其政治经济中心则逐步转移到后来作为"西都"的金陵。至南唐以金陵为国都时，统治者大力奖励农桑，金陵再度成为江南丝织业的中心之一，并设有官营织造，扬州的织锦工匠在此时很可能也随之渡江南迁。据《十国春秋》，自后周显德五年（公元958年）至北宋开宝八年（公元974年）的不到20年间，南唐曾先后向汴京（今开封市）进贡过锦、绮、罗、帛等数十万匹。可见南唐丝织业之兴盛。[25]因此，南唐时应是金陵织锦业的复苏时期。

南唐灭亡后，北宋政府对金陵的政治经济地位相当重视，宋仁宗为太子时曾被封为升王兼江宁府尹，并以南唐皇宫为府署，著名的政治家包拯与王安石亦曾先后担任过江宁府尹。所以，虽然有关北宋时期金陵丝织业的情况未详于史籍，但南唐时的基础看来并未遭到破坏。这样，在南宋定金陵为"行都"，改称为建康府，并以府署为"行宫"时，又进一步发展了金陵的丝织业和铸钱业，以适应向金国人送"岁币"的需要。据有关记载，建康每年入贡的锦缎等高级丝织品达到上万匹。[26]这说明此时金陵丝织业的规模又有了很大的增长，从而奠定了元代在金陵大力发展丝织业的良好基础。

三、元代以来持续发展的南京（金陵）云锦

元朝政府在灭南宋的第二年（至元十七年，公元1280年），就立即在建康府（今南京市）设置了直接为皇家服务的东织染局和西织染局。其规模和产量据《至正金陵新志》记载："东织染局，至元十七年于城东南宋贡院立局，有印。设局使二员，局副一员，管人匠三千六户，机一百五十四张，额造缎匹四千五百二十七段，荒丝一万一千五百二斤八两，隶资政院管领。""西织染局，至元十七年于旧侍卫马军司立局，设官与东织染局同。"又载："建康府贡院，《景定志》：在青溪南秦淮北，侍郎蔡宽夫宅旧址也。今东织染局。"可知元代东织染局的旧址应在今淮清桥南的贡院街一带。《至正金陵新志》又载："马帅衙，《景定志》：侍卫马军司，乾道七年建，府城正北隅来苏坊西门大街，今为西织染局。"可知元代西织染局的旧址应在今水西门内的莫愁路一带。按这两座织染局的设官既然相同，则规模亦应相似，合计应有工匠六千余户，每年织造绸缎上万段。而元代实行的是匠户制，匠户全家老小都要参加生产，而且世代相继。元朝初年时，建康的总人口为95000人，其中匠户人口为26000人，可见从事丝织业的织染工匠又占人口中的多数。[27]由于元代承袭金代的风气，盛行用金来装饰丝织品，元朝的军队甚至用织金锦来作营帐，常常绵延数里。元朝政府设有纳石失局以织造金锦，另设毛段局以织造金线毛织物。《元典章》所载丝织物的品种，计有暗花八宝骨朵云、织金胸背麒麟、织金白泽（白虎）、织金狮子、织金虎、织金豹、朵青红绿织金骨朵云缎、八宝青云细花五色缎、印花绢、彩缎、织金麒麟、海马、八宝骨朵云纻丝等等，其中大部分是织金的。[28]皇室和百官的袍服均用织金，连三品以上的高级官员的帐幕也用织金。因此，史料中虽未明言建康的两座织染局织造金锦的具体情况，但却提及其隶属单位为"资政院"。据考证，资政院的下属单位，"其所织币帛锦缎等丝织品，均为中宫所用"。[29]经费来源是松江、平江（今苏州市）、建康三处的财赋收入[30]，又表明其经费相当充足，产品专供宫内使用。所以，元代通过设在建康等处的大规模的织染局来生产巨额的织金锦来供皇室专用，应该是一个合理的事实，并对后来南京云锦中的库锦和织金缎的影响很深。[31]

明太祖朱元璋早在建立明朝的前一年（公元1367年），就在南京设立了"尚染局"。这就是史料中所载"南京内织造局"的前身，其任务是织造上用的缎匹，包括诰敕、龙衣在内的各色织物，局官由太监担任，故有"敕造太监"之称[32]。该局的具体地点，据《明史·食货志》记载是在"后湖"，即在今玄武湖的范围内。

在洪武年间，还先后设立了"供应机房"和"神帛堂"两个织造机构，亦由太监管理。据史料记载，供应机房也生产龙衣和彩锦等丝织物。单就嘉靖二十四年（公元1545年）一年，就曾织造用纻丝纱罗织金彩妆等龙袍料1125匹。物料工价银达17878两之多。[33]供应机房的具体地点，约在今逸仙桥和汉府街迤北竺桥一带。[34]至于神帛堂，主要是织造皇帝用于祭祀的各色丝织品，有织机40张，食粮人匠1200名，其具体地点约在今后宰门内，中山东路教练场及南京博物院后面一带的地方。[35]有学者认为，明代南京的织造机构除上述两者外，应该还有一个"南京工部织染所"，主要织造御览等所用的线罗等丝织物。[36]

再据《洪武京城图志·街市》载，"织锦一坊，在聚宝门内，旧桐树湾街"，"织锦二坊，在镇淮桥北，旧国子监街"，"织锦三坊，在织锦二坊北，旧关王庙巷"。而《洪武京城图志》中的"街市桥梁图"，亦标有这三个织锦坊的具体位置，均在今中华门东北侧的内秦淮河与中华路之间，其地点似与元代的东

织染局所在地相近，两者之间是否还有关联，尚待进一步研究。据有关考证，明代初年，曾从全国各地征调匠户四万五千户来南京，安排在城南的十八个坊内，其中也包括上述的三个织锦坊。[37]至于分处在这三个坊内的织锦匠户，他们与前述的“内织造局”、“供应机房”、“神帛堂”以至“工部织染所”之间的关系问题，亦待深入研究。

公元1644年，明朝覆亡。第二年（顺治二年，公元1645年），清兵南下，消灭了南京的福王政权，但对南京的破坏极少，所以社会秩序很快恢复，江宁织造局亦在当年恢复。该局在顺治年间曾沿袭明代的制度，由太监管理，但康熙二年（公元1663年）起就改由内务府官员担任，其首任江宁织造官即是《红楼梦》作者曹雪芹的曾祖父曹玺。曹玺之妻孙氏曾是康熙帝的乳母，其子曹寅也继任江宁织造，曹寅和妻兄李煦两人又先后轮流担任过两淮盐务的肥缺。康熙曾视曹氏父子为心腹，用以了解江南民情，拉拢汉族知识分子，故康熙六次南巡江宁，有五次入住江宁织造署。曹氏祖孙三代四人曾连任江宁织造达60年之久，虽然其权势逼人，但也做过一些团结汉族上层人士，以及促进江南丝织业发展并有利于机户经营和提高机工待遇的好事。

据有关记载，清代乾隆年间以前的江宁织造衙署和织局同在一处，即在今大行宫利济巷、碑亭巷至汉府街一带。其中织造署的旧址在今民国总统府（清代两江总督署）之南，而江宁织局则偏东，在今汉府街一带。至乾隆十六年（公元1751年），将江宁织造署改建为乾隆行宫，其后，织造署迁至城南淮清桥附近的八府塘一带[38]。

江宁织局分为三个生产部门。一是供应机房，二是倭缎机房，三是诰帛机房。供应机房的工匠的人数在乾隆初年有2000名左右，倭锦机房有200名左右，诰帛机房有300名左右。汉府机房共有织机554张，倭缎机房另设于常府街的细柳巷口，有织机46张。太平天国革命失败后，清政府重建江宁织造局于珠宝廊，将倭缎机房亦合并于此，旧址应在今白下路西段。重建后的江宁织造局设有缎堂、纱堂、染堂、纺堂、挑花堂等五堂[39]。

关于清代民间的丝织业，据陈作霖《凤麓小志·记机业》载：“金陵商贾以缎业为大宗，而皆聚于城西南隅者，以此地多岗阜，无潮湿之气，丝经不致霉烂也……乾嘉间，通城机以三万计……其经（线）有万七千头者，玄缎为最上，天青者次之。开机之家，谓之帐房；机户领织，谓之代料……其织也，必先之以染经，经以湖丝为之，经既染，分散络工。络工贫女也，日络三四窠，得钱易米，可供一日食”[40]。据研究，在清代前期南京民间丝织业的全盛时期，直接与丝织业有关的男女工人达5万人左右，为丝织业服务的各个行业有机房、梭店、筘店、范子行、挑花行、拽花行、边线行、染坊和纸坊等等，依此为生的市民达数十万人，至道光年间，城厢内外各类丝织机的总数已达5万多台，以玄缎（黑色，或称元缎）产量最大，云锦质量最高，年产值在白银1000万两以上。[41]据说，秦淮河水不纯，不宜染成浅色，而河水中又含有单宁酸，能够在染色中起到天然的触媒作用，使丝织物增加光泽感，故当时南京的丝织品多数是玄色和天青色。[42]

清光绪三十年（公元1904年），江宁织造局被撤销。清代宫廷以及蒙古贵族和西藏喇嘛等所需的云锦和玄缎均由南京民间丝织业供应，所以该业又出现过一段短暂的兴盛繁荣的时期。民国年间，由于南京锦缎业失去皇室的需求，加以国外纺织品的倾销以及政局的不稳定，该业遂逐渐衰微。直到新中国成立后，南京的云锦业才逐渐得到重视。

四、小结

综上所述，南京云锦的历史可以上溯到1590年前，即东晋政府在秦淮河畔以长安迁来的百工为主力而创建的“锦署”之时（东晋义熙十三年，公元417年）。而织金锦（金银薄）开始在金陵织造，以及“云锦”一名在记载中的出现，至少也有了整整1500年的历史了。

全国乃至全世界唯一的南京云锦研究所利用云锦大花楼木质织机，于1979年开始了古代丝织品的研究复制工作，恢复了失传300多年的妆花罗、妆花纱和妆花绸等高难度的传统云锦品种。先后复制成功明代定陵中万历皇帝随葬品的“织金孔雀妆花龙袍料”、“织金孔雀羽团龙灵芝纱袍料”、“织金奔兔纱袍料”、“红四合云纹缎绣十二章衮服”、“绣六章黄素罗裳”和“红素罗绣龙火二章蔽膝”，孝端皇后随葬的“绿织金妆花通袖过肩龙柿蒂缎立领夹衣”，孝靖皇后随葬的“红织金缠枝牡丹妆花绣洪福齐天方领夹衣”和“绿织金缠枝莲花妆花纱绣天鹿万寿补方领夹衣”等明代皇室专用的云锦衣料。又复制成功了战国时代的“田猎纹锦”和“大菱纹锦”，金代齐王的“酱色金字子纹织金绸袍”和“双鸾朵梅纹织金绸”，齐王王妃的“绿地夔龙纹织金抹梭妆花锦”，以及清代名将、水军提督丁汝昌的“狮身鱼尾纹织金战袍”等丝绸文物。还为日本和美国的博物馆所藏明代丝织品进行复制，如琉球国王服用的龙袍、皮弁冠、莽袍配套鞋靴、蟒纹夹袜等全套织物，以及波士顿博物馆所藏的一批明代丝绸饰物等等。此外，还设计出“牡丹金宝地”、“卷叶雨花锦”、“孔雀牡丹锦”、“普天同庆妆花缎”、“万紫千红妆花缎”等新纹样。而用云锦中的库锦、库缎和织金制作的服装也已成为当今服装界的时尚之一。[43]凡此种种，均可说明南京云锦作为“中华一绝”是毋庸置疑的。

（2007年6月1日完稿，时年80岁。原载《南京古都学会〈云锦专刊〉》，2008年5月）

蒋赞初

1.鉴于在我国历代的封建王朝中，至少有唐、辽、宋、金、明五朝均有“南京”的设置，而所在的具体地点又各不相同。如唐代的南京设于今成都市。辽代的南京先后设于今辽阳市和北京市，宋代的南京设于今商丘市，金代的南京先后设于今辽阳市和开封市，明代洪武元年（公元1368年）才以今南京市主城区为南京，并以大梁（今开封市）为北京。其后，南京方成为南京市的专称。因此，本文在叙述明代以前的南京地区丝织业的情况时，均用古人通称的“金陵”一名，以避免混淆。

2.李济《西阴村史前遗存》，清华大学研究院，1927年；郭郛《从河北正定南杨庄出土的陶蚕蛹试论我国家蚕的起源问题》，《农业考古》1987年第一期；北京市文物研究所等《北京平谷上宅新石器时代一直发掘简报》，《文物》1989年年8期；浙江省文管会等《河姆渡遗址第一期发掘报告》,《考古学报》1987年第1期;河姆渡考古队《浙江河姆渡遗址第二期发掘的主要收获》,《文物》1980年第5期;魏东《略论中国养蚕业起源于长江三角洲》,《中国农史》1983年第一期。
3.黄能馥等《中国服饰史》,上海人民出版社,2004年。
4.浙江省文管会等《吴兴钱山漾遗址第一、二次发掘报告》,《考古学报》1960年2期。
5.《中国大百科全书·文物博物馆卷》,《中国古代丝织品》条,中国大百科全书出版社,1995年。
6.同上。
7.同上。
8.《中国大百科全书·文物博物馆卷》,《战国楚锦》条,中国大百科全书出版社,1995年。
9.《中国大百科全书·文物博物馆卷》,《汉代经锦》条,中国大百科全书出版社,1995年。
10.《三国志·吴书·嫔妃传》,中华书局,1962年。
11.《三国志·吴书·陆凯传》,中华书局,1962年。
12.据陆翙《邺中记》,后赵国石虎出猎时即穿金缕织成的合欢裤。
13.《南齐书·芮芮传》,中华书局,1972年。
14.《南史·梁本纪上》,中华书局,1975年。
15.《梁书·侯景传》,中华书局,1973年。
16.《陈书·宣帝纪》,中华书局,1972年。
17.《南史·高句丽传》,中华书局,1975年。
18.北京大学历史系考古教研室《三国——宋元考古》(上),1974年;魏存成《高句丽考古》,吉林大学出版社,1994年。
19.李冀《1500年南朝贵族墓要搬进城》,《南京日报》2007年3月1日B1版。
20.据考证,殷芸为南朝齐梁时人。此书还记有一则广为人知的历史典故,即"腰缠十万贯,骑鹤上扬州"。其中的扬州,系指当时扬州刺史府所在地的南朝首都建康而言,与同期的广陵郡(今扬州市)无涉。因齐、梁时,建康都城的范围,据《太平寰宇记》第九十引《金陵记》云:"梁都之时,城中二十八万户(如以五口一户计,约一百四十八万口),东西南北各四十里。"又据《隋书·地理志》:金陵"小人率多商贩,君子资于官禄,市廛列肆,埒于二京(指长安与洛阳)"。再据《太平御览》卷八百二十七引 山谦之《丹阳记》云:"京师四市:建康大市,孙权所立;建康东市,同时立;建康北市,永安中(公元304年)立;秣陵斗场市,隆安中(公元397—401)发乐营人交易,因成市也。"又《隋书·食货志》亦云:"又都西有石头津,东有方山津。……淮水北有大市百余,小市十余所",但《通典·食货典》中作"淮水北有大市,自余小市十余所"。总之,所有典籍均承认当时的建康都城是全国人口最多、也是最繁华的城市。
21.见刘兴林、范金民著《长江丝绸文化》,湖北教育出版社,2004年。
22.黄能馥《印染织绣工艺美术的光辉传统》(下),《中国美术全集·工艺美术编·印染织绣》(下),文物出版社,1987年。
23.朱偰《金陵古迹图考》,商务印书馆,1936年。
24.见刘兴林、范金民著《长江丝绸文化》,湖北教育出版社,2004年。
25.同上。
26.见蒋赞初《南京史话》,江苏人民出版社,1980年。
27.同上。
28.黄能馥《印染织绣工艺美术的光辉传统》(下),《中国美术全集·工艺美术编·印染织绣》(下),文物出版社,1987年。
29.徐仲杰《南京云锦史》江苏科技出版社,1985年。
30.同上。
31.黄能馥《印染织绣工艺美术的光辉传统》(下),《中国美术全集·工艺美术编·印染织绣》(下),文物出版社,1987年。
32.见刘兴林、范金民著《长江丝绸文化》,湖北教育出版社,2004年。
33.同上。
34.徐仲杰《南京云锦史》江苏科技出版社,1985年。
35.同上。
36.见刘兴林、范金民著《长江丝绸文化》,湖北教育出版社,2004年。
37.蒋赞初《南京史话》,江苏人民出版社,1980年。
38.徐仲杰《南京云锦史》江苏科技出版社,1985年。
39.同上。
40.见陈作霖《金陵琐志》五种中之《凤麓小志》,光绪己亥年(公元1899年)可园刊行本。
41.徐仲杰《南京云锦史》江苏科技出版社,1985年。
42.蒋赞初《南京史话》,江苏人民出版社,1980年。
43.承南京云锦研究所提供资料。

贺蒋赞初先生八十寿诞

蒋赞初先生兼任南京古都学会首席顾问，我是副会长。他是南京大学历史系教授，我是南京市级机关干部。但他是我真正的先生，是我最尊敬的老师。他的美德和事迹很多，仅举两例：

1.他是研究南京的泰斗级专家。

他对南京的研究是那么深入，知识是那么广博，早就成了南京人公认的“南京通”、“活辞典”。但他始终平易近人，以诚待人，而且诲人不倦。我在写作《明故宫兴废述略》、《王安石与南京》、《古今扬州交相辉映》、《论博爱精神的世代传承》、《使馆建筑是民国时期“国际式”建筑群的代表》等文章时，多次请教他，他总是不厌其烦地给予解答，或指明查找方向，得到诸多教诲。如南京古称扬州，当我请教“腰缠十万贯，骑鹤上扬州”的出处时，他立即在电话中给了我明确解答：这出自《殷芸小说》的一个故事，讲的是古代有三个人互相谈志向，一个要发财，腰缠十万贯；一个要当仙人，骑鹤升天；一个人要兼而有之：“腰缠十万贯，骑鹤下扬州”，意思即发财、成仙、上扬州当官“三样都要”。六朝以前的“扬州”是指今天的南京。隋开皇以后才以江都为扬州。

2.他是古都南京的保护神。

他对南京的文物古迹就跟爱护自己的生命一样爱护，倾注了大量心血。他对早些年在南京大行宫地区建筑工地发现的夯土城基等遗迹未能保存下来感到痛心疾首。近几年更是为保护挖掘出来的古城遗址、为保护城南名人故居等而奔走呼号。自2001年5月以后，他一直注视着南京市博物馆的考古工作人员在配合城市建设的各项工程中，有意识地对六朝建康都城的遗迹进行重点探索。至2002年春天，在大行宫地区有了突破性发现。其中位于大行宫口新世纪广场工地北部发现的一条偏西25°的南北道路，路幅宽达15.4米至23.3米不等，并且呈现着东吴、东晋、南朝三期路面相互叠压的现象，其中东晋路面为砖铺。这个消息让蒋先生兴奋不已，他认为这条道路很可能是与六朝建康城中轴线相平行的一条主要大道，是否就是御道，尚待今后的考古挖掘来证明，但其意义已非常重大。此后，在这条大道东边不远处的利济巷一个工地，还发现了一段东西向的宽达20米左右的夯土城基和宽10余米的城壕。接着，考古工作者在南京图书馆新馆工地再次发掘到更为重要的六朝遗迹，包括当时的道路、夯土城基、壕沟、桥桩、水井等重要都城工程遗迹，出土大量精美文物。他与东南大学建筑系潘谷西教授、南京博物院老院长梁白泉三人联手共商，一致认为这一带乃是六朝都城的核心部分——“台城”密切相关的遗址，也可能就是学术界数十年来苦苦探求的台城所在。他们联名向国家文物局、省市文物局等有关部门发出《关于重点保护六朝建康都城遗址的建议》，多次紧急呼吁。因为他是首席顾问，我是南京古都学会副会长，所以也通过我向南京古都学会的老领导转达该建议书。他在建议书中指出：这些发现，为破解这个千古之谜（六朝宫城的位置）提供了重要依据，同时也为南京这座“六朝古都”增添了具有震撼力的历史见证。“目前正处于探索、发掘与保护六朝建康都城的关键时期，应该及时依照国家《文物法》，参考大遗址的保护方法，划定其保护范围，进行重点发掘和重点保护”。

2006年，他们又为在南京旧城改造中保护名人故居等问题大声疾呼。他与侯仁之、吴良镛、叶兆言、潘谷西、梁白泉等全国16位著名专家联合向中央、省市发出呼吁，他也通过我向市有关领导转达他们的呼吁书。此事得到中央有关领导人的批示，得到国家文物局和上海、广州等地新闻媒体的响应。中央还派调查组来宁调查此事。

虽然由于种种原因，结果收效甚微，但现今南图新馆中承重玻璃地坪下保留下六朝宫城遗址一角的部分实物示意图；保留下了城南部分名人故居。这是南京古都风韵保护神们挺身而出、英勇奋斗的成果，也渗透着尊敬的蒋赞初先生多年奔走呼号的心血。

值此蒋先生八十大寿之际，说上几句最想说的话。祝蒋先生健康长寿，学术之树常青！

王能伟（南京古都学会）

永远的楷模

——颂蒋赞初先生的三范精神

1973年9月，我进入南京大学历史系学习考古。由于历史的原因，教师与学生除了课堂上的交流外，政治学习在一起，开门办学在一起，可谓朝夕相处。因师生之间相互比较了解，师生感情也就真诚。毕业以后，回到博物馆从事考古工作，师生之间往来也比较多。在与蒋先生相处的二、三十年时间里，我一直把蒋先生当作自己学习的榜样。

俗话说，一日为师终身为父。我多年来视蒋先生为父辈，倒不是因为他是我的老师，而是在开门办学的日子里，他确实像父辈一样关心、照顾我们。他自己胃不好，但每次开门办学，他总是坚持去。野外考古实习比较艰苦，他既要辅导大家如何理论联系实际，又要关心同学们的吃、住及身体适应情况。他的胃需要少吃多餐，他就常备一些点心，每次进食前，又总是询问同学们谁饿了。他无微不至地关心同学们，在我们的心目中，他不仅是老师，更像父辈。

我们73届学考古的有11位同学，分别来自辽宁、安徽、江西、广东、广西、江苏六省；年龄悬殊较大，最大的47年出生，最小的55年出生；文化程度不一，文化最高的是文化大革命之前的老高二，文化最低的是文化大革命之前的小学五年级；职业悬殊更大，有的未来校前就从事考古工作，有的听说过考古，有的长期当农民不知道考古是怎么回事。对这样一批学生，老师的教学难度很大，教深了会有一部分同学听不懂，教浅了又会有另一部分同学不耐烦，真是深不得、浅不得。蒋先生采取深浅兼顾、大课小灶相结合的多种教学形式，让每一个同学都能学有收获。同学们因知识贫乏，常会提出各式各样的问题，甚至是很好笑的问题，蒋先生从不怪罪同学，总是不厌其烦地一一解答。有时，师生之间对问题有不同认识，蒋先生总是查阅大量的资料给同学们一个正确答案。由于蒋先生带头严谨治学、不厌其烦教学，尤其是野外考古中能理论联系实际教学，才培养出像裘士京、李德文、阚绪杭、董高、夏梅珍、丁金龙、郑超雄等一大批优秀的历史学家、考古学家、博物馆学行家。真是严师出高徒啊！

有一件事让我对先生的人品有了更深的认识，那就是先生在写六朝墓葬专著时给我打来的一次电话。先生在电话里说："朱兰霞，最近我在写六朝专著，我已经将你发表的东晋穆帝陵的资料吸收进去了。"拿着听筒的我，听到这里，多年埋在心中的忐忑不安像石头一样马上落了地。事情得从1981年说起，那年4月我和同事在中央门外南京汽轮电机厂基建工地发掘了一座东晋大墓。发掘工作结束后，通过对墓葬葬制及出土物的分析研究，通过实物资料与文献资料相结合的分析研究，通过对墓中所出玻璃器的成分分析研究，我撰写了此墓的发掘报告并发表在《考古》杂志1983年第4期上。报告中我将该墓的墓主推断为晋穆帝司马聃。文章发表后，我开始回避与蒋先生的接触。因为五十年代蒋先生在此墓的西北五塘村处发掘过一座东晋墓，他已经将那一座墓葬的墓主推测为晋穆帝了。我怕先生怪罪学生学了本领与先生唱反调。多少年过去了，先生的一次电话让我感到相形见绌。先生是多么的大度，他不仅有长者风范、学者风范，更有大家风范。他不仅没有怪罪学生，反而认可了学生的研究成果。此时，先生在我脑海中的形象愈加高大。

2006年11月19日，天空下着小雨，各位专家、历届学生之所以能冒雨从四面八方赶到学校，为我们敬慕的先生80华诞祝寿，那完全是受先生长者风范、学者风范、大家风范的魅力吸引。在此，我再一次地祝愿蒋先生健康长寿！

朱兰霞(江苏省地方志办公室)

良师如灯

——记我的导师蒋赞初先生

航行不可无灯，人生不可无师。一本好书可为师，一番谈话可为师，一次经验可为师，三人行必有我师，天地万物兴衰枯荣之理可为师，如此，世界不乏可为师者，然人生若遇良师，得以口传心授，解蒙发聩，又身体力行，循循善诱，不计寒暑，那真是人生一大幸事。

1977年，中国在经历了十年"文化大革命"的洗礼之后，首次进行了全国的高校招生考试，我也因此得以进入了高等学府，在南京大学历史系学习。一年的基础课后，历史系将分为历史和考古两个专业，为考古得以追根求源的神秘和所需的广泛的技能所吸引，我选择了考古专业。记得历史系的老师来劝告改为历史专业，因为女同学出去跑田野搞发掘不方便，偏偏我们报考的三个女同学都意志如钢，怎么都说不动。这样，很快就有幸认识了蒋赞初先生，他当时是南京大学历史系考古教研室的主任。

蒋先生当时教我们魏晋南北朝考古通论和南京地方史，他个子不高，带副金属边的眼睛，看起来瘦弱，实则执著坚韧。自五十年代初就从事考古工作，他积累了丰富的经验，对六朝这一段考古的资料和南京地方史的掌故了如指掌，但他谦虚温和，平易近人，从来没有教授的架子。他讲话的声音轻轻的，慢条斯理，但一字一句的，把事情都交代得很清楚。听他上课如沐江上清风般的惬意，叫人不知不觉就了解了要学的内容，更重要的是他对待学问的这种平实的态度和心境，没有任何矫饰和夸张，自然而然地就把学生领进了学问的殿堂，一个自然的具有本来面目的学问的殿堂。古人曾有"润物细无声"的诗句，以此来形容蒋先生待人接物的态度和上课的风格，是最贴切了。这种风格一直为我心仪，并奉为学习的圭臬。

在大学三年级时，全班考古的十一个同学到湖北省鄂城市去发掘和整理六朝墓葬，蒋先生带队，因此有更多学习的机会。那时，我们每两个同学分为一组，负责发掘一座墓葬，并做绘图、登记、整理等一系列的工作。一次蒋先生温和地、半开玩笑似地说道："小海，虽然你是个女孩子，倒是大大咧咧的，像个男孩子，可是搞考古要细心一点才好呢！"鄂城的六朝墓葬中出土最多的是一种小瓷盏，从孙吴时候到南朝都有，就那么个小东西，真有点乏味。但蒋老师在做示范研究时，从口沿的敞撇，口沿装饰的点缀，口沿下纹饰带的宽窄，腹部曲线的饱满与否，足部的平底、圈足或饼足，瓷色的变化等等，都一一观察记录，在此基础上引导我排列出鄂城六朝墓葬中青瓷小盏的演变规律。耳濡目染，看到蒋先生把玩观察文物的每一步，我便把"这要细心一点"的话，常常放在心上。后来做事了，更是体会到凡事都是无数细节组成的，因了老师这句话的提醒，在工作中或许避免了许多差错呢。三十年了，老师的教诲仍然如在耳边。

后来我有幸成为蒋先生的研究生，跟老师有更多的接触，他淡泊致远、宠辱不惊的个性，总能化惊涛于止水，让一切起伏颠沛都可以变成平静的港湾，他对学生父辈似的爱护和指点，常常是悄无声息地，我于此感受甚多。在鄂城出土的青瓷和铜镜中，有不少佛教人像，也有些跟道教相关的东西。大约是1983年的初秋，在湖北时，老师曾带领几个研究生去武当山考察道教。当时的武当山人烟不密，大山中云雾缭绕，烟树雨花。记得老师便说起了宋代米芾是襄阳人，游历过武当山，米点山水的画法便得灵感于此山中。其时亲身站立在武当山，面对那雨中的山景，米氏山水的点点都活起来了，当时深感老师的这一点拨，因而感悟到事物间的相互关系，都是相通相融的，而自然环境在艺术创造上所起的作用，常常是奠定基调的因素，日后在我的一些研究中，也常喜欢从这个角度来发掘某一特定艺术现象形成的原因。当时，年近花甲的蒋先生跟我们年轻人一样，在一路的雨中，一步一台阶地登上了武当山，歇息在山顶上的道庵中。山上除了几个道士，就是我们师生几人，借宿在道庵的大堂中，一溜子排开，男生一边，女生一边，蒋先生居中。

鄂城，这个曾为孙吴故都的城市，与北面的黄冈，夹江扼流，曾为孙吴争霸三国鼎立局势的军事重镇。自五十年代以来，在基本建设中便不断发现六朝墓葬，蒋先生是这一项目的领头人，不仅考察辨认了当时故都的北城墙，成为今天鄂州市沿江大堤的修建的基础，并且主持了许多墓葬的发掘和几百座六朝墓葬的整理工作，这一国家五十年代考古计划中的重点项目。至今已经半个世纪过去了，终于在今年将出版正式的发掘报告了，世人将受益于报告中各类文物的介绍和分析，对孙吴故都的文化习俗有一个整体的了解。蒋先生作为该报告的主编，在数十年中所付出的劳动且不待言，其执著不懈的精神，实在令人敬佩，作为该报告的一个参与者，我也深感荣幸。

蒋先生早有一本专著，虽然不是如城砖般的厚，却很为人所爱，那就是他的《南京史话》，曾为出版社一版再版。在南大学习的时候，蒋先生曾带领我们班同学实地考察南京的古迹，如牛首山南唐二陵、明孝陵和据说为明陵守门的孙郎墓地所在的梅花山、南京东郊一带的六朝陵墓石刻、栖霞山的六朝摩崖石刻和南唐佛塔、鸡鸣山的南朝旧宫和胭脂井、秦淮河的贵族气息和风流……南京在蒋先生娓娓道来的无数历史掌故中，变得越发迷人。然而在中国改革开放追求与国际接轨的时代，许多顽强地经历了自然风雨和战火的古迹，却毁于短短的瞬间，为现代的机械和现代的人们夷为平地。蒋先生和几位南京史的专家们奔走呼吁，要求保护古迹，保护历史以遗后代。在蒋先生出访美国期间，还总是提到保护南京古迹的事。他对南京的热爱，感染了我，在美国纽约华美协进社中国美术馆任职时我所策划的第一个原创的国际展览，便是从南京博物院借展的明清时代的金陵八家山水画。画家们的丹青妙笔，多源于金陵的山水和风俗，金陵的可爱在诗画中一览无遗。对故乡的厚爱，是永恒的，我因此而将展览题名为《故山青》。

良师如灯，我实在是三生有幸，在漫无边际的学海中，得到蒋先生的谆谆教诲，不觉已有三十年了。值此导师八十华诞庆贺之际，聊记二三杂事，以为庆贺和感谢。记得还在湖北鄂城搞考古发掘的时候，一次驻足歇息在鄂城的大广场边，那里有摆摊子卖茶水和小吃的，老师买了花生米和茶水和同学共享，还说到花生米在他们家乡是被叫做长生果的，就此记得老师爱吃长生果。值此机会，但愿我衷心的祝福跨越浩淼的大洋，飞向中国，祝愿老师健康长生。

2007年十一月二十四日草于纽约曼哈顿荷风堂

海蔚蓝（美国纽约华美协进会美术馆）

温和敦厚　执着坚强

——近年来蒋赞初先生为江苏文物保护所作出的贡献

蒋赞初先生夫妇是1957年从南京博物院调往南京大学历史系，筹备“考古专门化”的教学工作的。1972年在历史系创设了考古专业。对我而言，先生既是我入学后的启蒙老师，也是我留校后专业选择与论文写作的指导教师，又是我随后调任文博专业管理工作的热心推荐者，更是我从事文物保护事业的积极支持者。在先生已走过的80载的人生历程中，他给我们留下的形象是一个温和敦厚、教益后辈的长者，一个知识渊博、博古通今的学者，一个保护文物、竭尽心力的智者，一个道德学问、身体力行的尊者。

近年来，先生又是江苏文物保护事业的一个杰出贡献者。

1997年，我从工作12年的南京大学历史系考古专业调往江苏省文物管理委员会办公室工作时，先生是考古专业的教授，已近70高龄。那时，全国的经济高速发展，江苏更位列前茅，各项基本建设大规模开展，土地被大量利用，城市发展中提出了“旧城改造”的口号，致使文物周边环境发生急剧变化，文物保护与城乡建设的矛盾十益加剧。政府虽然对文物保护宏观上十益重视，但在涉及具体的项目时则往往力不从心，文物保护遇到了一个十分艰巨和困难的时期。

但蒋先生不顾年龄的增加，毅然投入到江苏的文物保护工作、投入到南京等历史文化名城名镇的保护工作、投入到他终身为之奋斗的文化遗产的保护工作中去。他与东南大学建筑系的潘谷西教授、南京博物院老院长梁白泉研究员一起，先后担任江苏省文物保护专家组成员、江苏省文物管理委员会委员、南京市文物管理委员会委员、南京市历史文化名城保护专家组成员等社会职务，为我省的文物保护事业，发挥着重大而具体的作用，也受到了社会公众和新闻媒体的广泛关注。今采撷几个我亲历的片断，奉献诸公。

一、六朝宫城：“上书”保得一角地标

“这是一个伟大的朝代，应当有伟大的遗存和伟大的纪念方式。”

已过80岁的著名地方史专家南京大学蒋赞初先生说起六朝以及六朝建康城的历史，深情而激动。他在南京图书馆新馆负一楼徘徊良久，和身边的另两位学者——东南大学古建筑专家潘谷西、南京博物院研究员梁白泉轻声交流，似乎怕惊扰什么……

的确，在他们脚下的玻璃下面，就躺着距今1000多年前的御道、城墙、沟渠、古井，它们都是2003年考古工作者在南图新馆以及附近建设工地上发掘出来的六朝建康宫城的遗址。这次发现是迄今为止无数考古学者们最接近“建康城”的一次。由此，风华绝代而神秘的建康城终于露出了“冰山一角”，也

揭开了南京科学合理保护重要历史遗址遗存新的帷幕。

建康城的一角以特别的方式长眠于此，3位老专家为此付出了大量的心血。

关于六朝建康宫城的保护，最早引起蒋先生他们注意的，是2002年在南京大行宫一带进行的包括南图新馆在内的数个大型基本建设工地的抢救性考古发掘。先是考古工作者在中山东路以南的新世纪广场工地下，发现了一段略呈斜南北走向的高规格砖铺路面。之后，又发现道路北延至横穿过中山东路的南图新馆的建设工地上。经考古发掘后发现的主要成果有：1.发现了南北向延伸的六朝时期的道路，路面局部铺有碎砖瓦，道路两侧有残存的排水沟；2.部分砖构房屋基址遗迹，多遭严重破坏；3.较厚的墙体基槽及东南拐角点，以及外侧的壕沟等重要遗迹；4.六朝时期的水井。这些发现及其价值的认定，是否应该保护及如何保护等问题，立即引起了蒋赞初、潘谷西、梁白泉三位先生的高度关注。因为它可能是了解六朝建康城具体方位的一个实证。

2003年3月3日，三位先生就南京图书馆新馆工地遗址保护事宜向江苏省文化厅提出“关于保护六朝宫城城墙及道路等遗址的建议”。时我在省文化厅文物处和省文物管理委员会办公室任职。4月1日下午，省文化厅委托南京市文物局组织主持，邀请三位先生，对考古发掘现场进行了实地考察和座谈。会上考古队介绍了本次发掘的基本情况，三位先生充分发表了各自的意见，并就下一步工作进行了讨论，形成了“南京大行宫‘南图’新馆六朝城市遗址考古发掘专家座谈会纪要”。4月2日，三位专家又提出“对保护六朝宫城城墙及道路等遗址的再建议”。5月初，省委、省政府领导就“专家呼吁紧急抢救六朝都城遗址”（新华通讯社第1382期《国内动态清样》）一文签署重要批示。随后，省文化厅就领导的批示精神及三位专家的意见，召集南京市文物局、市博物馆考古队有关人员，对考古发掘的遗迹保护事宜进行了深入细致的讨论，并与南京图书馆商量保护历史遗迹的几种可能方案及对图书馆功能的影响。5月16日，南图工程指挥部又邀请三位专家、工程设计单位、考古队，就保护的可行性召开座谈会，会上就保护事宜，达成了初步一致的意见和建议：

1.根据专家意见，南京图书馆新馆工地所发现的六朝遗迹对于学术研究十分重要，给今后探索建康都城的位置、范围等问题提供了重要的证据；考古方与建设方在工作中相互配合，相互支持，取得了较好的成绩；发掘出的遗迹不属于六朝建康宫殿的中心和重点部分，保存现状不十分理想，且大部分遗迹现象因考古发掘的进行而消失。因此可考虑以适当的形式进行局部保护。

2.南图工程指挥部应委托设计方，按照专家座谈会上达成的局部保护的共识，尽快调整设计方案，将六朝时期残存的重要遗迹，有机地保护在图书馆的适当部位，保护好六朝宫城的明确坐标点，同时提高图书馆的文化品位。省文化厅将在遗迹位置内涵的提供、保护方法的提出等方面，全力予以支持。

3.方案的调整既要考虑文物的保护，又要考虑图书馆的整体使用功能。增加的经费需列入工程建设成本。

于是，保护工程在三位专家“不满意，但可接受”的情况下顺利进行，便有了今天我们在南图新馆看到的部分遗迹的保护现场。作为一个管理者，我深深地体会到在这之中文化遗产保护的难点所在，没有蒋先生他们的登高呐喊、积极呼吁，没有他们的学识、智慧、声望和执着，就不可能有南京首例与六朝建康宫城相关的文化遗迹的保护，就没有今天南图作为重点文化设施中的亮点而受到公众的特别关注。

二、名城南京：文化遗存都应该保留下来

“南京作为一座历史文化名城、十朝故都，不仅仅拥有十朝间发生的重要的历史事件，以及著名的文人墨客这些记载在文字上的历史，还应该有实物来佐证这些文字，这些历史上遗留下来的实物更能展现南京的历史，它们本身就是历史。而这些实物大多数都在老城南。十里秦淮两岸就是南京的根。上世纪80年代初，我参加过有关南京城市规划的一些会议，记得当时作出的决定是内桥以南的老建筑不动。进入上世纪90年代就不提了。门西是明清两代南京的手工业中心。所以，这次改造，门西能够反映以老南京手工业为主、其他商业为辅的文化遗存都应该保留下来。具体来说，就是街巷格局不变，老地名不变。不仅仅是文保单位，凡是具有历史、文化特色的建筑都保留下来。开发，不能一块一块搞，要整体考虑。每一处遗存，都代表着历史的足迹，它们是城市的见证和记忆。（南京）光有城墙是不够的。得把内秦淮河两岸的历史文化遗存保留下来，内秦淮两岸，就是老南京的缩影。”

这是蒋赞初先生关于南京历史文化名城，特别是老城南保护的一段坦率而诚恳的话。作为一位在南京有着极高声望的文物专家，蒋先生经常被邀请参加一些关于老城区保护及开发的会议，也经常会受到特别关照而遭遇事前事后的“说明”与“沟通”，先生总是会从保护遗产的大局出发，提出合理、合情、合法的建议，有时也会说一些令一些人不甚满意甚至“不合时宜”的意见。为了言之有理、言之有据，先生总是用他渊博的知识，用他对南京历史的特别了解和对考古素材的判断，提供翔实的、有说服力的、并用能让一般干部群众听得懂的语言，来阐述南京名城具体地点和内容保护的重要性和必要性。

关于老城南的保护，2006年8月，先生还与吴良镛、傅熹年、宿白等16位全国著名的建筑界、文博界、文艺界人士一起，发出了《关于保留南京历史旧城区的紧急呼吁》，因为这是南京作为国家级历史文化名城所能保护的现存的唯一一片历史街区了。8月17日，先生与几位专家一起，专程考察了老城南部分拆迁现场，并再次呼吁加强保护。

对历史文化名城的保护，一般认为都应有四个层次：一是城市的整体格局，包括城墙、道路、河流等；二是历史街区和能够反映城市发展脉络的地下文物埋藏区；三是各级各类文物保护单位和历史建筑；四是城市内人们传统的生活方式和非物质文化遗产。其中历史街区最具地域和传统特色，最能反映当地人们“过去的生活”，是城市最具个性的反映。为此，蒋先生在9月初，又以其个人的名义，写信给南京市委罗志军书记。先生说：“老城南的门东、门西地区，秦淮河沿岸的明代以来的街巷格局与众多的老房子及其表现出来的风俗民情，理应是南京古都风貌的一个重要组成部分。……仍然应是今日保护的对象”。“鉴于目前我市已将云锦织造作为非物质文化遗产向联合国教科文组织申请，而遗存至今的清代云锦织造根基所在之地……因此，建议将黑簪巷这几处老房子保留下来，作为云锦研究所设在秦淮风光带内的一个点，以文化产业的性质进行开发和展示”。“总之，本人建议有关部门在南京老城南的‘更新’问题上，应该探索一种与其他地区不同的方式，在步骤上要非常慎重，以免造成日后的遗憾”。先生的建议，得到了南京市领导的积极回应。10月，先生在建筑、规划、园林、环境、生态、历史、考古、文物、旅游、文学艺术、非物质文化等学界积极推荐南京历史文化名城专家委员会成员。12月，先生将新华社主任记者王军撰写并送给先生的讲述北京古城保护的著作《城记》转赠给我，并诫勉说：“希望你今后对南京这座著名古都与历史文化名城的保护问题更多地予以关注。我们这些年届八十的老者已

经精力不济，只能靠你们来干实事了”。先生的话，将是我今后更好地实践文物保护事业的座右铭。

三、文物管理：省文物局成立后的三点希望

昨天上午，江苏省文物局成立大会暨省文物保护工作座谈会在南京召开，江苏省各级重要领导和众位文物专家会聚一堂，商讨江苏省文物保护事业的得失和未来计划。

作为一名从事文博事业半个多世纪的老专家，蒋赞初教授对近些年来南京市文物古迹保护的得失有相当的发言权。蒋教授很坦诚地讲，近些年来，文物保护遇到了很大的难题，主要是城市开发和文物保护的问题，两者的矛盾很大，最后多为优先考虑城市开发。

蒋教授认为，大家提起南京，就会想到六朝文化和明朝文化，这两者也是能体现南京作为历史文化名城最重要的核心文化。但实际上，这些年来，有关代表这两种文化的文物古迹的保护状况是堪忧的。他甚至直言不讳地讲，作为历史文化名城，省里也只有苏州、扬州还有些城市文化个性，而南京应该说已经失去了城市文化个性。

先生是直言不讳的，特别是当他觉得，他的发言、他的讲话能受到领导、同志、学生和社会的重视，并能对文化遗产保护产生或多或少作用的时候，先生的讲话总是讲究文物保护的大效果，而较少考虑个别人感受的小效果。于是，在2004年底江苏省文物局的成立大会暨省文物保护工作座谈会上，蒋先生提出了“三点期望”。

先生说：“当前，在经济建设与城市化的高潮中，建设与文物保护之间的矛盾相当突出。李源潮书记在我省有关可持续发展的会议上，对于如何推进‘生态省’的建设工作中，提出了‘要全力保护历史文化遗产，在工业化和城市化快速推进的过程中，正确处理好开发与保护的关系。无论是老城改道还是新区建设，都要把历史文化遗产的保护放在重要的位置’。我觉得源潮书记的这番话很重要，需要建设部门和我们文物保护工作者共同去付诸实践。”

所以，我们对省文物局正式成立以后，有三个方面的期望。

第一，希望在规划保护方面加大力量。在各重点文物保护区域和单位，事先制订较为全面和细致的规划，指导各级文物机构在该区域和单位有基建工程时提前介入，变被动为主动，并与规划和建设部门密切协调。

第二，对于已经取得国家或省历史文化名城名镇、历史文化保护区、重点文物保护单位称号的市、县，特别是经济发展较快，城市化速度也较快的省辖市，希望省文物局能对其文物保护工作重点地予以支持和指导，特别要帮助这些历史文化名城保持其文化“个性”。照我看来，我省的历史文化名城中目前只有扬州和苏州两座名城还能看到较多的“个性”，而南京名城的文化“个性”正在日益减少。像夫子庙，商业气息越来越浓厚，原来以科举文化为特征的省级文保单位“江南贡院”，其主要部分却被南京市中医院所占用，这也非常令人遗憾。

第三，希望加强对文物干部的培养工作。据初步统计，我省各文物机构的工作人员虽然有5000

人左右，但直接从事文物保护业务工作（包括考古工作人员）的人恐怕还不到半数。对于这批干部如何进行培养和支持，是否应该包括精神上和物质上两个方面，同时还要有奖有罚。此外，吸收新的业务人员也应该是省文物局所面对的重要问题。

先生的讲话录音，我权且记录如上。先生对江苏文物保护的深情，对南京名城的关心，拳拳胸怀，尽在其中。

附：近年来我参与、经历的蒋先生与江苏的文物保护：

1.南京市六朝建康都城（宫城）遗址考古与遗迹保护。

2.南京地铁明故宫站中轴线方案之争。

3.镇江铁瓮城与花山湾古城的保护。

4.徐州北洞山汉楚王墓发掘整理与现场保护。

5.无锡历史文化名城的保护。

6.常州历史文化名城的保护。

7.江苏省文物局的成立呼吁。

8.南京历史旧城区（老城南）的保护。

9.南京民国建筑的保护。

10.南京门西地区历史街区的保护。

11.南京上坊孙吴时期砖室大墓原就地保护。

12.明沐英家族墓葬群的重点保护。

13.徐州西汉采石场遗址的原地保护。

14.溧阳孔庙平定青海部落碑记鉴定。

15.南京甘熙故居的保护。

16.陶林二公祠、总统府大照壁等文物的保护呼吁。

龚良（南京博物院）

1.朱波《建康城露出"冰山一角"，专家讲述地下无价之宝》，《金陵晚报》2006年12月10日。

2.倪宁宁《蒋赞初：文化遗存都应该保留下来》，《现代快报》2006年8月21日。

3.韩红林《六朝、明朝文物古迹保护堪忧，专家批评南京没了文化个性》，《南京晨报》2004年12月9日。

师生缘·书缘·城缘

一个人一生有很多的缘分，久旱逢甘霖是一种缘分，他乡遇故知是一种缘分，洞房花烛夜是一种缘分，金榜题名时也是一种缘分……缘分不同，感受也不一样。缘分不属于鱼和熊掌不可兼得的那一种，但是它属于稍纵即逝的那一种。所以，与先生之间，能够同时具备师生缘、书缘、城缘的人，可能非我莫属了。

师生缘

第一次见到先生是1983年秋天在南京大学西南楼的教室里，那时我刚刚踏入母校南京大学的大门。当时先生是南大历史所六朝史研究室主任，是考古专业的学科带头人。他上课时那从容淡定的神情，快慢适中的语速，温文尔雅的气度，让我肃然起敬，也让我第一次领略到名校名师的风采，从此在心底播下了师生结缘的种子。

1986年，我们83级考古班的15位同学被安排到徐州北洞山进行考古实习。此前，我们曾经在湖北宜昌三斗坪中堡岛（今天的三峡大坝所在地）发掘过新石器时代遗址。这一次是发掘汉墓。先生担任领队，魏鸣和李晓辉两位师兄担任副领队。先生身先士卒的忘我精神、严谨求实的治学态度、注重实地考察的治学作风给我留下了难忘的印象。

北洞山位于徐州铜山县境内，京杭大运河北岸。我们到达徐州的时候，正值盛夏季节，天气炎热干燥。北洞山汉墓坐落在一个村庄中，是一个隆起的小土包。墓室就深埋在这个小土包下面。

我们到达北洞山的第二天，先生就带我们来到现场。第一步要做的工作是了解墓室内的情况。墓室有多大，有没有遗物，墓室中有没有空气，有没有毒蛇和害虫，诸如此类的问题困扰在我们的心头。

进入墓室，只有一个盗墓贼留下的很小的盗洞。我清楚地记得，当时先生问谁愿意跟他先下去探一探墓室内的情况，同学们个个争先恐后，先生居然挑选了我，让我兴奋不已。我后来能跟随先生攻读硕士研究生，莫非这是一个预兆？

说老实话，我当时表面上故作轻松，实际上心里还是比较害怕的。因为墓室里会出现什么情况谁也无法预料。我们两人头戴橘黄色的安全帽，身着长袖衣裤，脚蹬长筒靴子，先生在前面手持电筒，我在后面举着蜡烛，顺着倾斜45度的盗洞滑进墓内。

墓室内漆黑一片，借着手电筒光和烛光，我们缓缓地移动。在摇曳和朦胧的光影中，我紧紧地跟随着先生，心是怦怦直跳；慢慢地，先生镇定自若的步伐感染了我，本来只敢紧盯着先生的我也开始观察着墓室：这是前室，这是后室、侧室……在迷宫般的墓室内也不知过了多久，直至考察完了墓室内的情况后，我们才从盗洞爬回到地面。我们出来后，衣服上沾满了泥土，靴子上满是泥浆。

在墓室外面等候的同学们见到我们平安地从墓室中出来，一个个松了一口气。可以想见，在当时没有现代化通讯设备的情况下，地上的同学们见我们长时间没有出来，心中有多么的担心了。

摸清了墓室内的基本情况后，先生制订了详细的考古发掘计划，发掘工作有条不紊地开展起来。

在北洞山汉墓发掘过程中，先生一度回校处理相关行政和教学事务，发掘工作由魏鸣和李晓辉两位师兄指导。当考古发掘工作进展过半的时候，终于有了意想不到的重大收获——劫后余生的金带钩、鎏金楚邸铜印、玉衣片、陶俑以及大量的五铢铜钱相继出土。先生闻讯后，立即从南京赶回到考古工地，着手处理这批珍贵文物。

考古工地现场每天都有大量围观的当地百姓。珍贵文物出土的风声一旦泄漏出去，将引起不法分子的注意，将会危及这批珍贵文物乃至发掘者的人身安全。我们都知道其中的利害，所以大家严守秘密，没有透露半点风声。

当时这批文物临时存放在我们的住地——北洞山小学，白天有人看着，倒还凑合，而到了晚上即使有人看着也不安全。而移交给当地文物部门则需要一些时日。

在这个时候，先生指示将所有的珍贵文物全部存放在他的房间里。不知是命运的安排，还是缘分——我个人更多地想信这是一缘分，先生居然又点到了我的名！他要我陪他晚上住在一起，共同看护这些文物。

在陪住期间，先生看上去若无其事，而我的心里则始终有些忐忑不安。我从李晓辉师兄那里借来一枝打鸟的猎枪，权作壮胆的工具。大家心里都明白，在徐州北洞山这个民风剽悍的偏僻小村子里，谁将珍贵文物放在身边，无异于随身带了一颗定时炸弹，稍有不慎，就会惹来杀身之祸。先生处惊不变、平静如水的心态让我折服。我们在平安中度过了一个又一个难眠之夜，终于顺利地完成了这批文物的交接工作。

在徐州北洞山与先生两次单独在一起，虽然时间不长，也没有过多地交谈，但是，竟然注定了我一生的发展方向。

1987年大学本科毕业那一年，我考取了先生的研究生，从事六朝考古和历史研究。如果说本科阶段的学习，学生与各门课授课老师之间的感情是“不亲不疏”的话，那么研究生阶段课程一对一的教学，则使我有更多的机会接触先生、了解先生、认识先生。

我个人深知，像我这样的学生虽勤奋有余，但天分平平，不善辞令，并不是所有老师理想中的学生。而先生有教无类，因材施教，针对我的实际情况，除了课堂授课外，还派我考察常熟等地的考古工地，增强我的田野考古工作能力；让我给低年级的学弟、学妹上课，锻炼我的口头表达能力；带我参加在常州、合肥等地召开的各类学术会议，让我有机会接触学界的前辈，增长见识，开阔视野。

通过课堂教学、实地考察、参加会议等手段，使我对于本专业的基本知识和学术动态立体起来，丰富起来，完善起来，研究的目标也更加明确起来。

1990年我研究生毕业后，走上了工作岗位，每当我游刃有余地应付各类文字游戏，并在六朝都城和民国建筑的领域进行深入研究的时候，我都深深体会到先生的传道、授业、解惑之功。先生重视微观研究、注重实地考察的学风深深影响了我，激励我克服重重困难，完成对六朝都城遗址和民国建筑的实地调查工作，从而取得了一些成果。

书缘

离开南大校园后，有幸与先生生活在同一座城市，使我与先生的缘分得以延续。俗话说："近水楼台先得月。"我也不例外。在近20年中，我与先生结下了一段段鲜为人知的书缘。

先生的著作有多种，论文更是不胜枚举。《长江中下游历史考古论文集》、《鄂城六朝墓考古报告》、《徐州北洞山汉墓发掘报告》、《南京大学历史系考古专业成立三十周年纪念文集》、《南京史话》都是先生的代表作。这些作品让我受益匪浅，而其中给我影响最大的可能要数《南京史话》了。

先生常年生活在南京，对南京有着特殊的感情。他从上个世纪60年代初开始，在前后40年的时间里，陆续发表了一系列有关南京地方史方面的研究文章，如《南京城的历史变迁》、《南京地名考略》、《南京地名探源》、《十代故都》等，提出了许多独到的见解，解决了许多历史上遗留下来的问题，从而奠定了先生本人在南京地方史研究领域的地位。

这里我举一个例子。南京自古以来一直被称作是六朝古都。实际上，六朝灭亡后，南唐、明初、太平天国、中华民国相继在南京定都。六朝古都的称呼显然无法涵盖南京这座古都的悠久历史和文化。那么，什么样的称呼才能够恰如其分地反映南京的历史和文化呢？先生在上个世纪80年代率先提出赋予南京"十代故都"或"十朝故都"美名的观点，为我们解决了这一难题。今天，先生的观点已经得到了学术界和普通市民的广泛认同。"十代故都"（或"十朝故都"）与"六朝古都"共同成为南京的代名词。

《南京史话》一书从严格意义上来讲，是一部深入浅出的学术专著。它是先生1962年应历史学家吴晗教授的邀请而写的，1963年被吴晗列入"中国历史小丛书"，由中华书局出版。这部书生动真实地勾勒出南京历史的发展脉络，填补了南京史研究领域的一项空白。1980年，先生又进行了增补修订，这部书由江苏人民出版社出版。1995年，南京出版社又将这部书列入"可爱的南京丛书"出版。这部深入浅出的历史著作，历经40年而长销不衰，影响了二三代南京人的成长，这种影响目前还在持续。这在同类出版物中恐怕是独一无二的，可以说在中国地方史研究领域树立了一个典范。直到目前为止，还没有任何一部有关南京的专著突破和超过《南京史话》。

受先生的影响和熏陶，加上工作的关系，我对南京史研究产生了浓厚的兴趣。《南京史话》成了我案头的必备参考书。这些年来，书成了我与先生之间联系的一条重要的纽带。下面略举几个事例：

1997年，先生将我推荐给他的老同学梁白泉先生，在我与梁先生共同撰写《南京的六朝石刻》的过程中，我得到了前辈的悉心指教。

2000年12月，先生为友人杨新华和我主编的《南京明清建筑》撰写序言，给了我莫大的鼓舞。

2002年5月，先生为拙作《六朝都城》撰写序言，字里行间洋溢着赞美之情。

2004年春节，先生为我牵头组织的《南京历代风华》一书撰写序言，赞美有加。

2005年，应我的邀请，先生亲自撰写了《魅力南京 · 城》一书，此书出版后，获得江苏省和南京市外宣品图书一等奖。

2007年，有关出版社决定再版先生的《南京史话》，并配上插图。先生盛情邀请我重新撰写近现代部分。

我所见到的先生文稿，都是一笔一画地写在方格纸上的，字迹秀美，柔中有雄。每一件文稿，不仅是严谨的学术作品，同时也是值得珍藏的艺术作品。从这些文稿中，我切身体会到先生对我的提携、对南京的挚爱。

提到与先生的书缘，自然要提到师母张彬老师。因为书的关系，我常常到先生府上去请教，几乎每次都能遇到师母。师母对于我的生活非常的关心。我刚在南京安家时，家中除了一只皮箱外，一无所有。恰巧先生和师母的孩子刚刚出国，就将锅碗瓢盆送给了我，解我燃眉之急。到如今，我家中的餐具更新换代了好几茬，而师母送给我刨土豆的刨子，一直用到现在我都没舍得扔掉。每当我看到这把刨子时，我都能感受到先生和师母对我的关怀之情。

认识先生20多年来，我从来没有看到先生与师母红过脸，先生与师母的恩爱给我留下了难忘的印象。记得2004年夏天，先生与师母两人在江苏省中医院疗养。我与妻子闻讯后，事先未联系就过去了。走进病房时，师母正坐在床上，头发有点乱，见到我们来了，师母显得有点不好意思。正在忙碌的先生赶忙走到师母的身旁，一边安慰师母说“都是自己的学生，没关系的”；一边递梳子给师母梳理头发，动作轻盈、细腻而又熟练。看了眼前这幅先生师母恩爱的画面，我们的眼圈禁不住湿润了……

城缘

进入21世纪后，在全球化经济大潮中，我国各地发生了翻天覆地的变化。许多历史文化名城在旧城改造过程中，名“城”实亡，失去了原有的风貌。南京，这座拥有将近2500年建城史和450年建都史的十朝故都，也遭受到城市化浪潮的冲击。许多古建筑、古河道、老街巷变得面目全非，丧失自我。

看到南京城市“日新月异”的变化，我像千千万万南京市民一样，深感人微言轻，无能为力，只能干着急。

先生看在眼里，急在心头。他联合东南大学建筑系潘谷西教授、南京博物院原院长梁白泉研究员，组成了“三驾马车”，以他们的学者身份和地位担当起了南京城市保护神的角色。

我们都知道，在战争年代，一座城市的保护神，其主要作用在于保护城市居民的生命财产安全。南京大屠杀期间的美籍传教士明妮·魏特琳、德国西门子公司驻南京办事处总经理约翰·拉贝即属于这一类人。他们与灭绝人性的日军展开了艰苦卓绝的斗争，最终使数十万南京难民获得了新生。

在和平年代，一座城市的保护神，其主要作用在于保护城市历史文脉的延续。他所面临的对手是自己的同胞，他所面临的伤害是来自合法机关的“合法”伤害。这是一场没有硝烟的战争，但其困难程度远远超过想象。先生出于对南京这座城市深沉的热爱，全然忘记了自己的年龄，以年轻人都没有的干劲和热情，常常出没在南京的各个考古工地和大街小巷。就我个人而言，就曾经陪同先生一起考察过六朝石刻、六朝建康城遗址，还考察过南京城内的民国建筑。先生通过实地考察，获取了大量的第一手资料，撰写了一份份报告，呼吁保护南京的建筑、遗址、墓葬和街巷，引起了省市乃至中央领导的高度重视，南京图书馆负一楼陈列展览的六朝建康城遗址就是先生等专家呼吁的结果。

那是2003年，南京市博物馆考古部考古专家王志高先生在南图新馆工地进行配合基建的考古发掘时，发现了六朝时期的砖砌道路、排水沟、古井、城墙，同时出土了大量的人面纹瓦当、兽面纹瓦当、瓷器等遗物。这显然是一处极为重要的六朝遗址。我到现场看后，也感到无比的震撼。

对于一个考古出身的人来说，还有比见到掩埋在地下的古城址更高兴的事吗？然而，南京图书馆工地的隆隆机器声让人无法兴奋起来。因为不久以后在这片重要遗址上将建起一座现代化的图书馆，这些重要的考古发现将荡然无存。怎么办？现场主持考古发掘的王志高先生心急如焚，他立即拨通了先生的电话……

平时性格温和的先生听说后立即就要到现场考察。我和妻子受王志高先生的委托，立即陪着先生和师母张彬老师赶到了现场。先生看后，显得有点激动。经过先生的鉴定，这正是消失1500年之久的六朝建康城遗址！扑朔迷离的六朝台城，终于露出了它的庐山真面目。他当即表示，这样重要的遗址，如果不保留下来，将上负古人，下愧对子孙。回家后，他立即起草了一封给市委、市政府主要领导的信，并和潘谷西、梁白泉两位先生一起，郑重地签上自己的姓名。

市委、市政府主要领导接信后，非常重视，组织了多次专家座谈会，最后确定一个折中的方案，将原址平移到今天的位置。如今这里成为人们直观感受六朝历史和文化的重要场所。

如果说六朝建康城遗址得以保存下来，浸透了先生的一片心血的话，那么，对于门东、门西地区的保护，先生则是奔走呼号，不遗余力。

门东、门西地区是指中华门内以东、以西一带。这里是老南京人的居住区，也是南京历史上手工业者和商人聚居的地区。这里的老街巷最具有南京本土特色，房屋多为明清时期的中国传统建筑，高一至两层，砖木结构，青砖小瓦。这是南京城内仅存的一片具有民族底蕴的老街区，它与颐和路民国公馆区、总统府、梅园新村民国建筑群，共同构成了南京文脉的一个重要环节。

2002年3月14日，先生和我曾经与南京地区的其他18位专家一起，联名呼吁保护门东、门西地区老街巷。但是，随着时间推移，这一地区也面临着被开发的危险。

到了2005年，南京市有关部门正式启动了对这一地区大规模开发建设的进程，计划以高楼大厦取代现有的民居。一幢幢民族风格的建筑被涂写上了大大的“拆”字，相继倒在推土机的巨铲下。著名作家叶兆言先生闻讯后，非常着急。他希望先生能够出面，阻止事态的进一步发展。我当即把先生的电话告诉了他。第二天，先生在他的陪同下，赶赴门东、门西地区，眼前的景象令人震惊，南京地区最后一片特色区域已经被拆得七零八落！

先生考察后，回到家中，气愤不已。立即亲自起草了致南京市主要领导以及国家文物局的信，引起了国家文物局乃至国务院总理温家宝的关注。

国家文物局组织了专门的调查组，到南京进行调查。最后，有关部门不得不调整了原先的规划方案，立即停止拆除城南民居的行为，对于城南民居，采取“镶牙式”的保护方式，即对有价值的民居予以保护下来，对于在已经拆除的民居上新建的建筑物，保持与原有建筑风格的协调。

2007年，在先生的倡议下，对于城南民居的调查研究更加深入，调查人员由室外调查进入室内调查，以确保有价值的城南民居得以保存下来。

在古都南京特色和风貌的保卫战中，先生为南京这座城市执着地奔走呼号，给世人树立了光辉的榜样。先生以一个学者的力量承当了南京城市保护神的角色，不仅赢得了今人的理解，也必将赢得后人永久的尊重。

卢海鸣（南京出版社）

淮河流域双墩文化及其序列的初步探讨

序言

淮河，古代“四渎”之一，与长江、黄河、济水齐名。双墩文化及其序列的诸多遗址主要分布在淮河流域的中游地区。中游地区以河段来界定，西部从河南与安徽交界的洪河口算起，东达安徽与江苏交界的洪泽湖以西，总长490公里，几乎是淮河总长的一半。由西向东横跨安徽中北部地区，它不仅是淮河水系的重要河段，更重要的是自古以来就有人类在这里生息繁衍，创造了淮河流域原生的考古学文化，同时也是我国东西南北文化传播的通道和交融的重要地区。淮河中游地区史前的考古工作在安徽境内可追溯到20世纪30年代，从解放前中央研究院历史语言研究所李景聃和王湘先生在寿县一带进行的考古调查开始，发现了斗鸡台等一批原始社会遗址[1]。五六十年代，华东文物工作队在治淮工地清理了嘉山泊岗等一批新石器时代遗址[2]，我省考古工作者在中游地区对萧县花家寺等一批遗址亦展开了考古调查发掘[3]。根据当时所获资料，有些研究者认为在淮河中游地区大体分布着“大汶口文化”、“龙山文化”和以红陶为主的另一种文化的文化类型[4]。70年代至90年代，在淮河中游地区发现了一大批史前文化遗址，其中有“大汶口文化”、“龙山文化”等，特别是侯家寨、双墩等一批具有地区自身考古学文化特征的早中期新石器时代遗址的发现，为淮河中游地区史前文化谱系的研究提供了重要的依据。

本文根据目前淮河中游地区的考古材料，以双墩遗存为标尺，对淮河中游地区双墩文化及其序列的文化遗存进行初步的研究与探讨，以抛砖引玉，谬误之处敬请方家勘正。

一、双墩文化的研究

（一）双墩文化遗存的发现和考古研究概况

双墩文化遗存的发现和考古研究工作，从1977年春定远县侯家寨遗址的发现开始，到1985年侯家寨遗址的试掘和1986年正式发掘，以及1985年蚌埠市双墩遗址的发现和1986年的试掘为第一阶段。这两个遗址考古调查所采集的标本和试掘、发掘出土的一批新颖的具有地域特征的文化遗物，被认为是淮河流域自身的文化类型[5]，资料报道后，引起了学术界的关注。第二阶段是从1987年配合国家文物局“苏鲁豫皖先秦考古重点课题”研究开始至今，在此期间淮河中游地区发现和发掘了一批重要的新石器时代遗址。1991至1992年双墩遗址的两次发掘工作，取得了丰硕的成果，学术界给予了高度重视。1991年5月28日至6月2日国家文物局在合肥召开“苏鲁豫皖”考古工作座谈会，来自北京和四省的与会的领导、专家们会前考察了双墩遗址发掘工地，并看了侯家寨等遗址的发掘标本，在座谈会上对这一新的文化内涵给予了肯定。专家们认为：“双墩的材料比较丰富，其自身特色十分明显，这一阶段可看做是与北辛文化、大汶口文化并列的考古学文化时期。双墩这套器物的文化面貌跟裴李岗和北辛是完全不一样的，它应该属于单独的一个文化。双墩有自己的特点，与泰沂文化系统区别较大，不属同一文化谱系”[6]。

已发表的蚌埠双墩[7]、定远侯家寨[8]、宿州小山口和古台寺[9]、濉溪石山子[10]和鹿邑武庄[11]等部分考古发掘材料证明，这些遗址内涵的文化面貌具有较强的共性，器物特征新颖，具有强烈的地域性和自生性。双墩遗址考古发掘的陶器、石器、骨角器、蚌器和刻画符号等文化遗物，被认为是一个与其他文化具有明显区别的原生器物群，不属于任何一个谱系中的文化类型；而且在淮河流域中游地区目前所发现和发掘的早中期新石器时代遗址中，内涵最为丰富，特别具有典型性和代表性。在2005年11月12至13日“蚌埠双墩遗址暨双墩文化”学术讨论会上提出了“双墩文化”的命名，得到与会专家的高度评价。专家们认为：双墩遗址文化内涵独特，将其命名为“双墩文化”当之无愧，顺理成章[12]。

双墩文化遗存的分布，主要集中分布在淮河中游地区。到目前为止，经过考古调查和发掘的遗址有二十多处，其分布从河南东部与安徽交界的鹿邑至信阳一线至江苏的洪泽湖以西，北达安徽与山东交界处，南到大别山北麓至张八岭一线（图一）。

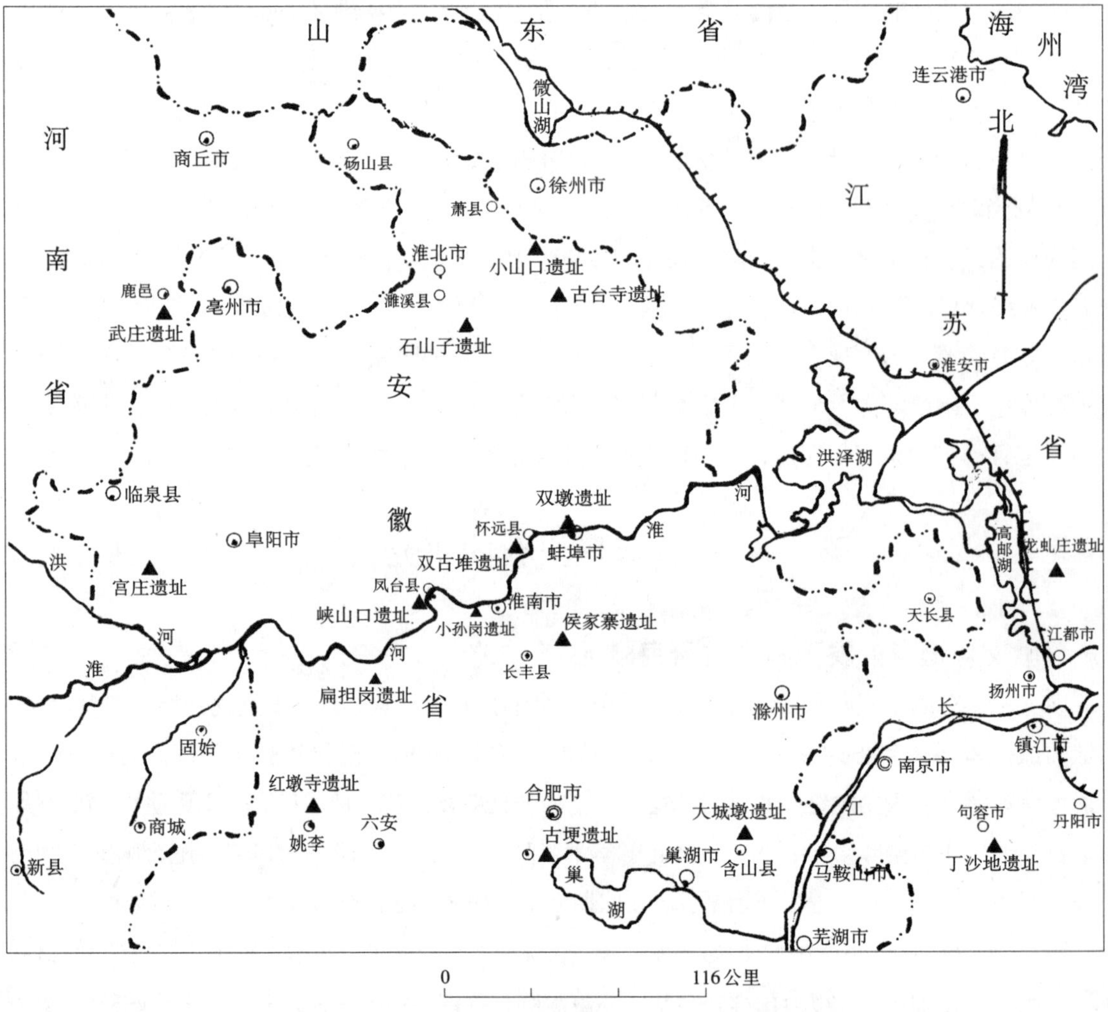

图一　淮河中下游地区早中期新石器时代遗迹分布示意图

（二）双墩文化特征

双墩文化目前发现的遗迹很少，只有一些灰坑，但出土有大量而丰富的文化遗物[13]（图二）。

1.文化遗物

陶器以红褐色夹蚌末陶为主，次为外红衣内黑色夹碳陶，少量为夹碳黑陶和夹云母末的灰陶等。陶胎有粗细之分，还有少量的泥质陶。器表以素面为主，都经过刮平抹光，少数磨光，有的施陶衣和少量彩陶；少数有纹饰，纹饰多为组合型，多饰在器物的鋬手、耳系、肩部、折沿或肩腹折棱处，很少通体饰纹；流行平底、矮圈足、支架和圆柱形锥状鼎足；流行鸡冠形和扁形鋬手，牛鼻形、鸟首形以及泥条形耳系；流行蘑菇形、圈足座形、扁桥形等形状的盖纽等。器形比较规整，由于手制的原因，器壁多厚薄不均，显得粗糙不精细，具有一定的原始性。多为生活用品，少量为工具以及艺术品等。

炊器有罐形釜和钵形釜、盆形甑和盘形甑、少数罐形鼎和钵形鼎、大小不同的圆柱形支架和灶框等。这套炊器具有很强的组合特征和个性特征，如平底釜与支架配套使用，釜的形状既不同于南方的腰沿釜，又不同于北方的尖底釜。大的支架是仿男性生殖器制作的，特别是龟头部分非常形象，目前在其他文化类型中还没有发现这种祖形支架。灶框的使用是一种发明，是中国几千年以来锅灶的祖形。灶框圈虽然低矮，但仍能起到拦火的作用，使火头集中于釜底。甑的形状较大，有底部或底和腹满布箅孔的，个性特征明显。双墩遗址的鼎数量不多，在炊器中只是个配角，但同样具有很强的个性特征，其鼎身呈折沿、折腹钵形或大口折沿罐形，锥足呈圆柱形。

盛储器有大口和小口罐、内外折沿或外敛内折沿碗、敛口和敞口碗、窄沿和宽侈沿盆、折沿敛口钵、侈沿大口或敞口钵、宽沿浅腹盘、钵形盘矮喇叭形圈座豆等。这套盛储器同样具有很强的自身特征：如小口罐球腹肩部装对称牛鼻形或鸟首形耳系；碗的形体特大，矮圈足，或可称为钵形碗，大量的符号多刻画在碗的矮圈足内；盆多彩陶，有红口和彩绘花纹以及通体红彩的；敛口、敞口的多种形式的钵形构成了钵的个性特征；豆的特征在于喇叭座的矮小，往往在豆喇叭座内有刻画符号。

用具有支座、器座、大小不同形状的器盖、盂、带流器等，这些用具的器类和形状都具有很强的自身特征，如圈形支座、桶形器座、多角形和圈座形盖纽、扁桥形纽平顶敞口器盖和四流器等。

工具比较典型的有纺轮、锉、圆饼、网坠和投掷器等。纺轮多为陶片改制；锉和圆饼为专门制作；网坠不仅有大小之分，其形状至今不变。投掷器的烧制，显示了双墩人的智慧，似为围猎时趋赶猎物的投掷工具。

艺术品主要有泥塑人头像和陶猪等。其中一件人头像为夹蚌末红褐色粗陶，采用捏制、堆贴加刻画的方法，脸盘较宽，眉弓粗而长，双目炯炯有神，两颊各戳印着5个排列整齐的小圆窝，额头上刻画重圆纹，是一幅渗透着稚嫩气息的纹面孩童的形象，具有鲜明的地域特征和很高的审美和学术研究价值，是一件非常难得的艺术珍品。

石器有斧、锛、砍砸器、研磨器、砺石、石锤、石球和经过加工或没有加工的自然石块等。生产工具制作多采用磨制技术，器形比较精致，加工或手工工具粗糙而不规整。这里的石器都经过多次反复使用，出土时不是缺脑就是断刃崩口，完整器少见。双墩的磨制石器体现了工具的分工，但也体现了一器多用的情况，打制石器和加工或没有加工的自然石块都具有一器多用的多功能性。总体上说，双墩石器具有数量少、器形小、制作粗糙、器类简单等四个基本特征。

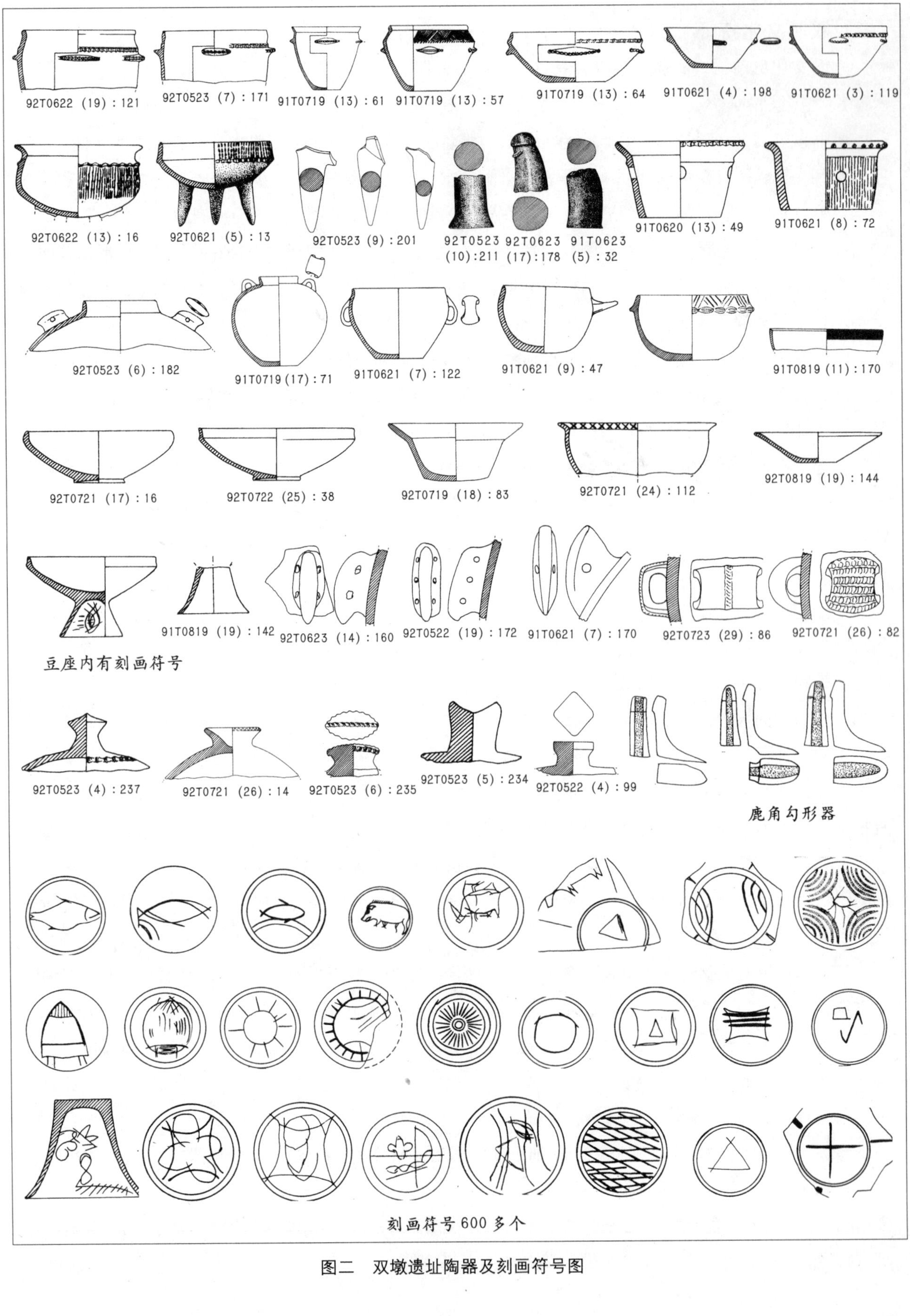

图二　双墩遗址陶器及刻画符号图

骨角器有骨锥、骨针、骨镞、骨镖、骨簪、饰件和鹿角锥、鹿角勾形器等。这些骨角器多为手工工具、渔猎工具、采集工具和装饰品等。骨角器多采用肢骨、肋骨、鹿角等加工磨制而成，一般都制作得比较精良。少数如骨锥和鹿角尖状器，仅磨尖部，制作则比较粗糙。鹿角勾形器在这里大量流行，数量众多的鹿角勾形器的制作比较有特点，要经过切割、裁断和精磨等工序才能完成，其作用似为采集用的勾捞工具。

蚌器比较发达，有刮削器、切割器、刀、锯、纺轮、匕等。这些蚌器主要是生产工具和手工工具，具有很强的个性特征，一般多制作粗糙，只是打下蚌壳的一块，基本上不再进行加工，利用蚌口为刃，作为刮削器、切割器和刀等使用，但也有一些精加工的蚌器，如锯、刀、匙等。

2.刻画符号

刻画符号在双墩、侯家寨等遗址中迄今为止已发现640多个，构成了双墩文化遗存的重要内容，为史前刻画符号又增添了一套时代早、数量大、种类多、内容丰富、结构独特而新颖的符号种类，不失为考古工作中的又一重要发现。从符号的刻画形状来看，可分为象形和几何形两大类。如果从符号的刻画结构来看，符号可分为单体符号、双重体符号、多重体符号和组合体符号。从符号的使用率来看，有些符号以单体符号或重体符号反复出现或与其他符号构成组合形符号，还有的由两个或两个以上的符号构成组合体符号。这就构成了双墩刻画符号自身的特征：就单体和象形类符号而言，其他新石器时代遗址所发现的部分符号的形体结构与双墩刻画符号较为相同或相似；就重体符号而言，其他新石器时代遗址与双墩遗址的符号有一定的相似性；就组合体符号而言，双墩的则具有更多的区别和不同。总体来说，双墩符号的形体结构自成一套：如单体和象形类的猪形、鱼形、杆栏式房子形、花瓣形、蚕丝形、太阳形和几何类的横形、竖形、叉形、勾形、十字形、三角形、方框形、圆圈形等符号多与其他文化遗址符号有一定的相似性。如组合符号中：鱼形和双弧线形或与方框形的组合，三角形和鱼、花瓣形的组合，方框形和蚕形、花瓣形、勾形的组合，重弧线形和横线形或圆圈的组合，半框形和一或二道横线形的组合，十字形和圆圈形的组合等等均与其他文化遗址的符号区别比较大或大相径庭。目前只有在双墩遗址和侯家寨遗址下层中发现的这套符号是一样的。由此可见，双墩和侯家寨两个遗址发现的这套符号的使用范围和时间大约在双墩文化分布的地区和双墩文化存在的时期。

双墩刻画符号是当年人们智慧的结晶，陶工们运用象形和抽象的技术手法将双墩人的历史以不同的单体、重体和组合体符号的形式刻画在陶器上，是一套成熟的表形表意的记事符号。双墩文化时期的人们是以农业、渔猎、采集和饲养为来源的经济生活，所创造的这套刻画符号可能对当时人们社会生活中的方方面面有所反映，如动物类符号当是反映双墩人与动物之间生存关系的记录，几何类符号可能是反映双墩人对自然界的认识和社会生活中的一些具体事项的记录等。

3.经济生活

⑴ 水稻农业经济。在淮河流域上游的贾湖遗址和下游的龙虬庄遗址分别发现了炭化的稻谷，而位于中游的双墩、侯家寨、红墩寺等遗址已发现农业经济的确切证据——种植水稻。2001年中国农业大学王象坤和中国科学院孔昭宸以及中国科技大学张居中等与笔者曾专程到双墩、红墩寺、侯家寨等遗址进行调查，发现了留在红烧土上的12个稻壳的印痕，其中可以判断其类型的有9个：2个为阔卵形，长宽比为2.0至2.14毫米，判断为粳稻，占22.2%；4个为籼稻，占44.4%；3个为中间型占33.3%。在遗址

中出土的石斧、石铲、蚌刀、蚌切割器等多为农业方面的生产工具，石圆饼、石棒或石杵等应为谷物加工工具。

⑵ 渔猎经济。遗址中出土了大量的水、陆生动物骨骼和介壳，充分反映了渔猎经济在双墩遗址时期人们的经济生活中占有重要的地位。

反映捕捞经济的有网坠、鱼钩、骨标工具和大量的螺蚌壳、鱼骨、龟鳖壳，以及鱼形、组合鱼形和网形刻画符号等。

反映狩猎经济的有镞、标、石块、陶投掷器等狩猎工具和猪、鹿、牛、麂、獾、虎等几十种动物骨骼，以及猪形、组合猪形、鹿形等刻画符号等。

⑶ 采集经济。反映采集经济的有鹿角勾形器、蚌器、石器和炭化的果核等。

综上所述，在遗址中发现的水稻印痕、地层中发现的大量螺蚌壳、动物骨骼和经鉴定为饲养的家猪的骨骼，都充分反映了双墩人们的经济生活是以农业和渔猎为主，采集和饲养猪为次的复合经济生活。

二、双墩文化序列的探讨

（一）各遗址器物特征

分布在淮河中游地区的诸多遗址除双墩、侯家寨一期等遗址归属典型的双墩文化外，还有石山子、小山口和古台寺、武庄、峡山口、双孤堆、小孙岗、侯家寨二期等比较典型的遗址，这些遗址的文化特征均与双墩有较大的一致性，它们之间存在着共同的淮河中游地区早中期的新石器时代区域性文化特征，但是在各个遗址之间器物组合或有些器物特征等方面又存在一定的区别。本文根据现有的考古材料，探讨这些区别的缘由，探讨是否可以建立淮河中游地区以双墩文化遗存为代表的早中期新石器时代考古学文化序列。讨论的对象以陶器为主，兼及其他遗存。

1、定远县侯家寨一期器物特征[14]**（图三）**

陶器以红褐色为主，次为外红衣内黑色或内外红衣陶，少量的黑陶和灰色陶。夹蚌末和夹碳陶占绝对多数，次为夹砂陶和少量的夹云母末陶。器表以素面为主，都经过刮平抹光，少数磨光，有少量的指切纹、刻画纹、刺点纹、戳刺纹、附加堆纹、弦纹、乳丁纹、镂孔等。有少量红口彩陶。纹饰多饰在器物的鋬手、耳系、肩部、折沿或肩腹折棱处。流行平底、矮圈足、支架和圆柱形锥状鼎足；流行鸡冠形和扁形鋬手、牛鼻形和鸟首形以及泥条形耳系；流行蘑菇形或圈足座形、多角形等形状的盖纽等。器类多为生活用品和少量的工具以及艺术品等。陶器均为手制，多粗胎厚壁，器壁厚薄不均，具有一定的原始性。这些与双墩遗址出土的陶器相同。

器物可分为两种组，第一组有罐形釜和钵形釜、祖形支架、锥形鼎足、灶框、有大口和小口罐、矮圈足折沿和敛口和敞口碗、窄沿和侈沿盆、折腹鋬手钵、矮喇叭形圈座豆、器座、大小不同形状的器盖、挫、网坠、圆饼、斧、锛、砍砸器、研磨器、砺石、石锤、石球、石块和骨锥、骨针、骨镞、骨镖、骨簪、鹿角锥、鹿角勾形器等。这些均于双墩遗址出土相同，应为典型的双墩文化遗存。第二组有三足带把规、束腰钵、罐形釜出现扁形两鋬手等，这组器物在双墩遗址不见，是新增或演变的器形。

刻画符号发现30多个，多是刻画在碗的底部圈足内，有单体、双重体和多重体以及组合体等。如

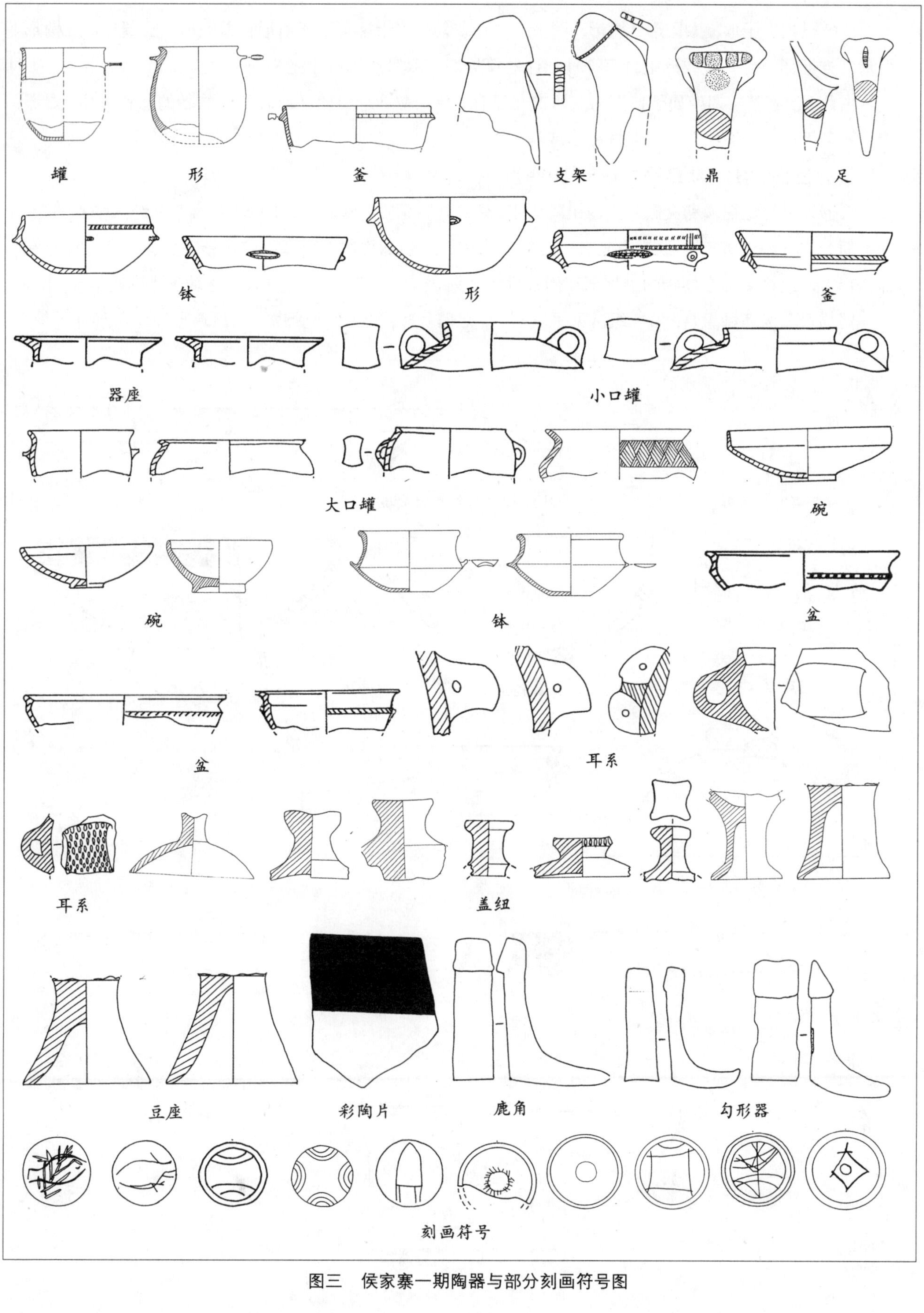

图三　侯家寨一期陶器与部分刻画符号图

鱼形、杆栏式房子形、太阳形、横形、网形、叉形、勾形、十字形、三角形、方框形、圆圈形、三角形组合、方框形组合、弧线形组合等符号。这套符号均与双墩遗址的出土相同。

由此，侯家寨一期应属于典型的双墩文化遗存，与双墩遗址比较又出现了一些新的器物类型，参考碳[14]测定年代，其年代与双墩遗址相当或稍晚。

2.鹿邑县武庄一期器物特征[15]（图四）

陶器以夹蚌红褐陶和夹碳外红内黑陶为主，有少量的泥质红陶和很少的灰陶。器表都经抹平或磨光，以素面为主（超过90%），纹饰有划纹、弦纹、指甲纹、附加堆纹、蓖点纹等。彩陶少见，有施红衣和饰红带者。纹饰多饰在器物的沿肩部和附加件上。陶器均为手制。这些与双墩遗址出土的陶器相同。

器物可分为两种组合：第一组常见平底器、三足器和矮圈足器，流行鋬手、鸟首形和泥条形耳系等。

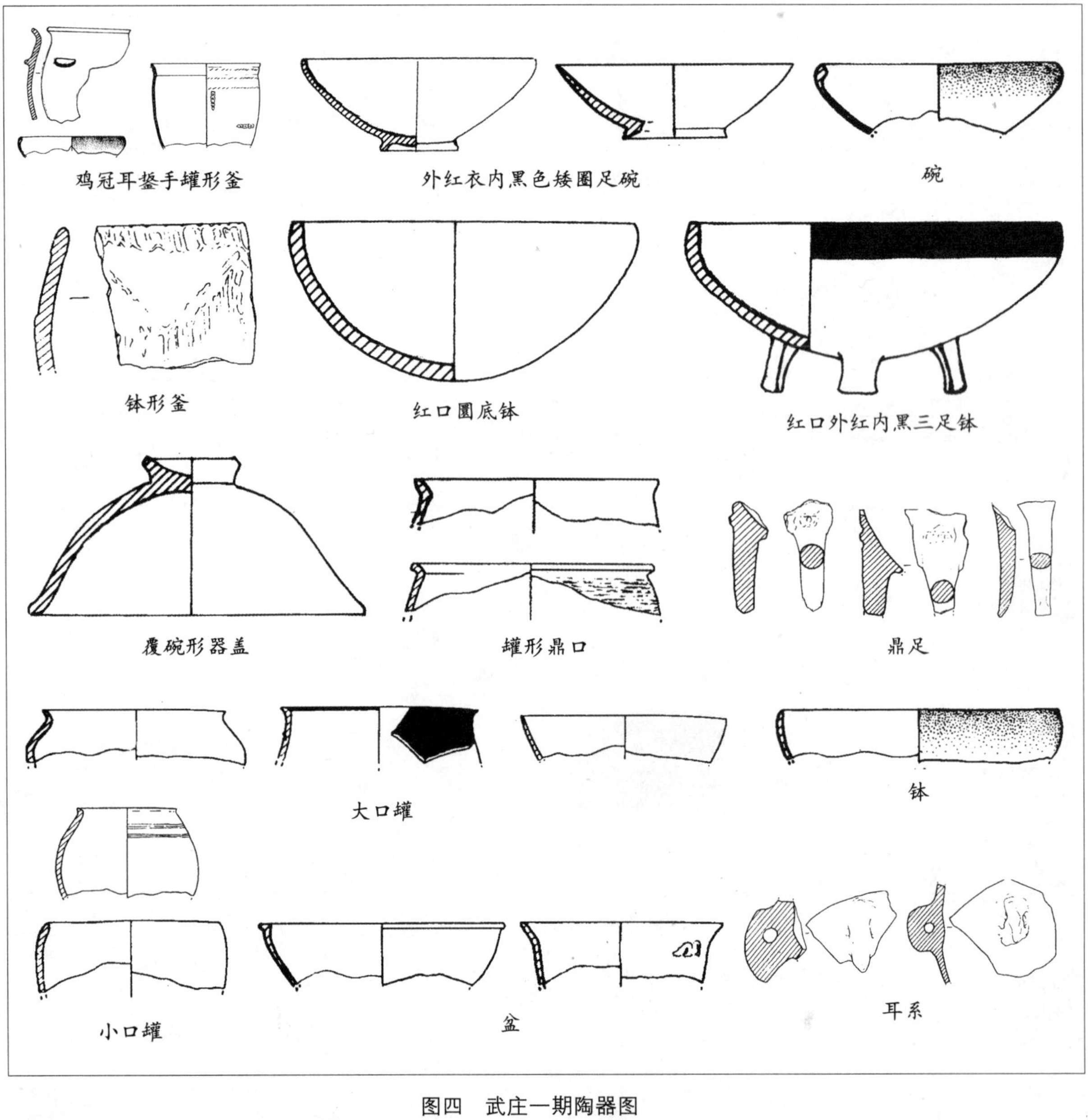

图四　武庄一期陶器图

器形有鸡冠耳鋬手深腹罐形釜、钵形釜、罐形鼎、圆锥形鼎足、大口罐、外红内黑矮圈足碗、敛口钵、盆、器盖等。这些与双墩相同。第二组有少数圜底钵等器形属于北方文化因素，在双墩遗址不见。

由此，武庄一期应属于双墩文化遗存。该遗址中出现的一些外来文化因素，可能与其所在地域有关，属于吸纳性文化因素，其年代与双墩遗址相当或稍晚。

3.宿州市小山口和古台寺器物特征[16]（图五）

陶器以夹蚌末为主，夹炭次之，少量泥质陶，陶器表面以红褐色为主，多为外红内黑。陶器以素面为主，纹饰简单，主要是附加堆纹、指甲纹和戳印纹，部分为连珠形满饰刺点纹和按压纹，少量在口沿外的堆纹上饰指甲纹。这些特征与双墩遗址的陶器基本相同。

器形单调，直口器和口沿外有一周凸棱比较普遍，以釜、钵、碗等为基本器物组合。

釜有直口、侈口腹壁较直和敞口的形制，有的直口釜带鋬手，有的侈口釜的腹较深，敞口釜的沿部多有附加堆纹或凸棱一周，其腹较直口釜浅，与双墩的釜有类似之处。从发表的资料看古台寺直口釜多于小山口遗址，小山口出土的敞口釜未见于古台寺遗址。

与釜配套使用的支架为圆柱形，底座一周外凸。这种支架具有淮河地域性特征，与双墩小型支架相同。小山口的罐为侈沿大口，双墩遗址亦有这种大口罐出土。

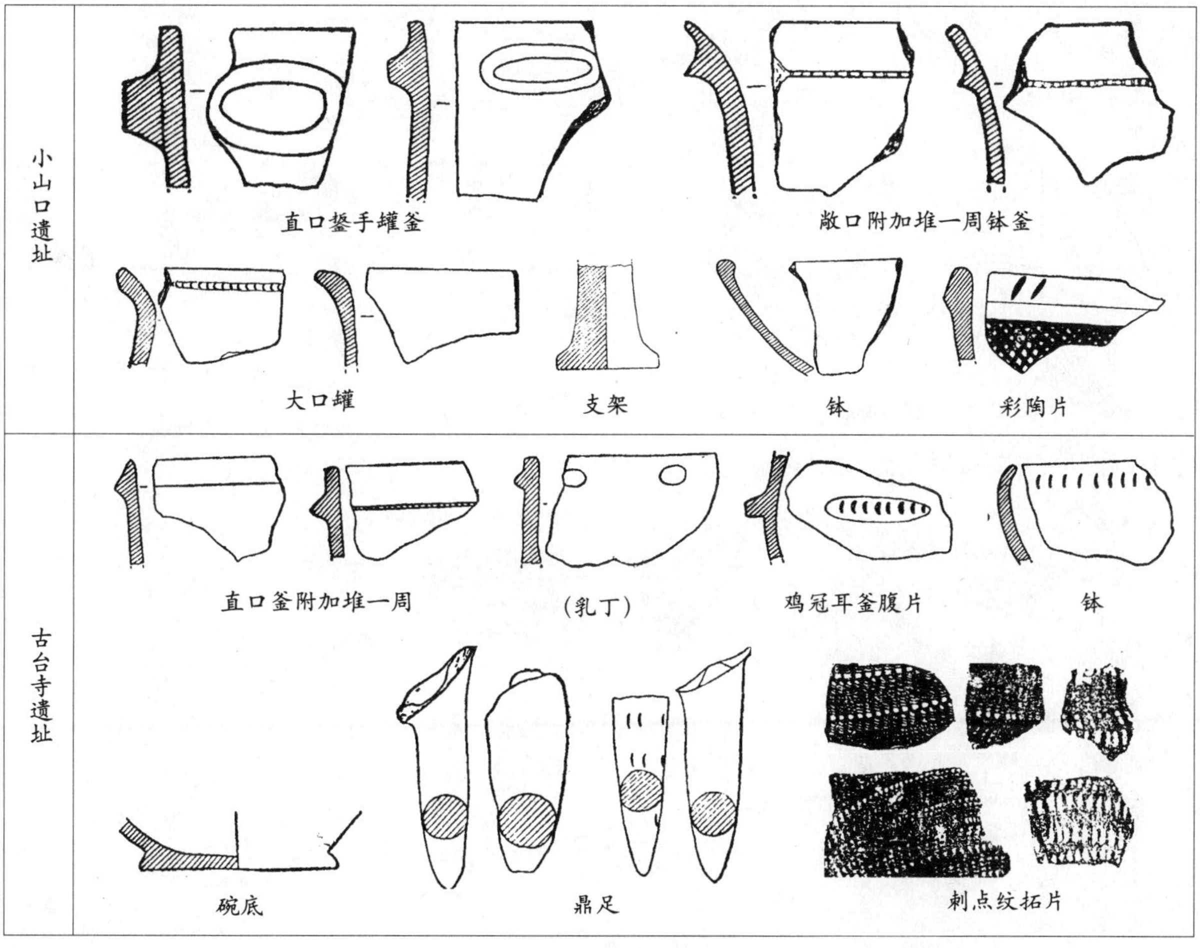

图五　小山口、古台寺陶器图

两个遗址中的敛口形钵和小盂形器也常见于淮河流域早中期遗址。盆为敞口深腹形。

古台寺出土的圆锥形鼎足和饰刻画纹的鸡冠耳鋬手，与双墩遗址出土相同。

这两个遗址器物的总体特征与双墩遗址基本一致，但在器物形制方面存在着一定的区别，体现了一种较早的特征，参考小山口碳14年代，相对年代应比双墩遗址早。古台寺出现了典型的双墩鸡冠耳鋬手和圆锥鼎足，其年代应晚于小山口。

4.濉溪县石山子遗址器物特征[17]（图六）

陶器以夹蚌末和夹炭陶为主，泥质陶较少。陶色以红褐色和外红内黑色陶为多，有少量的红陶、黑

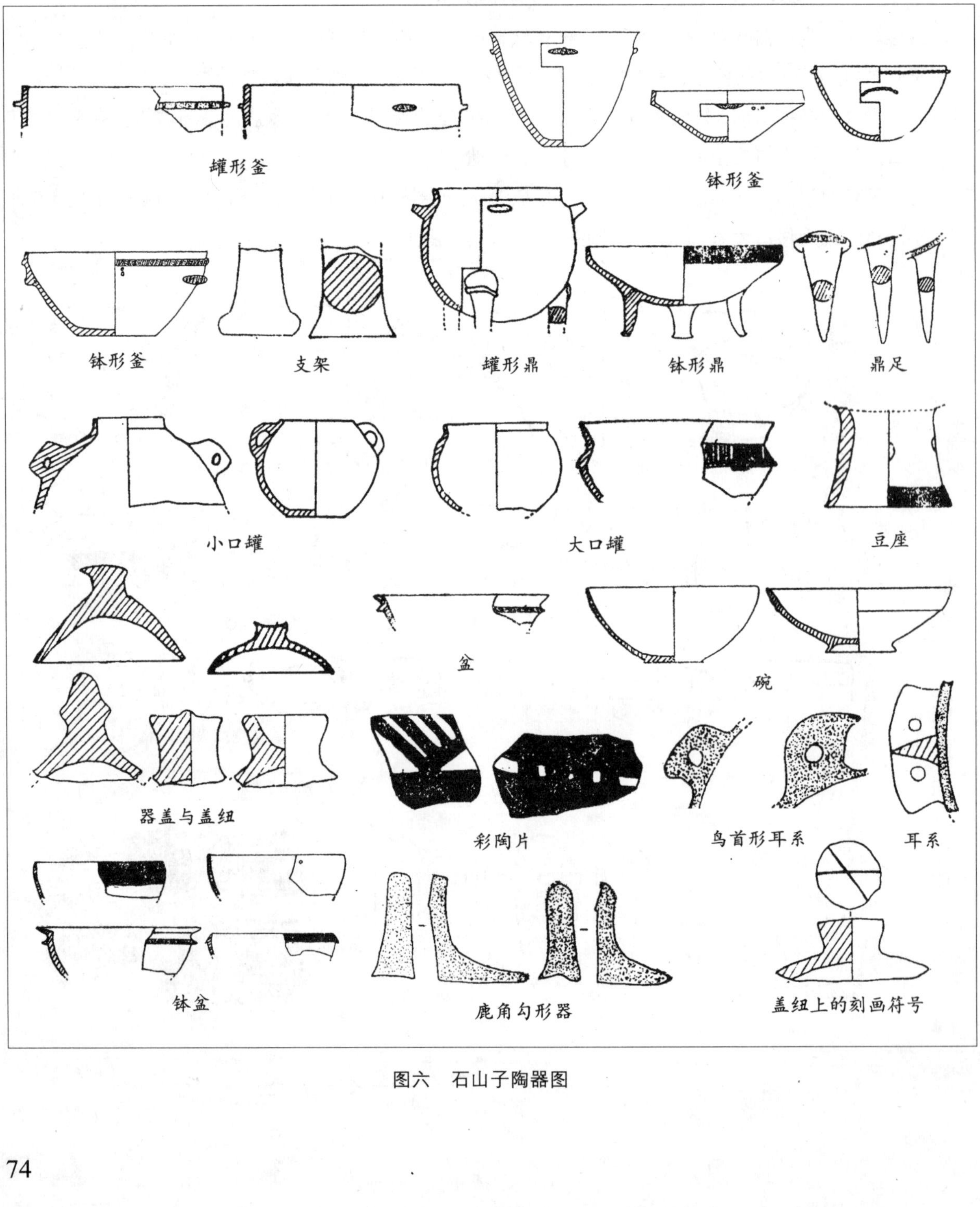

图六　石山子陶器图

陶和灰色陶。陶器均为手制，胎壁粗糙厚薄不均。器表都经过抹平或磨光，以素面为主，纹饰有附加堆纹、指切纹、戳刺纹、捺窝纹、乳丁纹、镂孔等。有少量彩陶。纹饰多饰在器物的鋬手、耳系、肩部、折沿或肩腹折棱处。流行平底、矮圈足、圆柱形支架和锥状鼎足，鸡冠形和扁形鋬手，鸟首形以及泥条形耳系，蘑菇形和圈足座形，以及多角形盖纽等。这些与双墩遗址出土基本相同。

器物可以分为三种组合：第一组为附加宽泥条的钵形釜、罐形釜和倒勾沿盆等，与小山口遗物相同，在双墩遗址少见，应早于双墩遗址。第二组为鋬手罐形釜、钵形釜，大口罐和球腹肩部装对称牛鼻形或鸟首形耳系的小口罐，敞口和折沿碗，敛口钵，矮喇叭形圈座豆，圆柱形支架，各种形状的盖纽和圆锥形鼎足等，这些器形与双墩遗址出土基本相同。第三组为四鋬罐形鼎、三足钵等，未见于双墩遗址，似外来文化因素或新出现的器类，其相对年代应稍晚或相当于双墩遗址。

据发掘者讲：两次发表的石山子遗址中的早期文化遗存考古材料，不是同一个地点发掘的。1992年《考古》第3期“简报”中的器物特征较早与小山口相当，应早于双墩的器类。1998年《文物研究》第11期“遗存”中的器物特征与双墩相当或稍晚于双墩的器类。

5.怀远县双孤堆遗址陶器的文化特征[18]**（图七）**

陶器的陶色以红褐色为主，有外红衣内黑色或内外红衣陶，还有少量的黑陶和红陶。陶胎多夹蚌末和炭，有少数泥质红陶。纹饰以素面为主，少量饰刻画纹、压印纹等。陶器的制法均为手制，似为泥片拼接法，器物胎壁粗糙厚薄不均，内外器表多留有抹光刮平痕迹，少数磨光和施红衣，陶质一般还比较硬。由此，该遗址陶器的特征与典型的双墩文化一致。

器形有罐形釜和钵形釜、小口罐、碗、钵、盖、锉、祖形支架、鋬手、鸟首耳系、圆锥鼎足和鹿角勾形器等。这些器物与典型的双墩文化相同。

器物可以分为三种组合：第一组为直口堆纹釜和倒勾沿盆等，与双墩遗址出土有一定的差异，这些文化因素可能稍早与双墩遗址；第二组为敞口钵、鸟首形小口罐、圆锥鼎足、圆柱形支架、祖形支架和鹿角勾形器等与双墩遗址相同。第三组为窄扁鋬手罐形釜、高圈足外红内黑碗、盂、直壁平底较大的钵等，与双墩遗址出土有一定的区别，可能稍晚与双墩遗址。

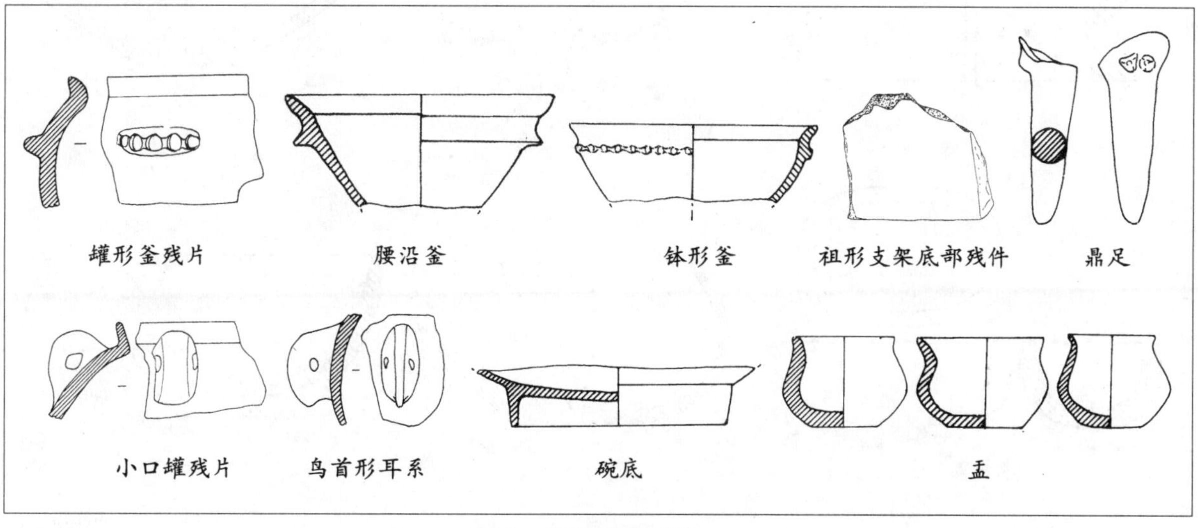

图七　双孤堆陶器图

从遗址器物数量上来看，后两种器物组合可能是该遗址的主要文化内涵，其相对年代应晚于双墩文化的典型遗存。

6.凤台县狭山口遗址陶器的文化特征[19]（图八）

陶器的陶色多不一致，还有少数表面脱落现象。以红褐色、灰褐色和外红衣内黑色为主，有少量黑陶和灰黑陶。陶胎多夹蚌末和炭，有少量泥质陶。纹饰以素面为主，有少数刻画纹、抹弦纹、乳丁纹等。陶器均为手制，似以泥片拼接法制成，胎壁粗糙厚薄不均，内外器表多留有抹光刮平痕迹，少数磨光和施红衣，陶质一般还比较硬。由此，该遗址陶器的特征与典型的双墩文化一致。

器形有罐形釜、钵形釜、碗、钵、盆、单鋬手杯、耳杯形盂、罐、盘、祖形支架、器座、圆锥鼎足和石球、鹿角勾形器等。这些器物中的主要类型与典型的双墩文化基本相同，但有一些器形与之存在一定的区别。

根据我们所见到的发掘标本可以分为两种器物组合：第一组为折沿钵形釜、罐形釜（仅见腹片）、外红衣内黑色碗、祖形支架、单鋬手杯、圆柱形鼎足和鹿角勾形器等与双墩相同文化因素；第二组为中等宽度沿口盆、束腰矮器座、长椭圆形盂、四鋬罐、三足钵等，这些几乎是典型双墩文化所没有的器形，应比双墩文化稍晚。从遗址器物数量上来看，第一组器物组合可能是该遗址的主要文化内涵，其相对年代应晚于双墩文化的典型遗存。该遗址中出现了祖形支架，这是目前认为只有典型双墩、侯家寨一期流

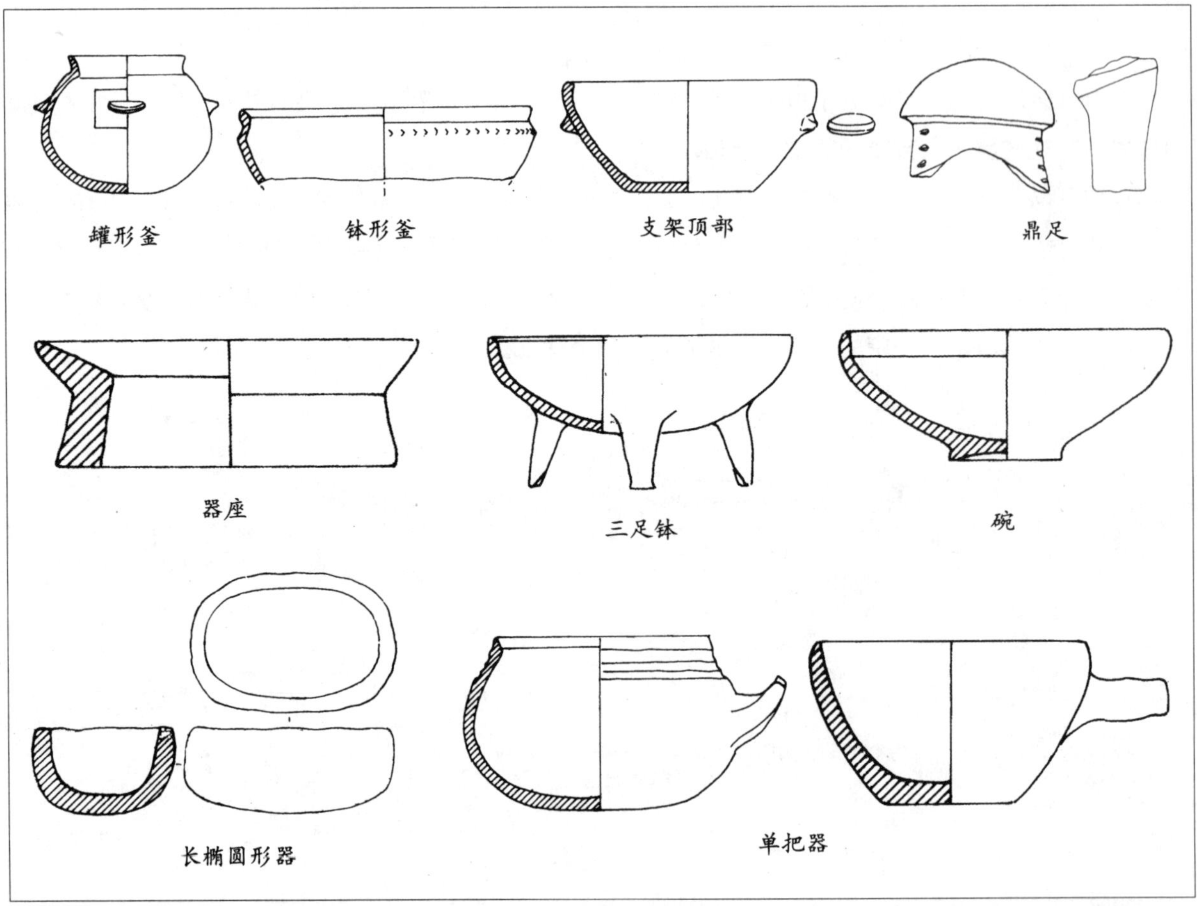

图八　狭山口陶器图

行的器类。由此，尽管该遗址出现了很多新的器类，也可能归属于双墩文化的最晚期。

7.淮南市小孙岗遗址陶器的文化特征[20]（图九）

陶器以红褐色和外红内黑色为主，有少量黑陶和红陶。陶胎多夹蚌末和炭，有少量泥质陶。纹饰以素面为主，有少数刻画纹、戳刺纹等。陶器均为手制，似为泥片拼接法，胎壁粗糙厚薄不均，内外器表多留有抹光刮平痕迹，少数磨光和施红衣，陶质一般还比较硬。由此，该遗址陶器的文化面貌与典型的双墩文化基本一致。

根据笔者所见到的发掘标本，小孙岗遗址的陶器可以分为两种器物组合：第一组为折沿钵形釜和深腹罐形釜、外红衣内黑色碗、鸟首形双耳罐、鸡冠耳鋬手、圆柱形支架和圆锥形鼎足等，应属于典型的双墩文化遗存。第二组为红陶鸟首形双耳罐、红陶钵等，应属于侯家寨二期文化因素，晚于双墩文化。

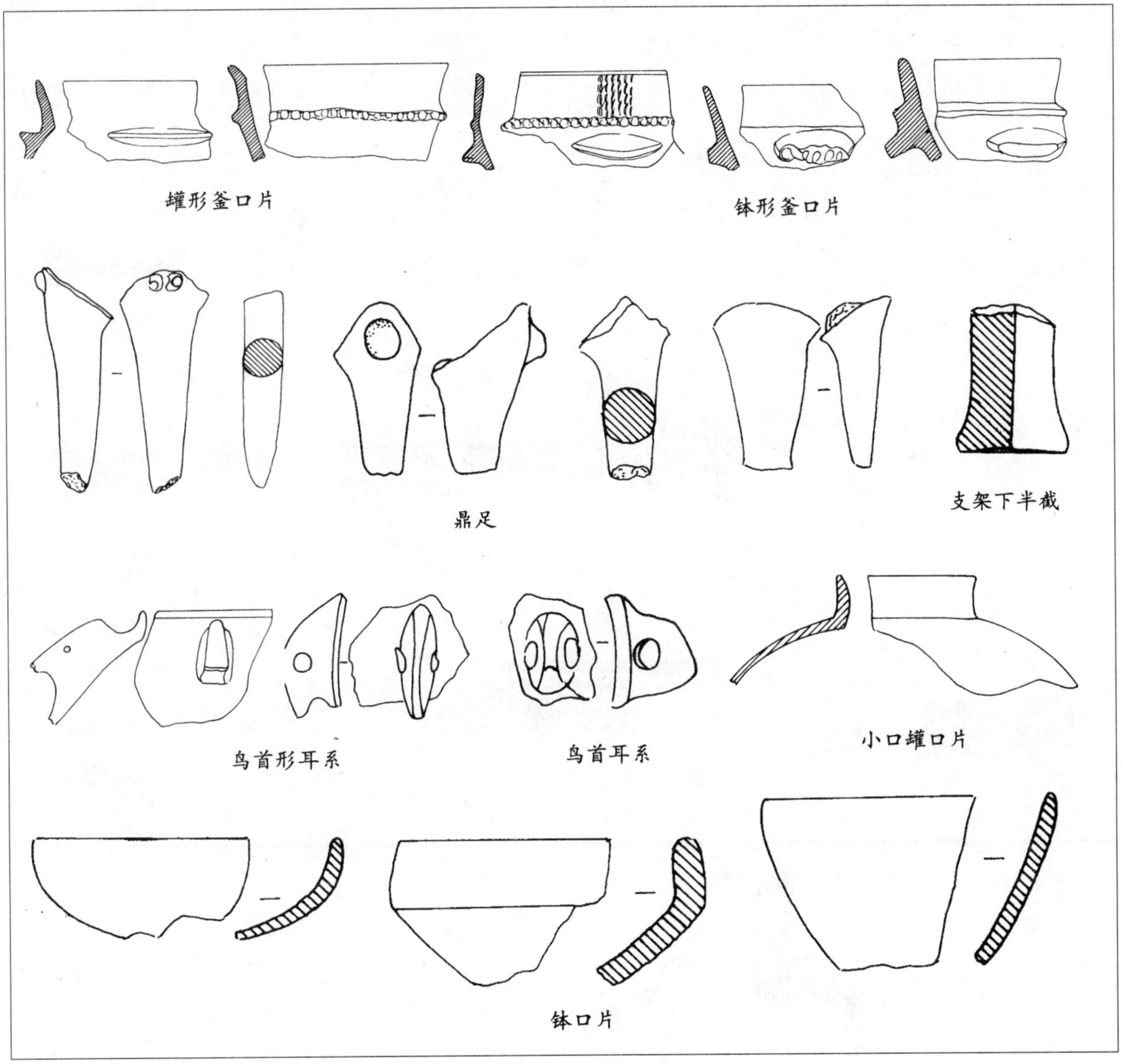

图九　小孙岗陶器图

8.定远县侯家寨二期器物特征[21]（图十）

陶器以红褐色为主，次为外红内黑陶，有少量的红色陶、黑陶和灰陶，二期有大量的彩陶。二期陶器夹蚌末和夹砂陶仍占多数，有少量的泥质陶。少数夹炭陶和夹云母末陶。陶器多为手制，有轮制的痕迹。器表以素面为主，都经过刮平抹光，少数磨光，有少量的刻画纹、捺窝纹、附加堆纹、轮旋纹、乳丁、镂孔等。纹饰多饰在器物的鋬手、耳系、肩部、折沿或肩腹折棱处。流行平底、圈足、三足器，流行把手，鸡冠形、牛鼻形和鸟首形以及泥条形耳系；流行圈足座形盖纽、矮喇叭形豆圈座、带流器和盂等。遗物多为生活用品，少量为工具等。

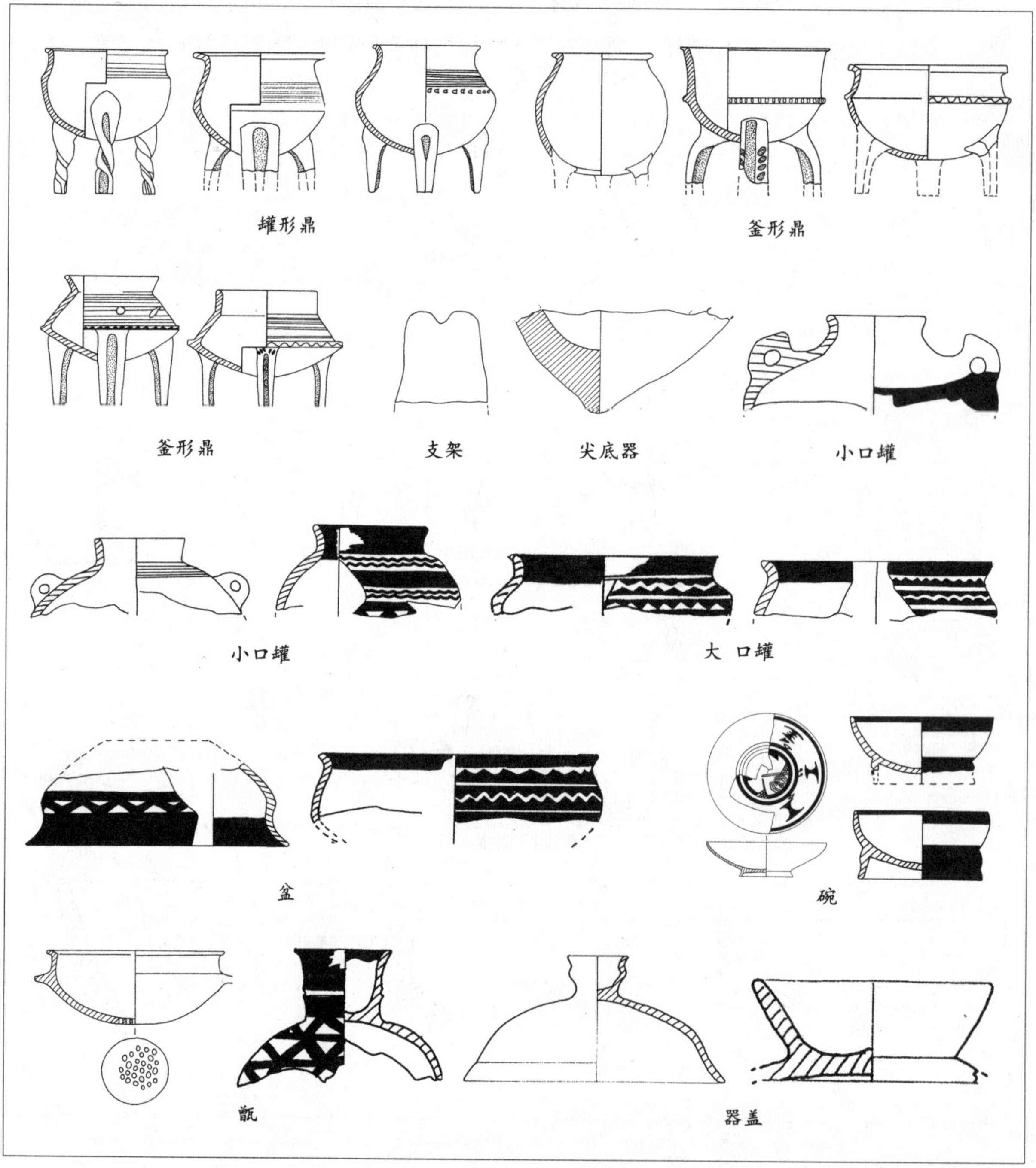

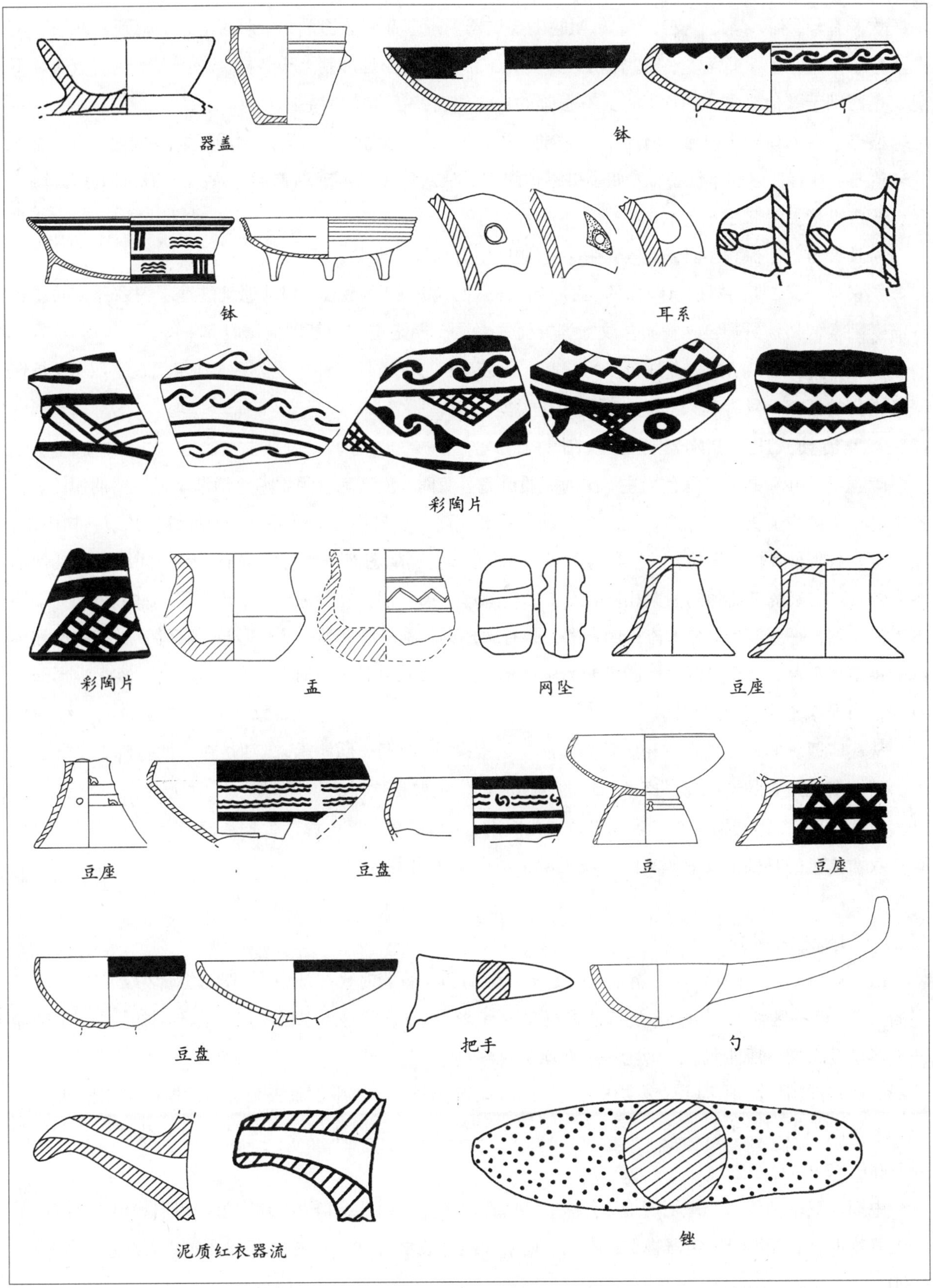

图十　侯家寨二期陶器图

炊器有鼎、甑、鼎足、支架等。二期的主要炊器为罐形鼎和釜形鼎，一期的釜和支架到二期被三足鼎取代了，仅见有双头扁体支架。甑由敞口变为窄沿盆形。鼎足形制大小各异，这套炊器在双墩遗址不见，也区别于其他诸文化的炊器，具有很强的自身组合特征和个性特征。

盛储器有大口和小口罐、碗、钵、矮喇叭形圈座豆、红衣壶等。这套盛储器绝大多数为彩陶，器形比较规整，具有很强的个性特征，如小口罐球腹肩部装对称牛鼻形或鸟首形耳系；碗的形体特大，矮圈足，浅腹盘形。罐和豆座与双墩文化基本一致

用具有器盖、盂和工具纺轮等，在双墩遗址中有相同的器物。

侯家寨一、二期的器形有明显的区别，给人一种面貌一新的感觉，但从遗址的地层关系和相同器类或演变因素，特别是陶色、陶质、纹饰等方面来看，二期是在一期基础上发展起来的。

由此，侯家寨二期器物存在较多的双墩文化因素，与双墩是一种存袭关系，其年代晚于双墩。是在双墩文化的基础上发展起来的一个新的文化类型。

9.鹿邑县武庄二期陶器特征[22]（图十一）

陶器以夹砂和蚌末红褐色为主，次为泥质红陶、灰陶、澄黄陶。泥质陶比例渐增，与一期相比，二期夹蚌末陶减少而夹砂陶增多。器表多素面，有磨光陶，少量饰有刻画纹、附加堆纹、弦纹、指甲纹、镂孔等。本期彩陶较为发达，以红彩为大宗，黑彩很少。彩陶图案主要是由宽窄彩带相间组成的几何形组合纹，与侯家寨二期彩陶图案相同。武庄二期陶器与第一期存在明显区别，出现了一些新的器形，器形以三足器、平底器为大宗，流行圈足器。鼎有罐形鼎、釜形鼎和盆（钵）形鼎，取代了一期的釜和单纯的锥足罐形鼎，鼎足形制也由圆锥变为扁体形。大口罐和鸟首形双耳小口罐、碗、钵、矮喇叭形圈座豆等，与侯家寨二期出土相同。

从武庄遗址的地层关系和相同器类或演变因素来看，两期一脉相承，二期是在一期基础上发展而来的。两期变化最大的情况与侯家寨遗址的两期一样，主要是炊器的鼎替代了釜，大量出现彩陶器。

由此，武庄二期器物存在较多的双墩文化因素，与双墩文化是一种存袭关系，其年代晚于双墩文化。是在双墩文化的基础上发展起来的，属于侯家寨二期文化类型。

（二）双墩文化序列

由上述可知，分布在淮河中游地区的诸多早中期的新石器时代遗址中，其器物组合和器物特征有一定的区别，这些区别可能与分布的或考古材料少有关，但明确的是可以区分出早晚不同的特征，也并非一个典型双墩文化所能包容，似为一个双墩文化序列。

似可将淮河中游地区以双墩文化为代表的这些遗存分为早、中、晚三个连续发展的文化序列：

早期以小山口和古台寺两个遗址为代表，包括石山子第一组器物群。参考碳14年代测定，大约距今8000 － 7300年左右；

中期以双墩和侯家寨一期遗址为代表，包括石山子第二组器物群、小孙岗第一组器物群、狭山口第一组器物群、双孤堆第一组器物群、武庄一期第一组器物群等。参考碳14年代测定，大约距今7300 － 6600年左右；

晚期以侯家寨二期和武庄二期为代表，包括小孙岗第二组器物群等。参考碳14年代测定，大约距

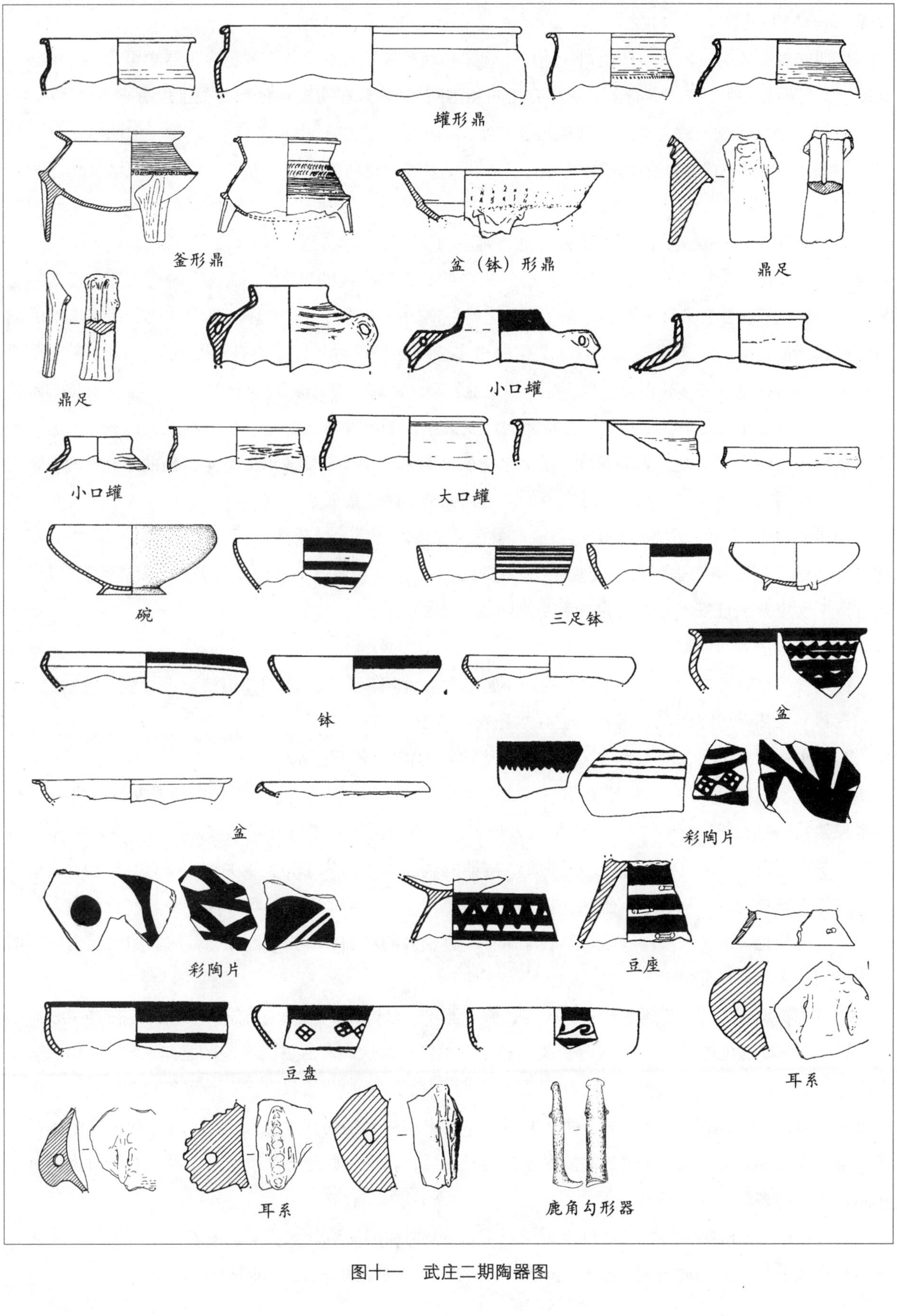

图十一　武庄二期陶器图

今6600－5500年左右。

早期的器物较少，只有一些釜口、钵口、碗底和鼎足等残片，以釜、钵、碗等器物组合，与中期之间缺乏完整器形参照，这些残器在中期都有相同和雷同的器物，在陶质陶色和器类上没有根本性的区别，文化面貌与中期比较一致。有人撰文提出了“小山口文化”或“石山子文化”[23]，就目前的考古材料另立文化，似乎显得单薄，有待于发掘报告的整理和更多考古材料的补充，暂将其划分在双墩文化序列的早期。

中期被确立为双墩文化，器物比较丰富，典型的釜、罐、钵、碗、盆、甑、支架、器座等器物群和刻画符号，涵盖了淮河中游地区目前所发现的早中期新石器时代的早、中、晚三个时期遗存的基本内容和文化特征，即可上溯又可下延，这是双墩文化典型期的基本特征。根据目前双墩文化的诸多遗址的器物组合和特征，似可将上述归属于双墩文化的诸多遗址分为双墩→侯家寨→双估堆或狭山口等三段。

晚期的器物也比较多，以鼎、豆、罐、盂、盆、碗、钵和丰富的彩陶等器物组合，与中期有一定的区别，但从地层叠压关系、陶系和一些器物的演变关系证明，两期之间是一个连续发展的关系。这种鼎替代釜的陶器组合和一些器形的演变，在文化特征上明显区别于双墩文化，是一个新的文化类型，暂将其划分在双墩文化序列的晚期。从已发表的考古材料看，侯家寨遗址二期的材料比较丰富，而且具有典型性和代表性，可称为“侯家寨文化”或“侯家寨二期文化”。目前虽然已有文章提出“武庄二期文化”[24]，但是武庄二期文化因素比较复杂，不具典型性，材料发表的不多。对该期文化面貌性质的认识，还有待于侯家寨遗址发掘报告的整理和更多考古材料的补充。

双墩文化序列的特征：

1.遗址分布特征多位于台地上，其周边不远的地方有河流经过，地理和植被环境为境内有水网、草地和森林，亚热带温暖湿润型气候，适宜水稻农业的发生和发展。

2.以水稻农业为主、渔猎为次、采集和家猪饲养为辅的经济生活。

3.陶器以红褐色为主，有一定数量的红衣陶和少量的黑陶、灰陶等。陶质早中期以夹蚌末为主，(晚期多夹砂)，夹炭（草木灰）为次，少量夹云母末。泥质陶由早到晚呈逐渐增多的趋势。陶器的制作方法，早中期均为手制，晚期出现轮修或轮制。陶器的表面以素面为主，少量的饰有刻画、戳刺、指切纹等，多饰于器物的口、沿、肩、折棱、鋬手和耳系上，极少通体纹饰。早期的彩陶多表现为红衣、红口或外红衣内黑色，少数饰彩陶纹，而到了晚期彩陶有较大的增加，多为彩陶图案。陶器的火候由早期的低到晚期的稍高呈渐变的状况。

陶器的器形多为釜、支架、罐、钵、盆、碗、器座、鼎、甑、器盖、纺轮、网坠等。在器类和器形上，早中晚各期遗址中还有一定的演变关系和个性差别。如炊器，由早期单调的直口、敞口、侈口鋬手或附加一周堆纹凸棱釜发展到中期多种形制的卷沿、侈沿、直口、敛口、折肩罐形釜和敛口折肩、敞口钵形鋬手釜，与釜配套的支架也由一种小型圆柱体到中期的大型仿男性生殖器的支架。晚期的鼎逐渐取代了早中期的釜。陶器流行平底、矮圈足、矮喇叭豆足、鸡冠和扁形鋬手、鸟首形和牛鼻形耳系、蘑菇和圈足座形等多种形状的盖纽等。

4.石器、蚌器和骨角器的数量目前不是很丰富，类型和形制也比较简单，构成了这一地区的文化特征。其中大量的蚌器和鹿角勾形器在这一地区比较流行，是双墩文化的典型器物。

5.在早中期遗址中发现大量的陶器刻画符号。

三、结束语

淮河流域的考古成果是老一代考古学家的期待。苏秉琦先生提出："安徽有个淮河，这个淮河就能简单地一分为二，给长江一半，给黄河一半！"[25]；"不能把黄河流域、长江流域的范围扩大到淮河流域来，很可能在这个地区存在着一个或多个重要的原始文化"[26]。张忠培先生认为："长期以来，考古发掘工作的重点及其研究领域，多'重视黄河与长江，对淮河流域不够重视，……没有搞出个考古学文化序列，甚至不是把它视为黄河的延伸，就是看成长江的一部分'"[27]。蒋赞初先生在30多年前的课堂上告诉我们，安徽是块处女地，他对安徽新石器时代考古寄托着无限的希望和期待。30多年来的实践证明，安徽的考古工作正是以新石器时代考古为突破口的。"我们在确定淮河考古课题和研究思路时，应把淮河流域看着是一个整体，不能把淮河给长江一半，给黄河一半，也不能将其划为淮河以北一块，沿淮一块，淮河以南一块。先秦考古学文化是以水系分布的特点，在淮河中游地区发现的双墩文化及其序列遗存的分布进一步验证了水是哺育文化的源泉，大山才是阻隔文化的障碍。"

淮河流域的先秦考古课题是以淮河为界来划分的，受其影响，在探讨淮河中游地区早中期新石器时代各个遗址之间的文化时，又发现彼此之间既有共性又存在着一定的差异。对这些差异的认识有不同的学术观点：多从现在的地理、气候、环境和文化的源头等来探讨它们之间差异的缘由，而不是从时间上找序列。将其分为以淮河以南地区——即江淮西北一块，称为"侯家寨——古埂文化类型"[28]；淮河以北地区——即淮北一块，有的称"小山口文化"[29]，有的称"石山子文化"[30]；淮河地区——即沿淮河两岸一块，称为"双墩文化"[31]；甚至于还有将淮河中、下有地区统称为"青莲岗文化"的观点[32]。这样一来，本来是一个完整的文化分布区给四分天下了。笔者曾经撰文《试论淮河流域的侯家寨文化》[33]，将淮河中游地区作为整体来考虑的，将其中分为双墩→侯家寨一期→石山子→侯家寨二期，现在看来虽然有很大的局限性，但总体思路是肯定的。

实际上淮河流域在8000年至5000年前是亚热带湿润型气候，是一个以稻作农业的原始文化分布区。综合分析淮河中游地区各遗址的文化因素和特点，不难看出，它们之间的关系是以共性为主的，各遗址之间在器物组合和特征上有一定的区别，应视为是一个地域内文化序列上的区别。目前的考古材料已基本能够证明，在淮河中游地区存在着一个独立发生和发展的原始文化序列，是一个不可分割的独特的早中期新石器时代文化分布区，由距今8000年左右的早期一直延续到距今5500年左右的中期。各个遗址中的文化遗存在文化面貌上体现了很强的统一性和共性，之间的差别是缘于它们各自处于不同的发展阶段——即时间早晚的差别。这样的认识应该说更接近考古材料所反映的实际。

双墩遗址位于淮河流域中游中心点，在其周围分布着二十多处同一文化面貌和文化性质的文化遗址，这些遗址有早晚之分，有的与双墩遗址同时期，有的可早一些，有的已能够区分出晚于双墩遗址。总之，随着这些发掘材料的整理发表和考古工作的进一步开展，终将建立起淮河中游地区以双墩文化为代表的新石器时代文化序列和体系。

双墩文化的确立和其序列的初步探讨，为淮河中游地区考古学文化树立标尺，填补了淮河中游地区早中期新石器时代考古学文化的空白，对建立淮河流域中游地区史前文化年代分期框架和谱系研究具有重要意义。这是"苏鲁豫皖考古重点课题"项目的一个重要成果，也是安徽考古工作和淮河流域考古的一项重大发现与突破。此项考古成果证明淮河流域与黄河、长江同样是中华古代文明的发祥地之一。

双墩文化阶段发现640多个刻画符号，十几年来学者们对其中的一部分符号进行了不懈的深入的研究和探讨，并将符号与甲骨文→金文→今天的汉字进行对照释读[34]，认为双墩符号与汉字之间存在着直接的渊源关系。双墩文化这套形、意结构的记事符号有别于其他史前遗址陶器上的刻画符号，它在双墩文化分布区的多处遗址中发现，是一种在双墩文化时期流行的具有文字性质和作用的刻画符号。由此，双墩文化符号对汉字的形成和发展起到了一定的借鉴和影响作用。随着双墩的这套新的刻画符号材料的全部发表，将对深入研究探讨双墩文化时期的历史事项，探讨其在中国文字起源中所发挥的重要作用，也就是说，双墩文化的刻画符号同样是中国汉字的源头之一。李学勤先生挥毫写下了"双墩文化淮水之光"[35]，表明早在7300多年前淮河中游地区已显露出早期文明的曙光。同时，双墩文化这套复杂的符号具有可解读性，对破译史前符号起到积极的重要的推动作用，其学术价值和意义都是非常重大的。李学勤先生指出："这些符号的发现不仅对文字起源的探索提供了宝贵的线索，而且给了文字起源的学术理论一次重新检讨的机会。不仅对这个地区，对中国，对整个人类文字起源问题应该怎样去研究，通过什么样的方法和途径，遵照什么样的理论学说，给了一个考量和反省的机会。"[36]

阚绪杭（安徽省文物考古研究所）

1.王　湘《安徽寿县史前遗址调查报告》，《中国考古学报》第二册，1947年。
2.尹焕章《华东新石器时代遗址》，《考古学报》1955年。
3.安徽省博物馆《安徽花甲寺新石器时代遗址》，《考古》1966年第2期。
4.安徽省文物工作队《安徽文物考古工作新收获》，《文物考古工作三十年》，文物出版社，1979年。
5.阚绪杭《定远县侯家寨新石器时代遗址》，《中国考古学年鉴》，1986年；阚绪杭、胡欣民《江淮流域发现新石器时代早期文化类型》，《文物报》1987年2月20日；《苏鲁豫皖考古座谈会纪要》，《文物研究》第七辑，黄山书社，1991年。
6.《苏鲁豫皖考古座谈会纪要》，《文物研究》第七辑，黄山书社，1991年。
7.阚绪杭《蚌埠双墩遗址发掘与收获》，《文物研究》第8期，黄山书社，1993年。
8.阚绪杭《定远县侯家寨新石器时代遗址发掘简报》，《文物研究》第5辑，黄山书社1989年；安徽省考古所未发表的考古发掘材料。
9.中国社会科学院考古研究所安徽队《安徽宿县小山口和古台寺遗址试掘简报》，《考古》1993年第12期。
10.安徽省文物考古研究所《安徽濉溪石山子新石器时代遗址》，《考古》1992年第3期；贾庆元《谈石山子古文化遗存》，《文物研究》第11期，黄山书社1998年。
11.河南省文物考古研究所《河南鹿邑县武庄遗址的发掘》，《考古》2002年第3期；河南省考古所未发表的考古发掘材料。
12.孙秀丽《双墩遗址暨双墩文化学术研讨会在蚌埠召开》，《中国文物报》2005年11月18日；中国文物报编辑、蚌埠市博物馆《聚焦淮河考古——蚌埠双墩遗址暨双墩文化研讨会纪要》，《中国文物报》2005年12月16日；阚绪杭、周群《安徽淮河流域新石器时代考古重大突破——双墩文化概说》，《中国文物报》2005年12月16日；徐大立《探寻中国文字起源的重大发现——蚌埠双墩遗址刻画符号》，《中国文物报》2005年12月16日。
13.安徽省考古所和蚌埠市博物馆考古发掘材料。
14.阚绪杭《定远县侯家寨新石器时代遗址发掘简报》，《文物研究》第5辑，黄山书社1989年；安徽省考古所未发表的考古发掘材料。
15.河南省文物考古研究所《河南鹿邑县武庄遗址的发掘》，《考古》2002年第3期；河南省考古所未发表的考古发掘材料。
16.中国社会科学院考古研究所安徽队《安徽宿县小山口和古台寺遗址试掘简报》，《考古》1993年第12期。
17.安徽省文物考古研究所《安徽濉溪石山子新石器时代遗址》，《考古》1992年第3期；贾庆元《谈石山子古文化遗存》，《文物研究》第11期，黄山书社1998年。
18.安徽省考古所考古发掘材料。
19.安徽省考古所考古发掘材料。
20.安徽省淮南市博物馆考古发掘材料。
21.阚绪杭《定远县侯家寨新石器时代遗址发掘简报》，《文物研究》第5辑，黄山书社1989年；安徽省考古所未发表的考古发掘材料。
22.河南省文物考古研究所《河南鹿邑县武庄遗址的发掘》，《考古》2002年第3期；河南省考古所未发表的考古发掘材料。
23.吴家安、梁中合、王吉怀《皖北地区新石器文化遗存及其性质》，《文物研究》第8期，黄山书社1993年；吴加安《安徽北部的新石器文化遗存》，《考古》1996年第9期；贾庆元《谈石山子古文化遗存》，《文物研究》第11期，黄山书社1998年。
24.阚绪杭《试论淮河流域的侯家寨文化》，《中国考古学会第九次年会论文集》，文物出版社，1993年；张文军、张志清、赵新平《试析河南鹿邑县武庄遗址新石器时代遗址文化遗存》，《考古》2003年第2期。
25.《苏鲁豫皖考古座谈会纪要》，《文物研究》第七辑，黄山书社，1991年。
26.苏秉琦《略谈我国东南沿海地区新石器时代考古》，《文物集刊》第1集，文物出版社，1980年。
27.《苏鲁豫皖考古座谈会纪要》，《文物研究》第七辑，黄山书社，1991年。
28.杨立新《安徽江淮地区原始文化初探》，《文物研究》第4期，黄山书社，1988年。
29.吴家安、梁中合、王吉怀《皖北地区新石器文化遗存及其性质》，《文物研究》第8期，黄山书社，1993年；吴加安《安徽北部的新石器文化遗存》，《考古》1996年第9期；贾庆元《谈石山子古文化遗存》，《文物研究》第11期，黄山书社1998年。
30.同29.
31.《苏鲁豫皖考古座谈会纪要》，《文物研究》第七辑，黄山书社，1991年。
32.周厚本、谷建祥《青莲岗文化再研究》，《东南文化》1992年1期。
33.阚绪杭《试论淮河流域的侯家寨文化》，《中国考古学会第九次年会论文集》，文物出版社，1993年。
34.徐大立《蚌埠双墩新石器时代遗址陶器刻画初论》，《文物研究》第5期，黄山书社1989年。
35.中国文物报编辑、蚌埠市博物馆《聚焦淮河考古——蚌埠双墩遗址暨双墩文化研讨会纪要》，《中国文物报》2005年12月16日。
36.同35。

从福泉山发掘看良渚文化玉器

上海市青浦县福泉遗址，是中国长江下游太湖流域新石器时代典型遗址。上海市文物管理委员会于1979年试掘，随后于1982、1983、1986年进行三次正式发掘，发掘总面积共2235平方米。主要考古收获是发现了马家浜文化、崧泽文化、良渚文化的叠压关系，清理崧泽文化居址1处、墓葬19座，良渚文化祭祀遗迹4处、墓葬30座，此外清理了战国墓6座，西汉墓96座、唐墓1座、宋墓2座、出土各类文化遗物共2800余件，获得了重大考古成果。(图一)

福泉山发掘最突出的成果是，首次确认良渚文化大墓埋葬在人工堆筑的高台上，并发现了30座良渚文化墓葬，在良渚文化晚期的7座大墓中，随葬璧、琮、钺、璜、纺轮、带钩以及珠、管、坠等组成的项饰，共计出土玉器455件，为研究良渚文化玉器制作工艺与用途，提供了一分最重要的实物资料。

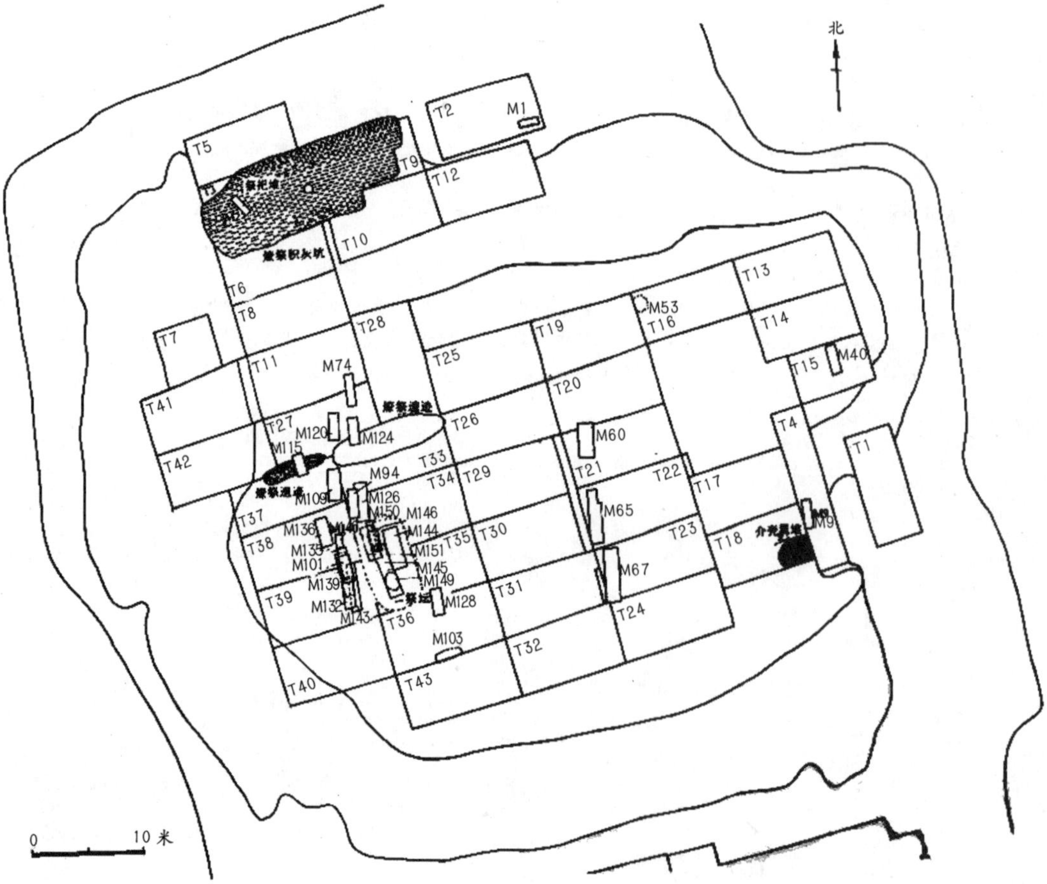

图一　福泉山良渚文化祭祀遗迹与墓葬分布图

上海青浦福泉山良渚文化玉器样本玉质鉴定表

器物编号	器物名称	矿物（玉类）
福 M9：7	玉锥形器	叶蛇纹石
福 M9：16	玉钺	透闪石
福 M9：17	玉璧	阳起石
福 M9：18	玉斧	假玉
福 M9：21	玉琮	透闪石
福 M9：25	玉钺	透闪石
福 M9：26	琮形管	叶蛇纹石
福 M40：21	柱形管（残）	叶蛇纹石
福 M40：86	玉钺	假玉
福 M40：91	玉琮	叶蛇纹石
福 M40：95	玉鸟首	叶蛇纹石
福 M40：110	玉琮	滑石
福 M40：118	玉璧	透闪石
福 M60：8（1）	玉角形器（浅沁）	透闪石
福 M60：8（2）	玉角形器（浅沁）	透闪石
福 M60：14	玉璧	透闪石
福 M60：16	玉镯	透闪石
福 M60：46	玉璧	叶蛇纹石
福 M65：47	玉璧	透闪石
福 M67：4	玉琮	叶蛇纹石
福 M74：25	玉锥形器	透闪石
福 M74：33	玉钺	透闪石
福 M74：37	玉钺	叶蛇纹石
福 M109：9	玉镯	透闪石
福 M150：1	玉镯	透闪石

笔者有幸参加了福泉山遗址发掘的全过程，参与发掘资料的整理与研究，执笔撰写了《上海青浦福泉山良渚文化墓地》等发掘报告和研究论文[1]。2000年10月，文物出版社出版了由上海文物委员会编著的《福泉山》专著，详细公布了新石器时代部分的全部资料。现趁着这次研讨中国玉文化的机会，笔者对福泉山出土的30座良渚文化墓葬，并着重对其中7座良渚文化晚期大墓出土的玉器作一较全面讨论，请诸位学者给以指正。

一、关于玉器资料的鉴定和分析

上海市文物管理委员会曾从福泉山出土的613件良渚文化玉器中，选择了琮、璧、钺、斧、镯、和锥形器等，共计25件玉器作为样品，邀请中国地质科学远地址研究所闻广、荆志淳两位先生，对上述玉器样品作了室温红外吸收光谱、X射线粉晶照相和扫描电子显微镜的分析测试，以确定其矿物成分和研究其显微结构。鉴定结果如上表所示：

从上表可以看到：这25件玉器，有14件为软玉，一般为致密块状具交织纤维显微结构的透闪石—阳起石系列矿物集合体。所以软玉样品中，除福M9：17玉璧是阳起石外，其余13件样品全都是透闪石。软玉的样品从显微结构看，大都纤维较细属于中上乘，福M9：21玉琮及福M9：25玉钺等是其中的精品，但由于局部条件的差异，多数已不同程度受沁，且有些很深。福M60：8玉角形器（透闪石软玉），其深沁与浅沁部分对比，Fe/（Fe+Mg）$_{P.f.u}$%变化不大，约降低12%，而其显微结构有变松趋势。此外，8件为叶蛇纹石、1件为滑石、2件为假玉。其他经肉眼观察的玉器，还有玉髓及萤石。

福泉山良渚文化墓葬出土玉器，比诸同为良渚文化的浙江余杭反山和瑶山，总体而论，用玉数量约少一个数量级，质量也有逊色，真玉居多而杂有假玉，不如反山及瑶山的几乎全是真玉。但又比诸同为良渚文化的浙江海宁荷叶地出土玉器，则福泉山明显高于荷叶地，后者多数墓用玉仅几件，而以珠管等小件居多，且质量也差，其用玉总量中真假玉约各参半。总括起来，上述三处良渚文化墓葬代表了三个不同的用玉等级，即：

第Ⅰ等级：反山（YF）和瑶山（YY）；第Ⅱ等级：福泉山（QF）；第Ⅲ等级：荷叶地（HH）。

福泉山与崧泽真（软）玉原料来源，也就是良渚文化与崧泽文化软玉原料来源问题的组成部分，作者（闻广、荆志淳）推断其为“就近取材”。并认为：国内外的软玉已知主要有两种地质产状，即产于镁质大理石及蛇纹石化超基性岩。经过统计两种不同地质产状的软玉，其Fe/（Fe+Mg）$_{P.f.u}$%的总体特征存在差异，即前者0—7占88%，而后者为7—14占88%。福泉山与菘泽软玉样品中Fe/（Fe+Mg）$_{P.f.u}$%=0—7者为16/17×100=94%，所以其主体应系取自镁质大理岩中软玉。

对镁质大理岩中软玉的传统认识是区域变质成因。经作者研究其稳定性同位素特征（gD—g^{18}O），发现其主体不在变质水的范围之内，说明可能系接触交代成因，于是开拓了这类软玉新的找矿方向。据此认识，检查镁质大理岩接触带中透闪石的显微结构，发现了江苏溧阳小梅岭产于中生代燕山期花岗岩与下二叠纪棲霞组镁质大理岩接触带的透闪石软玉。[2]

溧阳小梅岭的发现，使江南软玉产地由空白的未知变为已知。要研究解决崧泽文化与良渚文化古（软）玉原料来源问题，下一步需要的是进行细致的工作，从实际出发，应当先考虑当地小梅岭类型软玉的存在。而江南类似小梅岭地质条件产有透闪石的花岗岩类与镁质大理岩接触带所在多有，故需检查研究其透闪石为致密块状者的显微结构，以找出更多的软玉产地。只有在此基础上，详细研究对比各种特征，才便以查明江南史前古玉原料的具体来源。

福泉山与崧泽真（软）玉的受沁，如同其他遗址所出者一样，表现为显微结构变松，及透闪石—阳起石Fe/（Fe+Mg）$_{P.f.u}$%减少而矿物未变，这是内在因素，但其外观变化显著。概括而言，受沁过程可大致分为两个阶段：第一阶段，由于显微变松而从半透明变为不透明，颜色仍大致保持不变；第二阶段，除显微结构进一步变松而全不透明外，颜色的明度增高及浓度降低，表现为褪色发白。此外，比重的降低较明显地反映了显微结构的变松程度。福泉山一系列真玉锥形器反映了同一遗址同一器物的不同受沁程度，尚存的问题是，如何判别原生和次生的风化与受沁的类似现象。

假玉中最常见的是叶蛇纹石，福泉山也如此，其受沁的过程与软玉相似，但在同一遗址中一般均较软玉受沁为深。史前古玉中的叶蛇纹石假玉，至今尚未见有未沁者，且多数均已遭到深沁。[3]

上述福泉山出土良渚文化玉器的玉质鉴定论述，为我们研究探讨其他遗址出土的良渚文化玉器的玉质鉴定问题，提供了重要的科学佐证。

二、关于主体纹饰的组成和含义

福泉山良渚文化玉器上的主题纹饰，最为繁缛完整的是M9：21镯式琮（有学者称为琮式镯）上的神人神兽鸟纹。其组成是每一凸块分为上、下两节，上、下节在上部有两条横凸棱，其上各有平行凹线5—7条，其间细刻以横直线与云纹组成的微雕图案，在间距0.3厘米之间，刻线达17条，细如毫发，横棱下以角线为中心，两旁各有一目，目纹以双圈表现，外圈用管钻线旋，外侧各刻一短线作眼角，内圈用尖锥器刻划，缀接作多边形。目纹之下以短横作横鼻。其两侧各刻侧面鸟纹，鸟头向外，尾端略为上翘，羽翼向下作飞翔状。凸块的下节，在角线两侧各有一蛋圆形凸块作眼睑，中有双圈表示眼睛，双眼之见横跨角线有一个扇形凸块作为额部，额下有横鼻、眼睑、额、鼻皆满刻横直线与云纹，其两侧亦刻鸟纹。自浙江反山M12所出玉琮发现完整具体的神徽后，加以对比，分析可知，上段为戴羽冠的人面，下段为兽面，兽面应为虎面，可称为神人神兽鸟纹，刚发现时把兽面下的爪形足看成人脚而不是看作兽足，因而称其为神人兽面纹，已为不少学者辨析，这一称呼是不大确切的。在福泉山M65：50玉琮、M9：14玉镯上又发现了较为简化的神徽，由此可确定，简化带冠神人面纹是有两条横棱、一对圆圈、一条短棱组成，简化兽面纹则是因两个带圆圈的椭圆形凸面及其中间的扇形凸面以及下布的短棱组成。由此，我们就识别了这一种神徽的各种表现形式（图二、三、拓片一）。

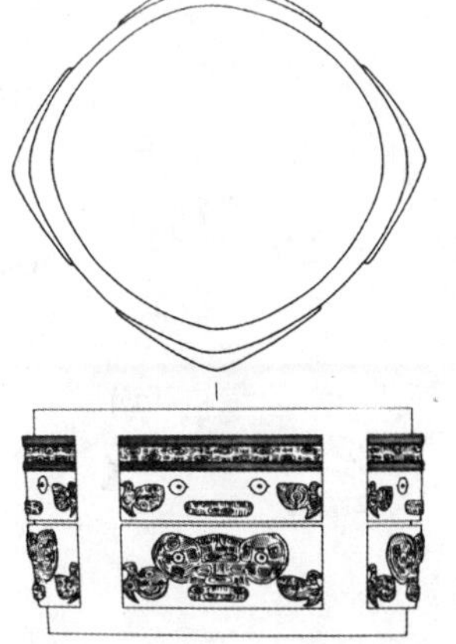

图二　良渚文化玉琮（福M9：21）上纹饰线描图

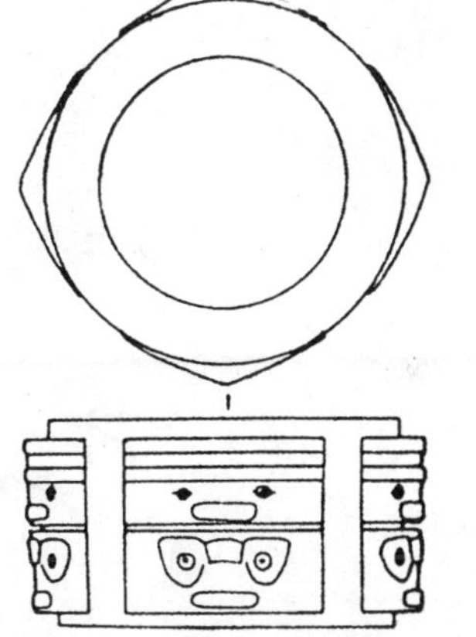

图三　良渚文化玉琮（福M65：50）上纹饰线描图

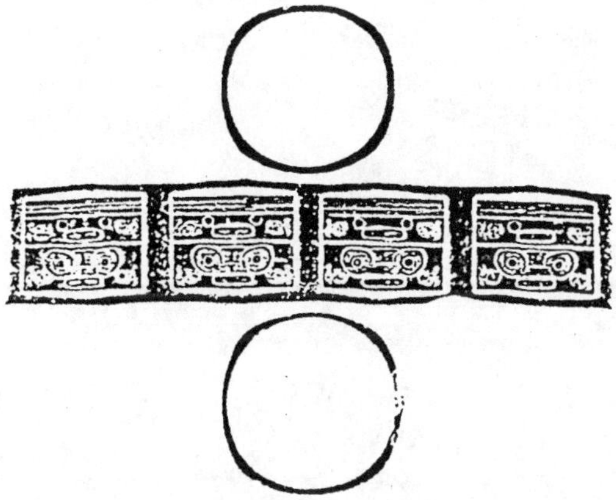

拓片一　良渚文化神大神兽鸟纹玉镯式琮（M9：21）全貌

神人骑虎图像为已故著名美籍华裔考古学家张光直教授解释为巫蹻关系，他指出："在神徽图案中，上面的神人是巫师的形象，下面的兽是老虎"。他引用葛洪（《抱朴子》）称"骑虎蹻"（以老虎作脚力），可以"周游天下，不拘山河"。其含义是巫师借助虎"蹻"的神力，作法迅驰，上天入地，穿山入水，通达天机。虎是巫师通天的动物助手，鸟是其上天的伙伴。这种形象，追溯其源头，可把距今6000年的河南濮阳西水坡仰韶文化龙虎作为最早的实例。[4]

在长江下游附近宁绍地区的河姆渡遗址出土了"双鸟朝阳"、"双鸟日月纹"骨雕，并在刻纹陶盆上发现了两组图案（图四）。如把这两组图案叠在一起，可与福泉山九号墓镯式琮上的神人鸟兽组合纹比较，发生相对应的关系。把这些图像有机联系在一起说明，神人面是代表光芒的日月，也就是象征天，神兽面、老虎与禾苗，皆同土地有关，也就是象征地，而飞鸟则代表图腾代表祖先，三者合一，这岂不是天、地、祖先三位一体的观念吗？这种观念从七千年前的河姆渡一直延续到良渚文化，其形式虽有变化，而其实质却始终贯一，是古人的崇高信仰，至高无上，统治着人们的思想观念。看来，这对中国古代的思想文化起主导作用。

1.反山良渚文化玉琮上王上的神徽（M21：98）

2.福泉山良渚文化镯式琮（M9：21）上的神徽

3.河姆渡出土的"双鸟朝阳"象牙雕

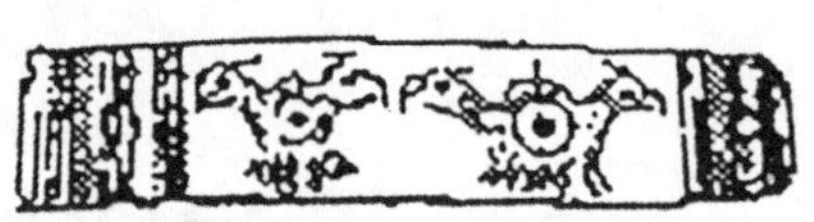

4.河姆渡出土的"双鸟日月纹"骨雕

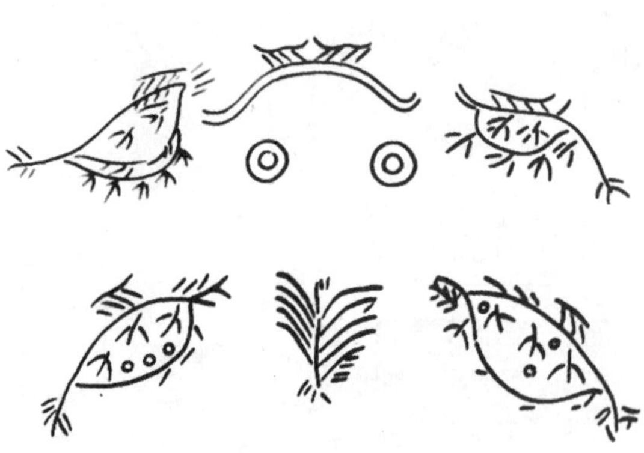

5.河姆渡出土的双耳陶盆

图四　良渚文化玉器纹饰与河姆渡遗址所见纹饰比较

三、关于玉钺套件组合复原

玉钺是良渚文化玉器作为权利象征的重要礼器。1973年7月，南京博物馆对江苏省吴县草鞋山遗址进行了发掘，首次在M198号良渚大墓中出土一件玉钺。后来到20世纪80年代，在江苏寺墩、上海福泉山、浙江反山和瑶山等遗址发掘中，相继在良渚大墓中出土了30余件玉钺，由此引起了考古界的高度重视。玉钺在福泉山M101、M109、M144三墓各出土1件，M9、M65两墓各出土2件，M40墓中出土3件，M74墓中出土4件，合计14件，其数量之多，在良渚各墓地中是罕见的。尤其是其中三件玉钺还具有柄上玉质的帽和镦饰，其他在无端饰的玉钺顶上也发现曾经嵌入凹槽的摩擦痕。在孔的旁侧尚有上、中、右各一道用绳穿过钺柄的痕迹，由此可见玉钺原来都是装柄使用的。玉钺在墓中的部位大部分位于大骨的右侧。[5]

在良渚大墓出土玉钺的同时，有的还伴有一种过去称为玉杖饰、舰型器、冠形器、玉格饰、带槽玉器的饰件，将它认作某种器物上的附件是毋庸置疑的，但它究竟附属于何物，考古界一直没有取得共识。直到1986年，浙江省文物考古研究所发掘反山遗址取得重大突破。例如在发掘反山M12良渚大墓时，看到在玉钺旁的米粒状小玉片分布在延伸线的末端，有一件柄尾饰件。当时承蒙浙江考古同行热情邀请，笔者与上博同事前往发掘现场参观学习，使大家受到启迪，开阔了思路。我们开始意识到福泉山出土的玉钺也可能存在组合关系。我的同事张明华作了专门研究，写了《良渚玉戚研究》一文，我同意他做的组合复原，但对其命名为“玉戚”感到值得商榷，认为应称“玉钺”为好（讨论见后段叙述）。张为了寻找科学依据，特将有这一类饰物的良渚墓葬图搜集了一遍，略去其他无关的器物，留下玉钺（戚）与冠饰尾饰之间的隐约关系。由此对寺墩M3平面图作了考察，尤其清晰地显示出玉钺（M3：57，简报原称为“玉斧”）上部约6厘米处的“玉格饰”（M3：56）和下部44厘米处的“带槽玉器”（M3：68）似为玉钺柄上的附件。经用虚线将它们连接起来，竟成为一件长68厘米，有柄首饰、柄尾饰的完整玉钺（戚）套件。它使我们第一次领略了良渚玉钺的完整组合，而且由于寺墩M3玉钺（戚）柄首饰的发现和认定，又使我们认识到，在称谓诸多的玉饰件中，不但有玉钺（戚）的柄尾饰，而且还有柄首饰存在。良渚玉钺（戚），是我国目前原始复合器械上出现帽、镦完整存组合形制的最早实例。[6]

张明华对玉钺（戚）的完整器共复原了五套件，其中福泉山三套件（M65、M74、M9各一套件），寺镦M3一套件，瑶山M7一套件。为了便于学者研究参考，列举如下：

寺墩遗址M3，由凸弧刃玉钺（戚）（M3：57）僧帽形玉帽（M3：56）。凸字形玉镦（M3：68）配成一套件。复原后长度据墓葬平面图测定，约68厘米（图五）。

福泉山遗址M65，玉钺（戚）同出二件。一件（M65：51）质差，已残，现以翘刀刃玉钺（M65：43）、僧帽形玉帽（M65：52）、船形玉镦（M65：43）配成一套件。由于玉钺（戚）与玉帽（M65：52）、镦的位置略有错移，首尾相距88厘米，作为全器的长度可能稍长。（图五）

福泉山遗址M74，玉钺（戚）四件。一件（M74：41）残器。居人骨架左侧，周围无帽、镦。另外三件聚集人骨架左侧，M74：38。残器质差，M74：33，湖绿色，与鸡骨白的鸡冠形玉帽（M74：34）、马鞍形玉镦（M74：45）的色彩质地、大小比例不统一：唯以翘刃玉钺（戚）（M74：37）配成一套件十分协调。墓葬清理中发现首尾相距50厘米，作为全器的长度似应增加（图五）。

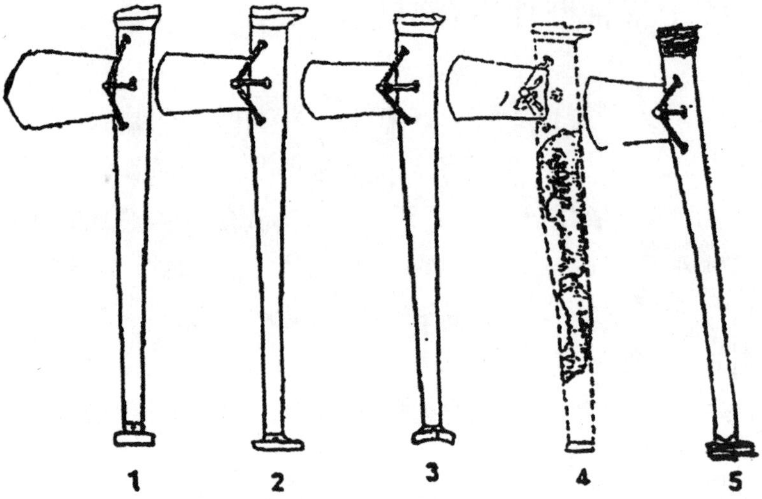

1. 寺墩M3（玉帽M3：56、玉钺M3：57、玉墩M3：68） 2. 福泉山M65（玉帽M65：52、玉钺M65：46、玉墩M65：43） 3. 福泉山M74（玉帽M74：34、玉钺M74：37、玉墩M74：45）、4. 福泉山M9（玉帽M9：25、象牙柄体M9：36A，B） 5. 瑶山M7（玉帽M7：31、玉钺M7：32、玉墩M7：33）

图五 良渚文化玉钺（戚）组合复原图

福泉山M9玉钺（戚）二件。一件（M9：16）居人骨右下侧，周围无帽、镦；以翘刃湖绿色透光玉钺（戚）（M9：25）和细刻兽面纹象牙柄残体（M9：36A、B）、椭圆形象牙镦（M9：36C）配成一套件（帽未见，可能朽蚀或被汉墓扰乱致失），长度不明（图五）。

瑶山遗址M7，翘刃玉钺（戚）（M7：32），青白色，置于东侧，刃缘向西，原似持于右手，与僧帽形玉帽（M7：31）和斜长方形玉镦（M7：33）配成一套件，帽、镦有细刻，精美无比。长度80厘米。（图六）

笔者认为，应予以特别强调的是：福泉山M9出土的一件象牙雕刻器（M9：36A、B），位于墓主人骨架的左腿附近，出土时呈黄色碎屑状，外轮廓根本不规则，残缺严重，且断裂为两大段，大的一段长25.4厘米、宽7厘米，呈刀形，一面朽蚀严重，凹凸不平；另一面有一组繁缛细刻的兽面纹，兽面轮廓粗犷清晰，低纹纤细致密。兽面的口、眼、鼻和獠牙内，都填刻云纹和横直线组成的几何形图案。一大一小的两对獠牙用弧线构成，这是一件显示神秘、肃穆、威严的精细牙雕，在良渚文化中尚属首次发现（图七）；小的一段长16.8厘米，两端及下面残断，弧脊面及两侧有细刻纹。根据同一出土位置和几可吻合的断裂面及相似的形制判断，大小两段应为一体。其圆浑和弧脊及剖面呈1.6厘米的厚度，似为一柄形器。鉴于椭圆形牙镦（M9：36C）和两段象牙出于一处，这件象牙器为玉钺（戚）（M9：25）柄体的可能性极大。透闪石琢制，玉色湖绿，镜面精磨透光的玉钺（戚）

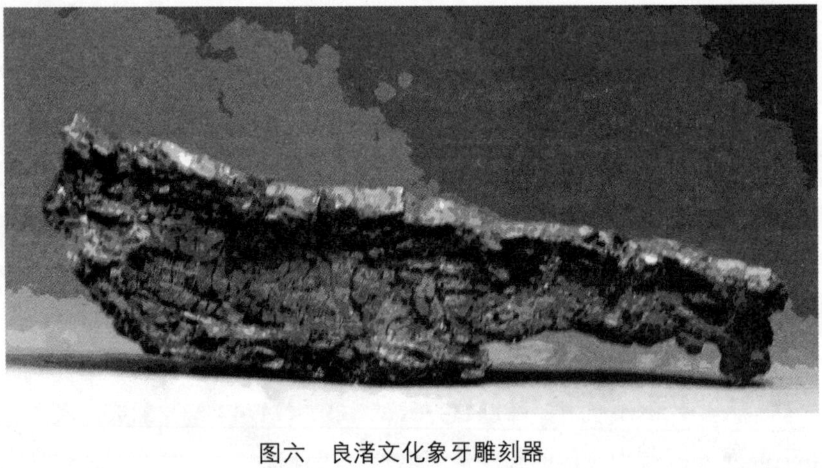

图六 良渚文化象牙雕刻器

图七 良渚文化玉钺（M29：25）

(M9：25）是目前良渚文化出土玉钺中质地最细腻、磨制最光洁、器体最轻薄、色彩最艳丽的精品（图八），配以刻画繁缛严谨的兽面纹象牙柄，真可谓交相辉映，相得益彰。

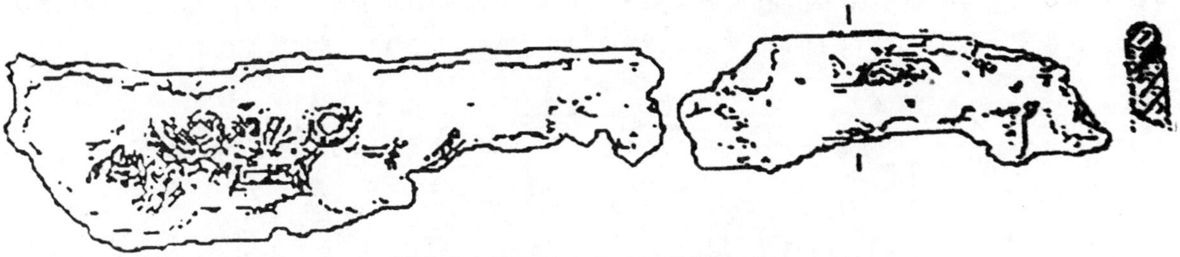

图八　福泉山出土良渚文化象牙雕刻器（M9：36AB）

四、关于斧、钺、戚命名的讨论

玉钺是良渚文化玉器中的一种重要礼器，是一种复合工具。钺，本作戉。汉许慎《说文解字》注："戉，大斧也。"商周甲骨文作"ᑯ"、"ᑲ"、"ᘒ"[7]，其字形与考古出土的实物基本相同。考古发现表明，钺早先均为石质，起源于石斧，故过去在20世纪70年代前的考古发掘报告中，都是斧钺不分，统称为斧，或称之为穿孔石斧，也有称为石铲，或称为石耜的。《说文解字》称戉(钺）为大斧，而"斧"则解释作"斫"，可知钺与斧尽管均可作武器及刑具，但两者的形制和功用仍是小有差异的。按考古学界的定名法则而论，斧的器身窄而厚重，主要属于生产工具，钺的器身宽大而扁薄，中央扁上部位有圆孔，多用作武器，故斧和钺，还是可以区分的。1977年，吴汝祚先生在《太湖地区的原始文化》[8]一文中，明确把扁平状的穿孔石斧正式定名为石钺。特别是江苏省海安县青墩遗址出土崧泽文化有柄陶钺模型后，钺的器形和安柄的方式，更是真相大白，从而为考古界所公认。[9]

有学者对我国新石器时代的石钺作了全面分型定式研究，主张可划分长江下游地区、黄河下游的山东及附近地区和黄河中游地区等三个区域，并指出长江下游的江、浙、皖是目前发现石钺最多的地区，他认为"从圆盘形石钺到梯形、长方形石钺再到亚腰形、有内形石钺的序列"，"这基本上代表了这个地区石钺发展演变的一般规律"。同时，他还正确地指出崧泽文化时期的"石钺已慢慢失去了它最初的功用，由于生产工具演变为武器或权利与威严的象征物"。笔者对他的见解，表示赞同。

有学者主张：玉钺应改称为"玉戚"，他认为："良渚玉戚反其祖形斧、铲等生产工具的粗犷实用性，而呈轻薄精美、首尾镶饰的豪华高贵型。在巫术盛行的时代，作为人民在出征前后，为了得到或感恩神祖的荫护，和干为舞，以舞降神的礼器，是合乎情理的"。他又认为："鉴于玉钺一词文献中少见，玉戚屡见不鲜，将这种肯定不是实用利器的精美的斧柯形玉器，称其为历来就认为是舞器、武乐之器的'玉戚'是比较贴切的。"

但是笔者对上述这一观点持有一点不同看法，现提出来进行探讨。首先，从戚的器形特点来看，这正如有位学者指出的：应该说戚是钺的一种，或者说是一种特殊形状的钺。它的器形特点是在钺体的两侧伸出齿状扉棱。清末著名的金石学家吴大澂的《古玉图考》中著录过这种器物，定名为"玉戚"。郭沫若《殷契粹编》释甲骨文中的"ᛗ"为戚字（粹1546）。日本著名学者林巳奈夫把吴大澂的实物和郭沫若的甲骨文释读结合起来，把两侧有赤的钺形器称为“钼戚”，认为是安阳侯家庄1001墓商代墓出土的两侧有赤形扉棱的玉质斧形器，既是甲骨文上述文字的实物来源（见《中国殷商时代的兵器》第153—154页）。这种两侧有齿的斧形兵器，在良渚文化中迄今未发现，今后如果在良渚文化遗址中发现这种斧形器，当然称之为戚。而我们所讨论的并不是这种有齿状的特殊斧形器，那就不能命名为戚，而只能称之为钺。[10]

其次，从戚的用途、性质来分析，它是“乐之妻也”。据董楚平教授考证，在先秦、汉初文献中，附有汉唐人注释的“戚”字语句，计有：《诗经·大雅·公刘》、《左传·昭公十二年》、《左传·昭公十五年》、《公羊传》、《山海经·海外西经》、《礼记·月季》、《礼记·祭统》、《孟子·梁惠王下》引《诗经·公刘》、《吕览·仲夏》、《吕览·贵直》、《淮南子·时则》、《淮南子·氾论》、《文选·上林赋》，辑录了16条“戚“的定义全部仅以一个“斧”字了之，此外不作任何深层含义的引申。其中特别是《公羊传》昭公二十五年：“朱干戚，以舞大夏。”郑注：“戚，斧也”，以及《文选·上林赋》：“舞于戚”郭注：“戚，斧也”。都写明戚是舞具，大多“干戚”连文，作为舞具，戚的地位与干（盾）。羽、旌牛尾无别。由于戚是舞具，所以在古文献中，作为器名的戚字，用得最多的莫如《礼记》，共10次，都是“干戚”连文，都是舞具。这正如《乐记》所说：“钟鼓管磬、羽　干戚，乐之器也。”而钺戚的主要区别在与用途、性质之不同，即戚为“乐之器也”，而钺为“王斧”、“天钺”。据《牧誓》记载：“（周武）王左杖黄钺，右秉白旄以麾。”汉人孔安国《传》曰：“钺，以黄金饰斧。”唐人孔颖达《疏》：“《正义》曰：太公《六韬》云：‘大柯斧重八斤，一名天钺’……”是钺大于斧也。又据《顾命》记载：“一人冕，执刘，立于东堂；一人冕，执钺，立于西堂。”孔安国《传》：“冕，皆大夫也。刘，钺属。”孔《疏》引汉人郑玄云：“钺，大斧。”上述《牧誓》的钺，是周武王所执：《顾命》的钺，是周康王的近卫大夫所执。另据《大雅·公刘》：“干，戚扬”，毛《传》：“戚，斧也，扬，钺也”，孔疏：《广雅》云：“钺、戚，斧也”。又据《商颂·长发》：“武王载旌，有虔秉钺。”这“武王”是商王成汤。此写商汤执钺伐夏。钺字无注。

根据上述《长发》与《牧誓》的记载，商汤王、周武王皆亲自执钺。《逸周书·世浮解》也说：“（周武）王秉黄钺正国伯。”《国语·吴语》写黄池盟会，说吴王夫差与晋争先歃血，吴“王亲秉钺”，以威胁晋君。由于钺是王者亲秉之器，故《字林》说：“钺，王斧也”。

综上所述，古书中的钺字，多数为君王的权杖，少数是刑具。古书中的戚字基本上都作注释，钺字则大多不注。这是因为钺作为君王的权杖、刑具，由来已久，众所周知，而戚的用途甚窄，仅为古代某种舞蹈的道具，人们不甚熟悉。古书中戚字的注文基本上以一个“斧”字了之，不作深层意义上的发挥，因其本身土琴瑟竽笙一样，并无什么深层意义需要阐述。而与此形成鲜明对比的是，古中的钺字，虽然多不加注，但若作注，则往往洋洋洒洒，注为“金钺”，疏以“大斧”、“天钺”，引《牧誓》谓为王者所执，引《王制》谓为王者赐诸侯专杀之权杖。戚与钺的轻重薄厚之别，甚为分明。良渚文化的玉质斧形器，既然公认是权杖，甚至是最尊贵、最稀罕的礼器，那么，它的性质就更接近商周时期的钺而不是戚。[11]

根据近年来浙江、江苏、上海两省一市的考古发现，凡是出土良渚文化玉钺的肯定是良渚大墓，随葬品的数量丰厚，玉器品种也较齐全，有的还有细刻纹饰陶器陪葬。例如福泉山M9，共出土玉石、牙、陶器119件；福泉山M65，其出土玉、石、陶器170件；M101共出土玉、石、陶器35件；M144其出土玉、石、陶器36件；浙江反山12号墓随葬有唯一雕琢完整神徽和鸟纹的一套配有雕琢有精细纹饰的玉帽和玉镦的玉钺，共出土玉、石、陶器和鲨鱼牙160余件（组）。由此可见，凡是随葬有玉钺的墓，就像墓主人生前掌握有军事统帅的指挥权利，往往集军、政、巫权于一身，在原始氏族社会中享有特权显贵者的社会地位。

综上述研究分析，笔者认为：良渚大墓中出土的具有权杖作用的玉质斧形器应命名为钺，是比较符合历史文献记载和考古发现实际情况的。

五、关于玉项饰的复原

福泉山良渚文化墓地发掘中，在M74、M101、M9三座良渚大墓，根据出土情景均复原出一串玉项饰，组合各具特色，极为珍贵。

其一，玉项饰（M74：87）。这串项饰是由大小不一和形状不同的47颗珠、2件管和6件圆柱椎形器串联组成，周长60厘米。其中腰鼓形珠16件，椭圆形牛鼻孔珠14件。出土是位于墓主人骨的胸部，玉料有的呈湖绿色，有的已显乳白色，排列的位置是按清理发掘时的部位复原的，椎形器分布在左、右两边各有3件，对称排列，中间以两颗玉珠相隔。项饰下部下坠的玉珠，穿孔作牛鼻形。整串项饰组合显得美观大方。（图九）

其二，玉项饰（M101：4）。这串项饰是由31颗珠、2件管、4件环和4件锥形器串联组成，周长43厘米。有的玉料呈青白色、青灰色、也有作乳白色。玉料绝大多数为腰鼓形，仅有个别为圆球形。出土时位于墓主人骨胸部的左侧。目前排列位置是按当时出入情景串联复原。在项饰上还有一件表示神像的玉冠形器，玉色乳白间闪黄褐色斑纹。这串项饰可能是挂在神像颈上的饰件。（图十）

其三，玉项饰（M9：22、23、24、45—104等）。这串玉项饰，由于当时清理时穿系玉项饰的绳索已腐朽，致使出土玉项饰的各个珠、管、坠、铃等组合散落一堆，计有大小不一和形状不同的玉珠54件（其中腰鼓形的42件，圆珠形的12件），绿松石圆珠5件，玉管10件（其中圆筒形6件，扁轮形2件，柱础形2件），铃形玉坠1件，共记70件。玉料有的程黄色，有的作乳白色，还有与绿松石制作的。两

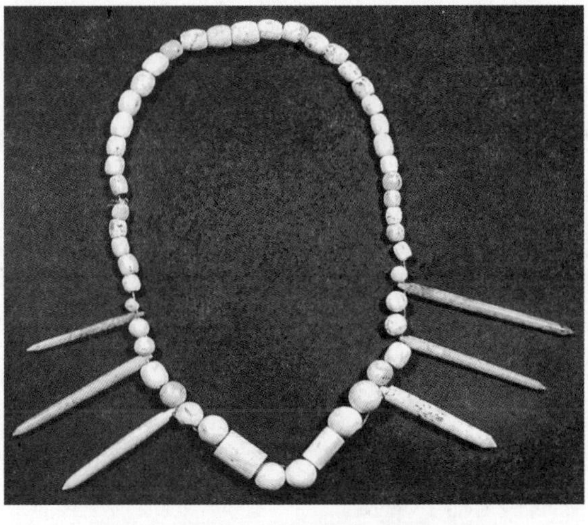

图九　良渚文化玉项饰（M74：82）

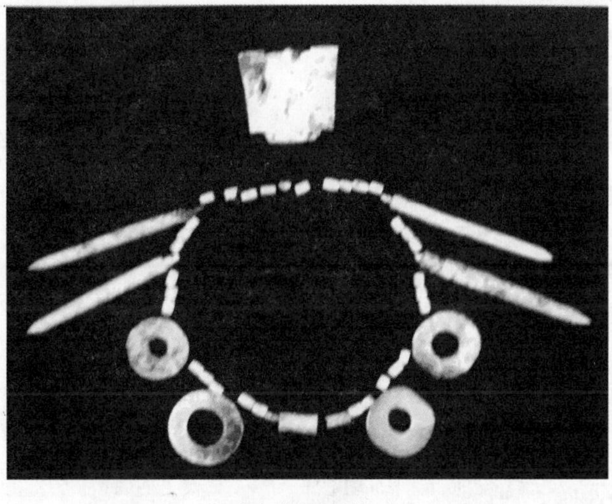

图十　良渚文化玉项饰（M101：4）

件柱础形玉管（M9：24、M9：41），器表有两组以浅浮雕双目和鼻组成的兽面纹。一件铃形玉坠（M9：33），玉色乳白，素面，坠柄偶一穿孔。而两件玉琮形管（M9：23、M9：26），其形制、大小、纹饰均相同，长方柱形，系蛇纹石琢制，玉呈黄白色，管面纹饰与玉琮类似，亦分上、下两节。每节在两条代表冠的横棱下上部每一角有一横鼻，没一面有一圆圈，表示神面，下部以对角线为中心各雕琢出一组以眼、额、鼻组成的兽面。因为当时把它定名为小玉琮，而没有作为玉项饰的部件，加以完整的复员（图十一）。这串玉项饰，曾于1992年4月至8月，作为《上海博物馆良渚文化珍品展》的展品之一，在香港博物馆展出，受到广大观众的青睐（图十二）。

图十一　良渚文化玉琮形管（M9：23，M9：26）

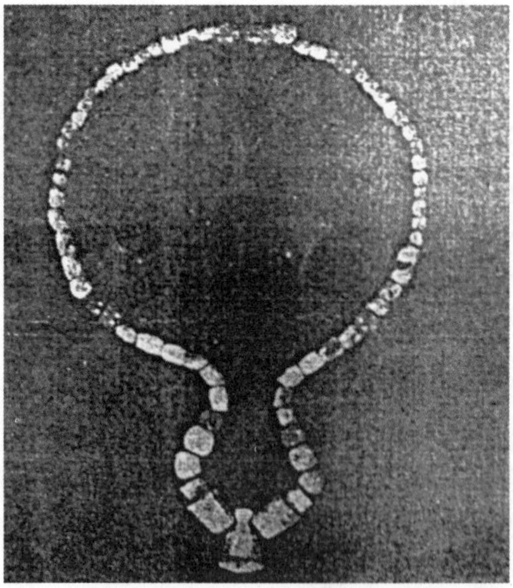

图十二　良渚文化玉项饰（M9）

而在1987年12月，南京博物院对江苏省新沂花厅遗址进行发掘中，在第16号大墓中出土一串玉项饰，原来穿系的藤索已朽蚀，玉项饰的各个部件均呈零星散布在墓主的头部上方。这串玉项饰，是由两件琮形管、两件扁平冠状佩，二十三四枚喇叭形管、18颗鼓形珠串联而成。另外，还有28颗鼓形小珠分别穿坠在两个扁平状冠佩上作为串饰。这串玉项饰，是由四种形状各异部件对应串联起来，两侧另加十四颗小珠串联而成，显得独具一格。整体组合对称和谐，构思奇巧，美观实用。（图十三）同时在第18号大墓中，又出土一串玉项饰。这串玉项饰，是由两件琮形管、两件钟形大珠、22枚喇叭形管、57颗大小不一的鼓形珠，共计83件串联组成。均以透闪石软玉琢制，玉呈乳白色，周长11厘米。项饰的上部有大小不一的35颗鼓形珠和19枚喇叭形管交错对称串联而成，下部由22颗鼓形珠和12枚喇叭形管串联而成，并将最大的4颗珠安置在中间下垂的部位，匀称稳定。整串项饰的各个配件显得错落有序，左右对称，而又富于变化，别具一格。[12]（图十四）

上述花厅遗址第16号墓、第18号墓出土的两串玉项饰，给笔者以很大的启示。笔者联想到福泉山第9号良渚文化大墓出土的一串玉项饰，在2000年10月出版的《福泉山——新石器时代遗址发掘报告》中，没有按照玉项饰组合件予以发表，感到十分遗憾。

笔者认为，首先根据福泉山第9号良渚瘩木出土的两件玉琮形管（M9：23、M9：26），与花厅第16

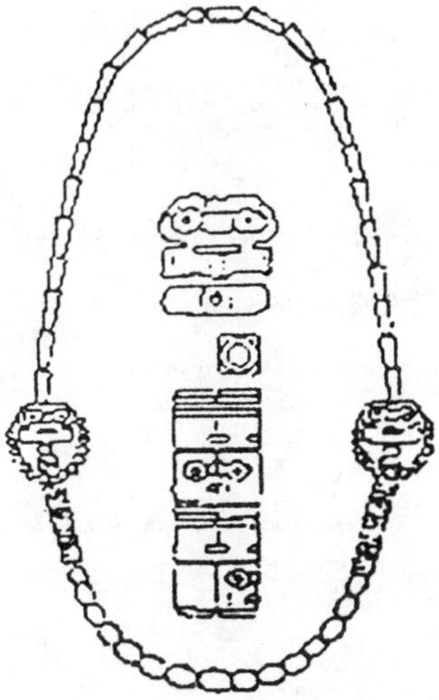

图十三　江苏新沂花厅出土的玉项饰（M16）

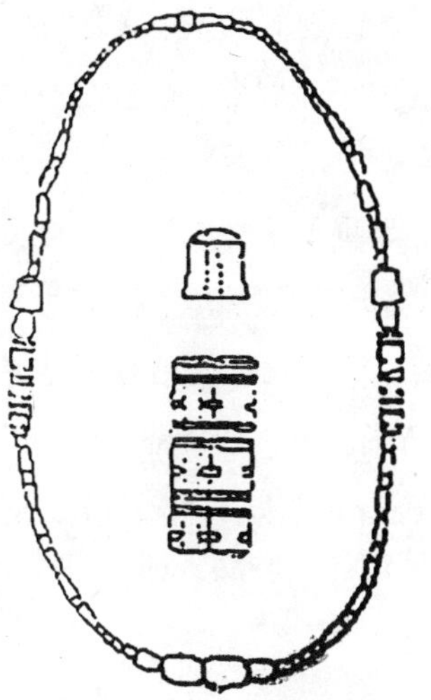

图十四　江苏新沂花厅出土的玉项饰（M18）

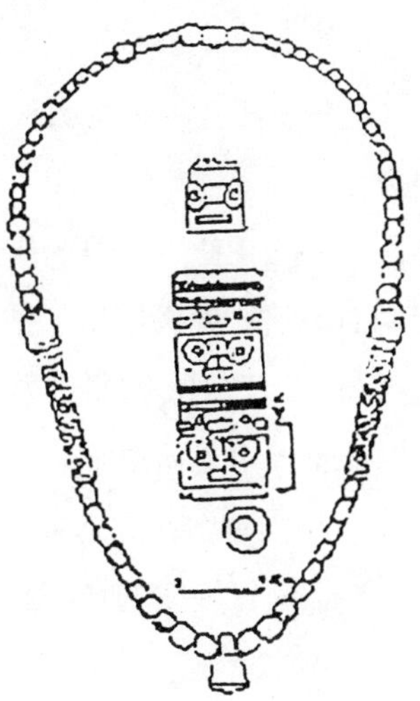

图十五　福泉山出土玉项饰（M9）复原图

号墓出土的两件琮形管相对照比较，其形制与纹饰均完全相同；其次，福泉山出土的两件柱础形玉管（M9：22、M9：24），其形制与花厅第18号墓出土的玉项饰中的琮形管相似，器表有两组浮雕双目和鼻组成的纹饰，却与花厅16号玉项饰上的冠形佩相似。现在通过南博考古同行对花厅遗址第16号墓和第18号墓出土的两件玉项饰的串联组合，已搞清饰有简化神人面和售面纹的玉琮形管，一般往往是成对作为玉项饰的主要部件，这是比较符合美学欣赏原理的。

因此，笔者认为，福泉山第9号良渚大墓出土的两件玉琮形管，应该以此为依据参照花厅第16号墓和第18号墓出土的玉项饰串联组合形式作为玉项饰组合部件，中间与扁轮形玉管相隔，组成项饰两侧的主体，而铃形玉坠则按惯例置于玉项饰的最下端，其他54颗玉珠、6枚圆形玉管间1与5颗绿松石圆珠串联在一起，似乎更为理想，显得绚丽华美，就成为一串色彩斑斓形式对称的精美项饰。现以线图示之供专家学者研究参考（图十五）。笔者认为，这正如有位学者所指出的："玉以通神，凡带有神人面、兽面纹者，更与通神有关。这种玉项饰类似佛教的念珠，并不是单纯的装饰品，而是巫师主持祭祀行使巫术是通天致神中的法器。"[13]

六、关于玉器的制作工艺

通过长期的细致观察、研究分析，在福泉山出土的良渚文化玉器上，还发现了许多制作的痕迹，这为探讨这一时期的琢玉工艺提供了重要线索。

良渚玉器上除常见研磨遗留的一块块小平面外，还有一些以片状物质用砂作介质往来锯割遗留的凹槽，这种凹槽平直而光滑。例如在M60：14玉璧的边缘上可见一条直线的凹槽，这是玉璧的制作在一个扁平的方体上，经过多次切角，从四角到八角，十六角……再制作研磨形成整圆过程中遗留的一条切割线。

又如M109：15玉钺的顶部，由于嵌入木柄的凹槽内，因此往往成器后不再研磨修整，维持折断的痕迹，在有的器两面断痕的边缘，各见一条锯割的凹槽。这是制作时将钺顶的多余部分从两面相向锯割的凹槽，是先将玉片锯割成大体形状，再作研磨成器。这些凹槽的发现，说明锯割是良渚文化玉器成形的主要方法。

其次，钻孔在良渚玉器制作工艺上，是重要工序之一，大体使用尖头钻和管形钻两种工具，采用从两面相向对钻孔。尖头钻用于钻制小孔，如珠、管、璜、坠和锥形器、冠形器的榫上插销孔等小孔，这类孔壁壁口大、底小，倾斜度大。琮、镯、环等大孔使用管形钻并在钻透以后对孔壁再作研磨，将孔扩大，所以孔壁光滑见研磨面，而钻痕不清晰。斧、钺、璧、环的孔使用管钻，孔壁较直，壁面有一圈圈旋痕以及因相向对钻在穿透处出现一周凸脊，例如M40∶111玉璧对钻孔壁上遗留的旋痕，这些旋痕线条较直，与金属管旋线的锐利感觉不同，并且玉璧的孔壁，在钻透以后也稍作研磨，略见光泽，但仍见旋痕。

其三，良渚玉器上的纹饰，有高于器面的凸纹和阴线两种。凸纹如M9∶21玉琮神脸上的两条代表羽冠的横棱、横鼻及兽面上的蛋圆形眼睑、桥形额，都采用减地法使纹饰凸出。在琮的直槽或横鼻的边侧，有的可见一条划界的凹线，像是先用锯磨方法勾勒出减地的范围，再进行磨低减地。凸面上或减地平面上的阴线纹饰，制作方法有多种，如表示眼睛的圆圈，有的使用管钻旋出凹圈，圈形圆整，凹线光滑，有的使用尖锐器刻画，刻画的圆圈由多条刻线围成，呈不规则圆形。至于神像的横鼻上与代表羽冠的两条横棱中间，以及额及眼睑上填刻的云纹与弧线，或神像旁边的飞鸟纹，细小而浅，都用尖锐器刻画，刻线在放大镜下粗糙曲折，并有毛茬溢出。代表神冠的两条横楞上的多道平行直条阴线，有的是位于弧面方角琮的弧凸面上，似用片状物质锯磨，由于锯磨面呈弧形必须不断转换磨角，阴线的底面必须出现折棱。今观察这些阴线，浅细宽狭与刻画线一致，并且有些线条并不挺直，甚至有两条交叉的现象，应该不属于锯磨痕而仍是一种刻画线。所以良渚玉器纹饰中的阴线，使用尖锐器刻画而非砣刻，成为一种重要特征。

关于良渚文化玉器琢玉工艺，过去曾有学者认为：“纵观良渚玉器加工制造的全部技艺，不论在玉料的剖割、玉件的成型，甚至花纹的雕刻等，到目前为止，还无法确定当时已经能够使用砣具。”[14]有学者对上述论点提出异议时指出：“此说欠确是显而易件的。我们据余杭瑶山2号墓中出土的一件玉柱形器（瑶山M2∶16）便可推翻此说。此玉柱形器的柱体中段可见续断续连的五道横向的中间较宽深而两端较细浅的切刻痕迹（图十六），显系以外缘薄（作刃）

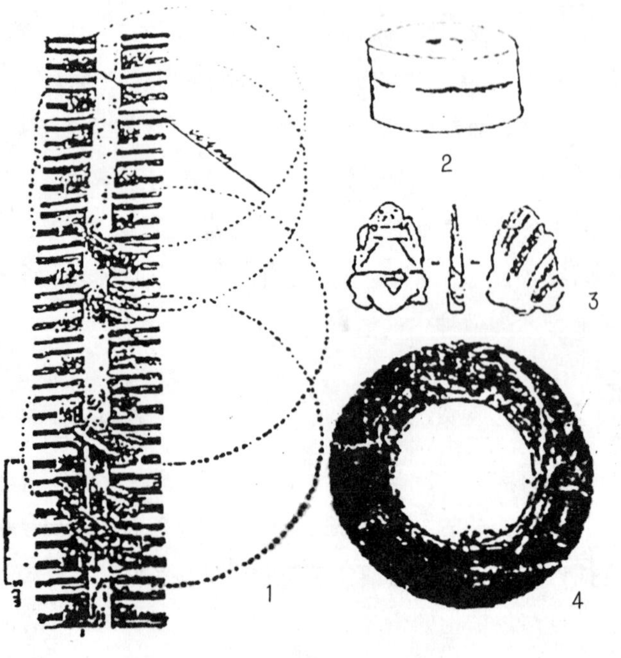

良渚文化玉器上所见砣具及加工痕迹
1.寺墩M3∶22玉琮　2.瑶山玉柱形器（M2∶16）
3.张陵山玉蛙　4.张陵山玉环（M4∶17）

图十六

而中心较厚的扁圆盘形砣具切割的结果。更何况反山出土的一件玉璧（M20∶5）还见有明显的同心圆旋纹。”在草鞋山玉璧寺墩玉琮（M3∶22）上也都具有砣具加工的痕迹。

而福泉山出土的良渚文化玉器，在某些凹凸面上，也发现了砣制的痕迹。例如M60∶38圆柱锥形器的器面上，有一对以三圈阴线表现的目纹，目纹长宽各1.2厘米。每圈间隔仅0.24厘米，面积小又处于弧面上，制作的难度很大，尤其是阳纹的内圈并无往来研磨的余地。现经放大镜观察，两条阳纹中间的凹弧面上有一个个浅浅的凹窝（图十七），它使用很小球面状的物体，通过旋转研磨形成的凹弧面，这该是一种砣旋的痕迹。又如M65∶50玉琮兽面的蛋圆性眼睑上的凹弧面（图十八）和M40∶120方琮形锥形器横鼻上的凹弧面。同样面积很小，凹弧是用轮旋磨成的迹象。再加M53∶9锥形器小柄上的套管，最大直径仅0.75厘米，圆整而无平面研磨的迹象，器壁厚仅0.05厘米，薄如蛋壳，除用砣旋也很难制成此种精巧的小件。此外，在一些良渚玉器上还经常发现一种长条凹槽，如M109∶11、M74∶9、M31、35，M101∶69及M9∶4等圆柱形或方柱锥形器上都见一条凹槽，这种凹槽宽深而光滑，决非锐器刻画的痕迹，并且两端浅窄，中间宽深也不是线刻痕，只有用旋磨才能出现这种迹象，应该也与砣旋有关。所以避开那些琮、璧、钺上发现的凹弧线，究竟属于砣旋还是线割的论争，现据上列各种制作痕迹，良渚玉器的制作确实已经使用了旋转的工具。其实，在良渚制陶中早已使用了陶轮。玉石器的镂孔也熟练地使用以绳缠绕镂杆，拉动旋转镂空的方法，已经掌握了旋转功能的原理，只要把镂杆横向放置转动，就成了旋转的砣具。所以良渚制玉具备了用砣的条件。

图十七　良渚文化玉锥形器（M60∶38）上的砣制痕迹

图十八　良渚文化玉琮（M65∶50）射面上的制作痕迹

关于良渚文化玉器上细如毫发的刻纹，究竟是用何种工具与方法加工雕刻的呢？近年来，虽已有很多学者对此作了讨论，但至今考古学界仍各抒已见，众说纷纭，莫衷一是。笔者过去对此虽也曾作些研究讨论，但仍感到棘手和困惑。直至去年看到吴京山先生根据他的研究实验得出的观点，很受启迪。吴先生认为：“良渚玉器的雕刻。从繁缛线条的痕迹中分析，不是直接徒手刻画法雕刻的，而是间接徒手刻画法雕刻的”，“良渚时代在简陋的工具之下，已用‘软玉法’加工玉器的纹饰雕刻了。‘软玉法’是一种最适合没有任何金属工具与机械设备的条件下，可对玉器进行雕刻加工的有效方法。”[15]

图十九　吴京山用现代化方法凹雕的孙子兵法

图二十　吴京山用现代化学方法阴刻的孙子兵法

“软玉法”究竟是何种工艺，是如何在玉器上起到软化作用，以及良渚玉器是否是“软玉法”所为，这是大家极为关注的问题。《中国工艺美术大辞典》中记载一种有趣的方法——“软玉法”：“玉石不易雕刻，可用荸荠数枚于木桶入水煮玉一昼夜，再用明礬三厘，蟾蜍三厘涂于刻处，炙干，再涂，药尽为止。”这一配方也许是从明代宋应星《天工开物》“凡镂刻绝细处，难施锥刃者，以蟾蜍添画，而后契之”的记载中演变而来。

吴京山先生曾无数次实验实践，先从玉的材质研究着手，了解和掌握玉的性质结构、矿物结构及化学知识，他用新掌握的知识，摆脱了传统配方的束缚，寻找到能氧化和蚀化玉质的物质元素，加以配方，攻克玉质的坚硬度和坚韧性，以达到软化玉的目的，终于经无数次试验取得了成功，掌握了“软玉法”的奥秘。它的主要成分是由氟化钙和其他酸或钙类溶液等配方而成。吴京山的实验证明，玉只要用“非金属中最活泼的元素，氧化能力极强，能同水反应而放出氧”的氟才能渗透它、攻克它。他用“软玉法”对玉进行长期反复的试验、研究得知，其实它是以沁蚀的方式软化玉器的，同时发现所加工出来的工艺痕迹与良渚玉器上的痕迹相同。

据《腐蚀资料手册 · 非金属腐蚀》指出：“当非金属表面和介质接触后，溶液（或气体）会逐渐扩散到材料内部……可引起物理机械性能的变化：强度降低、软化或硬化等。”而“软玉法”对玉正是起到这一作用，使玉器表面起到软化，而达到随心所欲刻画之。[16]他用“软玉法”制作的孙子兵法玉雕，使用阴刻和凸调两种技法，可供参考（图十九、二十）。

笔者认为，良渚文化玉器的琢玉工艺显然不是使用吴京山用现代化学的方法，但原理相同，相信循此而进，当可进一步发现和破解当时良渚人的琢玉工艺。

孙维昌（上海博物馆）

1.孙维昌《上海青浦福泉山良渚文化墓地》,《文物》198年第10期；孙维昌《福泉山出土的良渚文化玉器》,《故宫文物月刊（台湾)》1996年第165期；孙维昌《福泉山良渚文化墓地分析》,徐湖平主编《东方文明之光——良渚文化发现60周年纪念文集》(1936—1996)；孙维昌《良渚文化陶器纹饰研究》,上海博物馆集刊第6期（建馆40周年特辑）1992年。
2.钟华邦《江苏省溧阳线透闪石岩研究》,《岩石矿物学》第9卷，1990年2月；闻广《对〈江苏省溧阳县透闪石岩研究〉一文的补充》,《岩石矿物学》杂志第9卷，1992年。
3.闻广、荆志淳《中国古玉地质考古学研究：福泉山玉器（附崧泽玉器)》、《福泉山——新石器时代遗址发掘报告》附录七，文物出版社，2000年第10期。
4.张光直《濮阳三跻与中国古代美术上的人兽母题》,《文物》1988年第11期。
5.上海市文物管理委员会《福泉山——新石器时代遗址发掘报告》,文物出版社，2000年10月。
6.张明华《良渚玉戚研究》,《考古》1987年第7期。
7.《甲骨文编》卷十二、卷十八，中华书局，1965年。
8.吴汝祚《太湖地区的原始文化》,《文物集刊（一)》,1980年。
9.林华东《良渚文化研究》,浙江教育出版社，1998年。
10.傅宪国《试论中国新石器时代的石钺》,《考古》1985年第9期。
11.董楚平《钺戚考辨——关于良渚文化玉质斧形礼器的命名问题》(1990年国际百越文化学术讨论会暨中国百越民族研究会第七届年会论文，1990)。
12.郝明华《珍贵的良渚文化玉项链》,《龙与文物艺术（香港)》1993年6—7月合刊。
13.汪遵国《良渚文化玉器综论》,邓聪主编《东亚玉器》,香港中文大学中国考古艺术研究中心，1998年。
14.牟永抗《良渚玉器三题》,《文物》1989年第5期。
15.吴京山《试解良渚文化玉器的雕琢之谜》,《东南文化》2001年第4期。
16.《中国工艺美术大辞典》,江苏美术出版社，1989年，第329页。

良渚文化的社会阶层与等级

20年前，我在蒋赞初先生指导下完成了硕士学位论文《太湖地区文明探源——从良渚文化到马桥文化》(1987年5月)，现将论文第三部分第三节“墓葬类型和社会阶层的区分”，作为本文的上篇，内容、文字未作改动，以反映根据当时材料所作的探索。下篇是正在写作的两篇论文的主要内容，增加了20年来新发现的材料和认识的深化[1]。

上篇和下篇分别将良渚文化墓葬分为三期和四期，第一期和第二期为良渚文化前期，其余为后期。

上篇 墓葬类型和社会阶层的区分

迄今尚未见到马桥文化的墓葬。良渚文化的墓葬，有经过正式发掘的，也有清理征集的，还有一些经过调查的遗址，从出土物看是良渚时期的墓地。

1.墓葬分类

分大型墓和小型墓。

(1) 大型墓

墓坑比较大，已知最大的是福泉山T23M2，坑口面积达11.2平方米。有些墓坑的情况不太清楚，但随葬品的分布范围也很广。个别墓发现有木质葬具，上面还遗留有朱红色的彩块。随葬品种类繁多，有玉器、陶器、石器、绿松石、象牙器等，少者几十件，多者数百件。根据是否有重要玉器如钺、琮、璧等物随葬，大型墓还可分作以下几种情况：

①钺、琮、璧三者齐全的，以福泉山 T22M5 为代表。

②有两种的，如钺与璧或琮与璧，以福泉山 T27M2 为代表。

③只有一种的，几乎都是只有玉璧，以福泉山 T21M4 为代表。

④没有这三种玉器，而有其他种类的玉器，绝大多数是小件的装饰品，数量多少不等，以张陵山西山 M5 为代表。

(2) 小型墓

有的发现有较小的浅墓坑，有的难以辨清，或者没有墓坑。随葬品的种类只有陶器和石器。随葬品的数量除个别墓超过十件，多数墓都在十件以下，还有完全没有随葬品的墓。根据随葬品的有无，小型墓分两种：

①有陶质、石质随葬品的，以越城 M6 为代表。

②一无所有的，以马桥 M4 为代表。

2.墓地分类

以墓葬分类为基础，良渚时期的墓地可以区分为三种不同的类型。

（1）甲类墓地

经过正式发掘的甲类墓地有草鞋山、寺墩、福泉山和反山。从实地调查结果与征集到的出土物看，昆山千墩镇的少卿山、昆山绰墩、常熟黄土山和嘉陵荡也可以归入甲类墓地。

甲类墓地的共同特征是：第一，墓地在一个大型土墩上，土墩面积一般为数千到上万平方米，最大的少卿山原来总面积达40,000平方米，最小的绰墩也有2,100平方米。墩高以5–6米居多，最高的寺墩有20米。特别值得注意的是这类土墩中有一些肯定是人工堆筑而成的土山。福泉山土墩的第一层是良渚文化晚期墓葬，第二层中有大量马家浜文化、个别崧泽文化和良渚文化的遗物，第三层却有良渚文化早期的遗物，第四层是崧泽文化，第五层是马家浜文化晚期到崧泽文化早期。显然自第三层以下，地层顺序是正常的，第二层是在良渚文化晚期（即本文的第三期）人们翻土、挖土堆起来的，用以作为他们的墓地。反山土墩也是人工堆筑起来的熟土台。这类熟土台形墓地堪称中国式金字塔—“土筑金字塔”。第二，经正式发掘的甲类墓地中几乎全部是大型墓，而且以大型墓中的前两种居多。草鞋山的三座大型墓M198、M199、M200东西向并列，两墓之间相距约15米。寺墩的三座M1、M3、M4大致也是东西向并列，东边的M3距中间的M4有2.6米，西边的M1距M4有6.5米。第三，甲类墓地所在的墩形遗址，文化内涵大多十分丰富，延续时间相当长，文化发展没有大的中断。草鞋山和福泉山都是从马家浜文化开始，经过崧泽文化，直到良渚文化第三期。寺墩下层属崧泽文化，上层为良渚文化。

（2）乙类墓地

属于乙类墓地的有马桥、广富林、越城等。乙类墓地的特点是：第一，墓地一般都在地势比较平坦的地面，不见突出地面几米的土墩，如马桥和广富林。越城遗址高出地面5米的土墩，现在仅高出地面1.5米。然而越城上层厚5米左右，该层属西周春秋时期。根据有关文献记载和实地勘探发掘，越城是周代的一个规模宏大、十分重要的遗址。很显然，高5米的大型土墩是这个时期形成，与埋在它下面的良渚墓地没有关系。第二，通常埋葬在乙类墓地的都是小型墓，个别墓地埋有极个别属大型墓中的后两种墓。在发掘面积较大的马桥，墓葬排列似无规律，只有M4、M5、M6近东西向排成一列，其余均极为分散。第三，多数乙类墓地上，在良渚文化之前，该地点没有其他文化遗存，换言之，乙类墓地所在遗址的上限一般不超出良渚文化。

（3）丙类墓地

已经发表的丙类墓地只有张陵山西山。

丙类墓地的特点是：第一，墓地在一个大型土墩上。张陵山遗址由东、西两座土墩组成，面积各6,000平方米，两墩相距约100米。西山墩顶高出地面约6米，土墩内第二层出良渚第一期墓葬，第三层是土质较硬的青胶土，厚达1–1.5米，没有什么遗物，第四层出崧泽文化墓葬。目前还没有充足的理由认为这个土墩是人工堆筑而成。第二，张陵山西山墓地有大型墓两座和小型墓三座。五座规模不同的墓大致呈东西向列成一排，头向都朝南，大型墓埋得比较深。第三，丙类墓地的时代下限是良渚第一期，有早于它的崧泽文化墓地，但是没有晚于它的良渚第二期墓葬。

3.分阶层的社会

良渚文化墓葬类型的区别代表这个时期社会成员分为不同的阶层，阶层之间的差别相当明显。大型墓代表社会的上层，墓中随葬品种类多，数量大，有必需的生活用品，但是更多的是非生活必需品，它们反映了某种思想意识和观念形态、死者的社会地位和私人拥有的财富，其中不乏造型别致、花纹精细、制作耗费工时的器物。事实上，带有线刻图案的陶器和精琢细雕的玉器、象牙器全都出自于大型墓。墓主占有如此惊人的财富，显然以某种形式侵吞了别人的劳动成果。大型墓的前两种特别明显，墓中有数量不等、成组成套的玉钺、玉琮和玉璧。钺在商代是权力的象征。琮、璧的用途自晚周以来是明确的，为祭祀天地的礼器，也用于敛尸或朝聘。新石器时代的琮、璧究竟派什么用处，众说不一，或认为是周代礼制的历史渊源[2]，或认为是部落组织的信物，同时又是对本部落土地神灵祈求赐福的信物[3]，还有研究者认为是代表政治权威，通过玉器的授受获取永久性的或暂时性的权威[4]。现在已在许多地点发现了新石器时代的玉琮，北起山西襄汾的陶寺遗址，南至广东的石峡遗址和海丰县，有可靠出土记载的，全是大型墓的随葬品。这些玉琮的年代几乎都在公元前三千年代，看来不是偶然的，这个时期的社会面貌和人们的观念形态都在发生变化。玉琮就是新观念形态的象征，也是“古代宇宙观和仪式的一项缩影式的象征”[5]是巫师与天地交往的法器。

在这个时期或相当于这个时期的社会发展阶段中，巫师的地位十分突出，扮演着重要的角色。在战争时，他们既行巫职，又是军事首领。传说中的黄帝、蚩尤大战，双方倾全力呼风唤雨，拼死战斗，说明军事首领兼具巫师的职能。民族学材料里也不乏这样的实例[6]。巫师同时又是一个父系大家族中最有地位的人，乌干达Lugbara人的父系大家族的长者有根“热线”（hot-line）直接与祖先沟通，并且可用祖先灵魂的名义严惩大家族成员[7]，他们实际上是在施行巫师的职能。

大型墓中还有一些现象值得注意。张陵山西山M4的墓主肢骨的北部足后有三个人头骨同随葬陶器放在一起，其中有两个是儿童。张陵山西山M5除墓主外，在北端还有两个人头骨和一对上下肢骨。草鞋山M198分三组，第一组为主，二、三组分别位于第一组的北、南部，从遗骸判断，第一组头向南，二、三组只发现肢骨，且分布不规则，判断属二次迁葬。研究者指出，张陵山西山M4的头骨“可能是奴隶殉葬的现象”。草鞋山M198第一组是男性，二、三组是附葬的两个女性二次葬，并借此说明一夫多妻的存在，这些推论是有一定根据的。无论如何，根据现有考古资料可以说明良渚时期已经进入了一部分人必须服从、依附并且受支配于另一部分人的分阶层的社会。

小型墓代表了社会下层。有随葬品的墓，器物种类只限于陶器和石器，数量很少。种类和数量都表明小型墓的随葬品只限于墓主人生活上和生产上的必备物品。那些一无所有的小墓，多数墓主在生前很可能是依附于他人的。

值得注意的是，甲类墓地基本上都属于良渚文化的第三期，乙类墓地各期都有，丙类墓地主要是第一期的。这种现象反映阶层之间的限制趋于严格化。良渚第一期尽管已有社会不同阶层的差别，他们仍然同葬于一个墓地。良渚第三期发生了很大的变化，不同的阶层不能葬在一个墓地，社会下层成员的埋葬地受到严格的限制。阶层之间的差别还有逐步扩大化的趋向。良渚第一期，甚至第二期，大型墓的数量都不多，分布点很少，随葬品的种类和质量远逊于第三期。那些赤贫的小型墓出现在第二期。如果良渚文化墓地类型不同这一现象确实带有普遍性，还有理由作出进一步的推论：葬于不同墓地的两大阶层生前分属于不同的群体，甚至他们的聚居地都可能是分开的。良渚第三期的社会是由一群富裕的聚落群体和许多贫穷的聚落群体所组成，这是在更高层次上的社会分层。富裕的阶层集团通过各种手段占有财富和贫穷者的劳动果实，数量和质量十分惊人。占有方式可能是贫穷阶层集团交纳，或者直接以武力抢掠。大概已有了劳役的形式：修建甲类墓地的大型熟土台需要大量的劳力，主要应来自于贫穷集团的集体劳动。

代表富裕集团的甲类墓地的特点之一是大多修建在文化层堆积很厚、经过长期发展的遗址上。人们在这个遗址或其近处生活了上千年，甚至几千年，显然这里具备人类生息繁衍必需的优良生态环境，而且这样的生态环境长期以来没有太大的变化。代表贫穷集团的乙类墓地大多就位于生土面之上，这里从来就没有人生活过，他们是第一批居住者。在他们之前，这块土地并不是十分适合人类的生存与发展。这样的对比可能有助于理解形成贫富不同群体的一个方面的原因。

下篇 社会等级和墓地类型

1987年以来的二十年间，我将良渚文化的社会阶层细分为四至五个，近来边看材料边思考，感到还是分两大阶层为好，似乎又回到了上篇的认识。所谓细分的阶层应该定性为社会上层的不同等级更为合适。上篇我将代表社会上层的大型墓根据所拥有的玉器种类分为四种，下篇仍以玉器作为讨论社会等级的标准。玉在良渚人心目中是神奇的物质，在自然界是稀缺物品。良渚玉器种类之多、雕琢之精，在新石器时代首屈一指。良渚玉器是意识观念、等级制度的物化，拥有玉器的人或集团的社会地位高于不拥有者，在不同的层面上掌控玉器的人或集团代表了不同的等级。

1.社会等级

反山[8]和瑶山[9]地处良渚文化中心，是良渚文化等级最高的墓地，随葬玉器的配置规范严格。根据权杖、钺、琮、梳背和三叉器等重要玉器的配置，反山、瑶山的墓主分为五级。各级墓葬的重要玉器配置如下：

一级：权杖、完整钺、琮、三叉器、梳背。

二级：完整钺、琮、三叉器、梳背。

三级：钺、琮、三叉器、梳背。

四级：钺、三叉器、梳背或琮、梳背。

五级：梳背。

完整钺是指上端饰瑁与下端饰镦齐全者，个别的墓只有瑁、镦中的一种。

反山、瑶山没有只随葬三叉器的墓葬，而其他地点有。三叉器与梳背均出自头部近旁，使用方式相近，因此将其他地点仅有三叉器的墓葬也看作五级。

为什么玉璧被排除在外？尽管玉璧也为贵族所用，但是在反山、瑶山各墓中难寻玉璧的配置规律。反山的9座墓中（除年代较晚的M19和M21），7座墓有玉璧，M23的玉璧最多，有54件，M15和M16最少，仅1件，地位最高的M12只有2件。瑶山共13座墓葬，均没有玉璧。因此由玉器所反映的等级规范，玉璧不具备有意义的作用。

反山、瑶山各等级的墓葬数量如下：

一级墓只有反山M12，随葬的权杖形制独特，目前，整个良渚文化仅发现此一件。

二级墓在反山有四座，瑶山只有一座。

三级墓在反山有一座，瑶山有四座。

四级墓在反山有二座，瑶山有二座。

五级墓在反山有一座，瑶山有六座。

良渚中心以外的其他地点，三叉器和梳背有不同的分布特征。三叉器在良渚以外地区比较少见，其分布似乎同与良渚中心的距离远近有关，主要出在距离较近的浙江嘉兴地区。梳背的数量明显多于三叉器，分布区域也广于三叉器，比较远离良渚中心的江苏上海有分布，甚至远到南京的昝庙遗址也有发现。

其他地点的玉器的配置组合不如甚至远远不如反山、瑶山规范。配置最完整的是普安桥M11，琮、钺、梳背、三叉器齐全。梳背在反山、瑶山是各等级的必备配置，最低等级者也有一件梳背。但是在良渚以外地区，有的等级较高的墓葬中也不出梳背。如草鞋山M198有琮却无梳背。高城墩尽管有四座随葬玉琮墓，但在发表资料中不见梳背。寺墩保存完好的M3有33件琮但无梳背。福泉山资料发表比较完整，出梳背的共四墓，均无玉琮，而有玉琮的五座墓均无梳背。琮与梳背共存的反而较少，其中有张陵山西山M4、少卿山M1和草鞋山M199，后两座墓还是收集品。可见梳背在良渚中心以外地区并非贵族必备。

鉴于良渚以外地区用玉组合的不完整，只能根据玉器重要性的顺序来确定等级，顺序为完整钺、钺或琮、三叉器和梳背。

良渚以外地区的最高等级为二级，只在福泉山和寺墩发现。

最高等级为三级的墓地有草鞋山、普安桥、横山等。

最高等级为四级的墓地较多，有张陵山西山、新地里等。

福泉山[10]不仅等级高，而且等级序列比较完整。各等级墓葬如下：

二级墓一座。

三级墓二座。

四级墓六座。

五级墓一座。

福泉山M74比较特殊，随葬一件完整钺和三件钺，却没有玉琮。良渚以外地区使用完整钺的总共只有三座墓，其中福泉山二座，寺墩一座。除了福泉山M74，另二座墓都是二级。目前只能将M74看做是一特例，其等级应该高于四级。

2. 墓地类型

墓地分类的核心是被埋葬者的身份和地位，以此决定了墓地的建筑方式和外在形态。根据这一原则将良渚文化墓地分为五类，前三类埋葬四级以上（含四级）的墓葬，这三类墓地的区别是墓地内四级以上墓葬的数量和延续时间段。埋有五级墓葬的为第四类墓地。其余为第五类墓地。

第一类墓地

以埋葬第四级以上（含第四级）墓葬为主的墓地。

良渚地区的第一类墓地，除了反山、瑶山，还有汇观山。良渚附近地区有横山。比较远离良渚地区的第一类墓地，有江阴高城墩、武进寺墩、吴县草鞋山，资料公布很少的无锡丘承墩也应该归于第一类。

高城墩是一处被严重破坏的墓地，发掘时残存面积只有原先大约五分之一，共发掘14座墓葬。经发掘出土的玉琮有5件，分属于4座墓葬，墓地被破坏期间收集到2件，原先应该更多。高城墩埋藏玉琮数量之多在良渚文化前期仅次于瑶山和反山，显现高城墩在远离良渚最高中心直线距离约180公里之外所占据的特殊位置。同时也要看到高城墩不见完整钺，在等级上与反山、瑶山的差距。

寺墩发现4座大墓，均属于良渚文化后期。唯一保存完好的M3为二级墓，是该墓地所见资料中等级最高的一座。四座大墓东西横向排列，周围近旁没有发现其他墓葬。

吴县草鞋山至少有4座大墓，最高等级为三级。

第一类墓地在时间与空间的分布特征是，良渚前期发现不多，分布点很少，多集中在良渚地区。高城墩是良渚以外唯一的分布点。良渚后期发生明显变化。良渚地区还没有发现第一类墓地，良渚以外地区的第一类墓地比前期增加。

值得注意的是寺墩同高城墩的关系，两地直线距离仅15公里，高城墩从第二期延续到第三期前段，寺墩则从三期后段延续到四期。这两处墓地的彼衰此兴似隐藏着某种深刻的含义[11]。

第二类墓地

良渚前期为第三类墓地，后期另辟高等级贵族专用墓区，性质同第一类墓地。目前能够确认的只有青浦福泉山一处。

福泉山的崧泽－良渚过渡段和良渚文化墓葬总共有30座，墓位安排可分四个区域，两座墓散布于墓地北缘。22座墓密集埋在墓地西部，延续时间很长。6座墓分布在墓地中部和东部，排列比较规则。

良渚前期，西部墓区M109是随葬钺和梳背的四级墓，等级最高。后期，福泉山主人的地位显著提升，表现在两个方面。一方面是西部墓区继续使用，贵族墓葬增加，其中一座配置完整钺。更重要的是又在西部墓区以东开辟新的墓区，只安排五级以上的贵族墓位，六座墓葬排列比较有序，最高等级上升为二级。

第三类墓地

整个墓地只有个别墓葬是三级或四级墓，其中多数地点没有三级墓。

张陵山西山发掘五座墓葬，只有M4一座为四级墓，随葬以玉琮等40多件器物。

桐乡新地里遗址经过大面积发掘，良渚文化遗存从早到晚延续了相当长的时间，发掘者将140座墓葬分为六段。只有两座四级墓。第1段的M137随葬玉琮，第4段的M121随葬玉钺。

普安桥M11是三级墓，随葬玉琮、钺、梳背、三叉器各1件。

海盐龙潭港墓地被一条南北向浅沟划分为沟西的大墓区和沟东的小墓区，沟西的五座大墓只有M9是随葬玉钺和梳背的四级墓。

金山亭林共发掘23座墓葬，仅1座是随葬9节长琮的四级墓。

江苏东太湖地区，在一个较小的区域内有张陵山西山、昆山赵陵山、少卿山、绰墩和张陵山东山等五处第三类墓地或地点，还有草鞋山一处第一类墓地。这六个地点基本不共时，或者说时间是先后延续的。我曾将它们看作良渚文化区域性的次级中心，并提出假说：以掌控玉琮为表现形式，区域中心发生转移[12]。

第四类墓地

整个墓地，仅个别墓葬为五级墓，没有更高等级的墓葬。

良渚地区有钵衣山、吴家埠、庙前等遗址。

钵衣山，只有M2一座是随葬玉梳背和玉璧的五级墓。

吴家埠，在1000余平方米的发掘范围发现了20座良渚文化前期墓葬，较早阶段墓葬的随葬品数量少，玉器只有管、珠一类的饰品，只有较晚阶段的M8是随葬梳背和玉璧的五级墓。值得注意的是，吴家埠遗址的采集品中有一件6节玉琮，年代比M8更晚。显然该集团的地位继M8以后还在继续提升，墓地的分类也将随之变化。

庙前遗址延续时间很长，从良渚前期一直延续下来。前期有第四次发掘的M9，随葬1件形制比较特殊的梳背。后期有第五、六次发掘的M7，随葬梳背（因朽而不能起取），同出璧。

良渚以外地区有常熟罗墩，桐乡叭喇浜、徐家浜等遗址。

罗墩有14座良渚前期墓葬，M7的墓坑面积最大，随葬玉、陶、石等质地的随葬品共48件，其中有玉梳背、玉镯等。

叭喇浜，良渚后期的M13是随葬三叉器的五级墓。

徐家浜，在300多平方米范围内发现良渚前期墓葬6座，M6随葬梳背。其西相距约百米的章家浜发现5座同时期墓葬。

第五类墓地

不随葬重要玉器。

在各类墓地中数量最多。在良渚地区有上口山。良渚以外地区有广富林、马桥、龙南、平邱墩、千金角等。

上述五类墓地反映良渚文化中占据不同位置的社群或集团。有些延续时间较长的墓地类别是动态变化的，反映了族群或集团社会位置的变化。我将其中的福泉山作为单独一类分出以说明动态过程，其他类别的地点有的也存在变化，如吴家埠，但未另列一类。

良渚文化各类墓地的空间分布和历时性变化意味着社会结构的动态发展，是推演这一地区大约1000年间历史进程的重要依据。

第一类墓地的分布，最集中的区域是良渚地区及邻近的横山，另一分布区在远离良渚地区的江苏南部，而与良渚地区距离最近的嘉兴地区没有。表明良渚地区高层集团控制力的强弱应该同空间距离相关。

第一类墓地在良渚前期少而后期多，良渚以外地区前期只有高城墩，后期有寺墩、草鞋山和丘承墩等。福泉山则在后期发生了从第三类墓地向第一类墓地的转化。这一变化表明良渚地区高层集团控制力的强弱同时间有关，即前期强而后期弱。后期第一类墓葬数量的增加和分布面的扩大，表明它们所代表的集团可能具有较以往更强的独立性。

宋建（上海博物馆）

1.宋建《公元前第三千纪中国东部地区的历史进程——以良渚文化墓地为中心》,《中国史研究》(韩国)第5辑,2007年;宋建《良渚文化的用玉与等级》,《上海博物馆集刊》,待刊。
2.汪遵国《良渚文化“玉敛葬”述略》,《文物》1984年2期。
3.诸汉文《良渚玉琮试析》,《文博通讯》1983年5期。
4.林巳奈夫(黎忠义译)《关于良渚文化玉器的若干问题》,《南京博物院集刊》第七辑,1984年。原文载《博物馆》(东京博物馆美术志)第360号,1981年3月。
5.张光直《古代中国及其在人类学上的意义》,《史前研究》1985年2期。
6.秋浦主编《萨满教研究》,上海人民出版社,1985年。
7.Lewis I. M., Social Anthropology in Perspective, Penguin Books, 1981.
8.浙江省文物考古研究所《反山》,文物出版社,2005年。
9.浙江省文物考古研究所《瑶山》,文物出版社,2003年。
10.上海市文物管理委员会　黄宣佩主编《福泉山——新石器时代遗址发掘报告》,文物出版社,2000年。
11.宋建《良渚文化玉琮一种特殊的使用方式》,《中国文物报》2005年6月17日(总第1327期)第七版。
12.宋建《中国东部地区在文明化进程中的地位》,《东方考古》第1集,科学出版社,2004年12月。

石锛研究方法

石锛指平面近似矩形、宽大于厚的单刃磨制石器。在中国,石锛主要见于新石器时代和青铜时代。在日本,石锛被称为片刃石斧，主要见于弥生时代[1]。在韩国,石锛被称为片刃类石斧，主要见于青铜时代。在欧美,石锛被称为adze，主要见于新石器时代和青铜时代。

外国学者从20世纪40年代开始研究石锛，林惠祥先生和傅宪国先生先后对外国学者研究石锛的情况作过介绍，这里不再赘言。本文仅就中国学者探讨石锛的情况作一概述。1950年林惠祥先生用形态类型学的方法把石锛分为常型锛、有段锛、无棱圆锛等类型，又根据背部形态差异，把有段石锛细分“初级型”、“成熟型”、“高级型”三个类型，并从进化论的观点出发，提出“原始型”经过“成熟型”最后发展到“高级型”，认为福建是有段石锛的发源地，然后传播到台湾、菲律宾、太平洋群岛等地区[2]。文章发表后，有学者认为这个分类不妥[3]。次年，林惠祥先生遗作发表，指出有段石锛的研究有助于解决东南亚以至太平洋新石器时代文化来源及有关人种迁移问题等[4]。

20世纪80年代初期杨鸿勋先生从力学的角度探讨了河姆渡遗址的部分石锛，认为新石器时代的扁薄石锛是刨削木板的木工具，并建议把这类石器命名为石扁铲[5]。

20世纪80年代中期，傅宪国先生从形态类型学的角度对有段石锛做了专题研究。他根据背部形态差异，把有段石锛分为隆脊形、弧背形、台阶形、凹槽形和有肩形共五个式，再按照细部差异对各式石锛作了细分。他认为有段石锛起源于长江下游的河姆渡文化和马家浜文化，到新石器时代晚期进入鼎盛期，在商周至春秋时期走向衰退期[6]。

日本有不少学者对片刃石斧作过深入分析，其中佐原真先生从石锛分类、功能和石锛的社会意义等方面做了全面深入的研究，其专著《石斧的历史》[7]是石锛研究中里程碑式的成果。

韩国学者也从形态类型学的角度探讨过片刃石斧，比如全荣来先生曾从石锛形态比较的角度，分析了日本出土的大陆系统石器的组合及其与韩半岛和中国大陆石器的关系[8]。孙晙镐在探讨韩半岛青铜时代磨制石器过程中，也对石锛形态和功能做了分析[9]。

笔者认为，石锛作为一种工具，应该从观察与分析其形态入手，结合民族志和实验考古探讨其功能和使用方法，最后结合考古学文化背景阐释其社会意义。

一、形态描述

从磨制石器一般制作过程看，石锛的制作过程为：选料→打制雏形→研磨定型→开锋→（抛光）→完成。下面从描述石锛形态入手，探讨描述石锛外形、制作和使用痕迹的方法。

1.细部名称

为了便于表述石锛的重要特征，需要给相关部位确定名称。傅宪国先生和佐原真先生曾各自提出一套石锛细部名称方案，本文将参照他们的方案，根据研究中遇到的实际情况提出一套石锛命名方案（图一）。

(1) 石锛细部名称

按约定俗成的原则，把石锛弧凸、段或槽所在的面朝上、刃面朝下、顶部向上、刃缘向下摆放，给相关部位确定名称。

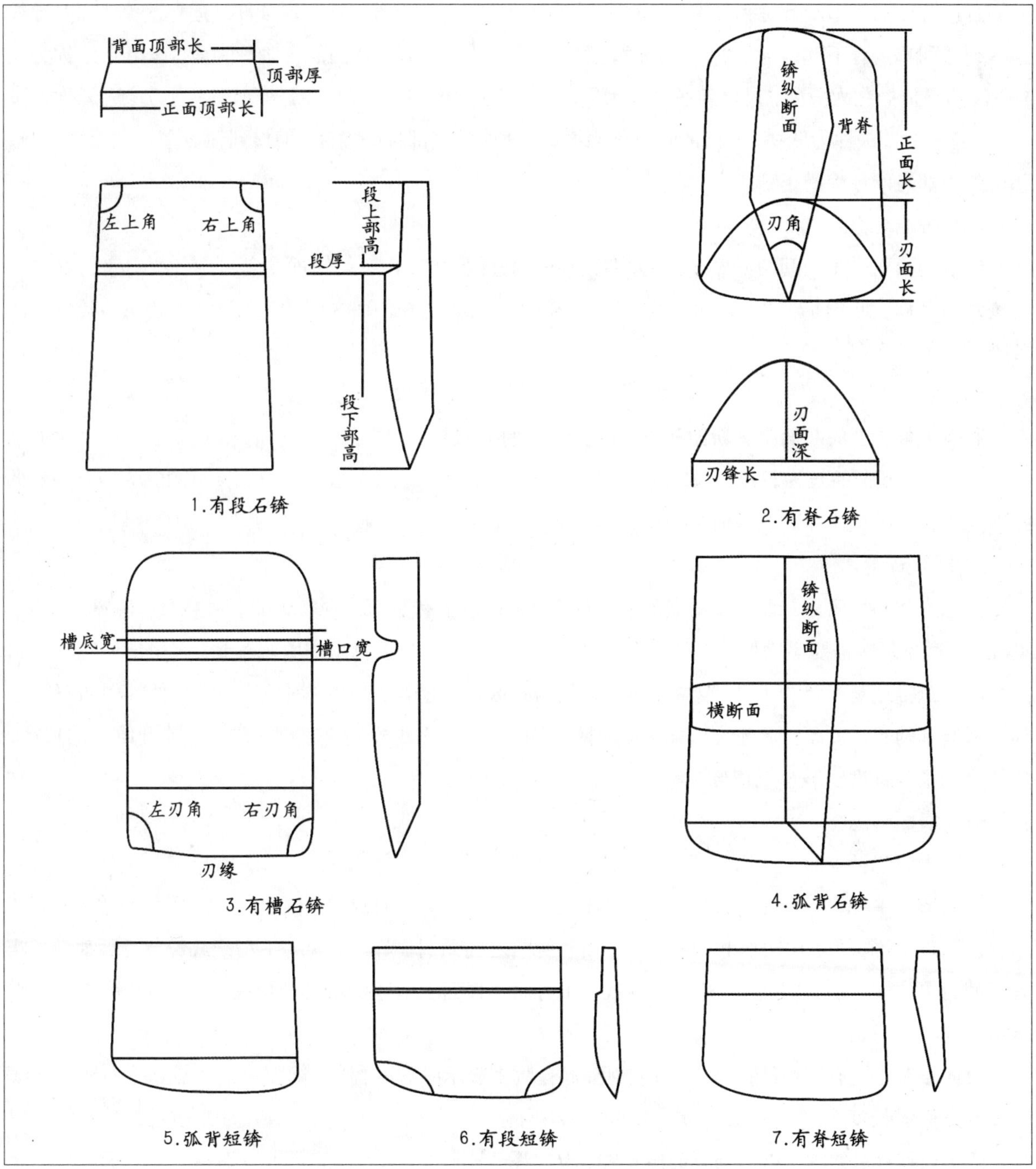

图一　石锛细部名称及石锛分类方案

石锛朝上的面称为背面，与其相对的面称为正面，左侧的面称为左侧面，右侧的面称为右侧面。朝上的面称为顶面。正面下方有一个边缘为刃口的面，称为刃面。背面下方与刃面相对的位置，称为刃部。需要注意的是，刃部与背面是一体的，它是我们为描述遗留在它三面的各类痕迹而人为设定的面。左侧面与顶面夹角称为左上角，右侧面与顶面夹角称为右上角。刃面与正面的界线称为刃背线，刃口所在位置称为刃缘。左侧面与刃面的夹角称为左刃角，右侧面与刃面的夹角称为右刃角。仰视石锛看到的切口称为刃锋。

石锛背面的弧形凸起称为弧背。背面中央凸起的棱线称为脊线，脊线到顶部之间称为脊上部，脊线到刃部之间称为脊下部。当脊线为弧线时，弧线最高处称为脊顶。背面的台阶称为段，段最高处称为段顶，段的最低处称为段底，段顶到段底称为段高，段底到顶部之间称为段上面，段顶到刃缘之间称为段下面。背面的凹缺称为凹槽，凹槽的开口称为槽口，凹槽的底部称为槽底，槽口到顶面之间称为槽上部，凹槽到刃部之间称为槽下部。

（2）棱线名称

棱线是不同平面之间的分界线，绝大多数棱线为直线。可以用从两个面的名称中各取一字的方法确定棱线的名称。如正面与顶面之间的棱线称为正顶棱，背面与左侧面之间的棱线称为背左棱，其余以此类推。

（3）断面

石锛上最重要的断面是纵断面和横断面。纵断面指通过纵向中轴线的断面，横断面指通过横向中轴线的断面。纵断面的长为石锛的长，横断面的长为石锛的宽，纵断面与横断面交叉点的厚为石锛厚。纵断面与正顶棱的交叉点和纵断面与刃缘的交叉点之间的连线称为背面线。

2.形态描述

形态描述指用照片、线图和文字记录在石锛平面、棱线和断面上观察到的各种特征。除精细研磨、抛光、细微条痕等需要借助低倍立体显微镜观察外，其余特征都可以用肉眼观察到。采用定量和定性相接合的方法描述观察到的结果。定量描述指用数据的形式记录各类可以测量和统计的项目，例如石锛整体或者局部的长宽高厚、痕迹的长宽深等项目。定性描述指采用模糊语言记录难以测量和统计的特征，比如研磨精致程度、形态规整与否等。

（1）表面形态

石锛表面包括顶面、正面、背面、左侧面、右侧面、刃面六个部分。

顶面形态主要有三种：A,棱角分明的四边形，研磨平整，有的做过抛光处理。B,圆角四边形，研磨平整。C,近似椭圆形，中央凸起，它与正背面和侧面之间无明显界线，研磨不精细或保留打琢痕迹。此外有的石锛顶面保留有旧疤痕，有的石锛遭受击打而在顶面上留下凹坑形使用痕迹，有的石锛边缘有因被击打掉石片后留下的缺口。

背面形态主要有四种：A,弧背，可以用隆起指数来表示隆起的程度，即弧凸最高点到背面线的法线长度与背面线长度之比（图二，1）。B,凸脊，当凸脊为弧线时，可以用凸脊指数来表示弧线凸起的程度，即脊顶到背面线的法线长与背面线长度之比（图二，2）。C,台阶，可用段高指数来表示台阶的相对高度，即段高与背面线长度之比（图二，3）。D,凹槽，可用槽宽指数来表示凹槽的相对大小，即槽口宽与背面线长度之比（图二，4）。

正面形态基本平坦，有的表面研磨平整光滑，有的表面虽然经过研磨但是仍有旧疤痕，还有的面只经过初步研磨，表面平整但不光滑。

左右侧面形态与背面和正面形态对应，也有四种：A，背面为弧背的石锛，其侧面近似四边形。B，背面有凸脊的石锛，其侧面近似五边形。C，背面有段的石锛，其侧面为六边形。D，背面有凹槽的石锛，其侧面近似八边形。

刃面形态主要有三种，A，矩形，这种石锛横断面为矩形。B，近似四边形，刃缘弧凸，可以用刃凸指数来表示，即刃缘突出最远点到刃缘两端连线上的法线距离与刃缘长度之比。这种石锛的横断面多为矩形。C，近似半圆形，这种石锛横断面多近似椭圆形。当石锛刃缘出现崩缺时，人们不是立即抛弃而是通过研磨刃缘获得新的刃缘，新的刃缘必定彻底破坏掉原始刃缘，这种更新过的刃缘的刃面实际上由残存的原始刃面、更新后的刃面共同构成。

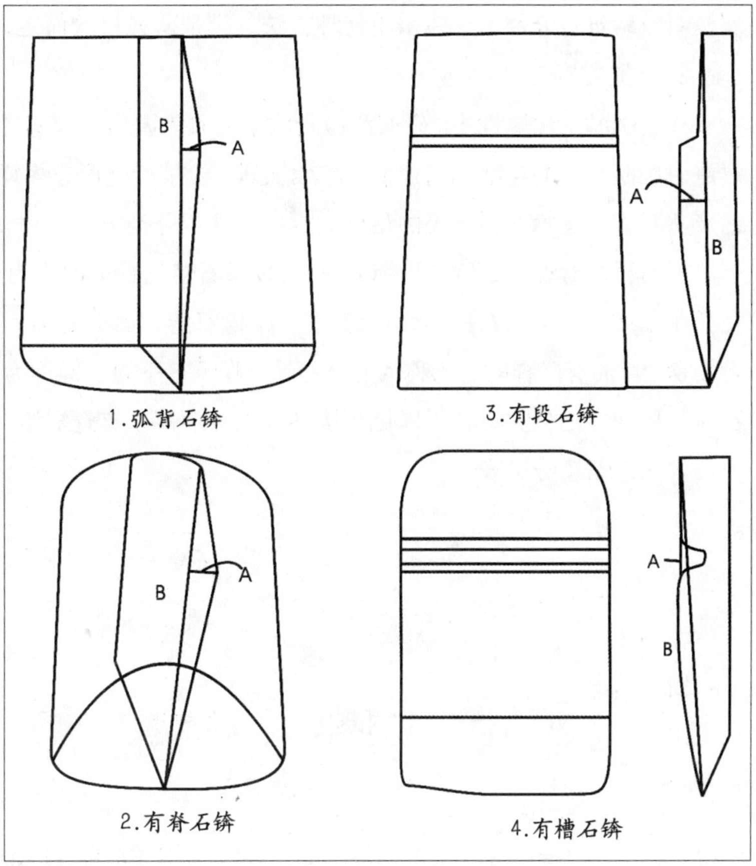

图二　石锛背面形态相关指标

（2）断面形态

断面分纵断面与横断面两种，纵断面与侧面形态基本相同。横断面形态有三种：A，矩形。B，圆角矩形。C，近似椭圆形。透过横断面可以认识石锛的宽度与厚度之间的关系。

二、石锛分类

石锛乃至所有石器的分类都存在三个难点，第一，石器素材均具有一定的脆性和硬度，没有可塑性。人们无法像制作陶瓷器那样随心所欲地制作石器。第二，除商品化生产的石器之外，人们为了自己使用而制作的石器形态不像陶器那样具有鲜明的考古学文化特点。第三，是人们可以通过打击、研磨的方法更新刃缘甚至更改石锛形态，使破损的石锛获得新生，有时还可能被改变使用方法。因此不能完全照搬陶器类型学方法对石器分类，这就需要结合考古学文化的特点设定合适的分类标准。

1.分类方法

石锛作为人工制品具有自然属性和文化属性。石锛的自然属性包括石料的岩性、脆性、硬度等要素。石锛的文化属性包括石锛的形状、大小、研磨、抛光、使用痕迹等要素。根据不同需要可以选用不同的属性对石锛进行分类，具体采用何种方法，应视研究目的而定。

2.分类方案

在石锛的文化属性中，研磨和抛光两个要素需要借助仪器才能量化，不宜把它们作分类标准。使用痕迹对判断石锛的功能和用途而言非常关键，但是痕迹形态多样而复杂，也不宜做分类标准。可以量化的形状和大小是给石锛分类的最好的标准，这个分类方法简单实用。

根据我们对现有石锛的形态分析，可以用石锛的长宽比作为分类标准，把长大于宽的石锛称为长锛，把长小于或等于宽的石锛称为短锛。然后，以石锛背面形态为标准，把长锛中背面为弧背的石锛称为弧背石锛，背面有凸脊的石锛称为有脊石锛，背面有段的石锛称为有段石锛，背面有凹槽的石锛称为有槽石锛。用同样的分类方法可以把短锛细分弧背短锛、有脊短锛、有段短锛（表一）。

表一：石锛分类表

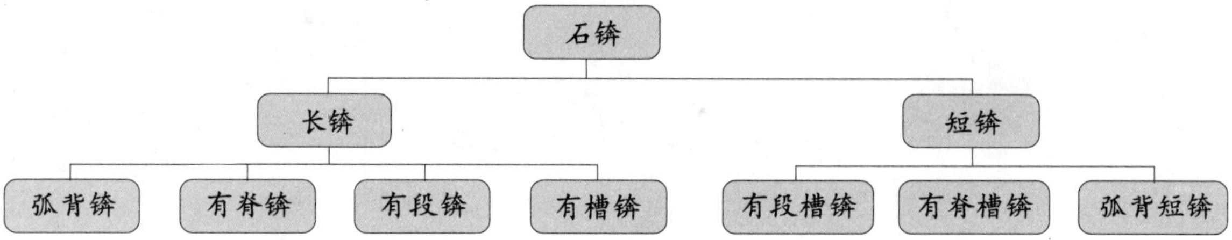

三、痕迹类型及其成因

从理论上说，痕迹可以用形态、成因和痕迹部位等做分类标准。但是就现有资料看，把痕迹形成原因作分类标准比较可行，这个方法简单实用，容易掌握。

从形成原因来看，痕迹可以分为三种：一种是制作过程中遗留的旧疤痕，称为制作痕迹；一种是使用过程中产生的损伤，称为使用痕迹；还有一种是发掘、整理过程中不慎造成的损坏，称为整理痕迹。前二者属于本文研究范围，整理痕迹不予讨论。

1.制作痕迹及其成因

制作痕迹从形成原因看，可以分为剥片、研磨和抛光三大类。

（1）剥片痕迹

打制石锛雏形时遗留的破裂阴面或者疤痕，称为旧疤痕。完工的石锛多经过研磨，旧疤痕上的打击泡、锥疤在石锛研磨时多被磨平，旧疤痕面积变小，放射线和同心圆模糊甚至消失。很多情况下，可以从旧疤痕形态判断打击点的大致方位。

（2）研磨痕迹

石锛雏形在用粗沙研磨后，其表面会留下肉眼清晰可见的条痕，根据条痕两端的深浅、粗细可以推断人们是如何研磨石锛的。用细沙研磨的石锛，其表面未必有肉眼可见的条痕，必须借助实体显微镜才能够看清楚这类条痕。研磨程度的好坏在一定程度上反映了石器工艺水平高低，还反映了人们根据石锛功能和用途的不同而采取不同的处理方法。

（3）抛光痕迹

抛光是用竹片、动物皮革、光滑的石块等摩擦研磨过的石锛，使其表面光滑而有光泽。有条件的话，可以用粗度仪对抛光作定量描述。石锛是否抛光，是我们判断石锛制作工艺和文化传统甚至石锛是否实用的重要依据。

上述三种痕迹的观察分析结果，能够为我们推断石锛制作技术及其特点提供基本资料。

2.使用痕迹及其成因

从使用痕迹的部位来看，可以分为刃面和刃部痕迹、柄部痕迹和顶部痕迹三大类。与使用痕迹密切相关的是石锛装柄方法，不同的装柄方法决定了石锛的使用方法，从而决定了石锛上产生的痕迹部位和痕迹类型。

（1）装柄方法

很久以来，一些专家认为石锛只有一种装柄方法，即取一段带杈树枝，把直径较粗部分削去一半作为平台，把石锛正面纵向紧贴在平台上然后用绳索捆绑结实，石锛刃缘与木柄纵轴线垂直。其实，石锛还有一种装柄方法，正像佐原真先生参照历史文献、民族志并结合出土木柄资料综合研究后所指出的那样，把石锛上部镶嵌在木柄端的孔洞中，使石锛刃缘与木柄纵轴线平行[10]。我们参照佐原真先生的做法，把用这种方法装柄的石锛称为纵锛，把用前一种方法装柄的石锛称为横锛。根据我们的观察，有一些形体很小的石锛未必装柄，很可能是拿在手上使用的。

（2）刃面、刃部痕迹

刃面、刃部痕迹是石锛的刃面和刃部在使用过程中产生的崩缺和条痕。当石锛被作为横锛由身后向身前砍劈时，刃缘常常出现豁口，这种破损痕迹称为崩缺痕迹（图三，1）。当用正面紧贴在木柄上的石锛砍劈时，石锛的刃部就像台面那样被作用对象的反作用力击打，导致刃面剥片而出现石片疤；当用背面紧贴在木柄上的石锛砍劈时，石锛的刃面像台面那样被作用对象的反作用力击打，导致刃部剥片而出现石片疤。当石锛作为横锛使用时，崩缺多见于刃缘中部。而当石锛作为纵锛使用时，石锛从左上方向右下方或者从右上方向左下方砍劈时，崩缺多集中在率先接触作用对象的刃角及其附近位置（图三，2）。

图三　石锛刃缘的崩缺痕迹

条痕是当石锛进入作用对象时在刃面、刃部上留下的摩擦痕迹。条痕分纵向、斜向和横向三种。纵向条痕是与刃缘基本垂

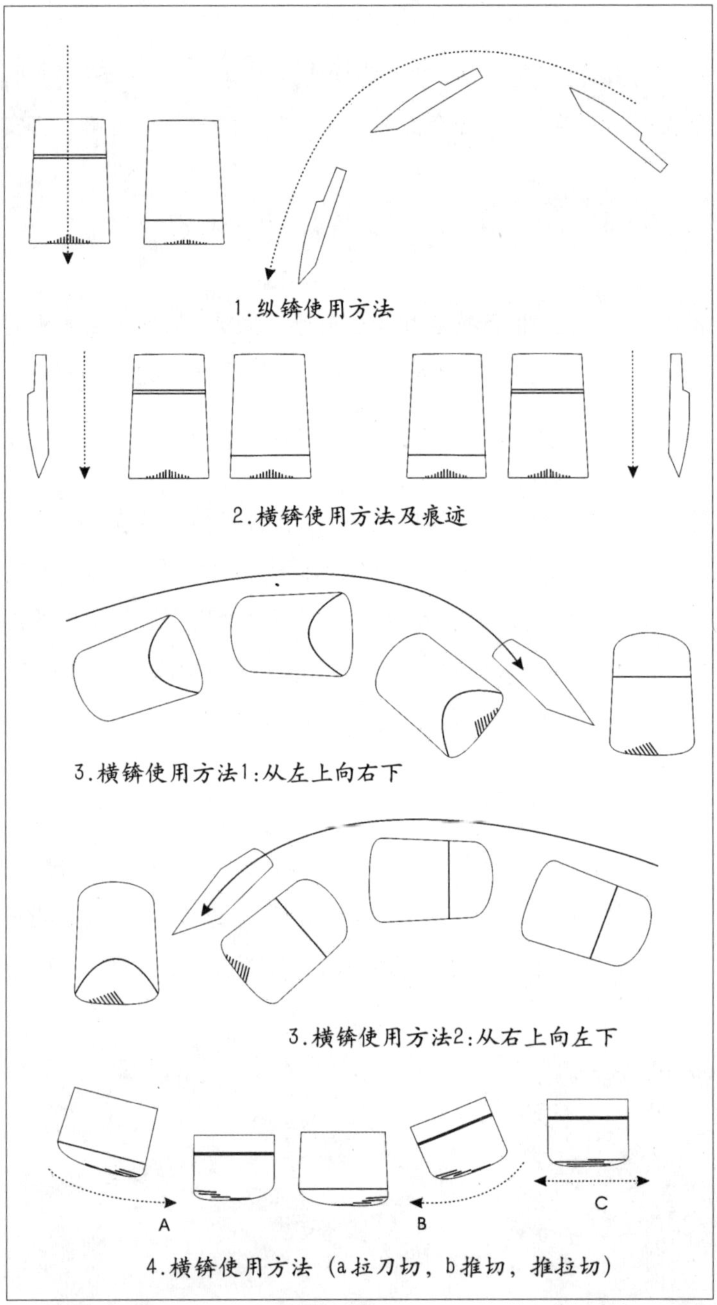

图四　石锛使用方法及痕迹解说图（1—3参照《斧的文化史》图54、55）

直的线条状痕迹，见于作为横斧的石锛刃面和刃部，率先接触作用对象的一面因为接触作用对象面积大导致条痕略长，另一面因为接触作用对象面积小导致条痕略短（图四，1）。有时这种痕迹还见于作为纵斧使用的石锛上，与此横锛上的痕迹不同的时，其痕迹两边的长度一致（图四，2）。

斜向条痕是与刃缘方向交叉的线条状痕迹，见于纵锛的石锛刃部和刃面，率先接触作用对象的一面因为接触作用对象面积大导致条痕略长，另一面因为接触作用对象面积小导致条痕略短（图四，3）。

横向条痕是与刃缘基本平行的线条状痕迹，是石锛像现代厨艺中推刀法或者推拉刀法那样前后运动时产生的痕迹（图四，4），见于作为纵锛使用的石锛。使用推刀或者推拉刀法会使刃角磨损多于刃缘中部，所以刃角因为磨损过多而起翘。这类石锛往往形体较小。

如果能够正确判断使用痕迹形态和位置有助于推断石锛使用方法。

（3）柄部痕迹

柄部痕迹是石锛上部如段上部、脊上部、槽上部等部位与木柄、捆绑的绳索等长期摩擦后遗留的带有光泽的凹痕。从理论上说，不同的装柄方法，会在石锛上遗留下不同的痕迹。当石锛上部被镶嵌在木柄孔中，在石锛使用时，与木柄孔前后壁面接触的石锛上部前后两侧因受到震动而与木柄孔壁摩擦，久而久之，石锛上部的两侧会出现类似抛光的凹痕。当石锛一面紧贴着木柄上，在石锛使用时，石锛的另一个面上会出现它与捆绑的绳索不断摩擦而产生的微微下凹的痕迹。

正确判断柄部痕迹有助于推断石锛装柄方法和使用方法。提请大家注意一个情况，当在石锛刃面、刃部发现石片疤和纵向条痕时，还要仔细观察柄部有无装柄痕迹、顶部有无击打痕迹，如果石锛上没有装柄痕迹而顶部又有击打痕迹，说明它很可能被当作石凿使用。

（4）顶部痕迹

顶部痕迹包括石锛顶部被击打而留下的凹坑和边沿破损而出现的缺口等。在与缺口相对应的平面上可以看到细小石片疤。当发现顶部痕迹时，要考虑该石锛可能被当作石凿或者石楔使用的情况。

四、余论

上面讨论了石锛形态和痕迹等相关的问题，下面就石锛修复和用途等作些讨论。

1.刃缘更新

刃缘更新是石锛刃缘破损或者变钝后通过研磨刃面而获得新刃缘的修理技法。刃缘更新表明人们已经懂得了用研磨的方法延长工具的使用寿命。一般来说，没有更新过的刃缘即使出现崩缺，其刃锋仍然是一条直线或者流畅的弧线。刃缘一旦作过更新，多数情况下刃锋会变成连接不自然的曲线。刃缘更新次数越多，刃锋越显得扭曲。刃缘是否更新，还可以通过观察纵断面上刃面形态来确认，这是因为更新刃缘必定破坏原始刃面，新刃面必定比原始面略低。新刃面是重新研磨出来的新的面，与原始刃面、石锛其他部位表面相比风化程度略轻。刃缘更新还会使石锛长度变短（图五，1），随着刃缘更新次数的增加，刃角会逐渐变大。通过刃锋、刃面和风化程度等项目的观察，大致可以判断刃缘是否更新过、更新过几次，还可以推算石锛最初的刃角大小、原始刃面最小深度和石锛最小长度。从理论上讲，有时人们会通过研磨扩大刃面范围，获得新的刃缘、较小的刃角，这是原始刃面可能会彻底消失（图五，2），这种情况可以称为刃面更新，一旦出现刃面更新，就无法判断此前石锛刃部更新的次数。

2.岩石鉴定

为了解石料来源和过去人类选用石料的标准，必须对石锛原料进行鉴定，鉴定项目有岩石类型、硬

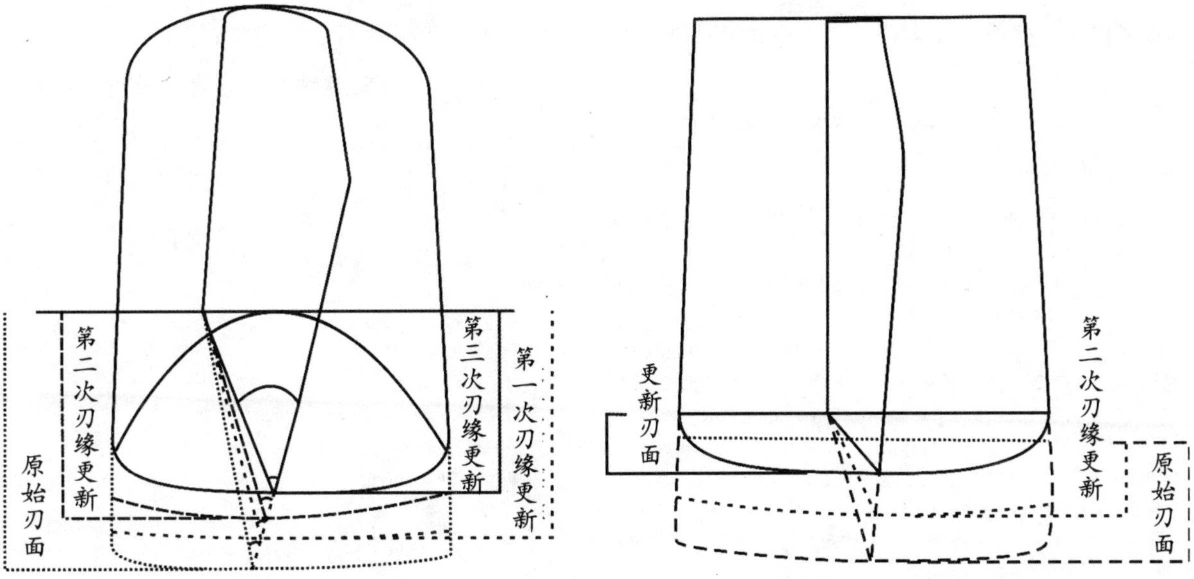

1.刃缘更新示意图　　2.刃而更新示意图

图五　刃缘和刃面更新示意图

度等。矿物学家多采用肉眼观察的方法确定石锛岩石类型，遇到不易确定时采取切片的方法确认石锛的岩石类型。有时为了准确判断石锛原料产地，还需要分析石锛的微量和痕量矿物元素，然后把分析结果与遗址附近有可能作为石锛素材的岩石或者与地质图对照，来推测石锛原料来源。石锛的硬度是考古学者关心的项目，它涉及石锛的作用对象，目前多采用摩氏硬度表示石锛硬度，遇到由多种硬度不一致的矿物组成的岩石时，建议用最高硬度表示石锛硬度。

3.石锛用途

石锛的具体用途是很重要的课题。参考国内外研究成果，我们认为把石锛上遗留的使用痕迹与同一遗址出土的其他遗物比如骨、木等制品上的痕迹进行比较分析是探讨石锛用途的有效途径。比如，日本学者在弥生时代木桩和木器半成品上发现石锛加工的痕迹[11]，验证了以往所认为的石锛是木器加工和伐木工具的看法[12]。又例如，江苏省龙虬庄新石器时代遗址出土的猪头盖骨上有一个一边平直、一个边为齿形的孔洞，这个孔洞与石锛砍劈后遗留的痕迹相同，可以推测这个孔洞石锛砍劈后留下的，说明石锛还被用于猎杀猪[13]。江苏省的一个新石器时代骨料上有单面刃砍斫痕迹，经过与共存的石锛比较，可以推测不少单面刃砍斫痕迹是石锛砍斫的痕迹，说明石锛还是加工骨器的工具。这些事例说明，石锛用途比过去所知道的要广泛得多。今后需要加倍认真观察遗址出土的其他遗物上的各种痕迹，为探讨石锛用途提供线索。

另外，有些遗址或者墓葬出土的石锛制作精致、没有使用痕迹，对照民族志可以推测它们不是实用器，可能被作为财富、武力的象征、聘礼、祭祀道具等[14]。

4.社会意义

石锛作为一种重要磨制石器，它的问世表明人类需要提高劳动效率、扩大产品制作必需的新型工具，随着社会的发展石锛在一些地区某些历史时期被作为具有一定象征意义的非实用器。

（说明：本文曾发表于2007年6月出版的《东亚人文学刊》（韩国）第十一辑，遗憾的是漏印附图。今将文稿略作修改，加上附图，意在抛砖引玉，希望有更多的学者关注石锛等磨制石器的研究。）

黄建秋（南京大学历史系）

1.佐原真把这类石器称为たておの（纵斧），详见佐原真，《斧の文化史》，东京大学出版会，1994年。
2.林惠祥《福建长汀河田新石器时代遗址的调查》，《考古学报》1957年第1期。
3.饶惠元《关于有段石锛的分型》，《考古通讯》1957年第4期。
4.林惠祥《中国东南地区新石器文化特征之一：有段石锛》，《考古学报》1958年第3期。
5.杨鸿勋《石斧石楔辨——兼及石锛与石扁铲》，《考古与文物》1982年第1期。
6.傅宪国《论有段石锛和有肩石器》，《考古学报》1988年第1期。
7.佐原真《斧の文化史》，东京大学出版会，1994年。
8.全荣来《弥生·稻作文化の源流》、西谷正编《古代朝鲜と日本》，名著出版，1990年。
9.孙晙镐《博士论文韩半岛青铜器时代磨制石器研究》，高丽大学校大学院，2006年8月。
10.佐原真《斧の文化史》，东京大学出版会，6～9页，1994年。
11.宫原晋一，《石斧、铁斧のどちらで加工したか一弥生时代の木制品に残る加工痕について一》，《弥生时代代の研究》10，东京雄山阁，1988年。
12.佐原真把这类石器称为たておの（纵斧），详见佐原真，《斧の文化史》，东京大学出版会，1994年。
13.张敏等《龙虬庄——江淮东部新石器时代遗址发掘报告》，科学出版社，1999年。
14.佐原真《斧の文化史》，东京大学出版会，16～22页，1994年。

农具与文明

——石斧、石钺、玉钺的演变关系探究

一

恩格斯指出，“人类社会区别于猿群的特征又是什么呢？是劳动。……劳动是从制造工具开始的”[1]。

人类社会为了生存和发展，必须不断制造和供给生活资料。在人类社会的早期阶段，生活资料的来源主要是依赖于自然界，随着社会的不断发展进步，通过劳动而制造的生活资料份额逐渐加大，而且这一加大的趋势日益增强，并使人类逐渐摆脱了自然界的束缚。这一过程中起关键作用的是人类的劳动，人类劳动在改造自然界的同时也促进人类自身体质的进化，而劳动的实施中离不开劳动工具。人类社会最初使用的工具往往是些便于获取、制作简单的树枝、木棍或石块。由于受到客观保存条件的制约，我们现今所见的大多是些石质工具。

人类在生产活动中使用的各类生产工具，最初是不受质料、形制的限制，主要在于实用，故实用性占有重要地位。就考古发现的早期工具观察，该类工具的加工部位集中在刃部和柄把部，随着生产的发展及加工技术的成熟，工具制作在注重实用的同时开始逐渐注意形式美，使实用与美观相统一。如旧石器时代多打制工具，而新石器时代工具则多采用磨制技术，使石器不但实用而且也很美观；经过长期的生产实践，一些类型的工具已经基本定型化，形成一套相对固定的制作技术方法，并在实践中逐步完善和推广。

劳动工具的定型化与广泛使用存在十分密切的关系。在生产活动过程中所有的工具都发挥着不同的作用，有些工具起主导或重要作用，有些则起辅助性作用，这样工具从它的开始产生时就存在分化条件。一些具有特殊性的工具逐渐从中分化出来，以致形成区别于其他类工具的特殊性质，或者当时人们赋予它一些特殊的功能，有些甚至具备工具本身以外的特殊用途，这就形成工具的最初分化。

工具的分化与人类社会、文化、经济等的发展相适应。当人类社会发展至一定阶段时，人们自然地需要有一种力量来统一或规范日常行为，为了达到这一目的，其中之一的可能往往就是选择一些为大多数人所熟悉，并同时广为使用的劳动工具，这就为在工具中分化出一些特殊的门类提供了广泛的社会基础。马克思主义认为，生产工具是生产力发展的客观尺度，生产力的发展首先是生产工具的发展。因此，对生产工具的分析研究在研究人类历史中具有十分重要的意义。早期文明的起源或产生都可以通过对生产工具的研究得到合理阐述，在目前探讨中国古代文明起源问题时，以农业生产工具的分化为切入点，将有十分重要的意义。

二

经过数十年的考古工作和研究得知：中国农具的分化约产生于新石器时代晚期，这时的经济、文化已发展到一定高度和水平。这里所讲的“分化”是指从实用性工具中分化出一些脱离其原有功能、而具有礼仪性质的器物，这些器物虽然是工具的造型，但已脱离了工具的基本功能或基本用途。新石器时代的工具也从另一个侧面反映当时的经济、文化发展水平，该时期也正是探讨文明起源的关键时期。

作为农具的分化必须有内在的原因和外在条件。其内在原因是，分化的工具必须在现实生活中占有极重要的地位，是生产中的主要工具类型并广为人们所使用和接受，使用者在当时的生产中应具有主导地位。在新石器时代晚期，经济以农业经济为主，人们的生活依赖于原始农业，考古资料证明农业的发达程度与原始文化的发展水平存在十分密切关系，农业生产工具在早期的人们生活中始终占据主导地位，而农具的使用者多为男性，我们根据新石器时代晚期墓葬中随葬品的组合状况可以清楚地发现这一特点；由于农具在生产活动中的特殊性和地位，从技术层面考察，长期以来农具的制作和加工技艺也较为完善，能够制作出形制规整、工艺精良的器具，从某种意义上讲，该类（件）工具已有一定的美感信息存在。作为工具分化的外部条件，是当时经济、文化发展已达到一定的水平，生活资料也很丰富，已有产生剩余产品的可能，更有少量可以脱离生产劳动的人员存在，开始出现小规模的中心组织等等。为了统一人们的意旨并规范人们的社会活动，似乎此时不得不产生一种大家认可的“标志物”来承担这一重任，而能担此重任的只有广为人们所熟悉且被接受、使用的某种定型化的劳动工具，这就是促使劳动工具首先分化的外在客观条件。考古学研究表明，新石器时代最为广泛的农业生产工具便是石斧，其造型一致、制作技术完善，全国各地的遗址中都有发现便是其最好的说明。1978年河南临汝阎村出土了一件“鹳鱼石斧图”陶缸（图一、二），缸体外壁绘有一幅37 × 44平方厘米的彩画。画面左侧绘一只傲立的白鹳，以它的长喙衔着一条垂死的大鱼，画面右侧绘一件树立的圆弧刃穿孔石斧，斧柄上有缠杂的织物或细绳以便握持[2]。有人考证此彩绘陶缸可能是一个部落联盟中心部落酋长的葬具，画中的石斧是其权力的标志物，至于画中的鹳和鱼，则应是两个氏族的图腾[3]。就此现象说明最先是从实用的生产工具——石斧中分化出石钺，继而发展成玉钺，到商周时期则演变为青铜钺，其礼仪、权力性质逐渐明朗。钺是拥有者权力、地位、身份的象征，起着规范、统一人们意识的作用，是文明起源阶段最早出现的礼器门类，随着历史的进一步发展，其后礼器的种类日益丰富、庞杂化。

图一　河南临汝阎村出土陶缸

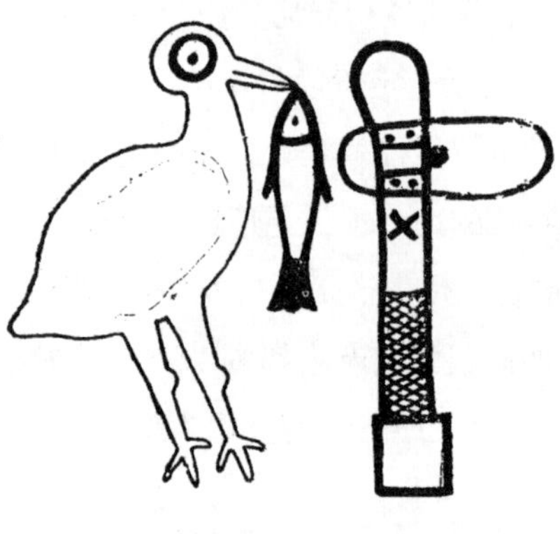

图二　鹳鱼石斧图

新石器时代石制生产工具中的石斧（也有称之为石铲），具有使用广、制作精、形制简单而稳定的特点。基本形制是扁平长方形，双面刃呈直、弧线形，通体磨光。出土时在斧头顶部常见到凹槽、横脊、段、肩、孔这些特征，全都是为了安装把柄而设置的，有些石斧尚留有明显的因捆柄固定而磨损的痕迹。石器装柄是一项重要的技术创造，但人类取得这项创造并不简单。前苏联社会学家普列汉诺夫指出“石斧最初是没有斧柄的。史前考古学很确凿地证明，斧柄对原始人类来说是一个相当复杂而又困难的发明”[4]。其中一部分石斧有从厚向薄变化的趋势，就其实用功能分析，平薄的斧身不便使用且牢固度也大大降低，唯一的解释就是非实用性和礼器化，这类扁薄体石斧往往制作精致、刃口多无使用痕迹也说明这一点。

早期考古学对斧柄的考察较为欠缺，更多的是关注石斧本身。在有些墓的随葬品出土时，位于石斧附近同一平面往往发现“骨雕筒”[5]、“骨套”[6]、“玉柄饰”[7]、“玉格饰”[8]等等，这往往是根据出土器物本身形状、质料而命名的，其实它们仅仅是斧（钺）的一部分，联系两者的木柄部分因朽烂而不易被发现。考古发的现带柄石斧为认识这一问题提供了科学依据。1974年江苏吴县澄湖一口良渚文化土井中出土了一件带木柄石斧（图三），形制结构保存较为完整，应是一件实用器物，木柄长74厘米，是用直径约8厘米的树枝修砍而成，柄一端有贯通的扁圆形卯眼便于安装石斧[9]。1979年在江苏海安青墩遗址中文化层出土了一件有柄穿孔陶斧（图四），长18.2厘米，泥质红陶，由柄和穿孔斧两部分组成，柄的前端翘起似为斧饰，后端呈半球形似为端饰，应是按实物仿制的模型，只是形体较小[10]。这两件带柄斧的发现为认识石斧整体结构及其装柄方法提供了可靠的实物证据。1986年发掘的反山、1987年发掘的瑶山良渚文化墓葬中发现并复原了最早的完整玉钺（图五、六），玉钺由钺身、冠状饰、端饰及木柄等部分组成[11]。此后有同志对玉钺的特征、结构、用途等作了进一步的研究，明确了钺在良渚文化中的特殊

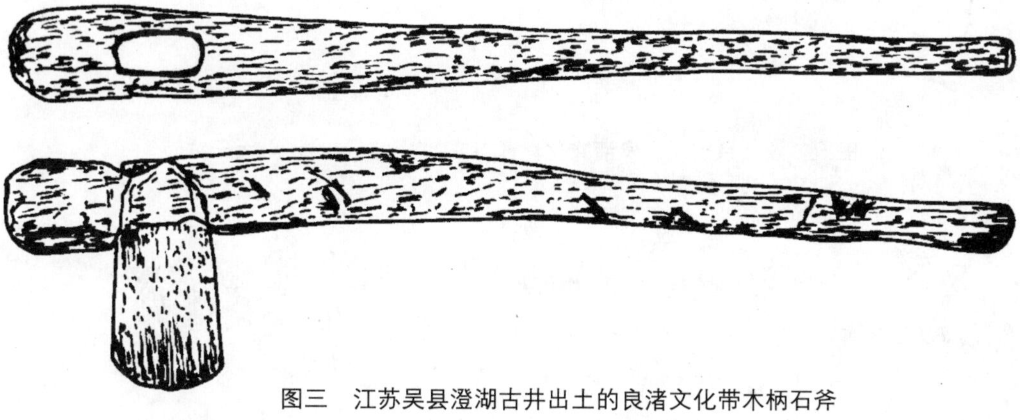

图三　江苏吴县澄湖古井出土的良渚文化带木柄石斧

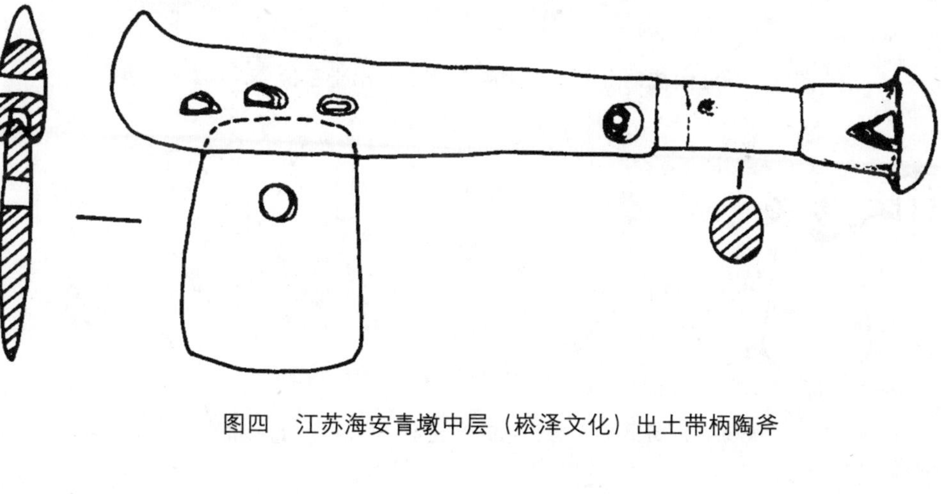

图四　江苏海安青墩中层（崧泽文化）出土带柄陶斧

地位[12]。

反山共计发现玉钺5组，一墓出1件，均出于墓主一侧，大致认定钺的柄端握于死者左手，钺身在左肩，通长约70—80厘米。出土玉钺的都是大型墓葬，随葬品丰富，以琮、璧、钺等玉制礼仪用器最具特色，象征的墓主人拥有神权、财富和军事统率权，足以说明墓主是一批部族显贵。其中M12出土的玉钺最为精致（图五），通体呈“风”字形，器身扁薄、精磨抛光，双面弧刃且刃口完好，双面均有一浅浮雕“神徽”和“神鸟”，彰显其与众不同、神秘莫测的特性[13]。

瑶山共有玉钺6件，出土于6座墓中，每墓仅出一件，也是大型墓，形制特点与反山玉钺相同，从M7中出土的玉钺复原观察，钺通长80厘米[14]（图六）。

寺墩M3出土可复原完整玉钺1套，位于墓主上半身左侧，由钺身、冠饰、端饰及木柄等部分组成，通长68厘米（图七），钺身为狭长梯形，弧形顶，侧边平直，双面弧刃，近顶部有一穿孔，通体精磨抛光，长19.5、宽13、厚0.6厘米。M3墓主是一20岁左右的青年男性，出土随葬品124件，以玉琮、璧、钺等最具特色，另很有少量的石质生产工具和陶器[15]。

福泉山共出土玉钺14件，出于7座墓中，其中1件3座、2件2座、3件1座、4件1座；钺位于墓

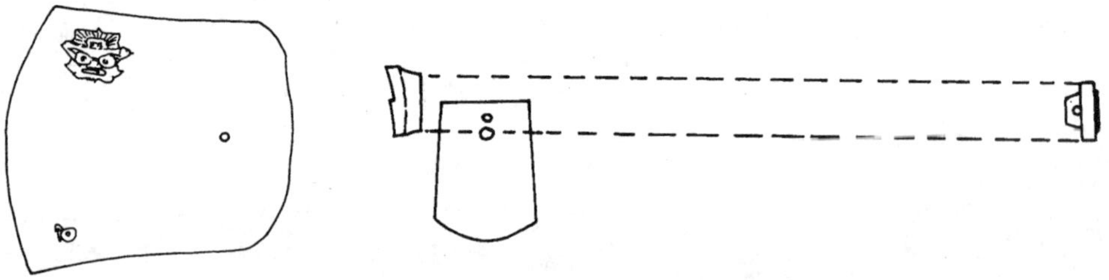

图五　浙江余杭反山良渚文化墓葬（左M12　右M14）出土玉钺

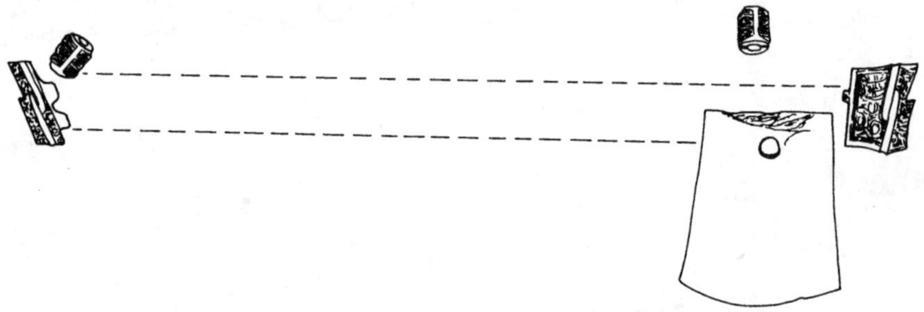

图六　浙江余杭瑶山良渚文化墓葬（M7）出土玉钺

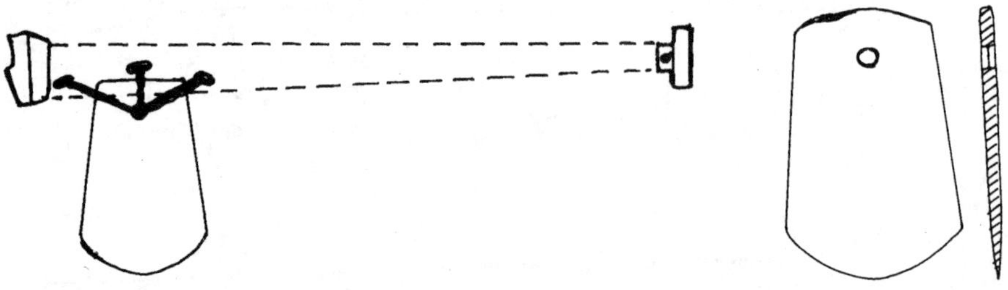

图七　江苏武进寺墩良渚文化墓葬（M3）出土玉钺

主右侧，各墓的随葬品较为丰富。其中具备钺身、冠饰、端饰的有3套。钺身呈扁薄长方梯形，双面弧刃，刃口完好，近顶中部有穿孔便于装柄固定，通体精磨抛光。M65为复原的一套玉钺，通长75厘米，钺身长15.9、厚0.5厘米[16]（图八）。

大汶口出土玉钺（原报告称为玉铲）2套，分出两座墓葬中，有钺和骨雕筒组成，木柄残缺，通长约60厘米。钺身为扁平长方形，三面刃，刃口完好，通体精磨抛光，近顶中部有一穿孔便于装柄，厚0.7厘米。骨雕筒即为柄端饰，利用动物骨骼制成，外表磨光并雕刻有花纹[17]（图九、十）。1974、1978年再次发掘的大汶口遗址墓葬中出土了两件石钺，但未见端饰。钺位于墓主左胸，钺身呈梯形，双面弧刃外鼓、侧边外张，近顶中部有穿孔，高14.8、宽10、厚1.7厘米[18]（图九）。

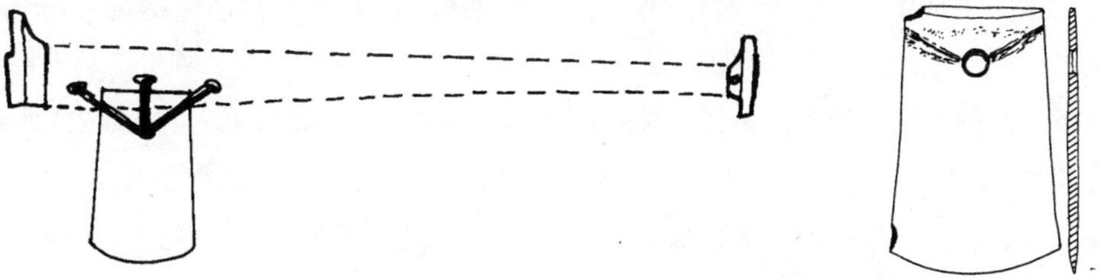

图八　上海青浦福泉山良渚文化墓葬（M65）出土玉钺

骨镦（M25）

石钺（M117）

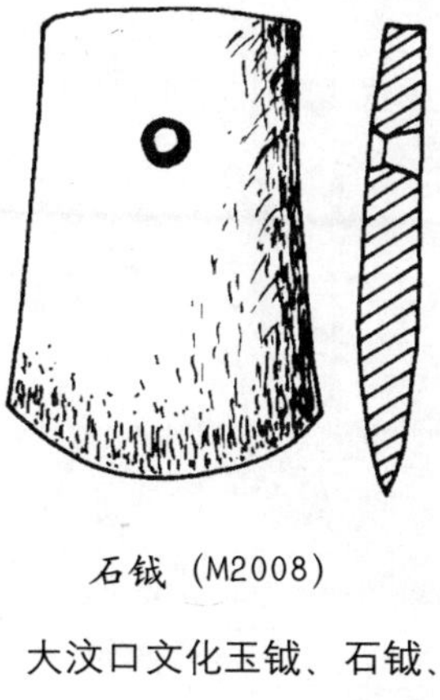

石钺（M2008）

图九　大汶口文化玉钺、石钺、骨镦

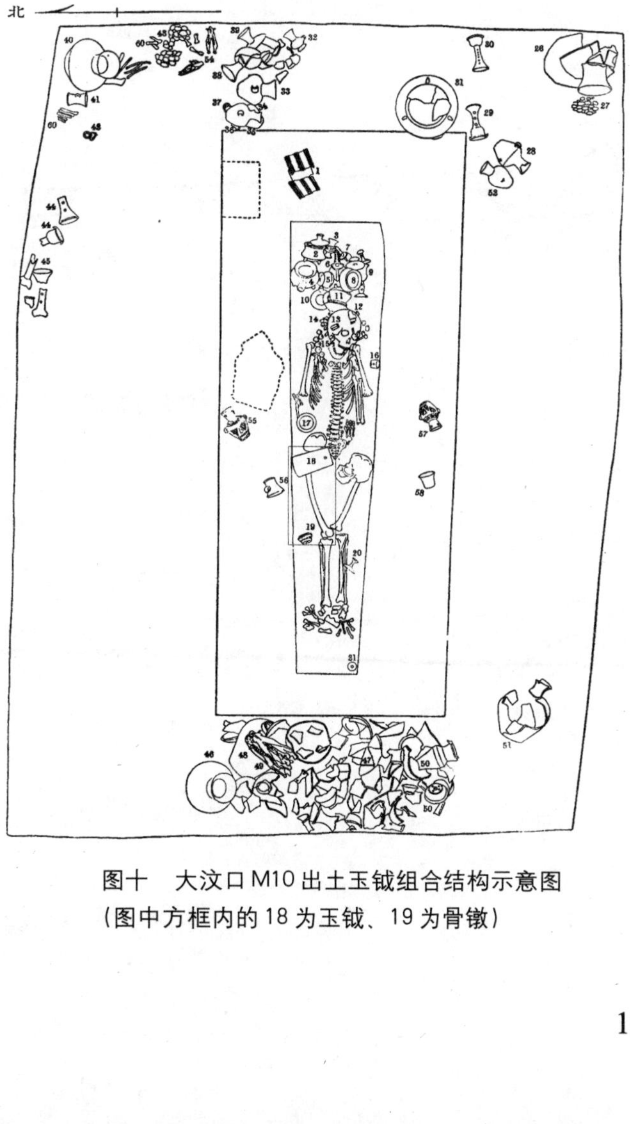

图十　大汶口M10出土玉钺组合结构示意图
（图中方框内的18为玉钺、19为骨镦）

湖北黄梅陆墩出土并复原石钺2套，出于两座二次葬墓，一为中年男性，一性别不明，每座墓的随葬品有十余件。其中石钺由钺身和骨端饰组成，没有发现钺冠状饰，钺身高17.9、宽13.6、厚0.9厘米，复原的全长约66厘米[19]（图十一）。

阎村彩画石斧图、澄湖古井带柄石斧、青墩带柄陶斧的出土首次解决了石斧的结构和装柄问题，良渚文化玉钺的整体出土与复原进一步明确了钺的一般结构，为探讨玉钺的功能提供了依据。随着玉钺的大量发现及研究的深入，玉钺的渊源问题引起关注，就外形分析观察钺是起源于石斧，从石斧逐渐演化而来，但一直缺少这方面的实物资料，往往是就石斧头造型特点分析论述。1993 – 1998年在江苏金坛三星村遗址出土了两套结构复杂、造型基本相同的石钺，第一次明确、可靠地证实玉钺应源于石钺[20]。金坛石钺分别出于两座墓葬中（M38、M531），需要说明的是在该遗址发掘的千余座墓葬中，出土如此精美石钺的墓并不是规模最大、随葬品最多的墓葬，似说明有其特殊的意义。M38是一中年男性，单人仰身直肢一次葬，随葬品有石钺1套3件、陶尊1、陶罐1、陶鼎1、砺石1、骨器2、鱼骨等。其中石钺位于墓主左下腹，由石钺身、骨质帽饰、牙质镦及木质柄（残缺）组成，钺身平放在上部，刃口朝外，墓主手握柄部中段，镦在下部，全长53厘米（图十二）。M531是一青年男性，单人仰身直肢一次葬，随葬品有石钺1套3件、陶鼎1、玉玦1套2件。石钺的组合结构和出土位置与M38相同，全长45厘米（图十三）。钺身呈环刃舌形，顶部弧平，中上部有双面钻孔眼，通体磨光，刃口多完好未见使用痕迹。M38钺身稍显粗糙，高12.4、宽9.4、厚1.9厘米；钺帽饰保存完整，侧面观呈鳄鱼首形，体扁薄，前部低矮，

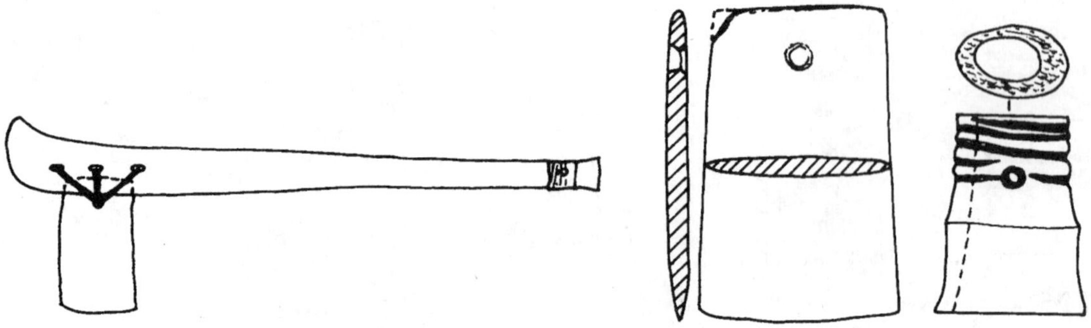

复原石钺（M19）及石钺和骨镦

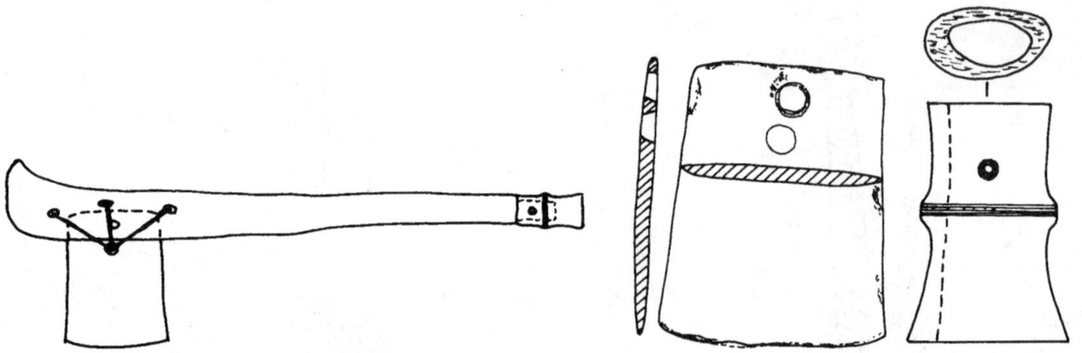

复原石钺（M3）及石钺和骨镦

图十一　湖北黄梅陆墩出土的两件石钺

后部呈弧状凸起，后部偏上有一圆形大孔，器形前后端斜直，底边平直，在底边中部等距离分布四个半月形穿孔，器体两面纹饰对称分布，分前后两部分组成，前半部斜向分布三组圆圈纹，每组由三小排构成，排列规整，后半部有弧形凹纹，长10.5、高5、厚0.75厘米；象牙质镦（柄端饰），雕刻线条流畅、制作精良别致，通体呈鼓状，上下端平整，侧面外鼓，纹饰分四组，前后左右对称分布，前后是巨目枭首正面纹，左右为喙部外凸的立体鸟首纹，尤以眼部传神逼真，上端中部有一圆形凹坑便于容纳木柄并有一小圆形销孔贯通前后，器表磨光，高3、宽5.2厘米（图十二）。M531结构与M38出土的套装石钺完全一致，帽饰、镦的纹饰稍简单，钺身为扁薄环刃舌形，器表精磨并抛光，高14.8、宽12.7、厚1.25

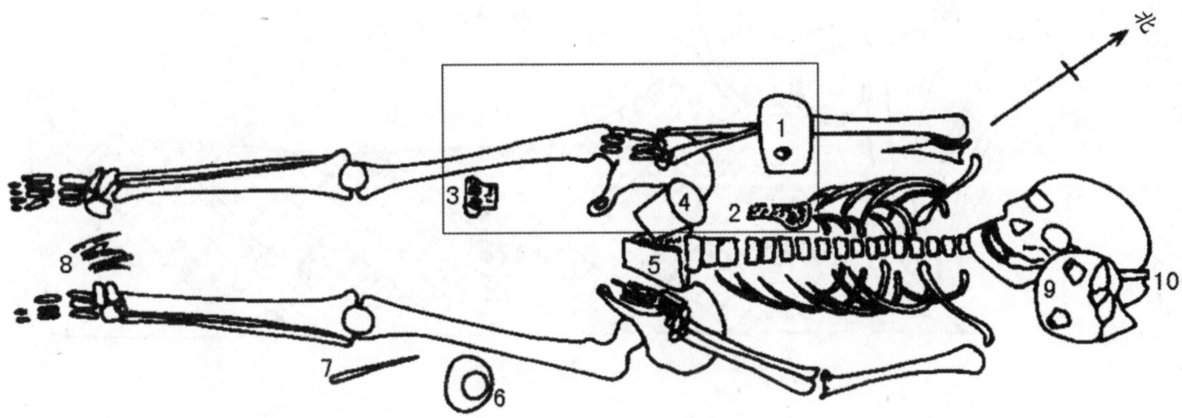

金坛三星村M38平面图（图中框内1、2、3为石钺组件）

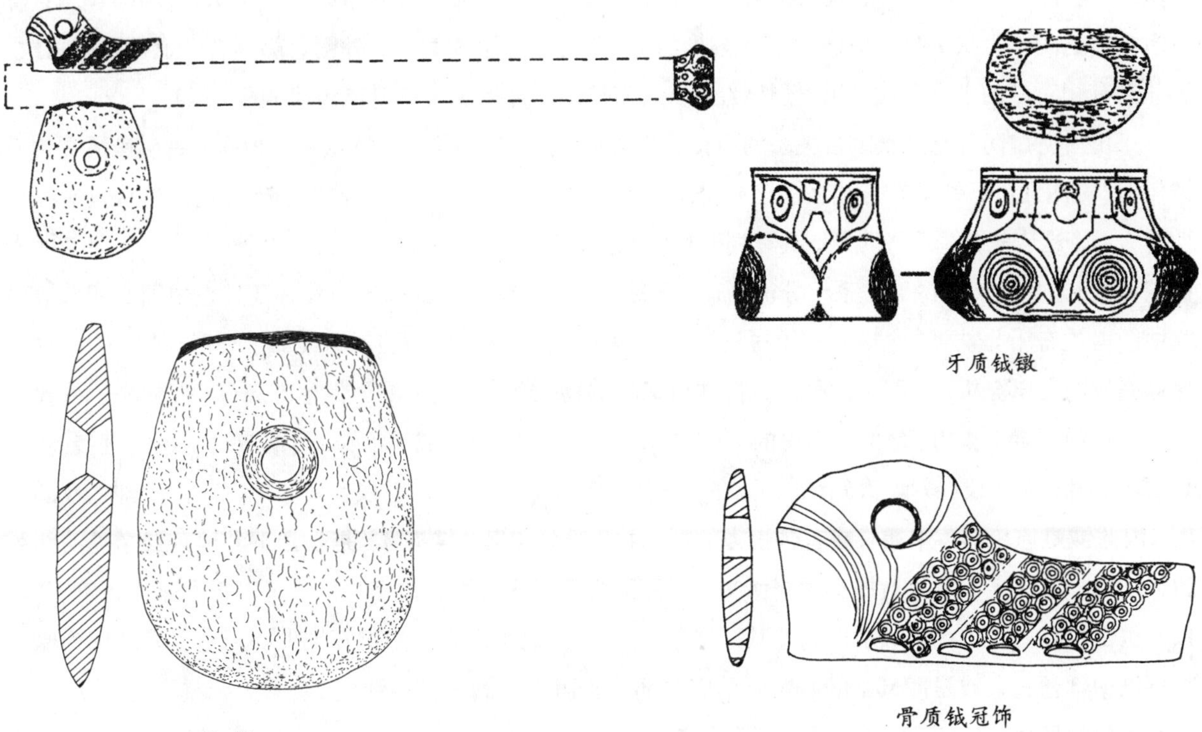

石钺

牙质钺镦

骨质钺冠饰

图十二　金坛三星村（M38）出土石钺

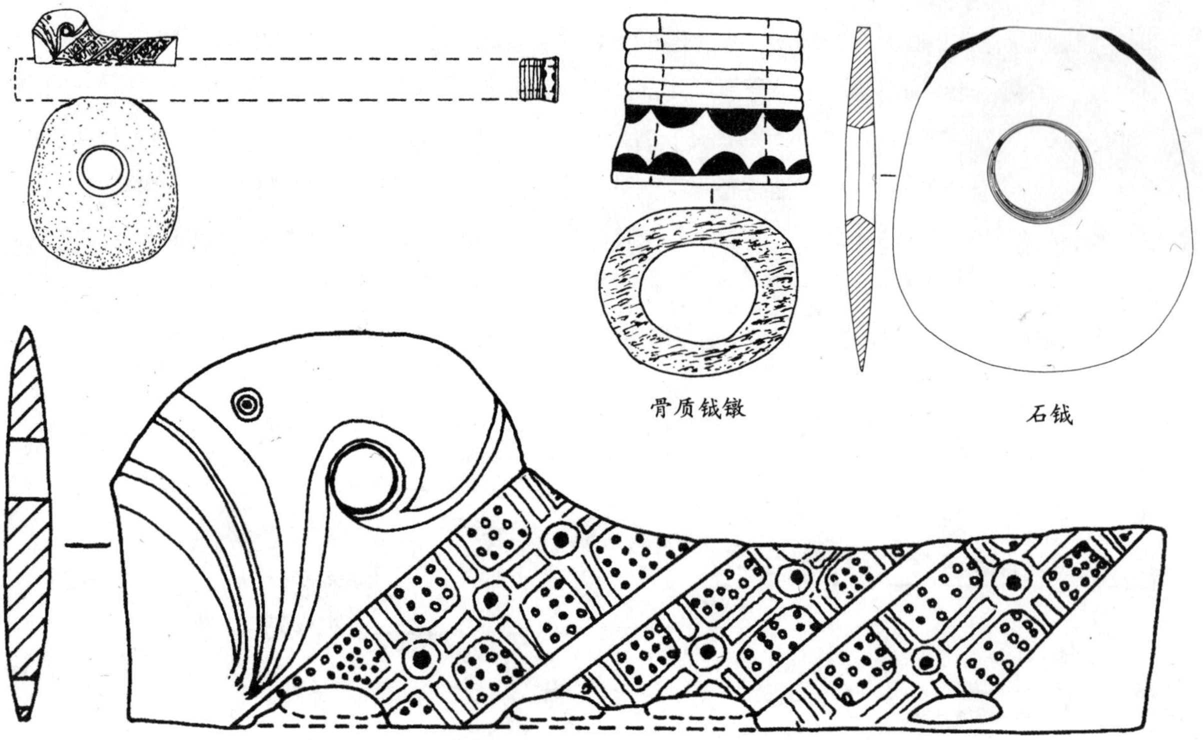

图十三　金坛三星村（M531）出土石钺

厘米；骨质钺帽饰的形状特点及纹饰与M38钺帽饰基本一致，长12.3、高4.6、厚0.5—0.4厘米；骨质镦呈贯通的圆管状，两端平整，骨壁较厚，内外壁均经加工并磨光，外壁上部刻有六道等距凹槽纹，下部刻有相对应的半月形纹一组，通体经抛光，高3.3、直径3.5–3.9厘米[21]（图十三）。

三星村所出两套有完整组合关系的石钺，其结构复杂、造型优美、特点完全相同，更与良渚文化玉钺相似，说明此种石钺早在玉钺之前已成定制，从生产工具类的穿孔石斧首先明确分化出这种具有礼仪性的石钺，这应是一个质的飞跃，具有划时代的意义，其后发展到良渚文化时期的玉钺、商周时期的青铜钺，这一前后递变的渊源关系十分清晰，对于我们进一步认识钺的起源与发展及其在中国文明起源研究中的地位有十分重要的意义；三星村石钺的结构复杂，帽饰、镦饰雕刻的纹饰十分形象生动，再据其保存完好的刃部分析，无疑是一种具有特殊用途的器物，绝非一般的实用性生产工具，而应是一件代表墓主人生前所拥有权力、地位及身份的标志物，是一件礼器。斧是钺的前身，石钺应是玉钺的直接前身。《说文》中解释，“戉(钺)，大斧也”。钺在中国古代是王权的象征，王权有来源军事酋长统帅之权的一面，因此钺是原始部落中酋长或首领权力的标志物。鳄鱼和枭（猫头鹰）是长江下游地区最常见的两种凶猛动物，郭沫若先生早就提出铜器铭文中“图形文字乃古代国族之名号”，“凡图形文字之作鸟、兽、虫、鱼之形者必系古代民族之图腾或其孑遗”[22]。据此我们可以将三星村石钺上的鳄鱼、枭理解为原始部落群中部落神，或是两部落的联盟而结成的部落联盟之神器——石钺[23]。

三星村所出土的两套可靠的石钺，我们进一步对钺身观察分析发现：一件稍显粗糙而且质料一般，一件精美质料上乘。如没有其他配件与其伴出，很难将粗糙的那件定为钺，但它又确实是石钺。针对这种现象，我们可以推论在新石器时代的石斧中一定混入了石钺，只是我们在工作时没有注意或发现而已。石斧就是石斧，只有在一定的关系下，它才成为石钺；石斧是劳动的工具，只有在一定条件下，它才成为具有礼器性质的石钺。这种关系、条件必须通过考古学的研究和分析来认识，这种关系是就人们在生产中发生的相互关系，这种条件就是生产力发展的状况与水平。因此对新石器时代石制工具的深入分析研究很有必要，可以探明农业工具所包含的一些深层次的信息。

三

人类社会的发展必须有一定的基础，人类首先要解决生活资料的生产，早期阶段尤为重要，可以说此时的一切活动都将围绕生产展开，而在所有的生产活动中又以农业生产的地位最为重要，发达、稳定的原始农业可以为人们提供可靠的生活来源，农业的水平还决定着社会群体的规模，不难想象在生活没有基本保证的情况下社会是不可能向前发展的。原始农业的发展除受环境、气候等自然因素制约外，劳动工具的发展水平在这一过程中起有十分重要的作用。新石器时代遗址的考古发现一再向我们展示出这样的信息：文化发展水平与农业生产工具存有十分密切的关系，从早向晚期发展这一现象日趋明显，在早期墓葬中随葬品的组合上可以看出，除生活用具（陶器）外，常伴有生产工具（农业、手工业）出土，到新石器时代晚期阶段，随葬劳动工具的情况尤其显著，并分化出礼器性质的农具。说明原始农业在人们生活中的地位非同一般。例如：1993年4月中旬，浙江省余杭县文管会在横山清理的两座良渚文化墓葬（M1、M2）中都发现了大量的石钺和少量玉钺（图十四 ）。一号墓，残；出土石钺23件、玉钺1件及玉琮、玉璧、小型玉饰等共107件。二号墓，保存完整；出土陶器1件、石钺132件、玉钺1件及小型玉饰等共284件。两墓都有很多的石钺出土，是迄今为止良渚文化墓葬中出土石钺最多的，“这些石钺在制作上均未开刃，亦略显粗糙，显非实用器”[24]，无疑是具有礼器性质的器物。

中国是一个历史悠久的文明古国，探讨中国古代文明的起源问题不仅仅是考古、历史学界的研究课题，更是一庞大的系统工程。我们从农业工具的“分化”角度来探讨文明起源是一新的尝试，希望通过

图十四　浙江横山良渚文化墓葬（M2）出土石钺示意图
（出土大小器物共284件，其中有石钺132件、玉钺1件）

分析发现一些起源的新线索、新信息。纵观中国早期历史的发展，农业生产在人们的生活中始终占有主导的地位，发达的原始农业是古代文明起源的坚实基础，而标志或代表农业发展水平的则是当时广泛使用的生产工具。我们通过生产工具的分析可以探明工具所包含的深刻内涵并解读工具表象后面的社会关系，故此不失是一个探讨文明起源的新途径。

综上所述，在研究文明起源的课题时，我们从农具分化的角度入手具有十分重要的意义。因为人们的生活首先要解决足够食物，而食物的可靠来源则非农业莫属，在农业生产过程中起中介作用的则是农业工具，就此而论农具与生活密切相关。由于农具的特殊地位和重要性，最先可能从农具中分化出具有礼仪（器）性质的石钺，可以说中国最早的礼器就是石钺，自石钺而后，随着生活及社会发展的需要，礼器的种类逐渐扩大丰富、完善，因此对农具分化问题的探讨对于研究文明起源课题具有十分重要的意义。

王根富（南京师范大学文博系）

1.恩格斯《自然辩证法：劳动在从猿到人转变过程中的作用》，《马克思、恩格斯选集》第三卷，人民出版社，1972年。
2.《临汝阎村新石器时代遗址调查》，《中原文物》1981年第1期。
3.严文明《鹳鱼石斧图跋》，《文物》1981年第12期。
4.普列汉诺夫《论艺术》，生活·读书·新知三联书店，1964年出版。
5.《大汶口—新石器时代墓葬发掘报告》，文物出版社，1974年。
6.《湖北黄梅陆墩新石器时代墓葬》，《考古》1991年第6期。
7.《花厅—新石器时代墓地发掘报告》，文物出版社，2003年。
8.《1982年江苏常州武进寺墩遗址的发掘》，《考古》1984年第2期。
9.《南京博物院藏宝录》，上海文艺出版社、三联书店（香港）有限公司联合出版，1992年。
10.《江苏海安青墩遗址》，《考古学报》1982年第2期。
11.《浙江余杭反山良渚墓地发掘简报》，《文物》1988年第1期；《余杭瑶山良渚文化祭坛遗址发掘简报》，《文物》1988年第1期。
12.《良渚玉戚研究》，《考古》1989年第7期。
13.《浙江余杭反山良渚墓地发掘简报》，《文物》1988年第1期。
14.《良渚遗址考古报告之一——瑶山》，文物出版社，2003年。
15.《1982年江苏常州武进寺墩遗址的发掘》，《考古》1984年第2期。
16.《福泉山——新石器时代遗址发掘报告》，文物出版社，2000年。
17.《大汶口——新石器时代墓葬发掘报告》，文物出版社，1974年。
18.《大汶口续集——大汶口遗址第二、三次发掘报告》，科学出版社，1997年。
19.《湖北黄梅陆墩新石器时代墓葬》，《考古》1991年第6期。
20.江苏三星村联合考古队《江苏金坛三星村新石器时代遗址》，《文物》2004年第2期。
21.南京师范大学、金坛市博物馆编《金坛三星村》，南京出版社，2004年。
22.郭沫若《殷彝中图形文字之一解》，郭沫若《殷周青铜器铭文研究》，科学出版社，1961年。
23.王根富《金坛三星村遗址的发掘与思考》，《中国文物报》1996年9月22日。
24.浙江省余杭县文管会《浙江余杭横山良渚文化墓葬清理简报》，《东方文明之光——良渚文化发现60周年纪念文集》，海南国际新闻出版中心，1996年6月。

试析豫中地区早期龙山文化

20世纪50年代庙底沟遗址的发掘，揭开了河南境内早期龙山文化研究的序幕。该遗址中发现了仰韶文化庙底沟类型和庙底沟二期文化两种遗存。由于庙底沟二期遗存文化面貌与仰韶文化和“河南龙山文化”都有差别，部分陶器具有从仰韶文化向河南龙山文化过渡的性质，故有学者将其定名为庙底沟二期文化。发掘者在比较了它与仰韶文化和“河南龙山文化”的区别与联系后，指出“斝、鼎、罐、豆等器形成了‘河南龙山文化’陶器的先河”，因此，“它可能是由仰韶到龙山的一种过渡性质的遗存，当属于龙山文化的早期”[1]。后来，人们通过对陶器的研究，发现庙底沟第二期遗存中具有过渡性质的陶器，实为仰韶文化西王村三期遗存，真正的庙底沟二期文化则是由它发展而来的，是龙山早期遗存。其特征是以小口平底瓶、斝、釜灶、夹砂罐、鼎为基本组合。其上限始于小口尖底瓶的消失、斝的出现，下限终于鬲的出现[2]。70年代以来，随着告成北沟[3]、偃师二里头[4]、灵宝涧口[5]、郑州大河村[6]等遗址的发掘，人们又认识到在河南境内还存在着在文化面貌、陶器特征方面与庙底沟二期文化既有相同又有很大区别的其他文化遗存，并进而将河南境内早期龙山文化划分为两个区域，即以庙底沟等遗址为代表的豫西地区和以洛阳、郑州为中心的豫中地区[7]。

豫中地区早期龙山文化与豫西地既有区别，又有联系，具有鲜明的地方特色。对其进行分析和研究，有助于我们更准确地认识该地区早期龙山文化遗存，对于仰韶文化与“河南龙山文化”的划分、河南龙山文化的类型及分期研究，具有重要意义。本文拟从该地区早期龙山文化的发现、分布、文化面貌及特征、年代及其与周边其他文化的关系等方面进行初步探讨，就教于各位学者。

一、豫中地区早期龙山文化的发现与分布

豫中地区龙山文化是继仰韶文化发展而来的。根据大多数学者的研究，一般把大河村遗址三、四期为代表的秦王寨类型（有学者称“秦王寨文化”或把三、四期分别称为“秦王寨类型”、“大河村类型”）作为该地区仰韶文化的最晚阶段、其下限以折肩罐、彩陶罐或彩陶的锐减或消失，空三足器、夹砂深腹罐等的出现为标志[8]，继之而来的龙山文化早期也当以此标志为上限。至于其下限，以鬲的出现为标志。这是因为：1.折肩罐、彩陶罐及彩陶的锐减或消失标志着仰韶文化的衰落和终结；而空三足器、夹砂深腹罐的出现标志着一种新的器物组合的诞生，开创了“河南龙山文化”的先河。2.鬲是河南龙山文化中期的典型器物，它的出现标志着一种重要的新型三足器的产生。3.在斝、鬶等空三足器产生到鬲出现以前这一时期，陶器基本组合是斝、鼎、夹砂深腹罐等，同时在文化面貌上表现出与仰韶文化有巨大差别，又有诸多联系，在文化性质上表现出一定的“过渡性”或“中和性”；随着鬲的出现，不仅与仰韶文化

的联系已完全消失，而且斝、鬶等空三足器数量、形制得以空前发展，特征明显，已完全形成了以斝、鬲、鼎、鬶、双腹盆、高领篮纹瓮等为基本组合的器物群，标志着河南龙山文化进入了一个成熟、繁荣的新阶段。

目前，豫中地区发现并确认包含有龙山文化早期遗存的遗址有10多处，分布于郑州—洛阳之间，黄河以南—河以北范围内的伊河、洛河、颍河及北汝河等流域。代表遗址有郑州大河村（五期）[9]、禹县谷水河（三期）[10]、偃师二里头[11]、登封告成北沟[12]、禹县吴湾（下层）[13]、禹县瓦店（一期）[14]、郑州站马屯[15]、西山[16]、荥阳点军台[17]、巩义里沟（二期）[18]、滩小关[19]等。尽管各遗址文化遗存互有差别，且遗物遗迹不甚丰富，但我们仍可以对其面貌及特征有一个初步的认识。

二、豫中地区早期龙山文化的面貌及特征

据现有资料，豫中地区早期龙山遗址文化层一般较薄，窖穴一般多为袋状坑，也有锅底形、不规则形等，尤以袋状最为典型。坑壁及坑底多经过加工，遗物相对较丰富，分布也较密集。墓葬多为长方形竖穴土坑墓，有少量瓮棺葬、灰坑葬。葬式以仰身直肢葬为主，少量侧身屈肢葬及蹲踞葬。土坑墓一般为成人葬，瓮棺葬则多为婴幼儿葬。葬具多为缸钵扣合或瓮钵扣合。陶器以灰陶为主，有一定量的灰黑陶或少量黑陶，个别遗址有白陶和蛋壳陶，红陶较少，彩陶基本不见；陶色不纯而呈褐色或灰褐色，质地较硬，烧制温度较高，陶胎较薄。纹饰则以横篮纹、绳纹为主，另有方格纹、附加堆纹等。陶器口沿或底部多饰花边。主要器型有鼎、深腹宽折沿罐、斝、鬶、盆、豆、杯、缸、钵、澄滤器、小口高领壶、器盖、瓮及甑等。现将几种常见器形介绍如下：

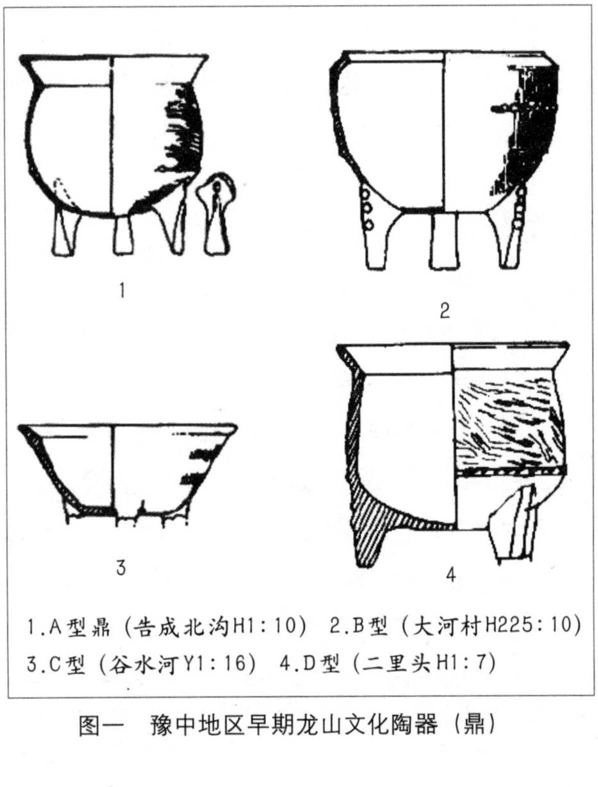

图一 豫中地区早期龙山文化陶器（鼎）

鼎大致可分四型。

A型 罐形鼎。敛口，宽折沿，球形深腹，鸭嘴形足，足根脊棱上有捺压痕。一般饰横篮纹（图一，1）。

B型 罐形鼎。敛口，类子母口，窄沿外侈，折肩，深弧腹下收，平底，鸭嘴足。腹部饰绳纹，折肩处及腹中部一般各饰一周附加堆纹（图一，2）

C型 盆型鼎。敞口，宽折沿，弧腹，平底。沿及腹部整体造型类似于折腹盆。素面或饰绳纹（图一，3）。

D型 桶腹罐形鼎。宽折沿，微敛口，深直腹或微弧，平底或微圜底，扁凿形足。腹饰篮纹，下腹外饰附加堆纹一周。（图一，4）。

罐 数量和种类较多，常见主要有五型。

A型 圈足罐。敛口，宽折沿，圆腹，形态

极似A型鼎腹，个别器形稍垂腹，圈足。通体饰横篮纹，下腹饰一周附加堆纹（图二，1）。

B型　鼓腹罐。宽折沿，敛口，深腹。通体饰横篮纹或绳纹，腹部有一道附加堆纹（图二，2）。

C型 大口罐。宽折沿，微敛口，深腹微弧，口腹径接近，体型较瘦。饰绳纹或方格纹（图二，3）。

D型　圆肩深腹罐。宽折沿，敛口，圆肩外鼓，深腹，平底。口缘多有压印花边。素面或饰绳纹（图二，4）。

E型　桶腹罐。宽斜折沿，近直口，直腹或微弧，平底。器形较大。沿下及腹部饰一至数道附加堆纹，腹饰绳纹、篮纹或方格纹（图二，5）。

斝　均高直领，微敞口，弧肩或斜肩，折腹，下接三袋形足。腹饰横篮纹，有的在折腹处饰附加堆纹一周（图三，1）。

鬶　发现较少，有袋足和实足两种。谷水河一件，残缺口部，折腹，袋足，宽带式把（图三，2）。告成北沟一件，残存上部，敞口，方唇，口沿上捏有凹弧形流，长颈斜收，圆鼓腹，下似实足（残）。器表饰横篮纹（图三，3）。

盆　可分四型。

A型　折腹盆。敞口，折腹，上腹斜直或微鼓，下腹弧收，小平底。素面（图四，1）。

B型　无沿深腹盆。敞口，斜弧腹，腹两侧有对称鸡冠耳，平底。多饰绳纹或方格纹，口部多有压印花边（图四，2）。

C型　直口，折腹斜直，平底。素面（图四，3）。

D型　有沿深腹盆。整体形态似B型，唯有宽折沿。腹饰横篮纹（图四，4）。

澄滤器　器型与B型盆相近。内壁有竖向刻槽。器表饰横篮纹或绳纹（图三，5）。

小口高领壶　高领，微侈口，溜肩，深弧腹，平底。肩部饰扁薄二、三道凹弦纹（图五，4）。

瓮　微侈口，高领束颈，圆肩（个别微折肩）鼓腹，平底。器表饰弦纹、竖条纹或素面（图三，4）。

钵　数量和种类较仰韶晚期少，可入二型。

A型　曲腹钵。敛口，圆唇，曲腹，平底。素面（图三，8）。

B型　弧腹钵。微敛口，圆唇，弧腹，平底。素面（图三，7）。

碗　多为圈足碗，胎较薄。敞口，尖唇，弧腹，矮圈足。素面（图三，6）。

甑　敛口，折沿，球形腹或垂腹，平底。下腹及底部有密集镂孔（图五，3）。

尊　分二型。

A型　圈足尊。敛口，斜折沿，深垂腹，矮圈足。素面（图五，2）。

B型　形制近A型，唯少圈足（图五，1）。

豆　浅盘。敛口，内折沿，斜直腹壁，一般有矮圈足（图四，5）。另有镂孔高柄豆（柄）（图九，5）。

器盖　喇叭形口，微弧壁。一般顶部有压印花边，饰绳纹或素面（图四，6）。

值得注意的是，上述几种典型陶器在各遗址间的分布与出现是不均衡的，这反映出各遗址间的文化面貌是有差别的。曾有学者据此将豫中地区早期龙山文化大致划分为郑州地区和豫中西部嵩山地区[20]。笔者认为，这种划分基本是正确的，但对于个别遗址的区域归属则有不妥。通过对各遗址出土陶器的分析，我们认为大致可划分为这样两个区域，一是嵩山及伊洛河流域，可称为豫中西部地区。遗址有告成

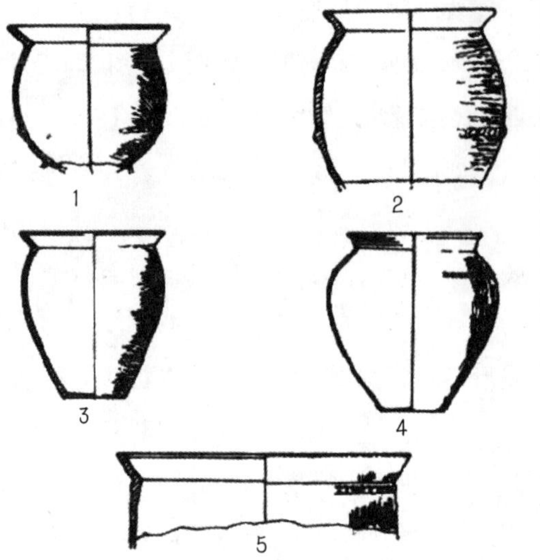

1.A型告成北沟（H1：18） 2.B型（告成北沟H1：17） 3.C型（告成北沟T2H3：4） 4.D型（谷水河Y1：7） 5.E型（里沟T5②：396）

图二 豫中地区早期龙山文化陶器（罐）

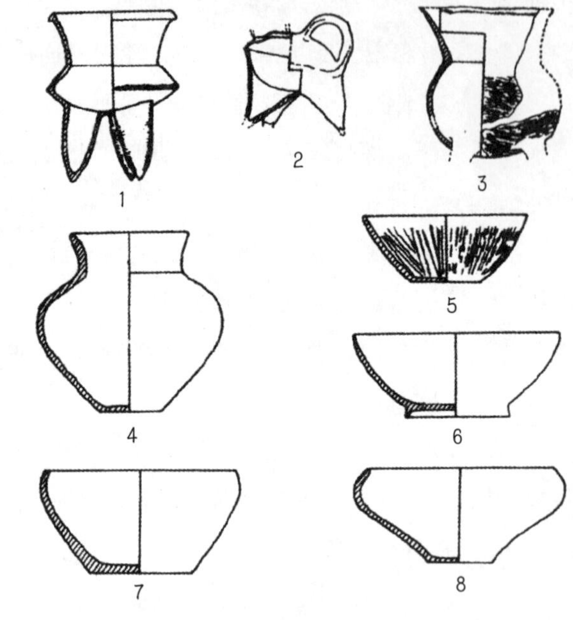

1.鬶（北沟H1：9） 2.鬶（谷水河Y1：72） 3.鬶（告成YT40H31：8） 4.瓮（告成北沟出土） 5.澄滤器（二里头H1：4） 6.碗（西山H978：3） 7.B型钵（大河村WIS2：1） 8.A型钵（大河村T16③：31）

图三 豫中地区早期龙山文化陶器

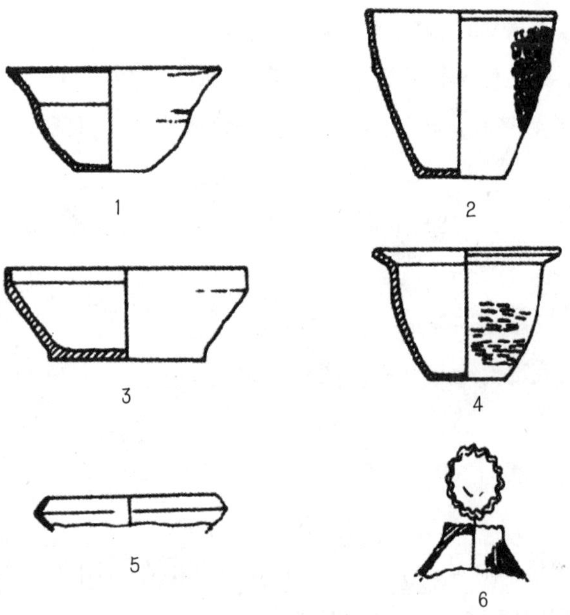

1.A型（大河村H215：5） 2.B型（里沟H06：4） 3.C型（大河村H231：2） 4.D型（二里头H1：2） 5.豆（里沟T5②：68） 6.器盖（里沟H06：12）

图四 豫中地区早期龙山文化陶器图（盆）

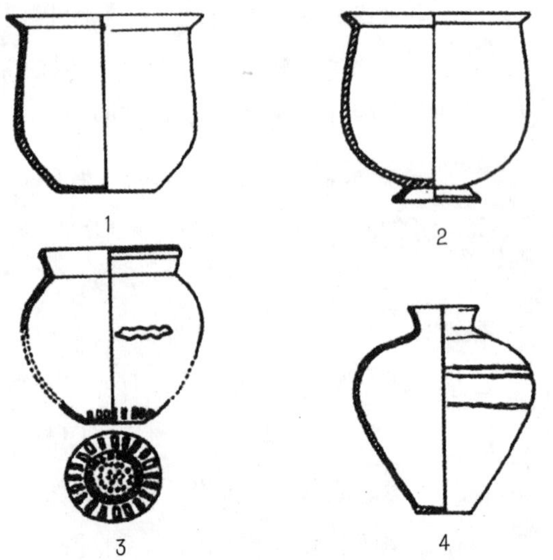

1.B型尊（二里头H1：3） 2.A型尊（西山H1452：3） 3.甑（大河H17：14） 4.小口高领壶（谷水河H1：1）

图五 豫中地区早期龙山文化陶器

北沟、偃师二里头、巩义里沟（二期）、滩小关等；二是大致沿郑州—禹州一线嵩山以东地区，可称为豫中东部地区。遗址有大河村（五期）、站马屯（一期）、禹县谷水河（三期）、吴湾（下层）、西山遗址（第六、七组陶器），荥阳点军台遗址也发现有龙山早期遗存。这样划分的依据主要是谷水河等早期龙山文化遗存在文化面貌上更接近于郑州大河村五期。

豫中西部地区陶器器表素面较少，纹饰主要以横篮纹为主，另有绳纹、附加堆纹、方格纹等，附加堆纹不很发达。常见器型有A、D型鼎，A、B型罐、斝，B、D型盆，澄滤器、瓮、B型钵等。同时，也有B型尊、杯、单耳罐、器盖等。典型遗址是登封告成北沟和偃师二里头。告成北沟早期龙山文化遗存主要特征是夹砂陶为主，泥质陶次之。陶色多不纯而呈褐色，纯灰色陶器较少。横篮纹较粗，附加堆纹一般仅饰于罐口沿下及鼎下腹部。主要特征与二里头相差无几，唯其纹样中方格纹稍多。有学者认为告成北沟的鼎、罐形制已接近于龙山文化中期，从器物形态上分析，可能稍晚于二里头遗址早期龙山文化遗存[21]。

东部地区陶器是以夹砂灰陶为主，有一定量红陶，另有少量磨光黑皮陶、白陶。素面较多，约占五成以上。纹饰以绳纹为大宗，另有横篮纹、弦纹、方格纹；附加堆纹较西部地区发达，一般在罐、鼎沿下或腹部有一道或多道附加堆纹。主要器形有B、C型鼎，B、C、D型罐，A、C型盆，澄滤器，小口高领壶，A、B型尊，A、B型钵。另有尖底缸、鼓腹平底甑、厚胎高柄杯、镂孔高柄豆、碗以及器盖等。较具代表性的遗址有大河村（五期），谷水河（三期），西山（第六、七组陶器）。大河村五期龙山文化早期特征较明显，以灰陶为主，红陶次之，极少量彩陶，另有少量白陶。素面约占50%以上，绳纹占30%左右。谷水河三期出土器物种类及形制，如C型盆形鼎、A型盆、小口高领壶、厚胎杯、B型鼎等，与大河村五期同类器物几乎完全相同。西山遗址是近年来发现的重要的新石器时代遗址，发掘者将其遗存划分为七组，并认为第六、七组陶器"其质地、形状、器物组合等较之第五组发生了激烈变化"，但对其文化性质暂未作认定[22]。我们认为，第六、七组陶器与大河村五期、谷水河三期以及二里头早期龙山文化陶器相同或相近，常见有龙山早期B型、D型鼎，甑、B、C、E型罐，A、B型盆，圈足碗等器型，当属龙山文化早期。

通过上述分析可以看出，豫中地区东、西两地的陶器特征差别还是相当明显的，主要表现在：1.在器类方向，西区普遍有斝、鬶等，而东区则一般仅见鬶不见斝；西区常见A、D型鼎，而不见东区的B、C型鼎。另外，东区的小口高领壶、A型钵、A型盆、厚胎杯、鼓腹平底甑等也少见于西区，器类似乎较西部地区更加丰富。2.在纹饰方面，西区以横篮纹为主，方格纹也较多，绳纹、附加堆纹相对较少，素面量较小。东部地区则普遍以绳纹为主，一般约占到总量的1/3强，横篮纹次之，方格纹较少，附加堆纹较发达。素面陶器比例较大，约占总量的60%左右。3.在陶器风格方向，西区陶器作风粗犷厚重，不甚精致；东区则纤秀规整，制作精细。许多陶器经过磨光，器表非常光滑。

需要指出的是，受现有资料的局限，我们暂不能对两地区陶器表现出的这些差异进行更深层次的研究。实际上，相对于周围其他地区早期龙山文化而言，这种差异并不明显，而共性倒非常突出。如器物群、器形、纹饰种类等大致相同，有许多还是互见的；尤其是处于两区相交处的遗址，双方的特征都很明显，很难截然分开，更反映出它们整体文化面貌和文化特征是一致的。这是我们把它作为同一个文化区域来讨论的基础。以后，随着资料的增多，这种认识可能会有所改变。

豫中地区早期龙山文化有两个突出的特征：一是它与豫中地区仰韶文化晚期遗存有着密切的关系，表现出一定的相似性和继承性；另一方面，它与该地区龙山文化中晚期遗存有着很多共同之处，具有明显的河南龙山文化特征。

多年来的考古发掘和研究证明，豫中地区早期龙山文化与仰韶文化秦王寨类型有着密切的渊源关系和承继关系。首先，二者分布地域大致相同，均在郑州—洛阳、黄河—沙河这一范围内，这是空间基础；其次，所发现的早期龙山文化遗存一般都直接叠压在秦王寨类型遗存之上，层位关系以及C14数据都表明它们是紧密衔接、没有间断的，这是时间基础；第三，文化内涵也具有相似性和发展的延续性。如灰坑、墓葬、葬具以及陶质、陶色等，大都相近。器物种类也有相同之处，某些陶器在形态上也有明显的渊源关系。如告成北沟的罐形鼎（H1：10）[23]与大河村四期Ⅲ式鼎（T4④：13）[24]、大河村五期Ⅱ式罐（H50：4）[25]与后庄王罐（T2①：4）[26]、告成北沟的小口圆肩瓮（YT40H31：9，10）[27]告成仰韶文化三期（双庙仰韶文化后期）瓮（H7：8）[28]等在形态上非常接近，很明显存在着承袭发展关系（图六）。还有学者认为：龙山早期的斝也是由秦王寨类型的高领罐形鼎，在鬶的影响下形成的[29]，很有道理。因此可以说，豫中地区早期龙山文化的渊源是仰韶文化秦王寨型（图六）。

考古发掘和研究还证明，豫中地区早期龙山文化遗存与秦王寨类型仰韶文化晚期遗存有着很大的差别。主要表现在：1.灰陶数量更多，个别遗址竟达到90%以上[30]，有一定量的磨光黑陶和蛋壳陶，彩陶

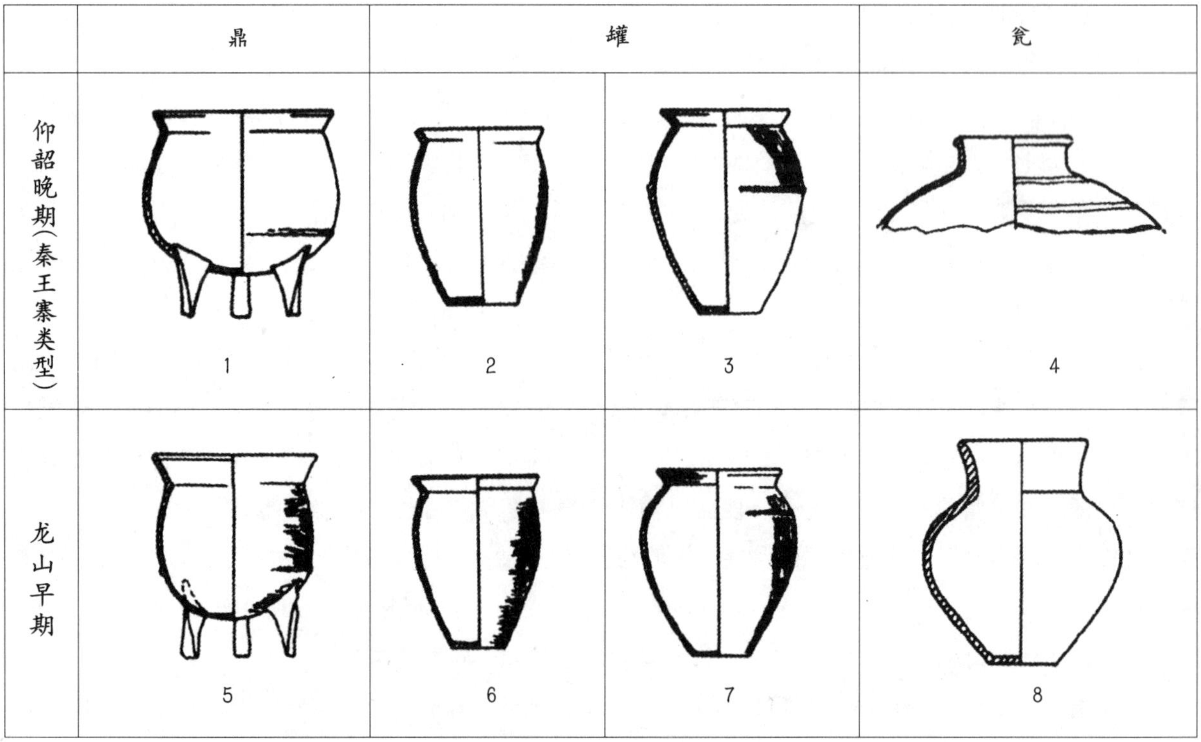

1.大河村T4④：13　2.后庄王T2①：24　3.大河村H229：6　4.双庙沟H7：6　5.告成北沟H1：10　6.告成北沟T2H3：4，YT40H31：4　7.洛水河Y1：1　8.北沟出土（依杨育彬、袁广阔《20世纪河南考古发现与研究》）

图六　豫中地区早期龙山文化渊源图

几乎不见，这与整个仰韶文化阶段繁荣的彩陶特色迥然不同。2.纹饰中出现较多篮纹、方格纹，豫中西部地区二者占主导地位；附加堆纹也较发达；与秦王寨类型相比，绳纹不仅数量多，而且普遍加粗、加深，印痕清晰。3.常见器物组合是鼎、夹砂深腹罐、斝、折腹盆、瓮等，而不见秦王寨类型的折肩罐、圆腹彩陶罐、曲腹彩陶罐等典型器；尤其是斝、鬶等袋足器，更显示出它与仰韶文化的不同。反观这种差异，却正是龙山文化中晚期的典型特征。二者器物组合基本相同，都是以斝、鼎、夹砂深腹罐、瓮等为主，只是龙山中期出现了鬲。龙山文化早期的许多器物和纹饰都可以在龙山文化中晚期找到其发展演化的踪迹，如斝、鬶等袋足器在龙山早期数量较少，到龙山中期则逐渐增多；早期的袋足瘦长，呈锥状，中晚期则发展为肥大袋足。早期的A型鼎，近球形腹，鸭嘴高足，到中晚期则发展为垂腹，锥状矮足；早期B型夹砂罐，鼓腹，最大径靠上，中期则最大径下移至器高1/2处，形体瘦长；瓮，早期长颈，微侈口，溜肩，圆弧腹，中期则发展为矮领，鼓肩，下腹微曲；早期的A型盆则很明显是龙山中期双腹盆的祖形（图七）。另外，篮纹由早期的横向、较粗发展为中期的斜向或竖向、窄细；早期的方格纹较少，浅且淡，中期则数量大增，深而清晰，并且多为斜方格等等。所以，豫中地区龙山文化早、中期是一脉相承，连续发展的。有学者研究，豫中地区龙山文化中晚期遗存大致可划分为两个类型，即主要分布于河南西部及晋南地区、以伊洛河流域为中心（东至巩义境内）的王湾类型，和分布于淮河水系、以汝河、沙河、颍河等流域为中心的郝家台类型（或煤山类型）[31]。根据现在资料分析，豫中地区东、西区早期龙山文化的发展去向分别是龙山文化王湾类型和郝家台类型。关于豫中地区龙山文化早期

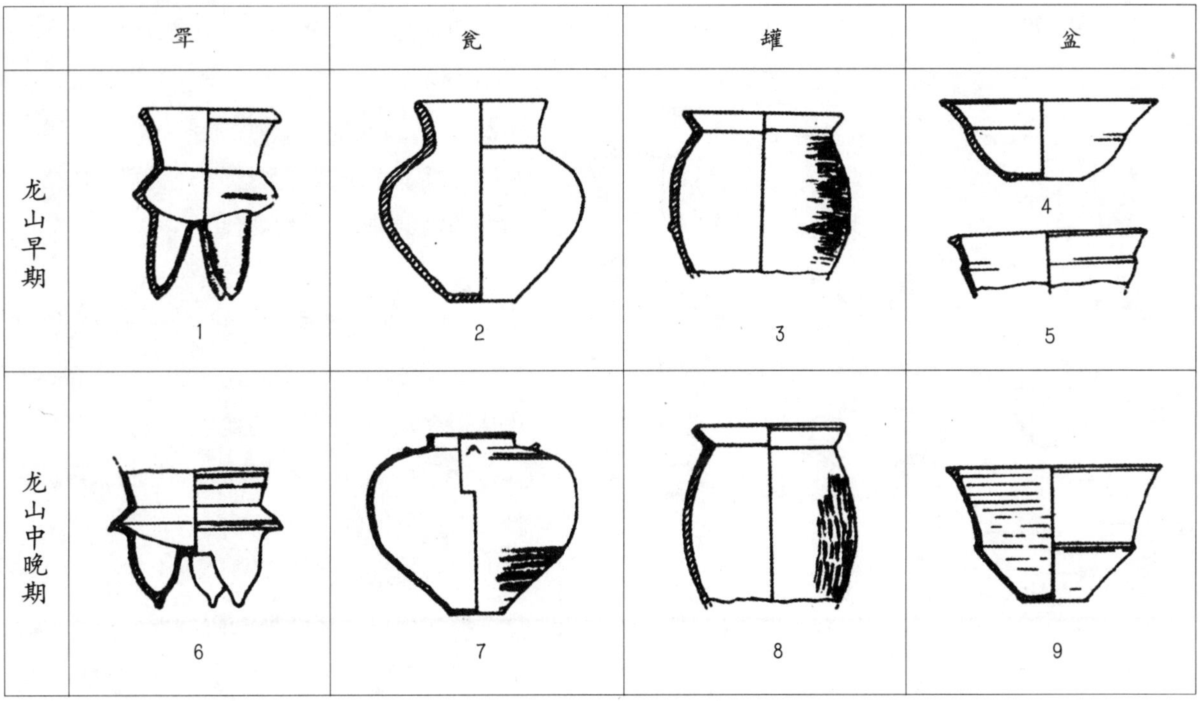

1.告成北沟H1：9　2.北沟出土　3.告成北沟H1：17　4.大河村H215：5　5.西山H551：22　6.禹县瓦店81T6A(4b)：8　7.王城岗WT255H565：2　8.王城岗WT1S3H402：8　9.点军台H13：26

图七　豫中地区早期龙山文化流向图

的年代，二里头遗址测定为距今4800±180年，庙底沟文化约为距今4730±145年，与仰韶文化秦王寨类型下限相接。所以，豫中地区早期龙山文化上限应在距今4800多年左右。目前，河南境内龙山文化中期年代上限普遍在距今4500—4400年间，龙山早期下限当止于此时，其年代应在距今4800—4500年间。

三、与周邻原始文化的关系

豫中地区早期龙山文化在形成和发展过程中，吸收了周围其他文化的诸多因素，与周围文化关系密切。在此，我们主要讨论它与屈家岭文化、大汶口文化、庙底沟二期文化以及河南境内其他早期龙山文化的关系。

屈家岭文化是分布于江汉流域的一种新石器文化，最早发现于湖北京山屈家岭遗址[32]，其晚期相当于中原地区仰韶晚期和龙山早期。豫中地区许多遗址都发现有屈家岭文化因素的陶器。如禹州谷水河圈足壶（谷：34）[33]与京山屈家岭晚二期Ⅲ式盂形器（T39：3）[34]，大河村五期的Ⅳ式杯与屈家岭晚二期高圈足杯很相似。大河村五期与谷水河三期的盆形鼎、巩义里沟豆（H02：121）（图八）等，都具有浓郁的屈家岭风格。需要指出的是：屈家岭文化对中原地区的影响在时间和空间上受到中途各种土著文化的影响而有变异。因而严格地说，豫中地区龙山则期乃至仰韶晚期所出的陶器大多并非典型的屈家岭文化遗物，而是受其影响形成的具有屈家岭文化陶器的某些特征或作风。不仅器物种类少，且数量也小，不少仅是形制相似而已。如罐形鼎（D型），在豫中地区一般腹较深、鸭嘴足，而屈家岭的则多浅腹、柱状足；圈足壶，豫中地区一般短颈、扁圆腹、矮圈足，屈家岭则是敞口、扁折腹、圈足稍高；圈足杯，豫中地区一般为敞口、弧腹、矮圈足，屈家岭的则微侈口、直腹、圈足较高。豫中地区发现的屈家岭文化陶器有些是仿效屈家岭陶器制作而成，有一些则是继承了王寨类型中具有屈家岭风格的某些器物，其差别当在情理之中。

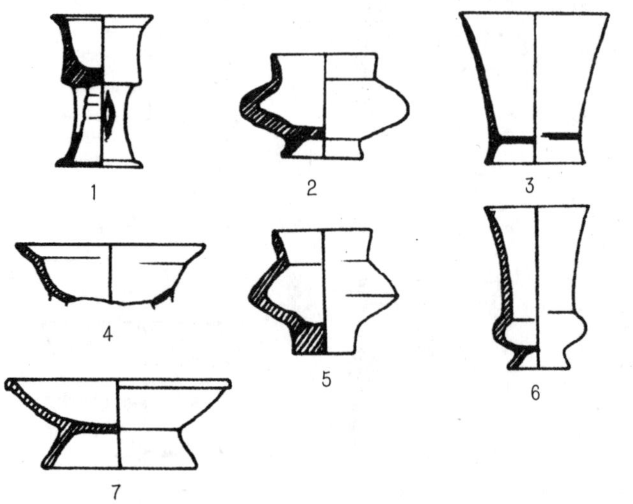

1.高柄杯（谷水河：39） 2.圈足壶（谷水河：34） 3.杯（大河村H234：2） 4.盆形鼎（三足盆）（大河村H221：2） 5.（假）圈足小壶（大河村H225：4） 6.杯（大河村H215：9） 7.圈足豆（里沟H02：121）

图八　豫中地区早期龙山文化遗址出土的屈家岭文化陶器

大汶口文化是50年代发现的，1959年山东大汶口遗址发掘后[35]，才为人们所重视，其分布于黄河下游，主要是山东和苏北一带，年代从距今6000多年一直延续至距今4000多年，经历了早、中、晚期的发展历程，其晚期阶段与豫中地区仰韶晚期乃至龙山早期文化相近或有交叉。在豫中地区许多遗址都发现有类似大汶口文化晚期的陶器。如谷水河三期宽肩壶（Y1：73、35）、告成北沟镂孔高柄豆（H1：19）、郑州西山圈足壶（H1452：31）[36]、偃师二里头平底尊（H1：3）等都与大汶口文化晚期同类器形制相同或相近（图九）。诸多线索表明，豫中地区早期龙山文化曾受到来自东方的大汶口文化的影响，有学者进而将豫中地区的大汶口文化遗存称之为“大汶口文化颍水类型”[37]。

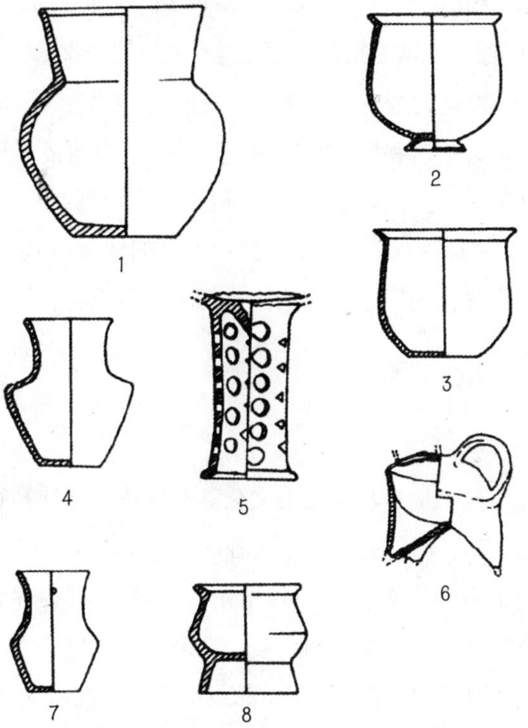

1.壶（谷水河Y1：35） 2.圈足尊（西山H1452：3） 3.平底尊（二里头H1：3） 4.宽肩壶（瓦店82IT3A⑤：5） 5.豆（柄）（北沟H1：9） 6.鬶（谷水河Y1：72） 7.壶（瓦店82IT3A⑤：6） 8.圈足簋（瓦店82IT3A⑤：8）

图九 豫中地区龙山文化早期出土大汶口文化陶器

庙底沟二期文化是分布于豫、晋、陕邻境地区的较典型的早期龙山文化，因最早发现于庙底沟遗址而得名。其陶器特征是以夹砂粗灰陶为主，泥质灰陶次之；纹饰则以篮纹为主，另有绳纹、方格纹等。器类主要有斝、鼎、罐、灶、盆、澄滤器、碗、杯、豆、钵等。它与豫中地区早期龙山文化在面貌上表现出一定的共性：都是介于仰韶文化晚期与龙山文化中晚期的文化遗存，既具有仰韶文化晚期的某些特点，同时又具有典型河南龙山文化的特点；器物种类和形制也有某些相近。这些相似性在豫中西部地区表现得更加明显，如都出土斝、横篮纹深腹罐、平底直腹高足罐形鼎等，其形制也非常相近。东部地区较发达的附加堆纹似乎也受其影响而致。但与之相邻的豫中西部地区附加堆纹则不发达，受其影响似乎反而较少，原因有待探讨。庙底沟二期文化与豫中地区早期龙山文化的差别也相当明显，主要有以下几点：1、豫西地区陶器一般较厚重，风格粗犷，制作不甚规整；豫中地区则作风细腻，器型规整，制作精致。2、庙底沟二期文化陶器全部手制，轮制技术不发达，而豫中地区轮制技术较发达。3、庙底沟二期文化中类似典型龙山文化的器形有鬶、单耳罐、鼎、釜灶、夹砂罐等，类似蛋壳陶的大量出现也具有龙山文化的特征；豫中地区则另有鬶、方格纹或绳纹直领瓮、折腹盆、夹砂深腹罐、甑及罐形鼎等，器类不尽相同。4、豫西庙底沟二期文化中陶器多平底器，而豫中地区则圜底器、圈足器较多。可以看出，豫中地区早期龙山文化陶器特征与豫西地区差别较大，相同或相似的特点较少，各有特色。即使是地域较近、受豫西地区影响较重的豫中西部地区与豫西地区的差别也很明显；这说明二者在文化面貌上有着根本区别。

与庙底沟二期文化相比，豫东、豫南、豫北地区的早期龙山文化面貌与豫中地区差别更大。如豫东地区，其早期龙山文化在郸城段寨（中期）[38]、鹿邑栾台（一期）[39]等遗址有发现，尤以段寨中期为典型。除纹饰、质地、陶色及部分器物如鼎、罐近似外，其他大部分器类及器物形制均与豫中地区不同，陶器风格明显是继承大汶口文化而来。来源不同，文化面貌差别自然很大。豫南地区典型早期龙山文化以郾城郝家台（一、二期）[40]为代表，它与江汉流域屈家岭文化关系密切，受其影响远比豫中地区为甚，同时也受到大汶口文化的影响，其主要器类、形制及整体面貌与豫中地区有很大差别。豫北地区早期龙山与豫中地区的共性更少，除鼎、罐等少数器形外，其余均互不相见，可比性较小。

上述比较分析说明，豫中地区早期龙山文化与周围地区时代相同或相近的新石器文化之间既有相同，又有差别；相同之处少，差别较多。这种差别的根本原因在于它们的文化渊源不同，应属于不同的文化系统。豫中地区早期龙山文化具有独特的文化面貌，是一个特征相对明显、分布相对独立的区域性文化类型。

上述比较分析还说明：各种文化类型之间的影响和交流是相互的，双方既是这种影响和交流的主体，同时又是这种影响和交流的受体。豫中地区早期龙山文化在吸收、融合周围其他文化因素影响的同时，也对它们产生影响和作用，因而表现出器物的互见、器形的相近或相同甚至于文化面貌的部分相似或相同。这种现象的产生，与豫中地区的地理位置有很大关系，豫中地区在新石器文化传播过程中独特的地理位置，便于它和各地区进行文化联系交流。

四、结语

豫中地区早期龙山文化具有独特的本质特征和文化内涵。它是在继承秦王寨类型仰韶文化因素的基础上，利用地处中原得天独厚的地理条件，融合、吸收周围地区其他新石器文化的精华，相互交流，不断丰富和充实自身文化内涵，从而形成了一个承上启下，独具特色的文化阶段，并率先进入龙山时代。有学者认为以大河村五期、庙底沟二期等为代表的文化遗存不属于龙山文化（或“河南龙山文化”）范围，而应归入仰韶文化。依据有二：一是认为其文化内涵接近于仰韶晚期，具体来讲是分别接近于西王村类型和秦王寨类型，而与龙山文化（或“河南龙山文化”）差别较大；二是认为如果将二者划入龙山时代，则意味着中原地区先于周边地区率先进入龙山时代，与周围新石器文化、尤其是大汶口文化的发展不同步[41]。关于第一点，就豫中地区来讲它的整体面貌及特征就是较接近于龙山文化的，而与仰韶晚期则差别较大，前文已作分析，于此不另赘述。关于第二点，我们认为，在考古学文化的形成和发展过程中，尤其是史前时代，由于地理位置及其他因素的影响和限制，各地区间文化发展进程是不平衡的，是有先后之分的。中原地区在史前时代的大部分时间里，始终是走在前列，处于领先地位的。如同为新石器时代早期，裴李岗文化的上限较磁山文化上限早几百年，而较老官台文化更早；仰韶文化早期年代较大汶口文化早期年代早300年。这说明中原地区的新石器文化较周围地区要成熟的早一些，以此推断，中原地区领先进入龙山时代不是完全没有可能的。

目前，豫中乃至整个河南境内早期龙山文化发掘及研究工作还存在着许多课题，如早期龙山文化的类型划分问题，除了对庙底沟二期文化认识较清楚外，其他地区还不甚明了。豫中地区东、西两地早期龙山文化是否属于不同的文化类型，还有待于今后大量的工作来解决。再如分期问题，豫中地区早期龙山文化从距今4800多年一直延续到距今4500年左右，历时300余年，应有分期的可能性。事实上，一些遗址间陶器特征的差异，已经提供了线索。如北沟的陶器形制接近于龙山中期，明显晚于二里头陶器；北沟出土有实足鬶，而谷水河则出土有袋足鬶，按高广仁等先生的研究，二者是有时代早晚的[42]，等等。还有龙山早期与中期的衔接问题，目前还缺乏明确的层位关系来证明。所有这些，都是今后考古工作应该重点解决的。只有解决了这些问题，我们才能更清晰、更准确地认识豫中地区乃至整个河南境内早期龙山文化的面貌。

张建华（郑州市文物考古研究院）

（说明：本文原发表于《河南文物考古论集》，此次编入略有改动）

1.中国科学院考古研究所《庙底沟与三里桥》，科学出版社，1959年。
2.卜工《庙底沟二期文化的几个问题》，《文物》，1990年第2期。
3.河南省文物研究所《登封告成北沟遗址发掘简报》，《中原文物》1984年第4期；河南省文物研究所、中国历史博物馆考古部《登封王城岗与阳城》，文物出版社，1992年。
4.中国社会科学院考古研究所二里头工作队《河南偃师二里头遗址发现龙山文化早期遗存》，《考古》1982年第5期。
5.河南省文物研究所《河南灵宝涧口遗址发掘报告》，《华夏考古》1989年第4期。
6.郑州市博物馆《郑州大河村遗址发掘报告》，《考古学报》1979年第3期；郑州市文物工作队、郑州市大河村遗址博物馆《郑州大河村遗址1983、1987年度发掘报告》，《考古学报》，1996年第1期。
7.中国社会科学院考古研究所《新中国的考古发现与研究》，文物出版社，1984年。
8.孙祖初《秦王寨文化研究》，《华夏考古》1991年第3期。
9.郑州市博物馆《郑州大河村遗址发掘报告》，《考古学报》1979年第3期；郑州市文物工作队、郑州市大河村遗址博物馆《郑州大河村遗址1983、1987年度发掘报告》，《考古学报》，1996年第1期。
10.河南省博物馆《河南禹县谷水河遗址发掘简报》，《考古》1979年第4期；中国社会科学院考古研究所洛阳工作队《1975年豫西考古调查》，《考古》1978年第1期。
11.中国社会科学院考古研究所二里头工作队《河南偃师二里头遗址发现龙山文化早期遗存》，《考古》1982年第5期。
12.河南省文物研究所《登封告成北沟遗址发掘简报》，《中原文物》1984年第4期；河南省文物研究所、中国历史博物馆考古部《登封王城岗与阳城》，文物出版社，1992年。
13.河南省文物研究所、禹县文物管会《禹县吴湾遗址试掘简报》，《中原文物》1988年第4期。
14.河南省文物研究所、郑州大学历史系考古专业《禹县瓦店遗址发掘简报》，《文物》1983年第3期。
15.河南省文物研究所等《郑州站马屯遗址发掘报告》，《华夏考古》1987年第2期。
16.国家文物局考古领队培训班《郑州西山仰韶时代城址的发掘》，《文物》1999年第7期。
17.郑州市博物馆《荥阳点军台遗址1980年发掘报告》，《中原文物》1982年第4期。
18.郑州市文物工作队、巩义市文物保管所《河南巩义里沟遗址发掘简报》，《考古》1995年第6期。
19.河南省社会科学院河洛文化研究所、河南省巩义市文物保护管理所《河南巩义市洛汭地带古代遗址调查》，《考古学集刊》第9集，科学出版社，1995年。
20.杨育彬、袁广阔《20世纪河南考古发现与研究》，中州古籍出版社，1997年。
21.河南省文物研究所《河南考古四十年》，河南人民出版社，1994年；另见20。
22.河南省文物研究所等《郑州站马屯遗址发掘报告》，《华夏考古》1987年第2期。
23.河南省文物研究所《登封告成北沟遗址发掘简报》，《中原文物》1984年第4期；河南省文物研究所、中国历史博物馆考古部《登封王城岗与阳城》，文物出版社，1992年。
24.郑州市博物馆《郑州大河村遗址发掘报告》，《考古学报》1979年第3期；郑州市文物工作队、郑州市大河村遗址博物馆《郑州大河村遗址1983、1987年度发掘报告》，《考古学报》，1996年第1期。
25.同24。
26.河南省文物研究所《郑州后庄王遗址的发掘》，《华夏考古》1988年第1期。
27.河南省文物研究所《登封告成北沟遗址发掘简报》，《中原文物》1984年第4期；河南省文物研究所、中国历史博物馆考古部《登封王城岗与阳城》，文物出版社，1992年。
28.河南省文物研究所《登封八方、双庙仰韶文化遗址的试掘》，《华夏考古》1992年第2期。
29.卜工《庙底沟二期文化的几个问题》，《文物》1990年第2期。
30.详见6中第五期统计表。
31.河南省文物研究所《河南考古四十年》，河南人民出版社，1994年；另见20。
32.中国社会科学院考古研究所《京山屈家岭》，科学出版社，1965 年。
33.中国社会科学院考古研究所洛阳工作队《1975年豫西考古调查》，《考古》1978年第1期。
34.中国社会科学院考古研究所《京山屈家岭》，科学出版社，1965 年。
35.山东省文物管理处、济南市博物馆《大汶口——新石器时代墓葬发掘报告》，文物出版社，1974年。
36.国家文物局考古领队培训班《郑州西山仰韶时代城址的发掘》，《文物》1999年第7期。
37.杜金鹏《试论大汶口文化颍水类型》，《考古》1992年第2期。
38.曹桂岑《郸城段寨遗址试掘》，《中原文物》1981年第3期。
39.河南省文物研究所等《鹿邑栾台遗址发掘简报》，《华夏考古》1989年第1期。
40.河南省文物研究所等《郾城郝家台遗址的试掘》，《华夏考古》1992年第3期。
41.严文明《略论仰韶文化的起源和发展阶段》，《仰韶文化研究》，文物出版社，1989年。
42.高广仁、邵望平《史前陶鬶初论》，《考古学报》1981年第4期；高广仁《试论大汶口文化的分期》，《考古学报》1978年第1期；吴汝祚《论大汶口文化的类型和分期》，《考古学报》1982年第3期。

王者气象
——良渚遗址群解读

从1936年施昕更在其家乡良渚镇开展考古调查并作试掘以来，经过几代考古工作者的不懈努力，到上世纪80年代后期已经基本揭示：浙江省杭州市北郊余杭区中部的良渚镇和瓶窑镇毗邻地带，是良渚文化最显要的文化重心。由于这一区域保存着良渚文化最密集、最丰富、最重要的文化遗存，学术界将其称为“良渚遗址群”（简称“遗址群”）。

1996年国务院将良渚地区的良渚文化遗址以“良渚遗址”的名称公布为国保单位，这个“良渚遗址”显然是作为一个整体性的大遗址来考虑的。但是在考古研究中它是一个群体性的特指概念，它里面已经确认的大量遗址或遗址点，如反山、瑶山、莫角山等，与江苏的草鞋山、寺墩、高城墩及上海的福泉山、亭林等都属于并列的子概念。要反映遗址的集合体，应该有高一级的名称来定义它。使用“良渚遗址群”的称谓，正好可避免产生逻辑上的歧义。

随着反山、瑶山、汇观山、莫角山等一系列高端遗址的发掘，良渚遗址群的意识和概念逐渐浮出水面，它是良渚文化最重要的权力中心早已成为学术界的共识。随着考古工作的推进，良渚遗址群的分布范围由原来判断的33.8平方公里扩展到了40多平方公里，分布区内的遗址数量也由反山发掘前的30多处增加到130多处。如今越来越多的学者倾向于将以莫角山为中心的良渚遗址群视为处于早期国家阶段的良渚古国的都邑。由于它的存在，长江文明有了龙头，中华五千年文明史的信念也有了实实在在的例证。

值得关注的是，良渚遗址群在整个良渚文化分布圈内偏于南方一隅。良渚先民为何选择这样一个“边陲”之地作为他们的都邑？也许是因为良渚文化的主要敌对势力来自北方，所以良渚先民有意将最重要的政治、经济、文化和宗教中心设在南方。但是从指挥和调度军队及物资的角度，这个位置其实还是太偏僻了。作为都邑必须要有广大的腹地，一方面能快捷地获得各种物质资源，另一方面，也可在危急之时能有回旋的余地。从这个意义上讲，钱塘江南岸的宁绍平原确实应该是良渚文化的基本分布区。只是目前仅有慈湖、名山后、阔塘山背等少数遗址有典型的良渚文化遗存发现，学术界还无法达成共识[1]。

学术界没有争议的保守的良渚文化基本分布区，大致在钱塘江以北，长江以南，宁镇山脉以东。这一地区迄今发现的良渚遗址已达数百处。从遗址的分布特点来看，太湖流域以东、以北、以南的大片地区，均有一些依托中心遗址、具有一定规模的聚落群。张之恒先生较早提出莫角山、福泉山、赵陵山、寺墩是四个主要的聚落群[2]。笔者曾将良渚文化分为四个分布圈：即余杭、德清区，吴县、昆山、青浦区，常州区，海宁、桐乡区，并认为它们之间具有等级关系[3]。也有学者将良渚文化分为天目山东麓、浙北、太湖东部和太湖北部四个地区[4]。近年丁品先生再次将良渚文化划分成良渚—瓶窑聚落群、嘉兴聚落群、苏南—沪西聚落群、武进—江阴聚落群[5]。除了张先生的意见侧重于核心遗址的重要性，其他的观点大同小异，强调的都是地理概念。

按照丁氏的概念性划分，良渚—瓶窑聚落群应包括余杭的东部地区和北部相邻的德清县境，不妨称之为“余杭—德清聚落群”。于是，太湖流域从南到北主要有余杭—德清、嘉兴、苏南—沪西和武进—江阴四个聚落群。这样划分的依据，一是遗址相对集中，分布范围都有数百平方公里；二是都有一些高端的遗址和遗存，遗址类型都较丰富；三是文化面貌上确实存在一些差异，根据这些差异，可以将它们视为良渚文化的四个地方类型。为了表述上的方便，也可以将这四个聚落群依次简化为南部、中南、中北及北部聚落群（图一）。

图一　良渚文化分布及中心区分布图

余杭—德清（南部）聚落群地处杭州市余杭区北部、湖州市德清县南部，面积约300平方公里。余杭良渚遗址群是其核心的遗址分布区，外围有余杭横山、后头山、德清辉山、雷甸、杨墩等遗址。这个聚落群所保存的高等级遗址数量特别多，除了莫角山、反山、瑶山、塘山这些独一无二的特殊遗址，还有一大批常规的高端遗址，它们和中下阶层的普通遗址构成了非常鲜明的等级差异。陶器组合以鼎、豆、罐为主；澄滤器、皿器式甗是早期富有特色的器形；双鼻壶数量一直不多。各时段的遗址均有相当数量，文化面貌呈现清晰的发展脉络。

嘉兴（中南）聚落群的分布范围集中在嘉兴地级市的中部，即海宁市和海盐县北部、桐乡市东部、嘉兴市南部及平湖市西部，面积约500平方公里。经发掘的遗址已达30多处，由调查确认的遗址近百处。规模较大的遗址有桐乡普安桥、新地里、姚家山、海盐龙潭港、周家浜、海宁达泽庙、荷叶地、佘墩庙、大坟墩、平湖平丘墩、戴墓墩、庄桥坟、图泽等。这一地区考古发现的显贵墓地或墓葬相对较少，历年征集和采集的玉器中琮、钺、璧等重要玉器也不是很多。陶器上双鼻壶较发达，簋、圈足盘、宽把杯、尊较常见；陶器口沿多见三个或四个鼻钮的装饰，带盖器物也较多。石器在墓葬中较常见。在良渚文化早期，该地区的崧泽文化因素如影相随，直到良渚文化中期早段，良渚文化的特征才开始逐渐显露。但是在良渚文化晚期，该地区的普通聚落显示了强劲的发展势头，目前所见最大的良渚文化墓地——平湖庄桥坟（236墓）和桐乡新地里（140墓）都出现在这一地区。

苏南—沪西（中北）聚落群包括江苏省吴江、苏州、昆山三市以及上海市青浦区，面积约500平方公里。这一地区已发现的遗址也有近百处，重要遗址有青浦福泉山、吴县草鞋山、张陵山、昆山赵陵山、少卿山、吴江龙南、苏州越城等。其中福泉山、草鞋山、赵陵山、张陵山等遗址都发现了显贵者的高台墓地。在良渚早期，良渚文化因素和崧泽文化因素并存发展；良渚中晚期，这一地区的双鼻壶、匜、袋足鬶较发达。从遗址的分布来看，良渚早中期由昆山赵陵山、少卿山、绰墩、吴县草鞋山、张陵山、越城等为主体，已形成一个以赵陵山为核心的中心聚落。良渚晚期聚落重心向东南部的青浦福泉山、上海马桥、松江广富林、金山亭林等地偏移，再次形成以福泉山为核心的良渚文化中心聚落。

武进—江阴（北部）聚落群地处常州市武进区和江阴市毗邻区域，面积约300平方公里。发现的遗址数量相对较少，经调查确认的遗址有10多处[6]，主要有武进寺墩、湖塘、城海墩、横林青墩、江阴高城墩、陶城、黄塘舆等，其中以寺墩最为重要。寺墩规模庞大，总面积约90万平方米，以大型土筑祭坛为中心，旁有规格极高的显贵墓葬，周围有河道围护，是良渚文化晚期布局特别规整的主要中心聚落。而高城墩发现的高台墓地及一批显贵墓葬，与反山、瑶山的显贵墓葬有诸多类似之处，也能代表良渚文化中期阶段的聚落中心。

从这几个聚落群的文化遗存分析，南部聚落群和中北聚落群的文化发育最充分，延续时间也最长，基本上贯穿了良渚文化发展的全过程。中南聚落群和北部聚落群则大多为良渚中后期的遗存，文化发展相对滞后，很可能是部族分化或文化重心转移的结果。

分析这几个聚落群的相互关系非常重要。论文化根基，崧泽文化的积淀在中南聚落群和中北聚落群最深厚，目前所知最重要的几个崧泽文化遗址如崧泽、南河浜、仙坛庙等都分布在这两大聚落群。相比之下，中南聚落群在良渚文化早期，崧泽文化的因素表现得更加根深蒂固。可以推断，良渚文化在中南聚落群的崛起和发展，很可能得益于南部聚落群的推动和影响。北部聚落群兴起于良渚中晚期，可能也是中北聚落群向北扩张或分化的结果。无锡的丘承墩和常熟的罗墩，应该是中北聚落群向北拓展过程中的文化遗存[7]。从这个意义上讲，南部聚落群与中北聚落群是良渚文化壮大的两大发轫区。

但是从高等级的显贵墓地来看，北部聚落群、中北聚落群及中南聚落群常显现出与南部聚落群有权力物品上的密切联系。例如北部聚落群内高城墩出土的不少玉器，“无论在用料、形制、大小、图案、刻工”等方面，均与良渚遗址群内反山、瑶山出土的同类器十分接近[8]。有研究者通过分析后甚至断言，高城墩墓葬中的玉礼器即琮、璧、钺等肯定直接来源于良渚遗址群[9]。中北聚落群的少卿山M1有一件玉琮，整体形态及构图细节都与反山M16的一件玉琮完全相同。福泉山出土的玉琮中，也有从良渚遗址群获得的成品[10]。中南聚落群内的普安桥遗址，所出土的三叉形器和梳背都和良渚遗址群的完全一致[11]。这些现象表面上看是良渚遗址群向其他地区输出高端产品，本质上是一种文化辐射，其潜藏的深层含义很可能是良渚遗址群对其他地区具有某种形式的控制力。秦岭女士在分析了苏南和桐乡等地的玉器生产和消费特点后指出：“可以肯定，良渚中期的玉石品生产、尤其是玉器生产活动，大部分是由良渚遗址群来完成的，它的产品大部分供内部消费，琮璧钺等身份标志物也在其他地区最高等级的墓葬中出现，但并没有良渚群内的器群完整和精致，它的产品在整个环太湖地区覆盖面是最广的。”[12]这就是说，良渚遗址群拥有最庞大、最先进的玉器制作基地，生产出来的大量玉器首先满足遗址群自身的巨大需求，然后有一部分非尖端产品提供给其他地区使用。由此可见，良渚遗址群内的贵族集团人数惊人，等级极高，它对其他地区有着明显的政治优势，而这种优势的内在表现就是控制力和影响力。

现在看来，良渚遗址群的核心地位从良渚文化早期后段兴起之始，一直保持着强者态势，显贵阶层一代代传承延续，长时间主导着良渚文化的发展轨迹。在良渚文化中期前后，其他地区有关良渚文化的重大发现，其规模和文化内涵都无法超越良渚遗址群内的高端遗址。事实上，在一定区域内出现大量遗址并构成等级关系、配套关系的有机整体只有良渚遗址群一处，其他地区都没有形成高密度的遗址区。即使是文化脉络更显完整的中北地区，在赵陵山、草鞋山和福泉山等主要遗址的周围，也只有若干较小的遗址，目前还无法证明它们之间有什么关系。而这些遗址本身，虽然分布着墓地、祭祀遗迹及其他活动遗迹，但总体规模和遗物等级，都完全无法与良渚遗址群的群体实力相颉颃。因此，良渚遗址群一定是一个有着特殊身份的文化核心区。

严文明先生也曾对良渚文化的聚落遗址进行过划分，他同样认为第一级的中心聚落遗址只有良渚遗址群一处，其他诸如寺墩、赵陵山、草鞋山、张陵山、福泉山、普安桥等都是第二级的次中心聚落遗址[13]。其实，严先生在上世纪末考察良渚遗址后就指出：“对良渚文化来说，我们有相当大的把握确定以莫角山遗址为中心的良渚遗址群就是良渚文化的第一中心或最大中心，而且可以认为这个中心对整个良渚文化大约5万平方公里的范围内都具有相当的影响力，对有些地方甚至可以说是控制力”[14]。

毫无疑问，良渚遗址群的特殊性和主导性首先体现在莫角山遗址上。经过多年的资料积累，莫角山遗址终于被证实是一处人工堆筑的巨型土台，形态规整，气势恢弘，无论是占地面积，还是人工营建所用的土方量，都是其他良渚文化遗址无法比拟的。发掘后所揭示的面积逾3万平方米考究的大型夯土建筑基址，在同时期其他考古学文化中极其罕见，基址上的数排大型柱坑表明，这里曾经矗立过重要的建筑。基址上排列规整的沟埂遗迹、堆积大量石块的积石坑和填埋纯净土的灰坑等，可能是重要的礼制性遗存。1987年遗址东南部小规模发掘中揭露出的坡状烧土堆积位于夯土基址边缘，也应是礼制性、宗教性活动后的遗存[15]。所有这些都显示了莫角山遗址丰富的文化内涵和不同于其他任何良渚文化遗址的尊贵地位。周围布满反山、马金口、桑树地、钟家村等50多个规模不一、规格不等的遗址，更加突显出莫角山遗址的核心地位。这种众星拱月的分布格局，也体现了良渚时期复杂而有序的社会形态，集中反映了良渚文化最大规模、最高等级的社会发展水平。如果遗址上的三个土台——大莫角山、小莫角山、乌龟山被确认为良渚时期的遗存，那么它们很可能就是大型基址上的主体建筑。这些建筑围绕巨大的礼仪广场构成一组庞大的建筑群，应该就是当时最高权力的象征。

严文明先生在考察发掘现场后指出，莫角山的夯土基址是江南地区首次发现的夯筑遗迹，并且是"整个龙山时代诸考古学文化中所见的加工最好的夯土"，"简直跟二里头文化的夯土差不多"，"如此大面积地精心夯筑，说明它很可能是一个大型建筑的基址"。在他看来，莫角山遗址"也许就是良渚文化的一座台城"，甚至可以叫做"莫角山城"。很有可能，它也是"我国最早的宫殿"。"它的中心地位不但表现在大型建筑群和城址本身，还在于这个台城中有三个更高的土墩，即大莫角山、小莫角山和乌龟山，自然原因很难形成这样鼎立的小土山，推测它可能是人工建造的中心祭坛之类的设施"[16]。

瑶山和汇观山祭坛、反山和瑶山墓地是与莫角山遗址相关的另一些独一无二的高端遗址，它们互相依存，又具有各自的功能，从不同的角度体现了良渚文化发展的终极成就。尤其是反山墓地，显然已具备王陵的特征。按照王震中先生的解释，他认为王权有三个基本的来源和组成：1.王权的神圣性和宗教性，即王权有渊源于宗教祭祀权的一面；2.王权的军事权威性，即王权是在战争中发展和巩固起来的；3.族内的尊卑等级、全社会的阶层分化使王权拥有合法的外衣。归纳起来，这三个来源就是神权、军权和族权[17]。对照这三个内涵，我们认为反山12号墓是典型的王墓。雕刻着完整神徽图案的"琮王"和"钺王"无疑代表了神权和军权，而玉璧及其他最高品质的随葬品象征着财富，也表明墓主具有无上的族权。用严文明先生的话来说："一手把持这样三种权力君临良渚社会的人物称之为王，怎么看都是合适的。"[18]上世纪末确认的塘山遗址工程浩大，宽大绵延近似城墙，初步的考古工作已探明遗址上保存着各类遗迹，但其主要或初始的功能，应该具有防护性质。这些宏大的重要遗址集中出现于良渚遗址群绝非偶然，它们是王权体系下各种要素的有机组成，如果没有集权统摄下的组织系统，要营造需要大批劳役耗时数年、工程量达数百万土方量的莫角山和塘山是根本无法想象的。它们的共同存在，突出表明良渚遗址群曾经是独霸一方的政治实体，曾经是良渚文化的主控中心。

如果将良渚遗址群内的各类遗址进行层级排列，那么莫角山中心遗址、反山墓地、瑶山祭坛及墓地、汇观山祭坛和塘山土垣首先可列为第一层次，姚家墩聚落[19]、卢村祭坛、汇观山墓地、后杨村墓地可以列为第二层次，庙前、吴家埠、文家山、卞家山、梅园里等村落和墓地可以列为第三层次。不同层次的遗址有大致对应的遗址类型，它们之间具有纵向的级差或隶属关系。不同层次的遗址又有各自的核心，我们现在能大致判断的是：体量巨大的莫角山为第一层次的中心遗址；周边有多个遗址环绕的姚家墩是第二层次的中心遗址之一；遗迹现象丰富、延续时间颇长的庙前属于第三层次的中心遗址。如果将这些遗址或类型作一番排列组合，我们可以绘出一张图表（图二），从中可以看出：越是高端的遗址，功能越明确，规模越大；越到基层，各种功能的遗迹越混杂，规模也越小。

良渚遗址群的等级差异在墓葬资料中反映得更加丰富、更加生动。就现有的资料来看，显贵者都有

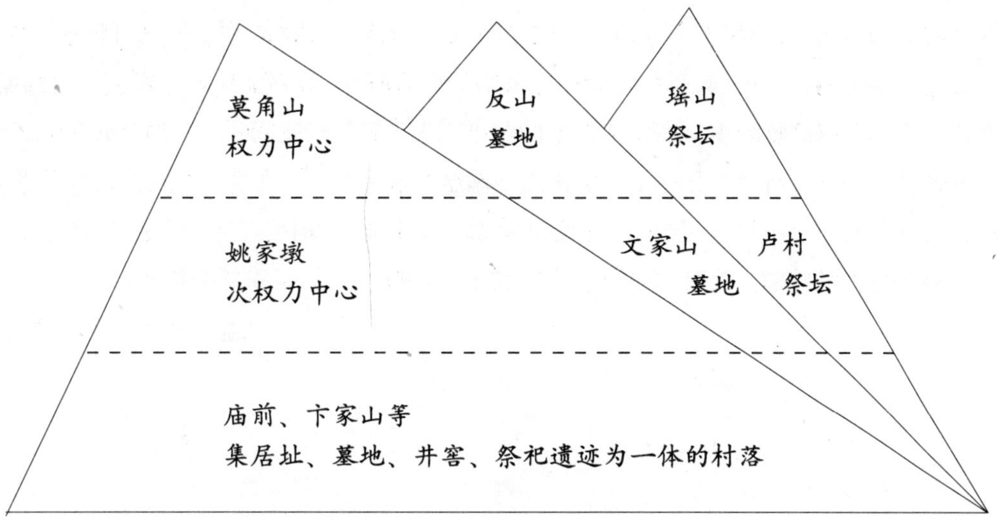

图二　良渚遗址群遗址层级示意图

专门营建的高台，中等贵族和家族墓地也有一定规模的人工土台，而贫民则多半葬于低矮的居址附近。各个高台墓地存在面积、高度和堆土来源及方式上的差异，此外还有重复利用和扩大更新的现象。类似的差异在墓坑规模、葬具设置中也同样存在。大墓的墓坑长度一般在3米以上，宽度多超过1米，葬具也较考究，有的棺椁兼备。中小墓葬的墓坑长度都在2.5米以下，宽度多数在0.6—0.7米，葬具以凹弧形独木垫板加轻质盖板为主。

根据随葬品的多寡和优劣，人群的等级差异更显突出，可分的层级更加复杂。反山、瑶山显贵墓地内随葬大量雕琢精美纹饰的玉器，这是其他任何墓地的墓葬都无法望其项背的，仅凭此就足以体现其绝对的尊贵。然而即使是反山和瑶山墓地，尽管墓地内的多数墓主是重要显贵，各墓的随葬品种类、组合及数量仍有较大差异，表明墓主的身份和角色互不相同，作为王族成员也存在尊卑和亲疏的相对关系。汇观山、后杨村等显贵墓葬虽然也随葬琮、钺、璧等礼器，但是从简单得多的玉器纹饰来看，他们的神性和地位显然要低于反山和瑶山墓地。文家山、塘山、庙前等地出现的个别显贵墓葬，主要玉器仅为玉璧、梳背、镯等，其身份又在前者之下。而大量的良渚文化中小型墓葬，其随葬品的玉器比重明显偏少，有的完全没有玉器。相对来说，中小型墓葬之间的随葬品差异较小，通常以陶器为主，器形往往是鼎、豆、罐，有的还有盆和陶纺轮，石器一般为石钺，玉器通常只有珠、管、坠之类的小饰品，有的也见锥形饰。

良渚遗址群的中小型墓葬主要出自庙前、梅园里、文家山、钵衣山、上口山、横圩里、下家山等遗址，数量有200多座。以此为基数，遗址群内的上层墓与中下层墓的比数约为1∶8。而从桑树头、吴家埠、荀山周围、羊尾巴山、小竹园、钵衣山、王家庄、卢村、前山、里山、黄泥口、盛家村、扁担山、钟家村、下家舍等遗址出土琮、璧、钺等重要玉器的传闻和记录来看，良渚遗址群内的显贵阶层非常庞大。按照这个比例反推，遗址群内的中小型墓葬被破坏的数量应更加惊人。由此也可见良渚遗址群曾经有过的巨大规模之一斑。

良渚遗址群的特殊性还体现在普通遗址上。近年发现的下家山虽然是一个临水的普通聚落，但在废弃的灰沟内沉积着大量珍贵文物。不但有黝黑发亮的刻纹陶器、刻符陶片，还有规整鲜亮的漆器实物，其中数量最多的漆觚显示了高超的制作技巧，从造型和装饰上看，都可以说是商周青铜觚的滥觞[20]。

在距今四五千年前的古代中国，以中原为中心的格局尚未形成，良渚文化的文明化进程则显现出一马当先的态势。象征王权的政治中心在良渚遗址群业已产生，宗教祭祀场所、大型公共墓地迅速增加，人群分化和等级秩序进一步规范，各种生业系统逐步健全并不断开拓，非生产性的支出更是急剧膨胀。这些现象的背后隐藏着一个有严密组织体系和强大宗教力量的政治集团，它在广大的势力范围内，通过长时间世俗与宗教合力的控制，使良渚古国在当时的政治舞台上扮演了重要的角色。

赵晔（浙江省文物考古研究所）

1.浙江省文物考古研究所、宁波市文物考古研究所《宁波慈湖遗址发掘简报》，《浙江省文物考古研究所学刊》，科学出版社，1993年；名山后考古队《奉化名山后遗址第一期发掘的主要收获》，《浙江省文物考古研究所学刊》，科学出版社，1993年；蒋乐平《浦江县阔塘山背新石器时代晚期墓地》，《中国考古学年鉴》，文物出版社，2002年。

2.张之恒《良渚文化聚落群研究》，《东方文明之光——良渚文化发现60周年纪念文集》，海南国际新闻出版中心，1996年。

3.赵晔《良渚文化祭坛、墓地及其反映的社会形态初探》，良渚文化国际学术讨论会论文摘要，1996年。

4.李新伟《良渚文化的分期研究》，《考古集刊·12》，中国大百科全书出版社，1999年。

5.丁品《良渚文化聚落群初论》，《史前研究》(2004)，三秦出版社，2005年。

6.陈杰、吴建民《太湖地区良渚文化时期的古环境》，《东方文明之光——良渚文化发现60周年纪念文集》，海南国际新闻出版中心，1996年。

7.张敏等《江苏无锡丘承墩遗址首次发现良渚文化高台墓地的双祭台》，《中国文物报》2006年4月19日；苏州博物馆、常熟博物馆：《江苏常熟罗墩遗址发掘简报》，《文物》1999年第7期。

8.江苏省高城墩联合考古队《江苏高城墩遗址发掘简报》，《文物》2001年第5期。

9.秦岭《良渚玉器纹饰的比较研究——从刻纹玉器看良渚社会的关系网络》，《浙江省文物考古研究所学刊——纪念良渚遗址发现70周年学术研讨会文集》，科学出版社，2006年。

10.同9。

11.秦岭《环太湖地区史前社会结构的探索》，北京大学考古文博学院，2003年。

12.同11。

13.严文明《良渚文化：中国文明的一个重要源头》，《长江文明的曙光》，湖北教育出版社，2004年。

14.严文明《文明的曙光——长江流域最古的城市》，《长江文明的曙光》，湖北教育出版社，2004年。

15.浙江省文物考古研究所《余杭莫角山遗址1992—1993年的发掘》，《文物》2001年12期。

16.严文明《良渚随笔》，《文物》1996年第3期。

17.王震中《文明与国家——东夷民族的文明起源》，《中国古代文明的探索》，云南人民出版社，2005年。

18.严文明《长江文明的曙光——与梅原猛对谈录》，《长江文明的曙光》，湖北教育出版社，2004年。

19.刘斌《余杭卢村遗址的发掘及其聚落考察》，《浙江省文物考古研究所学刊》，长征出版社，1997年。

20.赵晔《余杭卞家山遗址发现良渚时期"木构码头"等遗存》，《中国文物报》2003年9月27日；赵晔《余杭卞家山遗址》，《中国考古学年鉴》2004年。

良渚文化
——传统文化渊源考

一、受生存环境影响而形成的太湖地区良渚文化系中国传统文化的重要渊薮

早期人类的生存几乎完全依附于自然环境，而多水的太湖流域经常受到水害的威胁，使太湖流域先人时时面临着严峻的生存危机。考古发现的太湖流域新石器时代文化遗址中的间歇层（没有人类活动遗迹现象，完全是自然堆积的地层。因其在上下文化层之间，故名间歇层），就为我们充分展示着当时的水害程度。

亘古未有的玉器从太湖流域开始大量盛行绝非偶然，成书于战国时代被后世誉为古代百科全书的《山海经》中多载古代山上遍地是玉。1984年以来根据闻广先生的研究认为太湖地区所产软玉为“就地取材”。已鉴定的苏南新石器时代玉器中确是软玉者以吴县草鞋山遗址的崧泽文化残玉璜（WCM12：15）为最早，距今约5500年[1]。问题是既然古代遍地是玉，那么为何直到崧泽文化时期才逐渐开始将玉利用起来呢？太湖流域的这份玉缘自有其历史根源。马家浜文化之后，所有能被水冲走的都冲走了，唯有玉石之山岿然不动，成了人们唯一的立足之处，经过洪水洗劫的少数幸存者竟意外地发现了玉屑敷于患处可以消肿解毒（食玉可以健康长寿，长生不老，这是中国古代非常流行的一种看法。古代所谓“琼浆玉

遗址 文化层与间歇层	吴县 草鞋山	苏州 越城	昆山 绰墩	吴江 梅埝	青浦 福泉山
崧泽文化	第六层红褐土，厚0.25m； 第七层黑褐土，厚0.9m	无	灰黑土，厚0.25m	第四层灰黑土，厚0.05—0.2m	第五层灰黑土，距地表深5.5—6.9m
间歇层	第八层黑土，厚0.7m	黑土，厚0.5m	黑土，厚0.5m	第五层灰淤土，厚0.11—0.4m	黄褐土自然堆积，距地表深6.5—6.9m
马家浜文化	第九层绿灰土，厚2.2m；第十层，厚1—2m	黑灰土，厚1.5m	深灰土，厚1.5m	第六层黄灰淤土，厚0.43—0.62m	第七层深灰土，距地表深6.75—7.5m

液”、“神仙玉浆”、“玉膏”“玉脂”、“玉醴”、“玉屑”等等，都是指可食用的玉制品，而且其功效都是“服之长年不老”，玉之客观存在的药用价值李时珍的《本草纲目》也有记载，宋代医学名著《圣济录》中有这样的处方：“面身瘢痕，真玉日日磨之，久则自灭。”《汉书·王莽传》对此也有记载）。正当人们力不从心于繁衍生息的神圣使命，身心交瘁之际，这晶莹润亮的玉拯救了无数水后病疫中濒临死亡的生灵，在绝处逢生而又无法作出更好的解释的时候，面对着浊浪翻腾的大水，面对着玉藏丰富的大山，面对着浩瀚无垠的苍穹，万千感慨系于玉石：“天不绝我者玉石也！”于是，玉首先凝聚着太湖流域先人的幻想与激情，被雕琢成了圆形的玉器，上海青浦崧泽遗址（上海青浦崧泽古属太湖流域）出土的许多墓葬中墓主人的头颈中大多挂着圆形的玉璜，手臂上也套着圆形的玉环，昆山少卿山遗址一号墓死者的左右手腕部各套有一件玉镯。右手玉镯深绿色，外边磨出斜面，内边磨去棱角；左手玉镯黄白色，内外周边棱角均被磨去。死者牙床臼齿内侧还粘有一粒玉珠，珠的断面呈圆角形，长1.4厘米，高0.9厘米，此可谓道家练食仙丹妙药之天下第一例。（图一）玉器的圆形原型为太湖流域先人首创，周而复始，循环往复，无有穷尽是圆的真正意蕴，被镂空的圆形的虚心更昭示着先吴古人已经具有无“虚”即无“有”的深邃。每一个镂孔的虚心，都实现着人们对此通天灵物的幻化，人们发自肺腑地企望着这玉就是天地间天人相通的不凡之物，凝结着生命崇拜和生殖崇拜的玉便成了人们寄托一切希望的物质媒介。

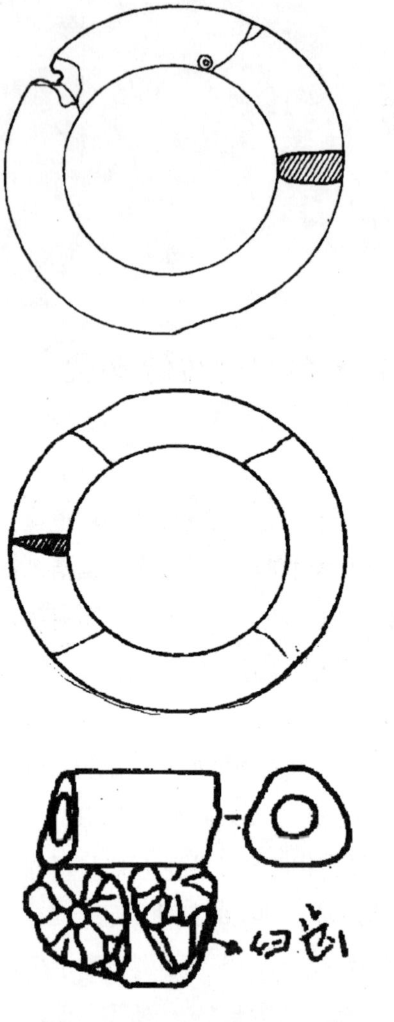

图一 少卿山一号墓玉镯玉珠

随着先人生存意识的不断充实和发展，玉器的作用也不断地升华。晶莹的玉从一开始的研磨成药，到后来有意识地研制成圆形的璜、环、镯等器形，并做成串饰作为驱邪品，手戴颈挂，祈保康健。人们在生活中不断赋予玉以新的内容。

玉鸟鱼（福泉福泉山M126：3）

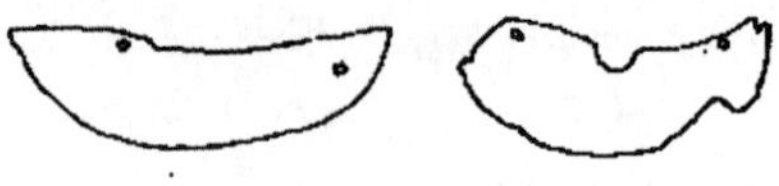
鱼形玉璜（崧泽M62 ：2） 鸟形玉璜（崧泽M64：5）

图二

初期的玉器都是素面，即使是鱼、鸟形玉璜，也仅在头部钻孔为目，再无其他线条的刻画。鱼和鸟的造型，也是人们崇拜生命的内心呈现。当汹涌的洪水狂啸着吞没人类的希望时，却奈何不了天空中翱翔盘桓的飞鸟，波浪起伏，鱼儿亦尽显搏击弄潮的英雄本色，人们把对这种生命形式的钦羡深深地刻写在他们认为具有神力的玉石之上，然后系之佩之，以与玉神同在的无限期冀，赋予自身顽强生息的无穷力量。（图二）

玉，给了人们生的契机和拼搏的勇气。他们在适应和改造自然的同时，把社会发展推向前进。随之玉器的矿石物质因素逐渐被淡化，代之而起的则是慢慢深化了的社会人文因素。这时候，玉器在纯粹出于除病祛邪保佐生息的原始意识之上，又增添了一层新的意义——生活中不可或缺的外表美饰成为人们对玉器的更高要求。江苏昆山绰墩遗址出土的玉耳坠、玉胸坠，在4500年前就已经与先吴古人的胴体一起沐浴着太阳的光芒。金谷辉煌的丰收季节，秋风秋色中，玲珑的玉器在劳作的人们的心田里点缀着人生的梦想。

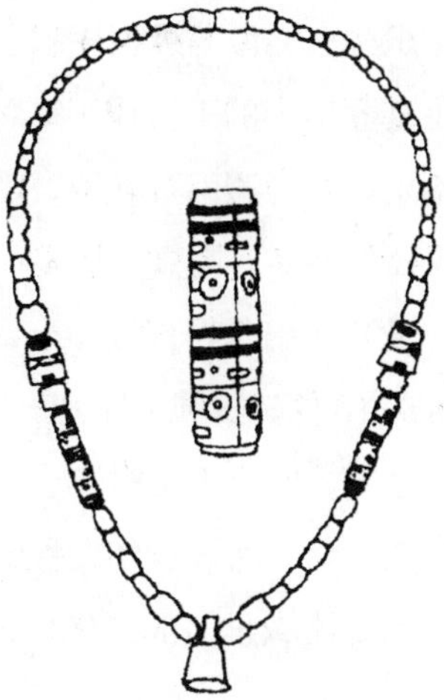

图三　福泉山 M9 串饰

当时，人是第一生产力，一个女子在部族中的经济地位与其儿女生产率成正比，生得越多，地位越高。女性为了得到并尽量保持自己在男子面前的魅力，除了身体康健这一先决条件之外，美饰就自然而然地被整个社会所重视，于是，玉器就从生命崇拜和生殖崇拜的物质媒介升华为人们追求美的载体。这种升华，大大提高了社会的繁荣和发展，使人们不仅得以从水灾中迅速复苏重振，而且，更使崧泽文化后的良渚文化的生产力和生产关系逐步向着文明境界进化。（图三）

随着竞美意识的进一步社会化，外表的美饰又逐渐陶冶、衍生出了内心美的要求，宝玉雅洁高尚的品性对于陶冶、净化、提高人的品性和素质起到了不可低估的影响作用，人们因宝玉而激发的美德开始向氏族社会中流行了几千年的群婚制挑战，崧泽文化时期的对偶婚的出现，大大提高了人口的数量和质量，进而，良渚文化时期的一夫多妻制使家庭有了存在的前提，为国家的产生提供了必要的社会组织的基本细胞，奠定了文明意识的内涵底蕴。吴县张陵山遗址上下层墓葬出土玉器的器型区别就不失为反映这种变化趋势的重要例证：下层墓出土的玉器有珠、镯、璜、环、管，而时代较晚的上层墓不仅随葬这类玉器，更出现了玉琮、玉斧、玉璋形器。(图四)

图四　吴县张陵山遗址上层墓出土的玉琮、玉斧

璋形器形同圭，琮和圭等玉器都是夏商周三代用以规范社会等级的礼制玉器。张陵山遗址上层墓正处于形成这种社会公识的发展过程，历尽了几千年的磨难，玉光荣而又艰巨地履行着执着的吴人乃至其影响所及的泱泱中华所赋予她的历史使命。几千年中，人们在雕琢着玉的外表的同时，也雕琢着自身的内心世界，并逐渐超脱出固有的物形。事实上，无论是玉琮上的分节，还是玉器的大小之分，都间接或直接地长期熏冶着人们的身心，而一旦在人们的心目中形成了根深蒂固的节的概念的时候，就标志着

社会意识孕育类似等级秩序和上下层次等文明共识已经取得了卓著的成就。闻广教授近年来对一系列良渚文化墓葬出土的玉器作了矿物学鉴定，对反山十二号大墓所出玉器，包括全部六琮一钺等13件玉器取样鉴定，均为透闪石软玉，以此观察全部玉器，未发现假玉，相当于“天子用全”；对福泉山九号墓出土玉器的鉴定，则真玉居多而杂有假玉，相当于“用龙（駹）”或“用瓒”；而浙江海宁荷叶地的三号墓和九号墓所出玉器真假参半，相当于“用将（埒）”。郑建先生对寺墩一、三、四号墓所出的玉璧10件，玉琮16件，玉钺1件、玉镯1件，玉锥形饰2件，玉管1件共计31件的鉴定，皆为透闪石、阳起石系列软玉，即真玉，相当于“天子用全”；草鞋山M198所出8件玉器的鉴定，除一件为纤维蛇纹石，一件为绢云母，属假玉外，余6件皆为透闪石、阳起石系列软玉，即真玉，与福泉山九号墓相当，毫无疑问，太湖流域早期玉文化是华夏礼玉制度的渊源所在。

二、良渚文化的祭坛奠定了传统文化“道”与“礼”的基础

在崧泽文化基础上发展起来的良渚文化，玉器具有两个特点：

1．数量非常多。以大规模的数量造成一种不能不为之动容的有如商代青铜器般的庄重与权力的威严，而一旦这种规模堂而皇之地被人们所顶礼膜拜，那么，这种形式便恰恰与统治者的“礼”治的目的相吻合了，昆山赵陵山遗址77号墓有125件玉器随葬，如此皇皇巨制，非“礼”莫属也！

2．有祭祀现象。昆山赵陵山遗址有近3000平方米“祭坛”，在“祭坛”南和西北外围，发现了一批作为人牲的青少年[2]。

正是“祭坛”，使墓葬中的玉器开始具有礼仪用玉的性质，当玉一旦成为礼仪象征物的时候，便已不再是普通意义上的一般用玉了。她从生活领域迈入政治殿堂，宣告了由玉的特性所决定的人们在特定自然环境中赋予玉的崇拜意念已经逐渐升华。从民俗化到政治化的转变过程，从另一种意义上来讲，则是社会上下一致高度肯定了玉对社会发展所起的重要的信仰作用——这种信仰曾使众人有信心战胜巨大的自然灾难。

昆山少卿山遗址发现系搬运生土堆筑而成的良渚文化土台，堆筑这样一个约1万立方米的土台在当时来说无疑是一个巨大的工程，而且能够组织这么多的人堆筑土台，说明当时的社会已经有了比较严密和较高层次的组织机构。土台南部曾发现一座墓葬，出土琮、瑗、斧（钺）、镯等玉器一组19件。随葬品说明这不是一般的墓葬，墓主应是有较高的社会地位。少卿山良渚文化土台上，发现不少打破土台的土坑，如9号墓出土玉璧7件，残石钺4件，4号灰坑内仅发现玉珠数粒，而不见其他遗物；还有一些坑的填土中仅含红烧土颗粒及黑灰土而无遗物；在土台北部边缘，还发现3个埋有动物骨架和人头骨的土坑，其中1号灰坑和2号灰坑所埋的动物骨架与5号灰坑所埋的完整的人头骨方向一致，均朝向土台，显然这些遗迹与当时在土台上所进行的祭祀活动有关。根据文献记载（《礼记·郊特牲》等），从广泛的土地崇拜发展到土地神的祭祀，其方法之一是用土堆筑一个高台，为土地之祖，作为后人的祭祀对象，土台上又埋葬有祖先的墓作为后人祭祖的地方，所祭对象等级不同，祭礼也不一样，但把玉器作为祭品是一致的，特别是玉璧几乎每一祭祀活动都要用到；其方法之二是挖坑埋入地下，牲畜祭祀除了用猪、牛、羊三牲俱全的太牢，也或用一羊或一鸡。少卿山遗址良渚文化土台上发现的土坑瘗埋的玉璧、珠等

玉器及完整的动物骨架,可以与文献记载相印证。

信仰在形成的过程中产生的巫师，也就是后来的道人，以其所谓沟通天人的特殊能力，心安理得地充当着权力的拥有者。

这是昆山赵陵山遗址M77一位集古代部族权力于一身的巫师的墓葬，随葬品之多，特别是大量玉器的随葬，更是说明了当时玉器与权力地位的密切关系。(图五)

信仰在成熟的过程中,人们的思维特征总是会在其情之所系的器物上留下一定的信息符号的。这方面,古代的造字法则也为我们作出了相应的佐证:就像以青铜器为立国之本的商代,商字取形于青铜器,其形如斝，后借为商，甲骨文商写作“吕”；以农业为立国之本的周代，其周字取形于密植的农田，甲骨文周写作田。甲骨文玉写作丰、丰、丰[3]，“ 礼 ”字写作“豊”，象二玉在器之形，是祭祀方式的形象描绘；又铜器铭文夏写作夏[4]，形象地表示了一个人浑身上下都佩戴着玉器 ，光华夺目。《书 · 舜典》有载：“蛮夷猾夏”。孔子阐述：“夏，华夏”[5]。古代中原称我们太湖流域一带为蛮夷，可见，孔子在春秋时代百家争鸣的理论氛围中，就已以他非凡的睿智敏感到了太湖流域与华夏的微妙关系。

《史记》所谓的“黄帝”，实际上也是玉器之尊的意思，璜在周中皇簋上写作黄[6]。璜是太湖流域早期玉器中最流行的颈饰,古人用字多同音“假借”,故而,璜与黄同音相通,可以互用,璜也可写作黄。“帝”字在甲骨文中写作帝、帝，其中间的H，就是横着的一个玉字，所以，“帝”字就是形象地表示着身上佩系着玉件的崇拜偶像。因此，可以说，传说中的黄帝，实际上就是太湖流域玉文化的概括，是吴文化追根索源的凝重情愫。

在浩瀚的思维领域,原始信仰所熏陶的思辨形式已经使人们早已比较擅长于将思想情愫有机地溶入客观存在的物质之中。

从赵陵山出土的徽标和上海崧泽、吴县澄湖、昆山绰墩等处出土的符识来看，太湖流域的这种概括

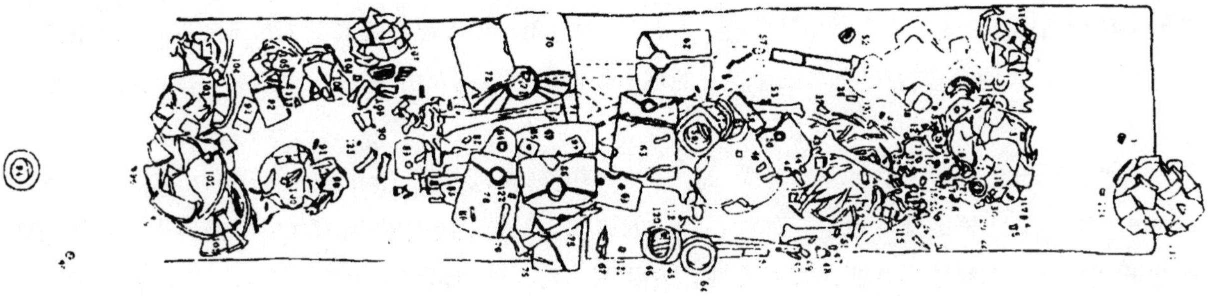

1.玉饰
2-3 4、6-16 玉珠
5 玉坠
17 玉管
18.19 玉饰
20.22 玉珠
28 玉珠
29 玉镯
30.32.36-40 玉管
31 玉珠
33 玉饰
50 玉坠
52 玉环
53 玉坠
54.55 玉管
57 玉管
58 玉镯
59 玉琮
60 玉镯
61 象牙镯
62、62 石钺
64 玉镯
71 玉鸟
72 玉珠
79.80 玉饰
81.82 玉管
86 玉饰
94 玉瑗
95 玉饰
96-98 玉珠
108.109 玉管
112、113 玉珠
114 玉饰
115-119 玉管
120、121 玉珠
123 玉珠

图五 昆山赵陵山遗址M77平面图

的思维能力是不容置疑的。(图六)

安徽含山县凌家滩新石器时代墓葬中出土的玉鸟[7]，其胸腹也雕刻着✡符识（图六），根据墓地同出的器物来判断，这是距今4500年左右，太湖流域的良渚人征战过程中的一处遗迹。苏北海安青墩遗址也有同样的符识出土。俗话说：“鸟过留声，人过留名。”更何况并非雪泥鸿爪，在广袤大地上众多储藏于地层之中的信息资料永远保存着吴人几千年前心仪天宇的骄人风采。

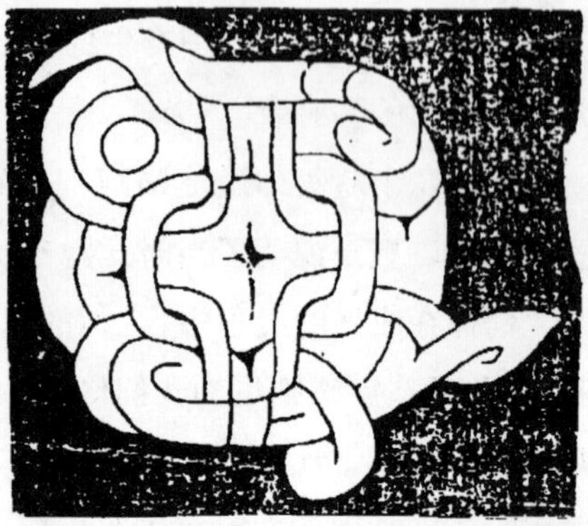
赵陵山徽标

安徽含山玉鸟

图六

太湖流域玉雕文化的最终作用也许是始料未及的，至奴隶制度社会阶段，玉器作为礼制之符而为王室服务，“六器”是商周时祭祀自然神的玉器，“以苍璧礼天，以黄琮礼地，以青圭礼东方，以赤璋礼南方，以白琥礼西方，以玄璜礼北方”，这一祭祀制度为封建社会历代帝王所承袭。据《周礼》载：“以玉作六瑞，以等邦国，王执镇圭，公执桓圭，侯执信圭，伯执躬圭，子执谷璧，男执蒲璧”，明确规定了等级不同，所执玉器就不一样。其后，每个朝代都对持何种礼器，佩带何种玉饰都有严格的规定，以避免等级的混乱与僭越。不仅如此，玉雕的特性对于形成别具特色的人文精神，其重要作用也是不可磨灭的。

春秋末年起，随着社会制度的大变革，统治阶级为了维护安定、巩固其国家权力而崇尚玉器，并从社会理念上提倡“君子比德于玉”这个观念，玉器作为德行操守的象征日益受到重视。孔子阐明玉有仁、知、义、礼、乐、忠、信、天、地、德、道十一种品德，把玉拟人化了，强调玉石的可贵不在外在的美，而在其内涵与人的精神彼此相通并息息相关。此外，玉尚有“五德”、“九德”之说。人们赋予玉的德行化、人格化的内涵，使玉成为君子的化身，《诗经》中也用玉形容品格高尚的人，玉的这种内涵充满了人文精神和伦理道德，成为社会对玉神观念的继承和世俗对高尚人格的要求，因而，可以说是玉雕雕出了人类的等级序第和社会的文明意识。

玉器的雕琢是一种人生追求的写意，是人类心声的刻画，历经几千年必然会熏陶出含蓄与奔放兼具的信仰特色；玉器的雕琢也是一种内在涵养的修饰，经过几千年摒拙求优的心路历程，必然会磨炼出圆润而又深刻的性格特征，修身养性，说到底就是人性的修饰与重塑，而每一件玉器，无论玉璧、玉琮，还是玉镯、玉璜、玉珠，都是虚心的器体，那圆满的虚心一开始是作为一道必须的工序来完成的，欲成其器，务虚其心，不虚心便不成为器。生活中的哲理随着岁月的积淀逐步磨冶出人们虚心脱俗的优秀品行。玉文化净化心灵的客观效果与道学修身养性的宗旨的一致性为玉文化内涵的实质所决定。

三、良渚文化是孕育中国传统文化的基本核心

水乡泽国，饮食鱼米。数量繁多的鱼，不仅是太湖流域取之不尽的饮食来源，组成了太湖流域“饭

稻羹鱼”的饮食结构。在不断地认识水，改造水的过程中，鱼又是先人们得心应手的生产工具和生活用品的重要内容。吴江龙南遗址出土的鱼骨加工的骨器，吴江梅堰遗址的雕刻精美的鱼形匕（古人取食的器具，后代的羹匙由它演变而来）是骨角器中的代表作；吴县草鞋山遗址等处也都有大量鱼骨出土；上海马桥遗址（古属太湖流域）出土的鱼骨饰占所有饰件的91%；浙江桐乡罗家角遗址中鱼类的遗骸是动物群中数量最多的一类，大多数遗留在灰坑中，有的堆积厚达0.5米左右。

不停游动着的鱼，是水灾中赖以生存的主要食物，其始终张开着的鱼鳍充分显示着一种生命的动力，先人们用鱼鳍纹作为日常炊煮器鼎足的纹饰表达了对动态美的追求与向往。（图七）

鱼眼和鱼鳞也被先人用来作为日常器皿的纹饰放在特别显著的部位。（图八）

由太湖流域首创的玉琮，有圆形和内圆外方形之分，圆形玉琮的外壁四面有四个弧形凸面，如同四条鱼的鱼头。内圆外方形玉琮的出现较圆形玉琮要晚，所谓外方，实际上是将圆形玉琮的弧形凸面雕琢成折角形凸面，这样，内圆外方形玉琮四周的折角形凸面，也都是鱼头的特写，玉琮的四周，每节都有秩序地排列着四个鱼头 ，那鱼嘴似乎正在吮动，不时地吸收着天地之精华，孕育出无穷的生命。必须指出的是这种纹饰与造型特点，经过吴人的不懈努力，最后成为中华民族礼制制度中的一个重要标志（图九）。而由黑白两条鱼所构成的太极图，则完全是原始信仰的形象描述。

鱼，乃是太湖流域先人最为熟悉的一种水生动物，因此，最早能够让人们可以相互明了清楚的指事

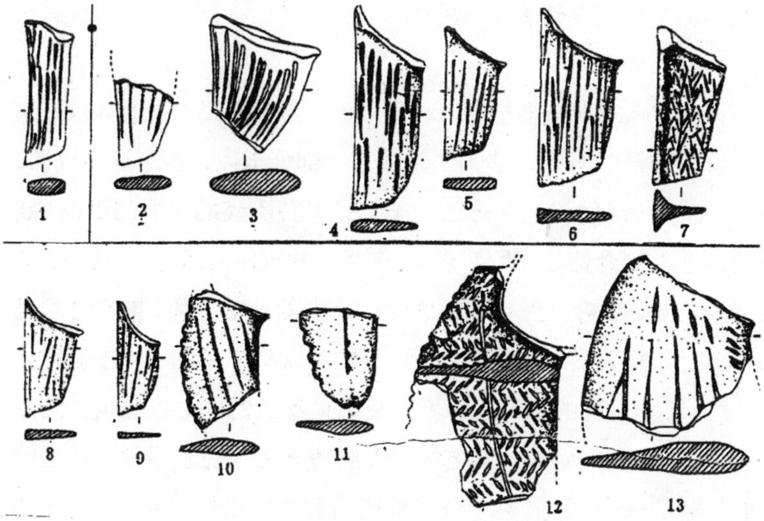

图七

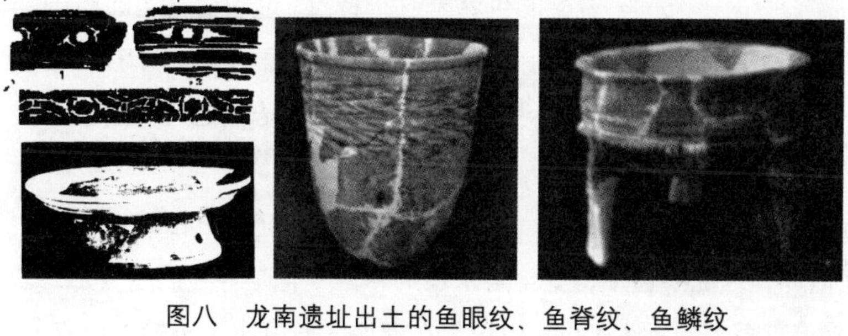

图八　龙南遗址出土的鱼眼纹、鱼脊纹、鱼鳞纹

图九

图十　南湖遗址出土陶文

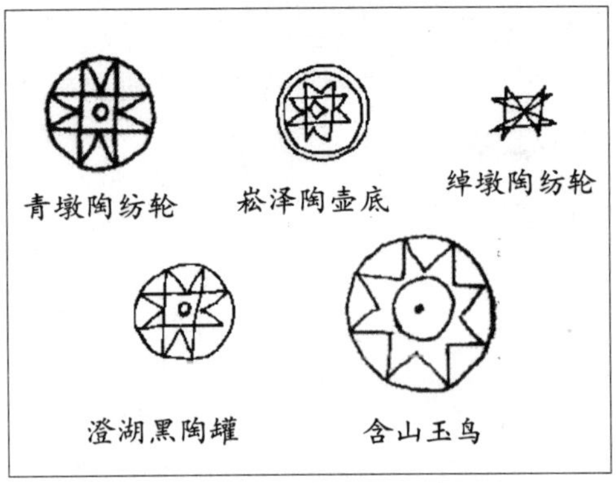

图十一

物必然也是非鱼莫属，于是，人们用鱼鳞来表示甲（甲骨文写作十），用鱼肠来表示乙（甲骨文写作乚），用鱼尾来表示丙（甲骨文写作内），用鱼眼来表示丁（甲骨文写作口），首创了甲乙丙丁四位次数概念[8]。四位次数概念在先人各个方面的思维程式中都有所体现，玉琮四周雕刻着四条鱼头，任何符号也以四为一基本单位，吴县澄湖遗址出土的黑陶罐上刻画着四个文字，邻近余杭南湖出土的黑陶罐上连续刻画出八个符号，但前四个字符与后四个字符之间有一个分隔符[9]。（图十）

(✡)这一包含着鱼体形象的字符在好几个遗址中出现，可能就是最早的"吴"字。XX为两条鱼的联合体，与双鱼太极图具有同样的意味。（图十一）

阴阳互补是八卦的基本原理，八卦图是圆形的，太极图是圆形的，良渚文化早期玉文化是以圆形为原型的，其内在的蕴含不能不发人深思。

玉琮上面象征天，下面象征地，每个玉琮都有几个或十几个节级，每个节级都有八个纹饰面，周围那凹凸的横棱纹，基本框架是长短不一的线条，若将其俯视图展开，则与后来的八卦图非常相似。

玉琮等玉器的制作过程，更昭示着卦易的原始本义，做成圆形的时候，都必须先镂去一部分玉体，玉不琢不成器，那圆满的虚心一开始是作为一道工序来完成的，久而久之，便琢磨出了一条颠扑不破的永恒的真理，欲成其器务虚其心，虚与实的辩证关系不能不令人刻骨铭心。更何况，没有镂去的玉体是可见的、刚强的，而它却只是被镂去的已被视作为虚体的那部分的藉体而已，在此，虚的已比实的更富内涵。虚实之间是相对立的又是不可分割的，只有虚、没有实，不行，反之，也不行，只有虚实既对立又统一，才能有机地构成一件器物，才能体现器物的价值与意义，而这样的思辨逻辑不正是后世易经的中心思想吗？既然是阴阳互补，对立统一，所以，圆孔已非一般的圆孔，而是宇宙之气与人类精元之气往来不绝之通道的象征，每一个镂孔的虚心，都凝集着人们哲智的深邃，这种幻想最终被统治者所利用的时候，便衍化为替天行道的历史经典。

中虚而圆是太湖流域玉器的重要特点，中国传统道学遵循的也就是这一特点。虚内而气运圆满，这乃是治玉中的哲理随着岁月的积淀逐步操冶而出的玉雕秉性，由太湖流域先人首创的玉琮，以其特有的纹饰和造型特点，从实用器进而逐步发展成为夏商周三代礼制制度中的一个重要标志的过程，实际上也就是易经从孕育滋生到逐步传承发展的过程。

从组成八卦的三爻可以看出，卦与卦之间，努力以长短不一的爻符来显示一个道理：相辅相成，相因而生；此中有彼，彼中有此；在相互循环，彼此渗透中，变化是永恒的，但变化是存在的重要形式。然而，卦所要启示人们的，也恰恰是玉琮等玉器要启示人们的。1979年在寺墩一号墓出土玉璧上铺有一层砂粒，经华东地质所鉴定为花岗岩风化壳粗砂粒，主要成分硬度高达7度的石英占30%～40%，石英的硬度大于琮璧的玉料，在玉璧上有意放置石英等砂粒不仅仅象征着作为琢玉用的磨料，后世，他山之石，可以攻玉，刚柔相济等易意不正是这样慢慢磨合出来的吗？

卦易，就是善于运用抽象思维将客观物质与历史积淀的人文意识相对契的逻辑艺术，周文王被囚时演绎八卦，那是易发展到周代的理解。实际上，所谓卦，就是用符号以象征物事，而面对着一长一短的卦爻，努力达到思维与线条指喻的和谐统一，就产生了卦意，后来的发电报，利用音长，音短，音频来传达意思的方式与八卦有异曲同工之妙。由于人生活在天地自然之中，所以，最早的卦意势必就是将人与天地自然联系起来，太湖流域玉器是最早承担这种统一的载体。

丰、丰、丰这三个字都是甲骨文的玉字，一看就知道，它属于指意类词，表示玉石的切割、分解的治玉工序，也是最早的长短线条统一体。

太湖流域的玉器，表面存在同心圆弧线痕迹，草鞋山遗址（M199：10）出一件大玉璧，一面留有6条直径为21.8厘米的同心圆弧线切锯痕，张陵山东山出土的圆片饰（M1：9）背面有直径为23.6厘米，间距0.6至1.2厘米的切锯痕迹，寺墩遗址出土的十三节玉琮（寺M3：22）和十二节玉琮（寺M4采）上留下直径分别为12厘米和24厘米的同心圆弧线琢痕，杨伯达先生在《中国古代玉器面面观》一文中曾指出："这些弧线如加以延长复原，基本呈正圆形"，而八卦图的圆形也具有这种同心圆的特点。

有一种山字形玉器，仅见于太湖流域良渚文化，反山、瑶山、草鞋山等遗址的玉山字形器出土时均位于头骨的上方，多数山字形器琢有精致的神人兽面纹，有的山字形器背面钻有孔和穿，应为头冠饰件。出土山字形器的都是大墓，同时还随葬许多其他玉器，应是权贵特有的佩戴。

甲骨文王字与山字形器既形似且与表示至尊权威的意义相符，史在甲骨文中写作，意思是山字形器的掌握者，史、吏本一字，后引申为吏，成为官吏的固定概念。旗，甲骨文写作，是山字形器树立的样子，最早的巫师亦即后来的道士在原始社会是最早的权力拥有者，他们所使用的东西在当时及后人看来都无不带有神与权的色彩。后世众知的道冠、道具在此可以找到它们的雏形。而太湖流域特有的羽状纹玉冠饰则显现着后世崇尚羽化升仙的道学发轫之迹。

另外，盂鼎"文王"之"文"，写作"玟"，加上王字旁，说明文的本意是在玉上交错刻纹，文化的本意也就是指在玉石上作雕琢饰刻的动作过程。文以致道这句成语就包含了文（纹）与道的因果关系，而所谓"道理"其原始意义也就是指加工玉器的权威法则。而道家至智三清之第一称为玉清（原始天尊），四御之一称为玉皇大帝，玉山叉形器与道教法铃完全相同，凡此种种，都说明了太湖流域玉文化奠定了中国传统文化的思辨形式和行为准则的基本核心。

尽管，千年风雨能够漫漶世人的视听，但是却永远也改变不了地层下沧桑固有的内容陈迹，近几十年来，太湖流域发现了大量的早期玉器，而中原却迟至作为典型夏文化的河南二里头遗址才开始出土了一些带有太湖流域风格的玉琮、玉璧和玉钺，况且，在数量上也远远不及太湖流域。因此，我们可以自豪地说，受环境影响而形成的太湖流域早期玉文化雕出了人类的等级序第和社会的文明意识，更雕出了中国传统文化——道教文化的基本核心。

四、良渚文化时期的意识形态已经基本程式了传统文化的思维模式

展现在大家面前的是昆山绰墩遗址出土的一件良渚文化宽把壶（图十二），其刻纹在整个遗址中因格外特别而尤为引人注目。

图十二　良渚文化宽把壶

仔细端详，但见一对一对极富生机的鸟生命的组合，浩浩荡荡，气势非凡，布局之匀称自不待说，就其上下左右均衡得当之和谐，不能不令人叹为观止。

壶为黑皮陶，先以粗线条勾划画许多小方格，每个小方格之内都描摹着同样纹饰，从它腹部四处和流口一处放大了的主题纹饰，可以清楚地看到这是一雌一雄两个鸟纹的组合纹饰。

整个器表的纹饰实际上分为三个层次，第一层是放大了的主题纹饰，第二层是小方格及其格内的主题纹饰，第三层由纵横交错而成的无数个小方格组成背景底纹，表示虚化了主题纹饰，从第一层到第二层，从第二层到第三层，主题纹饰的数量成倍成倍地迅速递增，以致无以计数。

综观已有考古资料，三个层次与原始信仰不无关系，例如，绰墩遗址祭台堆积分别为黄灰生土、青灰土、红烧土三层。这与上海青浦福泉山、浙江瑶山、汇观山等处（古属太湖流域）的祭坛有着共同的特征。

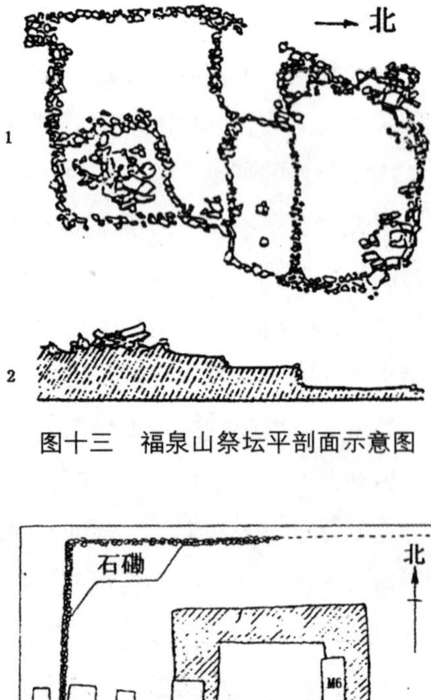

图十三　福泉山祭坛平剖面示意图

从1982年9月至1988年1月，上海市文管会对青浦县福泉山遗址进行三次发掘，发现一座高7.5米，东西长94米，南北宽84米的良渚文化“土筑金字塔”。“金字塔”里的主要遗存是7座大墓与1处大型的祭祀遗址（图十三）。这种良渚文化的大墓与祭祀遗址共存现象，属首次发现。

1987年5月、6月，浙江省文物考古研究所在余杭安溪海拔35米的瑶山上，发掘处一座完整的祭坛遗址，这是最早确认的良渚文化祭坛。整个祭坛外围边长约20米，面积约400平方米。在这400平方米的范围内，埋葬着12座良渚文化大墓。（图十四）

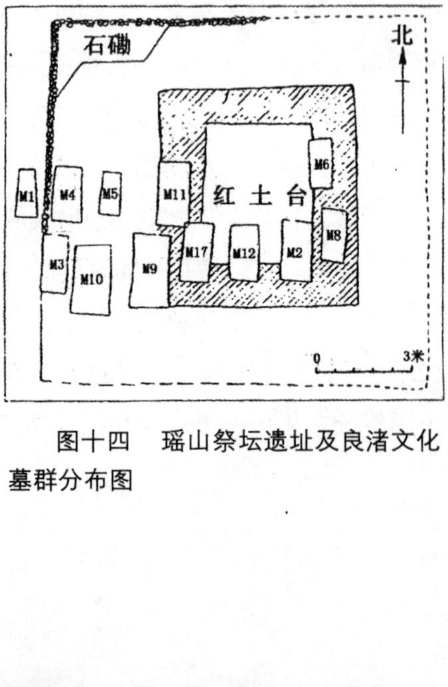

图十四　瑶山祭坛遗址及良渚文化墓群分布图

1991年2月至6月，浙江省文物考古研究所在余杭瓶窑镇东北的汇观山，抢救发掘一处早期曾被破坏，近来居民建房时暴露的良渚文化墓地。汇观山是一座海拔22米的小山。这里有残存的良渚文化大墓4座，祭坛遗址1处。四座大墓也都在1600

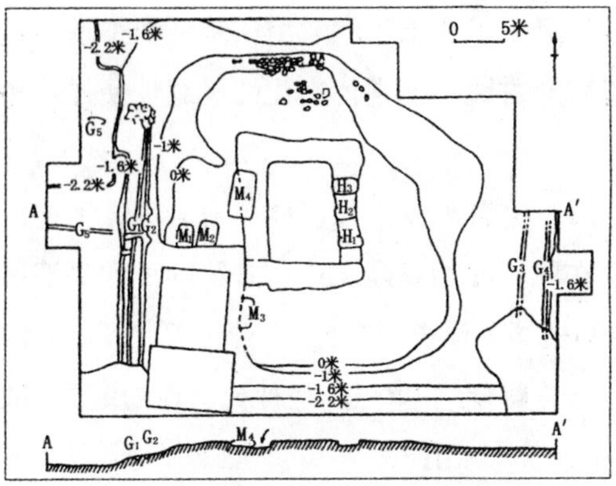

图十五 汇观山祭坛和墓葬分布图

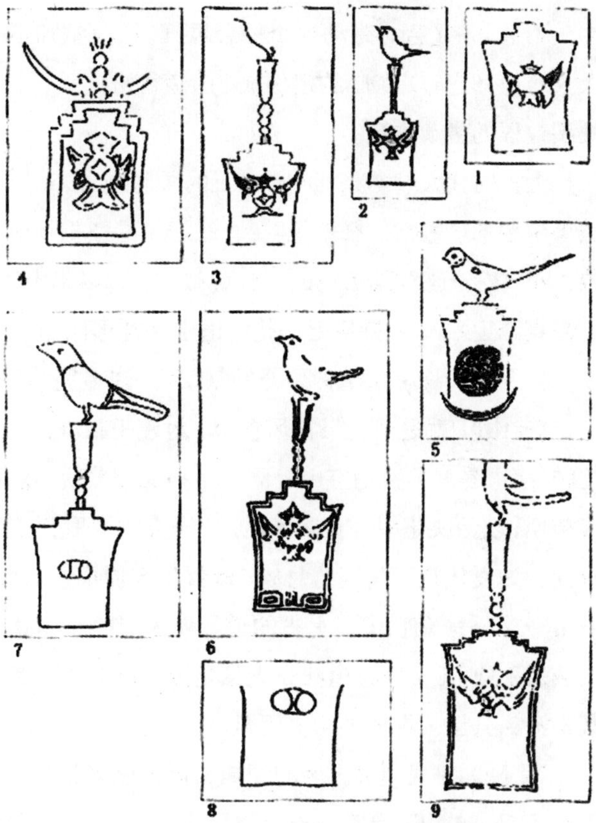

图十六 良渚文化玉琮、玉璧上的层台刻符

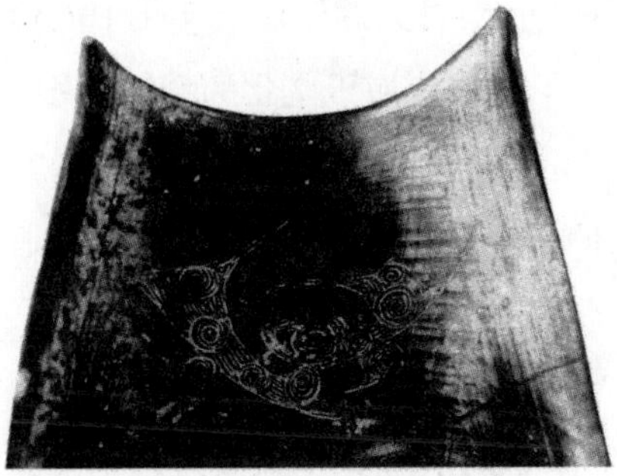
图十七 宽把杯鸟纹图案

图十八 神人鸟纹（反山M12：98玉琮）

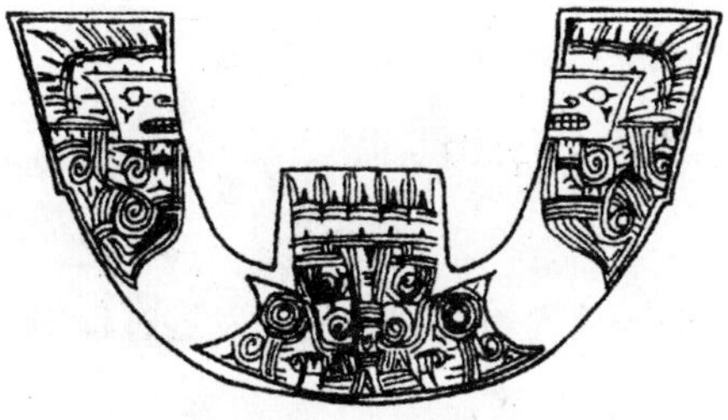
图十九 玉三叉形器（M7：26）

平方米的祭坛范围之内，情况与瑶山遗址相似。（图十五）

另外，从7件良渚文化玉璧与2件良渚文化玉琮的刻符上，可以知道其刻符层台与良渚文化祭坛，形状基本相同，具有方形、三层的基本特征。（图十六）

在此需要特别指出的是这些刻符中大多有高高站立于层台顶端的鸟纹，说明太湖流域先人的祭祀与鸟密切相关。

无论是绰墩遗址良渚文化宽把壶上的鸟图，抑或上海福泉山与吴县草鞋山宽把壶的鸟图，都具有相同的思想内涵，都展示着先人同样的神圣信仰。

比较宽把壶上鸟纹（图十七）与有关玉器，特别是玉琮上的神人鸟纹（图十八）、玉山叉形器（图十九）、玉冠形器上的纹饰可以知道，◉表示的就是鸟纹图。

无独有偶，上海福泉山遗址、金山遗址、吴县草鞋山遗址等与绰墩遗址同风格的鸟纹图案也同样说明着一个事实，那就是，在当时，这样的思维导向具有一定的空间范围，而在一定空间范围内时尚的东西即可称为风俗，一种风俗若经久不衰，则又势必带动整个社会风气。知道？知不知道？这句沿用了几千年的常用话更证明了道乃是人人所应知应解之物，约定俗成，由道德进而成道教。太湖流域考古地层上古代文化的延续性便是这种发展过程的生动再现。

上古时代人们对祭坛与山、天的关联观念，一直保留到现在。笔者家乡太仓市如今道士为丧家作的法事中包括“傩堂”祭祀仪礼。“傩坛”是祭祀场所，一般设在原主家的堂屋之中；堂屋的正中靠墙部位，安放着一座竹编纸糊的彩色牌楼，名曰“华山宫”；牌楼的柱子上贴着对联：“三请圣驾临凡境，四府高真降宝坛”，主持祭祀仪礼的道士手摇形同玉山叉形器的法铃解释：“‘华山’是神灵居住的地方，故以‘华山宫’称呼供奉神灵像的祭坛”。许多民间祭坛都取名为“××山”。

《连山》，就是玉礼祭祀风情记，封建王权政治是它权威至尊概念的发展和延续。人文要素是需要积淀的，《周易》不会是空中楼阁，商易《归藏》、夏易《连山》是其基础。《连山》也绝非空穴来风，夏代初期，政治文化中心在东方区域，当夷人羿取代了夏朝的政权并适时地将太湖流域玉文化中的合理内核确立为夏代礼玉制度的时候，贤哲先人便根据时代的需要，概括了太湖流域玉文化的精髓，完成了天下第一易——《连山》。上古的道行先人赤松子究竟是为何离开中原来到太湖流域的穹窿山隐居？太湖流域的巫咸、巫贤两位道法先人又是因何种机缘成为商朝名噪天下的父子国相？太湖流域深厚的道学渊薮不失为其至关重要的历史因素。

《易经》是我国最古老的经典，自古以来就被推崇备至，尊为群经之首，由于秦代的焚书坑儒，由于汉代起《史记》等官方史籍均作宗周论，今人但知《周易》而不知《连山》，不知易之真正泉源乃太湖流域玉文化也。

当整个社会的思维程式均备受羽化升仙之道德模式所影响的时候，玉器也好，陶器也罢，都难免会给世人留下不可多得的得道良机。如果说昆山少卿山遗址M1死者牙床臼齿内侧粘着一粒玉珠，或许是练食仙丹行为之肇始偶然，那么，鸟纹、羽纹无疑是道家羽化升仙思想之必然反映；而绰墩遗址良渚文化宽把壶，极力表现的三个纹饰层，与良渚文化祭台的三个层面一样则充分体现了与道教三界的内在联系。根据文字材料，首字写为，应该是鸟首，仔细揣摩可以看到宽把壶上的主题纹饰：右翅弯曲柔巧是雌鸟的依恋，左翅竖起有力是雄鸟的无畏，右边的雌鸟依偎着左边雄鸟坚硬的翅膀组成一个形象的“道”字，文（纹）以致道，“道”由雌雄两鸟组合而成，是太湖流域玉文化所营造的道德氛围中先人境界向往的艺术写真，实可谓阴阳调和（壶），道字第一——小小宽把壶盛载着悠悠华夏源远流长的道学之源！

史载汉元帝时期太湖边穹窿山即有道院，上真观曾有5048间，号称天下第一道观，为全国著名的道教圣地，可谓形神皆备。

五、礼玉与礼乐击奏出中国传统文化的永恒基调

中华文明有礼乐文明之称，而礼玉与礼乐有着深刻的内在联系，玉器从实用器到礼器的发展过程中，特别是在夏商周三代，还应该具有乐器的功用。

夏商周三代是重礼纵乐的时代，天子诸侯卿大夫无故不撤乐，士无故不去琴瑟；士无故不去者还有

一个便是玉："君子无故不去玉"，"君子服之，以禁不祥"。无论原始社会还是奴隶社会或封建社会，佩玉均有级别的严格规定，对于个人而言，既代表身份地位，同时人们认为玉神之玉声可以驱邪消灾。从三门峡虢国墓和侯马晋侯墓及苏州严山春秋窖藏出土的大批华美的玉佩，可知其盛行之概。音乐能着教，能避邪，玉也是如此。玉的本质美，在夏商周已衍化为道德美。称玉有九德的孔子欣赏了《韶武》之音，竟然三月不知肉味，曰："不图为乐之至于斯"，美之甚也。音乐与玉都能熏陶人的性情，但是，以往每每被人忽略了的恰恰是玉的乐美特性及其与礼乐的直接关系。人们只知道软玉质地致密，敲之声音悦耳远播，但是没有人将礼玉与礼乐联系起来。

实际上，中国最早的礼是玉礼，中国是世界上为数不多的传统的产玉、用玉国。由于玉器公认的质、色、音、美的神秘性，其成为身份地位的象征，被统治者作为规范社会秩序的等级制度的载体。玉器作为乐器的历史，远长于青铜器，最早的形式是打击乐。据《山海经》记载，古代山上遍地是玉。人们在打击玉石时，听到了动听的声音，这是一种令人愉悦的天籁之音；虽然人耳听不见诸如陨石坠落、地震、海啸、台风、雷电等产生的次声波，但是它们对于人体所造成的危害使人产生恐惧；而"击石拊石，百兽率舞"的壮观舞乐，正是因为玉石之美的声音顺乎美的心理。"玉，美石也"，洪荒时代，生存艰辛，人们用玉石敲击出自己特有的舞乐和对生活的追求。

从文献记载和20世纪下半叶出土的玉器可知，巫觋以玉为神物，打制神器以事神。最早以音乐为职业的巫觋，作为氏族首领，在履行着神人相通的使命时，反复地有节奏地打击着玉石，发出动听感人的美的声音，逐渐地引领着众人将玉石赋予了音乐的生命。玉琮、玉璧、玉璜等玉器，大多为良渚文化先民首创或完善。良渚文化大墓中随葬的玉器数量非常多，每每以大规模的数量造成一种不能不为之动容的庄重威严：昆山赵陵山遗址77号墓有125件玉器随葬，3000平方米的祭台，向人们演绎着巫觋戴着狮虎面傩手舞足蹈敲击着各种玉器，发出各种美妙的声音，合奏出那个时代神圣的谐音。上达神圣的渴望，令人们筑坛以近天庭。《山海经》里的方形山以吴越地区最多，"成山，四方而三坛"，"三成为昆仑丘"。良渚文化玉器上层台刻符有九例，其一是1990年余杭安溪百庙山出土的一件玉璧刻符，其二是北京首都博物馆1983年入藏玉琮刻符，其三是台北故宫博物院1989年入藏玉璧刻符，其四是法国巴黎吉美博物馆藏玉琮刻符，五至八是美国华盛顿弗利尔博物馆藏玉璧刻符，其九是台湾蓝田山房藏玉璧刻符。这九件刻符都刻有层台，层台基本呈长方梯形，与瑶山、汇观山祭坛相同。古人以三为多，三层表示多层。良渚文化晚期流行高方柱体玉琮，也具有方形、多层（多节）、上大下小的特征，层台顶端都有侧身的鸟。层台与祭坛形制相同，也是神山。翱翔云天的鸟儿成了人们实现愿望的生命使者，在空旷的原野，鸟儿的歌唱给人们传达来自天上的音乐般美妙的鸟语，天庭的神人应该也会理解这来自人间的美妙的声音。令人不能不感慨的是，这些站立着的鸟大都处于太阳纹之上，学术界称之为"太阳鸟"，让人们不禁惊讶于"音"字的来源，而鸟鸣为乐，这不正是一幅古人惟妙惟肖的音乐示意图吗？安徽含山县凌家滩良渚文化墓葬中出土的玉鸟还背负着代表着良渚文化特有的八角图案，生动地写照着从一开始人们作乐行礼的目的是为了祈求上天的保佑，而藉以祈求国泰民安则是后来的政治统治者在此原始意义上的自然延伸。太仓市现今乡镇，此种风俗还有一定保留，法师行法时以单手持山叉形法铃摇动，其叮呤叮呤的声音意为"振动法铃，神鬼咸钦"(图二十)。道师行仪时击磬以通报神灵，消灾解厄；在道场诵经时，击磬以控制科仪程序。

图二十

浙江反山M12玉钺与玉琮上的神徽上部弓形冠饰为羽冠，插羽披茅是当时巫觋行祭时的装饰。

西王母是昆仑之神，玉山之主。《山海经》所记的西王母的形象是身穿坠有豹尾之衣，面戴露出虎齿的面具，仿做虎豹，边舞边啸，手舞足蹈，戴胜的头发乱如蓬草，其打扮与良渚文化玉钺上的神徽十分相似。

玉器的雕饰镂孔，过去对它们的认识都不过美饰而已，人们大多忽略了它们的美色作用。事实上，即使是玉璧上的圆点纹在当时也是一种人为特意。一件玉器怎样才能在它有限的表面上打击出更有节奏的音色，必须要在上面作出各种镂雕凹凸，在现今体育馆及专用戏台顶端和四周常常作成凹凸面结构，也正是为着增强音响效果。

我国民族音乐思维的基础五声音阶出现在新石器时代晚期，在周代正式确立为宫、商、角、徵、羽，而圆雕的玉质动物原始社会已有，商代盛行，战国早期曾侯乙墓更有牛、羊、猪、狗、鸭等玉雕器出自墓主人口腔内，可能是五种动物声音不同，人们用以代表五个音阶。

在中国，音乐方面的成果与礼制的影响成正比。《越绝书》明确记载“夫玉亦神物也”，《周礼·春官·大宗伯》说“以瑞玉作六器，以礼天地四方，以苍璧礼天，以黄琮礼地，以青圭礼东方，以赤璋礼南方，以白琥礼西方，以玄璜礼北方”，就是说在特定的方位用特定的玉打击出和谐的音乐以作为礼仪的规定。

从古代祭祀起，礼与乐就息息相关，在教化人类文明的过程中起着共同的作用。与神共舞的古代，歌、舞、乐是组合一起的，《吕氏春秋》所记涂山氏之女所作的“候人歌”的歌词仅只“候人兮猗”一句，而只有“候人”两字有实意，这便是乐舞的最早记载。

历代史诗性质的典章乐舞，黄帝时《云门》、尧时《咸池》、舜时《韶》、禹时《大夏》、商时《大濩》、周时《大武》，周代还专设乐府，有采风制度，收集民歌，以观风俗察民情，赖于此，保存下大量民歌，经春秋时孔子删定，有了中国第一部诗歌总集——《诗经》。习于礼仪的言偃在鲁国任武城宰，弦歌之治曾引出孔子“杀鸡焉用牛刀”，而弦歌之教，歌之咏之的内容就是《诗经》。中国的诗讲究平仄音律，还有中国特有的朗朗上口的成语，仿佛是在提醒着国人永远地回味那远古时代玉石敲击的优美旋律。

神玉瑞器在夏商周成为与青铜礼器并列的最高级别的玉礼器，同时也是与青铜乐器并列的最高级别的乐器，金振玉声，合奏着那个时代的金玉文明。

深谙礼乐的季札是吴王寿梦的少子，阖闾杀王僚即王位（公元前514年）时，季札六十余岁。他在公元前544年出使鲁国观周乐时，对于各国及历代的舞乐都能有精辟的评论，不仅论其舞姿，更重要的是借乐舞而申述了其政治观点，认为周颂“至矣哉，直而不倨（正直而不倨傲），曲而不屈（婉顺而不屈挠），迩而不逼（亲近而不逼促），远而不携（疏远而不离异），迁而不淫（变易而不乱），复而不厌（反复而不厌倦），广而不宣（广大而不夸张），施而不费（施舍而不费财，言因民之利而利之），取而不贪（义然后取），处而不底（安处而不凝滞），行而不流（行动而不放荡）。五声和，八风平，节有度，守而序，盛德之所同”。季札认为这是周及夏商盛世的共同点。

战国早期曾侯乙墓出土的古代打击乐器—石磬编悬于架上—可击奏旋律。经复原研究，知其音域跨三个八度，十二半音齐备，音色清脆。尽管如此，玉器的乐器功用却始终没有被人们充分认识。鸿山越国贵族墓地位于江苏省无锡市锡山区鸿山镇东部，这一地区现保存着大小规模的土墩近百座，其中丘承墩越墓为仅次于浙江绍兴印山越王墓的越国第二大墓，出土一千一百余件器物，绝大多数为精美绝伦的成套成组的青瓷礼器、乐器和玉器，同出玉器有管、环、璜、龙形佩、龟形佩、璧等；玉器与乐器同出就最好地证明了这批玉器不仅是礼器，应该也是乐器。礼玉与礼乐对中国传统文化的深远影响在一定程度上也体现了良渚文化的重要作用。

闻惠芬（苏州博物馆）

1.闻广《苏南新石器玉器的考古地质学研究》,《文物》1986年第10 期。
2.南京博物院《江苏省赵陵山遗址第一、二次发掘简报》,《东方文明之光——良渚文化发现60周年纪念文集》，海南国际新闻出版中心，1996年。
3.《甲骨字典》，四川辞书出版社，1988年。
4.《艺用古文字图案》，湖南美术出版社，1990年。
5.《辞海》，上海辞书出版社，1979年。
6.《古文字讲义》，南京大学历史系内部资料，1983年。
7.《含山玉器留下许多待解之谜》,《中国文物报》1999年1月31日。
8.闻惠芬《鱼（吴）与甲乙丙丁》,《东方文明之韵》，岭南美术出版社，2000年。
9.余杭文管会《余杭县出土的良渚文化与马桥文化的陶器刻画符号》,《东南文化》1991年第5期；钱玉趾《良渚文化的刻画符号及文字初论》,《东方文明之光》，海南国际新闻出版中心，1996年；南京博物院、吴县文管会《江苏吴县澄湖古井的发掘》,《苏州文物资料选编》，1980年。

参考文献：

1.南京博物院《江苏吴县草鞋山遗址》,《文物资料丛刊3》，1980年。
2.上海市文物管理委员会《崧泽——新石器时代遗址发掘报告》，文物出版社，1987年。
3.苏州博物馆、吴江县文物管理委员会《江苏吴江龙南新石器时代村落遗址第一、二次发掘简报》,《文物》1990年第7期。
4.上海市文物管理委员会《上海马桥遗址第一、二次发掘》,《考古学报》1978年第1期。
5.江苏省文物工作队《江苏梅堰新石器时代遗址》,《考古》1963年第6期。
6.闻惠芬《从考古材料看太湖地区新石器时代遗址分布的特征及其与古地理的关系》,《史前研究》1985年第4期。
7.黄宣佩、孙维昌、丁俊宝《青浦福泉山出土大批古文物》,《文汇报》1983年12月22日。
8.南京博物院等《江苏昆山绰墩遗址的调查与发掘》,《文物》1984年第2期。
9.南京博物院《江苏越城遗址的发掘》,《考古》1982年第5期。
10.闻惠芬《太湖地区早期玉文化系夏文化的重要渊源》,《东方文明之光——良渚文化发现60周年纪念文集》，海南国际新闻出版中心，1996年。
11.苏吴《圩墩新石器时代发掘简报》,《考古》1978年第4期。
12.浙江省文物考古研究所《桐乡罗家角遗址发掘报告》,《浙江省文物考古研究所学刊》1981年。
13.浙江省文物考古研究所《浙江嘉兴马家浜新石器时代遗址的发掘》,《考古》1961年第7期。
14.闻惠芬《太湖地区先秦饮食文化初探》,《东南文化》1993年第4期。
15.南京博物院考古研究所、盐城市文管会、盐城市博物馆《江苏阜宁陆庄遗址》《东方文明之光》1996年；南京博物院《江苏海安青墩遗址》《考古学报》1983年第2期
16.王献唐《炎黄氏族文化考》，齐鲁书社，1985年。
17.南京博物院《1989年江苏新沂花厅遗址的发掘》,《东方文明之光——良渚文化发现60周年纪念文集》，海南国际新闻出版中心，1996年。
18.南京博物院《江苏吴县张陵山遗址发掘简报》,《文物资料丛刊6》，1982年。
19.严文明《夏代的东方》,《夏史论丛》，齐鲁书社，1985年。
20.《四体大字典》下，长春市古籍书店影印发行，1980年。

分合式玉璜和分合式玉器简论

分合式玉璜是指用两段完全相同或基本相同的部分对接组合成为一个整体的玉璜。其特点是对接面相对平整，在接合部两端侧面分别钻一细孔，并沿小孔至端部采用软性线工具碾琢出浅凹槽，再用线绳加以连接成为整体。同玉璜使用断裂后的修整连接工艺既有一定的区别，又有一定的联系。分合式玉器和分合式玉璜关系密切，是一种可分开也可整合使用的玉器。

根据目前考古资料，分合式玉璜最早从宁镇地区的北阴阳营文化（以北阴阳营遗址西区259座（含M253）墓葬为代表[1]，时间相当于太湖地区的马家浜文化晚期至崧泽文化早期，绝对年代约在距今6200—5700年左右。在北阴阳营遗址中出土的完整和较完整的78件玉璜中（总数为100件），分合式玉璜共28件，出土于M19、M280等23座墓葬。16件由两段完整组合成一对，12件存留其中一段（一半）。完整形态呈弧形的有27件，弧折形的有1件（图一，1、2），同北阴阳营遗址的Ib、Ic整体式璜基本相同。23座墓葬中出土两对分合式玉璜的有2座，1对的有11座，1对加1段的有2座，1段的有8座。M46、M64、M66、M74、M191等墓随葬品较多，M30、M108、M121、M280等墓随葬品较少。绝大多数出土于人体的颈部和胸腹部，少量出于头侧或其他部位[2]。可见分合式玉璜和整体式玉璜一样主要作为颈胸腹部的装饰品佩带使用，同墓主的性别年龄、身份等级还看不出必然的联系（仅M70经鉴定为女性中年以上）。一方面，这种玉璜可以两段分别制成，也可将原先稍厚的玉料加工成某种形态后再对剖成两片拼接[3]。这样可利用短玉材制作长条形璜，使连接处隐而不露，并让璜体中央稍稍活动利于佩带和防断[4]。另一方面，这种玉璜数量较多，工艺精巧，且部分墓葬仅出土其中一段（一半），因而在基本功能以外的某些特殊场合可能还有某种特定的用途或象征的意义。所以不排除为强调其特殊内容，将部分玉璜在全器制成后，从正中央位置把整器一分为二，再钻孔连接的可能性。另外分合式玉璜的连接工艺在相关的条形玉饰上得到体现和延伸（图一，5），在断裂的玉玦上也有运用（图一，7），且条形玉饰和玉玦都有出土其中一半的现象（图一，9）。同时在年代相当的江苏高淳薛城[5]和江阴祁头山遗址[6]也出土分合式玉璜和分合式玉器（条形玉饰、玉玦）（图一，3、6、8），有的仅出土其中的一半，估计以宁镇地区的北阴阳营遗址为中心，通过考古学文化（或类型）间的交流和传播，分合式玉璜和分合式玉器的使用功能及相关制作工艺得到了一定程度的扩散。值得注意的是薛城遗址的B型璜从整体形态和对接面较为平整看（图一，4），可能为分合式玉璜的一段（一半），然侧面钻孔琢槽的工艺已变为正面钻孔，预示着分合式玉璜和分合式玉器的连接手法将逐渐改变。

分合式玉璜及相关制作工艺在安徽巢湖地区凌家滩文化（以凌家滩遗址为代表，相当于太湖地区崧泽文化中晚期，绝对年代约在距今5700—5300年）中得到了继承和延续[7]。在凌家滩遗址中分合式玉璜主要见于87M1（一对）、87M9（一对）、87M15（一对加一段）和98M31（一段）[8]等，这些玉璜的合体形态都呈弧形或弧折形，有的墓葬仅出土其中一段（一半），侧面钻孔琢槽的连接工艺同北阴阳营遗址完全一致（图一，10—13、15），但是它们在器形上更为扁薄规整，形态上更为成熟丰富，部分玉璜两段已不完全一致，有的一端平齐，一端琢磨呈鸟头形（图一，12）；也有的一端琢成猪龙首形，一端琢成凤头形（图一，11），还有的雕琢成虎头形（图一，13）。87M9、87M15 随葬品非常丰富，87M1 随葬品较少而精致，98M31 随葬品较少。估计这些玉璜可能越来越多地被赋予了新的功能和象征意义，并凝聚积淀了某种特定观念。俞伟超先生通过考察此类玉璜后认为它们是不同氏族、部落实行军事结盟和通婚联姻的信物，并与等级身份有一定的联系[9]。凌家滩遗址还出土了一些分合式玉玦、玉环、玉镯等（图一 14，20），玉玦连接手法与玉璜完全一致，而环、镯的穿孔已从侧面转为正面，琢槽已从细巧精致走向粗糙简略。从 87M10：18 玉环的制作痕迹看，估计先用弧形或圆弧形的硬性工具在相对位置

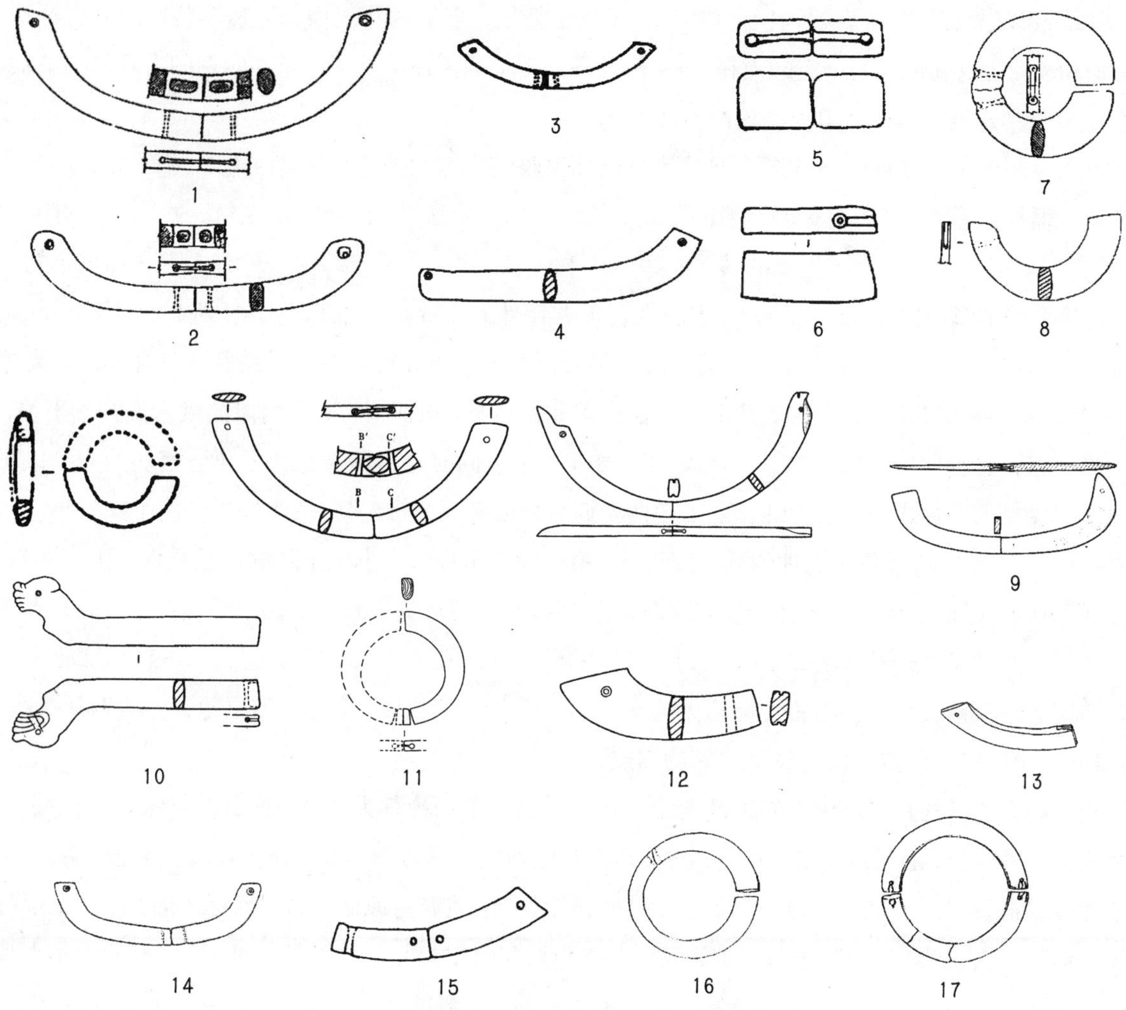

1、2、5、7、9. 北阴阳营（M191：1、M39：4、M62：8、M46：4、M9：6） 3. 祁头山 4、6、8. 薛城（M34：1、M100：7、采集） 10－15、19－21. 凌家滩（87M1：4.5、87M9：17.18、87M15：40.106、87M15：109、87M2：11、98M31：1、87T11③：8、87M10：18、87M8：18） 16. 朝墩头 17. 塞墩

图一

琢磨出两道凹槽，然后在槽内钻孔，再用软性线切割分成两半（图一，20）。可见分合式玉璜的制作工艺及其可能蕴涵的特殊内容日益向环形器转移渗透，连接手段也逐渐改变简化。在几件有断裂痕迹的玉器如玦、环上也采用了分合式玉器的连接工艺（图一，19、21），以至于“钻孔缀合是凌家滩玉器的显著特点之一”。同时在和凌家滩文化时代相当的湖北黄梅塞墩[10]、江苏高淳朝墩头[11]、上海青浦崧泽[12]、安徽望江黄江堰（笔者在安徽省文物考古研究所观摩）等遗址也见到了和北阴阳营、凌家滩基本相同的分合式玉璜，存留形态为一对或其中的一段（一半）（图一，16、17）。应引起足够注意的是浙江嘉兴南河浜崧泽文化晚期墓葬的出土玉器中，分合式玉环（原称分体玉镯）较为常见[13]（图二，1–3），它将圆形玉环一分为二，在断茬处两侧分别穿孔或切割凹槽以供系联，已不见分合式玉器常见的琢槽。断茬口有些切割磨制光滑，有些较粗糙似自然碎断。刘斌先生认为“分体玉镯最初可能是将无意打断的玉镯进行连接的一种技术，后来发展成为有意将完整玉镯锯开，再连接使用的一种时尚”。但这些玉环数量较多，并结合该遗址其他一些文化特征（如出现玉钺、祭坛，多见片状玉璜、动物形装饰的器物等），估计它们和凌家滩文化或许有一定的内在联系。另外长江下游地区还出土了少量同时期的半环形的条状璜，是否作为分合式玉环的构件单独使用尚不能肯定。

进入良渚时期，江淮宁镇地区玉器整体风格发生改变，与太湖地区良渚文化玉器面貌日益趋同[14]。分合式玉器继续存在，江苏丹徒磨盘墩的分合式玦由一对近半圆状的环合成，在每一端侧面各有两个穿孔[15]（图二，4），还有分合式玉璜的遗风；福泉山M9：20的分合式玉环由一件稍大，一件稍小的半环组成，接合面非常平整（图二，5），出土时发现于右臂骨上，另有一件玉环（M145：3）可能为断裂后连接而成[16]（图二，6），但单独出土于墓坑北部葬具以外的地方，或许有某种特殊的意味；江苏高淳朝墩头M12的一件玉环由三段组成，其中一个接合面非常平整，正面穿孔，另两段的接合面则不平整，但采用侧面穿孔连接[17]（图二，7），与磨盘墩玉玦如出一辙。同时与良渚文化关系比较密切的大汶口文化亦发现有少量的分合式玉（石）环，如山东曲阜西夏侯的环（M11：4）由两件接合面平整的半环形璜组成[18]（图二，8），章丘焦家遗址的环（ZJ：65）由一大于半环、一小于半环的璜组成[19]（图二，9），特别是江苏新沂花厅[20]、焦家遗址还出土较多呈断裂连接状态的环镯，断裂成两段至四段不等，肉部较窄的环断裂处两侧各钻一孔（图二，10、11），较宽的镯各钻两孔（图二，12）。另外与大汶口文化有一定联系的属于小河沿文化的内蒙古赤峰市大南沟[21]、昭乌达盟石棚山[22]也出土零星的分合式石环（图二，13、14），由两或三段接合面比较规整的璜组成，多出土于墓主颈下。

颇为耐人寻味的是黄河中上游地区龙山时代前后出现了一种称为“联环形玉器”[23]或“玉圆圈”[24]的分合式玉器，一直承继延续使用到商周时期，成为我国西北地区数量较多、分布较广、特征鲜明的玉器。目前考古发掘资料显示这类玉器最早见于山西临汾下靳[25]、芮城清凉寺[26]和陶寺等遗址，年代上限可达到庙底沟二期文化阶段。下靳遗址的联环形玉器（原称复合璧）由六片形制相似、质料相同的不太规整的扇面形片状璜组成，每片外缘作平弧状、内缘微内弧，两侧边一斜一直，分别钻一孔和两孔（图二，15），出土时可能见于墓主的手腕部。还出土两件断裂的环（M47：7）和璧（M145：27），断裂部相对较为规整，断裂处两侧分别钻两孔和钻两孔、一孔（图二，16、17）。完整形态的瑗（可改称环）（M70：1）（图二，19）形制与环璧相似，唯中孔与肉宽比例介于环璧之间，它们应有一定的联系。另外许多器物有“在断裂以后又经修补加工”的现象。这种较为普遍的情况当不排除部分器物是有意识的行为所致。

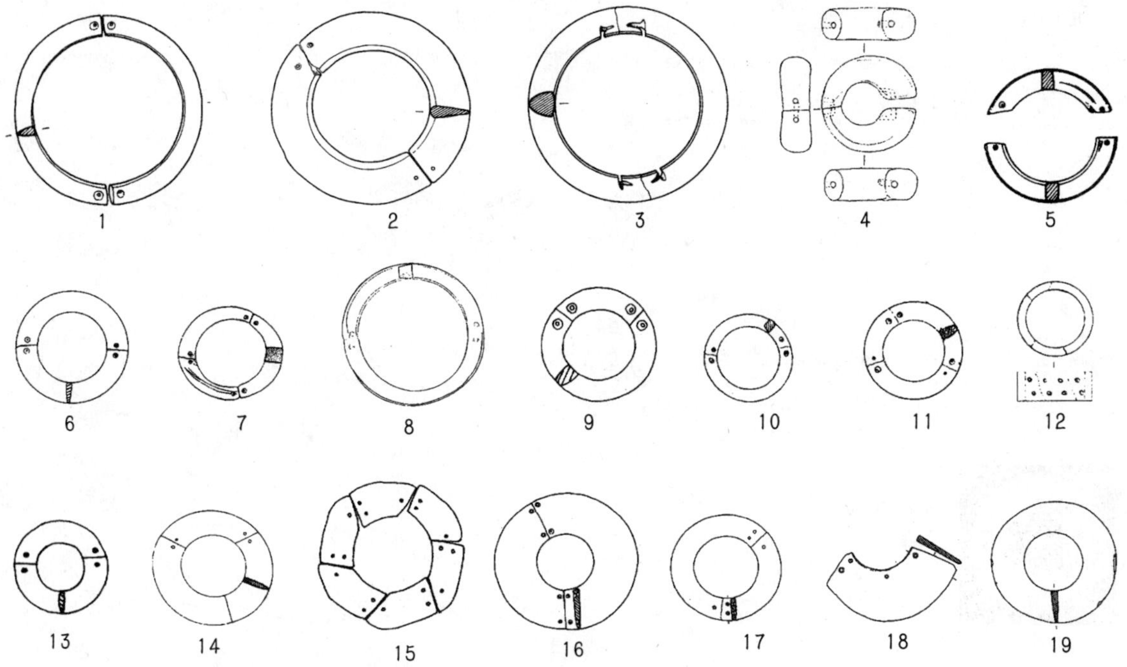

1–3.南河浜（M16：6、M78：7、M96：5） 4.磨盘墩（T2④：16） 5、6.福泉山（M9：20、M145：3） 7.朝墩头（M12：4） 8.西夏侯（M11：4） 9.焦家（ZJ：65） 10–12.花厅（M42：6、M20：27、M39：2） 13.石棚山（M51：5） 14.大南沟（M33：1） 15–19.下靳（M145：2、M47：7、M104：2、M70：1）

图二

清凉寺的联环形玉器（原称联缀复合玉璧）有2－4片构成（图三，1－4），出土时基本位于手臂部，构件位置略有散乱。陶寺遗址的联环形玉器为由璜对合成的复合璧，出土时套于臂部[27]。详细资料未曾发表，闫亚林先生的相关论文中有所涉及[28]。此后年代稍晚的属于齐家文化的甘肃天水师造村遗址[29]、青海民和喇家遗址[30]都有出土。师造村的一个探方（房址）单位中，比较集中地出土玉璜九片和玉环一件（图三，5—14）。璜皆作扇面形，大体为1/3的璧面，两端各有一个单面钻孔，从大小、形制看这些玉璜至少可以属于四件或四件以上的联环形玉器的构件，有的可能三片齐全，有的仅有其中的一片或两片。环中孔较大，肉部较宽，璜与环共出说明它们有着比较密切的关系，璜可能为环的切割穿孔形态。喇家遗址主要为三璜合璧（图三，15），出土于墓葬M17套口填土和墓坑的填土中。有人推测此类玉器是用于墓祭的礼器，其象征月的缺而复圆，正如人的死而即将复生[31]。还有一部分独立存在的扇面形玉璜如下靳遗址（M104：2）（图二，18）和甘肃武威皇娘娘台遗址（M41：12）所见[32]，出土于墓主的胸部，可能作为联环形玉器的构件之一单独使用，它们之间也应该有紧密的内在联系。另外在陕西延安芦山峁[33]、神木石峁[34]、宁夏隆德沙塘、青海民和[35]、甘肃半山[36]等地和国内外许多博物馆都采集和收藏了一批分合式的联环形玉器或其中的构件[37]（图三，16、17、19）。根据以上材料可知这类玉器往往由两片或两片以上（多见三片）相同或相似的部分组成一件规整或不够规整的圜状器。可能采用了等分切割连接、玉材成形剖切连接、玉片分别制成连接三种方式。多用单面钻孔，连接处两侧有分别各钻一孔、各钻两孔和各钻一孔、两孔三种形式。中孔一般大于或接近于肉宽，少量中孔小于肉宽。

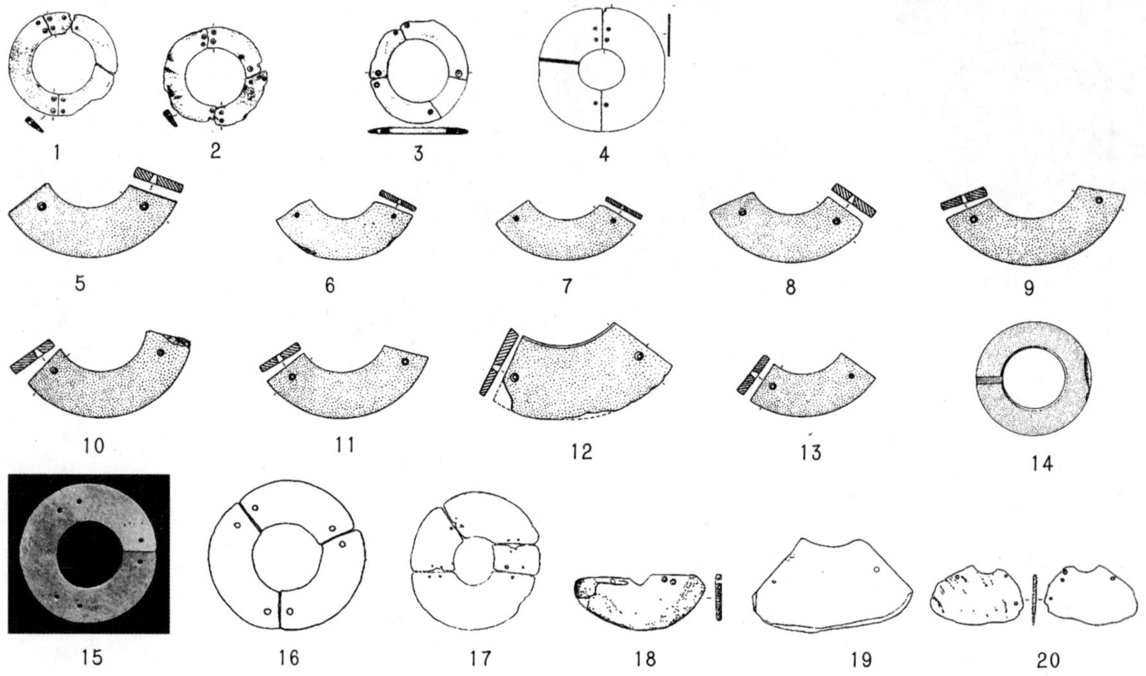

1－4.清凉寺（M79：6、M79：14、M79：4、M155：2） 5—14.师赵村（T403②：11、T403②：24、T403②：8、T403②：9、T403②：16、T403②：10、T403②：12、T403②：17、T403②：15、T403②：7） 15.喇家（M17：7） 16.半山采集 17.隆德沙塘采集 18.薛家岗（M32：4） 19.民和采集 20.普安桥（M19：2）

图三

联环形玉器在黄河中上游地区新石器时代玉器发展过程中无任何渊源可寻，却和长江下游及海岱地区的分合式玉环和其他玉器有着千丝万缕的关系。由两或三部分组成的分合式玉环在长江下游有着悠久的使用传统，花厅还见到断裂成四部分组成的镯（图二，12），中孔大于或接近于肉宽的环和中孔小于肉宽的璧是良渚文化数量较多、特征鲜明的玉器，连接部两侧分钻两孔是适合肉部较宽玉器的连接方式，花厅遗址的玉镯上多有采用（图二，12）。一侧边钻一孔、一侧边钻两孔接近扇面形璜的片状璜在浙江桐乡普安桥遗址M19：2上已可见到[38]（图三，20），安徽潜山薛家岗遗址有一件半璧形璜（M32：4）[39]（图三，18）有此钻孔特点，而与之形态接近的玉璜成了隆德沙塘齐家文化联环形玉器的一个构件（图三，17）。良渚文化玉器中钻孔有双面钻和单面钻，花厅遗址玉器单面钻占了较高的比例。已有许多学者的研究指出长江下游地区和黄河中上游地区考古学文化特别是玉（石）器的广泛联系，而且海岱地区可能还扮演了一定的中介角色[40]。当然长江下游的分合式玉环或其他玉器进入中原和西北地区后必然受到当地自然环境和文化传统的影响，经过接触、交融、整合和创新的过程，才能成为当地文化的有机组成部分。

综上所述，分合式玉璜和分合式玉器变迁过程，一方面可能受到玉材大小、制作工艺及审美趣味的影响，另一方面可能受到基本功能、特定场合的特殊用途以及象征意义的制约，而且许多情况下两种因素相互交织，共同作用。同时分合式玉璜和分合式玉器作为考古学文化的有机组成成分，其产生、发展、扩散与考古学文化的形成、传播、迁徙有着密不可分的关系。所以对分合式玉璜和分合式玉器的深入认识，不仅需要全面地对玉料产地来源、玉质结构特征、生产加工工艺作出仔细观摩和认真辨析，而且需要在考古学和历史学的背景下对出土使用环境、器物组合方式、流通分配手段及其所能反映的社会组织结构和观念意识形态作出详尽的考察和合理的推测。相信随着资料的积累和研究的深入，我们一定能得到接近真实令人信服的解释。

田名利　（南京博物院、江苏省考古研究所）

1.南京博物院《北阴阳营》，文物出版社，1993年。

2.罗宗真《南京北阴阳营新石器时代遗址出土玉器的初步研究》，邓聪主编《东亚玉器：Symbol of Excellence》，香港中文大学中国考古艺术研究中心，1998年。

3.牟永抗《玉器时代续议》，《海峡两岸古玉学会议论文专辑》，国立台湾大学理学院地质科学系印行。

4.任式楠《中国史前玉器类型初析》，《中国考古学论丛》，科学出版社，1993年。

5.南京市文物局、南京市博物馆、高淳县文管所《江苏高淳县薛城新石器时代遗址发掘简报》，《考古》2000年第5期。

6.杭涛等《江阴祁头山遗址考古获新突破》，《中国文物报》2001年2月28日。

7.田名利《凌家滩墓地玉器渊源探寻》，《东南文化》1999年第5期。

8.安徽省文物考古研究所《凌家滩—田野考古发掘报告之一》，文物出版社，2006年；安徽省文物考古研究所《凌家滩玉器》，文物出版社，2000年。

9.俞伟超《凌家滩璜形玉器刍议》，安徽省文物考古研究所《凌家滩玉器》，文物出版社，2000年。

10.中国社会科学院考古研究所编著《黄梅塞墩的薛家岗等文化墓地》，《考古精华——中国社会科学院考古研究所建所四十周年纪念》，科学出版社，1993年。

11.南京市文化局，南京市文物局《南京文物精华器物编》，上海人民美术出版社，2000年。

12.张明华《崧泽玉器考略》，邓聪主编《东亚玉器：Symbol of Excellence》，香港中文大学中国考古艺术研究中心，1998年。

13.浙江省文物考古研究所《南河浜－崧泽文化遗址发掘报告》，文物出版社，2005年。

14.田名利《江淮宁镇地区新石器时代玉器初步研究》，北京大学硕士研究生学位论文，1999年。

15.南京博物院、丹徒县文教局《江苏丹徒磨盘墩遗址发掘报告》，《史前研究》1985年第2期。

16.黄宣佩主编《福泉山——新石器时代遗址发掘报告》，文物出版社，2000年。

17.谷建祥《人、鸟、兽与琮》，《东方文明之光》，海南国际新闻出版中心，1996年。

18.中国科学院考古研究所山东队《山东曲阜西夏侯遗址第一次发掘报告》，《考古学报》1964年第2期。

19.章丘市博物馆《山东章丘市焦家遗址调查》，《考古》1998年第6期。

20.南京博物院《1987年江苏新沂花厅遗址的发掘》,《文物》1990年第2期;南京博物院《1989年江苏新沂花厅遗址的发掘》,《东方文明之光》,海南国际新闻出版中心1996年。
21.辽宁省文物考古研究所、赤峰市博物馆《大南沟——后红山文化墓地发掘报告》,科学出版社,1998年。
22.李恭笃《昭乌达盟石棚山考古新发现》,《文物》1982年第3期。
23.杨美莉《联环形玉器与西北地区的玉器切割》,《汾河湾——丁村文化与晋文化考古学术研讨会文集》,山西高校联合出版社,1996年。
24.杨美莉《齐家文化的玉圆圈》,《故宫文物月刊》第18卷第3期。
25.石金鸣等《临汾下靳墓地发掘获重要成果》,《中国文物报》,1998年12月20日;下靳考古队《山西临汾下靳墓地发掘简报》,《文物》1998年12期。
26.山西省考古研究所、运城市文物局、芮城县文物局《山西芮城清凉寺新石器时代墓地》,《文物》2006年3期。
27.高炜《陶寺文化玉器及相关问题》,邓聪主编《东亚玉器:Symbol of Excellence》,香港中文大学中国考古艺术研究中心,1998年。
28.闫亚林《甘青宁地区史前玉器初步研究——以齐家文化为中心》,北京大学硕士研究生学位论文,1999年。
29.中国社会科学院考古研究所《师造村与西山坪》,中国大百科全书出版社,1999年。
30.中国社会科学院考古研究所甘青工作队、青海省文物考古研究所《青海民和喇家遗址发现齐家文化祭坛和甘栏式建筑》,《考古》2004年6期。
31.杨美莉《齐家文化的玉圆圈》,《故宫文物月刊》第18卷第3期。
32.甘肃省博物馆《武威皇娘娘台遗址第四次发掘》,《考古学报》1978年4期。
33.姬乃军《延安市发现的古代玉器》,《文物》1984年第2期。
34.戴应新《陕西神木县石峁龙山文化玉器》,《考古与文物》1988年第5、6期。
35.杨美莉《齐家文化的玉圆圈》,《故宫文物月刊》第18卷第3期。
36.安特生著,乐森　译《甘肃考古记》,《地质专报》甲种第五号,农商部地质调查所,1925年。
37.杨美莉《宣子有环,其一在郑商古代西北地区的环形玉、石器系列之四——联环形玉器与西北地区的玉器切割》,《故宫文物月刊》第12卷第5期、第6期。
38.北京大学考古学系、浙江省文物考古研究所、日本上智大学联合考古队《浙江桐乡普安桥遗址发掘简报》,《文物》1998年4期。
39.安徽省文物工作队《潜山薛家岗新石器时代遗址》,《考古学报》1982年。
40.朱乃诚《良渚的蛇纹陶片和陶寺的彩绘龙盘——兼论良渚文化北上中原的性质》,《东南文化》1998年第2期;杨建芳《"窜三苗于三危"的考古学研究》,《东南文化》1998年第2期;黄宣佩《齐家文化玉礼器》,高炜《陶寺文化玉器及相关问题》,邓聪主编《东亚玉器:Symbol of Excellence》,香港中国考古艺术研究中心,1998年。

“双元年说”证据辨疑

“双元年说”（Double First-Year Dates）似乎是倪德卫先生较早提出的[1]，其核心观点大致是：一个周王有两个纪年体系——实际继位和两年守孝期满后第三年正式即位的两个元年。这一观点获得一些海外学者的支持，因为它既有一定的文献根据，又可以在目前通行的年代框架内较为顺畅地安排下较大数量的年代四要素俱全的铜器。但此说很大程度上依据今本《竹书纪年》和伪古文《尚书》。今本《竹书纪年》和伪古文《尚书》古史学界一般认为出于后人伪造[2]，虽然不排除其中部分可能有较早来源，但就整体而言，其不可信据在学界是有共识的。另外，此说还存在其他诸多问题。[3]而且，正如有的学者指出双元年说“实际上是增加了另一套西周王年体系，将王增加了一倍”，也就使铜器配置的可能性增加了一倍；加上两个“元年”带有任意性[4]，所以倪德卫先生的观点早先不为国内大多数学者赞成。近来据闻在作者的后续研究中对此观点有进一步申论[5]，因未及见，故本文只能暂付阙如。

关于“双元年说”，国内可以见到论述比较多的是夏含夷先生的多项研究。在这些研究里有三则证据，我认为它们是否能够支持“双元年说”仍然值得讨论。

一

2003年1月19日，宝鸡眉县杨家村出土西周逑氏家族青铜器窖藏[6]，其中42年、43年两套逑鼎都是年、月、月相、干支年代四要素俱全[7]，其历日对于争议已久的西周年代意义十分重大。

对于逑鼎铭文提供的历日要素，研究者大致达成以下几点共识：(1) 逑器（包括42年、43年鼎和逑盘）是无可置疑的宣王标准器[8]；(2) 两套逑鼎的历日要素之间相互若合符契，而且与其他某些公认的宣王标准器衔接也很好，当不存在误刻之类可能[9]；(3) 逑器历日要素与传统认为确定无疑的宣王42年（前786年）、43年（前785年）年代无法吻合[10]，也与包括夏商周断代工程在内的历来各家结论完全不符[11]，故引起学界普遍关注。

目前所见根据逑器对西周宣王年代作较完整讨论的有张培瑜、王占奎、夏含夷先生三家[12]。其中前两家属于新说，持“双元年说”的仅夏含夷先生一家，尤其是伯大祝追鼎和杨家村逑器资料公布后，夏说又有了新的进展，最值得重视。

逑器的出土，被“双元年说”持论者看作有力的证据，夏含夷先生在最近的有关研究中对此有细致讨论。他认为宣王有前827、前825两个元年，逑器等若干自铭纪年超过19年的西周晚期铜器都是宣王后元体系内的铜器；而吴虎鼎和逑鼎分同属宣王前、后元两个系统，其间的年代矛盾是可以调和的[13]。夏含夷先生指出：“吾师倪德卫对这个现象（即被认为是宣王纪年内有两个不相协调的纪元体系——引按）提出了一个说明，就是前一个国王崩卒以后，次年时王初步接任王位，到他在位第三年，对他父亲服三年之丧以后才正式即位，宣布新的元年。这是一种比较合理的解释，也不无传统文献的支持（见《春秋传》文公九年、《公羊传》谓：'天子三年然后称王'）。然而，以宣王在位证据来看，宣王是到他在位十九年（即公元前809年）才开始利用后一个纪元，头十八年有不少铜器（如三年颂鼎、五年兮甲盘、十二年虢季子白盘、十六年克钟、十八年吴虎鼎等）都与以前827年为元年的年历相合。"[14]但这种安排虽然可以暂时解释某些看似矛盾的现象，却又在原来就有待加强的立论基础上增加了新的不确定因素。我们可以看一下其中的障碍所在。

第一，持论者文中所说的"文献依据"指《春秋公羊传》文公二年"天子三年然后称王"条的记载。但是实际上《公羊传》文公二年说的是三年后称"王"，并非三年后即位称"元"。现抄录原文如下：

> 毛伯者何？天子之大夫也。何以不称使？当丧未君也。逾年矣，何以谓之未君？即位矣，而未称王也。未称王，何以知其即位？以诸侯之逾年即位，亦知天子之逾年即位也。以天子三年然后称王，亦知诸侯于其封内三年称子也。逾年称公矣，则曷为于其封内三年称子？缘民臣之心，不可一日无君；缘终始之义，一年不二君，不可旷年无君；缘孝子之心，则三年不忍当也。

显然，原文其实讲述逾年即位称元[15]。而且《公羊传》对此问题前后也未见得一致。比如《公羊传》庄公32年曰：

> 子卒云"子卒"。此其称子般卒何？君存称世子，君薨称子某。既葬称子，逾年称公。子般卒，何以不书葬？未逾年之君也。

这里诸侯成了逾年称公，而文公二年《传》文却作"诸侯于其封内三年称子也"[16]。关于诸侯逾年即位称公，古人亦早有说[17]。如此有疑问的记载是否可以作为证据？而且还有偏取有利解释之嫌。

第二，既然引《春秋公羊传》为证，且《公羊》文公二年明白地指出王侯皆逾年称元，若果真天子双王年，何以《春秋》纪年非常详备的鲁侯却未见"双公年说"？何以《春秋》也罕见鲁侯三年称公的例子？关于天子诸侯即位，杜预在《春秋释例》中讨论已经很详备[18]。因此，这类文献"依据"显然没有史实可印证。

第三，若周王果真有两个纪元，为什么宣王要到19年后改元，改元后第2年（即公元前808年）却是"宣王（后元）18年"而不是持论者在其他周天子纪元中整齐一律的第2个"元年"？这点连持论者夏含夷先生自己也无法解释。

第四，退而言之即使"双王年说"正确，就果真如夏含夷先生所言，可以将逑鼎稳妥地安排于宣王"后元"纪年系统吗？持论者断定番匊生壶、圜盘、𪒠攸从鼎、大祝追鼎、鲜盘、伯窥父盨、善夫山鼎、两套逑鼎断为宣王后元系统铜器[19]，若排入《先秦史历表》相关年份，就可以知道这样的安排必然使宣王27年到41年的15年间出现先2年1闰、再3年2闰、再3年无闰、再2年2闰的现象，与比较规范的"3年—3年—3年—2年"置闰相比[20]，混乱得不可理喻。鉴于断代工程等各家的西周历谱方案多数时段的置闰规范合理，因此除非有证据说明西周后期推历技术严重倒退，否则此类严重无规律置闰方案显然只能是为排入铜器而硬性编制。基于同样理由，我们也可以反问，为什么这所谓的宣王十九年前后两套纪元系统就不能分属两个周天子呢？毕竟西周王年体系至今悬而未决。

二

夏含夷先生最近在《上博新获大祝追鼎对西周断代研究的意义》一文中又补充了两条文献证据[21]，以证成其说。分别出自《史记·秦本纪》和《史记·陈杞世家》。

先看《秦本纪》的记载：

> 秦仲立三年，周厉王无道，诸侯或叛之……周宣王即位，乃以秦仲为大夫，诛西戎。西戎杀秦仲。秦仲立二十三年，死于戎。

根据传统的前827年宣王元年观点，“秦仲立三年，周厉王无道”应该是指前842年国人暴动；“秦仲立二十三年，死于戎”应该是传统观点认为的宣王六年（前822年）。但是根据《古本竹书纪年》和《后汉书》却不然。《后汉书·西羌传》曰：

> 厉王无道，戎狄寇掠，乃入犬丘，杀秦仲之族。王命伐戎，不克。及宣王立四年，使秦仲伐戎，为戎所杀……后二十七年，王遣兵伐太原戎，不克。后五年，王伐条戎、奔戎，王师败绩。后二年，晋人败北戎于汾、隰，戎人灭姜侯之邑。明年，王征申戎，破之。

据此，秦仲当死于宣王六年。夏含夷先生认为这相差的2年是因为《史记》和《后汉书》分别使用了宣王的“双元年”所致。其实这是一个似是而非的判断。

据上述《后汉书·西羌传》，宣王征“申戎”事在宣王39年（4+27+5+2+1）；而根据《周本纪》宣王三十九年千亩之战王师与“姜氏之戎”交战[22]；申为姜姓，故此“申戎”当即“姜氏之戎”[23]。两者纪年、交战对手完全一致，应该是一件事。既然《西羌传》记载在“四年”后又过了35年（27+5+2+1）才到39年的战争，不存在混用2个纪元（类似《左传》三正杂用）的可能性。因此，夏含夷先生的分析就出了问题，现图示如下：

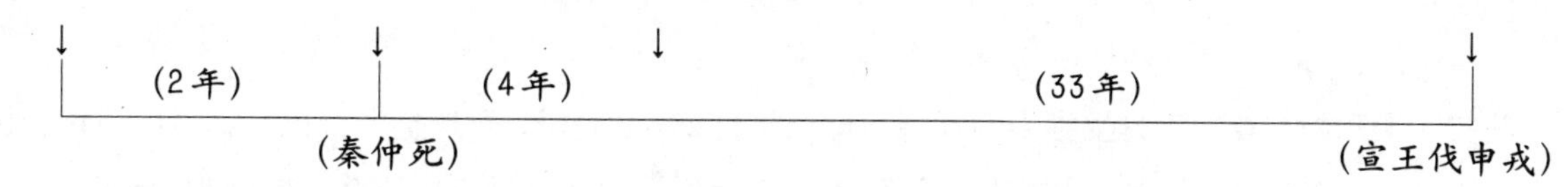

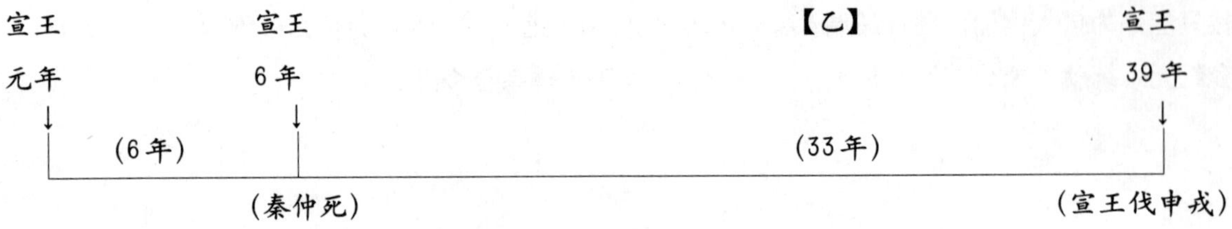

说 明：

【甲】：夏含夷先生设想中的《竹书纪年》、《后汉书》应有的“双元年”年代系统。

【乙】：《史记 · 秦本纪》提供的年代系统。

【丙】：实际的《竹书纪年》、《后汉书》年代系统。

从图中不难发现：若就夏含夷先生设想的【甲】/【乙】两个系统比照，则完全符合“双元年”年代体系。但是参照《周本纪》宣王伐“姜氏之戎”，则实际情况当如【乙】/【丙】，这是“双元年”无论如何无法协调的。既然在【乙】/【丙】中被持论者认定分属两套纪元系统的“秦仲死”一属四年、另一属六年，则按照各史料记载无误的此后33年“伐申戎”，也当一在37年、另一在39年，这才符合“双元年说”，却何以《周本纪》与《竹书纪年》、《后汉书》都在“宣王三十年”？因此就只能认为《西羌传》的“四年”其实就是《秦本纪》的“六年”，而后文中的几个年数又被《汉书》作者作了调整[24]。

古书“四”和“六”互讹是有传抄方面的原因的。如夏含夷先生所论“《西羌传》里许多的记载都是根据当时前不久发现的《竹书纪年》”，由于《竹书纪年》是用战国古文书写，其“六”作“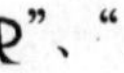”、“四”作“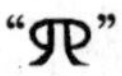”，很容易混淆。若此，则《史记》、《竹书纪年》和《后汉书》三者关于秦仲卒年的记载其实完全一致，并不存在“双元年”造成差异的可能。

再看《陈杞世家》记载：

> 幽公十二年，周厉王奔于彘。二十三年，幽公卒，子釐公孝立。釐公六年，周宣王即位。三十六年，釐公卒，子武公灵立。武公十五年卒，子夷公　立。是岁，周幽王即位。

其实这里并如非夏含夷先生指出的仅宣王即位年有2年之差误，而是整个总积年就多出两年。由于西周王年存在“当年称元”和“逾年称元”两说，下面根据《陈杞世家》记载分别列表图示之：

（可能性一：逾年称元）

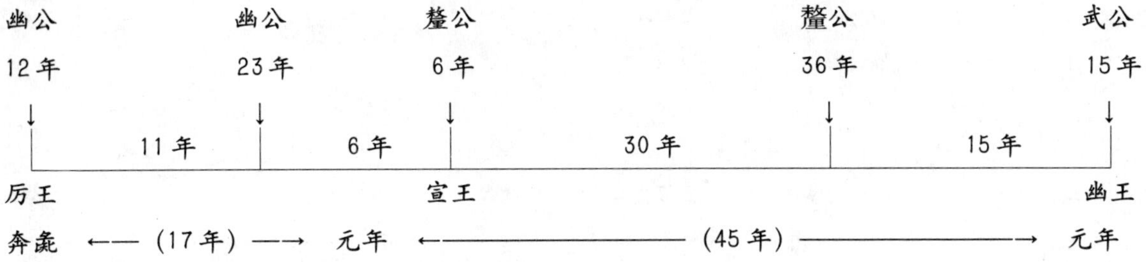

（可能性二：当年称元）

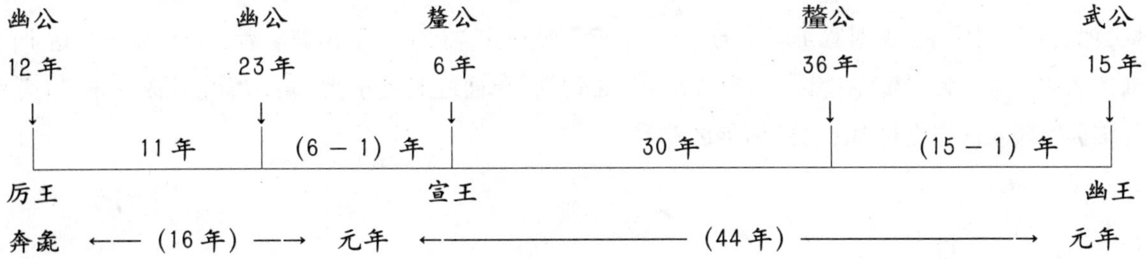

从此表可以看出：

(1) 若“逾年称元”，则从“幽公十二年，周厉王奔于彘”为国人暴动年起算，经鳌公到武公15年“幽王即位”积年共62年；

(2) 若“当年称元”，则从陈幽公12年、经鳌公到武公15年共积年60年。

分别与此相对应，《周本纪》等史料记载周王世系在此期间共和和宣王积年应该是：

(1) 若逾年称元，则共和14年加宣王46年，凡60年。

(2) 若当年称元，则为共和14年加宣王46年减2个元年，凡58年。

若果真双元年，则只会改变各君最高纪年数，绝对不会改变积年。然而无论当年或逾年称元，按照夏含夷先生所设想的将“鳌公六年”看成宣王后元元年，则《陈杞世家》记载幽公12年到武公15年的积年，与《周本纪》记载共和至幽王即位的积年始终相差2年。“双元年说”势必顾此失彼。

无独有偶，这里的问题仍然出在“鳌公六年”，与上例《秦本纪》一样，同样可能是“四”、“六”讹误，若改为“鳌公六年”为“四年”，再按照“逾年称元说”，则夏含夷先生指出的2年之差就可得到较好解释。

（上一栏：《周本纪》共和与宣王积年／逾年称元）

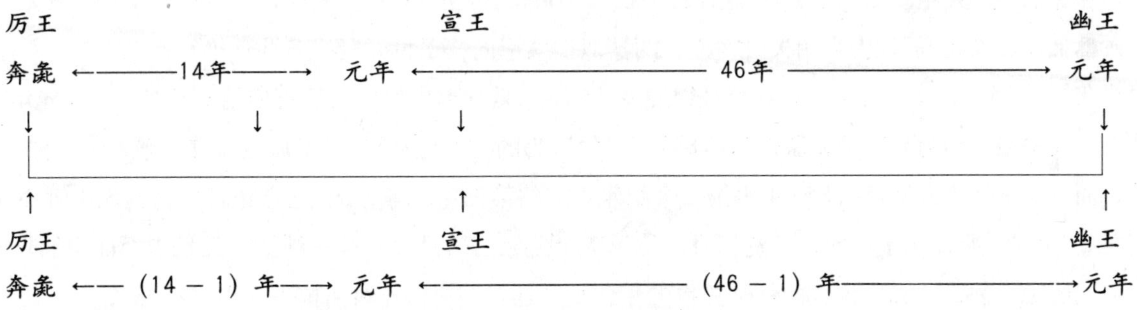

（下一栏：《周本纪》共和与宣王积年／当年称元）

（四误作六：逾年称元）

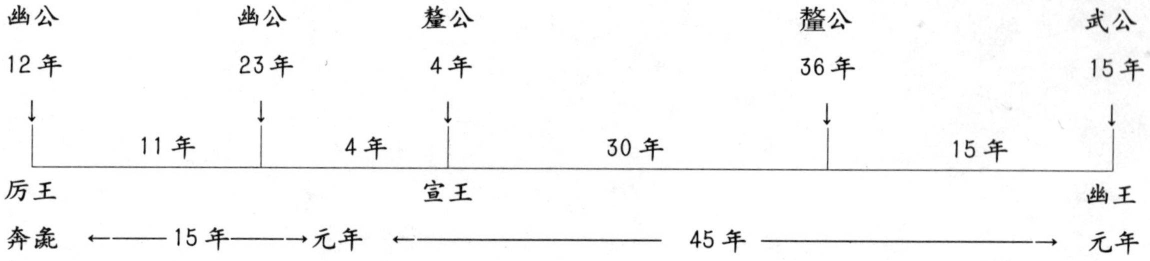

其实古书记载数字因汉字数字字形关系，讹误本属常见未必皆有深层原因。司马迁本人就有所意识，《史记 · 十二诸侯年表》对宣王即位的“釐公六年”就迳作“五年”[25]，前辈学者也已经意识到这个问题，如清人梁玉绳认为“釐公六年”当为“五年”之误[26]。单通过上文分析，可以确定仅改一个“五”仍然无法同时满足这些史料中出现的两年之差。

三

在利用西周金文进行年代研究时，有一个问题一直困扰着研究者，这就是两件师兑簋的铭文内容连续、但时间无法协调。

《元年师兑簋》铭文：

隹（唯）元年五月初吉甲寅，王才（在）周，各康庙，即立（位）。同中（仲）右师兑，入门，立中庭。王乎内史尹册令师兑：疋师龢父司左右走马……

《三年师兑簋》铭文：

（唯）三年二月初吉丁亥，王才（在）周，各大庙，即立（位）。𣪘白（伯）右师兑，入门，立中庭。王乎内史尹册令师兑：余既令女（汝）疋师龢父司左右走马，今余隹（唯）䌛𩁹乃令，＝（令）女（汝）𩠹司走马……

从铭文看，元年器是“册令” 器主兑，任“疋师龢父司左右走马”之职，三年器是“余既令女（汝）疋师龢父司左右走马”，内容相关且衔接，两器似乎属于同一王世无疑。若此，推算起来“初吉”必须至少包括了15天以上，这与已知各家月相说无法吻合。夏含夷先生认为这可能恰好反映了“双元年”的两个纪年系统，因为元年师兑簋符合前857年（他认为的厉王元年）、三年师兑簋符合前857、852、851年，而前851年恰好是以前853年为第二个纪年系统的第三年，等等。[27]这意味着夏含夷先生赞成守孝期是27个月，且周王于后元元年的三月改称第二个元年。三月改元这一前提，又是未经证实的新说。

实际上，除去双元年说，两件师兑簋的年代关系还存在另外一种可能性。

由于西周世官世职现象很普遍，因此同一贵族受同一周王多次册命极为常见。如“免”组器铭：

唯三月既生霸乙卯，王在周，命免作司徒……

唯六月初吉，王在郑。丁亥，王格大室。井叔右免，王蔑免历，命史懋赐免□黄，作司工……

唯十又二月初吉，王在周。昧爽，王各于大庙，井叔右免即命。王授作册尹书，俾册命免……

同样，同一人受命于两个周王也很正常，往往作“今余佳（唯）醽禀先王令”[28]。

因此就存在这样的可能性：即元年、三年师兑簋并未反映事件的完整信息，可能还有一件X年师兑簋，虽今已不传但铭文相关。现假设如下：

当某王在位时，第一次册命了兑。事件经过如《元年师兑簋》铭文：

佳（唯）元年五月初吉甲寅，王才（在）周，各康庙，即立（位）。同中（仲）右师兑，入门，立中庭。王乎内史尹册令师兑：疋师龢父司左右走马……

接着在该王的后一位周王在位时，又对兑进行了两次册命。其中第一次册命，我假设为《X年师兑簋》，其铭文如下：

佳X年某月某月相某干支，王在某地，各某庙，即位。某右师兑，入门，立中庭。王乎内史尹册令师兑：…今余佳（唯）醽禀先王令，令汝疋师龢父司左右走马……

此后不久，同一位周王又对兑进行了第二次册命，经过如《三年师兑簋》铭文：

佳（唯）三年二月初吉丁亥，王才（在）周，各大庙，即立（位）。䚄白（伯）右师兑，入门，立中庭。王乎内史尹册令师兑：余既令女（汝）疋师龢父司左右走马，今余佳（唯）醽禀乃令＝女（汝）䵼司走马……

如此，《三年师兑簋》铭文衔接的实际上不是《元年师兑簋》，而是那件已经不存世的《X年师兑簋》。由于《X年师兑簋》那次册命本身就是西周常见的先后两王对同一人的册命，内容相似、但纪年属于不同的王年，因此在《X年师兑簋》缺失后，研究者通过铭文内容，误将《三年师兑簋》接入《元年师兑簋》的纪年体系。这样铭文虽然很顺畅，但是年代却不相衔接了。

虽然以上只是纯粹的假设，考虑到这样的假设既符合西周金文的一般通例，又无须改动铜器铭文、或者对“月相术语”作牵涉过多的进一步假设，应该还是具有一定解释力的。至少可以认为，两件师兑簋的状况并不能作为“双元年说”的过硬证据。

综上，使用这三则证据，并未给“双元年说”提供更多有力的证据，反而暴露了其中的资料和解释方面的某些不足。显然，要最终证成其说，持论者仍续进一步寻找更有力证据。

周言（南京大学历史系）

1.朱凤瀚、张荣明《西周诸王年代研究》，423～424页。
2.倪德卫（Nivison,1983）较为倚重的《泰誓》篇无论今古文皆伪，详可参刘起釪先生《尚书学史》69—73页。
3.比如：对古文献记载中数字讹变现象的理解、对铜器年代关系的错误判断——如认为五年卫鼎和十五年，曹鼎历日无法系连(Nivison，1983，p.526)。其实此两器历日衔接非常顺畅，应该属于一个纪元体系。关于这2件铜器历日系连，可参《夏商周断代工程1996—2000年阶段成果历谱（简本）》之《西周金文历谱》。
4.详可参朱凤瀚、张荣明《西周诸王年代研究评述》，《西周诸王年代研究》，423—424页。
5.有关专著The Riddle of the Bamboo Annals.，其部分结论翻译公布于《西周诸王年代研究》第380—387页；朱凤瀚、张荣明先生在《西周诸王年代研究评述》中也略有简介。倪德卫先生的较新研究《竹书纪年之谜》因未及见，所以无法详细分析讨论，本文仅是根据我手边现有资料作的有限讨论。
6.《陕西眉县杨家村西周青铜器窖藏发掘简报》，《文物》2003年6期；《陕西眉县杨家村西周青铜器窖藏》，《考古与文物》2003年第3期。此两期都附有专家座谈与论述。
7.此字或释为“逑”，本文从陈剑先生说释“逑”。详可参《据郭店简释读西周金文一例》，《北京大学古文献研究中心集刊（2）》第378—396页，北京燕山出版社，2001年。
8.此点诸家无异议，详可参注6所引诸家论述。
9.逑鼎中出现的史官“史減”也见于28年寰盘。考虑到人自然寿命限制，若28年寰盘属于厉王，则此人按照传统观点将任职达67年以上，显然不可能；而幽王在位也不可能有28年，所以此人必为宣王时人。寰盘和逑鼎既然都是宣王时器，而且历日要素衔接很顺畅，却都同样不合于传统的宣王纪年。显然，不可能三件套铜器都同时刻错了。
10.详可参张培瑜先生《逑鼎的王世与西周晚期历法月相纪日》，《中国历史文物》2003年第3期，第6—10页。
11.夏商周断代工程专家组：《夏商周断代工程1996—2000年阶段成果历谱（简本）》（夏商周断代工程丛书／研究历谱）。
12.张培瑜《逑鼎的王世与西周晚期历法月相纪日》，《中国历史文物》2003年第3期；夏含夷《四十二年、四十三年两件吴逑鼎的年代》，《中国历史文物》2003年第3期；王占奎《西周列王纪年拟测》，《考古与文物》2003年第3期；《宝鸡眉县杨家村窖藏单氏家族青铜器群座谈纪要》，《考古与文物》2003年第3期。另外，王占奎先生在上述“纪要”中论及陈久金、黄盛璋两先生附议张培瑜先生观点，但我检索不周，未及见其全文。
13.详可参夏含夷《四十二年、四十三年吴逑鼎的年代》，《中国历史文物》2003年第5期。
14.同上注52页。
15.《左传》隐公元年“元年春，王周正月。不书即位，摄也”。可见《春秋》鲁侯即位即称元，详可参杜预《春秋释例》卷一第1—5页“公即位例”。
16.此类记载多见，比如《公羊》闵公32年传曰：“子卒云子卒，此其称子般卒何？君存称世子，君薨称子某，既葬称子，逾年称公。子般卒，何以不书葬？未逾年之君也。文公九年传曰：毛伯者何？天子之大夫也。何以不称使？当丧未君也。逾年矣，何以谓之未君？即位矣，而未称王也。未称王，何以知其即位？以诸侯之逾年即位，亦知天子之逾年即位也。以天子三年然后称王，亦知诸侯于其封内三年称子也。逾年称公矣，则曷为于其封内三年称子……”《礼记·杂记》曰：“君薨，大子号称子，待犹君也。”《谷梁》僖公九年传文曰：“宋其称子，何也？未葬之辞也。礼：‘柩在堂上，孤无外事。’今背殡而出会，以宋子为无哀矣！”
17.顾炎武《日知录》“诸侯在丧称子”条云：“凡继立之君，逾年正月乃书‘即位’，然后成之为君。未逾年则称‘子’；未逾年又未葬，则称名”。对此，清人徐乾学撰《读礼通考》卷24、62和64等有详细论证。
18.《春秋释例》卷一“公即位例”：“天子诸侯丧制与士不同，国史每备而录其得失。嗣子位定初丧而改元必逾年者，继父之业，成父之志，不忍有变于中年也。遭丧继立者，每新年正月必改元正位，百官以序，故国史皆书“即位”于策以标之”。卷四（第101页）“丧称例”又曰：“父虽未葬，丧服在身，逾年则于其国内即位称君。伐郑之役宋公、卫侯是也。《春秋》书鲁事皆逾年即位称公，不可旷年无君，则知他国亦同”。
19.详可参夏含夷：《西周诸王年代》（《西周诸王年代研究》第287页）、《上博新获大祝追鼎对西周断代研究的意义》（《文物》2003年第5期），以及上引《四十二年、四十三年两件吴逑鼎的年代》等文。
20.早期历法确立的前提就是有置闰和连大法，因此中国古代对于置闰很早就有深刻认识。至少在春秋中期，就已经实行“十九年七闰法”，详可参陈遵妫：《中国天文学史》第3册，第1395页、1420页。
21.《文物》2003年第5期。
22.《周本纪》云：“（宣）王弗听。三十九年，战于千亩，王师败绩于姜氏之戎。”
23.《纪年》和《史记》对战争胜败的记载不同也不奇怪，《竹书纪年》很多史实的评判都与《史记》之类传统史书记载不同。详可参方诗铭、王修龄编著《古本竹书纪年辑证》的有关论述。
24.类似现象在《史记·十二诸侯年表》与各《本纪》、《世家》中屡见。
25.《史记》第517页。
26.清人梁玉绳《史记志疑》云“案：‘六’当作‘五’”，北京：中华书局1981年第一版，第915页。
27.夏含夷《西周诸王年代》中译章节，刘源译，引自《西周诸王年代研究》284－285页。
28.比如《殷周金文集成》359、2841、4283、4284等。

参考文献

1.《陕西眉县杨家村西周青铜器窖藏发掘简报》，《文物》2003年6期；陕西文物局《盛世吉金：陕西宝鸡眉县青铜器窖藏》，北京出版社，2003年。
2.《史记》，中华书局，1959年。
3.诗铭、王修龄辑录《古本竹书纪年辑证》，上海古籍出版社，1981年。
4.夏商周断代工程专家组《夏商周断代工程1996—2000年阶段成果历谱（简本）》，世界图书出版公司，2000年。
5.朱凤瀚、张荣明《西周诸王年代研究》，贵州人民出版社，1998年。
6.陈遵妫《中国天文学史》第3册，上海人民出版社，1984年。
7.Nivison, David S.(et.al),1983."The Date of Western Chou", *Harvard Journal of Asiatic Studies*.Vol.43, No.2,1983.
8.刘起釪《尚书学史》，中华书局，1989年。
9.陈遵妫《中国天文学史》第3册，上海人民出版社，1984年。
10.杜预《春秋释例》，“丛书集成初编”本，中华书局，1985年。

越史小考

1996年—1998年，浙江省文物考古研究所发掘了春秋晚期的绍兴印山越王陵，一举改变了越文化研究的徘徊局面，成为20世纪东周考古的重大发现之一，在史学界和考古学界引起了极大的反响，被评为“1998年全国十大考古新发现”。然而，由于该墓的随葬器物几乎被洗劫一空，因而留下了太多的遗憾。

2003年—2005年，江苏省考古研究所发掘了无锡鸿山越国贵族墓地，共计发掘战国早期的越国贵族墓葬7座，墓葬由南向北、由东向西统一编号为WHDⅠ（老虎墩）、WHDⅡ（老坟墩）、WHDⅢ（曹家坟）、WHDⅣ（邹家墩）、WHDⅤ（杜家坟）、WHDⅥ（万家坟）、WHDⅦ（邱承墩）。其中仅次于印山越王陵的邱承墩贵族墓出土了1000余件越国最高等级的随葬器物，第一次展示了越国贵族礼乐文化的风采，第一次揭示了越国贵族社会等级的划分，同样在史学界和考古学界引起了极大的反响，被评为“2004年全国十大考古新发现”。

“春秋末年，地处中国东南一隅的越国，西灭强吴，争霸中原，一跃成为当时的强国之一。越文化继七千多年前的河姆渡文化、五千多年前的良渚文化之后，为长江下游地区又开创了一个繁荣昌盛的新时代。越文化对促进当地经济文化的发展，对促进不同文化之间的交流、融合和中华统一文明基础的形成发挥了重要的不可替代的作用。”[1]

关于越国的历史，相关文献的记载或过于简略，或语焉不详，因此留下了太多的迷团。由于无锡鸿山越国贵族墓地的发现与发掘，尤其是特大型越国贵族墓邱承墩中出土的千余件最高等级的随葬器物，为重新认识和研究越国的历史，提供了新的资料和新的契机。

在整理鸿山越国贵族墓和编写发掘报告的过程中，需对墓葬的国属、墓葬的年代和墓主的身份进行分析，因此必然要对有关越国历史的文献和考古资料进行一番考证，也或多或少地产生了一些心得和想法。目前《鸿山越墓发掘报告》[2]已经出版，现将在编写报告过程中的一些记录梳理如下，或许可为今后越文化的研究作些参考。

一、越王世系考

编写《鸿山越墓发掘报告》，首先要梳理越国世系，尽管两者未必有直接的关系。

有关越国的世系，《左传》、《国语》均无记载，而《史记》、《越绝书》等文献的记载也不尽相同。《史记·越王句践世家》：

越王句践，其先禹之苗裔，而夏后帝少康之庶子也。封于会稽，以奉守禹之祀。文身断发，披草莱而邑焉。后二十余世，至于允常。允常之时，与吴王阖庐战而相怨伐。允常卒，子句践立，是为越王。

句践卒，子王鼫与立。王鼫与卒，子王不寿立。王不寿卒，子王翁立。王翁卒，子王翳立。王翳卒，子王之侯立。王之侯卒，子王无彊立。王无彊时，越兴师北伐齐，西伐楚，与中国争强。……楚威王兴兵而伐之，大败越，杀王无彊，尽取故吴地至浙江，北破齐于徐州。而越以此散，诸族子争立，或为王，或为君，滨于江南海上，服朝于楚。

古本《竹书纪年》因版本的不同，越王世系的记载也略有出入。

雷学淇《竹书纪年义证》：

元王二年，於粤灭吴；七年，於粤徙都琅琊，十一月，於粤子句践卒，是为菼执，次鹿郢立。十六年，於粤子鹿郢卒，子不寿立。晋敬公三年，於粤子不寿见杀，是为盲姑，次朱句立。晋烈公二年，於粤灭滕。三年，於粤伐郯，以郯子鸪归。五年，於粤子朱句卒，子翳立。魏武侯十八年，於粤迁於吴。二十一年七月，於粤太子诸咎弑其君翳；十月，粤人杀诸咎，粤滑吴人立孚错枝为君。二十二年，於粤大夫寺区定粤乱，立初无余，是为莽安。梁惠成王八年，於粤寺区弟思杀其君莽安，次无颛立。[3]

范祥雍：《古本竹书纪年辑校订补》：

晋出公十年，於粤子句践卒，是为菼执，次鹿郢立。十六年，於粤子鹿郢卒，子不寿立。敬公三年，於粤子不寿见杀，是为盲姑，次朱句立。十四年，於粤子朱句灭滕；十五年，於粤子朱句灭郯，以郯子鸪归；十七年，於粤子朱句卒，王翳立。魏武侯十七年，於粤子翳迁于吴。二十年七月，於粤大子诸咎弑其君翳；十月，粤杀诸咎，粤滑吴人立孚错枝为君。二十一年，於粤大夫寺区定粤乱，立无余之。梁惠成王六年，於粤寺区之弟思杀其君莽安，次无颛立。[4]

今本《竹书纪年》：

元王四年，於越灭吴。……贞定王元年，於越徙都琅玡。……四年，於越子句践卒，是为菼执，次鹿郢立。……十年，於越子鹿郢卒，不寿立。……二十年，於越子不寿见杀，是为盲姑，次朱句立。……威烈王十一年，於越灭滕。十二年，於越子朱句伐郯，以郯子鸪归。十四年，於越子朱句卒，子翳立。……安王二十三年，於越迁于吴。三十六年，於越太子诸咎弑其君翳，十月，越人杀诸咎越滑，吴人立孚错枝为君。……烈王元年，於越大夫寺区定越乱，立初无余，是为莽安。……显王四年，於越寺区弟思弑其君莽安，次无颛立。……十二年，於越子无颛卒，是为菼颛卯，次无彊立。……三十四年，於越子无彊伐楚。……三十六年，楚围齐于徐州，遂伐於越，杀无彊。……隐王三年四月，越王使公师隅来献舟三百、箭五百万及犀角、象齿。[5]

《越绝书·记地传》：

昔者，越之先君无余，乃禹之世，别封于越，以守禹冢。……无余初封大越……千有余岁而至句践。……越王夫镡以上至无余，久远，世不可纪也。夫镡子允常。允常子句践，大霸称王，徙琅玡，都也。句践子与夷，时霸。与夷子子翁，时霸。子翁子不扬，时霸。不扬子无疆，时霸，伐楚，威王灭无疆。无疆子之侯，窃自立为君长。之侯子尊，时君长。尊子亲，失众，楚伐之，走南山。亲以上至句践，凡八君，都琅玡二百二十四岁。无疆以上，霸，称王。之侯以下微弱，称君长。[6]

《吴越春秋·越王无余外传》：

越之前君无余者，夏禹之末封也。……禹以下六世而得帝少康，少康恐禹祭之绝祀，乃封其庶子于越，号曰无余。……无余传世十余，末君微劣，不能自立，转从众庶为编户之民，禹祀断绝。十有余岁，有人生而言语，其语曰'鸟禽呼'咽喋咽喋。指天向禹墓曰：'我是无余君之苗末，我方修前君祭祀，复我禹墓之祀，为民请福于天，以通鬼神之道。'众民悦喜，皆助奉禹祭，四时致贡，因共封立，以承越君之后，复夏王之祭。安集鸟田之瑞，以为百姓请命。自后稍有君臣之义，号曰无壬。壬生无曎,曎专心守国，不失上天之命。无曎卒，或为夫谭。夫谭生元常，常立，当吴王寿梦、诸樊、阖闾之时。越之兴霸自元常矣。[7]

《吴越春秋·句践伐吴外传》：

二十七年冬，句践……遂卒。兴夷即位一年卒，子翁。翁卒，子不扬。不扬卒，子无彊。彊卒，子玉。玉卒，子尊。尊卒，子亲。自句践至于亲，其历八主，皆称霸，积年二百二十四年，亲众皆失，而去琅玡，徙于吴矣。

从以上记载中可以看出，越国的世系在允常之前十分渺茫，可以明确的是越之始祖无余为禹庶子少康后，夫镡或为允常之父；允常之时，拓土始大，称王，越之兴霸当始于越王允常；而有关越国历史的记载主要见于句践；句践之后越国史迹仅见朱句灭滕、伐郯；无彊伐楚，威王灭无彊。

自允常至无彊的越王世系，按不同的版本排列如下：

《史记》：允常—句践—鼫与—不寿—翁—翳—之侯—无彊

古本《竹书纪年》：句践—鹿郢—不寿—朱句—翳—孚错枝—初无余—无颛

今本《竹书纪年》：句践—鹿郢—不寿—朱句—翳—孚错枝—初无余—无颛—无彊

《越绝书》：允常—句践—与夷—子翁—不扬—无彊

《吴越春秋》：元常—句践—兴夷—翁—不扬—无彊

《史记》记载自允常至无彊越王有八，古本、今本《竹书纪年》俱记载自句践至无彊越王有八，而《越绝书》和《吴越春秋》记载自允常至无彊越王有六。孰是孰非，不可臆断。本着宁可信其有的原则，以史记为基本，将越王世系重新排列如下：

允常（元常）—句践—鼫与（鹿郢、与夷、兴夷）—不寿—朱句（翁、子翁）—翳—孚错枝—初无余—不扬（无颛）—之侯—无彊

越王世系，有部分由青铜器铭文得以证实：

"越王之子句浅剑"，此越王当为允常，句浅即句践；[8]

"越王鸠浅剑"，鸠浅即句践；[9]

"越王者旨於赐钟"，郭沫若先生认为系勾践五世孙翳之子诸咎，[10]马承源先生认为系勾践之子鼫与，[11]林沄先生认为此名缓言之为"者旨於赐"，急言之则为"鼫与"；[12]

"者汈钟"，容庚先生认为"者汈"为鼫与，[13]而郭沫若先生认为"者汈"为诸咎；[14]

"越大子敝寿矛"，"敝寿"即不寿；[15]

"越王丌北古剑"，马承源先生考"丌北古"即盲姑，亦即不寿；[16]

"越王州句剑"，"州句"即朱句。[17]

以上铭文可以看出越王世系的记载虽有出入，然未必虚无缥缈。随着新的考古发现，也许会有更多的越王面世。而对于历史文献的记载，在没有可靠的证据之时，不可轻易否定。

无彊之后，"诸族子争立，或为王，或为君"；"无彊以上，霸，称王。之侯以下微弱，称君长"；在隐王三年时，越王还"使公师隅来献舟三百、箭五百万及犀角、象齿"，可见越国在无彊之后仍在政治舞台上活动了一段时期。

关于越国世系，司马贞的《史记索隐》，罗苹的《路史后纪》，徐天祜的《吴越春秋音注》，郝懿行的《竹书纪年校正》，雷学淇的《竹书纪年义证》，王国维的《古本竹书纪年辑校》和《今本竹书纪年疏证》，范祥雍的《古本竹书纪年辑校订补》，方诗铭、王修龄的《古本竹书纪年辑证》等均作了详尽的考证，不赘述。

需要指出的是，通过对越王世系的梳理，发现越史中疑窦颇多，可见越史的研究困难重重。

二、越都姑苏考

城的出现是社会发展进入文明的标志之一，而都城的出现更是社会发展到一定阶段的产物。《释名》："都者，国君所居，人所都会也。"春秋战国之际，对都城的选择和营造已形成了一定的标准，《管子·乘马》："凡立国都，非于大山之下，必于广川之上。高毋近旱而水用足，下毋近水而沟防省，因天

材就地利。故城郭不必中规矩，道路下必中准绳”。

就考古学而言，都城需具备以下几个条件：

1．有城有郭，城外有壕；

2．城内有宫殿、宗庙或官署等大型建筑；

3．城的周边有大型墓葬。

鸿山越国贵族墓中，特大型墓葬邱承墩的墓主显然为地位显赫的越国贵族，贵族墓的发现也反映了在其附近一定有越国的政治中心。在对鸿山越墓的国属进行考证时，首先需对其附近的春秋战国时期的政治中心姑苏进行考证。

姑苏为吴都，绍兴为越都，这似乎已成为根深蒂固的传统认识。

在春秋战国时期，由于战争的原因，许多诸侯国的国都都曾经历过数次迁徙，吴、越也不例外。

如楚都数迁皆称“郢”一样，吴都数迁仍称“攻敔”。由于语言的差异，“攻敔”在汉译为“句吴”时出现了一定的差异。然从皖南至苏南，自西而东有许多与句吴有关的城，如芜湖的“鸠兹城”、高淳的“固城”、丹徒的“朱方城”、丹阳的“葛城”、无锡的“吴城（阖闾城)”、苏州的“吴城（姑苏城)”等，其古音皆与“攻敔”同。[18]

越在都绍兴之前，可能曾都安徽的屯溪和浙江的安吉，在都绍兴之后，又曾都江苏的姑苏和山东的琅犽。越都数迁是否仍名“会稽”，文献无征，主要是根据城址和大型墓葬进行的推断。[19]

据《汉书·地理志》：秦始皇二十五年置会稽郡，郡治吴（今苏州)；汉高祖五年分会稽为会稽、吴二郡，会稽郡治山阴（今绍兴)，吴郡治吴（今苏州)。

《汉书·地理志》中透露出这样一个信息：即姑苏有着吴、越双重属性。

越都绍兴之后，徙往琅犽，这在《竹书纪年》、《越绝书》中多有记载。然越在徙都琅犽之前，曾徙都姑苏；徙都琅犽之后，又徙都姑苏。然在较长的时间内，越都姑苏却未能引起足够的重视。

春秋晚期，由于吴国和越国的先后崛起，姑苏亦先后成为吴国和越国的都城。鸿山越国贵族墓地，实际上是越国都城姑苏的外围墓地，其分布范围大致南至今苏州的浒墅关，北至无锡的鹅湖，东至苏州的黄埭，西至无锡的鸿山。鸿山越国贵族墓地的发现，表明了其地理位置当在都城之外；鸿山在今苏州西北四十里处，鸿山越国贵族墓的发现，对于姑苏曾为越都是一个有力的证明。

鸿山越国贵族墓的年代为战国早期，即越王句践时期，这反映了姑苏在句践灭吴后亦曾为越国的都城。

最早提出姑苏为越国都城的是陈梦家先生。陈梦家先生指出：“上古之越，其族散居于江浙闽粤，而最初当在苏境，渐次而南”，“余考春秋时吴地，皆越之故土也”，“越绝书云无余初封大越，都秦余望南，秦余杭山则在姑苏西北五十余里，其地为越王都地”[20]。

吴越争霸大致从公元前510年—473年，而争霸的主要目的是都城姑苏。根据对文献的梳理，可见姑苏曾先后为吴国和越国的都城。

《左传》成公七年（公元前584年)：“蛮夷属于楚者，吴尽取之，是以始大，通吴于上国。”

《史记·吴世家》：“寿梦立而吴始益大，称王。”

吴寿梦始称王。

《春秋》昭公五年（公元前 537 年）：“冬，楚子……越人伐吴。”

越始从楚伐吴。

《左传》昭公三十二年（公元前 510 年）：“夏，吴伐越，始用师于越也。”

《越绝书 · 吴地传》：“阖庐之时，大霸……徙治胥山。”

吴在阖闾始定都姑苏之时，当在公元前 510 年或稍后。

《春秋》定公四年（公元前 506 年）冬：“吴入郢。”

《春秋》定公五年（公元前 505 年）：“夏，於越入吴。”

《吕氏春秋 · 知化》：“越报吴，残其国，绝其世，灭其社稷，夷其宗庙。”

《左传》定公五年：“越入吴，吴在楚也。”

《史记 · 吴世家》：“越闻吴王之在郢，国空，乃伐吴。”

吴伐楚之际，越伐吴，亦迁都姑苏。

《左传》定公五年：“九月，吴师败楚师于雍澨，秦师又败吴师……吴子乃归。”

同年，吴被秦打败后，复归姑苏。

《春秋》定公十四年（公元前 496 年）：“五月，於越败吴于檇李。”

《史记 · 吴世家》：“吴伐越，越王句践迎击之檇李。……越因伐吴，败之姑苏。”

《国语 · 吴语》：“于是越王句践乃命范蠡、舌庸，率师沿海泝淮以绝吴路。败王子友于姑熊夷。越王句践乃率中军泝江以袭吴，入其郛，焚其姑苏，徙其大舟。”

吴伐越失败，越入姑苏。

《左传》哀公元年（公元前 494 年）春：“吴王夫差败越于夫椒，报檇李也。遂入越。……三月，越及吴平。吴入越。”

吴复都姑苏。

《春秋》哀公十三年（公元前 482 年）：“夏……於越入吴。”

《左传》哀公十三年：“六月丙子，越子伐吴……丙戌，复战，大败吴师……丁亥，入吴；……冬，吴及越平。”

夏，越入姑苏；冬，吴又复入。

《左传》哀公十七年（公元前 478 年）：“三月，越子伐吴，吴子御之笠泽……吴师大乱，遂败之。”

吴师虽败，然笠泽在姑苏之南，此时姑苏仍属吴。

《左传》哀公二十二年（公元前 473 年）冬：“越灭吴。”

今本《竹书纪年》：元王四年，“於越灭吴”。

《越绝书 · 记地传》：越“而灭吴，徙治姑胥台”。

姑胥台即姑苏台，越复都姑苏。[21]

《史记 · 越世家》：“句践已平吴，乃以兵北渡淮，与齐、晋诸侯会于徐州，致贡于周。周元王使人赐句践胙，命为伯。……当是时，越兵横行于江淮东，诸侯毕贺，号称霸王。”

今本《竹书纪年》：贞定王元年（公元前 468 年），“於越徙都琅琊”。

《吴越春秋》：“句践二十五年，霸于关东，从琅琊起观台，周七里，以望东海。”

《越绝书 · 地传》："句践伐吴，霸关东，从琅玡起观台。"

越灭吴五年后，徙都琅玡。

今本《竹书纪年》：安王二十三年（公元前397年），"於越迁于吴"。

《史记 · 越世家》索隐引《纪年》："翳三十三年，迁于吴。"

越在都琅玡八十九年后，又徙都姑苏。

今本《竹书纪年》：安王二十六年（公元前376年），"於越太子诸咎弑其君翳。十月，越人杀诸咎越滑，吴人立孚错枝为君。"

《史记 · 越王句践世家》索隐引《纪年》："三十六年七月，太子诸咎弑其君翳。十月，粤杀诸咎。粤滑，吴人立错枝为君。"

根据史料，可将吴、越都姑苏的时间，排列如下：

公元前510年，吴始都苏州；

公元前505年夏，越始都苏州；

公元前505年9月，苏州复归吴；

公元前496年5月，越复都苏州；

公元前494年3月，吴复入苏州；

公元前482年6月，越入苏州；

公元前482年冬，吴又复都苏州；

公元前473年冬，越灭吴后，复都苏州；

公元前468年，越徙都琅琊；

公元前397年，越又迁都于吴。

公元前510年—公元前473年之间，姑苏主要为吴国都城，吴都姑苏约35—36年；越都姑苏的时间约3年，最长一次不过2年；公元前473年—公元前468年，姑苏为越国都城；公元前468年—公元前398年，越都琅玡；公元前397年，越又徙都姑苏。

鸿山越国贵族墓的年代为战国早期，约在公元前473年—公元前468年之间，即越灭吴之后最强盛的越王句践时代，亦即越都姑苏时期。

三、范蠡归宿考

鸿山越国贵族墓地中，以邱承墩为最，其墓葬形制、规模和随葬器物的质地、数量、组合等仅次于绍兴印山越王陵而高于所有的越国贵族大墓。

鸿山墓地中，所有墓葬都以邱承墩为中心，自西而东呈扇形分布。因此，鸿山墓地应为邱承墩墓主的家族墓地。在编写发掘报告时，必然要对邱承墩墓主进行考证。

鸿山一带有关范蠡的传说和古迹甚多，其东的河流名蠡河，湖名蠡湖，传范蠡偕西施泛舟五湖之地；湖西的土墩名西施墩，传西施沉于此，瘗绣鞋于内。[22] 据此，有必要对范蠡的归宿作些考证。

范蠡，楚人[23]，一说徐人[24]，越国大夫。

范蠡在越灭吴的战争中发挥了重要的作用，为越国举足轻重的人物。然而关于范蠡归宿的记载，千百年来却始终令人困惑。

《史记·越世家》：

> 范蠡事越王句践，既苦身勠力，与句践深谋二十余年，竟灭吴，报会稽之耻，北渡兵于淮，以临齐、晋，号令中国，以尊周室，句践以霸，而范蠡称上将军。还反国，范蠡以为大名之下，难以久居，且句践为人可与同患，难与处安，为书辞句践曰："臣闻主忧臣劳，主辱臣死。昔者君王辱于会稽，所以不死，为此事也。今既以雪耻，臣请从会稽之诛"。句践曰："孤将与子分国而有之。不然，将加诛于子。"范蠡曰："君行令，臣行意。"乃装其轻宝珠玉，自与其私徒属乘舟浮海以行，终不反。

鸿山越国贵族墓地是以邱承墩为中心的墓葬群，即以邱承墩为中心的家族墓地。因此对邱承墩墓主进行推断，有助于重新认识越大夫范蠡的归宿。

邱承墩为仅次于印山越王陵的特大型墓葬，其墓坑长度为越王陵的一半，大于所有已发掘的大型越国墓葬，而墓室平面呈"中"字形的，在越国墓葬中也仅此一座；墓葬不仅有墓道、墓室、后室和壁龛，墓室中还用木板等木质材料隔成主室和南北侧室，其复杂程度也仅次于越王陵；在江浙一带以往发掘的所有大型贵族墓，无论是墓葬规模、墓室结构和随葬器物的数量、等级，皆无与之相比者。

随葬器物中，墓主生前佩带的是"五璜佩"，而埋葬时又使用了玉覆面，其规格在春战时期大致与诸侯相当；青瓷乐器中，既有中原系统的钟、镈和磬，亦有越系统句鑃、錞于、丁宁、悬铃，还首次发现鼓座、振铎和三足缶，其中錞于、振铎均出现了模仿中原礼制的"特悬"。其乐器的数量之庞大、等级和规模之高，亦不亚于春战时期中原的诸侯；青瓷礼器中，鼎、豆、壶的组合显然模仿中原礼制，而用鼎的数量又不合周代礼制，明显出现僭越；冰酒器、温酒器等高等级的青瓷酒器和罍、鉴等大型青瓷器，无不显示出墓主生前显赫的地位；蛇为越人的图腾，为越国的象征，亦或为神权、王权的象征，而盘蛇的琉璃釉玲珑球形器、盘蛇的青瓷鼓座以及钟、镈、铎等青瓷乐器上大量出现蛇的造型，也暗示着墓主生前可能拥有极高的权力。

墓葬中，青瓷悬鼓座的出土，表明墓主生前曾为战争指挥者。

《国语·越语》："范蠡乃左提鼓，右援枹，以应使者，……使者辞反。范蠡不报于王，击鼓兴师以随使者，至于姑苏之宫，不伤越民，遂灭吴。"

《史记·越世家》："范蠡乃鼓进兵。"

《越绝书·记吴王占梦》："范蠡左手持鼓，右手操枹而鼓之。"

而悬鼓座上双头蛇的发现，更是暗示着墓主生前为善于用兵的战争指挥者。

《孙子兵法·九地》："故善用兵者，譬如率然。率然者，常山之蛇也。击其首则尾至，击其尾则首至，击其中则首尾俱至。敢问兵可使如率然乎？"

《博物志》卷三："常山之蛇名率然，有两头，触其一头，头至，触其中，则两头皆至，孙武以喻善用兵者。”

《国语·越语》，范蠡曰：“臣闻古之善用兵者，赢缩以为常，四时以为纪，无过天极，究数而止。天道皇皇，日月以为常，明者以为法，微者则是行。阳至而阴，阴至而阳；日困而还，月盈而匡。古之善用兵者，因天地之常，与之俱行。后则用阴，先则用阳；近则用柔，远则用刚。后无阴蔽，先无阳察，用人无艺，往从其所。刚强以御，阳节不尽，不死其野。彼来从我，固守勿与。若将与之，必因天地之灾，又观其民之饥饱劳逸以参之。尽其阳节、盈吾阴节而夺之，宜为人客，刚强而力疾；阳节不尽，轻而不可取。宜为人主，安徐而重固；阴节不尽，柔而不可迫。凡陈之道，设右以为牝，益左以为牡，蚤晏无失，必顺天道，周旋无究。今其来也，刚强而力疾，王姑待之”。

《国语·越语》中详尽地记载了范蠡善于用兵的军事思想，与鼓座上的“率然”暗合。

根据墓葬的规模和随葬器物的数量、等级，邱承墩墓主的身份应相当于春战国时期的诸侯。

越国在允常之际，“拓土始大，称王”，已出现僭越；句践灭吴之后，横兵于江淮，号称霸王，《吴越春秋·句践伐吴外传》范蠡曰：“昔吴之称王，僭天子之号……今君遂僭号不归，恐天变复见”，可见越王句践灭吴称霸之后，僭天子之号，不可一世。越王既僭为天子，仅次于越王的越国贵族，其享用的墓葬的规模和随葬器物的等级当与中原的诸侯相当。

据《左传》、《史记》、《国语》、《越绝书》、《吴越春秋》等史书的记载，春秋战国时期，越国仅次于越王的贵族是越大夫；根据墓葬的等级规模和随葬器物，邱承墩贵族墓仅次于印山越王陵，因此邱承墩贵族墓的墓主应为仅次于越王的越国大夫。

越国实行的是“五大夫”制，亦可能是“八大夫”制；抑或先后为“五大夫”和“八大夫”。

《国语·吴语》：“越王句践乃召五大夫。”《吴越春秋·句践归越外传》：“越王召五大夫而告之。”

《吴越春秋·句践伐吴外传》：“越王乃请八大夫。”

越国大夫见诸史籍的并非八人，根据《左传》、《史记》、《汉书》、《国语》、《吕氏春秋》、《说苑》、《越绝书》、《吴越春秋》、《新书》、《水经注》等文献记载，句践时期的越国大夫有灵姑浮，石买，文种（大夫种、文子），范蠡（子范子、范公、范伯、鸱夷子皮），计然（计研、计倪、计砚），扶同（冯同、逢同、佚同），皋如（句如、罟如、渠如处），苦成（若成、车成），皓，诸稽郢（柘郢、廉稽、诸发），后庸（曳庸、舌庸、泄庸、泄庸），畴无余，讴阳等。

石买在句践灭吴之前被诛。

《越绝书·记地传》：“句践与吴战于浙江之上，石买为将。……行至浙江上，斩杀无罪，欲专威服军中，动摇将率，独专其权。士众恐惧，人不自聊。……士众鱼烂而买不知，尚犹峻法隆刑。子胥独见可夺之证，变为奇谋，或北或南，夜举火击鼓，昼陈诈兵。越师溃坠，政令不行，背叛乖离。还报其王，王杀买，谢其师，号声闻吴。”

《越绝书·记范伯》：“于是石买益疏。其后使将兵于外，遂为军士所杀。”

畴无余、讴阳在灭吴之前被吴俘获。

《左传》哀公十三年：“六月丙子，越子伐吴，为二隧。畴无余、讴阳自南方，先及郊。吴大子友、王子地、王孙弥庸、寿于姚自泓上观之。……乙酉，战，弥庸获畴无余，地获讴阳。”

句如在灭吴后遭车裂，文种在灭吴之后被赐死。

贾谊《新书·耳痹》："事济功成……大夫种系领谢室，渠如处车裂回泉。"

《史记·越世家》："范蠡遂去，自齐遗大夫种书曰：'蜚鸟尽，良弓藏；狡兔死，走狗烹。越王为人长颈鸟喙，可与共患难，不可与共乐。子何不去？'种见书，称病不朝。人或谗种且作乱，越王乃赐种剑曰：'子教寡人伐吴七术，寡人用其三而败吴，其四在子，子为我从先王试之。'种遂自杀。"

《吴越春秋·句践伐吴外传》："越王复召相国，谓曰：'子有阴谋兵法，倾敌取国。九术之策，今用三已破强吴，其六尚在子所，愿幸以余术为孤前王于地下谋吴之前人。'于是种仰天叹曰：'嗟乎！吾闻大恩不报，大功不还，其谓斯乎？吾悔不随范蠡之谋，乃为越王所戮。吾不食善言，故哺以人恶。'越王遂赐文种属卢之剑。种得剑，又叹曰：'南阳之宰而为越王之擒！'……遂伏剑而死。"

文种死后，越王句践厚葬之。

《吴越春秋·句践伐吴外传》：句践"葬种于国之西山，楼船之卒三千余人，造鼎足之羡。"

《越绝书·记地传》："种山者，句践所葬大夫种也。楼船卒二千人，钧足羡，葬之三蓬下。"

"鼎足之羡"，即三条墓道；"钧足羡"，即对称的墓道。

灭吴之后，诸大夫人心惶惶，不可终日。

《吴越春秋·句践伐吴外传》："自是之后，计倪佯狂，大夫曳庸、扶同、皋如之徒，日益疏远，不亲于朝。"

越大夫的所终除石买、畴无余、讴阳之外，皆应卒于灭吴之后。诸大夫中，归宿明确的有石买、畴无余、讴阳、句如和文种；而范蠡的归宿却显得扑朔迷离。

范蠡在灭吴之后出走，不知所终，此一说。

《国语·越语》："反至五湖，范蠡辞于王曰：'君王勉之，臣不复入越国矣'。遂乘轻舟以浮于五湖，莫知其所终极。"

《吴越春秋·句践伐吴外传》亦云：范蠡"乃乘扁舟，出三江，入五湖，人莫知其所适"。"莫知其所终极"或"人莫知其所适"，显然其归宿十分扑朔迷离。

《史记·越世家》："范蠡浮海出齐，变姓名，自谓鸱夷子皮"；"止于陶，于是自谓陶朱公。"

《史记·货殖列传》："范蠡既雪会稽之耻……乃乘扁舟浮于江湖，变名易姓。适齐为鸱夷子皮，之陶为朱公。"

然范蠡从越乘一叶扁舟如何适齐？如何之陶？又为何称"鸱夷子皮"？似乎从未有人深究。

范蠡在灭吴之后被沉于江，此又一说。

《史记·越世家》："范蠡事越王句践，既苦身勠力，与句践深谋二十余年，竟灭吴，报会稽之耻……还反国，范蠡以为大名之下，难以久居，且句践为人可与同患，难与处安，为书辞句践曰：'臣闻主忧臣劳，主辱臣死。昔者君王辱于会稽，所以不死，为此事也。今既以雪耻，臣请从会稽之诛。'句践曰：'孤将与子分国而有之。不然，将加诛于子'。"

《国语·越语》："遂灭吴。反至五湖，范蠡辞于王曰：'君王勉之，臣不复入越国矣。'……王曰：'所不掩子之恶，扬子之美者，使其身无终没于越国。子听吾言，与子分国；不听吾言，身死，妻子为戮'。"

可见在灭吴之后，句践已对范蠡暗藏杀机。

《国语·吴语》：吴王“乃使取申胥之尸，盛以鸱夷，而投之于江”。

《史记·伍子胥列传》：“吴王闻之大怒，乃取子胥尸盛以鸱夷革，浮之江中。”

贾谊《新书·耳痹》：“伍子胥见事之不可为也……身鸱夷而浮江。”

《史记·越世家》：“范蠡浮海出齐，变姓名，自谓鸱夷子皮。”

子胥“身鸱夷”，而范蠡自谓“鸱夷子皮”，耐人寻味。[25]

《史记索隐》：“鸱夷子皮，范蠡自谓也。盖以吴王杀子胥而盛以鸱夷，今蠡自以有罪，故为号也。”范蠡自以有罪，故号“鸱夷子皮”，令人费解。

《吕氏春秋·悔过》：“故箕子穷于商，范蠡流乎江。”《吕氏春秋·离谓》又云：“范蠡、子胥以此流。”尽管文辞晦涩，然字里行间仍透露出范蠡可能与伍子胥命运一也。

《越绝书·德序》：“吴越之事烦而文不喻，圣人略焉。……夫差狂惑，贼杀子胥，句践至贤，种曷为诛？范蠡恐惧，逃于五湖，盖有说乎？”

《越绝书·篇叙》：“屈原隔界，放于南楚，自沉湘水，蠡所有也。”

《新书·耳痹》：“伍子胥……身鸱夷而浮江。……事济功成，范蠡负石而归五湖，大夫种系领谢室，渠如处车裂回泉。”

如是，则有可能在句践灭吴后，“范蠡负石而归五湖”，其归属当与伍子胥、文种、句如相同。

与范蠡命运相同的还有西施。

《墨子·亲士》：“是故比干之殪，其抗也；孟贲之杀，其勇也；西施之沈，其美也；吴起之裂，其事也。”

北齐《修文殿御览》引《吴越春秋·逸篇》：“越浮西施于江，令随鸱夷而终。”

越王句践灭吴后大肆诛杀功臣，应是不争的史实，“兔死狗烹，鸟尽弓藏”是流传至今的成语。

五湖，当泛指湖荡密布之地，姑苏之西的五湖，正与鸿山一带的地貌相同。而鸿山一带的许多地名如蠡河、蠡湖、仙蠡墩、西施墩等皆与范蠡、西施有关，也许并非巧合；尤其是仙蠡墩，传范蠡成仙处；而蠡湖，更是相传为范蠡助越王句践雪会稽之耻后，偕西施泛舟五湖的隐居之处。

根据墓葬等级规模分析，鸿山越国贵族墓地中的邱承墩特大型墓应为仅次于越王的越大夫。从越王句践诛杀文种后又予以厚葬的情况分析，邱承墩大墓的墓主应为灭吴之后的越大夫，而鸿山越国贵族墓地诸多墓葬的埋葬时间几乎一致，亦暗示着鸿山越国贵族墓地可能为同时被诛的越大夫的家族墓地。

由于鸿山一带的地名与越大夫范蠡有着千丝万缕的联系，而墓地中所有墓葬的年代又完全相同，无论范蠡是“出三江、入五湖”，还是“流乎江、归五湖”，鸿山越国贵族墓地有可能为越大夫范蠡的家族墓地。

范蠡偕西施泛舟五湖，并成为陶朱公，传为千古佳话。然而在春秋战国之际，在“鸟尽弓藏、兔死狗烹”的越王句践时代，范蠡的生活是否如此浪漫，事业是否如此成功，文献的记载似乎并无明确的答案。

鸿山越国贵族墓地的发现与发掘，对于重新认识越大夫范蠡的归宿，显然有着十分重要的意义。然由于出土文物中文字材料的缺乏，文献的梳理仅是一种推测，对其墓主的考定，还有待于今后。

后记

蒋赞初先生是我的老师，也是我最崇敬的先生。先生严谨治学，平易近人，对我们这些恢复高考后首批进入南京大学的学生，更是倾注了大量心血，无论是在学校的课堂上，还是在鄂城的工地上，先生授业、解惑、传道，身体力行，言传身教，不仅传授了专业知识，更重要的是传授了治学态度和治学方法，使我们终身受益匪浅。

30年来，每当我在考古工作中遇到困难和挫折时，眼前总浮现出先生的音容笑貌；每当我在考古工作中取得一些成绩时，耳边又仿佛响起先生的教诲和鼓励。在我的心目中，先生是我永远的老师。时值先生八秩华诞之际，将自己在编写考古报告时所做的资料汇集工作编撰成文，为先生寿，甚感欣慰，这也许是先生精神的一种传承吧。

愿先生健康长寿。

张敏(南京博物院、江苏省考古研究所)

1.李伯谦《序》，见浙江省文物考古研究所、绍兴县文物保护管理局《印山越王陵》，文物出版社，2002年。
2.南京博物院、江苏省考古研究所、无锡市锡山区文物管理委员会《鸿山越墓发掘报告》，文物出版社，2007年。
3.雷学淇《竹书纪年义证》，修绠堂铅印本，民国。
4.范祥雍《古本竹书纪年辑校订补》，新知识出版社，1956年。
5.王国维《今本竹书纪年疏证》，方诗铭、王修龄《古本竹书纪年辑证》，上海古籍出版社，1981年。
6.(汉) 袁康、吴平《越绝书》，上海古籍出版社，1985年。
7.(汉) 赵晔《吴越春秋》，江苏古籍出版社，1986年。
8.张振林《关于两件吴越宝剑铭文的释读问题》，《中国语文研究》，香港中文大学中国文化研究所，1985年。
9.湖北省博物馆《湖北江陵三座楚墓出土大批重要文物》，《文物》1966年第5期。
10.郭沫若《两周金文辞大系图录考释》，科学出版社，1958年。
11.马承源《越王剑、永康元年群神禽兽镜》，《考古》1962年第12期。
12.林沄《越王者旨於赐考》，《考古》1963年第8期。
13.容庚《商周彝器通考》,哈佛燕京学社，1941年。
14.郭沫若《者汈锺铭考释》，《考古学报》1958年第1期。
15.董楚平《吴越徐舒金文集释》，浙江古籍出版社，1992年。
16.马承源《越王剑、永康元年群神禽兽镜》，《文物》1962年第12期。
17:荆州地区博物馆《湖北江陵藤店一号墓发掘简报》，《文物》1973年底9期。
18.张敏《丹徒考》，徐湖平主编《东方文明之韵》，岭南美术出版社，2000年。
19.参见《鸿山越墓发掘报告》，文物出版社，2007年。
20.陈梦家《禺邗王壶考释》，《燕京学报》1937年6月，第21期。
21.吴越先后作为都城的姑苏，阖闾之时在太湖之西，即“阖闾城遗址”；夫差之时在太湖之东，即“木渎古城遗址”。由于与梳理文献无关，故不在此讨论。
22.《无锡金匮县志 · 山水》，光绪辛巳年刻本；《泰伯梅里志 · 山水》，光绪丁酉年刻本。
23.《越绝书 · 纪策考》：“范蠡其始居楚也，生于宛橐，或伍户之虚”；又见《史记 · 越世家》集解。
24.见《列仙传》。
25.《史记索隐》引韦昭曰“鸱夷，革囊也，或曰生牛皮也”。

变迁时代、征服与融合
——长江三峡地区秦文化因素遗存辨析

公元前316年，秦惠文王采取了司马错的建议[1]，派张仪、司马错、都尉墨率军出石牛道入蜀。蜀亡。其后秦又灭苴及巴。此后，秦人的足迹大规模踏入西南，秦文化影响到了西南地区。秦昭襄王时期，秦军分两路大举攻楚，一路由白起率领，辗转攻于湖北的宜城、江陵、云梦、安陆、宜昌，其已达到了长江三峡地区的东部；一路由蜀郡守张若率领顺江而下，向楚的巫、黔中进攻，秦人的活动开始大规模出现于长江三峡地区。[2]可以想见，长江三峡地区长期以来保持的东西政治关系主流被打断，新的从关中地区而来的秦的力量出现。

在这样的时代变迁背景下，新的文化因素开始出现。长江三峡地区历年来发现了不少秦文化因素遗存[3]，本文所谓的秦文化因素遗存是指秦人活动进入该地区，由秦人产生或受其影响而形成的文化因素遗存，表现在考古学实物资料上即是具有典型秦文化因素的遗存，以及其他文化遗存中受到秦文化影响而形成的秦文化因素遗存[4]，其时间范围当始自秦灭巴蜀至西汉早期[5]。长期以来，学界极少关注三峡地区的秦文化遗存，有限的研究多集中在三峡西部的四川盆地和东部的江汉平原[6]，这样的状况并没有因为三峡工程库区大规模的考古发现而改变[7]。从战国过渡到秦汉，是古代社会的一次重大变化，如何探寻峡江地区在此变迁过程中的意义，以及政权力量的变迁与文化因素的多样融合，峡江地区秦文化遗存的分析意义重大。

同时，基于长江三峡地区地理空间特点，长江三峡地区秦文化因素遗存必然与其西部的四川盆地及东部的江汉平原相关联，因而无论是从区分出三峡地区秦文化因素的角度，还是从区域比较的视域来说，辨析三峡地区的秦文化因素遗存，首先必须了解四川盆地及江汉平原的同类型遗存。

一

四川盆地的秦文化因素遗存主要表现为秦文化墓葬，见于报道的地点有青川郝家坪[8]、成都龙泉驿[9]、荥经曾家沟[10]等。从分布地点观察，其基本上与秦人入蜀的路线有关，因而这些墓葬所体现出来的秦入蜀后所带来的墓葬文化因素，应是该地区典型的秦文化遗存，长江三峡地区秦文化遗存的分析，应以此为基础。现以青川郝家坪墓地为例，分析三峡西部四川盆地秦文化遗存的特点。

青川县位于川北白龙江下游，地当川、甘陕三省交界处。从1979年开始，四川省博物馆和青川县文化馆在该县县城南郊郝家坪先后清理了72座墓葬，时代从战国中期至晚期。由于在该墓地M52中出土了有秦武王二年（前309年）纪年文字的木牍[11]，使该墓成为确指的秦人墓葬，青川郝家坪战国墓也便成为研究四川盆地秦文化遗存的重要材料。

青川郝家坪墓地各墓形制均为土坑竖穴式，无墓土，无墓道，其棺椁组合有一棺一椁、有棺无椁、有椁无棺以及无棺无椁四种；多数棺椁无边箱，有的棺椁间隔出边箱；有的墓室内留有二层台。（图一）随葬器物达到了400多件，主要为生活用器。陶器以泥质灰陶为主，少量夹砂红陶、黑陶等；纹饰有弦纹、绳纹及网纹等，多数为素面；器形有鼎、壶、蒜头壶、豆、罐、双耳陶罐、釜、钵、盒、盆等。其中陶鼎均子母口、直耳，有柱足和兽行足之分，底有圜底和大平底之分。陶壶均敞口、圈足，有的有盖，盖上有矩形钮，有的鼓腹处饰凸弦纹。蒜头壶长颈，中起一凸棱。

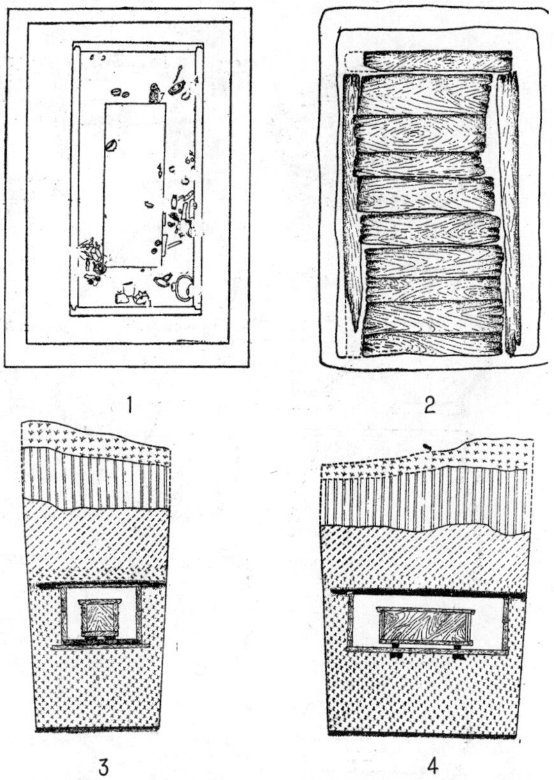

1.器物平面分布 2.椁盖平面 3.横剖面 4.纵剖面

图一 四川青川秦墓形制（M1）（采自《文物》1982年第1期）

青川郝家坪秦人墓地还出土了青铜器58件，主要器形有鼎、镜、带钩、鍪、璜等；出土漆器177件，主要器形有扁壶、圆壶、耳杯、碗、奁、卮、盒等。

发掘报告认为，青川墓群各类墓葬都大量使用白膏泥，这是楚墓的典型特点之一。同时，根据青川M50出土木牍记载秦武王二年，王命左丞相甘茂更修田律等事，以及出土器物的分析，指出青川墓群中的多数墓葬很可能与“秦民移川”有关。宋治民先生对青川墓群的文化因素分析尤为详细[12]，可以使我们进一步总结四川地区秦文化因素的一些特点。

宋先生指出，青川战国墓的墓葬形制的四个方面均具有陕西关中地区秦墓的特点[13]：其一是竖穴土坑墓；其二是生土二层台；其三是棺椁的使用；其四是直肢葬式。而这些与典型的巴蜀文化因素不同，巴蜀文化因素体现在墓葬上就是船棺葬系统。关于青川墓群的随葬器物，宋先生指出绝大部分都是属于中原文化系统的器物。在已发掘的巴蜀文化墓葬中，陶器是以小口圜底罐、尖底盏形器、无把豆以及圜底釜等为主要器形，在较晚的巴蜀文化墓葬中出现了平底罐、壶等，这显然是受中原文化因素影响所致。青川战国墓群中出土陶器有鼎、壶、盒、罐等，特别是其中的蒜头壶是典型的秦器。青川战国墓随葬的铜器虽然不多，但其中的鼎、镜以及带钩等均是中原秦地的器物。（图二）从随葬的漆器来看，青川战国墓出土的漆器已经比代表巴蜀文化漆器的宝轮院13号及14号墓进步[14]，而与代表秦漆器的湖北云梦睡虎地漆器相似，因而也应该是四川地区秦代漆器的代表。（图三）

根据上述论述，峡江西部地区[15]秦墓具有如下特征：第一，在墓葬形制方面，基本上是土坑竖穴式，使用生土二层台，使用棺椁，在葬式上表现为直肢葬。第二，在随葬器物方面，陶器器形较多地出现生活类器物，如壶、鼎、蒜头壶、小口束颈罐、敞口弧颈瓶、扁壶、釜、盒、甑等，其中的小双耳罐，虽然较早西北地区，但四川地区秦墓中出现此类器物，也应该与入川的秦人有关；青铜器器形中的壶、鼎以及带钩等，也是秦文化器物，这与传统的巴蜀青铜器已经大不一样；青川墓中出土的漆器与此前巴蜀

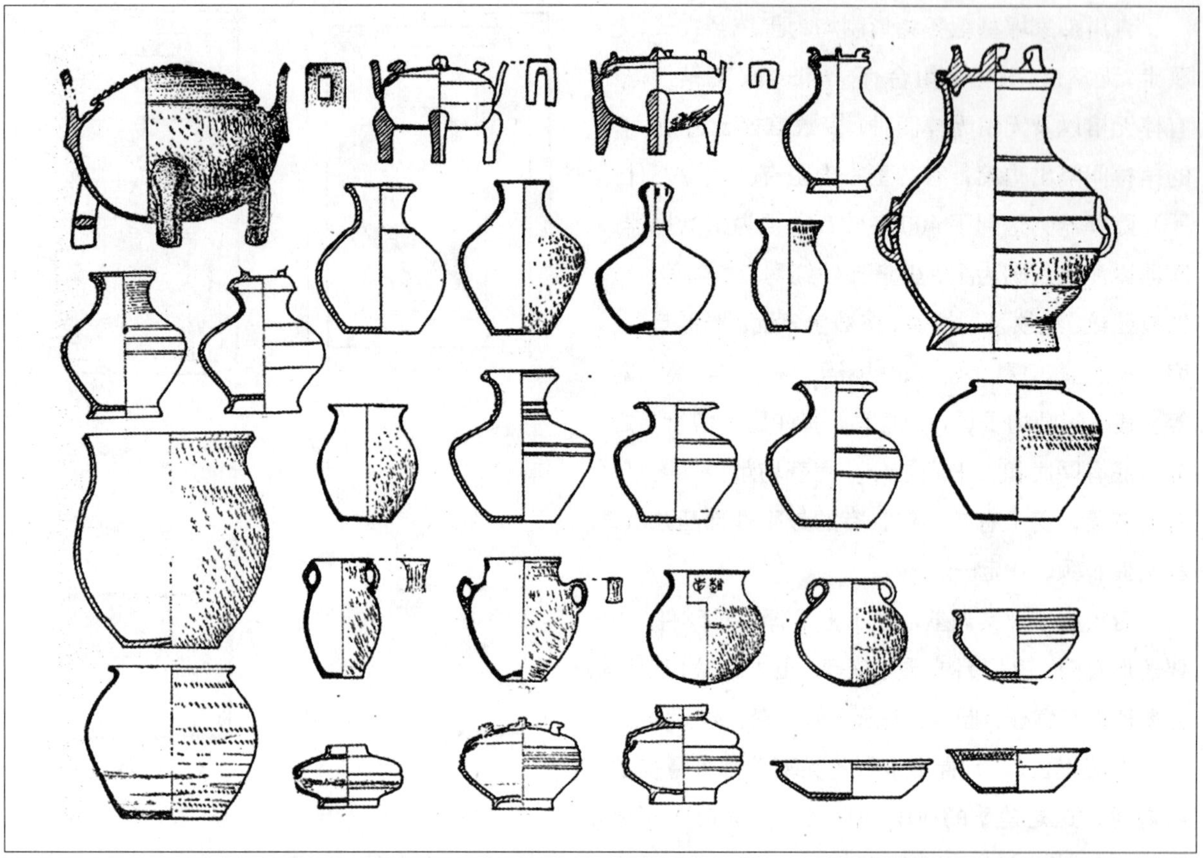

图二　四川秦墓出土陶器（据《文物》1982 年第 1 期）

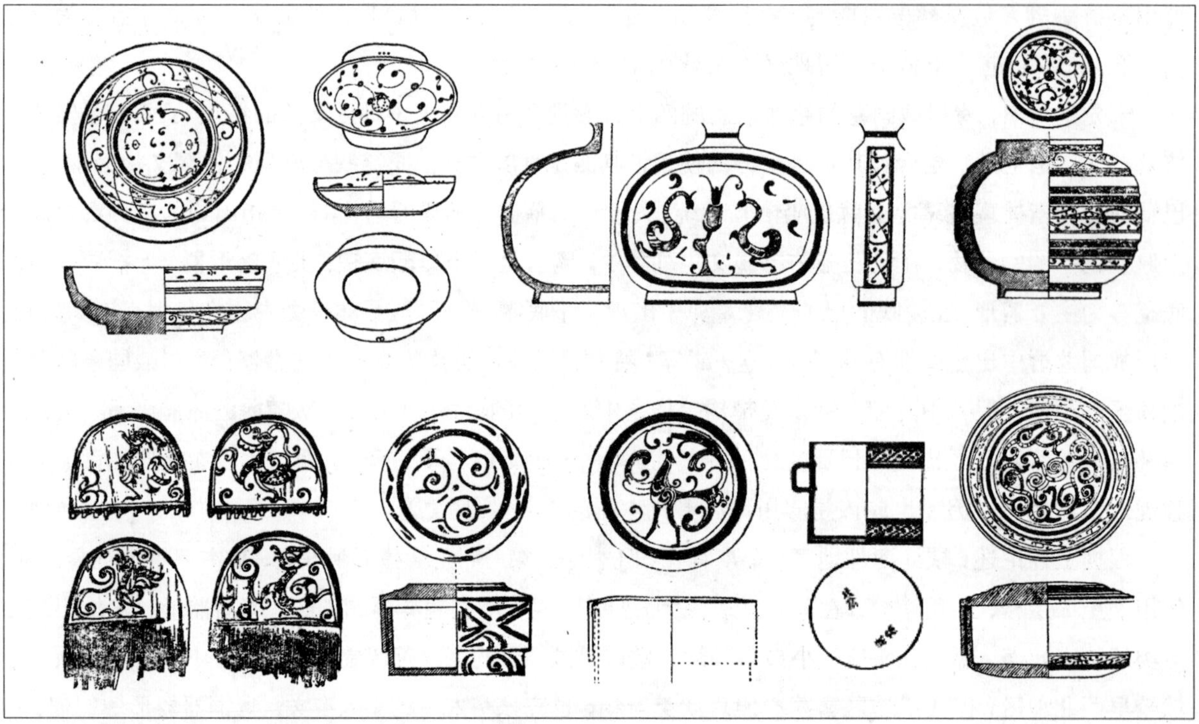

图三　四川秦墓出土漆器（据《文物》1982 年第 1 期）

墓葬中的漆器不同，表现出漆器制造的新的因素。如果我们将其与湖北云梦典型秦墓中出土的漆器比较，此类漆器应作为四川地区秦漆器的代表。[16]第三，四川地区秦墓虽然具有明显的秦文化因素，但是我们也注意到，其墓葬文化因素并不是绝对单一的，除了秦文化因素外，还有巴蜀文化因素，如少量青铜兵器等。此外，还有楚文化因素[17]。

这样，我们可以将位于长江三峡西部的四川地区的秦文化遗存，列表如下：

表一：四川地区秦文化因素一览

内容 因素	墓葬形制				随葬器物			
	形状	结构	葬具	葬式	陶器	铜器	漆器	其他
秦文化因素	土坑竖穴	生土二层台	棺椁	直肢葬式	平底陶器，壶、鼎、蒜头壶、小口束颈罐、敞口弧颈瓶、扁壶、釜、盒、甑	鼎、壶、镜、带钩等	扁壶、圆壶、耳杯、碗、奁、卮、盒	半两钱

这是长江三峡地区西部四川地区秦文化因素在墓葬形制和随葬器物方面的反映。总体上分析，四川地区秦文化因素出现较早，在战国中期便已经出现，我们上述例举的秦人墓葬可能与秦移民入蜀有关[18]，以这些直接的秦人墓葬为依据，更便于我们分析出该地区秦文化因素。但我们也必须意识到，秦取巴蜀后，该地区虽然有秦人移民，但巴蜀人仍基本居住在该地区，因而在巴蜀文化遗存中也应存在秦文化因素[19]，这是秦取巴蜀之后复杂的历史背景所决定的，因而也对该地区文化因素的确认造成困难[20]，这是我们在下文分析峡江地区秦文化因素时须注意的。

二

秦取巴蜀后，即将战争的矛头指向江汉平原的楚。秦昭王二十九年（前278年），秦将白起攻下楚都郢，并置南郡，在峡江东部的湖北、湖南以及贵州等地，至公元前206年秦灭亡止，置有南郡、黔中、南阳以及长沙等郡[21]。在这些地区，历年考古亦发现一些秦墓。通过分析这些秦墓，特别是其中的秦人墓葬，我们可以从中分析出峡江东部江汉平原上秦文化因素的具体特征，及其遗存具体表现的实物形态。

迄今在江汉平原发现的战国晚期至秦的墓葬已经达到了近百座，其发现地点有宜昌葛洲坝和前坪[22]、江陵凤凰山和张家山[23]、宜城楚皇城[24]、云梦睡虎地[25]等，特别是其中的云梦睡虎地，因出土不少秦简，而引起世人的关注。这是一处典型的秦文化遗存。今以睡虎地墓葬为例，分析秦文化遗存及秦文化因素在峡江以东地区的分布状况。

1975年冬至1976年春，在湖北云梦发现了12座秦墓，尤以其中的11号墓因为出土了秦始皇时期的法律和文书的竹简1000多枚，而引起学界注意。这批秦墓均为长方形土坑竖穴墓，没有墓道，无封土；墓坑填土上部为五花土，下部为青灰泥；有的墓葬有壁龛。这些墓葬都是一棺一椁，椁室由横梁分为头厢和棺室两部分（图四）；人骨架多朽，可见的为直肢葬。这批墓葬随葬器物比较丰富，主要有陶器（图五）、铜器以及漆器等，特别是其中的漆器数量较多，成为该地区秦墓随葬器物的显著特点。现

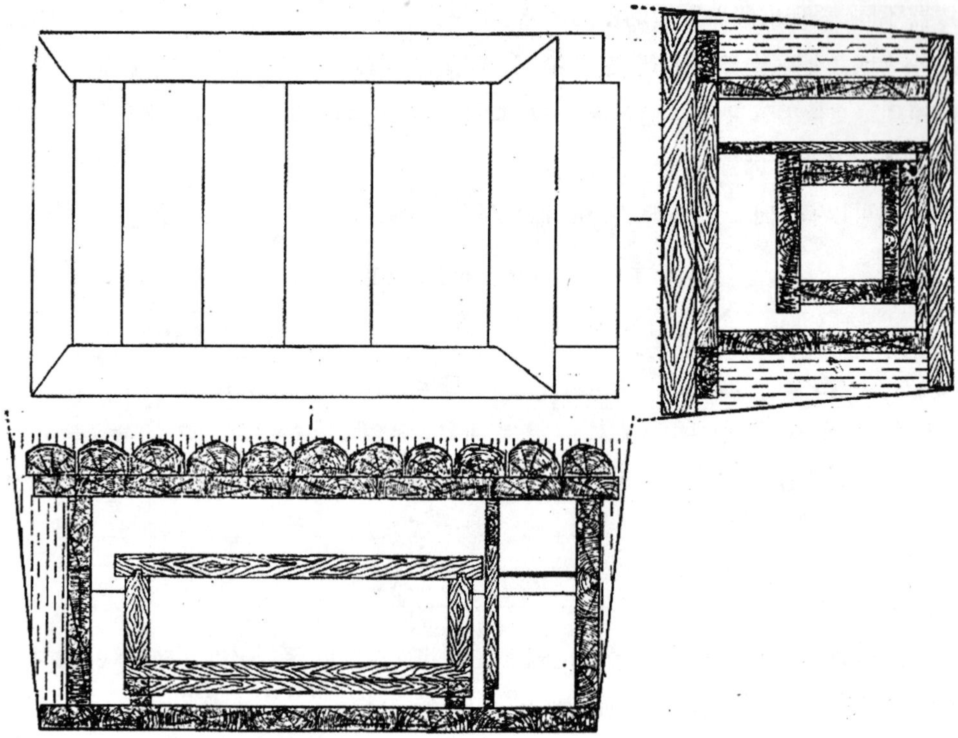

图四　睡虎地秦墓形制（据《考古学报》1986 年第 4 期）

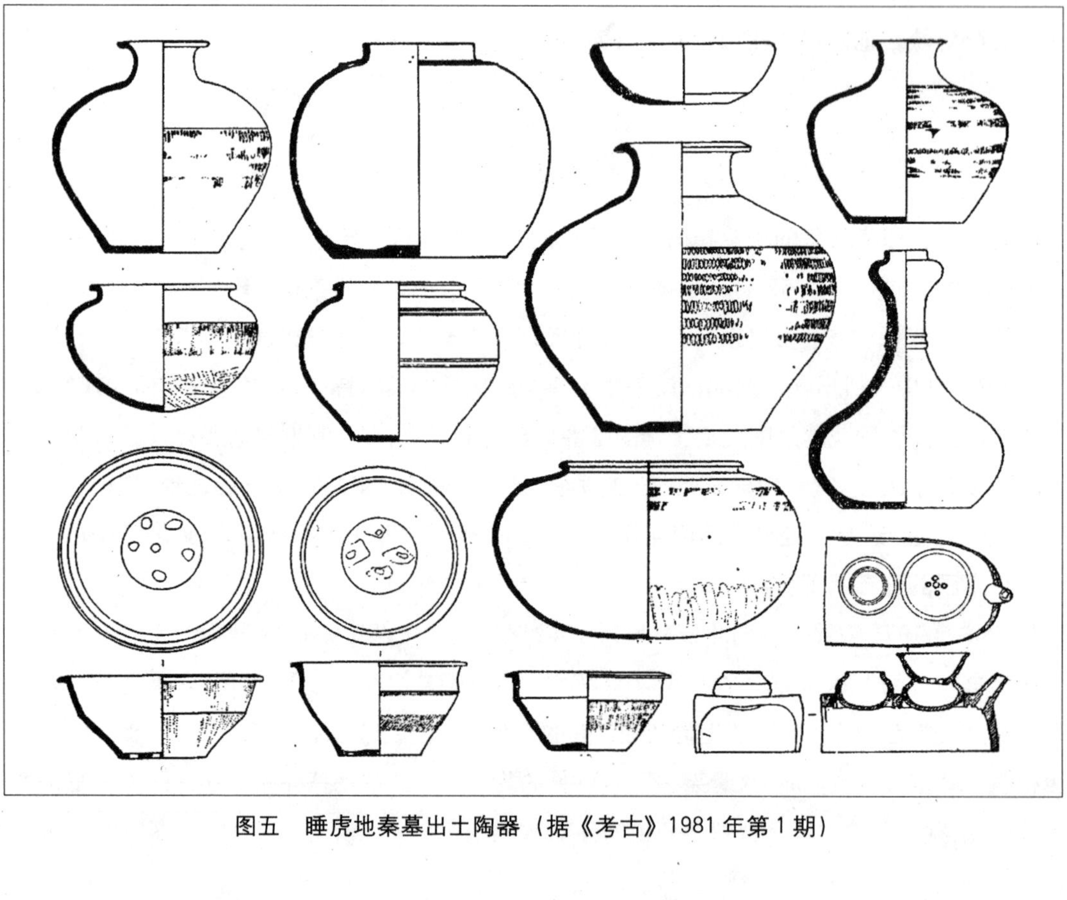

图五　睡虎地秦墓出土陶器（据《考古》1981 年第 1 期）

以11墓号为例，观察秦墓随葬器物的规律。

睡虎地11号墓墓主明确，据出土竹简，简报认为墓主为喜，死于秦始皇三十年（前217年）。该墓随葬器物丰富，主要出土位置有壁龛、盖板、头厢以及棺内。在墓坑东部的壁龛里出土有带伞盖的木车一乘和两件彩绘泥俑；在盖板上有一完整的牛头骨；在头厢里放置漆、竹、铜、陶等类器物；在棺内随葬有1000多枚竹简，以及毛笔、玉器及漆奁等。各类质地器物具体如下（表二）：

表二　睡虎地秦喜墓随葬器物分类表（据《文物》1976年第6期）

器类	器形	出土位置
文书工具	竹毛笔	头厢
	削刀	头厢
	竹毛笔	棺内
陶器	罐	头厢
	小口陶瓮	头厢
	甑	头厢
	小陶罐	头厢
	壶	头厢
铜器	剑	头厢
	匜	头厢
	鍪	头厢
	钫	头厢
	鼎	头厢
	勺	头厢
漆器	耳杯	头厢
	耳杯	棺侧
	圆盒	头厢
	奁	头厢
	椭圆奁	头厢
	卮	头厢
	笥	头厢
	盂	头厢
	匕	头厢
	樽	头厢
其他	六博盘	头厢
	六博棍	
	六博棋子	
	竹木器等	

1978年湖北省博物馆又在云梦睡虎地及大坟头又发掘了一批秦汉时期的墓葬[26]，其中发现不少的秦文化因素。墓葬形制方面表现为土坑竖穴式。墓坑填土分上下两层，上层为五花土，下层为青膏泥。一些墓坑内留有二层台，有的使用了两级生土二层台。有的墓壁开有壁龛。葬具有棺椁。其椁室结构又可分为两类：一类由横梁将椁室分出棺室和头厢，一类由横梁将椁室分出棺室、头厢以及边厢。葬式有仰身屈肢葬和仰身直肢葬两种。

这批墓葬的随葬器物有漆器、铜器、铁器、陶器、竹器、木器、玉器以及金器等。其中漆器器形有圆盒、盂、双耳长盒、长方盒、圆奁、椭圆奁、凤形勺、扁壶、樽、卮、小壶、杯、盘以及耳杯等。其中以耳杯为多，圆奁次之，一般里涂红漆，表涂黑漆，大部分在黑漆地上用红、褐漆绘凤鸟、牛、马、梅花等图形和鸟头纹、云气纹等纹样图案。许多漆器上印刻有"郑亭"、"咸亭"、"市"、"许市"等文字。(图六)

此外，铜器中的矮足鼎、钫壶、蒜头壶、蒜头扁壶、鍪、带钩、铜镜等，以及陶器中的小口瓮、釜、茧形壶、鼎等也是典型的秦文化因素的器物。

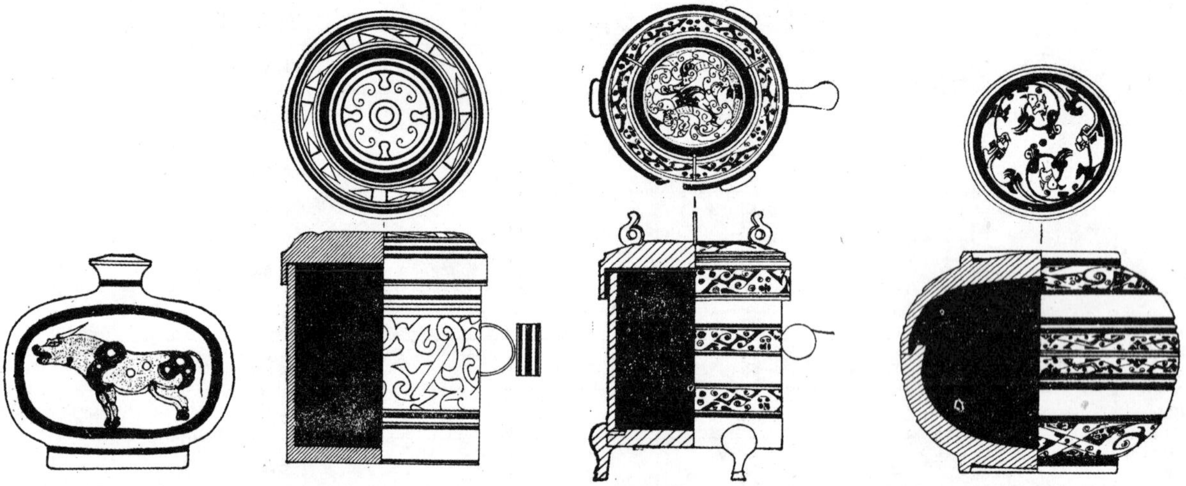

图六 睡虎地秦墓出土漆器（据《考古学报》1986年第4期）

对于湖北地区的秦墓，陈振裕曾有专文研究[27]。他将云梦秦汉墓中的陶器分出四组基本组合，将铜器也分出四组基本组合，相应地将云梦秦墓分出三期四段，其时间在秦拔郢之后至西汉早期。亦有研究将湖北地区的秦墓分出两部分介绍，其第一为鄂西秦墓；第二为秦代墓葬[28]。此分期时间也大致反映出了长江三峡以东的江汉平原，其秦文化因素较大规模地出现是在秦拔郢后，但其文化因素并没有因为秦的灭亡而消失，其至少延续到西汉早期。这是我们分析长江三峡地区秦文化因素时须注意的。

三

下面，我们分析长江三峡地区的秦文化因素遗存。目前长江三峡地区的秦文化因素遗存主要为墓葬。根据三峡东西两边的四川地区和江汉地区秦文化因素传播、发展的特点，我们将峡江地区秦文化因素的分析确定在战国至西汉这一基本时间段内。

长江三峡地区发现的具有秦文化因素墓葬的地点有宜昌前坪[29]、涪陵小田溪[30]、涪陵黄溪公社[31]、涪陵易家坝[32]、云阳李家坝[33]、重庆市临江支路[34]、巫山麦沱[35]等。（图七[36]）上述地点基本上包括峡江沿线及支流。下面我们具体分析峡江地区秦文化因素的传播，以期总结出峡江地区在公元前3世纪至公元前2世纪，这一历史发展潮流中，各文化的融合与发展。

重庆涪陵小田溪墓地位于重庆市涪陵区白涛镇陈家嘴村，在长江支流乌江西岸的一级台地上。涪陵小田溪墓地的发现是三峡地区一次重要的考古发现，四川省博物馆、重庆市博物馆、四川省考古所以及涪陵市文物管理所先后在该墓地清理了9座土坑墓。除M8外，其余几座墓葬均有简报发表。这批材料是我们研究长江三峡地区战国至西汉社会发展的重要实物资料。

1972年，在涪陵小田溪清理了三座战国土坑墓，分别编号为M1−M3[37]。

M1，土坑竖穴，随葬器物中生活用具有铜釜甑、铜釜、铜勺、铜豆、铜盆、铜盒、铜罍，生产工具有铜斤、铜凿，兵器有铜剑、铜钺、铜矛、铜戈、弩机，乐器有编钟、铜钲等。

M2，土坑竖穴，随葬器物中生活用具有铜釜甑、铜鍪、铜釜、铜豆、漆奁、陶釜等，兵器有铜剑、铜镦、铜鐏等，乐器有铜钲、錞于、编钟等，另有玉环、琉璃管等。

M3，长方形土坑竖穴，随葬器物中生活用具有铜釜甑、铜釜、铜鍪、铜勺、错银铜壶、铜盆、铜盒、漆奁、陶釜，生产工具有铜斤，兵器有铜剑、铜钺、铜戈、铜戟、铜矛、铜鐏、铜镦、弩机、剑镞等，另有玉环等。

1980年底，考古工作者在涪陵小田溪发掘了三个土坑墓和一个残墓，编号为M4−M7[38]。

M4为长方形圆角土坑墓，墓口大于墓底。根据墓底残存朱漆木灰痕迹来看，原应有漆棺。人骨架已朽，葬式不明。随葬器物有陶釜、铜釜、鍪、釜甑、单耳罐、盆、镜、削、玉龙佩、琉璃珠、陶印等。

M5为方形圆角土坑墓，墓口大于墓底，有二层台，葬具为一棺一椁，随葬器物有陶釜、铜削、铜鍪、铜钺、铜壶、铜盆、铜釜甑、铜釜以及漆器的残痕等。

M7为狭长形圆角土坑墓，出土器物有陶釜5件，陶豆、陶壶、铜刀以及玉璜各1件。

1993年，四川省文物考古研究所等单位在小田溪清理一座土坑墓，编号为M9[39]。

M9，长方形土坑竖穴，漆棺，仰身直肢葬式，随葬器物中陶器有圜底釜、小口高领圜底罐。铜器可以分出生活用具、生产工具以及兵器等，器类有戈、矛、剑、弩机、镞、钺、头盔、斤、凿、削、鍪、釜、勺、釜甑、盘、罍、带钩、印章、玉龙形饰、琉璃珠等。

小田溪发掘的数座土坑墓，原简报对其时代都有推断，其中M1、M2、M3、M4、M5、M7的时代推断在战国时期，M9的时代推断在战国晚期。值得注意的是在M3中出土了1件铜戈，其铭文为“武廿六年，蜀守武造，东工师宦，丞业，工□”。宋治民先生据此认为，此戈铭的二十六年为秦始皇之二十六年。那么小田溪M3的时代上限则不能超过秦始皇二十六年，下限应不晚于汉初，这样M3的时代应定在秦或秦汉之际较为恰当。M1和M2应和M3的时代大致相当，同时，M4、M5和M7的时代也应晚于战国时期，定为秦至西汉初甚为妥当[40]。蒋晓春先生根据墓葬形制和随葬器物的差异，将小田溪M7作为甲组，其余的分为乙组。如甲组的形制基本为狭长形土坑竖穴式墓，乙组为方形或长方形土坑竖穴式墓。在随葬器物方面，甲组多陶器，器形为釜、豆、壶。乙组多铜器，组合及器类基本一致。并进而将甲组时代定在战国中期后段到战国晚期，乙组的时代定为秦代前后，上限到战国末年，下限到西汉初年。这个年代是我们探寻长江三峡地区秦文化因素的可操作范围。

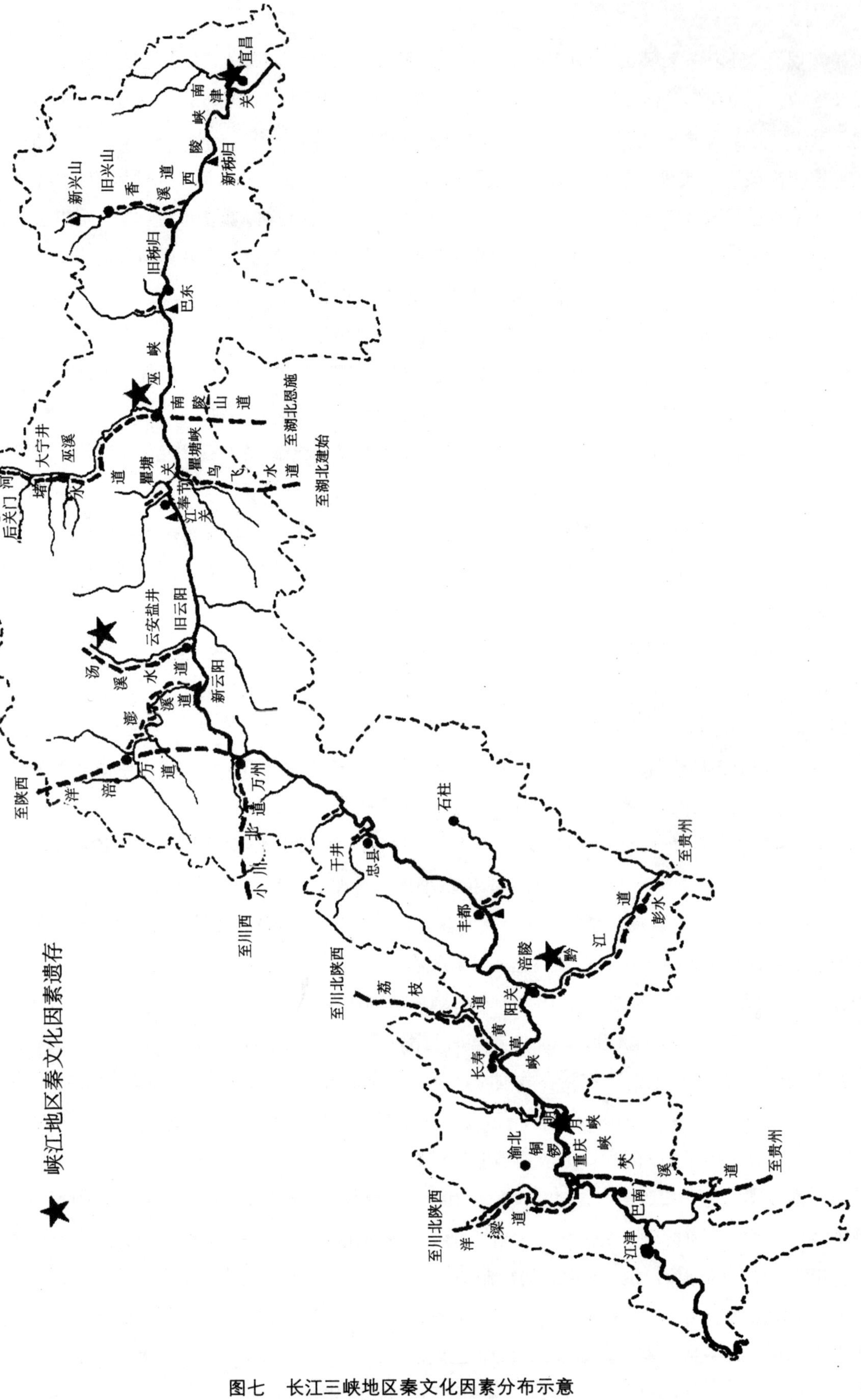

图七　长江三峡地区秦文化因素分布示意

因素	形制	器类举例
巴蜀文化因素	狭长形	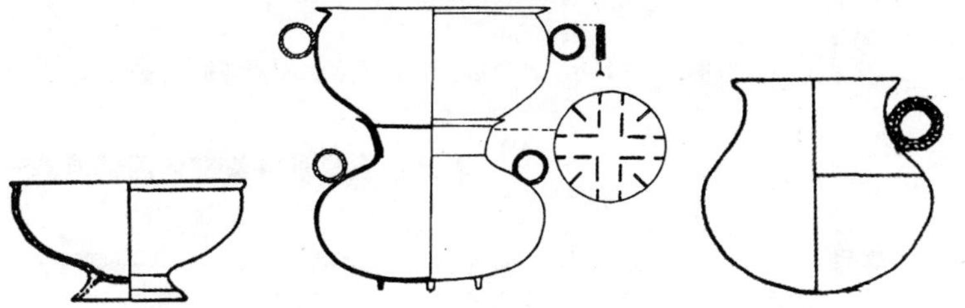
外来文化因素	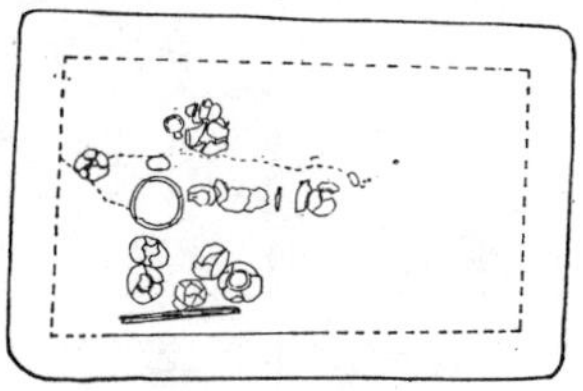	

图八　涪陵小田溪土坑墓文化因素图示

对于小田溪土坑墓的文化因素，宋治民先生分析得比较详细[41]。上述各墓均土坑竖穴，唯M7为狭长形土坑竖穴，这是巴蜀地区传统，与船棺葬形制联系密切。其余各墓均长方形或方形土坑竖穴，这应该是峡江地区新产生的墓葬形制。在随葬器物方面，M1出土了不少铜器，属于晚期巴蜀文化的器物有釜甑、柳叶形剑、无胡戈、圆刃折腰钺等。属于外来文化因素的墓葬有铜罍，这应该来自于楚文化。M2随葬器物中属于晚期巴蜀文化的器物有铜釜甑、铜釜、铜鍪、剑，陶器有釜，属于外来文化因素的有铜壶、铜镜、漆奁等。M3出土器物中属于巴蜀文化的有铜釜甑、铜釜、铜鍪、钺等，外来文化因素有铜壶、铜镜、陶壶等。同时，上述各墓也存在一些西南夷的文化因素，如錞于等。（图八）

从上述小田溪各墓文化因素分析来看，各墓均应该属于巴蜀文化墓葬，但其中也有一些外来文化因素，这当中应该有秦文化因素的影响，如镜、壶、弩机等。但这种影响显然较小，未能改变墓葬的整体文化面貌。同时，上述小田溪的某些墓葬无论是器物组合，还是具体器类以及墓葬规模，均显示出墓主身份等级较高。秦取巴蜀后，在巴地设置郡县，同时，秦仍册封原巴人统治者为君长统治巴人，并且将秦女子嫁给他们（《后汉书·南蛮西南夷列传》）。从这个角度，也可以析出秦文化在峡江西部地区传播的特点：已经影响到上层，但深厚的巴蜀文化传统仍占主流。

1982年，考古单位在涪陵黄溪公社点易大队，清理了两座土坑墓[42]，两墓均为长方形土坑竖穴，其中M2还有生土二层台。M1出土的器物有铜甑、铜盆、铜镜、带钩、半两钱、陶豆、陶罐（小口广肩平底）及玉璧等。M2出土的器物有铜釜甑、铜盆、铜弩机、铜鼎、铜钫、铜蒜头壶、铜釜、铜镜、铜鍪、陶罐、铁剑等。上述两座墓葬仍然保留有一定的巴蜀文化因素，如铜釜甑，但其典型的巴蜀式兵器等已经不见，新出现了较多的秦文化因素，如蒜头壶、铜鼎以及半两钱等。上述两墓还出土了一些铁器，墓葬的时间当比小田溪各墓晚。通过比较，我们发现黄溪公社的两墓巴蜀文化因素已经越来越少，秦文化因素明显，一些西南夷的文化因素也基本不见了。

下面，我们分析一下峡江东部的宜昌前坪发现的秦文化因素遗存。

宜昌前坪位于宜昌北郊长江东岸，1971年3月至1972年3月，湖北省博物馆在该地及葛洲坝清理发掘了战国两汉墓葬共43座[43]，在报告报道的30座西汉墓中，下列墓葬具有明显的秦文化因素（表三）：

表三：宜昌前坪秦文化因素墓葬一览

墓号	二层台	葬具	葬式	随葬器物举例
葛3				蒜头壶、釜、钮器
葛4				蒜头壶、鼎、勺、带钩、镜
前5	四周	椁	仰身直肢	鼎、钫、勺
前8				鼎、蒜头壶
前10				壶、鍪、镜、带钩、盒、罐
前14	四周	棺椁		鼎、蒜头壶、钫、甑
前24				鼎、蒜头壶、盆、勺
前26	南北壁		仰身直肢	蒜头壶、鼎、盒、壶
前28	四周		仰身直肢	鼎、蒜头壶、勺、镜、带钩

发掘报告将西汉墓分出三组，第一、二组属于西汉前期，第三组属于西汉后期。上表属于第一组的有葛3、葛4、前1、前24、前25、前28，属于第二组的有前5、前10、前14。陈平先生从头向、葬式以及随葬器物的比较，从上述西汉墓中区分出更多的秦人墓，并对秦人墓墓葬特征作了总结。陈先生认为，在头向方面前坪秦人墓与关中秦墓一样，头向绝大多数向西向北，极少有向南向东者；在葬式上基本上表现为仰身直肢葬，屈肢葬已经随着秦汉大一统的局面而消亡；在随葬器物方面，蒜头壶、鍪、釜以及陶茧形壶是典型的秦器，在组合方面，如果组合为鼎、壶（钫），而其形态又多有中原风格，则多为秦占领江汉地区的墓葬。在具体形态上，我们也发现鼎已经与楚式鼎不同了。（图九）

如此，长江三峡地区的秦文化因素表现出其独特的峡江特点，其文化面貌的形成与发展与其以西的四川地区、以东的江汉平原有着很强烈的区位关系。峡江西部的秦文化因素与四川地区有着关联，同样，峡江东部与江汉平原的秦文化因素的发展有着极大的关联，三峡地区没有形成自己区域性的秦文化，也就是说没有形成秦文化的三峡地方类型。

三峡地区的秦文化表现在墓葬形制方面，均为土坑竖穴式，部分墓葬有二层台；在随葬器物方面主要就是出现了一些典型的秦文化器物，如秦式鼎、蒜头壶、钫壶、鍪等。同时，在战国晚期到西汉早期墓葬中的一些中原文化因素，其中也应该有与秦文化因素有关。总之，尽管秦文化因素在峡江地区与巴蜀文化、楚文化交汇在一起，但秦人掠过三峡还是留下了印记。

与四川地区、江汉地区的秦文化遗存比较，三峡地区的秦文化内涵与它们同异并见。如在土坑竖穴、二层台、棺椁及一些典型器的使用方面均有一定的相似，反映出峡江地区的秦文化因素传播是从两头首先出现的，不存在由东向西传播，或由东向西传播的路线图。同时，峡江地区秦文化因素内涵与四川地区、江汉平原地区在随葬器物上仍表现出鲜明的差异，如几乎不出色彩鲜亮的漆器，秦文化的陶器也极

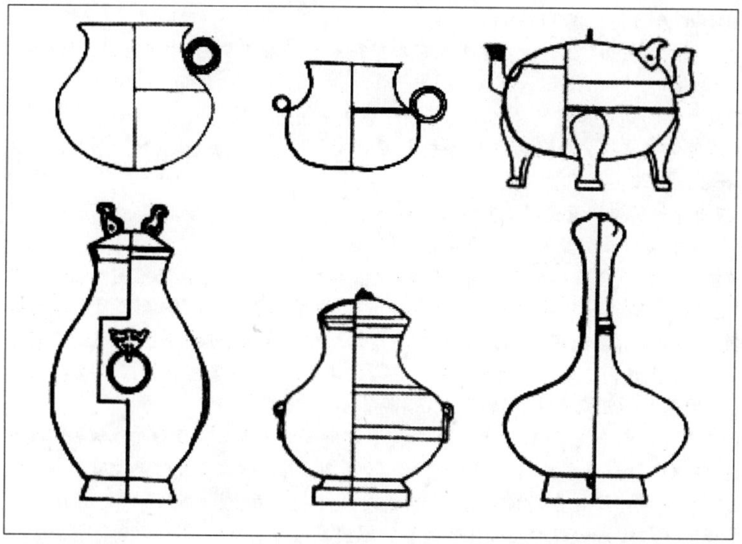

图九　宜昌前坪秦文化因素器物（据《考古学报》1976年第2期）

少发现，深入日常生活底层的器物比较少见，这或多或少反映出了峡江通道对文化传播的影响。在时间上，三峡地区秦文化因素的影响开始于战国，秦灭亡后并没有消失，西汉前期的墓葬中仍有秦文化因素的存在。

从战国至秦汉，长江三峡地区经历了巨大的社会变迁，考古学文化面貌也发生了较大的变化，文化因素的传播方式也从巴蜀时期对中原及其他地区文化的接受、吸收，变迁为在政权力量基础上的征服与融合，但其深度是有限的。这一方面与三峡地区历史地理环境有关，恐怕也与秦政权力量对该地区的影响有关。西汉政权建立后，秦文化因素在三峡地区仍然得以延续，这从另一层面反映了变迁时代背景下，文化在征服与融合之间的深刻意义。

吴桂兵（南京大学历史系）

本文写作得到教育部人文社会科学研究项目（08JC780001）基金资助，曾作为水涛教授主持的《峡江地区考古学文化互动与诸要素的适应性研究》中“秦文化遗存”的内容提交，时值尊敬的蒋赞初先生八秩华诞颂寿纪念文集出版，谨作修改，以贺先生寿。

1.(西汉)刘向(辑)《战国策》,上海古籍出版社,1985年3月,第117—119页。
2.林剑鸣《秦史稿》,上海人民出版社,1981年2月,第239—257页。相关史实亦可参见马非百《秦集史》,中华书局,1982年8月。
3.秦蜀之间的联系在秦取巴蜀之前已有,但秦有意识的移民是在其取巴蜀之后。可参见《华阳国志·蜀志》。
4.本文长江三峡地区秦文化因素遗存的定义参考了李伯谦著《论文化因素分析方法》,原载《中国文物报》1988年11月4日,后收入其著《中国青铜文化结构体系研究》,科学出版社,1998年4月,第297—299页。
5.李明斌在《论四川盆地的秦人墓》一文中认为,四川盆地的秦文化墓葬,其族属应是秦人,并可按秦统一六国前后,分出秦国秦人墓和秦代秦人墓两个阶段,本文与其略有出入。李文见《南方文物》2006年第3期。
6.参见宋治民《略论四川战国秦墓的分期》,原载《中国考古学会第一次年会论文集》,文物出版社,1979年;宋治民《略论四川的秦人墓》,原载《考古与文物》1984年第2期。上述两文均收入其著《宋治民考古文集》,科学出版社,2004年2月。李明斌《论四川盆地的秦人墓》,《南方文物》2006年第3期;陈振裕《略论湖北秦墓》,原载《文博》1986年第4期;陈振裕《试论湖北地区秦墓的年代分期》,原载《江汉考古》1991年第2期。上述两文均收入其著《楚文化与漆器研究》,科学出版社,2003年7月。陈平《浅谈江汉地区战国秦汉墓的分期和秦墓的识别问题》,《江汉考古》1983年第3期。
7.在重庆和湖北分别召开的文物保护和考古学研究学术讨论会论文集中,未有一篇直接论述峡江地区秦文化遗存的。参见重庆市文物局、重庆市移民局编《重庆·2001三峡文物保护学术研讨会论文集》,科学出版社,2003年7月;湖北省文物事业管理局、湖北省三峡工程移民局编《2003三峡文物保护与考古学研究学术研讨会论文集》,科学出版社,2003年7月。
8.四川省博物馆、青川县文化馆《青川县出土秦更修田律木牍——四川青川县战国墓发掘简报》,《文物》1982年第1期。
9.成都市文物考古研究所、龙泉驿区文物管理所《成都龙泉驿区北干道木椁墓群发掘简报》,《文物》2000年第8期。
10.四川省文管会、雅安地区文化馆、荥经县文化馆《四川荥经曾家沟战国墓群第一、二次发掘》,《考古》1984年第12期;四川省文物管理委员会、荥经县文化馆《四川荥经曾家沟21号墓清理简报》,《文物》1989年第5期。
11.于豪亮《释青川秦墓木牍》,《文物》1982年第1期;李昭和《青川出土木牍文字简考》,《文物》1982年第1期。
12.宋治民《略论四川的秦人墓》,原载《考古与文物》1984年第2期,后收入其著《宋治民考古文集》,科学出版社,2004年2月。
13.关于关中地区秦墓的特点可参考滕铭予《秦文化:从封国到帝国的考古学观察》,学苑出版社,2002年12月。
14.在宝轮院船棺葬中,能够区分出的漆器器形有盒,编号分别为宝M13:17、宝M13:10、宝M14:9、宝M14:13,其基本形制为圆盒,均手工挖制,器表里均髹漆,器面与漆层之间未用介接物质。参见四川省博物馆编《四川船棺葬发掘报告》,文物出版社,1960年10月,第80页。
15.本文长江三峡地区在行文时或简为峡江地区,长江三峡西部地区简为峡江西部,长江三峡东部地区简为峡江东部。特此说明。
16.战国时期巴蜀考古遗存中发现有中原文化(秦文化)系统的器物,这方面器类的总结也是我们区分长江三峡地区秦文化因素遗存的着力之处。详细参考宋治民《蜀文化》"蜀文化和周围考古学文化的关系",文物出版社,2008年10月,第267—268页。
17.如成都龙泉驿区北干道木椁墓群中M19出土的青铜矛即与楚矛同,见成都市文物考古研究所、龙泉驿区文物管理所《成都龙泉驿区北干道木椁墓群发掘简报》,《文物》2000年第8期。
18.秦移民入蜀可见《华阳国志·蜀志》载"戎伯方强,乃移秦民万家实之",刘琳校注《华阳国志校注》,巴蜀书社,1984年7月,第194页。也有学者认为青川战国墓为楚移民墓,且其时代在战国晚期的末期,本文从秦移民墓说,参见间濑收芳《四川省青川战国墓的研究》,四川大学博物馆、中国古代铜鼓研究学会编《南方民族考古》第三辑,四川科学技术出版社,1991年12月。
19.参见宋治民先生对新都木椁墓的文化因素分析,详见宋治民《蜀文化与巴文化》第三章,四川大学出版社,1998年8月,第75页。
20.巴蜀文化因素曾影响到关中秦地区,如铜鍪,到战国中晚期铜鍪却是秦墓中常见的器物,并且随着秦人的入蜀,在蜀地的秦人墓中亦有出土,这就给铜鍪器类的文化因素分析带来了一定的复杂性。
21.据《史记·秦本纪》记载秦昭襄王二十八年白起攻楚后"赦罪人迁之",秦人开始有组织地进入江汉平原。参见《史记·秦本纪》第五,中华书局,1982年11月,第213页。
22.湖北省博物馆《宜昌前坪战国两汉墓》,《考古学报》1976年第2期。
23.湖北省博物馆《湖北省文物考古工作新收获》,《文物考古工作三十年》,文物出版社,1979年;郭德维《试论江汉地区楚墓、秦墓、西汉前期墓的发展与演变》,《考古与文物》1983年第2期。
24.楚皇城考古发掘队《湖北宜城楚皇城战国秦汉墓》,《考古》1980年第2期。
25.孝感地区第二期亦工亦农文物考古训练班《湖北云梦睡虎地十一号秦墓发掘简报》,《文物》1976年第6期;湖北孝感地区第二期亦工亦农文物考古训练班《湖北云梦睡虎地十一座秦墓发掘简报》,《文物》1976年第9期;云梦县文物工作组《湖北云梦睡虎地秦汉墓发掘简报》,《考古》1981年第1期;湖北省博物馆《1978年云梦秦汉墓发掘报告》,《考古学报》1986年第4期。
26.湖北省博物馆《1978年云梦秦汉墓发掘报告》,《考古学报》1986年第4期。
27.陈振裕《略论湖北秦墓》,原载《文博》1986年第4期;陈振裕《试论湖北地区秦墓的年代分期》,原载《江汉考古》1991年第2期。上述两文均收入其著《楚文化与漆器研究》,科学出版社,2003年7月。
28.杨宝成主编、黄锡全副主编《湖北考古发现与研究》第五章《秦汉时期》,武汉大学出版社,1995年1月。
29.宜昌地区博物馆《1978年宜昌前坪汉墓发掘简报》,《考古》1985年第5期;湖北省博物馆《宜昌前坪战国两汉墓》,《考古学报》1976年第2期;宜昌地区考古队《湖北宜昌前坪105号汉墓出土的青铜器》,《文物资料丛刊》4。

30.四川省文物管理委员会、涪陵地区文化局《四川涪陵小田溪四座战国墓》,《考古》1985年第1期;四川省博物馆、重庆市博物馆、涪陵县文化馆《四川涪陵地区小田溪战国土坑墓清理简报》,《文物》1974年第5期。

31.四川省文物管理委员会、涪陵县文化馆《四川涪陵西汉土坑墓发掘简报》,《考古》1984年第4期。

32.重庆市博物馆、涪陵县文化局《涪陵县易家坝西汉墓清理简报》,《考古与文物》1990年第5期。

33.李家坝秦文化因素墓葬发现至少有二,其一据四川大学考古专业1997年考古发掘资料,该墓为一岩坑墓,隔澎溪河与李家坝东周墓地相望,墓中有积石二层台,出土器物中有铜蒜头壶等;其二参见四川大学历史文化学院考古系、云阳县文物管理所《云阳李家坝10号岩坑墓发掘报告》,重庆市文物局、重庆市移民局《重庆考古报告集(1997卷)》,科学出版社,2001年11月。

34.重庆市博物馆《重庆市临江支路西汉墓》,《考古》1986年第3期。

35.湖南省文物考古研究所、巫山县文物管理所《巫山麦沱汉墓群发掘报告》,重庆市文物局、重庆市移民局《重庆考古报告集(1997卷)》,科学出版社,2001年11月。

36.本图底图据蓝勇主编《长江三峡历史地理》图2-4-3《长江三峡历代主要交通路线图》,四川人民出版社,2003年5月,第333页。

37.四川省博物馆、重庆市博物馆、涪陵县文化馆《四川涪陵地区小田溪战国土坑墓清理简报》,《文物》1974年第5期。

38.四川省文物管理委员会、涪陵地区文化局《四川涪陵小田溪四座战国墓》,《考古》1985年第1期。

39.四川省文物考古研究所、涪陵地区博物馆、涪陵市文物管理所《涪陵市小田溪9号墓发掘简报》,国家文物局三峡工程文物保护领导小组湖北工作站《三峡考古之发现(二)》,湖北科学技术出版社,2000年10月。

40.宋治民《蜀文化与巴文化》,四川大学出版社,1998年8月,第206-207页。

41.宋治民《蜀文化与巴文化》,四川大学出版社,1998年8月,第265页。

42.四川省文物管理委员会、涪陵县文化馆《四川涪陵西汉土坑墓发掘简报》,《考古》1984年第4期。

43.湖北省博物馆《宜昌前坪战国两汉墓》,《考古学报》1976年第2期。

始皇陵地宫原始文献的考古学解读

有关秦始皇陵墓的地宫结构，文献言之凿凿和绘形绘色的记载，简约而又互相牴牾，面对此种情况，即使是严肃理性的考古工作者，也会产生丰富的遐想。

这座庞大的地下宫殿的结构如何，又是怎样构筑的……这些问题引起了无数中外学者的探讨。随着陵区考古工作的不断进展，先进科学技术的应用，许多学者从史学、工程学、科技史等不同的侧面进行了深入的研究。有的学者更进一步指出：地宫大致包括了墓道、墓室、别室（侧室）三大部分，也必然是一个巨型的石砌周壁的竖穴墓圹，再附设一些回环相连的隧道式的别室和墓道耳室[1]。

始皇陵选择在骊山山阴的台塬上，其陵冢南倚东西横亘的骊山，北临渭川，可以称之为“因山为陵”的滥觞。汉代帝陵设置陵邑并徙吏民以实邑，“初即位”即修筑陵墓，以及所制订的寝制度等表明，在陵墓制度上也是“汉承秦制”，主要沿袭始皇陵的有关制度。因此汉陵是秦陵的延续，反过来又是秦陵的证明。所以，我们研究始皇陵的地宫建筑结构和平面布局，不仅要研究秦先公先王的陵制，相关的史料，考古钻探资料和现代科技的相关成果，还应充分借鉴西汉帝王陵墓的考古资料，以期最大限度地接近地宫的实貌。由于在可以预计的将来，发掘秦始皇陵的可能性不大，故对地宫结构的进一步探讨对于秦陵的整体研究是有益的。以此为出发点，本文拟在始皇陵原始文件解读[2]的基础上对地宫的有关原始文献进行考古学解读。

一、记载始皇陵地宫的原始文献

为了便于讨论，兹将记载始皇陵地宫的有关原始文献录出。

《史记·秦始皇本纪》载，三十五年（公元前212年），“隐宫徒刑者七十余万人，乃分作阿房宫，或作丽山。发北山石椁，乃写蜀、荆地材皆至”。“始皇初即位，穿治郦山，及并天下，天下徒送诣七十余万人，穿三泉，下铜而致椁，宫观百官奇器珍怪徙臧满之。令匠作机弩矢，有所穿近者辄射之。以水银为百川江河大海，机相灌输，上具天文，下具地理。以人鱼膏为烛，度不灭者久之。”“九月，葬始皇郦山。……葬既已下，或言工匠为机，臧皆知之，臧重即泄。大事毕，已臧，闭中羡，（《史记·秦始皇本纪》《正义》：“谓冢中神道”），下外羡门。尽闭工匠臧者，无复出者。”

《史记·秦始皇本纪》《正义》引《关中记》云：“始皇陵在骊山。泉本北流，障使东西流。有土无石，取大石于渭（山)[南]诸山。”按此处的南应为北之误。

《汉书·刘向传》曰：“秦始皇帝葬于骊山之阿，下锢三泉……石椁为游馆，人膏为灯烛，水银为江海，黄金为凫雁。珍宝之臧，机械之变，棺椁之丽，宫馆之盛，不可胜原。”

《汉书·贾山传》曰：“（秦始皇）死葬乎骊山，吏徒数十万人，旷日十年。下彻三泉。合采金石，冶铜锢其内，漆涂其外，被以珠玉，饰以翡翠，中成观游，上成山林。为葬薶之侈至于此……”

《文献通考》卷叫引《汉旧仪》记载：“（秦始皇）使丞相李斯将天下刑人徒隶七十二万人作陵。凿以章程，三十七岁。锢水泉绝之，塞以文石，致以丹漆，深极不可入。奏之曰：‘丞相臣斯昧死言：臣所将隶徒七十二万人治骊山者已深已极，凿之不入，烧之不然。叩之空空，如下天状。’制曰：‘凿之不入，烧之不然，其旁行三百丈乃止。’”

《水经注·渭水》说：“秦始皇大兴厚葬，营建冢圹于丽戎之山，……斩山凿石，下锢三泉，以铜为椁。旁行周回三十余里。上画天文星宿之象，下以水银为四渎百川五岳九州，具地理之势。宫观百官奇器珍宝，充满其中……”

晋人潘岳《关中记》曰：“骊山无此大石，运取于渭北诸山。故其歌曰：‘运石甘泉口，渭水为不流。千人唱，万人相钩。’”晋人张华《博物志》曰：“又此山名运取大石于渭北渚，故歌曰：‘运石甘泉口，渭水为不流。千人唱，万人钩，金陵余石大如坻(土屋)。’”

二、地宫的考古学解读

“障”与“穿三泉”

障与穿三泉均为防止山水和地下水对陵冢、地宫造成破坏的防水系统。秦陵防水系统应包括防常年溪水和季节性山洪——障，防地表水——由水渠、渗水井和排水管网，防地下泉水——锢三泉，共三个分系统组成。工程最为宏大即障和锢三泉（图一）。

“障”即防洪堤。《史记·秦始皇本纪.正义》引《关中记》云：“始皇陵在骊山，泉本北流，障使东西流。”骊山北侧有五座山岭，与之相对应的山岭间有大水沟、杨家村东南沟峪、尚家村西南沟峪、尚家村东南沟峪、上杜家村东沟峪等五条水沟。为防止五条大水沟内的常年溪水和季节性山洪对修陵工程和陵冢地宫的影响，遂在五岭之北、陵园南侧修筑了防洪堤——“障”，文献记载为五岭防护堤[3]。防洪堤呈西南东北方向，全长约1700米，宽89.2米，残存最高处为8.5米[4]。修筑防洪大堤取土于堤南，一举两得，又形成一条宽约25、深约8米的沟壕，导上游洪水顺

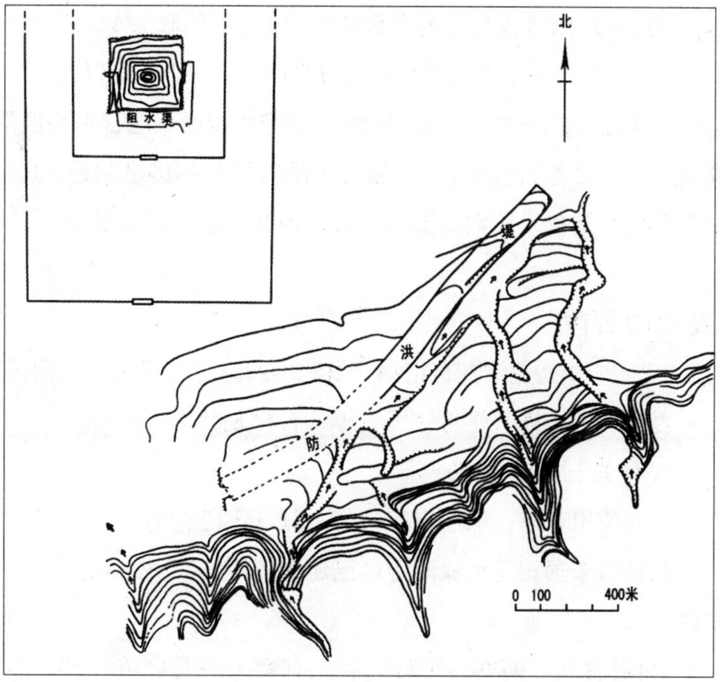

图一　秦始皇陵园“五岭”遗址及阻水渠平面图

沟壕流出，非特大山洪不会直接冲刷防洪堤。古代防洪即有堵与疏之异，禹变堵为疏，治水成功。同理如果仅有障而无沟，五岭大堤防水效果必然大为减弱，甚至大堤自身亦不能保全。

五岭防洪堤和泄洪沟壕，有效地阻止骊山五岭沟峪溪水和雨季洪水对陵区的威胁。这种防止山洪冲刷陵墓的防水工程，在徐州西汉早期楚王陵墓亦多有发现。如楚王山楚元王刘交墓建于主峰北侧凸出的一座山峰顶部，在主峰与建墓的山峰间开凿有长约50米、宽3—4米、深2米的防洪沟。驮篮山楚王墓建于山峰的南坡，为防止山峰雨水泄泻对墓道的直接冲刷，在墓道上方与山峰间开凿倒“凹”字形排水沟，将墓道上方和两侧的雨水左右分流[5]。其作用与五岭防洪堤略同。

“穿三泉”

亦记载为“下锢三泉”、“锢泉水而绝之”。

史料记载秦陵“穿三泉”已为考古勘查证实为穿过三层沙砾渗水层。阻水渠作用是先疏导再锢阻；锢三泉是指用青膏泥层阻塞三层渗水层，而非过去理解的用硬质材料（铜、石）堵塞。

2000年秦陵考古勘探发现陵园的地下深层阻排水系统。该系统由东段阻水渠与西段的明井暗渠排水系统组成。东段阻水渠为在地宫东、南、西开挖排水沟渠，在距地表14—17米、24.8—25.4米、28.1—29米的深度分别发现三层淤砂石层，应即为不同层位的地下潜水层——“三泉”。渠的作用是在地宫开凿和地宫修筑过程中进行疏水，随着地宫修筑的进度，在疏水渠内逐步夯填细密的青膏泥，上层则夯筑填土。以南侧阻水渠为例，渠东西长354米，上口宽84米，底宽9.4米，深39.4米；渠内下层为17米厚的青膏泥、上层为21米厚的夯土。这样地宫修建时疏水渠穿三泉疏水，地宫修建过程中逐步或入葬后疏水渠又变成阻水渠，形成锢三泉。排水渠由明井暗渠构成，共8段明井，7处暗渠，最深处23米，从封土西侧穿内城西门沿墙北折，再穿外墙西墙北折。实际上，利用地势高差自然排水也是设计的重要内容。陵南外城的海拔高度约为520米，陵北近外城为444.7米，鱼池中心为420米，渭河水位350米。由于高差的关系，即使少量潜水通过青膏泥层，一般也可以通过含砂层流出，不会形成地下水的大量蓄积。这样，通过五岭防洪沟、堤，陵园地表排水管网，地宫东南西的阻、排水系统和地势南北高差关系，形成庞大复杂完善的排水系统，较好地解决地宫的排水问题。其中，利用高差自然排水和设置地表管网排水在秦代已是较为成熟的排水方法，因此文献中仅特别记载“障使其东西流”和“锢三泉”。

“发北山石椁”

《史记 · 秦始皇本纪》记载“发北山石椁”；《汉书 · 刘向传》曰“石椁为游馆”。这里涉及秦始皇前后是否有石椁，地宫是否使用石椁，石椁是什么等问题。

1.有关石椁的记载

早期使用石椁，除始皇陵外，文献还不乏记载。

春秋时宋国司马桓魋即为自己建造石椁。《汉书 · 刘向传》刘向曰：“宋桓司马魋为石椁，仲尼曰‘不如速朽’。”

《吴越春秋 · 阖闾内传》：“吴王有女……乃自杀，阖闾痛之葬于国西阊门外。凿池积土，文石为椁。……乃舞白鹤于吴市中，令万民随而观之。还使男女俱入羡门，因发机以掩之。”

《西京杂记》记载，汉广川王去疾盗发魏襄王冢，“以文石为椁，高八尺许，广狭容四十人。以手扪椁，滑液如新”。

西汉文帝亦以北山石为椁。《汉书·刘向传》、《汉书·张冯汲郑传》均记载文帝“顾谓群臣曰：‘嗟乎！以北山石为椁，用纻絮斮陈漆其间，岂可动哉！’”《史记·张释之传》《集解》曰：“大颜云：‘北山青石肌理密，堪为碑椁，至今犹然。’……故帝欲北山之石为椁，取其精牢，释之答言，但使薄葬，冢中无可贪，虽无石椁，有何忧焉。若使厚殉，冢中有物，虽并锢南山，犹为人所发掘也。”

《后汉书·明帝纪》载明帝“石椁广一丈二尺，长二丈五尺”。

2.大量石材表明地宫具备使用石椁的条件

石椁以石制成，因此必须有大量石材。考古调查和发掘表明始皇陵确实使用了大量的石材。

陵外城西北郑家庄村南石材加工场遗址，东西长1500，南北宽500米，总面积达75万平方米。其中区为石料堆放和粗坯制作区，出土青石料、石坯；东区为成品生产场地，出土大量的石质建筑材料及半成品、废品和石碴等[6]。

在陵区的地面建筑方面，15世纪末，南门址尚能“自南登之，二邱并峙。人曰：此南门也。右门石枢，犹露土中”（明·都穆：《骊山记》）。在陵园调查中发现较多的石水道，晏寨、毛家、陈家、焦家、胡家寨等村庄散见大量的秦代石质建筑部件残块及作为建筑檐口散水的鹅卵石。外城台基有石板铺地；内城东门出土大型石柱础，西门台基出土门槛石及壁柱的石础，还有石散水等。内城西门址出土“甲百八”刻铭石门槛一条，内城北门发现“右卯廿六”门墩石[7]。始皇陵的寝、便殿建筑和食官遗址的清理中，所见踏步、壁石、铺地石、柱石较多[8]，便殿建筑还发现“秦右东十八”铺地石板[9]。

秦陵石材的用途，还远不仅于此。K9801石质铠甲坑陪葬坑南北长100米，东西宽130米，坑西南部已出土石铠甲150领，石胄50顶，石马甲1副。出土的石铠甲片均系石灰岩质的青石，其质地、颜色同骊山的岩石截然不同，岩学特征表明与渭北诸山相符。经调查其源于渭北的富平县雷村与宫里镇之间的凤凰山一线[10]。此外，内城封土南陪葬坑K002，东西两个主室的过洞底层还发现有石质器物的残片[11]。晋葛洪《西京杂记》曰：“五柞宫宫西有青梧观，观前三棵梧桐树下有石麒麟二枚，刊其胁为文字，是秦始皇骊山墓上之物。头高一丈三尺，东边者左前脚折。”尽管学者们表示石麒麟可信[12]，但迄今陵园区域尚未发现大型石雕残件。

这些都表明：陵区建筑中石料是主要建材之一，其用途比较广泛，用量也较为可观。石材的主要来源为渭北诸山。但调查表明始皇陵也有些石材系就地取材，如秦始皇陵封土至内城间的石道，东西向呈长条“Z”形，总长497米，宽3—4米。铺设石道的石材似为选取骊山上的石块，未经打磨雕琢。当然这只是少量辅助石材[13]。目前发现的渭北优质石材，无论数量还是其体量与文献记载还相差甚远。而据晋人潘岳《关中记》载：“骊山无此大石，运取于渭北诸山。故其歌曰：‘运石甘泉口，渭水为不流。千人唱，万人相钩。’”晋人张华《博物志》曰：“又此山名运取大石于渭北渚，故歌曰：‘运石甘泉口，渭水为不流。千人唱，万人钩，金陵余石大如坻(土屋)。’”那种千万人劳作、渭水为之不流的宏大壮观运石场景，绝不会只遗留下我们今天所发现的些许石制品，除非另用作别途。因此，我们完全有理由认为《史记》、《汉书》“发北山石椁”的记载是可信的，始皇陵地宫使用的是采自北山的巨石垒砌的巨大石椁。

3.始皇陵石椁形制的推测

既然始皇陵地宫使用了石椁，那么其结构和布局如何便是不可回避的问题。根据上引文献记载，使用石椁者均为上层贵族。考古发掘资料表明，春秋战国时期的石椁为用不规整石块垒砌的椁室，或者在山岩开凿再用石块垒砌椁壁，这种石椁无石椁盖。西汉时期的石椁也仅限于帝王使用，其石椁的形制有两种：一种为新出现的形制，即《水经注·获水墓》载："（梁孝王墓）斩山为椁，穿石为藏"。这种石椁为在山岩中开凿巨大的墓室，当时的梁、楚、鲁、中山等国盛行这种石椁形制的陵墓。另一种即传统的石椁，史料记载的有汉文帝因山为陵、发北山石为椁。使用这种石椁的陵墓一般都开凿在山峦的顶部，凿出墓圹再以巨石垒砌石椁。根据史料记载汉文帝虽初欲以北山之石为椁，但又采纳了张释之的谏言，最终是否使用石椁还无法确知。汉代诸侯王使用这种石椁的有广州南越王赵眜[14]、徐州北洞山西汉楚王刘道[15]和菏泽昌邑王刘髆[16]。这些石椁的基本特征是在山峦的顶部或近顶部开凿岩圹，以大条石或大石板垒砌圹壁，再用大条石拼砌人字形室顶或大石板平铺室顶，也有先铺枋木再平铺石板者。这种石椁室虽无"斩山为椁"的椁室那样宽阔雄伟，但与传统的木椁相比，不仅坚固不朽，而且高敞宏大，更重要的是椁室向模仿地面宫室也迈出了最重要的一步，即由功能内涵的模仿向宫室形制和布局的立体模仿。目前已发现使用这种石椁的布局，南越王内藏椁使用石椁，但外藏椁仍使用木椁；徐州北洞山楚王外藏椁使用条石垒砌的石椁，而内藏椁则"斩山为椁"；菏泽昌邑王墓椁壁全部以石垒砌，顶部则用枋木覆盖后再平铺石板。始皇陵的地宫处于山前洪积冲积扇前缘，为砂质粘黄土地带，显然不可能"斩山为椁"。推测应该使用大致类似于南越王内藏椁（图二）或北洞山楚王外藏椁形制的石椁。这种石椁可以形成巨大的埋藏空间，还可以将其分隔成大小各异、互相贯通、高低错落有致的椁室，如北洞山楚王墓室内高差达10.79米。室内置放奇珍异物，形如游馆。"石椁为游馆"大抵如此，是名符其实的地下宫殿。

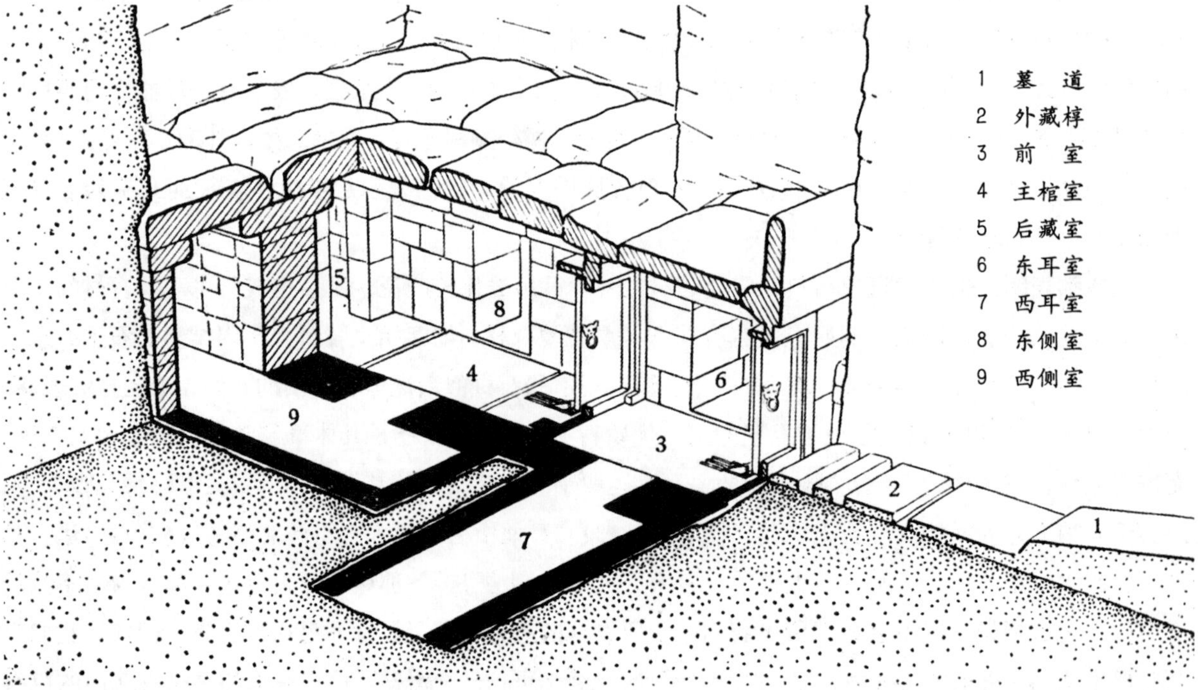

图二　南越王墓石椁

其实根据秦始皇的个性，使用石椁有其必然性。秦始皇并吞六国，要传诸万世，欲求仙不死。在地下世界地宫里，自然希望坚固不朽，这点土、木等材料无法做到，只有用石材砌成的石椁才能达到。此外，如果采用如兵马俑一号坑土隔梁（墙）加棚木盖建成隧道的建筑方法，陵墓营建达三十多年，其又处于竖穴深坑之内，每年雨季，隔墙必遭雨淋而松软或因此造成坍塌。使用木材也有其局限性，虽然蜀、荆之材优良，但营建耗时日久，夏季日晒雨淋，冬日风雪交浸，在不能解决木材防腐的情况下，待入葬后覆土，不免有很多已开裂、变形或朽坏而不堪用者。使用石椁则无此之虞，因此使用垒石而成的石椁的可能性最大。

“下铜而致椁”

《史记·秦始皇本纪·集解》曰：“（铜）一作锢。锢，铸塞。”《汉书·贾山传》曰：“下彻三泉。合采金石，冶铜锢其内，漆涂其外。”师古注：“锢，谓铸而合之也，音固。”诸家虽然同意此说，但却认为锢隙的目的是防水，如有的研究者指出：“下铜”以“铸塞”，即以铜浇灌石缝，达到堵塞地下水的目的[17]。其实以铜为锢主要功能是使其坚固防盗。因为下彻三泉在前，石椁垒砌时已基本也必须先解决地下水问题。这里的铜铸既可以用铜锡锌、也可以是锡液浇铸。合采金石是将金（即铜）和石浇铸在一起，表述已很明了。

与以铜锢隙基本相同的还有汉文帝的霸陵石椁。《汉书·刘向》曰：“孝文皇帝居霸陵，北临厕。意凄怆悲怀，顾谓群臣曰：‘嗟乎！以北山石为椁，用纻絮斮陈漆其间，岂可动哉！’张释之进曰：‘使其中有可欲，虽锢南山犹有隙；使其中无可欲，虽无石椁，又何戚焉？’……孝文寤焉，遂薄葬，不起山坟。”应劭曰：“斮，斩也。陈，施也。”孟康曰：“斮絮以漆著其间也。”师古曰：“美石出京师北山，今宜州石是也，故云以北山石为椁。纻絮者，可以纻衣之絮也。斮而陈其间，又从而漆之也。纻音张吕反。斮音侧略反。”师古曰：“有可欲，谓多藏金玉而厚葬之，人皆欲发取之，是有间隙也。无可欲，谓不置器备而薄葬，人无欲攻掘取之，故无忧感也。锢谓铸塞也。云锢南山者，取其深大，假为喻也。锢音固。”表明“斮纻絮陈漆其间”也是锢塞石椁间的缝隙，只是材料不同而已，原因是其中有可欲，目的完全是为了防盗。在西汉诸侯王墓中，河北满城西汉中山王刘胜墓的封堵方法与之也很相似。刘胜和窦绾的墓门均在两（多）道砖（土坯）墙间灌入铁水，形成14厘米厚的铁壁。这种“砖墙铁壁”的作用应是防盗措施[18]。此外，梁孝王李后墓部分塞石上遗留有黑色油性胶粘物，其作用也是将塞石间粘接牢固[19]。

《新唐书·严善思传》曰：“且玄关石门，冶金固隙。”根据考古勘探，唐乾陵墓道内填塞三十九层长方形或方形石条。石条左右间均以细腰铁拴板嵌固；上下间凿洞以铁棍贯穿，然后再灌注铁锡熔液，使石条全部连为一体，坚固不可发[20]。

上述文献记载始皇陵石椁、文帝石椁和考古发现汉唐帝、王陵墓使用各种金属熔液或其他材料锢塞石椁或墓道，仅仅因为始皇陵地宫文献的记载与“锢三泉”等相连属，易使今人误释为堵漏和防渗。其余四例并无歧义，毫不涉及防水问题，这表明所有锢塞石椁的方法都是为了防盗。

“塞以文石”

诸家多解释为以文石锢塞泉水，实应指堵塞甬道和墓道。“文”修饰“石”，故“塞以文石”亦即塞以有纹饰的石块。这种“塞以文石”虽在始皇陵以前和西汉史书中未见记载，但是在汉代诸侯王陵墓中却屡见不鲜。山东曲阜九龙山西汉鲁王庆忌墓（M3）封堵墓道的巨石上有刻铭“王陵塞石广四尺”[21]，故可证明这种封石名为“塞石”。

王陵塞石一般堵塞墓道和甬道，但梁孝王李后墓还用来封堵侧室。李后墓甬道斜坡底端还都使用榫卯结构，使塞石不因倾斜而滑脱。塞石大小由所处位置确定，一般底层较大，最上层塞石较之要小一半左右。塞石上还刻（或朱书）有表示所在位置的序号、尺度、记时干支、宫室方位、崖工姓名、施工次序等。楚国王陵塞石最为巨大，其中北洞山楚王刘道墓甬道塞石重达7.8吨，并有牝牡结构。凿琢后经过打磨，表面光洁如镜。始皇陵中塞以文石应该就是这类塞石，不过更为精美，塞石上还有纹饰。这种带有纹饰塞石，不应是石料的自然纹理或色泽差异形成的自然纹饰，而应是人工雕刻的花纹。在晏寨村仍有一块从陵北挖出的长120厘米、宽115厘米、厚46厘米的大青石，四侧的錾花宛然[22]。即使是建筑的石构件也雕刻花纹，那么在封堵地宫出入口的巨型塞石上雕刻花纹，完全是可能的。

“致以丹漆”

《汉书·贾山传》曰：“漆涂其外”。丹即丹砂，亦称朱砂，其化学成分为硫化汞（Hgs）。漆即生漆，是漆树的树脂，为粘液性涂料，具有耐酸碱、耐腐蚀等性能。过去一般认为将丹掺入漆中即成“丹漆”[23]。这里的丹漆或漆涂其外是指以漆作为粘接材料，涂丹于地宫石椁的内表面。

西汉诸侯王墓涂朱或髹漆涂朱有多例可援，都是当时政治地位高、经济实力雄厚的梁国和楚国。梁孝王李后墓的后室及周围各室包括2号甬道内各侧室的四壁和顶部遍施朱砂。其具体方法为在开凿的室壁、顶部直接涂上朱砂，但因无良好的粘接剂朱砂涂层较薄。徐州西汉楚王墓一般都以漆作粘接剂涂朱，如北洞山西汉楚王刘道墓主体墓室自墓门以内的甬道、侧室、前后室、廊及厕间内的四壁及顶部普遍髹漆涂朱。因室内开凿、琢平和打磨后非常光滑，附着力差，便先在室壁、顶部抹一层三合土，在其上髹漆，漆层较厚，显然为多次髹涂。在表层漆面未干时，将研磨成粉末状的朱砂敷上，使朱砂和生漆结为一体，不仅朱砂层较厚，还不易脱落。这样使整个墓室一片彤红，庄严而神秘。始皇陵“致以丹漆”很可能也是采用的这种方法。很显然，“致以丹漆”是石椁内壁的一种特殊的装饰方法，与防水无涉。

“宫观百官”

《史记·秦始皇本纪·正义》，“言冢内作宫观及百官位次，奇器珍怪徙满冢中”。《汉书·刘向传》曰：“石椁为游馆。”李奇注曰：“圹中为游戏之观也。”师古曰：“多累石作椁于圹中，以为离宫别馆也。”

宫即宫室，西汉帝王无论是斩山作椁、还是累石作椁，都是在平面布局、立体空间、建筑式样和室内随葬品方面最大限度地模仿生前的宫殿。斩山作椁的梁孝王李后墓内宫的形制就非常明了，1号、3号甬道所属侧室门道内塞石多有“东宫东南旁第X”、“西宫西南旁第X”。标明前室位于东侧，谓之东宫；后室位于西侧，谓之西宫。前者象征地面宫殿建筑的前朝，即议事的正殿；后者象征宫室中的寝卧之处，即“后寝”。其余宫室亦镌刻或朱书“东车”、“西车”，“房”“旁”等名称。楚王的墓室布局更加简洁，横前室和纵后室呈“丁”字形，“前朝后寝”一目了然。始皇陵显然属于累石作椁，这种石椁平面布局

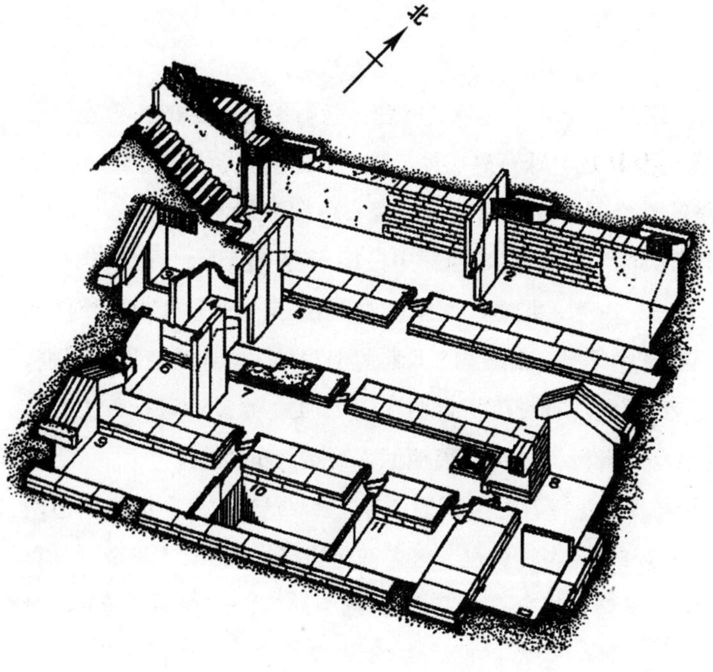

1.武库 2.御府 3.厕室(盥洗) 4.储藏室 5.乐舞庭
6.厨房 7.天井(水井) 8.柴房(厕所) 9.厨房 10.凌阴
11.臼房(厨房)

图三 徐州北洞山西汉楚王刘道墓附属石椁

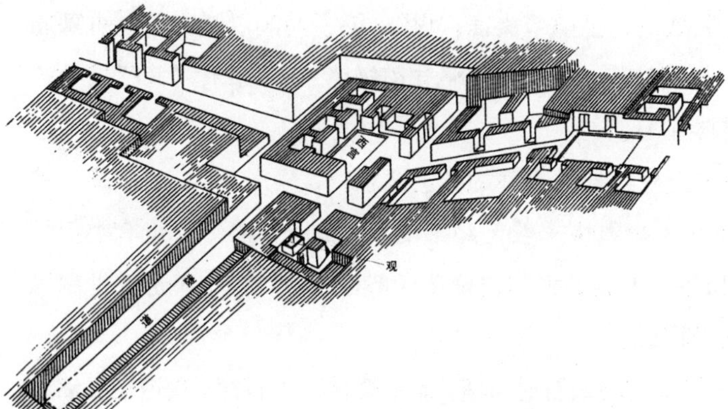

图四 西汉梁孝王李后墓隧道、宫观

和随葬品组合的完整性首推广州南越王赵眜墓；而建筑式样、立体空间和各室的用途则以徐州北洞山西汉楚王刘道附属墓室最为明晰。该附属墓室与主体墓室“斩山作椁”不同，是以条石在石圹内垒砌矩形建筑四壁，其内纵垒三道厚近一米的石墙作为承重墙，再根据用途在纵墙之间以巨大石板分割成间，顶部以巨大的条石拼搭成人字顶。根据室内凿砌的设施和随葬品，其四进十一室的各自用途非常直观：第一进为武库和御府；第二进为乐舞庭、储藏间、厕和盥洗室；第三进象征庭院，院内有水井。围绕庭院和第四进有庖厨室2、凌阴1、臼房1、柴房和厕间1（图三）。这组建筑的性质虽为外藏椁，但其完全模仿地面宫殿建筑式样、高低错落的结构无疑可以为研究秦陵地宫石椁中的宫室提供很直观的借鉴。由此我们可以推测秦陵地宫中的宫室百官是数量众多模仿秦咸阳宫中主要官署建筑和放置代表各官署机构的随葬品的椁室，不排除有模拟三公九卿俑像的可能，百官仅是概言其数量之多。

“观”在《汉书·贾山传》曰：“中成观游”。刘熙《释名》曰：“观者，观也。于上观望也。”梁孝王李后墓后室（西宫）回廊南的18室中部用4块形制规整琢磨精细的石板围成下沉式天井，其中西边的石板上面凿出一个凹槽。室的东部凿有“U”形通道，通道一段为台阶式，另两段为斜坡状，绕行后可进入天井底部。室内还有精心设计的排水设施。该室凿制精细规整，结构复杂，西侧带凹槽的石板可能表示该室是带围栏的楼观，原报告认为是楼阁或象征墓主人的别宫，或为“冰凌室”。作为冰凌室无需设计成下凹便于俯视的围栏，这种结构的建筑形式使人很直观地联想到宫观的“观”（图四）。观为高台建筑，一般向外（远）观望，但因其周围皆为岩石，无法向外凿成旷远的空间，便凿成向内俯观的布局。且该室与西宫相近，宫观相连顺理成章。始皇陵地宫中的观，推测不仅更形象、更复杂，而且数量也会较多。

“旁行三百丈”

《汉旧仪》载：“……其旁行三百丈乃止。”这是一个非常复杂的问题。旁行绝非地宫的主椁室，是隧道还是侧室，其功能又是什么？如果是隧道则因其处于砾石砂层区，需要凿挖后重新砌建。制曰：“三百丈乃止”，秦“三百丈”合今693米，工程是否全部按计划完成等都是有待探究的问题。

值得庆幸的是梁孝王李后墓就有类似的建筑结构，其后室南回廊中段南侧有一隧道，平面呈狭长条形，水平长50.50米、宽2.30–2.35米、高2.10–2.20米。北端6米为平顶平底，向南呈斜坡状，坡度北段5.5—6度、南段8度。两壁垂直，壁面和顶部琢磨平整。南端约5.0米凿制粗糙，顶和两壁均不规整，显系未竣工程，用途不明。就其方位，确系“旁行”，现有长度折合西汉近22丈，原设计旁行百丈亦未可知。这是秦汉考古所有发掘资料中与秦陵地宫“旁行三百丈”最相似、最接近的实例。

旁亦房也。在梁孝王李后陵墓中，有许多朱书或在塞石上镌刻的“旁”字。这些“旁”即指甬道两侧的室，象征宫殿建筑中的“房”。《释名 · 释宫》曰：“旁，房也，宫之两旁也。”这表明“其旁行三百丈乃止”的旁可能为名词。这样，可以断读为：“其旁，行三百丈乃止。”意为地宫内的侧室（旁）数量众多，累计长度须达到三百丈。此为别解。

“闭中羡，下外羡门”

《史记 · 秦始皇本纪 · 正义》曰：“音延……谓冢中神道”。

《续汉书 · 礼仪志》曰：“皇帝进跪，临羡道房户。”又曰：“合葬：羡道开通，皇帝谒便房，太常导至羡道，去杖，中常侍受，至柩前，谒，伏哭止如仪。”其注引《续汉书》曰：“明帝崩，司徒鲍昱典丧事，葬日，三公入安梓宫，还，至羡道半，逢上欲下，昱前叩头言：‘礼，天子鸿洞以赠，所以重郊庙也。陛下奈何冒危险，不以义割哀？’上即还。”又注引《汉旧仪》略载前汉诸帝寿陵曰：“武帝坟……其设四通羡门，容大车六马，皆藏之内方，外陟车石。”

羡道在考古报告中较普遍地称为甬道，是露天墓道连通墓室的隧道式空间，采用石、砖、木或土筑（掏挖）成，其特点是有顶部构造。在传统的土圹木椁墓中一般无此结构，但黄肠题凑墓中也有类似的结构，如北京大葆台汉墓等。土洞墓、砖室墓和各种形制的大型石椁墓一般都有此结构。羡道的型制以水平状较多，也有斜坡式，前引东汉明帝的羡道即此。

羡道的前端或中部所设之门称羡门，羡门一般多用砖或石材封堵。始皇陵地宫为石椁，羡道也必然以石材垒砌。其羡道很长，由三部分构成，即中羡、外羡，亦必有内羡。闭中羡，是指闭塞中部羡道，推测以文石填塞。外羡则未以塞石封堵，但外羡设门。“下外羡门”，“皆闭工匠臧者，无复出者。” 从上下文意理解，工匠被闭于外羡，则外羡必然空间较大，且外羡门关闭具有突然性，否则工匠难于就范。说明外羡门可能为下落的闸门式，而非通常的门枢式，闸门应为巨大的石板。这样内有中羡塞石，工匠无法进入地宫各室；外有外羡石闸门，工匠无法利用手中机巧工具凿通外羡门加之其上很快复土，才达到“无复出者”。

三、余论

有关秦始皇陵地宫的情况，原始文献的记载虽然简约，且又不免带有小说家言的色彩，但仍是我们研究的重要参考资料和依据。虽然文献记载除《史记》为西汉中期作品外，余者的成书年代几乎都是东汉以后，难免会出现以汉人的理念、语言描述始皇陵的地宫[24]，但亦当有所本。始皇陵特别是地宫的独创和不可预测性，即使今天我们释读原始文献仍有困难。幸运的是利用不断取得的考古学成果，特别是借鉴汉代考古学新成果，使我们对文献可以做出较为准确的诠释。所引考古资料几乎均为西汉诸侯王墓，与始皇陵墓主的身份不同、时代亦不相同，但是文引已论帝陵制度亦"汉承秦制"，且西汉早期诸侯王国"宫室百官同制京师"，这就是我们进行比较研究的坚实基础。实际上，即使是对秦陵地宫最早进行记载的《史记》也是西汉时期的作品，以西汉诸侯王陵墓的考古资料对其解读，说到底是以西汉的实物资料解读西汉的文献记载，殊为允当。

上述释读限于资料和篇幅，尽管还不是文献的全部，但是我们相信依托考古学成果，会不断取得进展。当然，最终完成对全部文献的释读还应该是在地宫的考古发掘之后。

李银德　（徐州博物馆）

附记：本文完成后，顷见段清波先生在《中华文化报》2004年4期上发表的《秦始皇陵地宫考古实况》，介绍"考古遥感与地球物理综合探测技术"始皇陵课题取得的成果：墓室东西长80米、南北宽50米、空间高度15米，墓室或墓道的顶部为青石质结构，与本文石椁大体吻合。

1.王学理著《秦始皇陵研究》，上海人民出版社，1994年。
2.袁仲一《关于秦始皇陵原始文献解读的若干意见》，《周秦汉唐文化研究》（第一辑），2002年。
3.袁仲一《秦始皇兵马俑研究》，文物出版社。
4.陕西省考古研究所、秦始皇兵马俑博物馆《秦始皇陵园2000年度勘探简报》，《考古与文物》2000年第2期。
5.中国考古学会编《徐州驮篮山西汉墓》（邱永生等），《中国考古学年鉴（1991）》，文物出版社，1992年。
6.秦俑考古队《临潼郑庄秦石料加工場遗址调查简报》，《考古与文物》1981年1期。
7.袁仲一《对秦始皇陵园门阙遗址的初步认识》，《秦陵秦俑研究动态》2003年3期。
8.赵康民《秦始皇陵北二、三、四号建筑遗址》，《文物》1979年12期。
9.王学理《秦始皇陵研究》，上海人民出版社，1994年。
10.陕西省考古研究所、秦始皇兵马俑博物馆《秦始皇帝陵考古报告（1999）》，科学出版社，2000年。
11.陕西省考古研究所、秦始皇兵马俑博物馆《秦始皇陵园2000年度勘探简报》，《考古与文物》2000年第2期。
12.韩国河《秦汉魏晋丧葬制度研究》，陕西人民出版社，1999年12月。
13.陕西省考古研究所、秦始皇兵马俑博物馆《秦始皇陵园2000年度勘探简报》，《考古与文物》2000年第2期。
14.广州市文物管理委员会、中国社会科学院考古研究所、广东省博物馆《西汉南越王墓》，文物出版社，1991年。
15.徐州博物馆、南京大学历史系《徐州北洞山西汉楚王墓》，文物出版社，2003年11月。
16.山东菏泽地区汉墓发掘小组《巨野红土山西汉墓》，《考古学报》1983年4期。
17.朱思红、王志友《"穿三泉，下铜而致椁"新解》，《秦陵秦俑研究动态》2003年1月。
18.中国社会科学院考古研究所、河北省文物处《满城汉墓发掘报告》，文物出版社，1980年。
19.河南省文物研究所《永城西汉梁国王陵与寝园》，中州古籍出版社，1996年。
20.刘向阳《唐代帝王陵墓》，三秦出版社，2003年9月。
21.山东省博物馆《曲阜九龙山汉墓发掘简报》，《文物》1972年5期。
22.王学理《秦始皇陵研究》，上海人民出版社，1994年。
23.王学理《秦始皇陵研究》，上海人民出版社，1994年。
24.黄晓芬《汉墓的考古学研究》，岳麓书社，2003年。

徐州狮子山楚王墓陪葬人位置问题初探

以人殉葬是远古时期一种极为野蛮的丧葬习俗，在世界各地曾经广泛存在。殉葬在我国的新石器时代中晚期就已经出现，大汶口文化、龙山文化、齐家文化都曾经发现；人殉在商周时期最为盛行，特别是商代达到鼎盛。商代王室贵族墓葬的殉人往往达到数十人，有的王陵如殷墟侯家庄M1001甚至达到一百多人。西周以后，由于社会舆论的强烈反对，人殉的数量逐渐减少，但仍然十分流行。春秋战国以后，逐渐以偶俑取代了真人殉葬，但人殉现象并没有消失。据《史记·秦始皇本纪》记载：秦始皇死了以后，秦二世就将后宫中没有生育的妃子及修墓的工匠全部殉葬。两汉时期，虽然人殉现象已经大为减少，但在考古发掘中仍时有发现，狮子山楚王墓就是其中之一。

狮子山汉墓位于徐州市东郊，1995年发掘，被评为当年全国十大考古新发现，还与徐州的其他西汉楚王陵墓一起被评为二十世纪的百项重大考古发现。除出土大量精美的陪葬品外，恢宏及独特的墓葬结构也是狮子山汉墓的特点之一，在这方面，许多专家都已经从各个不同的角度进行了研究，提出了不少很有见地的观点，但对该墓内殉葬人位置问题还鲜有论及。本文仅就这一问题作浅显探讨。

一

徐州是汉代的重要封国地，汉墓众多，在已发掘的墓葬中发现多例有殉葬人的墓葬，狮子山汉墓并非孤例，只不过狮子山汉墓中殉葬人的数量比较多，达到三人，其他墓葬一般只有一人。由于本文主要不是讨论殉葬问题，故暂且将其称为“陪葬”。

从西汉开始，夫妻合葬墓已经十分流行，徐州地区的西汉中小型墓葬中多次发现两次埋葬的痕迹，这类墓葬显然都是夫妻合葬墓。由于徐州多丘陵山地，故中小型墓葬基本上都是石坑竖穴墓，棺椁必须通过竖穴墓道才能放到墓室中，而竖穴通常又比较深，故有的墓葬第一次埋葬将墓道封填后，第二次埋葬并不是将整个墓道全部挖开，而是仅挖开一半。这类墓葬在第一次埋葬的时候已经提前预留了另一个棺的位置，挖开一半的墓道即足以放置木棺，这样既节省了人力和财力，又不需要打扰先葬入者，较为典型的墓葬如铁刹山M6、九里山M1、望城汉墓等。而没有这种二次埋葬痕迹的一次合葬墓的情况相对要复杂一些，一般陪葬品的数量和质量相差不是特别大的都应该是夫妻合葬墓，但也有些现象反映出其明显不是夫妻合葬墓。

1996年发掘的刘和墓为石坑竖穴洞室结构，竖穴内使用了多层块石及石板封堵，洞室内的墓主刘和身着银缕玉衣，其他大量的陪葬品则放置在竖穴下的两个椁室内。在洞室外的椁室石板上还葬有一人，为男性，仅陪葬很少的几件陶器。显然，二者的性别相同，陪葬品相差巨大。同时在刘和墓的旁边还有一座墓葬，二者封填的方法相同，而且又在同一个封土下，共有一个墓垣，应该为夫妻。2003年发掘的王霸墓也为石坑竖穴洞室结构，洞室内并排葬有两人，其中一人为男性，而且陪葬有两套差异不是特别大的陪葬品，显然二者应该是夫妻。但洞室外还葬有一人，仅有漆木棺，没有任何陪葬品。像这样的情况在徐州地区发现的汉墓中还有多处，如奎山M11、苏山头M2、M3等。这些与主人葬在一起而身份又相差巨大的人显然都应该是陪葬者。

狮子山汉墓可明显确认的陪葬者为两人，另外一处推测也应该是一个陪葬人，合计为三人。第一处陪葬者位于中墓道东北部，墓葬范围长4米、宽1.6米，葬具为漆木棺，放置在北部，棺内陪葬有玉枕、玉璜、玉璧、玉印、铜镜、铜印、半两钱币、环首铁刀及4件全部附有玉剑饰的铁剑等，南部放置大件陪葬品，包括5件铜鼎、铜勺及陶器，陶俑主要是放置在西侧墓道壁下。根据出土的铜质"食官监印"判断，墓主当为负责楚王饮食的官员。

另外两处陪葬人均位于甬道东侧的耳室内，其中E4长4.55、宽1.48、高1.75米，口部用空心砖封堵，墙内还发现有木门设置。该室已被盗掘者扰乱，原来的情况已经不清，清理发现有玉舞人、玉觿、心形玉佩、玉珩、耳鼻塞及铜镜等，另有牙齿3枚。玉舞人、玉珩等仅见于女性墓葬中，为女性所用玉组佩中的装饰品，因此，该陪葬者应为一女性。E5位于E4内（北）侧，墓室的大小与封堵方法与E4基本相同，虽然未发现陪葬品，推测也应该为一女性陪葬者。

二

从狮子山汉墓三处陪葬人的位置看，甬道边两个女性陪葬者与墓主的关系极为密切，但绝非王后，一方面在狮子山北侧偏西的羊鬼山已经发现了王后的墓葬，且中原地区没有帝王与王后合葬一座墓葬的先例；另一方面，这两人的陪葬品也确实达不到王后的规格。但从E4中发现有玉舞人、玉觿、心形玉佩、玉珩等高质量的陪葬品判断，墓主人的身份还是非常高的。徐州地区多座墓葬中出土有这类陪葬品，如东洞山二号赵姬墓、卧牛山汉墓，墓主人均为楚王后；韩山一号刘女宰墓、龟山二号"丙长翁主"墓，墓主人均为刘氏宗族成员。因此，E4、E5极可能是楚王宠爱的姬妾。其实，以姬妾陪葬在古代是非常流行的，考古发掘中也是屡见不鲜，比较典型的如西汉南越王墓，在主棺室边的东侧室中，陪葬着四位"夫人"，除"右夫人"（使用金印）大约相当于王后外，其余三人"左夫人"、"泰夫人"等都应该属于妃嫔之类。江苏邳州九女墩墓群为春秋时期的诸侯小国徐王的家族墓地，在五号墓的椁室周围也有多个女性陪葬者。正是由于与墓主人的特殊关系，故妃嫔之属的女性陪葬者的位置都是靠近墓主人的棺室即寝宫。

但"食官监"的位置很是奇怪。其实在商周时期，将陪葬人葬在墓道中是极为常见的，如邳州九女墩五号春秋墓墓道内的两侧就各葬有一个陪葬人，但这两个陪葬人均为青壮年男性，陪葬有兵器，显然具有墓主人护卫的性质。徐州北洞山西汉楚王墓的墓道两侧有七个小龛，小龛内全部都是彩绘陶俑。从陶俑绶带上墨书的"中郎"、"郎中"、"宦者令"等文字判断，其均为九卿之一郎中令的属官，主要职责就是守卫宫廷门户，与陶俑位置正相符合。因此，葬在墓道中的陪葬者常具守卫的性质。显然，将"食官监"葬在墓道中就显得不伦不类。当然，由于墓道东侧的第一个耳室为庖厨间，将"食官监"葬在中墓道东北部正好靠近庖厨间，这似乎也可作为一种解释，但因没有其他佐证，说服力显然不强。

从"食官监"墓葬的情况看，其身份是比较高的，陪葬品中包括4把玉具剑、玉枕、玉璜（握具）、5件玉璧，还有5件铜鼎，如果按照周代的列鼎制度，其差不多可以达到列侯的等级。"食官"主要是负责宫廷饮食，大约在汉初的时候还有左、右之分。徐州楚王山一号汉墓（史籍记载该墓为西汉第一代楚元王刘交的陵墓，当为是）的盗洞中出土的方形铜鼎盖上刻有“右食官”的铭文。“食官监”可能为食官的最高长官。这样一个身份的人陪葬楚王虽然是十分“荣耀”，但也应该有一个与其身份比较相符的安身之所，墓道中显然与这一身份不相符。

三

狮子山汉墓的耳室结构大致分为两种情况：一是呈横的（东西向）长条形，口部向甬道敞开，墓室与门道的宽度相同，包括E2、E4、E5及未完成的E3都属于这种情况。这四个耳室均位于甬道东侧，南北并排，除E3外，墓室的大小也相差不大，长约4.6米、宽1.5米，E4、E5口部以空心砖封堵，墙内装有木门，E2口部没有空心砖墙，直接装木门。二是耳室前面有门道，门道内装墓门，门后还有封门器，墓道内因有填土，故在门道前部还封堵以叠砌的石板，门道后为竖的（南北向）长方形墓室。这种耳室在墓道及甬道的两侧都有，但主要位于西侧，东侧仅有位于内墓道边的第一个耳室（E1）。从耳室的功用来说，后者全部都是放置的器物，前者除一个未完成外，两个是陪葬人，一个是钱库。

在第二类耳室中，最为特殊的就是E1，该室有两个门道，且靠得很近，相距仅2.2米；墓室很大，南北长约12米、宽3.2米，面积达38平方米，基本上是对面内墓道西边两个耳室面积的总和。同时，如果将E1中间加一道墙，变成两个室，形状和大小也都与对面的两个耳室基本相同，一样的大小：长约6米、宽约3.2米；一样的形状：南边耳室的长度往门道南边发展，北边耳室的长度往门道北边发展。因此，原设计中E1应该是两个室，与对面的两个耳室大致对称。这在E1墓室中也有所反映：后壁在两个门道之间明显向内凸出，地面也稍微高出。大约由于时间仓促的原因，狮子山汉墓的墓室一般都开凿的较为粗糙，墓室内的转角处均呈弧形，也就是说转角处都向墓室内凸出，E1墓室门道之间的痕迹就是这种特征的遗留。

为什么要将两个墓室合并成一个墓室呢？一种可能是由于失误造成的。狮子山的石质结构比较差，中间夹杂有不少页岩，质地较为疏松，而两个耳室门道之间的距离又比较近，施工中因不小心将两个墓室凿通，为了掩饰过错，干脆将两个墓室变成一个墓室。W1墓室主要位于门道南侧，北壁距门道0.8—0.9米，其他墓室短边距门道的距离还都超过这个距离，而E1两个门道之间的距离只有2.2米，这样计算下来，E1如果分为南北两个室，两个室之间的距离就只有几十厘米。不过，这种可能性虽然存在，但相对来说应该是比较小的，因为工匠门是在给楚王造陵墓，稍有不甚就会惹来杀身之祸，施工中自然会十分小心；另外，从前堂顶部反映的现象看，施工前都是先设计好，现场作出标记，因此出现不小心凿通的可能性是较小的。另一种可能是原来计划开凿两个墓室，其中一个为庖厨间，后因庖厨间太小，而需要放在庖厨间的陪葬品又太多，无法放的下，遂不得已将两个墓室打通。E1的实际情况也与这一推测大致相符，作为庖厨间，有井、灶、各种食物及很多大型的陶瓮，特别是大陶瓮，形体大，需要占用比较大的空间，原来的小墓室确实放不下。既然原来是两个墓室，其中一个是庖厨间，那另一个是干什么用的呢？

甬道东侧的四个耳室中，E3仅开了一个头，没有完成。从该室的位置看，按照正常的施工顺序，是不可能完不成的（E4、E5都已经基本上完成），目前的这种状况只能说明其施工的时间比较晚，也就是说，该室是后来加上去的。那么为何要新开凿一个耳室，这个耳室又是做什么用的呢？

E2的形制结构、大小与E4、E5相同，但E4、E5葬的都是殉葬者，而E2放置的却全部是“半两”钱币。钱币属于陪葬的物品，显然与E4、E5殉葬人的性质不同。在已经发掘的徐州西汉楚王陵墓中，如驮篮山、北洞山等均发现有钱库，但钱库的形状都是与其他放置陪葬品的墓室一样，即同于第二类耳室，墓室前面都有门道。因此，E2原设计中可能并不是作为钱库，作为钱库的是E1中的一个耳室，很可能是后面的一个耳室，这也与北洞山、驮篮山钱库的位置基本一致。

E2既然不是作为钱库，最大的可能就是作为殉葬墓，具体地说就是埋葬“食官监”。就墓道中“食官监”墓葬的具体范围看，“长4、宽1.6米”，大小与E2相同，完全就是E2的翻版。这也说明不仅殉葬人的位置是预先设计好的，而且棺椁及陪葬品的位置也是预先设计好的，虽然殉葬人的位置临时进行了变动，但棺椁及陪葬品仍然按原计划的位置进行摆放。

由于原来设计作为钱库的耳室被相邻的耳室合并成一个大的庖厨间，遂不得不将原来计划作为“食官监”墓葬的E2改做钱库，而原E2中的“食官监”就没有了安身之所，遂又临时在E2的北边重新开凿一个耳室。但因时间仓促，E3仅做出了一个开头，没来得及完成，不得不将“食官监”葬到了墓道中。

可能有人会提出：甬道东侧的四个耳室基本上是相互之间等距离分布，给人的感觉E3并不是另外增加的。但E4、E5与“食官监”毕竟不是同一类陪葬者，将二者之间隔开一定的距离显然是必要的。

四

其实这种情况的出现正是岩洞墓还不成熟的表现。一般认为，横穴式岩洞墓最早出现于汉文帝的霸陵，但因未发掘，具体情况不清。据史籍记载，春秋时期，宋国的司马桓魋就曾开凿石室，受到了孔子的严厉抨击。岩洞墓应该是从大型石坑竖穴墓发展而来，目前最早的实例应该是徐州的楚王山汉墓。该墓为从半山腰开凿斜坡墓道，墓道两侧有粗糙的小耳室，墓道后端收缩为窄而短的甬道（或称内墓道），甬道后为一宽大的墓室。该墓室为从山顶向下开凿的竖穴，竖穴顶部以块石券顶。

文献记载，楚王山为西汉第一代楚王（同姓）刘交的家族墓地，从墓葬的结构及陪葬器物的特征看，记载应该是可靠的。刘交卒于文帝元年（公元前179年）。楚王山虽然可以算作岩洞墓，但明显的还带有竖穴墓的特征，处于从竖穴墓向岩洞墓过渡的阶段。

徐州西汉早期岩洞墓有一个很重要的特征，就是有一条贯穿前后的中轴线，耳室在中轴线两侧对称布局，两侧耳室的大小、形制结构基本上完全相同，如羊鬼山、驮篮山、北洞山都是这样。但这些都是已经很成熟的岩洞墓，刚刚开始出现的岩洞墓则没有那么规范。狮子山汉墓虽然已经有了中轴线的雏形，从前到后包括墓道（天井）、甬道、前堂和后室，但显然这不是标准意义的中轴线，两侧的耳室并不完全对称，不仅数量不对称，形制也不对称。由此可以看出，岩洞墓出现的初期，中轴线的观念还不是非常的明确和定型，因此可以临时增加墓室的数量。

总之，陪葬者“食官监”本来是应该葬在E2中的，因原设计的钱库后与庖厨间打通成为一个大的庖厨间，E2遂变成了钱库；原打算在旁边为“食官监”再开凿一个洞室，后因时间仓促没有完成，遂出现了现在将“食官监”葬在墓道中的情况。

耿建军（徐州博物馆）

论铜陵古代铜矿采冶的兴衰与特点

著名自然科学技术史专家华觉明先生在皖南古文化研究会第四次年会座谈会上指出："商周青铜文化延续了一千多年，它的物质基础就是采铜炼铜，没有铜又哪来这么灿烂的青铜文化。现代考古资料表明，湖北铜绿山是古荆州的产铜基地，遗址上的炼渣有几百万吨。铜陵地区的古矿规模更大，年代跨度又长，从商周到唐宋一直是采铜冶铜的中心。铜陵在古代全国所处的地位，我想大概就像今天的宝钢、鞍钢一样，举足轻重。如果说湖北的铜绿山是古荆州的铜都，那么铜陵毫无疑问是古扬州的铜都，并且规模更大。"[1]有关铜绿山铜矿采冶的资料前人已多有研究，本部分着重研究铜陵的古铜冶和青铜铸造业技艺。

铜陵铜官山（唐代的南陵县利国山）是我国著名的矽卡岩型铜矿床，矿体形态有似层状、透明状和脉状等三种，其中以似层状矿体最重要。似层状矿体厚达40米，延长和延深都达400米以上。主要铜矿石为矽卡岩铜矿石，此外还有磁铁矿石和磁黄铁矿矿石。主要原生铜矿为黄铜矿，次要的有辉铜矿和斑铜矿。氧化带最厚可达30米左右，但次生富集现象不明显。表生铜矿物有自然铜、辉铜矿、孔雀石、铜蓝和赤铜矿等。这些特征足以说明铜官山铜矿是符合古代大规模采掘条件的。

铜陵独立建制虽然较迟，直到南唐保大九年（951年）才正式设置，但在此之前约2000年，今铜陵之地就已有采冶铜矿的历史，考古资料揭示了这一埋藏数千年之久的秘密。

一、铜陵的历史沿革

铜陵，地处皖南西北部的长江南岸，先秦时期曾为淮夷与百越活动地区，传统上归属于吴越文化范畴。南唐置县后，故治在今铜陵县城关镇，即古铜官镇。乾隆《铜陵县志·沿革》："南唐保大九年，改旧义安为铜陵县，移治于今之江浒，即古铜官镇也。"以下就是铜陵历代的行政区划及隶属变迁大致情况，由于诸多原因，早期的变迁情况线条要模糊些，正式建县前其地往往分属几个县，以下所列也仅仅是个梗概。

夏商西周时期，属古扬州之域，百越人生活区之一。春秋战国时期，先后隶属吴、越和楚国，属楚之陵阳。秦属鄣郡陵阳县。西汉属丹阳郡（治宛陵县即今宣州市）陵阳县（武帝元封二年即公元前109年置），该地原属春谷县、泾县，故址在今青阳县南陵阳镇。汉初该地区应属于吴王濞控制的地区。东汉属同西汉，始置铜官镇。三国属吴国丹阳郡，范围包括陵阳县和临城、春谷二县一部分。西晋属宣城郡，范围包括陵阳县和临城、春谷二县一部分。东晋属淮南郡定陵县，侨置豫州襄城郡在其境内。南朝宋、齐时期属淮南郡定陵县，梁、陈时期属南陵郡定陵县。

铜陵隋时属宣城郡南陵县。唐前期同隋，属宣州（宣城郡）南陵县，唐末合南陵县工山、安定、丰台、丰资、归化五乡而置义安县，县治今安顺镇。五代先属宣州义安县，南唐保大九年（951年）改义安县为铜陵县，初隶池州，后改隶江宁府，治今铜陵县城关镇，即古铜官镇。宋属江南东路池州（池阳郡）。元属江浙行省池州路总督府。明属南京直隶池州府。清属安徽省池州府[2]。

二、古扬州铜都——铜陵的铜矿开采与冶炼

铜陵产铜具有悠久的历史，其古代铜业兴起于何时？从文献看似乎可以从汉代在丹阳郡设置铜官开始，从考古发现来看，应该肯定地说，至少商代前期当地的铜矿开采冶炼和青铜器的铸造就已出现，在此后长达二三千年的漫漫岁月中，铜陵的铜矿采冶业经历了长时期的发展，曾经多次在较长时间内创造过辉煌的业绩，在古代有过三次集开采、冶炼和铸币于一体的高潮，期间也有过时间长短不一的低潮期。直至近代逐渐成为中国有色金属的最重要的冶炼基地之一，长期大规模地工业采冶长盛不衰。铜陵地区铜矿开采与冶炼的历史是中国铜矿冶炼发展历程的一个缩影，具有特殊的地位和影响。其境内先后发现商周至唐宋铜矿采冶遗址几十处，分布面积达600多平方公里，并与邻县南陵、繁昌等地的古矿冶遗址相连，是皖南沿江有色金属成矿带中最具代表性的一个地区。其古代铜矿采冶遗址具有点多面广，从开采冶炼规模到时间跨度都为国内所罕见等特点。

1.铜陵铜矿采冶的起始阶段——先秦时期

先秦是铜陵铜业兴起和初步发展的阶段，铜陵地区属于先秦时期的矿冶遗址有木鱼山、万迎山、药园山、金山、大冲、小冲、铁石宕、岗巴垅、银塘冲等9处，这些遗址散布于铜陵东南部，大体上可以分成金山、木鱼山、凤凰山三片。这些铜矿一直大多采取即山采冶的方式生产，也就是说，山上采矿，山下冶炼，采冶活动在一个小范围内完成。其年代上至商周，下迄战国。已发现的早期采矿井巷多为鼠穴状，截面积小，弯弯曲曲，只是在深层内有木头支护棚架，表现出原始性。炼铜遗址一般面积为数千到上万平方米。在木鱼山和铁石宕遗址内，红烧土残炉壁块、生活器皿残片及炼铜废渣遍地散布，铁石宕遗址内炼铜废渣堆积厚达两米以上，显然是长期冶炼活动的堆积。在万迎山、木鱼山均发现炼铜竖炉的残迹，其截面呈椭圆形，炉内径长50～100厘米左右，容积在5000～8000立方厘米，与湖北大冶铜绿山、南陵江木冲[3]等地发现的先秦炼铜炉结构大体相同。从炼铜废渣看，多为块状倒菌形，边面呈铁锈色，布满流淌的痕迹，内含较多的铁和微量的铜等物质，重5～15公斤不等。据估算，仅木鱼山和铁石宕遗址堆积的废渣就有20万吨之多，加上铜陵其他地点的废渣，总量在40万吨左右，其中相当部分是先秦时期堆积的。在冶炼遗址附近还发现南方铸造铜器所特有的石质工具和兵器铸范，证明当地曾利用产铜优势，铸造一些小型器具，但大部分冶炼出来的铜应该是以块铜、铜锭供应外地，包括中原地区的铸造作坊。

时代最早的木鱼山等遗址中发现菱形铜锭和冰铜渣，表明当地已经使用了硫化铜矿。根据世界铜矿采冶技术发展的规律，专家分析认为："结合铜陵地区出土的商周青铜器和使用硫化铜矿技术分析，当时已属于所谓的青铜文化全盛时期。冶金技术本身存在着发生和发展的过程，由此人们自然会联想到铜陵地区既然在商周时期冶金技术就已经成熟，那么在此之前就应该有一个使用自然铜和采冶氧化铜的时

期”[4]。笔者认为，“全盛”、“成熟”这样的估计可能过高，我们没有必要一定要完全套用世界冶铜史发展阶段的时代划分期标准，应该逐步了解中国铜冶自己的发展规律和分期。但作者推测铜陵古代铜业兴起于夏商之际，是有见地的。从目前已知的几个碳14测定数字来看，以木鱼山古铜冶遗址11个文化层中第7层出土的木炭年代为早，为距今2885±55年，树木年轮校正为3015年，相当于西周早期，其底层时代应更早，具体年代有待进一步确定。

2.初步发展的秦汉至隋唐时期

铜陵先后为鄣郡和丹阳郡辖地，属陵阳县，其铜业处于发展的时期。西汉曾在丹阳设“铜官”，一般认为铜官应该设在郡治所在地，也就是宛陵县（今宣城县城关镇），实际上古代通常的做法是设在矿产地附近，以便于管理、收税，如在一百多公里之外的郡治所在地则距离遥远，难于实行有效管理。后代皖南地区只有今铜陵有“铜官镇”，是由镇而发展为县、市，所以可以推断，汉的铜官就设在铜官镇。既是铜官所在地，附近一定有大量可开采冶炼之青铜原料，这样就与古文献与考古发现合而为一，得到合理的解释。丹阳铜应是丹阳郡内所产之铜，以质优、量多而著称，其主产地应在今铜陵，也应该包括郡内其他铜产地。

铜陵境内汉代的铜矿遗址在凤凰山、铜官山、狮子山等矿区内均有发现，其规模大大超过先秦时期。在已发现的虎形山、凤凰山、金牛洞等遗址，出土了铁制、木制、竹制的生产工具，采掘遗迹，尤其是发现了金牛洞采掘遗址，发现竖井、斜井和平巷，表明已开始掌握水平分层开采和支柱充填技术。在罗家村发现巨型矿渣，体积近0.8立方米，由数十层水平渣组成，说明其造渣排渣技术有明显进步。由于铁质工具的普遍使用和社会需求钱币的数量大增，需要不断地扩大规模，增加产量，促使冶铜业不断发展。

有关史料表明，汉初由于“吴王擅鄣海泽”，得以“益盗铸钱，以故无赋，国用富饶”，说明吴王刘濞因为拥有丰富的铜矿资源，又合理地利用了汉初政策允许私铸的机会，招致天下亡命大量铸币，结果钱财富裕，国力强盛，实力膨胀，引起王朝的注意。是等待朝廷削藩，实力受挫，坐以待毙，还是孤注一掷，铤而走险，吴王濞采取了后者，结果无异于以卵击石，身亡国除。历代论者都以为刘濞是分裂与战乱的罪魁祸首，实际上他是在政策允许的条件下壮大了经济实力，合理合法，并无太大的出格行为，最后成为一种恶势力的代表，实在冤枉。[5]

六朝至唐，铜陵主要为梅根冶输送铜料，经考证梅根冶所需铜材由附近数县的矿区开采并经过初炼，然后由官府收购并集中到梅根冶，在专门机构梅根、宛陵二监的控制、监督下铸造铜钱。

乾隆《铜陵县志》有“铜精山在县东二十里，齐梁时置冶炼铜于此，遗坑尚存”。县东二十里即指今狮子山一带，考古发现今狮子山以东，从包村到东狮子山、胡村一带古代采矿遗迹和炼铜废渣到处散布，延绵数平方公里。推测应是齐梁或整个六朝时期的炼铜遗址。唐朝铜矿采冶遗址更是遍及整个铜陵古矿区，规模较大的有铜官山、东狮子山、何家湾等处，发现大面积的废渣和其他同时代的遗物。

据《新唐书·地理志》记载：“南陵利国山有铜，有梅根、宛陵两钱监。”《元和郡县志》载：“梅根监并宛陵监，每岁共铸钱五万贯”，五万贯占唐朝铸钱最高年产量32万贯的六分之一弱，这应是两监合并后的产量，一般情况下合并钱监的原因是被并的钱监原料来源枯竭，产量锐少，所以估计在此之前两监的钱币产量应高于五万贯。按五万贯钱币计，需要原料铜32万斤，蜡56200斤，锡8181斤，同样按

1%的铜含量来计算，则需开采铜矿石3200万斤，铜陵及其周围地区铜矿采冶业的规模由此可见一斑。唐朝应是铜陵古代铜业最兴盛的时期，当地经济文化和人口也有相应的发展，为五代正式单独建县创造了条件。

4.由盛而衰的两宋时期：

这是铜陵地区铜矿采冶业由盛而衰的时期，大致以北宋的灭亡为界，可以分为两个截然不同的阶段。北宋曾在铜官山设利国监，这是因为当地有利国山产铜，但该监的情况史籍几乎没有记载，估计即使设置也很快就撤销，当地所产之铜主要供池州的永丰监铸币。太宗至道二年（996）十月，“诏以池州新铸钱监为永丰监”开始，作为北宋四大铜监之一的永丰监的铜源除了本地生产的铜之外（池州铜山古矿冶遗址已发现，但未进行发掘，具体情况有待今后的考古发掘），最初主要依赖铜陵、南陵等周围县区的铜矿，从年铸币几万贯发展到元丰年间岁铸四十四万五千贯，达到了古代皖南铸币量的顶峰，正常年份则岁铸二三十万贯，这种规模和数量大约维持了四五十年。北宋时铜矿开采方面最大的三个场是韶州岑水场、潭州永兴场和信州铅山场。最大的铸钱监是韶州的永通监、饶州永平监，永丰监呈明显的后来居上之态势。

铜陵古代铜矿衰落在北宋末年，徽宗宣和时（公元1119－1125年）令饶、赣、江、池钱监，尽以小平钱改铸当二钱，以予用度，然有司犹数告乏，这时池州永丰监仍与其他数监改铸当二钱，铜材的供应尚有一定数量的保证，但可能已数量有限，勉为其难。这种状况持续十年左右，经靖康（公元1126～1127年）之乱和建炎（公元1127－1130年）兵祸，皖南地区鼓铸很快凋敝。

三、古代铜陵地区铜矿采冶业衰落原因探微

究其衰落的原因，笔者认为最主要的是因为至绍兴（公元1131－1162年）初，铜陵地区特别是铜官山矿区浅地层矿床大都开采殆尽，以至“岁久铜乏”，于是“场监俱废”。因为经过此前130年的连续开采，在当时技术条件下，再大规模开采已难以为继，这并不表明整个皖南，尤其是铜陵的铜矿已开采殆尽，如果继续开采势必加大投入，提高成本，此其一。

其次，受胆水浸铜法兴起的影响，胆水浸铜法应用于生产上始于宋初，元丰年间以后发展的势头很猛，很快在全国范围内推广，这种方法用工少而收效大，到宋徽宗初年，全国有胆水浸铜场十一处，其中包括池州铜山（今安徽泾县西南），铜陵的胆铜生产量极其有限，榜上无名。至宋徽宗大观年间（公元1107～1110年）全国年收铜660余万斤，内有胆铜100多万斤，占总收入的15%，这一数字到南宋绍兴三十二年（公元1162年）之前，最高达到年总收入705.75万斤，其中胆铜187.44万斤有余，占总数的24%。乾道年间（公元1165～1173年）铜的年收入量仅263,169斤，而其中胆铜212,665斤，约占总收入量的81%。开采铜矿炼铜在南宋已极度萎缩，绝对数字只有大观年间的四分之一，相比较而言，成本少的胆铜所占的相对比例大增。铜陵的胆铜生产相对较弱，数量有限，在开采冶炼铜矿衰落的同时，胆铜生产也极不景气。据载，绍兴三十二年，池州铜陵县仅产1398斤（占全国胆铜收入187万斤的千分之一不到），4年后的乾道二年，铜陵仅产485斤（约占全国年产胆铜22万斤的百分之二强），已微不足道，与全国总的产铜量急剧衰减同步。在并广宁监于虔州的同时，并永丰监于饶州，合并后“岁铸才及八万缗。以铜、铁、铅、锡之人，不及于旧”[6]。永丰监并后，当地矿冶业渐趋萧条冷落。

其三，与两宋之际社会动荡也有密切关系，由于北宋末南宋初战争不断，在一定程度上影响了铜冶业的发展，就全国而言整个铜冶铸币处于急剧萎缩状态，包括铜陵和永丰监在内的一些矿、监处于合并和重新整合的过程中。史载永丰监并入永平监，其所属铜矿场也应转而供应永平监。也就是说信州铅山场、铜陵铜官场等所产原料在兴盛时单独供应各自的铜监铸钱，衰败、减产时转而集中供应永平监。南宋乾道年间，全国十四个铜场总产量“递年趁到”（逐年递减到）26万斤，在各场产量锐减的情况下，场监实行关停并转，各场所产之铜集中供应少数钱监，其中饶州兴利场、潭州永兴场、池州铜陵县等七场所产铜的全部，和信州铅山、韶州岑水两大铜场所产的一部分，都分配给永平监供铸钱用。

其四，纸币大兴，铜的需要量不如以前迫切。如元代矿业远远落后于两宋，在《元史·食货志》和《新元史·食货志》及有关文献中，查不出元代任何时期各种矿产的总产量。仅记载了元中期天历元年（公元1328年）各种金属矿产的岁课数目，其中铜矿三处，课云南铜计3380斤，江南、岭南的炼铜、胆铜生产情况均不见记载。这可能与元代流通的货币以纸币为主和盛行以铜器熔铸钱币有关。

明清两代，皖南的铜陵、繁昌、南陵等地小规模的铜矿开采仍时有发生，民间铜的收藏也肯定存在。洪武初年，池州曾采铜十五万斤上贡，这大概不是一年的产量（即使是年产量也与兴盛时不可同日而语），永乐至宣德间（公元1403～1434年）的三十一年中铜课总量在2089万斤到2989万斤之间，实际生产量应该远远大于这个“常额”。《明史·食货志》载：“铜场，明初，唯江西德兴、铅山。”宣德三年（公元1428年）二地铜场岁浸铜得五十万斤[7]，而几乎未见有关铜陵采冶铜的记载，也不见皖南其他产铜地的有关记载。以致明朝人曹学佺经过铜陵时，写下了“杏叶山崩堰，梅根渚少烟。为鱼从古叹，置冶迄今传（“梅根诸少烟，置冶迄今传”）的怀古诗句[8]。这是否意味着包括铜陵在内的皖南地区明清两代都不再冶铜了呢？有文章认为，由于“明代皖南地接京畿，属于南京钟山孝陵龙脉，开山采矿伐木必然惊动龙脉，在封建迷信思想的作用下，上述（皖南）铜业在一度复起的情况下又遭到明王朝的禁止（《大明律》）”[9]，这样的推测有一定的道理，但笔者以为还有值得商榷和补充之处。

首先，南宋以后，包括铜陵在内的皖南地区铜矿资源匮乏，场监俱废已如前述，这种状况到元明清时期并没有大的改观，生产技术也未见明显的进步，矿井的开掘没有新的技术支撑，在开掘深度、广度上难有大的突破。其地下丰富的铜矿蕴藏只有在近代新技术条件下才有可能得到进一步的开发和利用。其次，从全国明清时期铜矿的采冶来看，胆铜仍是大头，铜陵胆铜资源有限，不存在胆铜生产的优势，其铜业出现萎缩在所难免。

四、铜陵早期青铜铸造业概览

铜陵地区迄今已陆续出土上百件先秦青铜器，不仅铸造精美，而且品种繁多，文化内涵丰富。其文化面貌既有与中原青铜文化相同的因素，又有吴越铜器所特有的南方风格，还有一些反映出强烈的皖南土著文化的色彩，出土的器物包括鼎、甗、盘、盉、盂、鉴、甬钟、剑、矛、戈、斧等，值得认真研究。目前铜陵境内发现年代最早的铜制品，是出土于铜陵县西湖乡童墩村的两件商代青铜爵和斝[10]。其造型与纹饰和郑州商城出土的同类器相同，属于商代前期。譬如爵的造型是直壁平底，菌形单柱，柱顶饰涡纹。三角足外撇，腹部饰有饕餮纹，上下一周连珠纹。饕餮纹以鼻梁为基准线，两边为对称的目纹。通高23厘米，流至尾长约20厘米，明显是较早期的器物。斝作筒状，口外侈，双菌状柱，柱顶饰涡纹。平底，空三角锥足，缩腰，腹部上下各饰一周饕餮纹，上下对称，通高33厘米，口径18.1厘米，腹径13.8厘米，形制古朴。铜陵市文管所的张国茂先生研究后认为：两件器物铸工之精与北方铜器风格无异，毫不逊色，说明皖南青铜文化的成熟期与中原是接近的。这表明当地至迟在商代前期就有铜器的铸造，其铜源很大可能来自当地。

铜陵地区出土的青铜器，因缺少有计划的科学发掘，出土的数量有限，难于做全面的分析。就目前而言，可以归纳以下几个特点。铜陵地区出土的西周青铜器如盉、甗等，陶器如鬲足、罐、盆、壶等与淮夷文化有许多相似之处。这可能与淮夷受中原政权攻伐，部分民众渡江定居或文化交流有关。东周以后，铜陵地区青铜文化更多地表现出强烈的地方特色，先与南方吴越，后与楚文化发生更频繁的交往，或直接、间接地受这些国家的控制、影响，彼此之间有了更密切的往来，这些在铜器上都有反映[11]。

其次从总体上来看，当地与中原发达的青铜铸造业相比较，还是显得古朴、落后，主要表现在出土的青铜器数量较少，其中礼器更有限；器物组合和类型方面有异于中原，常见的是鼎、甗、剑、矛、戈等，与中原鼎簋相配、盘匜相随的组合迥然不同，经常出现的是铜器成双配对（成偶数）的现象；铜器上铭文少见，仅在一件矛上发现族徽符号性质的铭文，以上两条是中原以外地区普遍的现象；纹饰远不如中原地区青铜器之丰富多彩，变化也少；其合金成分含铅或含铁量普遍偏高，这与铜陵地区的矿产资源状况相吻合，这是江南铜器的一大特点。

测试结果表明，铜陵地区青铜器含铅含铁普遍较高，含铅量高的铜器，多在春秋早期，春秋中晚期含锡量明显提高，这一变化与苏南青铜器成分变化规律相似。含铁量高，铸造出来的青铜器表面大都呈铁锈色，在外表上不甚美观，由于合金比例不同，实际质量方面也似乎不如中原地区。

五、铜陵古代铜矿采冶的特点

关于铜陵古代采冶铜的特点，杨立新、张国茂等学者多有论述，笔者也曾在多篇论文中加以归纳，现在此基础上再加以补充，可以归纳为以下几点：

1.铜矿开采和冶炼的点多，覆盖面广，规模宏大。1987年以来，先后发现古代铜矿遗址30多处，这还不包括被现代机械化采矿破坏的一些遗址。几乎涵盖今铜陵所有的铜矿区，如果加上皖南其他地区发现的铜矿遗址，其数量更多。

2.通过考证，铜陵应该就是“吴越金锡”的重要产地之一，早在先秦时（至少是春秋时期）就已声名显赫，其后有所谓“陵阳之金”、“章山之铜”和名气更大的高质量的善铜——“丹阳铜”主要产地。与六朝至唐宋时期盛极一时的梅根冶（监）、铜官场、铜官镇、铜官山、利国山（监）、铜陵县、永丰监等官府设置的冶铜铸币机构、地名密切联系。其采冶铜及铸币的历史之悠久，持续时间之长，在全国是极少见的。称其为古扬州的铜都并不为过。

3.铜陵地区采矿和冶炼铜矿的技术高，青铜铸造技术也与时俱进。它在南宋以后的衰落不是由于蕴藏量不足，而是如前所述的其他原因。在现代新技术下，铜陵很快成为全国最大的铜业生产基地。其产铜量在中国六大铜矿基地中曾长时期居于全国第一，只是近年来，随着江西德兴铜矿的崛起，才屈居第

二。同时铜陵还生产一定量的锡和铅，以及黄金、白银等贵金属。还生产一定量的铁以用做胆水取铜，

4.铜陵县（市）因铜而出名，因铜而立县建市，这在中国古代历史上是不多见的，表明铜陵名声显赫。历史上一些著名的诗人如庾信、李白、孟浩然、梅尧臣等都曾在铜陵或皖南留下过他们的足迹以及脍炙人口的与铜冶有关的诗篇。

5.铜陵乃至整个皖南以开采铜矿石炼铜为主要产业，其技术水平，尤其是硫化铜冶炼技术在整个古代是居于领先地位的，并早就掌握了胆水获铜的方法，但可能是限于资源问题，其胆铜的生产量很有限。

6.铜陵地区古代铜的产量在汉至唐宋的千余年间有一个逐渐增加的趋势(期间当然也存在一定的间隙期)，到北宋中后期达到高峰，没有出现象有些矿场那样的突然“大发”和连续开采一段时间后的大衰，所以开采延续的时间长，其衰落也有一个过程，但这一过程较为短促。

裘士京（安徽师范大学社会学院）

1.华觉明《铜陵古矿遗址的考古价值》，《中国古铜都铜陵》（矿冶专辑），铜陵文史资料第七辑，内部出版。
2.李天敏《安徽历代政区治地通释》，内部发行。
3.杨立新《皖南古代铜矿的发现及其历史价值》，《东南文化》1991年2期。
4.杨立新《铜陵古代铜业史略》，《文物研究》第11辑，1998年。
5.裘士京《江南铜研究——中国古代青铜铜源探索》，黄山书社2004年出版，第172—176页。
6.《宋史》志第一百三十三《食货》下。
7.《明实录·明宣宗实录》卷四十七。
8.《铜陵历代诗词集注》。
9.杨立新《铜陵古代铜业史略》，《文物研究》第11辑，1998年。
10.张国茂《安徽铜陵地区先秦青铜文化简论》，《东南文化》1991年2期。
11.同10。

传承汉代文明　弘扬民族精神

——徐州汉文化景区建设的思考与实践

徐州汉文化景区位于徐州市东部，三面环山，西面有水，环境优美，是一处依托狮子山楚王陵、汉兵马俑两处国保单位建立的，以汉文化为主题的遗址公园。徐州汉文化景区从初步构想到形成较为成熟、可行的规划方案再到取得初步实践成果，是一个漫长探索、实践的过程。

汉兵马俑位于狮子山西300米的山坡地带，是于1984年徐州砖瓦厂烧砖取土时偶然发现的。徐州汉兵马俑是一支由六个兵马俑坑组成的庞大地下军阵，出土有步兵、车兵、骑兵、战马等各类陶俑4000余件。其中一、二、三、四号俑坑出土了步兵和车兵，是陪葬军队的主力。五、六号坑受破坏严重，出土有少量骑兵俑和马俑。由于当时取土烧砖，使得五、六号俑坑地势低洼，被淹没于水中。在兵马俑发现的第二年，徐州市政府即在原址上建立了兵马俑博物馆对其进行保护，但展厅简易，面积较小，陈列比较落后。

兵马俑发现之后，经过考古人员的艰辛寻找终于在1991年发现了其主人墓葬——楚王陵。1994年底对其进行发掘，1995年对外开放。这是一座"依山为陵，凿石为藏"的大型崖洞墓，开凿于狮子山主峰之下，坐北朝南，气势恢弘。墓葬整体呈南北轴线式布局，建筑结构从外至内依次为：墓道、耳室、天井、主墓门、甬道、侧室、前堂和后室等，计有大小墓室13间。它是徐州地区西汉楚王所特有的横穴式崖洞墓中规模最大的一座，出土各类珍贵文物2000余件（套），具有极为珍贵的历史和文物价值。

此外，汉代建筑材料如筒瓦、板瓦等在陵园中多有发现。在狮子山北面的羊龟山上发现了楚王后陵。1991年在狮子山西侧绣球山上出土了贵族陪葬墓，而狮子山和羊龟山东侧又发现大量陪葬坑，各种迹象表明这里是一处较为完整的楚王陵园。

1962年联合国教科文组织在《关于保护景观和遗址的风貌与特性的建议》中指出：遗址的风貌与特征，"对人类而言，代表了一种有力的物质道德和精神的再生影响"。庞大的楚王陵园是楚王替自己准备的栖身之所，体现了诸侯王与山河同辉与天地同在的生死观，反映了楚王国的经济、军事情况，以及与中央的关系。各种陪葬墓、陪葬坑体现了死者生前的身份级别，等级秩序以及社会制度。楚王陵、兵马俑都是陵园的有机组成部分，只有把它们放在楚王陵园的背景中，透过与其他文物遗存的关系，其所包含的丰富历史文化信息才能呈现出来。为了更好地发挥文物资源的优势，充分保护和展示文物的文化内涵，发挥其社会、经济效益，进行了长时间的摸索实践。1996年邀请上海同济大学制作了"楚王陵公园"规划设计方案，由于缺乏可操作性及其他因素，未能付诸实施。但这次实践促进了对如何使规划具有可行性，如何将理论与实践相结合等问题的深入思考。基于对楚王陵园文化内涵的理解和对公园发展趋势的前瞻性思考，自2000年以来，我们坚持不懈提出建立"楚王陵遗址文化公园"的建议和规划。经过近5年的酝酿，至2005年终于形成了以楚王陵、兵马俑为依托，由点到线再到面，在楚王陵园区内建立1000亩遗址文化公园的清晰构想，制定了切实可行的规划方案并付诸实施。

徐州汉文化景区的一期工程主要包括汉文化广场、楚王陵灯光改造设计、兵马俑馆改扩建工程、水下兵马俑馆、汉文化交流中心（艺术馆）、王后陵展厅、市民休闲广场等，占地680亩，拆迁面积12.5万平方米，拆迁村民1100多户、企业27家，总投资2.5亿元。

汉文化广场由清华大学与中国美术学院设计，是与整个景区相和谐的人文景观。广场的设计以突出两汉文化大气、质朴的特质，体现高品位的文化内涵，展现两汉文化精华为要旨。占地18000平方米，采取规整庄严的中轴对称格局。其空间定位以东西为走向，依次布置了入口广场、汉代方形双柱、司南、两汉大事年表、辟雍广场、《汉书》竹简雕塑等景点，终点矗立汉高祖刘邦的铜铸雕像。入口广场的景区标志石重达41吨，其上汉隶铭题，厚重、质朴，是整个广场的序言；大门则一改汉代常见双阙形式，结合出土汉代明器模型，设计出现有的方形斗拱双柱，别具一格；司南是汉代物质文化的代表；中国黑石材以凝重的质地承载了两汉历史的变迁，大事年表历史的叙述为整个汉文化景区提供了时空背景；辟雍广场模拟了汉代最高礼制建筑外圆内方的形式，其上雕塑铸刻《汉书》、《史记》文字，四周围以汉白玉制作仿铜镜图案，上刻“大汉何以言汉，龙脉源出于此”十二字，表达了徐州地域文化与汉文化的渊源承递关系；高大的刘邦铜像是广场的高潮和收尾，也是画龙点睛之笔。这样从东到西，起、承、转、合，逐步递近，构成完整的空间序列。广场设计注重每一个细节与汉文化内涵的一致，司南汉白玉基座上的图案源自楚王陵出土玉杯上的勾连云纹，地面铺装的是青灰色仿汉砖，图案为画像石上常见的“回”字形纹，保持了主题的和谐统一。

由于楚王陵大厅内庞大网架结构的现代感破坏了古王陵静穆的气氛和久远的历史感，而从天窗等处透进的光线把游客的注意力分散到大厅的上方和两侧，难以集中到地宫本体建筑上。针对这种情况，封闭了大厅顶部的天窗，减少自然光线对游客注意力的干扰。同时，通过在墓壁四周及底部设计红、黄、紫三色灯光，突出了地宫本体建筑，凸现出外墓道、内墓道及天井的恢弘气势和体量，而甬道往里则更显悠远、深邃，似无止境，充满了神秘感。灯光改造还原了楚王陵作为生死信仰依托所具有的肃穆、庄严氛围，充分显示了王陵建筑的文化内涵。

楚王陵地宫陈展存在一个内在的缺陷，即陵中已无实物展出，而楚王陵园出土的大量玉器、金银器、铜器等珍贵文物是楚王陵内涵不可分割的部分。考察现今国内对类似情况的处理方式，以广州南越王墓、汉景帝阳陵文化景区、秦始皇陵兵马俑景区及法门寺景区最具代表性，即将陵墓或陵园出土物在陵墓近旁以博物馆的方式就地进行展出，与陵墓的展示相互补充，更充分展示其文化内涵。借鉴已有的成功经验，拟规划在楚王陵西侧建设1000平方米左右的汉文化专题博物馆，来展示狮子山楚王陵地宫及陵园内出土文物的深厚内涵。此方案的实施必将极大丰富楚王陵园的文化底蕴。

对兵马俑的保护及其文化内涵的挖掘主要体现在兵马俑馆改扩建工程和水下兵马俑馆的建设上。

原兵马俑馆与景区环境不协调，为改善文物陈列展览条件，我们与东南大学合作，完成了改扩建方案。设计需承担起改善文物保护条件、扩大陈展空间、丰富文物内涵的任务。新建展厅建筑面积近5000平方米，建筑主体呈长方形，屋顶为仿汉代四坡顶，入口两片L型长墙形成通道，北、西、南三面环以高档土墙，从外观上看，整个建筑的一半像掩藏于地下。建筑简朴厚重，反映了汉代建筑的特征，与周围环境相配合，创造了一个形式简洁与空间丰富的博物馆建筑。改扩建工程充分考虑了遗址博物馆的性质，其规模、功能与质量满足文物保护的要求，外部形式与遗址内涵及周围的环境风貌协调一致，力求简朴自然。在材料、色彩的处理上大面积采用素雅简单的基调，与周围环境和谐。在剖面设计上，结合自然地形，整个建筑群从入口自东向西逐渐降低，游客进入博物馆犹如进入地下世界，营造了良好的心理气氛。在空间构成的设计上，屋顶大面积室外平台采用嵌草铺地砖，与周围自然景观相协调，游客可在此眺望远处山景、水景，并与狮子山楚王陵主体、王后陵及水下兵马俑馆、文化交流中心形成空间视觉通廊，既相对独立，又互相关照映衬，形成有机整体。同时考虑到博物馆的自然通风采光，办公区、展览厅和主体建筑之间均有狭长庭院，巧妙地将外景内借，浑然一体，极大改善了两区的自然通风采光条件。改扩建工程应该说是自然环境和人文环境结合较好的一次实践。

新建展厅使用空间丰富，满足了多种展示手段的需要。从以人为本和普及文化知识的陈展理念出发，一楼展厅一改过去迎面是兵马俑背后的尴尬局面，而以整体景区沙盘、兵马俑出土原状图展等引领向西，经序厅直面空间完整的四条俑坑军阵，给人以视觉冲击。除了展示兵马俑坑外，还设置了西汉军事展厅、临时展厅、多媒体厅、汉代乐舞厅等。多媒体厅设有120个座位，循环放映有关楚王陵、兵马俑发现、发掘专题片，使游客对楚王陵园及景区有更生动的感受。汉代乐舞厅每天定时进行汉代音乐演出，使游客在身临其境中感受到汉文化的强大冲击力。军事展厅内展示了兵马俑陪葬坑、楚王陵园陪葬坑出土的陶俑，楚王陵出土的兵器，复制的楚王铠甲，且在其中复原有一座陵园陪葬坑场景，丰富了徐州汉兵马俑的内涵，较完整生动地展示了汉代楚国的军事状况。

位于主军阵北侧的骑兵俑和马俑是徐州汉兵马俑军阵的组成部分，反映了当时军队的构成，缺少骑兵俑的汉兵马俑是不完整的。因此在原址上展示骑兵俑坑的发掘状况是必要的。骑兵俑坑和马俑坑被淹没于水下，设计时却利用了这个特殊的地势，建筑了水下兵马俑馆的奇特景观。从远处眺望，两个悬浮在狮子潭水面上的正方形屋面是通向水下展厅的入口，也是昭示水下博物馆的标志物。顺栈桥进入屋面，是一片开敞的空间，中央四根方柱通顶，下方正对着俑坑原址，屋面一直延伸到贴近水面。青灰色建筑沉稳厚重，阳光经过水面折射进展厅，形成展厅内波光粼粼的效果，产生历史与现实的时空交错感。其西厅用来展示五号坑发掘之初凌乱的现场，暗示了曾经的历史变故；东厅陈列了以狮子山骑兵俑为蓝本适当放大的骑兵俑军阵，从而与主军阵构成了完整的组合，再现了失去的历史信息，可以说是对文物资源创造性保护和利用的成功范例。

徐州在汉代具有重要的政治经济地位，皇亲国戚聚集，也留下了丰富的历史文化遗产。汉墓、汉俑、汉画像石是其中的典型代表，被誉为“汉代三绝”。徐州是汉画像石的发源地和分布最为集中的地区之一，风格鲜明，独树一帜，具有重要的文化艺术价值。景区已经具备有汉墓、汉俑的文物资源优势，将汉画像石容纳进来，建设成为包括“汉代三绝”的汉文化遗存集萃地，进一步有效整合徐州的汉文化资源，使徐州汉文化发出更加璀璨耀眼的光芒。

汉文化交流中心由清华设计院设计，背靠骆驼山，前临狮子潭，视野开阔，既是水塘周边景观的重要对景，又是远眺兵马俑馆、狮子山楚王陵的最佳观察点，具备“被看”和“看景”的双重景观效果。整个建筑体形北高南低，体量过渡与依山傍水的外部环境相呼应。内部陈列展示区用来展示精品汉画像石，是核心区；面向水塘设置了亲水观景平台，建筑的交流空间面向平台尽量敞开，形成亲水交流区，与水面中央的水下兵马俑馆大屋顶通过视线的联系遥相呼应，与其内敛的建筑性格形成一定程度的对比；在中央院落里，复制的汉画像石静倚水中，透露出浓郁的汉文化背景。此外，还具有会议、接待等多重功能，为专家、学者进行学术交流活动提供了空间。

通过近年来的考古勘查以及与南京大学遥感考古中心的合作实践，确认了楚王王后陵在羊龟山中的具体位置，在其轴线南侧兴建了一座小型保护与展示场所——王后陵展厅。通过与国内已发现的大型汉代王侯陵墓的比照，该展厅给观众留下一个更富想象力的历史空间。

狮子潭东侧的棋茶苑开敞通透，与山体恢复后的羊龟山、绣球山柔软的山脊线相呼应。廊亭西侧设置木质围棋盘，东侧有象棋盘，其上用巨大石质棋子布置残局，中央楚河汉界判然分明，为游客提供了下棋品茶的休憩场所。

环境绿化也是一期工程的重要组成部分。期间，恢复山体25万平方米，种植草坪20万平方米、树木2.8万株，园林绿化面积达30万平方米。充分利用自然环境，依据地势建造了明水和地下水的两水收集系统及桂花园、梅花园、槐花园等景点，在保护了文物原生态环境的同时，满足了游客娱乐休闲的需要。人文景观与自然环境有机结合，取得了较好的成效。景区是南京大学两汉文化科研实习基地，并于2005年被评为首个“中国环境艺术示范景区”、“中国最值得外国人去的50个地方”银奖。

在一期工程实践的基础上，进一步完善楚王陵园陈展的新构想出台，经过多方反复论证，确立了以竹林寺、刘氏宗祠、解忧公主纪念园、考古模拟基地等为代表的二期工程方案。

竹林寺本位于狮子山主峰西侧，为纪念中国第一位比丘尼净检法师（彭城人）而建。始建于东晋时期，古时与云龙山兴化寺齐名。该寺多次重建，原址在狮子山主峰的楚王陵地宫旁。考虑到国家重点文物保护区域及汉文化景区的整体性，拟重建于北侧骆驼山上，由寺院以及观景阁组成，寺院包括山门、天王殿、大雄宝殿、藏经楼、祖师殿、伽蓝殿、净检法师纪念堂等，建筑面积2100余平方米。该寺北侧与建设中的徐州东西大通道——和平东路相通，南侧鸟瞰文化景区一期全貌，并成为绝佳的景区对景与大背景。不仅可以恢复景区内原有的历史风貌，而且能够极大地丰富扩充景区多元文化内涵，提升人气，吸引游客。

刘氏宗祠、解忧公主纪念园和汉文化交流中心（艺术馆）所在区域将整合为以展现汉代灿烂文明为主题的整体区域。汉文化交流中心的汉画像石展厅展示汉代物质文明和民间的意识形态，其二层展厅将开辟介绍汉代辉煌成就的专栏展出；而汉高祖祠用以展示处在封建等级金字塔顶端的汉朝皇帝的事迹，来折射历史发展的重大变迁。两者之间设计有解忧公主纪念园以及体现汉代先进科技文化成就的雕塑群。经过整合后的西北区域使整个景区从汉代地域文化主题提升到整个汉文化主题的层面。相信完善后将成为传承汉代文明、弘扬民族精神的景区核心区域。

考古模拟基地的设计同样得益于以人为本、普及文化知识的理念，将会激发游客的参与热情，使游客在娱乐中学到知识，提高自身科学文化素质。

二期工程还提出了“汉之源”开发项目，拆迁面积25万平方米，占地48公顷。在一期绿化工程的基础上彻底整治楚王陵园周围环境，使四周建筑及环境与景区协调和谐。

徐州汉文化景区无论是在文物价值、文化内涵上，还是在生态环境上都具备了国家顶级文物旅游景区的客观条件。每天前来晨练的市民达七八千人以上，年接待人数达200万以上，取得了良好的社会效益和经济效益。

徐州汉文化景区的实践加深了我们对建设文化景区的理解，促进我们对其进行深层思考。

文化景区是一个以文物为基础的单位，在文化景区的规划设计及施工过程中，我们坚持把文物的保护利用放在首位，在此基础上，形成了遗址保护与园林公园相结合的发展路线。

在实践中，更深刻理解了文物保护与发展旅游之间的关系。虽然目前出现了不少急功近利，忽视文物保护的短视行为，但不能因噎废食。这两者的关系在根本上是相互依存、相互促进的。文物的妥善保护和合理利用，是旅游业最好、最持久的重要资源。在建设景区的实践中，我们将保护文物与创造更好的旅游环境结合起来，比如兵马俑馆改扩建工程，施工时就肩负着解决山体渗水，改善兵马俑保存条件的重任。简洁富有创造性的建筑使文物升华，而且创造了更好的参观环境，为景区增添了和谐的景观，吸引了游客，促进了旅游事业的发展。旅游事业带来的收入又有相当一部分返还到文物保护中，从而形成良性循环。

文物是我们从事科学研究、进行爱国主义、建设社会主义精神文明和物质文明的珍贵文化资源。把它的价值和功能充分展现出来，就是“合理利用”的基本内涵。合理利用有的产生社会效益，有的产生经济效益，更多的情形是两种效益兼收，徐州汉文化景区的实践就很好地做到了这一点。景区的建立取得了较好的社会效益，传播了科学文化知识，发挥了历史爱国主义教育的作用，从而提高了公民科学文化素质。景区增加了城市绿化面积，早晚免费对市民开放，为市民提供了休闲的去处，提高市民生活质量，提升城市文化品位，极大满足了社区服务功能。另一方面，发展旅游业促进了文物资源内涵的深层次挖掘，进一步提升了文物的社会影响力和市场价值，对于带动地方经济的发展起到了积极作用。无论是社会效益还是经济效益，都会唤起人们对文物的热爱，加深对文物价值的理解，从而直接或间接地起到保护文物的作用。

徐州汉文化景区在一期设计建设中，积极传承汉代文明，弘扬民族优秀传统与创新精神。在此基础上，景区二期工程的发展思路已趋成熟，相信也必将更好地完成自己的历史任务，不辜负祖先留下的丰富遗产，使其发扬光大，走向世界。

邱永生（徐州汉文化景区、徐州汉兵马俑博物馆）

汉代农业考古的回顾与展望

汉代农业考古资料数量众多，种类齐全，涉及汉代农业生产和农村生活的各个方面，是研究汉代农业的第一手材料。建国五十多年来，我国学者在汉代农业考古领域不断开拓，从零星材料的发布到分门别类的研究，从对生产工具为主的实物资料的探讨到各种汉画像和出土文字等的广泛利用，取得了一系列重大成果，深化了汉代农业史的研究。现在，利用考古资料对汉代农业进行全面系统研究的条件已经具备。简单回顾一下已有的成就，从中分析总结出存在的不足或有待重视的方面，将有助于这一工作的开展。本文按照农业生产的环节和考古材料的类型，将汉代农业考古的发现和研究情况分为农作物、农业工具、仓储和量器、田地形态、灌溉和施肥、养殖和其他副业、农业画像等七个方面进行总结，以较全面地反映五十年多来我国汉代农业考古的成就。

一、汉代作物的发现与研究

汉代作物资料信息的来源有种籽实物、汉画上的作物形象、简牍或出土器物上的文字记载、农田模型等。经考古发掘出土的汉代作物品种齐全，据作物用途可分为以下五类：(1) 粮食作物：稻、粟、麦、黍（稷、糜子）、豆、麻、高粱、荞麦、薏米、青稞；(2) 菜蔬类：白菜、芥菜、芹菜、芋、笋、葱、萝卜、冬瓜、蔓青、菠菜、蕹菜、葫芦、葵、藕、菱角；(3) 瓜果类：葡萄、甜瓜、西瓜桃、梅、枣、杏、梨、李、枣、栗、核桃、枇杷、桔子、橄榄；(4) 调味品：姜、茴香、花椒、大蒜等；(5) 饲料类：苜蓿等。较为集中的发现，如马王堆1号汉墓出土了其中的15个品种，有稻、麦、黍、粟、豆、姜、麻、花椒、葵、芥菜、藕、甜瓜、枣、梨、梅等[1]；湖北江陵凤凰山168号汉墓出土粟、葫芦、桃、梅、李、杏、枇杷、花椒、姜等[2]；广西贵县罗泊湾1号汉墓出土稻、粟、大麻、黄瓜、香瓜、冬瓜、番木瓜、葫芦、桔子、李、梅、青杨梅、橄榄、仁面、罗浮栲、广东含笑、金银花、花椒、姜、芋等植物种实[3]。同前代相比，经济类作物种植更广，而且新出现了苜蓿等品种。

粮食作物的种类可同《氾胜之书》、《淮南子 · 坠形训》、《急就篇》等文献的记载相印证。如《氾胜之书》中有九谷，包括禾、秫、稻、黍、小麦、大麦、大豆、小豆和麻[4]。禾、秫皆粟类，九谷实际只有粟、稻、黍、麦、豆、麻六类。2002年陕西西安南郊汉墓出土一木牍，记载西汉关中地区五谷为“粟、豆、麻、麦、稻”。我们大致可以认定，粟、稻、麦、豆、麻等是汉代人的主要食粮。不过，汉代粮食作物在各地的分布是不一样的，根据陈文华《中国农业考古资料索引》“农作物”部分所收，几种主要粮食作物的出土情况（次数）如下：

粟：河南7、陕西6，湖北、江苏5，山西4，甘肃、山东3，广西2，湖南、四川、吉林、宁夏、新疆1。

稻：河南5、广西、江苏4，湖北、广东、江西、安徽、陕西2，河北、四川、贵州、北京1。

麦：新疆5，陕西3，江苏、河南、甘肃2，湖南、四川1。

黍（糜）：陕西6，山西5，甘肃3，河南、内蒙2，江苏、宁夏、河北、四川、湖南、广东1。

豆：河南4，甘肃、湖南、广西2，湖北、新疆、辽宁、吉林1。

麻：河南3，广西、湖南、陕西1。

高粱：陕西6，河南4、山西、2，辽宁、江苏、内蒙、广东1。

薏米：陕西3，河南2。

这个统计虽然很不全面，但也大致反映了汉代作物种植的布局情况。

粟、稻是种植最广的作物，南北皆有出土。粟本是北方的重要作物，以西北及黄河中下游为主要分布区，汉代在中南地区也大量种植。《氾胜之书》九谷以粟（禾）为首，讲的就是北方的情况。总体上，北方地区以旱作的粟为主，兼及麦、稻等，南方以稻作为主，也种粟、麦等旱作。同战国时期相比，水稻在北方出土的机会要多，反映了稻区扩大的趋势。

稻有粳稻、籼稻、旱稻等品种，马王堆1号汉墓出土的稻有籼稻、粳稻、粘稻、糯稻，长、中、短粒并存[6]。洛阳汉墓出土的稻经鉴定为粳稻[7]。湖北江陵凤凰山167号西汉墓随葬的陶仓内发现四束保存基本完好的稻穗，出土时穗形整齐，芒和刚毛清晰，颗粒饱满，经鉴定为粳稻[8]。凤凰山汉墓出土简牍中有粢秫、粢米、稻米、白稻米、稻穪米、稻粝米等名目[9]。广州汉墓M4029随葬的陶仓内出的炭化稻标本经广东省粮食作物研究所鉴定，与我国普遍栽培的稻种（Oryza sativa L.）同属一种[10]。

汉代麦有大麦和小麦，小麦的出土地较广，与汉代小麦大面积种植的历史相符[11]。而适宜粗放种植、耐旱的黍、稷在北方地区地位较前代有所下降，反映了汉代耕作技术的提高和农田水利事业的发展。值得注意的是，地处华南的广州发现一直种于北方地区的黍，这些炭化呈黑色的黍粒已经华南农学院梁光商教授鉴定确认[12]。有学者认为，“它们可能是从北方运来的粮食，不一定就是南方的产物，这也许和墓主人的身份、籍贯与喜好有关”[13]。

豆类包括大豆、黑豆、豆等品种，以大豆为主。大豆古称菽，子、叶可食，先秦文献常见“菽粟”连言，菽列于粟之前。汉代仍是南北常见的作物，南北皆有出土，为五谷之一。

洛阳烧沟汉墓、长沙马王堆汉墓等都出土麻籽。麻是古今名实一致的粮食作物，汉郑玄注《周礼·天官·冢宰下》“五谷”：“麻黍稷麦豆”。河南新郑工农路一西汉晚期墓，出土的一件小陶壶上有用白色颜料隶体书写的“麻子”，而壶中所装正是已经炭化了的麻子[14]。洛阳烧沟汉墓陶仓上写着带有各种农作物名称的题记，有“粟种”、“黍种”、“稻种”以及“麻万石”等[15]。各地汉墓还出土的大量麻织品。可见麻是汉代种植很广的作物。

陕西、新疆、甘肃、内蒙等地出土的粮食作物的遗存还有荞麦、青稞等，这些都是北方地区传统的旱作。

考古工作的开展，使汉代农业许多关问题的研究不断深化。如高粱问题，齐思和在上世纪40年代作《〈毛诗〉谷名考》，认为高粱是《诗经》中所没有的作物。先秦文献中的粱，自汉以来都以为是小米的一种，是一种精米。古时所谓粱，当指“现今谷子中的所谓白苗谷、细苗谷，其米粒小而略扁，用之做饭，滑润可口，远胜于普通小米，但是产量不多，所以颇为珍贵”[16]。此后历史上高粱问题的研究一直未有多少突破。上世纪80年代陕甘一带新石器时代遗址发现炭化高粱的籽粒，证明高粱在我国是早已被驯化、种植的作物。汉代高粱遗存在辽宁、内蒙、陕西、河南、江苏、广东等地遗址或汉墓中都有发现。辽宁辽阳三道壕出土是中国境内较早发现高粱遗存的地点[17]，由于当时我国高粱的早期历史不太明了，对此发现曾存在争议。烧沟汉墓陶仓上书写有“粱万石”字样，仓内的炭化谷粒经河北农学院鉴定，确认为高粱[18]。因此，文献中的粱即指高粱。广州是我国发现高粱最南的地方[19]，同黍一样，若不是当地所种，也说明这种作物是南北很受欢迎的食粮，确是一种名贵的作物。考古发现解决了高粱作物的名实问题，也证明了高粱的悠久历史，甚至有学者根据考古资料和先秦两汉文献，认为我国有可能是高粱的原产地之一[20]。

玉米问题。玉米学名玉蜀黍（Zea mays L.），又有俗名包谷、包米、包粟、包芦、西天麦、回回大麦、御麦、番麦等，传统上认为玉米是1492年哥伦布发现新大陆以后传入我国的。元代贾铭《饮食须知》中已提到玉蜀黍，河南新乡市博物馆藏有汉墓出土的可能是用玉米芯作范型的陶鸡，近年有学者力主我国玉米的本土起源说，但仍远未成定论[21]。1991年，陕西省汉陵考古队发掘汉阳陵从葬坑第17号坑，于坑的南区发现谷、糜、小麦等作物遗存的堆积，“在粮食朽迹中曾显示有玉米粒的迹象，还有几颗泥土置换了花生仁”[22]。如果这一“迹象”得到确认，玉米的本土起源说无疑将获得有力的支持。

花生问题。以前已见有新石器时代晚期文化遗址出土花生遗存的报道[23]，浙江省博物馆藏钱山漾良渚文化遗址出土的花生标本因形态不完整难以确定已经撤展，江西出土的花生也未见详细的研究。阳陵出土的十几颗具有花生形态、已经被泥土置换了的花生仁也需要进一步的确认[24]。

二、汉代农业生产具的发现与研究

在农业考古的研究中，农具是最受重视的资料。汉代农具适应农业生产各环节的具体要求，配套齐全，专业化工具有了大的发展，特别是铁农具在全国各地均有大量出土，有犁铧、镬、臿、耙、耧足、锄、铲、镰等，另有木、石质料的耩、臼、碓、磨等，云南、广西等地尚有少量铜农具出土。传统农业中所见的一整套农具，在汉代基本都已基本出现，我们可以依据生产的环节对汉代农具进行细致的分类。下面对农具资料的分类叙述反映了汉代农业考古在农具研究方面的进展情况，同时也可见汉代农业的生产力水平以及汉代农业在我国传统农业发展中的地位。

（一）翻耕农具

用于翻耕和松动土壤、开沟起土的农具有犁、镬、臿，是汉代铁农具中的大类。

战国时期铁犁出土的数量不多，是一种呈V字形的铁犁，镶套在木铧叶上使用。汉代延续了战国时期多见的V字形铁犁，形制有所改进，即两翼夹角变小，更便于刺土，铁铧叶代替木铧叶，铁口犁镶套在大铁铧（叶）上使用，称为犁冠或铧冠，出土时有的二者锈结在一起。铁口犁的材质优于铁铧，所谓好钢用在刀刃上，并且用坏后可以灵活地更换新犁冠。铁铧的形状，有三角形大铧、舌形大铧和舌形小铧三种。犁镜（又称犁壁、镩土、犁耳）是西汉新出现的农具，有菱形、马鞍形和板瓦形（长方形）。

汉代铁犁自西汉中期以后出土数量大增，出土地遍及全国，其中又以陕西、河南、山东、河北等地出土为多，边远的贵州、云南、福建、广西、宁夏、新疆等地均有出土。如上世纪五六十年代，关中地区的富平、蓝田、浦城、兴平、长安、礼泉、西安、咸阳、陇县等地发现铁大铧、小铧、铧冠、犁镜等农具六七十件，其中礼泉出土西汉时期套有铧冠和马鞍形犁壁的完整铁犁铧[25]；1975年西安西郊一个铁农具窖藏中发现大小铁铧、犁镜等农具85件[26]；长武出土铁铧冠4件及铲、锄、镰等多件[27]。山东、安徽、河北、甘肃等地都发现东汉时期的巨型铁铧。除了铁犁铧实物，犁具模型、铸范和图像也多有发现。广东佛山水田模型中有V字形犁形象[28]；武威磨嘴子东汉墓出土木牛、木犁，犁头涂黑呈尖状[29]；河南荥阳古荥镇出土V字形铁口犁和铧范[30]。汉画像农耕图上的犁头多作三角形。另外，云南等地还出土铜犁。

铁犁附件犁镜是西汉新出现的农具，有了犁镜，既可破土划沟，又能翻土作垄。不过犁镜的发现尚不普遍，主要见于陕西、河南、山东、安徽等地，甘肃、宁夏等地也有发现，有的单独出土，有的套在铁犁铧上。犁镜和犁冠的使用，是汉代犁具的一大进步。汉代是我国犁具定型的时期，以后犁具的改进主要在表现在犁壁等附件上的变化。

有关铁犁具的专项研究比较多见，考古学界和科技史学界对汉代犁具的类型、使用方法、地区分布和牛耕等问题进行了探讨，如张传玺《两汉大铁犁研究》[31]，杨振江《两汉时期的铁犁和牛耕的推广》[32]，钱小康《犁》[33]等等。

与犁相关是耕垦动力的使用问题。汉代牛耕的问题已经解决，这里说的是耕作的方式。汉画像材料及模型明器反映的二牛抬杠式，或用一牛一马，与《汉书·食货志》“用耦犁，二牛三人”的说法似相吻合，唯于三人不知如何安排。由于汉代已经有了成熟的穿牛鼻的技术，服牛便是一项驾轻就熟的工作，故汉画像未表现专门的服牛人员，多见牛后扶犁者扬鞭驱牛而已。从铁犁具来看，各地出土的大型铁铧一般长30余厘米，重7.5公斤左右。小型的一般边长20厘米，一牛挽犁即可。陕西陇县[34]、辽宁辽阳三道壕[35]、河北满城[36]、福建崇安[37]等地发现的大铁铧，边长40—60厘米，底宽40厘米，重9～15公斤，可能须二牛抬杠方能拉动。以上三型西汉时期皆有。巨型的铁铧显得异常笨重，有人曾怀疑其实用性，但从其出土的普遍性来看，应为实用品。大小铧往往在一地共出，说明它们是使用不同的动力方式、依据不同的土壤或需要分设的。所以，耦耕或《汉书》所说的耦犁仍是一个值得探讨的耕作方式。

另一个相关问题是两汉犁具的结构。从农耕画像材料分析，汉代的犁具以简单的框形结构为主，这种犁有较长的犁底，直长辕，犁衡垂直于辕的前端，架于牛项（即所谓抬杠）。行进中它具有较强的摆动性，便于快耕，但是回转不便，又不利深耕。东汉时期睢宁双沟画像石牛耕图在犁箭与犁衡交叉处刻画的活动木楔，被认为是后世犁评的萌芽[38]。山东滕县黄家岭画像石上的一幅耕地图[39]，犁具的辕、箭间也刻画有活动木楔。犁评可以调节耕地深浅，它的出现是犁具史上的重大改革。

陕西米脂县官庄村牛文明墓的牛耕图上，铧不安在犁底，而安在比犁床稍高的一个部件上。有人认为，犁铧装在犁床之上另一部件的前端与犁箭交叉，可以上下移动，用以控制深浅[40]。实际上，这是违背常理的，这样会产生很大的前行阻力，故有人认为出自画师或石匠的恶作剧。但既然凿刻于石，必有其用意在，至于其在生产中的性能，还有待进一步的探讨。

镬是挖土土具，早在战国时期，铁镬就已成为使用多、分布广的一类农具。汉代铁镬仍以长条形为主，一般长20—26厘米，銎部作加固处理，背微曲。多见竖銎和横銎两种，装柄后皆作横斫式。西汉新出现了一种凹字形宽刃铁口镬，先嵌在木叶上，再横向装柄用。

镬是汉代农家常备的挖土工具，河南等地发现最多。1958年河南临汝夏店西汉冶铁遗址发现保存基本完整的大小铁镬300余件[41]；河南巩县铁生沟冶铁遗址出土小件农具54件，中有铁镬9件[42]；南阳瓦房庄冶铁遗址出土的铁农具中有铁镬7件，另外还有臿、铲和大量的铸造生产工具的陶范[43]；郑州古荥镇冶铁遗址也有大量镬、臿、犁、锄等农具出土[44]。较集中还有辽宁抚顺发现西汉初期铁镬60余件[45]。另外，四川广汉东汉墓还出土一件手持木柄的凹字形铁口镬的残陶俑[46]，湖北江陵凤凰山167、168号墓皆出土持农具木俑，所持农具有锸、锄、镬等，木质，但都在刃部涂黑，表示铁质农具[47]，8号汉墓遣策有"操木臿俑"字样[48]。云南江川李家山、呈贡夫子庙、祥云等地发现汉代铜镬[49]。

臿是翻土开沟的重要工具，也是汉代最常用的农具，凹字形弧刃或尖首铁口臿是汉代臿的主要形式，考古发掘中臿常与镬、锄、铲、镰等共出，出土数量居各类小型农具之首。河南巩县铁生沟冶铁遗址出土的小件农具中，有臿9件[50]；陕西咸阳张家湾发现铁臿88件[51]；福建崇安汉城发现25件铁臿[52]。马王堆M3出土一件镶嵌有凹字形弧刃铁臿的带柄臿，整体似划船木桨[53]。持臿俑在四川、重庆多有发现，如四川牧马山发现东汉时期腰挂小刀、左手持箕、右手持臿俑[54]。另外，战国时期流行的一字形或长方形平刃铁口臿在北方地区仍有出土。以上为研究汉代臿的构造提供了具体形象的资料。

（二）整地农具

整地农具或称耙平器。整地之目的在于碎土块、平高低、除杂草、掩肥料，以便播种和作物之生长。汉代整地的农器主要是铁耙和耱两种。

耙主要是用于碎土的工具，也用于起土，横向装柄，功用如镬，常见二齿、三齿，山东、江苏、河南、河北、福建等地有发现，也有人将其归入镬类，称多齿镬。巩县铁生沟冶铁遗址出土的小件农具中，有双齿耙（报告称双齿镬）8件[55]，河北满城汉墓出土双齿、三齿耙[56]，福建崇安汉城出土五齿耙[57]。耙的大量使用是汉代精耕细作技术的反映。

战国时期用来击碎土块、摩平地面的农具是耰，文献常见耕耰连言，说明耰是与耕紧密相连的工序。耰是一种带长柄的大木槌，汉代继续使用。新疆民丰尼雅曾发现耰的实物[58]，江陵凤凰山汉墓出土了持耰俑[59]。

山东省图书馆藏滕县黄家岭出土汉画像石中耕作图中出现了耱的形象。在耕图画面的中段有一农夫扶犁驱一牛一马耕地的场面，其后一男子服牛整地，牛后地上拖一物长方形，正像后世整地之耱[60]。耱还兼有播种后的覆土功能，江苏泗洪重岗汉墓画像石有牛耕、播种后用人力耱地的刻画[61]。这些是我国发现的最早的耱地资料。耱，《齐民要术》称"耢"，是破碎土块和平整土地的农具，无齿。今日乡村之耱，或称耱子，以长方木框为骨架，编以藤条，畜力牵引，有时人立其上以加强碎土功效。汉代之耱究竟何种结构，无法明了。按照传统农业的操作体系，在耕过的田地上要先耙后耢，即北方旱作的"耕——耙—耢"耕作技术体系，这里的耙指的是畜力牵引的带齿耙，后世称钯。耙（钯）地、耱（耢）地场面见于甘肃省嘉峪关、高台骆驼城魏晋墓壁画。汉代有无出现桯下带排齿的铁钯？我们从图上看不出长方形物体下带齿的迹象，而像在耙梃之间用枝条编成的耢[62]。或以为牛后拖带的新式农具耱地器是一根中间安有长木辕的圆形粗木棍，用来将已翻耕的土块耱碎[63]。

（三）播种用具

耧车是汉代的一大发明，这种畜力条播器就是中国早期的播种机，称耧犁，即《释名·释器》之“耩”。按东汉崔寔《政论》：“其法三犁共一牛，一人将之……日种一顷。”山西平陆枣园村新莽时期墓中发现一幅耧播图[64]，用一牛挽三脚耧车，一播三行。耧足或耧铧是耧车上的关键部件，辽宁辽阳、陕西富平、北京清河等地发现西汉铁耧足，河南、河北等地发现汉代耧足范。

耧足出土数量不及同时代的他种农具，可能汉代耧播尚不普及。现在虽然多有耧车的成功复制，但有关的专题研究还不多。

（四）中耕农具

出土的汉代中耕农具有铁锄和铁铲。锄有六角形和凹字形弧刃或侈刃锄，前者是战国时期流行的样式，从西汉开始适于垄间中耕的弧刃锄大量出土。巩县铁生沟出土12件铁锄，六角形锄只有1件[65]。弧刃铁锄类镈而圆刃外侈，装木叶使用。广州汉墓出土西汉早、中期铁锄刃7件，形如“凹”字形，刃两边外撇[66]。全铁曲柄半圆形锄西汉时即已出现，湖北枣阳、河南洛阳等地有发现[67]。这种曲柄弯锄同现代传统农具基本相同，装柄方法也完全一样。另外，云南晋宁石寨山出土东汉树叶形及异形铜锄[68]。

铲是装有短柄，执之前推以铲地除草的中耕工具，文献称镈，《说文》：“田器也”。汉代铲继承了战国铲的形制，同时出现了带铤（短铁柄）的铲。铲普遍发现于全国各地，陕西、河南两地出土汉代铁铲最多，陕西长武一次出土12件[69]，河南巩县铁生沟汉代冶铁遗址出土铲25件[70]。湖南衡阳道子坪出土东汉铜铲[71]。

（五）收获、加工农具

汉代铁镰呈新月形，新出现了带銎装柄式的镰，除少数仍为铸造外，多为熟铁锻制，尤其锻銎镰占很大比重[72]。汉代铁镰出土的数量不如䦆、臿、锄、铲，但分布地区很广，陕西、河南、江苏、山东、湖北、广东、广西、吉林、新疆、四川等地皆有出土。西长武一次出土8件铁镰[73]。广东佛山澜石出土的东汉水田模型中，磨镰俑与插秧俑同时出现[74]。四川、重庆地区多有汉代持镰陶俑发现[75]。四川西昌还发现西汉铜镰，椭圆形銎，尖部残，残断部分疑为铁质[76]。

另一种收获用的得力工具是铚，《说文》：“铚，获禾短镰”。文献镰、铚常并举，但铚的发现不如镰多。铚的使用方法不像装柄的铁镰，用是抓在手上直取禾穗，目前对于这种与所收割作物类型、耕作技术等有很大关系的工具，尚缺乏地域性的认识和研究。云南昆明羊甫头、贡石碑铜、铁铚(爪镰）共出[77]。

铡刀也是收获用具之一，可能出现于西汉，但目前仅见东汉实物。山东莒县博物馆藏东汉铡刀，刀及檄全铁制，形制同现代铡刀而小。四川成都跃进村东汉墓发现持铡刀童子俑[78]，牧马山东汉晚期崖墓中也出现手持铡刀的陶俑。铡刀可以铡下禾穗，也可以铡碎饲料，现在我们还无法了解汉代铡刀的用途的主要在哪一方面。

汉代用于收获加工的方法有很多，自原始时代到近现代一直沿用不绝的搓磨、杖击、摔打、舂捣、滚压等在汉代必也是常用的方法，如刘熙《释名·释器》提到汉代12种农器，其中就有枷（耞）。汉代枷未见实物，魏晋时期壁画墓图像有禾场打连耞的场面。

汉代有脱粒后去除糠秕、杂物的簸扬之具簸箕，实物未见发现，但另一种利用机械原理人为制造风力的扬场工具扬（飏）扇在西汉时期出现。河南济源泗涧沟两座汉墓[79]及洛阳东关东汉墓[80]各发现一套与陶碓共出的陶风车模型。风车根据谷粒及夹杂物容重飘浮特性的不同，利用叶片转动制造风力使谷、秕自行分离，在当时是一种先进的农具。

舂磨用具有臼、碓和石磨。汉代木、石、铜、铁臼和陶臼模型都有发现，如洛阳吉利区东汉墓出土石臼2件，圆柱形，束腰，臼槽为圆口，内置一件棒形石杵，是实用的器具[81]，广州汉墓出土西汉后期到东汉时期的陶臼模型5件[82]。舂臼俑在四川、重庆等地多有发现。

碓由臼发展而来。汉代有践碓（踏碓）、畜力碓和水力碓，践碓最为普及，多见于碓房图像和模型明器中。汉代碓、磨模型常相伴出土，东汉时期的践碓俑也多有发现。

石磨至迟在战国时期即已出现，汉代石磨及其模型发现较多，磨齿结构也发生了很大的变化，西汉时期为点窝状或凹点式，西汉晚期出现放射状齿纹，东汉时期流行放射形齿纹，并且出现了分区布置斜线齿纹的石磨，后者同今日所见石磨已经基本相同。石磨盖上一般凿成相对的半月形深槽，槽底有长方形穿孔以下粮食。下扇齿面中心有一磨轴，有的发现铁锈痕。满城汉墓1号墓北耳室发现的大型石磨旁有马骨遗骸，表明是用马作动力的石转磨。磨齿点窝状，磨下装有铜漏斗，上扇边沿有两个插磨棍用的长方形榫眼[83]。山东枣庄薛城区出土的汉代实用石磨，上扇一侧也有装推磨棍的方孔[84]。湖北荆州博物馆藏有铜人推磨。东汉墓中多有陶磨或釉陶磨模型以及推磨俑[85]出土，有时与踏碓共出。石磨根据转动的方式的不同有磨和砻之分。

目前对石磨研究比较系统全面的是李发林先生，他将战国至隋唐时期的石磨按齿纹变化分为四型十二式，型式最多的为两汉，其中西汉有四型六式，东汉四型十一式，齿纹从凹坑到辐射纹再到分区斜线，正反映了石转磨的发展演变[86]。石敬东等将山东枣庄出土的西汉晚期到东早期的陶磨按上下扇及底座的形状的不同分为四式，也可比较清楚地看出一地石磨的演变轨迹[87]。

石磨是乡下会唱歌的石头，代表了汉代粮食加工技术发展的最高成就。笔者曾也对粮食加工业进行探讨，把粮食加工分为脱粒去壳的粗加工和磨制面粉的精加工，发现以连耞、杵臼等为主要工具的粗加工在发展中明显落后于使用石磨、石碓等的精加工，前者几千年来以人力手工操作，而后者在汉代即已走上利用畜力、水力的道路。汉墓出土碓房模型和汉画图像，也反映了粮食精加工在汉代的专业化和规模化生产。造成这种不同发展态势的主要原因，与中国古代自然经济的束缚、饮食习俗的变化、城市人口增加等大有关系[88]。

至此，我们可以说，我国传统农业所必需的一整套工具在汉代都已齐备了，而且它们的形制和使用方法一直影响至今。闵宗殿对两汉农具统计分析后指出，汉代农具在种类和结构上有一定发展，在提高功效、促进生产方面发挥了重要作用，标志着我国传统农具此时已走上制造和使用机械农具、配套农具的道路[88]。这基本代表了学术界对汉代农具的定位。

各地工具的类型、特点虽不尽一致，但相似点是主要的，如福建崇安汉城出土的犁铧与河北满城2号墓所出相似，五齿耙则与燕下都战国遗址所出相同，凹字形臿也都是中原地区常见的器形[90]。广西贵县罗泊湾1号汉墓出土的“东阳田器志”木牍[91]，是墓中随葬农具的清单，残存“桶(臿)”、“钼(锄)”等文字，与中原器同名（出土的一件凹字形铁臿，弧刃外撇，自带有地方特色），且东阳也不在广西，说明当时人们非常重视从北方引进农具和农耕技术。研究各地常用农具的构成，可以透视文化的交流和传播、作物的构成和种植技术等。黄展岳先生曾就崇安汉城出土的汉武帝时期的200多件铁器中的农具进行了分类研究，指出闽江流域的农耕主要依靠锄锸类工具，未见牛耕；以稻作为主，并且渔猎也占有较大比重[92]。这类研究不限于农具本身的形态描述，深入到汉代农业生产活动中去。

李京华等有关汉代铁器铭文的释读、铁器制造技术的研究都涉及铁农具的问题，这类研究引导我们将农具纳入到科技文化领域来审视，这无疑会开阔农业考古的视野。

三、汉代谷物储藏和量具的发现与研究

（一）仓储设施和模型

已经调查发掘的汉代仓贮遗址有陕西华县西汉京师仓——华仓遗址[93]，其仓房为高大的木结构建筑，规模宏大，有通风防潮设施，有的仓房为上下两层建筑，一座仓房的仓容可达上万立方米。上世纪50年代，河南洛阳汉河南县城发掘汉代实用粮仓的遗址，有四处西汉时期的半地穴式的土囷，三处东汉时期的砖囷，内有谷物痕迹；半地穴式的方砖仓一处[94]。2004年，陕西省考古所在凤翔县孙家南头一带发现西汉时期的大型仓储建筑基址，经勘探，建筑面积7000平方米，规模宏大，从已发掘的2000平方米来看，其构筑工艺也相当复杂，建筑由墙、通道、柱础石等遗迹组成，整个建筑分为3个单元。该仓储遗址西距汧河300米，因此，建筑具有仓储砖运和军需守备双重作用[95]。

汉墓中发现的仓贮建筑的陶质模型有仓囷和仓楼。陶仓囷有平底或三足，有窗口和圆锥形的仓顶，西汉中期以后大量出现，仅《洛阳烧沟汉墓》一书就收两汉陶仓囷983件。仓楼的结构要复杂一些，河南密县后寺郭1号墓出土的陶仓楼模型[96]，正面刻画有地主收租，两侧绘有守卫士卒，一幅地主庄园经济的图像。密县打虎亭1号画像石墓南耳室的南壁大型收租图中，有一重层仓楼，楼上有执弓守卫的士卒，有人正在背粮攀梯准备入仓，楼前有谷物入仓前的验收、装袋和监视的场面，仓楼是整个画面的中心[97]。

中国南方地区的谷仓也发现很多，主要有干栏式仓、干栏囷、平地式仓等。干栏式仓的模型主要见于广东、广西、四川、贵州、湖北、湖南等地汉墓，干栏式陶囷多发现于广东、湖北和湖南等地汉墓中，平地式仓各地均有发现，四川画像所见规模较大，有的为四阿式[98]。

汉代的仓贮用器，就墓葬中所见，大要有仓形罐、壶、瓮或粮袋、竹笥等，仓形罐又称陶仓或径称陶罐，形式多样，以折肩桶形带盖为主要器形，是实用仓贮器的模型。罐、壶、瓮等相对仓贮建筑容量要小得多，为农家日常生活所必备。仓囷的所有者同陶仓罐的所有自然有着身份地位上的巨大差别。

（二）度衡量器具

中国古代的度量衡制度自汉代开始有系统完备的记载[99]。汉制廷尉掌度，大司农掌量[100]，鸿胪掌衡。大司农本职钱粮之事，可见量制同农业的密切关系。

汉代量器发现较多，据之可以研究两汉时期的量制。江苏徐州、四川成都、陕西咸阳、甘肃灵台等地汉墓都出土西汉时期的量器，湖北江陵、山东嘉祥等地出土东汉量器。紫溪对古量的研究文章涉及15件汉代量器[101]。著名的王莽新嘉量是一件五量合一的器具（原器藏台北故宫博物院），经实测，1升约为191.825毫升，合、斗、斛为十进制。1953年出于甘肃古浪县的大司农斛（又称大司农平斛）为东汉建武十一年（公元35年）的一件标准量器（现藏国家博物馆），呈圆桶形，左右有对称短柄，经实测，容量为19600毫升，略大于嘉量。

另外，满城汉墓、茂陵从葬坑、罗泊湾一号汉墓等都出土自铭容量的铜器，也是研究量制的重要资料。

量器专为农业而设的，它不只是征粮之具，也是衡量农业生产发展的一把尺子，结合量器资料可以探讨汉代的粮食亩产。

四、汉代田地模型的发现与研究

汉代田地形态通过墓葬中出土的田地模型、画像材料等得到充分的反映。四川、陕西、广东、云南、贵州、湖北、湖南等地东汉墓中较多地出土水塘、水田或水田附带池塘的模型，这些模型形象地反映了汉代田地的形态和种植、养殖的真实情况。如，1961年广东佛山澜石东汉墓中发现一座水田模型，泥质红陶制成，田面被田埂面分为六份，其中有几个俑在劳动，第一方有“V”字形犁，斗笠俑作扶犁耕田状；第二方内一俑执镰躬身收割，第三方有一俑在埂上磨镰，田间堆有禾堆；第四方有一扶犁耕作俑和“V”字形犁，有圆形肥堆，第五方有篦点表示秧苗，有一人直腰休息的插秧俑；第六方内有一个脱粒的小孩和三个禾堆[102]。这样的模型提供给我们的信息量非常之大，有汉代犁具形式、耕作方法、收获方式、稻作技术、农田施肥等内容。特别是磨镰俑与插秧俑同时出现，展示收与种同时进行，实行了二造制。四川新津出土东汉陶水田模型，由田埂围成长方形，内有渠道，田中有行列整齐的秧孔[103]。贵州兴义市出土水田模型，刻画有整齐的禾苗形象[104]。现存四川新都县文物保管所的“薅秧画像砖”是汉代农事图中弥足珍贵的一例，各种汉画像全集、选集多有著录。画像以中间田埂分为左右二格，左格两农夫在秧田中劳作，田块中秧苗显然；右图上、下各有一鸟一兽奔走，后有二人举镰前驱作追逐状，画面中杂有鱼类、菱角等，指示为水塘。这是一幅左、右有密切联系的画面，它透视出汉代四川地区稻作生产的状况和技术，揭示了水稻移栽、灌溉、水塘养殖和田间劳动协作等内容[105]。四川峨眉县石刻水田和画像砖上有农夫耘田的场面，也是采用移栽技术种植水稻以后才能有的景象[106]。

迄今发现的汉代稻田模型绝大部分出于四川，其次是陕西、广东和云南，反映了这些地方在汉代就已是重要的水稻产区。

田地、池塘模型的出土地相对集中，给研究带来一定的便利。郭清华[107]、刘文杰、余德章[108]、赵小帆[109]等分别对陕西、四川、贵州出土的水田、池塘模型进行了分类研究，这些研究都涉及水稻种植技术和灌溉方法的内容。近有罗二虎先生作《汉代模型明器中的水田类型》[110]，将水田模型分为四大类型：①大区划水田，有长方形、方形、圆盘形田地，分为二至四个大格；②小区划水田，大格内又加以细分，分为再小的小格；③不规整小区划水田，田埂不平直；④梯田。在此基础上，文章讨论了与稻作有关的问题。水田类型以小区划为主，田地规模较小或田内析分为小块田地，与《氾胜之书》种稻“区不欲大，大则深浅不适”的要求相符。关于汉代的梯田，目前尚缺乏有力的证据，难成定论。

汉代缺乏对旱田形态的刻画，只在汉画像中有一些附带的表现。河南淮阳于庄汉墓出土的陶庄园[111]，西部为田园模型，园内南部是旱田，共22垄，中间有灌溉沟和土埂。向北有一井，并设有水沟可以灌溉，向北共4节，流向两边畦内。水沟的垄埂高出地面，其北端尚有一下水孔。在庄园东部的庭院内还设有多座厕所和猪圈，有的厕所并和猪圈相连。这一田园的发现，不仅反映出我国在西汉前期的田园耕作状况和利用水井灌溉的事实，多座厕所和猪圈也给我们以汉代重视农家肥、农耕已施用底肥的启示。

五、汉代灌溉、施肥遗迹、遗物的发现与研究

（一）水利工程遗迹

龙首渠是西汉水利工程的杰作，上世纪70年代，陕西蒲城永丰调查发现龙首渠井渠遗迹[112]，与《史记》记载相吻合。重点调查的一段于2600米之间发现竖井7个，井内发现汉代常见的绳纹板瓦、筒瓦及陶罐、瓮、盆、釜等残片。调查报告没有提及地下暗渠的结构情况。据有关文献记载，1944年年凿洛惠渠五号隧洞时，曾在工作井中发现有西汉时期的柏木板和柏木做成的支撑框架，显系地下渠洞的支护材料[113]。秦始皇陵园发现与井渠结构相似的地下排水暗渠[114]，上溯至春秋战国，类似的井渠法就已是常见常用的技术，被广泛用于开矿、引水、取水、攻城等工程或战事中，最为典型的事例就是湖北大冶铜绿山矿井遗址，这种开矿的技术完全可以照搬用于井渠的开发。可以肯定，我国井渠技术的出现不晚于春秋时期，而不是《史记·河渠志》所说的井渠之法自龙首渠始。这一考论更加有力地支持了中国井渠技术本土起源说[115]。

陕西泾阳谷口秦郑国渠和汉白渠渠首遗迹的调查研究始自上世纪六七十年代。70年代在郑国渠口上游250米处调查发现了一段长300余米的井渠，有7个砾石井坑，井下有暗渠相通。第1坑西是泾河河岸，第7坑以东12米接明渠。调查者认为这段井渠遗址就是白渠的渠首[116]。而水利史专家或认为西汉白渠在郑国渠南侧，从郑国渠开口引水；或认为白渠取水口在郑国渠渠首世游可能性较大。1986年经有关部门重新调查，认定白渠引泾口在距郑国渠引水口上游约1200米处，原来所谓白渠渠首的井渠遗址可能是清末修建的一段半途而废的工程[117]。

绍兴鉴湖（镜湖）是江南地区首见记载的农田水利工程，也是江南最大的挡潮蓄淡的塘堰工程，由东汉会稽太守马臻主持修造，主体工程是会稽山北麓“百三十里”的长堤，山北、堤南形成的大蓄水塘即镜湖，《水经注》称为长湖。经勘查，堤坝总长56.5公里，总工程量230立方米。筑堤使用木桩先入地基处理的办法，又使用泥土和柴竹沉排筑法。湖面控制集雨区面积610平方公里，水面面积172.7平方公里，总库容至少4.4亿立方米[118]。

著名的都江堰水利工程经历了战国到汉晋时期不断完善的过程，最后定型于唐代。有关都江堰的兴建史曾开过专题讨论会[119]。1974年整修都江堰水利工程时发现东汉用于测量水位标志的李冰石刻立像和持臿石人像等[120]。

南方地区的重要发现还有安徽寿县城南安丰塘汉代水堰灌溉工程遗迹[121]。

（二）水井、池塘和灌溉用具

从春秋开始，井溉有了明确的记载。汉代水井和井的模型大量发现，成为重要的灌溉设施。一般村落遗址的水井发现较为密集，如河南遂平县小寨汉代村落遗址中清理的水井群，有水井28眼，井的直径小，近沙河，一般掘2米深即见水[122]；苏州北郊清理西汉晚期土井4眼，东汉早期陶圈井3眼[123]。这些水井当以生活用井为主。

西汉中期以后，水井模型成为仓、灶、井组合中的重要成员，是墓葬中的习见之物，水井是人们生活中的必需设施。从附属的部件分析，有些井明显系灌溉用井，如《洛阳烧沟汉墓》收录水井模型97件，且多有井架、轳辘、陶水斗和长方形水槽等，带有管道、水槽的井可能与灌溉有关。河南泌阳板桥[124]和洛阳汉河南县城[125]发现的东汉砖井旁还附有陶管道或砖砌的下水道。淮阳于庄汉墓出土的陶庄园中有一井并设有水沟可以灌溉[126]。西汉时期的井为土井、陶管井。东汉除陶管井外出现小砖井，砖井具有挤耐压和易渗水的优点。

汲水和灌溉的用具除了轳辘、水斗、水槽、管道等，较多地利用桔槔，桔槔图在汉画像石上发现较多。带有井架的井，架的上方往往缚一滑轮。汉代在溉田技术上较之战国时期的“抱瓮出灌”有了较大的发展。

南方汉墓少见井而多见水塘和陂池的模型。汉代的水塘兼有养殖、灌溉两项功能，有的水塘就是靠田而设的。水塘、陂池、水田模型较多地发现于四川、陕西等地东汉墓中。郭荣章对汉代的陂池进行了专项研究[127]；王方以四川成都地区发现的池塘及相关资料，探讨了该地区汉代水利事业的发展[128]；张先得对北京地区水井进行了概述[129]。

（三）积肥与施肥

上世纪50年代，胡厚宣作《殷代农作施肥说》，把中国农作施肥的历史提前到3000年前[130]。春秋战国已有粪田的记载，至汉代，施肥成为田间管理不可缺少的重要农事活动，除了利用牲畜粪便作肥料，还利用堆肥、沤肥。

许多学者注意到汉代模型明器中厕和猪圈的布置，认为它们与积肥、施肥有关。汉代猪圈模型大量出土，有单一的陶猪圈、带厕的陶猪圈等形式。张建林、范培松将各地厕和带厕猪圈分为五型十一式，并总结出各型式厕的分布规律[131]。这对认识汉代的积肥、施肥大有帮助。龚良对照出土实物，考证了“圂”之原义——简单的猪圈，引申义——带厕的猪圈和院落住宅中的圂，并分析了圂汉代圂的积肥功能和汉代的施肥技术[132]。河南于庄汉墓出土的陶庄园，其东部庭院内还设有多座厕所和猪圈，有的厕所和猪圈相连，也给我们以汉代重视利用人、畜粪便的启示[133]。辽阳三道壕汉代村落遗址发现畜圈与厕相邻的遗迹，与出土模型器所反映的情况相一致[134]。

虽然在明代《沈氏农书》以前人们利用猪粪作为养猪目的的记载不多，《齐民要术·养猪》中也没有利用猪粪的文字（其《耕田》篇提到蚕矢和人粪），但是根据大量圂、厕模型的出土以及猪圈的布置情况，可以想见汉代猪粪肥的利用的情况[135]。

在陕西米脂、绥德、山东滕县等地的画像石中多有人拾马粪的例子[136]，拾粪者手持箩斗、马勺或小铲，紧随马后作拣粪状，形象生动。这是利用马粪的证明。

除了人、畜粪肥，人工积肥的事例也得到反映。广东佛山澜石汉墓出土的东汉水田模型中有粪堆形象。成都东汉墓出土的一方陶水田模型由水渠、田埂分为三部分，水渠两边的田块又各有一用田埂围成的半月形小块，据分析是沤制绿肥用的[137]。

六、汉代家畜饲养遗物的发现与研究

汉代家养动物的模型发现极多，有猪、鸡、狗、牛、羊、鸭、鹅等等，汉阳陵从葬坑13号坑出土彩绘陶山羊231件，彩绘陶狗456件，彩绘绵羊33件，小乳猪俑53件[138]，是出土动物俑最多的一次。这些连同各种圈舍模型和画像材料，成为研究汉代饲养业的宝贵资料。

养猪业自古及今在中国广大农村饲养业中一直占主导地位，汉代养猪业也非常普及，各种动物俑中猪发现机会较多。在动物圈舍中，猪圈也是最多的。猪圈模型中的猪多表现得体态浑圆，有的置雄、雌二猪[139]，有的大猪身下一群小猪[140]，表现了明显的养殖意图。结合文献记载，学者们对汉代养猪业进行了较为全面的研究[141]。张仲葛还根据猪俑的形象分析了古代家猪品种的形成[142]。

家猪饲养的方式也在讨论之中。大量猪圈的出土无疑是汉代圈养家猪的证明，但也有学者认为，汉代有圈，圈里有槽，由此说汉代的饲养为圈养，这是不够科学的。实际上圈的存在未必等同于圈养，它仅说明猪被驯化[143]。陶圈的围墙上设置有供猪进出的门，说明当时人们采取的有可能是舍饲和放养结合的方式[144]。

汉代养猪业的大发展恰恰也是牛耕普及全国的时期，这与农业系统内部的互动大有关系。深耕和耕作技术的提高需要肥料，粪肥的需求推动养猪业的发展。汉代牛的形象多见于农耕图，模型发现不如猪多，且以东汉多主。湖北云梦睡虎地出土的秦律竹简《厩苑律》对田牛（耕牛）的饲养管理特别重视，汉代在牛耕普及以后对饲牛业的要求自然要更进一层。从目前所见的材料，北方地区多为水牛，南方如广州汉墓所出陶牛全属黄牛，未见水牛，反映了汉代饲牛业的地区差异。其他家畜（禽）也存在地区分布上的一定差异。有学者做过粗略统计：四川、重庆汉墓出土鸡的机会最大，数量最大，其次是狗和猪等；北京、陕西、河南、河北、江苏、湖北、湖南、广东等地地狗最多，鸡、猪次之；陶鸭多出水域较多的四川及南方地区，羊多出陕西一带[145]。鹅较少发现，2000年济南闵子骞祠堂东汉墓出土3件灰陶鹅，皆长颈体肥，同出的还有鸡4件，鸭2件，狗1件[146]。

画像石中有一类庖厨宴饮图，图上常见屠狗、杀猪、宰羊、椎牛、悬鱼的画面，这些动物都是当时肉食来源。汉代的养鱼业同农业生产紧密相连，有池塘养鱼、稻田养鱼。稻区池塘多附设于水田一侧，兼有灌溉和养殖等多项功能，池中可见鱼类、龟、蛙、莲、菱等。稻田养鱼在汉代已较盛行，有关的水田模型多有发现，田中多见有游动状的鱼，是稻田养鱼的形象说明。这是种、养结合的一种生产方式[147]。

在河湖较多的地区，还有其他相关资料出土。1965年长沙出土一枚“上元渔监”章[148]，是该地区渔业资料丰富的反映。根据汉画像砖、石材料，四川等地区也是汉代养鱼业较发达的地区[149]。

七、汉代农耕图像的整理与研究

农耕图是汉画砖、石的重要题材，是汉代农事活动场面的再现，举凡耕作、加工、放牧、采桑、田猎、庄园、收租、捕捞等无不有所反映。农业题材画像砖、石的分布同汉画像砖、石墓的分布是一致的，主要集中于鲁南苏北、河南南阳、陕北和四川成都地区。鲁南苏北地区多见牛耕和纺织图；四川成都也有纺织图，但更多的是水田劳动的场景，也有射猎、捕捞等图像；陕北多农耕和放牧；河南除农耕图外，较多宴饮逸乐场面。画像材料大致反映了上述地区农业生产方面的特点和风俗习惯。农耕画像见于各种汉代画像全集、选集中。对于农耕图像的整理和研究，大要有以下几种情况：

（一）画像砖、石的著录专集中，按题材进行分类编排，属于农耕类的排入生产或农业名下。

（二）农业画像题材的专集，如中国农业博物馆编《汉代农业画像砖石》[150]，有著录，有解释。

（三）在画像砖、石的研究性著作中，被列入生产劳动等专题中，如吴曾德《汉代画像石》[151]中，“生产劳动”中“耦犁”一类是关于农耕的，其他在“经济发展”和“剥削阶级的生活”中也有涉及。《汉代画像石通论》[152]在画像考释中有“生产活动”、“社会生活”等类，生产活动类下有“农耕图”、“捕鱼图”、“畜牧图”、“纺织图”、“冶铁图”等七项。

（四）单项或分类研究的论文，多数着重于解决汉代农业生产中的技术问题，此类甚多。如蒋英炬《略论山东汉画像石的农耕图像》[153]，根据图像分析汉代牛耕的方式和摩田、起土、中耕、积肥、汲水等技术。尤振尧、周晓陆《泗洪重岗汉代农业画像石刻研究》据重岗汉代末年画像石探讨汉代的粮食加工、耕种以及农夫身份、作物种类诸问题[154]。发布材料的报告、论文对汉画内容皆有考证。

农耕图像描绘的农业问题是综合的、活动的、直观的和真实的，它们是一幅幅农业或庄园经济发展和农村生活的画卷，我们看到是汉代农林牧副渔的全面发展的景象。宏观的、系统的分类和细致入微的技术性考证都是农业画像研究的有效途径。

八、简单的总结和展望

我国汉代农业考古成果丰硕，结合以上梳理，我们大致可总结为下面几个方面：

（一）出土材料丰富而全面，涉及汉代农业生产和农村生活的各个方面，特别是农业工具较为系统，出版了一些工具图集、农器图谱等；

（二）专业性资料收集和整理的工作开展起来，出版了一批重要的工具书，如陈文华先生的《中国农业考古图录》，他在《农业考古》杂志每期所做的资料索引也为农业考古研究提供了很大便利；

（三）考古资料成为汉代农业研究取得进展的重要因素，受到农史学的界的重视，借助考古材料研究汉代农业生产技术方面取得很大进展，如稻作技术、耦耕方式等；

（四）结合文献资料进行的地域性系统研究较多；

（五）田地模型、汉画资料得到重视，研究领域拓展到庄园经济等方面；

（六）现代科技手段应用于对铁器和动植标本的分析。

以往的考古发现和研究成果是今后进一步研究的基础，基于当前资料全面、技术先进，以前无法进行的工作现在已经有条件进行，在未来的汉代农业考古的研究中，定会有越来越多的新成果。许多方面的工作，还有待我们去努力。

应该看到，过去的研究多偏重于对农业工具的整理，取得了不少成果。但是以往的研究个案多而综合少，描述多而分析少，并且很少注意到社会发展、地方风俗的影响。农业是汉代社会整体中的一个门类，对农业考古资料进行整理时兼顾到其他非农行业的发展状况和农业内部各环节发展的不平衡性，顾及整体，分清整体与部分的联系，而不是孤立地看问题。将使我们的研究更加全面。综合性研究将是未来汉代农业考古研究的重点，这种研究将不仅仅是对一些与农业有直接关系的遗迹、遗物的描述和排列，不再局限于以说明或反映技术水平为目的，而是放眼于农业、农村（村落）和农民的生活，用考古信息去解读汉代农业对于汉代社会发展的影响以及汉代农民的生活状况。这可以说是考古学聚落考古的延伸。史前考古学在文明起源问题的探讨中兴起的聚落研究，给我们的启发很大，今后要注意收集汉代农村聚落的考古资料，以解决农业经济史与社会史方面的空白。可喜的是，不少学者已注意到生产劳动中的人和劳动中的协作的研究[155]，但这些零星的研究远不能给我们勾画出汉代农民的形象以及农民的生活图景。

在具体研究中，模拟试验方法有时是解决问题的有效途径。为了验证河南新乡出土陶鸡是以玉米棒为内模的，美国学者找来玉米，表面涂墨，在一张白纸上滚动，以形成的墨拓与器物照片做对比。我们为什么就不能进一步用玉米做内模烧制一件陶鸡看看呢？汉代大铁铧的实用性问题，也可以通过试验来解决。复制一件大铁铧，按照画像材料复原犁，用二牛抬杠的方法看是否可行，是适应于何种土壤或何种作业。这比纸上谈兵要可靠得多。可惜现在对古代器具的复原研究多以陈列为目的。

汉代农具已基本定型并成系统，畜力在大田生产中已占有突出重要的地位，但是，在汉画像和模型材料中多有表现的畜力用具被人们所忽略，而这类用具在传统农业生产中不可或缺，在后世的方志中常被置于工具类的首位，如常用的服牛、服马等的用具，鞴鞊、靽牛鞅、夹板、纼、绁、羁、縻、套盘、套滑、牛杆、搂肚、搭背等。汉代畜力用具虽不完备，但集中起来加以研究，可以反映汉代畜力的使用和牛耕的技术。不唯畜力用具，其他附属的用器都应得到重视。如在后世的农具体系中，有专门的肥料用具，汉代画像材料上也有所反映，如拾粪用具，也许将来会有更多的发现，这对研究汉代的用肥大有帮助。

尽可能多地利用出土材料提供的有用信息，可以不断地拓展我们的研究领域。

汉代农具的名称问题也存在较多的分歧，如有的报告将镬称为臿、为锄，有的报告称锄为臿。又如犁是由耒耜脱胎而来的，先秦文献中不见作为农具的犁的名称，这时的犁还沿用着“耒”或“耒耜”的名称，直到唐代，陆龟蒙《耒耜经》把犁还叫做耒耜。上世纪30年代，徐中舒作《耒耜考》[156]，但至今这仍是个未取得统一认识的问题，故有的报告有双齿臿之说。黄展岳拟定了三条农具的定名原则，即推定用途、约定成俗、适当附加类型符号，并讨论了铧、镬、锄和臿的定名问题[157]。定名应以用途为主要依据，弄清其用途和使用方法，包括装柄方法，对照文献记载，参考现代传统农具的名称。汉代农具专门化程度较高，不同的工具有不同的用途，所以工具名称关系到对汉代农业生产的认识。根据器形分析用途是研究工作的开始，不容忽视。

汉代作物构成和农业技术等方面，许多问题虽经学者研究和讨论已有了初步的结论，但并未成定论，如汉代玉米、花生问题，耦耕方式、养猪与施肥问题等等，都有做进一步探讨的余地。有关汉代农业发展的阶段性的研究也有待开展和加强。

关于田地形态的研究，也大有可为。1992—1995年，南京博物院同日本研究机构合作发掘江苏吴县草鞋山遗址，发现马家浜文化的古稻田、水沟和水井[158]。1996、1997年湖南省考古所发掘澧县城头山遗址，发现城头山文化的稻田、田埂、水沟和水坑[159]。四川大学历史文化学院考古学系发掘出重庆云阳李家坝明清时期的水田遗址[160]。这些发现启发我们，在田野考古中，运用现代科技手段找到汉代的农田遗址是完全可能的。赵过推广的代田法，“一畮三甽，岁代处”，沟垄相间，禾生沟（甽）中[161]。设汉代果有代田法，它所形成的独特的田地形态是不难发现的。汉代的区田法（又称区种法）和田亩也都代表了一定的田地形态，对于汉代农田形态的研究，有文献记载为线索，有汉墓出土田地模型为参照，如果再有农田遗迹为依据，无疑会带来汉代农田耕作和种植技术研究的重大突破。

由于汉代考古工作的蓬勃发展，汉代农业考古有着极为广阔的发展前景。同时，我们也应该清醒地认识到，汉代农业考古是汉代考古中的一部分，农业考古既是考古学的分支学科，就不离开考古学理论和方法的指导。考古出土的物都不是孤立的，它有它所在的地层、墓葬或其他遗迹单位，这些地层、墓葬或遗迹单位各有其具体的环境；它有与其共出的器物，不管是同类的还是不同类的。我们不能离开考古环境去独立地谈什么物。考古学以阐明人类社会历史发展的规律为最终目的，农业考古同样不能仅停留在对物的描述和解读上，而应把对象看作文化的载体，去解读它所负载的人类历史文化。

刘兴林（南京大学历史系）

1.湖南农学院《长沙马王堆一号汉墓出土动植物标本的研究》，文物出版社，1978年。
2.湖北省文物考古研究所《江陵凤凰山一六八号汉墓》，《考古学报》1993年第4期。
3.广西壮族自治区博物馆《广西贵县罗泊湾汉墓》，文物出版社，1988年。
4.万国鼎《氾胜之书辑释》，农业出版社，1980年。
5.新疆尉犁营盘里墓地出土的粟、小麦为汉晋时期。
6.湖南农学院《长沙马王堆一号汉墓出土动植物标本的研究》，文物出版社，1978年。
7.中尾佐助《河南洛阳汉墓出土的稻米》，《考古学报》1957年第4期。
8.凤凰山一六七号汉墓发掘整理小组《江陵凤凰山一六七号汉墓发掘简报》，《文物》1976年第10期。
9.金立《江陵凤凰山八号汉墓竹简试释》，《文物》1976年第6期；裘锡圭《湖北江陵凤凰山十号汉墓出土简牍考释》，《文物》1974年第7期；吉林大学考古专业赴纪南城开门办学小分队《凤凰山一六七号汉墓遣策考释》，《文物》1976年第10期。
10.广州市文物管理委员会、广州市博物馆《广州汉墓》，文物出版社，1981年。
11.卫斯《我国汉代大面积种植小麦的历史》，《中国农史》1988年第4期；赵淑玲、昌森《论两汉时代冬小麦在我国北方的推广普及》，《中国历史地理论丛》1999年第2期。
12.广州市文物管理委员会、广州市博物馆《广州汉墓》，文物出版社，1981年。
13.陈文华《农业考古》。文物出版社，2002年。
14.河南省文物研究所《河南考古四十年》，河南人民出版社，1994年。
15.洛阳地区考古发掘队《洛阳烧沟汉墓》，科学出版社，1959年。
16.齐思和《〈毛诗〉谷名考》，《中国史探研》，河北教育出版社，2003年。
17.东北博物馆《辽阳三道壕西汉村落遗址》，《考古学报》1953年第1期。
18.天野元之助《中国农业史研究》，1979年。转见陈文华《农业考古》，文物出版社，2002年。
19.广州市文物管理委员会、广州市博物馆《广州汉墓》，文物出版社，1981年。
20.沈志忠《先秦两汉粱秫考》，《中国农史》1999年第2期。
21.向安强《中国玉米的早期栽培与引种》，《自然科学史研究》1995年第3期；李晓岑《关于玉米是否为中国本土原产作物的问题》，《中国农史》2000年第4期。
22.王学理《咸阳原上的汉帝陵园——陕西阳陵考古记》，见朱启新主编《考古人手记》第二辑，三联书店，2002年。

23.浙江省文物管理委员会《吴兴钱山漾遗址第一、二次发掘报告》,《考古学报》1960年第2期;江西文物管理委员会《江西修水山背地区考古调查与试掘》,《考古》1962年第7期。
24.王学理《咸阳原上的汉帝陵园——陕西阳陵考古记》,见朱启新主编《考古人手记》第二辑,三联书店,2002年;又见《中国文物报》315期(1993年1月3日)。
25.陕西省博物馆等《陕西发现的汉代铁铧和鐴土》,《文物》1966年第1期。
26.《建国以来陕西省文物考古的收获》,《文物考古工作三十年》,文物出版社,1979年。
27.刘庆柱《陕西长武出土汉代铁器》,《考古与文物》1981年第1期。
28.广东省文物管理委员会《广东佛山市郊澜石东汉墓发掘报告》,《考古》1964年第9期。
29.甘肃省博物馆《武威磨咀子三座汉墓发掘简报》,《文物》1972年第12期。
30.河南省文化局文物工作队《从南阳宛城遗址出土汉代犁铧模和铸范看犁铧的铸造工艺过程》,《文物》1965年第7期。
31.《北京大学学报》1985年第1期。
32.《农业考古》1988年第1期。
33.《农业考古》2002年第1、3期。
34.陕西省博物馆等《陕西发现的汉代铁铧和鐴土》,《文物》1966年第1期。
35.黄展岳《近年出土的战国两汉铁器》,《考古学报》1957年第3期。
36. 中国社科院考古研究所等《满城汉墓发掘报告》,文物出版社,1980年。
37.福建省文物管理委员会《福建崇建安汉城遗址试掘》,《考古》1960年第10期。
38.中国农业博物馆《汉代农业画像砖石》第22页,中国农业出版社,1996年。。
39.中国农业博物馆《汉代农业画像砖石》第24页,中国农业出版社,1996年。
40.陕西省博物馆、陕西省文管会《米脂汉画像石墓发掘简报》,《文物》1972年第3期。
41.倪自励《河南临汝夏店发现汉代炼铁遗址一处》,《文物》1960年第1期。
42.河南省文物工作队《巩县铁生沟》,文物出版社,1962年。
43.河南省文物研究所《南阳北关瓦房店汉代冶铁遗址发掘报告》,《华夏考古》1991年第1期。
44.河南省文物研究所《河南考古四十年》第463页,河南人民出版社,1994年。
45.王增新《辽宁抚顺市莲花堡遗址发掘简报》,《考古》1964年第6期。
46.中国社会科学院考古研究所《新中国的考古发现和研究》第461页,文物出版社,1984年。
47.凤凰山一六七号汉墓发掘整理小组《江陵凤凰山一六七号汉墓发掘简报》,《文物》1976年第10期;湖北省文物考古研究所《江陵凤凰山一六八号汉墓》,《考古学报》1993年第4期。
48.金立《江陵凤凰山八号汉墓竹简试释》,《文物》1976年第6期。
49.均见陈文华《中国农业考古图录》索引,江西科学技术出版社,1994年。报告皆称锄。
50.河南省文物工作队《巩县铁生沟》,文物出版社,1962年。
51.陕西省考古研究所汉陵考古队《汉景帝阳陵南从葬坑发掘第一号简报》,《文物》1992年第4期。
52.杨琮《福建崇安城村汉代城址出土的铁农具》,《农业考古》1990年第1期。
53.文保《马王堆三号汉墓出土的铁口木臿》,《文物》1974年第11期。
54.四川省博物馆《四川牧马山灌溉渠道古墓清理简报》,《考古》1959年第8期。
55.河南省文物工作队《巩县铁生沟》,文物出版社,1962年。
56.中国社科院考古研究所等《满城汉墓发掘报告》,文物出版社,1980年。
57.福建省博物馆《崇安汉城村汉城探掘简报》,《文物》1985年第11期。
58.史树青《谈新疆民丰尼雅址》,《文物》1962年第7、8期(合刊)。
59.凤凰山一六七号汉墓发掘整理小组《江陵凤凰山一六七号汉墓发掘简报》,《文物》1976年第10期。
60.中国农业博物馆编《汉代农业画像砖石》,中国农业出版社,1996年。
61.南京博物院、泗洪县图书馆《江苏泗洪重岗汉画像石墓》,《考古》1986年第7期。
62.蒋英炬《略论山东汉画像石的农耕图像》,《农业考古》1981年第3期。
63.陈文华《农业考古》,文物出版社,2002年。
64.山西省文物管理委员会《山西平陆枣园村壁画汉墓》,《考古》,1959年第9期。
65.河南省文物工作队《巩县铁生沟》,文物出版社,1962年。
66.广州市文物管理委员会、广州市博物馆《广州汉墓》,文物出版社,1981年。
67.陈文华《中国农业考古图录》,江西科学技术出版社,1994年。
68.同上。
69.刘庆柱《陕西长武出土汉代铁器》,《考古与文物》1982年第1期。
70.河南省文物工作队《巩县铁生沟》,文物出版社,1962年。
71.湖南省博物馆《湖南衡阳县道子坪东汉墓发掘简报》,《文物》1981年第12期。
72.云翔《战国秦汉和日本弥生时代的锻銎铁器》,《考古》1993年第5期。
73.刘庆柱《陕西长武出土汉代铁器》,《考古与文物》1982年第1期。

74.广东省文物管理委员会《广东佛山市郊澜石东汉墓发掘报告》,《考古》1964年第9期。
75.成都市文物管理处《四川成都曾家包东汉画像砖石墓》,《文物》1981年第10期。
76.凉山彝族自治州博物馆《四川西昌北山、小花山、黄水塘大石墓》,《文物》1990年第5期。
77.云南省文物考古研究所等《云南昆明羊甫头墓发掘简报》,《文物》2001年第4期;昆明市文物管理委员会《昆明呈贡石碑村古墓群第二次清理简报》,《考古》1984年第3期。
78.成都市文物考古工作队《成都市青白江区跃进村汉墓发掘简报》,《文物》1999年第8期。
79.河南省博物馆《济源泗涧沟三座汉墓的发掘》,《文物》,1973年第2期。
80.余扶危、贺官保《洛阳东关东汉殉人墓》,《文物》1973年第2期。
81.洛阳市文物工作队《洛阳吉利区东汉墓发掘简报》,《文物》2001年第10期。
82.广州市文物管理委员会、广州市博物馆《广州汉墓》,文物出版社,1981年。
83.中国社科院考古研究所等《满城汉墓发掘报告》,文物出版社,1980年。
84.李光雨《枣庄出土汉代石磨》,《中国文物报》1991年11月17日。
85.中国社会科学院考古研究所洛阳发掘队《洛阳西郊汉墓发掘报告》,《考古学报》1963年第2期。
86.李发林《古代旋转磨试探》,《李发林考古论文集》,中国文联出版社,1999年。
87.石敬东等《浅谈山东枣庄出土的汉代磨》,《农业考古》2004年第1期。
88.刘兴林《对中国古代粮食加工技术发展的认识与思考》,《中国经济史研究》1993年第3期。
89.闵宗殿《两汉农具及其在中国农具史上的地位》,《中国农史》1996年第2期。
90.林尉文《崇安汉城的外来文化因素及其评估》,《考古》1993年第2期。
91.广西壮族自治区博物馆《广西贵县罗泊湾汉墓》,文物出版社,1987年。
92.黄展岳《闽越国出土铁农具初步考察》,《福建文博》1999年第1期。
93.陕西省考古研究所华仓考古队《汉华仓遗址发掘简报》,《考古与文物》1982年第6期。
94.黄展岳《一九五五年春洛阳汉河南县城东区发掘报告》,《考古学报》1956年第4期。
95.杨曙明《陕西凤翔发现西汉皇家水陆物资转运站》,《中国文物报》2004年8月27日。
96.河南省文物研究所《密县后士郭汉画像石墓发掘报告》,《华夏考古》1987年第2期。
97.安金槐、王与刚《密县打虎亭汉代画像石和壁画墓》,《文物》1972年第2期。
98.罗二虎《中国古代稻作文化——以汉代和弥生时代为中心》,《农业考古》2001年第3期。
99.《汉书·律历志》对度量衡之标准、命名、原器及行政管理都有详备的说明。
100.东汉时大司农掌郡国钱粮布帛,颁发标准量器及衡器,职责有所扩大。如现藏国家博物馆的光和二年(公元179年)"大司农铜权"。
101.紫溪《古代量器小考》,《文物》1964年第7期。
102.广东文物管理委员会《广东佛山市郊澜石东汉墓发掘报告》,《考古》1964年第9期。
103.四川省博物馆文物工作队《四川新津县堡子山崖墓清理简报》,《考古》1958年第8期。
104.贵州省博物馆考古组《贵州兴义、兴仁汉墓》,《文物》1979年第5期。
105.刘兴林《汉"薅秧画像砖"再认识》,《华夏考古》2002年第2期。
106.刘志远《考古材料所见汉代的四川农业》,《文物》1979年第12期。
107.郭清华《浅谈陕西勉县出土的汉代塘库、陂池、水田模型》,《农业考古》1983年第1期。
108.刘文杰、余德章《四川汉代陂塘水田模型考述》,《农业考古》1983年第1期。
109.赵小帆《贵州出土的陂塘水田模型》,《农业考古》2003年第2期。
110.《考古》20003年第4期。
111.周口地区文化局文化科等《淮阳于庄汉墓发掘简报》,《中原文物》1983年第1期;骆明《汉代农田布局的一个缩影》,《农业考古》1985年第1期。
112.张瑞苓、高强《陕西蒲城永丰发现汉龙首渠遗迹》,《文物》1981年第1期。
113.陆士基《洛惠渠》,1944年。转见徐象平《西汉龙关于渠的历史地理及其有关问题》,《西北史地》1994年第2期。
114. 陕西省考古研究所、秦始皇兵马俑博物馆《秦始皇陵园2000年度勘探简报》,《考古与文物》2000年第2期。
115.刘兴林《论井渠技术的原起》,待刊。
116.秦中行《秦郑国渠渠首遗址调查记》,《文物》1974年第7期。
117.汪家伦、张芳《中国农田水利史》,农业出版社,1990年;王兆麟:《陕西发现秦代郑国渠拦河坝和水库遗址》,《农业考古》1987年第2期。
118.盛鸿郎、邱志荣《古鉴湖新证》,见盛鸿郎主编《鉴湖与绍兴水利》,中国书店,1991年。
119.邓自欣、田尚《都江堰兴建史学术讨论会简介》,《中国史研究动态》1984年第1期。
120.王文才《东汉李冰石像与都江堰"水则"》,《文物》1974年第7期。
121.殷涤非《安徽省寿县安丰塘发现汉代闸坝工程遗址》,《文物》1960年第1期。
122.河南省文物研究所《河南遂平县小寨汉代村落遗址水井群》,《考古与文物》1986年第5期。
123.苏州博物馆《苏州北郊汉代水井群清理简报》,《考古》1993年第3期。

124.河南省文化局文物工作队《河南泌阳板桥古墓葬及古井的发掘》,《考古学报》1958年第4期。
125.黄展岳《一九五五年春洛阳汉河南县城东区发掘报告》,《考古学报》1956年第4期。
126.周口地区文化局文化科等《淮阳于庄汉墓发掘简报》,《中原文物》1983年第1期。
127.郭荣章《汉代的陂池》,《考古与文物》1991年第5期。
128.王方《从考古发现看汉代成都水利的发展》,《四川文物》1999年第3期。
129.张先得《水井的历史及北京出土水井概述》,《北京文物与考古》1994年第4期。
130.《历史研究》1955年第1期。
131.张建林、范培松《浅谈汉代的厕》,《文博》1987年第4期。
132.龚良《"圂"考释——兼谈汉代的积肥与施肥》,《中国农史》1995年第1期。
133.周口地区文化局文化科等《淮阳于庄汉墓发掘简报》,《中原文物》1983年第1期。
134.东北博物馆《辽阳三道壕西汉村落遗址》,《考古学报》1953年第1期。
135.张仲葛《我国养猪业的发展与科学技术的成就》。
136.中国农业博物馆《汉代农业画像砖石》,中国农业出版社,1996年。
137.刘志远《考古材料所见四川汉代农业》《文物》1979年第2期。
138.陕西省考古研究所阳陵考古队《汉景帝阳陵考古新发现》,《文博》1999年第6期。
139.常德市文物事业管理处等《湖南常德市芦山乡发现一座汉墓》,《考古》2004年第5期。
140.徐州博物馆《江苏铜山县凤凰山西汉墓》,《考古》2004年第5期。
141.杨亮《从出土文物及文献资料看汉代的养猪业》,《陕西历史博物馆馆刊》1997年第6期;魏达议、段诚中《四川出土有关古代养猪的文物》,《农业考古》1982年第2期。
142.张仲葛《出土文物所见我国家猪品种的形成和发展》,《文物》1979年第1期。
143.(法)金枕霓《中国古代养猪业初探》,周肇基、倪根金主编《农业历史论集》,江西人民出版社,2000年。
144.石敬东《从出土文物看汉代枣庄地区的养猪业》,《农业考古》2001年第3期。
145.姜世碧《四川汉代陶家畜家禽模型试析》,《农业考古》2003年第3期。
146.济南市考古研究所《济南市闵子骞祠堂东汉墓》,《考古》2004年第8期。
147.郭清华《勉县出土稻田养鱼模型》,《农业考古》1985年第2期;向安强《稻田养起源新探》,《中国科技史料》1995年第2期。
148.周世荣《长沙出土西汉印章及其有关问题研究》,《考古》1978年第4期。
149.巴家云《略论四川汉代的渔业生产》,《四川文物》1993年第4期;王玉金《汉画所见汉代渔业生产初探》,《南都学坛》1998年第1期。
150.中国农业出版社,1996年。
151.文物出版社,1984年。
152.王建中《汉代画像石通论》,紫禁城出版社,2001年。
153.《农业考古》1981年第2期。
154.《农业考古》1984年第2期。
155.如史占扬《从陶俑看四川汉代农夫形象和农具》,《农业考古》1985年第1期;刘兴林《汉"薅秧画像砖"再认识》,《华夏考古》2002年第4期。
156.徐中舒《耒耜考》,《徐中舒历史论文选辑》(上),中华书局,1998年。
157.黄展岳《古代农具统一定名小议》,《农业考古》1981年第1期。
158.谷建祥、邹厚本等《对草鞋山遗址马家浜文化时期稻作农业的初步认识》,《东南文化》,1998年第3期。
159.湖南省考古研究所《澧县城头山古城址1997—1998年发掘简报》,《文物》,1999年第6期。
160.四川大学历史文化学院考古学系《重庆云阳县李家坝Ⅰ区水田遗址发掘简报》,《考古》2001年第11期。
161.《汉书·食货志》。代田法实际继承了《吕氏春秋·任地》等所说"上田弃亩,下田弃甽"的做法。

从阳澄湖、独墅湖、澄湖等湖底出土文物论苏州环境变迁

一

苏州地处长江三角洲，在流水侵蚀、搬运、堆积过程中形成平原，成土母质大部分为第四纪堆积物，水系则以太湖为主流。太湖水源一是来自浙江天目山地的苕溪，另一来自宜溧山地北麓的荆溪。太湖出水，由东北70多条大小河港下泄长江。整个太湖水系，共有大小湖泊180多个，主要包括位于太湖上游的洮滆湖群（由洮湖、滆湖、西氿、东氿诸大湖组成）和位于太湖下游的阳澄湖、昆承湖群与淀、泖湖群及其周边的大小湖泊[1]。

太湖下游苏州境内除太湖外，较大的湖泊有阳澄湖、澄湖、独墅湖、傀儡湖、昆承湖和尚湖等。这些湖泊的形成与苏州环境的变迁关系很大。从20世纪50年代以来，文物工作者在苏州境内进行考古调查与发掘，做了大量工作，积累了不少资料。本文根据这些资料，结合文献记载，对一些湖泊的成因与形成年代进行分析考证。

太湖是苏州境内最大的湖泊，面积2250平方公里，蓄水27.2亿立方米，平均水深1.94米，湖底高程0.30米。太湖成因对苏州环境的变迁影响最大，其成因有多种不同的说法。地理学者研究认为：太湖是在冲积平原基础上，因宣泄不畅而积水成湖[2]；也有学者提出了太湖“陨击成因”、“构造成湖”等说。最近又有学者提出“地壳深部岩浆上涌地面沉降”说[3]。姑且不论太湖是如何形成的，本文主要依据考古材料探讨太湖形成的可能年代。

在围绕太湖周边有近百处遗址，其中与太湖的形成年代有关的遗址中，年代最早的为位于太湖中间的三山岛旧石器时代遗址。该遗址1985年发现，经南京博物院、苏州博物馆等单位联合发掘，在36平方米发掘范围内，获得石核、石片、石器等5263件。其中石器有刮削器、尖状器、砍砸器以及锥、钻、雕刻器等。另外，出土不少哺乳动物化石，涉及动物群种5目18种等[4]。旧石器与动物化石距今1万年前。有学者研究认为，三山岛所发现的18种哺乳动物化石中，以食肉目最多，计9种，占化石种类数的一半；偶蹄目次之，计5种，还有啮齿目、灵长目和兔形目等。而且，根据这些动物群中的北方种类占有一定的数量以及不同种类的动物生活习性等，推测那时三山岛应与湖东平原相连成[5]。这就说明太湖在1万年前还没有形成，或者其水域要比现在小。

袁家埭遗址，位于太湖东岸。1958年发现，面积65250平方米，经发掘出土陶、石、骨、角、蚌和玉器等122件，采集遗物达4000余件。该遗址最早堆积为距今6000年前的马家浜文化[6]。1996年，在太湖东岸的广福村遗址通过发掘，发现马家浜文化墓地与居住址[7]。2000—2002年，南京博物院考古研究所“环太湖西部史前考古学文化研究”课题小组，在太湖的北岸无锡彭祖墩、西岸宜兴骆驼墩马

家浜文化遗址进行发掘，从而填补了环太湖西部史前考古文化的空白[8]。此外，在太湖底及湖岸边常有人发现新石器时代陶、石器和春秋战国时期遗物。1974～1975年，在洞庭西山消夏湾发现一批石器和青铜器[9]。

上述材料一方面说明太湖湖岸线的不断变迁，另一方面可证明太湖形成的年代大约在1万年之后、6000年之前。

“三江既入，震泽底定”说明太湖与苏州环境的变迁关系密切，而阳澄湖的形成使苏州环境发生了变化。阳澄湖由阳澄东湖、阳澄中湖和阳澄西湖组成，面积120.75平方公里。其北有昆承湖，南有独墅湖与澄湖，东有傀儡湖等众多湖泊，以及湖泊之间河流港汊棋布贯通，与阳澄湖汇成一体，构成了以阳澄湖为中心的阳澄湖低洼地。洼地周边地区高程在2～4米，中间低地约1.8～2米。最大水深9.5米，平均水深2.84米，容积3.2亿立方米。

根据有关资料分析得知：阳澄湖湖底85‰为硬黄土，湖岸与湖中隔离长岛也都由硬黄土组成。湖底海拔高程在0米上下，表明阳澄湖发育于黄土堆积层之后。大约距今6000年前，长江三角洲平原地带开始有人类活动，最初就是从黄土堆积层上开始居住与生活[10]。在阳澄湖南岸的草鞋山遗址[11]、东岸的绰墩遗址[12]等处发现的居址、墓葬以及水稻田等大量文化遗存[13]，揭示距今6000年前的“马家浜人”正是在这层黄土层上繁衍生息。特别是水稻田的发现，说明稻作农业起源于长江下游。

人类活动区域与海平面变迁有关，在高水位时人类生活在丘陵地带，以采集、狩猎为主，到了低水位时人类迁移到平原地带，以渔猎、农耕为主。草鞋山遗址、绰墩遗址所发现的6000年前的稻作农业遗迹，就反映了在海平面下降后，人类迁移到平原地带活动，建造结构比较牢固的房子，开始过定居生活。人类是不断与水、与自然搏斗，要么生存或者消亡。良渚文化的突然消失就是在一次大水之后。而阳澄湖，通过对现代卫片密度分割后，发现湖底有一块块田块[14]，那也是一次大水使整个村庄、农田从此被淹没。文献记载阳澄湖为春秋吴故城所在，并记载有村田成湖等。如在《寄蜗残赘》（1872年）卷三中称：“阳澄湖，秦时乃阳城所在也。”在《元和唯亭志》中记载有“（明）万历十七年（1589年）大旱，阳澄湖涸，有朱棺一具陷湖中”，“还见有石碑，二尺许，文字磨灭不可辩，尚在湖底未出”。同书又载：“（清）雍正元年（1723年）大旱……阳澄湖涸，自马路至赤岸数里间，井以千数。……农人携锄掘之，得瓶碗之属甚多。”推测该湖形成的年代当在宋代以后。与其东邻的傀儡湖，2002年在湖的西南部抽干水后，于湖底发现马桥文化与春秋战国遗物，以及宋代水井等。从其出土时代最晚的文化遗存为宋代，说明傀儡湖形成的年代当在宋代以后。此外，傀儡湖因昆曲前身傀儡戏发源于此而得名。傀儡湖上演出傀儡戏以及从傀儡湖通向外面的港还保留叫行头港（当地称演出换穿的戏服叫行头，即换好行头出去演出，船行出的河港命名为行头港）。在傀儡湖西岸有唐代擅长“参军戏”的宫廷艺人黄幡绰的墓葬等[15]。也可作为傀儡湖形成年代的旁证。

此外，1974年在位于阳澄湖东南的车坊镇澄湖的西部湖底发掘、清理了水井150余口，出土并征集文物共1200多件[16]。2003年，在角直镇澄湖东北1.5万亩湖底范围内，共清理各类遗迹871处，其中有灰坑443个，水井402口，水田遗迹20块，房址3座，水沟3条、池塘1个等，出土文物500多件。这些文化遗存，年代最早的为崧泽文化晚期，最晚的为宋代。值得一提的是发现距今5500年左右崧泽文化时期的村落，分为居住区与作业区。居住区有房址、窖藏、水沟以及灰坑、水井组成；作业区有20

块水田及与水田相关的蓄水池、蓄水坑、排水沟等遗迹组成[17]。水田内出土木炭，经北京大学考古文博院碳十四年代测试，距今4600年，误差110年，树轮校正后年代为公元前3520～3260（68.2%）。显然，澄湖形成于宋代以后。不仅考古发掘材料证实，文献记载也可佐证。例如《吴郡甫里志》有："陈湖，相传旧本陈州，沉为湖。迄今湖水清浅时，底有街井、上马石等，舟人往往见之。"《周庄镇志》又载："陈湖相传为邑聚所陷……"《太平广记》载："此为陈县，有狮眼流江之说，事实近诞，然当水涸时，其中街衢、井穴历历可辨，余如上马石、墓道、田亩，不胜枚举，且有拾得铜锣、铁链及器皿什物者。"类似记载都说明：澄湖原本是陆地，后被水淹没。所以，澄湖又称沉湖或陈湖。

又，2001年通过考古发掘与调查，在位于澄湖南面的独墅湖东部的2.2平方公里湖底范围内，发现古井、灰坑等遗迹700多个。这些遗迹的年代包括了崧泽文化、良渚文化、马桥文化、春秋战国、两汉、六朝、唐宋等时期，是一处古代先民长期居住的大型聚落遗址[18]。独墅湖与澄湖湖底文化遗存相类似，文化年代早晚一致，说明都是宋代以后形成的湖泊。

另外，1968年冬，位于阳澄湖北部的尚湖（属昆承湖水系）围湖造田，在围筑尚湖西圩时发现良渚文化玉、石器一批。上缴给当时常熟县文管会的8件玉器，经鉴定其年代为良渚文化中晚期。1979年春，常熟县琴南公社砖瓦厂在尚湖东南岸取土时发现水井十余口，出土陶器11件，其中2件属新石器时代崧泽文化，其余为良渚文化晚期，另发现有宋代水井[19]。

此外，在澄湖南部的太史淀、九里湖等，先后都发现古文化遗址。太史淀明代嘉靖《昆山县志》记载："宋贾似道之庄田被淹没成湖，故称太史淀。"湖泊面积3.3平方公里。1972年，在围垦工程中，在湖的东部大约南北1公里、东西0.5公里范围内，采集到良渚文化黑皮陶鱼纹双耳罐，以及石犁、石斧、锛、镰，良渚文化木圈井，汉代陶圈井，唐代带榫铆的砖井等[20]。1977年，在围垦造田时发现：新石器时代石器40多件，包括石刀、石斧、石钺、石锛、石镰和石镞等；陶器9件，包括新石器时代的黑皮陶罐、陶鼎、镂孔陶豆；汉代的釉陶器、六朝瓷片，宋代水井及井内出土汲水工具釉陶瓶等（见吴江县文管会、吴江市博物馆调查资料）。九里湖遗址，1954年苏南文管会进行考古调查时，在九里湖沿岸发现泥质灰陶、黑陶、红陶、夹砂陶和印纹陶等器物残片[21]。1973年，吴江市文管会在九里湖调查发现崧泽文化、良渚文化、马桥文化、春秋战国以及宋代陶、石器。1974年，出土春秋青铜尊。1999年，出土春秋青铜剑（见吴江县文管会、吴江市博物馆调查资料）。2003年底，在九里湖南岸发现一处崧泽文化墓地（见苏州博物馆考古部资料）。类似出土材料不胜枚举。总之，太史淀与九里湖形成的年代不会早于宋代。

二

考古发掘材料与文献记载证明：阳澄湖、澄湖、独墅湖、傀儡湖和九里湖等形成的年代都不会早于宋代。那么，这些湖泊到底是什么时候形成，又是如何形成的呢？这要从源头——太湖说起。太湖汇聚南部苕溪，西部宜溧山脉北麓之荆溪，其出水，现在是由东北70多条大小河港下泄入海。史书有"三江既入，震泽底定"，这里所说的'震泽'就是指的太湖。古时候太湖出水是经三江分流，只有三江畅通，太湖才会平定。所谓三江即吴淞江、娄江和东江。三江的具体位置，据《史记》张守节正义："三江者，苏州东南三十里名三江口，一江西南上七十里至太湖，名曰淞江，古笠泽江；一江东南上七十里至白蚬湖，名曰上江，亦曰东江；一江东北下三百余里入海，名曰下江，亦曰娄江，于其分处，号曰三江口……”其中“吴淞江仍循归道东流入海，娄江东北流到今太仓以北入海，东江则东南流经今平湖县入海”[22]。在三江畅通时期，太湖平原湖泊很少，是一片广阔的低平原。大约到公元8世纪以后，三江中的东江和娄江先后淤塞，吴淞江也日益束狭，排水不畅，太湖面积逐渐扩大，一些洼地潴水成湖，苏州环境发生了大的变化，大量的湖泊形成。其中以阳澄湖为中心，与周边独墅湖、九里湖、昆承湖、傀儡湖等相继形成。文献中亦有关于苏州发生水灾的记载。清同治《苏州府志》引《旧唐书》：唐宝历元年（825年）六月己巳，水决太湖堤，“入明廊，漂民庐舍”。宋范成大《吴郡志》：北宋元丰元年（1078年）七月四日夜，大暴雨，水潮“高二丈余”，吴县尹山至吴江塘岸“洗涤桥梁，砂土皆尽，唯石仅存”，昆山张浦沙保600户人家全毁。嘉庆《松江府志》：北宋元丰六年（1083年），从正月到六月连续阴雨，水位猛涨，太湖水外溢，包括秀州（嘉兴）、湖州均遭淹没，农民被迫“弃田卖牛”，外出讨饭。《宋史·五行志》记载南宋初，隆兴元年、二年连续水灾。“二年七月（1164年）平江、镇江、建康、宁国府、湖、常、秀、池、太平、庐、和、光州、江阴、广德、寿春、无为军、淮东郡皆大水。浸城郭，坏庐舍、圩田、军垒、操舟行市者累日，人溺死甚众。”可见洪水之大，涉及范围之广。从唐宝历元年（825年）到南宋隆兴二年（1164年）一直水患不断，仅大观元年（1107年）到乾道六年（1170年）的63年时间里，发生了7次大水灾（见《史记·张守节正义》）。这几次大水使苏州环境发生了根本性变化，原有的沼泽平原相继形成一个个湖泊。北宋后期（熙宁元祐年间）郏亶、郏乔父子所著《水利书》中记载：“今苏州除太湖外，止有四湖：常熟有昆、承两湖，昆山有阳澄湖，长洲有沙湖。是四湖者，自有定名，而其间各不过十余里。”而到南宋乾道年间，见有澄湖的记载，其被列为“秀州四大湖之一（见《宋史·河渠志》）。说明先有昆承湖、阳澄湖等，后有澄湖、独墅湖、傀儡湖等湖。文献记载与考古发掘材料可为相互印证。

三

三江是太湖泄水通道，太湖下泄带入的大量泥砂在河道内沉积，使三江中娄江与东江相继淹失。其阳澄湖东、中、西三湖就是古娄江多支泄水河道摆动后遗留下的古河道的一部分[23]。从唐代末年到宋代连续发生水灾，相继形成一些湖泊，使苏州环境发生了变化。还有一些人为因素造成环境的变化。宋代苏州为了适应人口的增长，出现了“葑田“与“圩田”，来增加种植面积，这是人为对环境的改变，也是造成水灾的原因之一。所谓葑田“以木缚为田丘，浮系水面，以葑泥附木架上而种艺之”（见陈溥《农书》卷上）。而更多的是围田，又称圩田。范仲淹《范集·奏议》卷上《答手诏条陈十事》上记载：“江南旧有圩田，每一圩方数十里，如大城。中有河渠，外有门闸。旱则开闸，引江水之利；潦则闭闸，拒江水之害。”宋代随着人口的增长，进行了大面积的围湖造田，从宋初至熙宁三年（1070年），种植面积约增加了一倍。《吴郡志》卷19引郏亶之说云：“国初之税，才十七八万石，今乃至于三十四五万石，是障陂湖面为田之故也，是说最为疏阔。”圩田对生态环境的破坏，造成水灾的频频发生。其所造成的后果，北宋沈遘《鉴湖》诗为证：“鉴湖千顷山四连，昔为大泽今平田，庸夫况可与虑始，万年水利一朝毁。”(《沈氏王先生文集·西溪集》四部丛刊三编本)。当时没有从根本上认识到保护生态环境的重要性，陷入了水利兴修，修而复毁而难以自拔的怪圈。

丁金龙（苏州博物馆）　朱永兴（吴江市博物馆）

1.单树模等《江苏地理》，江苏人民出版社，1980年。
2.孙顺才、伍贻范《太湖形成演变与现代沉积作用》，《中国科学院B辑》，1987年第12期。
3.沈自励 《火山喷爆与太湖成因》，《地球科学——中国地质大学学报》第28卷，2003年第4期。
4.陈淳、张祖方等《三山文化——江苏吴县三山岛旧石器时代晚期遗址发掘报告》，《南京博物院集刊》，1987年第9期。
5.张祖方、王闽闽等《太湖三山岛的哺郛动物化石》，《南京博物院集刊》，1987年第9期。
6.江苏省文物工作队《江苏吴江梅堰新石器时代遗址》，《考古》1963年第6期。
7.《江苏吴江广福村遗址发掘简报》，《文物》2001年3期。
8.丁金龙、萧家仪《绰墩遗址新石器时代自然环境与人类活动》，《东南文化》2003年增刊第1期。
9.林留根《太湖西部骆驼墩文化遗存的初步认识》，《长江下游地区文明化进程学术研讨会论文集》，上海书画出版社，2004年。
10.南京博物院《江苏吴县草鞋山遗址》，《文物资料丛刊（3）》，文物出版社，1980年。
11.南波《江苏省吴县洞庭山消夏湾出土一批石器和青铜器》，《文物》，1977年第1期。
12.苏州博物馆、昆山文物管理所等《江苏昆山绰墩遗址第一至第五次发掘简报》，《东南文化》增刊，2003年第1期。
13.谷建祥《绰墩遗址马家浜文化时期水稻田》，《东南文化》，2003年增刊第1期；钱公麟《从绰墩遗址马家浜文化遗存谈起》，《东南文化》，2003年增刊第1期。
14.孙顺才、黄漪平等《太湖》，北京海洋出版社，1993年。
15.程振旅《绰墩唐墓考识》，《绰墩山——绰墩遗址论文集》，《东南文化》2003年增刊第1期；陈兆弘《黄幡绰与绰墩》，《绰墩山——绰墩遗址论文集》，《东南文化》2003年增刊第1期。
16.《文物资料丛刊》第9辑，文物出版社，1985年。
17.丁金龙、张铁军《澄湖遗址崧泽时期水稻田》，《中国文化遗产》创刊号，2004年。
18.北京大学古代文明研究中心编《古代文明研究通讯》，2001年第12期。
19.常熟博物馆周公太《常熟考古五十年》。
20.《文博通讯》第11期。
21.《考古通讯》1955年第2期。
22.单树模等《江苏地理》，江苏人民出版社，1980年。
23.倪华、吉磊《从古文化遗址看阳澄湖地区环境变迁与湖群形成》，《湖泊科学》第9卷，1997年第1期。

忠县涂井崖墓的时代与相关问题

忠县涂井崖墓是20世纪80年代初期在重庆市忠县发现的一处墓葬群。墓群位于忠县东北数十公里的涂井溪的附近。涂井溪由北向南流入长江，墓地所在的地理位置重要而便捷。当年发掘的墓葬共有15座，因部分墓葬中出土有蜀汉时期的铜钱币，发掘简报遂认为这批墓葬的时代都为蜀汉时期[1]。由于这批墓葬的随葬品数量较大，而且内涵丰富，是已经发现的为数不多的被认为属于蜀汉时期的墓葬，特别是其中的5号墓，保存完好，出土的陶俑即达数十件，部分是所谓的白毫相俑，因此，这批墓葬颇受学术界关注，经常将这批墓葬作为蜀汉时期的标准墓葬，用以比定研究其他墓葬，还有学者撰写了相关学术论文[2]。事实上，出土蜀汉钱币的墓葬只有数座，而且钱币标明的是墓葬的时代上限，因此这批墓葬的时代是否定都为蜀汉时期是需要慎重对待的，由墓葬时代的差异引发的其他问题也需考虑。

简报认定出土蜀汉钱币的墓葬有四座，它们是M5、M7、M13、M14，其中M5和M7可靠，M5出土的是“平五铢”、“太平百钱”、蜀“五铢”，M7出土的是“直百五铢”和“太平百钱”；M13和M14则不可靠，简报中称两座墓葬出土的最晚钱币是蜀“五铢”，由于简报中没有具体提供每座墓葬出土钱币的拓本，据现有资料无法断定M13和M14出土的是否确实为蜀“五铢”，而且，蜀“五铢”的判定标准本身也并不十分明确。理论上来说，M5和M7都出土了蜀汉钱币，那么两墓的时代在蜀汉或蜀汉以后，但实际情况要复杂些。M5和M7都是前后室墓，M7没有给出平面图，只能以保存完好的M5为例剖析。M5前室发现二、后室发现一环首长铁刀，简报云：“在前后室长铁刀一侧残存红漆皮和黑色板灰。漆皮残迹长1.70、宽0.40米，板灰厚3—4厘米。可能为红漆木棺朽痕。从随葬长铁刀和银手镯、顶针、发钗来看，此墓的葬具当置于前室左、右和后室的中部。合葬一男二女，头向墓道。”简报根据上述迹象所作的判断是可信的，类似的布局在很多东汉魏晋墓葬中反复出现。从平面图看来，不仅有三具棺木，而且随葬品也可以分为以棺木为中心的三组，后室的一组不论，前室以编号119的铜钱堆为界可分为两组，前室左侧（面向墓道为准）即119号铜钱堆东侧（墓葬方向近正北向）棺木的随葬品，也即简报中所称的前室左侧角和左壁下有：铜壶、釜、洗、铁釜甑、青瓷碗、陶屋和各式陶俑。这组随葬品比较简单不仅有陶屋，而且与另两组随葬品有一定差异，一是有青瓷碗，一是陶俑的样式有别。青瓷碗编号113，是M5中唯一的一件瓷器，弧壁，底内凹，这种样式的青瓷碗在长江中下游地区流行于东吴西晋。这件青瓷碗灰白胎，施青绿釉，胎釉结合紧密，有细冰裂纹，不是来源于长江中游即来源于长江下游。虽然不知M5出土钱币的具体位置，但这件青瓷碗应是M5中时代特征最晚的一件器物，前室左侧棺木和随葬品应最晚进入M5这座合葬墓。陶俑也支持这个判断。前室左侧随葬品中陶俑共10件，编号为124—133、135，其中四件的服饰比较特殊，它们是124、126、130和131（图一）。124、126、130分别为听琴俑、抚琴俑和舞俑，三件俑的共同特征是制作比较粗陋，面目不够和蔼，头冠上装饰三朵7或

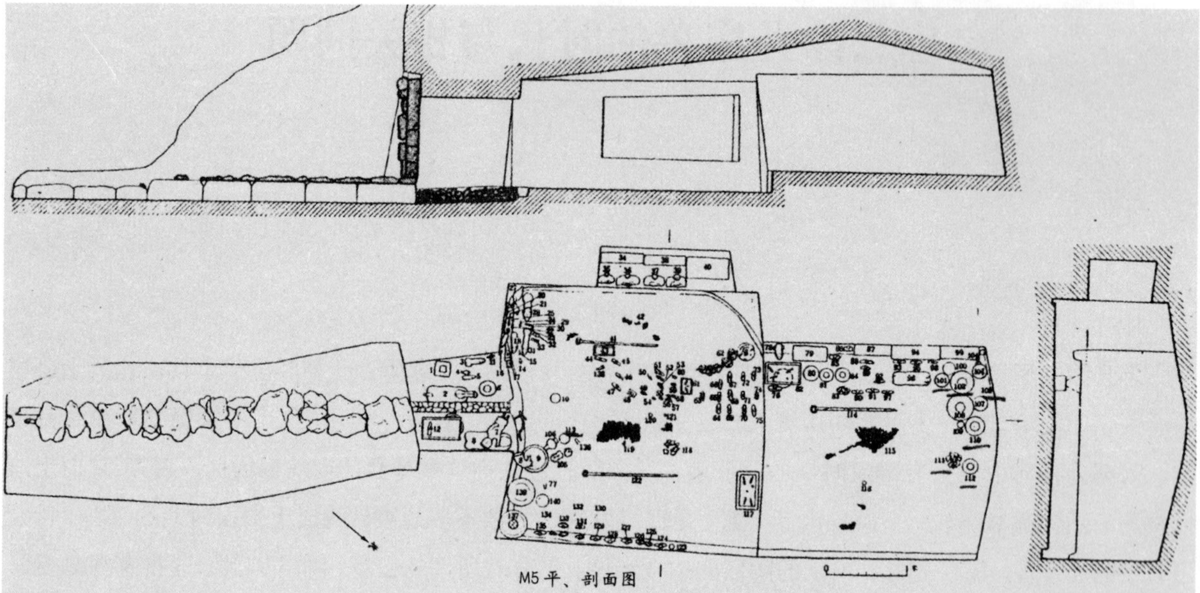

M5平、剖面图

1、134.Ⅰ式陶井模型　2、96.陶马　3、28、31、78.陶狗　4、11、16、21、23—27、30.陶鸡　5、17、18.陶猪　6.Ⅳ式陶井模型　7.陶牵马俑　8.陶马车模型　9.Ⅰ式铜洗　10、123.陶盖　12、51、68、85、91、93、98、126、127.陶乐俑　13.陶灶模型　15.陶鸭　19、50、52、59、60、95.残陶俑　20、22、29、32、33、54—58.陶拱手俑　34、38、40、79、87、94、99、105.陶屋模型　35、44、63、130、133.陶舞俑　36、39、53.陶庖厨俑　37、45—47、49、64—67、70—73、75、76、86、89、90、97、132、135、138.陶侍从俑　41、114、122.铁刀　42、115、119.铜钱　43、61、82、117.Ⅰ式水塘模型　48.陶贮钱器　62.铜摇钱树　69、88、125.陶跽坐俑　74、92.陶武士俑　77、136.银发钗　90.铜钵　81、84、100、101、109.Ⅱ式敛口陶罐　83.Ⅰ式陶盆　102.Ⅰ式敛口陶罐　103、110.Ⅱ式小口短颈陶罐　104.Ⅱ式陶盆　106.铜壶　107.Ⅰ式敞口陶罐　108.Ⅰ式小口短颈陶罐　111.Ⅰ式广口陶罐　112.Ⅱ式敛口陶罐　113.Ⅰ式瓷碗　116、120.银手镯　118.Ⅰ式陶甑　121.银顶针　124、129、131.陶听琴俑　128.陶说唱俑　137.铁斧陶甑　139.Ⅰ式陶釜　140.Ⅱ式铜釜

1

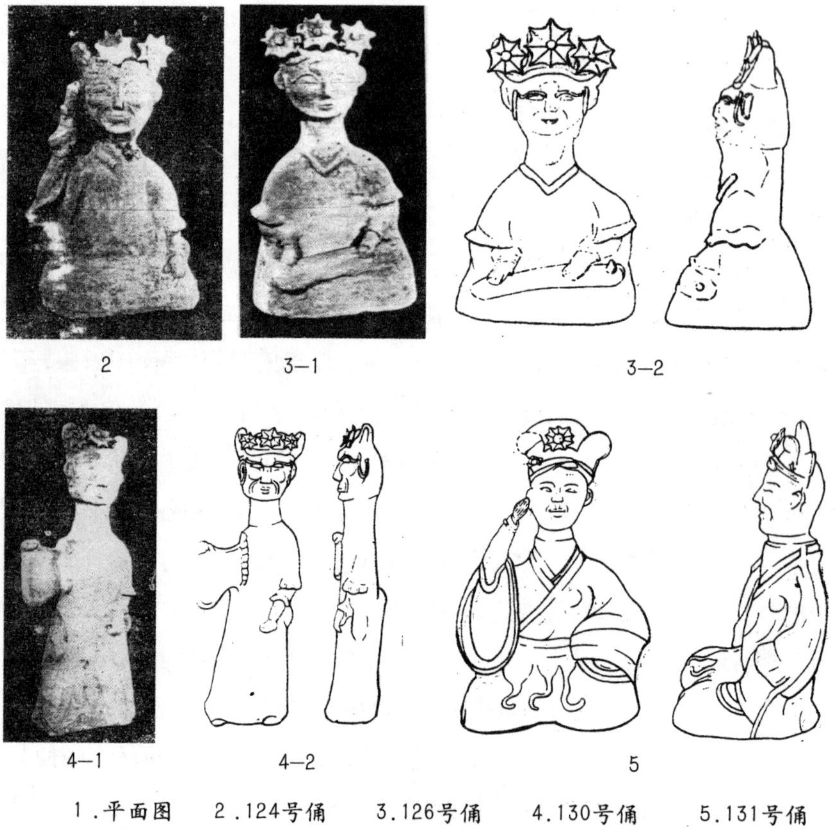

1.平面图　2.124号俑　3.126号俑　4.130号俑　5.131号俑

图一　M5平面图与出土陶俑

1　　2　　3

1.129号俑　2.131号俑　3.124号俑

图二　M5出土陶俑

图三　重庆市化龙桥墓陶俑和器物

8个角的大花。其余两组随葬品中共有陶俑55件，仅68号的头冠为7角大花，因此，推测这种头冠上装饰大花的陶俑是后起的样式。左侧随葬陶俑中124、129、131都是听琴俑。以冠帽正面的花瓣装饰为准，129→131→124（图二）似可排成一系列，129花瓣细碎，多达16瓣，131为9瓣，124为7瓣，而且124的三个大花瓣与冠帽很不相称。129号陶俑的冠帽花瓣样式在M5中较为多见。重庆化龙桥的一座简报认定的东汉墓葬中，女俑都是这种样式的冠帽（图三）[3]，说明这种样式一度相当流行。抚琴俑也是如此，M5中同样也有冠帽装饰细碎花瓣的，如98号，与126号成为显著对比（图四）。于此可见，124、126、130号与129、98号等样式的陶俑之间很可能存在时间差。青瓷碗与陶俑都显示M5前室左侧的随葬品内部之间在时代上有一定的联系，也有明显的差别，这组的时代要比其他两组晚。M5前室中部有一堆铜

1.98号俑　　2.126号俑

图四　M5 抚琴俑

钱，颇难断定属于左侧或右侧墓主，或许兼属于二者，而且M5的“平五铢”、“太平百钱”和所谓的蜀“五铢”的具体位置不明确，给推定各组的时代带来一定困难。目前存在两种可能，如果文字钱属于前室左侧墓主，那么前室左侧部分的时代当在蜀汉或更晚，其他两组的时代有可能属于蜀汉，也可能属于东汉晚期；如果文字钱不属于前室左侧墓主，那么其余两组的时代有可能属于或晚于蜀汉，前室左侧部分的时代当更晚。M5的前后室墓顶一次作成，三组棺木和随葬品的时间应不会相差太大。总之，M5的时代跨度有可能自东汉晚期至于西晋前后，而不必一定为蜀汉时期。

类似的情况存在于M13，M13与M5的结构和棺木放置方式很相似，后室虽被盗，但前室也分为左右两具棺木，棺木前方的随葬品有一定差异，具体的界线虽不明确，但也可能存在时间差。随葬品中的陶器有东汉晚期的特点，又有一件瓷洗，是长江中下游东吴西晋时期流行的样式，因此这座墓葬的时代跨度与M5一样，也可能自东汉晚期至于西晋前后。M14与M13都出土所谓的蜀“五铢”，但两墓的情况有所不同。M14是一座单室墓，出土品为陶器、陶俑和铜器。发表的三件陶俑都有东汉时代的特征（图五），其中两件的东汉特征明显，它们是女舞俑和尖帽胡人吹箫俑。女舞俑编号为M14：19，头戴冠帽，左手叉腰提裙，右手上举，右腿微伸，这种形象的女舞俑常出于比较肯定的东汉墓葬中，忠县附近也有出土，如崖角墓地99ZGYCM16、97ZGYAM3[4]。冠帽的样子像用一块布包裹好头发后，又用带子将其扎结为三部分，中间部分大而两侧小。M5：35女舞俑的造型身姿与M14：19几乎一样，但冠帽上已装饰花瓣。前述涂井M5的听琴、抚琴女俑的冠帽与此大同小异，不过是在上面又加饰了花瓣而已，这样M14：19→M5：35、129→M5：131→M5：124（图六）的头部装饰似可以联成一发展线索，经历了从朴素向华美再简陋的演化。尖帽胡人吹箫俑是东汉墓葬中的常见形象，忠县附近也有出土，如崖角墓地02ZGSM9[5]。保存完好的涂井M5中已没有单个的尖帽胡人吹箫俑，但在建筑模型上有这个形象。涂井M5建筑模型上有成群的人物，形象比较程式化，与出土的陶俑有一定差异。尖帽胡人吹箫俑是其中重要的形象之一，或许说明尖帽胡人吹箫俑在M5的时代已经蜕变为“历史”形象。M14的男执物俑的帽子上部高起，形成“屋帻”，涪陵东汉墓中出土与此俑形象几乎相同的陶俑，还出土带“屋帻”帽、踞坐击鼓的陶俑，[6]可知“屋帻”帽是东汉时期流行的样式。涂井M5的男性陶俑中，没有一件戴这种“屋帻”帽的，有不少带平顶冠的，其中的一件男抚琴乐俑也不例外，看来，东汉流行的“屋帻”帽后

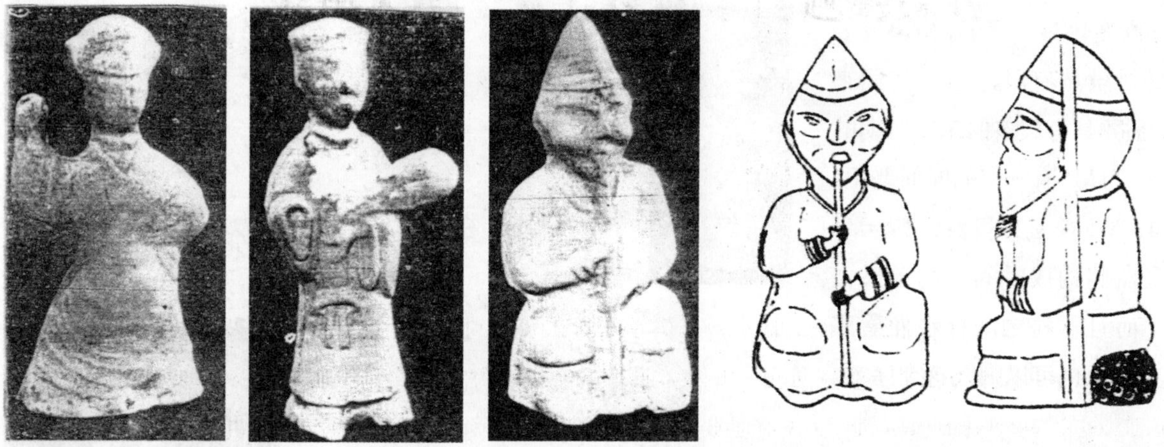

1　　　　2　　　　3—1　　　　3—2

4

1.M14女舞俑　　2.M14执物俑　　3.M14胡人吹箫俑　　4.M5陶建筑和胡俑

图五　M14 陶俑与M5 陶建筑上的胡俑

来逐渐变化为平顶了。M14发表的材料虽然有限，但从陶俑来看，墓葬具有较多的东汉时期的特征，与M5有一定的时间差距，M14，M5前室右侧和后室，M5前室左侧构成时间上的前后关系，而且器物之间存在发展序列。M13也可以归入这个序列，详下文。

1.M14：19　2.M5：35　3.M5：129　4.M5：131　5.M5：124

图六　陶俑头饰演化示意图

如果不借助于钱币和瓷器，上述几座墓葬可能都会被笼统地归为汉墓，而无法深究彼此之间的细微差异。上述墓葬中，瓷器只是个别出现，另有其他几座墓葬，瓷器出现的数量较多，成为断代的重要依据。首先有必要述及的是M6（图七），这是一座多室墓，但器物与他墓都不相类，瓷器有明确的东晋时期特征，表现在：盘口壶较瘦高，唾壶呈扁腹大平底，碗带较矮的实圈足，这些特征在长江中下游地区为东晋瓷器的典型特征，而据现今研究成果，三峡瓷器几乎都来自长江中下游地区，因此M6的时代只能在东晋时期。M6的陶器数量不多，但较有特点，特别是四耳罐M6：6，在涂井崖墓的陶器中很不一般，类似形状的瓷罐很多，推测这件陶器模仿了瓷器。M2、M9、M15（图八、九、十）可以归为一组，瓷器时代早于M6。M2出土瓷器有敛口曲腹碗、折腹碗、釜，M9出土有斜直壁碗、四系罐、蛙形水盂，M15出土有折腹碗、弧腹实圈足碗、四系扁罐、盘口壶，这些器物在长江中下游地区流行于东吴中后期至东晋早期，由此可以推定这些墓葬的大致时代。M9和M15中还出土了一些陶器，器物特征与M6明显不同，而与M5有相似之处，特别是陶罐存在相近关系，甚至M13的陶器也可在此一并说明（图十一）。敛口圆肩罐M5、M15都有，看不出形式上的差异。折肩折腹陶罐中M13：1为一种形式，器形较高，下腹转折不明显，M9：15、M5：110、M15：4为另一种形式，器形变矮，因下腹转折明显而底部变小。实际上，折肩折腹陶罐是东汉时期三峡地区很流行的一种陶器，在忠县就多有发现，这种罐与陶仓和陶井的井罐有时容易相混，其特点是近直口直壁平底。M9、M5、M15的罐在东汉时期也很常见。M13的罐在涂井墓群中为仅见，此外M13还出土高圈足的陶壶，这也是东汉晚期的典型器物。M13的这两件器物的时代看来要早于M9、M5、M15。M13的这两件器物都出土在前室的左侧，看来左侧器物群的时代要早于M5，而可以暂且与M14归为同一阶段。M13左侧器物群的时代当然要早于右侧，但是由于材料公布的限制，右侧器物群与M5的前后关系现在还不能推定。

根据上面的论述，现在可以归纳出下面具有时间上前后关系的几组墓葬或器物群：

1　　2　　3　　4　　5

1—4. 瓷器　　5. 陶器

图七　M6 出土器物

1　　2　　3

图八　M2 出土瓷器

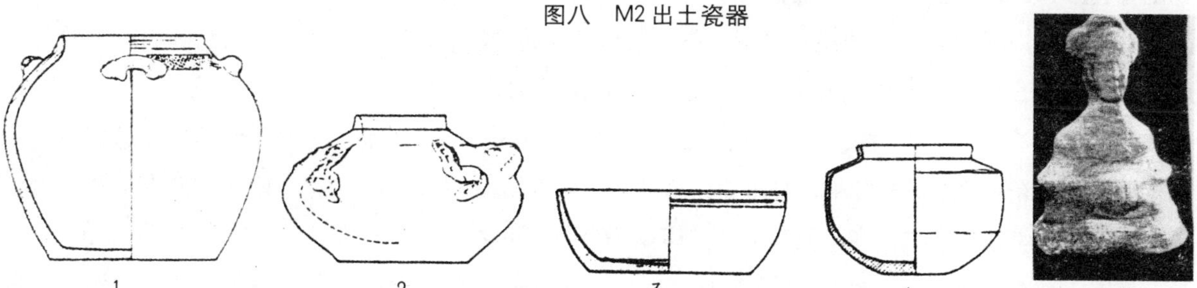

1　　2　　3　　4　　5

1—3. 瓷器　　4、5. 陶器与陶俑

图九　M9 出土器物

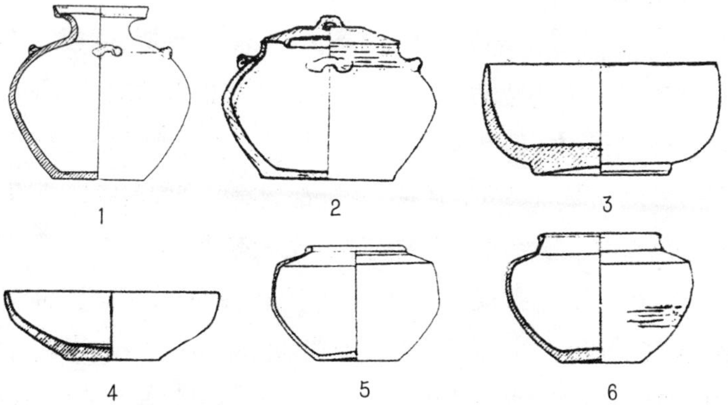

1　　2　　3

4　　5　　6

1. 平面图　　2. 瓷器　　3、4. 陶器

图十　M15 出土器物

1）M14、M13 左侧器物群

2）M5 前室右侧、后室器物群

3）M5 前室左侧器物群

4）M2、M9、M15

5）M6

其中，第1到第4组存在渐变关系，陶器、陶俑可以画出较为明显的演变轨迹，从而为区别时间上的先后提供了条件。四组之间的承上启下的关系相当明显，如果除去瓷器这个舶来品，四组之间的本地因素之间的起承转合

更为清晰。虽然现在尚不能确定每组的绝对时间，但是四组墓葬或器物群存在于东汉晚期至东晋早期应可确定。在这个时间段中，包括三峡地区在内的巴蜀地区经历了东汉、蜀汉、西晋、成汉，如果加上东晋的话，共五个历史时期，在如此频繁的改朝换代过程中，墓葬面貌能够保持如此的连贯性，是值得深思的。如果将视野扩大到整个巴蜀地区，就会看到这种连续性是普遍存在的。巴蜀地区已经发现的蜀汉西晋的纪年墓葬不多，已知者仅有西昌南坛村墓（建兴三年，225年）和成都扬子山（泰始十年，274年）墓[7]，西昌南坛村墓几乎没有发现随葬品，成都扬子山墓的随葬品也所剩无几，瓷罐、碗是长江中下游东吴西晋时期的风格，值得提出的是墓门用两块大石板做成，石板表面雕刻相对的拥彗执盾人物各一，这完全是一派东汉气息。另有巴县白市驿、大邑县董场乡、崇庆县五道渠墓、城固县宝山小学[8]等几座墓葬出土有三国时期的钱币，确定了墓葬的时代上限，简报中都将它们直接断定在蜀汉，虽然证据不完全充分，但时代也不至于相去太远。巴县白市驿墓长凸字形，出土“直百五铢”、“定平一百”铜钱，陶人物俑、陶镇墓兽、陶猪、鸡等，与东汉时期几乎没有差异，简报云“该墓虽构式一般，为川东一带东汉墓式之常见者，然在重庆地区蜀汉时期，全国（“部”误？）楔形砖构之券顶、室壁、三层墓底，这是首次发现”。大邑县董场乡墓非常残破，只保留不少画像砖，内容据考有神荼、郁垒、六博、舞乐、西王母、建木、车马出行、天仓、天阙、方相等，这些内容完全承东汉而来。墓中出土的五铢钱，简报认为是曹魏五铢，简报还认为：“墓墙错缝平砌，墓底铺地砖两层，墓砖略较汉砖薄小，砖纹变得简单等，均与1981年四川省崇庆县五道渠蜀汉墓相似。而且画像砖的浮雕线条变细变浅；天仓画像砖上的人物形象，完全是三国的人物造型等，均说明这座墓为三国时期的墓葬……”这些论述可资参考。崇庆县五道渠墓出土有“直百”和“直百五铢”两种铭文的铜钱，器物有铜釜、灯、陶罐等。铜灯作玄武状，见于东汉晚期至东晋早期的墓葬中，如开县红花村墓、涪陵崖墓、大邑马王坟墓、南京仙鹤观东晋墓[9]等。城固县宝山小学墓出土物不多，但其中有“定平一百”380枚。

从蜀汉到东晋早期，巴蜀地区的墓葬面貌与东汉晚期墓葬有连续性，忠县涂井墓群将这种连续性明确地表现出来，它与这个地区的历史应有密切的联系。蜀汉、西晋和成汉虽然也有动荡，但巴蜀地区的局势总体上相当平稳[10]。蜀汉代刘焉、刘璋，西晋代蜀汉，基本都没有触动当地的社会基础。如何协调与巴蜀豪强大姓的关系，是外来势力进入巴蜀后需要妥善处理的问题。刘焉入蜀后，一度与巴蜀地方势力剧烈冲突，但过了一个阶段，就主动协调同当地强势阶层的关系。蜀汉建立时，积极争取各方面的支持，“（董）和、（李）严、（黄）权，本刘璋授用也；吴懿、费观，璋之婚亲也；彭羕，璋所排摈也，刘巴，己之宿恨也，皆处之显位，尽其器能，有志之士，无不竞劝。”[11]西晋灭蜀后，虽然将随刘备入蜀的荆州地主集团的主要人物共约三万余户，内迁到洛阳关中，但继续对蜀汉大臣及其子孙在政治上和经济上给予一定的优待，原巴东太守罗宪降魏后领原职，拜凌江将军，原蜀汉庲降都尉霍弋降服后续任原职，并遥领交州刺史，是其显例。西晋还引用一部分蜀中豪族大姓人士如柳隐、文立等为官[12]。据《晋书》卷十四《地理志上》，巴蜀地区西晋时期人口约100万，与蜀汉相差无几，可见社会的稳定。成汉时期的情况，正如《晋书》卷一百二十一《李雄载纪》所载：“时海内大乱，而蜀独无事……事少役稀，百姓富实，闾门不闭，无相侵盗”[13]。从蜀汉到成汉，也即相当于曹魏至西晋阶段，中国各地的墓葬文化都没有发生大的变异，这也是外来力量数度进入巴蜀，而巴蜀地区墓葬面貌没有大变的重要原因。

第5组与前四组之间存在突变关系。陶俑、东汉特点的陶器、六朝早期的瓷器在第5组中都不复存在，由于M6的时代可以明确地断在东晋，因此，可以说，东晋早期前后是涂井墓群的重要转变阶段。根据发表的三峡地区的其他材料可知[14]，涂井墓群具有比较典型的墓葬断代方面的意义，东晋早期前后是三峡地区墓葬面貌普遍发生变化的转折点。根据已有研究成果还可知，长江中下游六朝墓葬在东晋前期发生剧烈转变，这与东晋政权在南方的建立有密切关系。东晋建都建康后，一扫长江中下游地区东吴西晋的墓葬文化传统，代之以简约但具有时代特色的丧葬文化，这在长江中下游地区发掘的墓葬中反复地表现出来。东晋前后以涂井墓群为代表的三峡地区墓葬面貌的普遍转折，不能不让人联系到东晋永和三年（347年）的桓温入蜀。从蜀汉以来一直延续的丧葬文化传统，在新的文化因素挟政治势力而来之际，大概不得不面临调整。由于史料的不足，巴蜀人东晋之后的情况不十分明了，但明确可知桓温入蜀以后巴蜀地区进入连续动荡不安的时期，历经东晋、前秦、谯纵、南朝宋、齐、梁，北朝西魏、北周8个政权的统治，这不能不对三峡地区的各个方面包括丧葬文化产生一定的影响。据《宋书》卷三十七《州郡志三》载梁州（包括四川东部和陕西汉中等地）民户15516，其中四川境内者仅4000余户，口不足2万，如此稀少的人口，必然对社会生产产生非常不良的影响。

影响三峡地区生业的一个重要因素是少数民族——僚和五溪蛮的移徙和散布。蜀汉后期开始，原云南贵州一带的僚人开始入蜀，成汉时大规模入蜀，入蜀后的僚人遍布巴蜀全境，这个问题与桓温入蜀一道，对当地的社会和生产造成不可低估的影响。“建国中，李氏在蜀，诸獠始出巴西……自桓温破蜀之后，力不能制，又蜀人东流，山险之地多空，獠遂挟山傍谷。”[15]东晋殷仲堪谈及巴西、宕渠二郡时说：“巴宕二郡为群僚所覆，城邑空虚，士庶流亡，要害膏腴皆为僚所有。”[16]与二郡相邻的三峡地区情况恐也不容乐观。民族移徙和散布甚至在南朝时期仍然没有停止。主要居住在湘西武陵山一带的五溪蛮，南朝时期进入川东，“蛮者，盘瓠之后……有冉氏、向氏、田氏者，陬落尤盛，余则大者万家、小者千户，更相崇树，僭号王侯，屯据三峡，断遏水路，荆、蜀行人至有假道者”[17]。根据近年来三峡工程过程发现的墓葬可知，忠县涂井崖墓所显现的东晋早期前后开始的墓葬特征，南朝时期仍然延续，在这个意义上，可以说，忠县崖墓群的学术价值值得继续关注和评估。

韦正（北京大学考古文博学院）

1.四川省文物管理委员会《四川忠县涂井蜀汉崖墓》，《文物》1985年第7期。

2.如吴桂兵《忠县涂井M5与蜀地佛教早期传播》，《四川文物》2002年第5期；魏葳《从汉陶人物俑看汉代四川社会》，《文史杂志》2006年第4期。

3.胡人朝《重庆市化龙桥东汉砖墓的清理》，《考古通讯》1958年第3期。

4.北京大学三峡考古工地发掘品，资料现在忠县。

5.北京大学三峡考古工地发掘品，资料现在忠县。

6.涪陵博物馆藏品。

7.凉山州博物馆《四川凉山西昌发现东汉、蜀汉墓》，《考古》1990年第5期；沈仲常《成都扬子山的晋代砖墓》，《文物参考资料》1955年第7期。

8.李国良《巴县白市驿发现蜀汉砖室墓》，《四川文物》1994年第5期；大邑县文化局《大邑县董场乡三国画像砖墓》，《四川考古报告集》文物出版社，1998年；王寿芝《陕西城固蜀汉墓葬清理记》，《考古与文物》1992年第3期；四川省文物管理委员会 崇庆县文化馆《四川崇庆县五道渠蜀汉墓》，《文物》1984年第8期。

9.四川省文物管理委员会 陈显双、开县图书馆 朱士鸿《四川开县红花村崖墓清理简报》，《考古与文物》1989年第1期；四川省文物管理委员会《四川涪陵东汉崖墓清理》，《考古》1984年第12期；丁祖村《四川大邑县马王坟汉墓》，《考古》1980年第3期；南京市博物馆《江苏南京仙鹤观东晋墓》，《文物》2001年第3期。

10.蜀汉降晋时户28万，口94万，西晋太康三年（282）巴蜀22万余户，与蜀汉相差不大。巴氏李氏成汉政权建立过程中，曾产生一定的民族对抗或逃亡，但随着成汉政权的稳定，局面有所改善。《华阳国志·序志》云："李氏据蜀，兵连祸结，三州倾坠，生民歼尽。府庭化为狐狸之库，城郭蔚为熊罴之宿，宅游雉鹿，田栖虎豹，平原鲜麦黍之苗，千里蔑鸡狗之响，丘城芜邑，莫有名者。嗟乎三州，近为荒裔，桑梓之域，旷为长野。"常璩成汉时官散骑常侍，为永和三年（347）劝李氏降晋的主要人员之一，《华阳国志》成书于东晋永和十一年（355），时距成汉亡不过8年，因此常璩的叙述容或夸大，不尽可信。

11.《华阳国志》卷六《刘先主志》。

12.参见蒙默等编《四川古代史稿》第134页，四川人民出版社，1989年。

13.《晋书》卷一百二十一《李雄载纪》。

14.可参见几座纪年墓葬，如巴东老场屋M3（泰和四年，369年）见《湖北库区考古报告集（第一卷）》，秭归老坟园M5（泰元五年，380年）见《湖北库区考古报告集（第三卷）》，巫山江东嘴M9（太元六年，381年），见《重庆库区考古报告集（1998）卷》。

15.《魏书》卷一百一《獠传》。

16.《晋书》卷八十四《殷仲堪传》。

17.《周书》卷四十九《异域志·蛮传》。

东亚地区出土早期钱纹陶瓷器的研究

钱纹陶瓷器是公元1世纪至6世纪（约相当于中国的东汉、三国、两晋、南北朝时期）流行于中国乃至东亚地区不同国家的重要器种。我们大致将其分为两个类别，一是钱纹陶瓷器皿，一是钱纹砖瓦，它们的工艺特点是在器物表面装饰着模印钱纹或变形钱纹及类似钱纹。实际上，钱纹装饰图案在中国古代陶瓷器上一直流行到明清时期，本文研讨对象主要是隋代以前的遗存，所以称之为“早期钱纹陶瓷器”。以下分而述之。

一、钱纹陶瓷器皿

迄今为止，见诸考古资料报导或经我们调查发现的钱纹陶瓷器皿主要有以下各例：

1935年冬，南京中和桥西南铁路施工工地出土一批南朝萧梁时期的五铢钱钱范遗物，商承祚先生等在出土现场考察发现，与钱范共存的遗物中还有少数模印“五（铢）”钱纹的陶片，钱纹外周装饰一圈栉齿纹[1]。目前所知，这是中国境内最早发现的钱纹陶器残件。

1955年，在江苏徐州市第六中学施工工地即徐州市云龙山东侧一个叫下园墩的地方，发现了汉代铜质五铢钱范一片以及530枚五铢钱，铜钱的下面压有一堆陶罐碎片，陶罐的底部和器壁上都印有“五铢”钱纹，发现者认为它们是西汉时期的遗存[2]。

20世纪70年代以后，相关遗物发现较多，以下根据出土时间的大致先后予以介绍：

浙江衢县街路村（现属浙江龙游县上圩头乡）西晋太康八年（298年）墓中出土一件褐釉钱纹瓷罐。该器口径28厘米，底径18厘米，高28厘米。器侈口，广肩，腹最大径偏上，小平底略内凹，从肩部至腹部模印4层“大泉五十”铭文的钱纹，钱纹周边为一圈放射状栉齿纹；下腹部饰菱形填线几何纹。器形敦厚，施褐釉至下腹部，釉层较厚，下部流淌呈蜡泪状[3]（图一）。

江苏丹徒县高资乡高资镇西南0.5公里处的高资村八队曾出土一东晋钱币窖藏，出土时有140多公斤铜钱装在一个钱纹灰陶瓮内，陶瓮口径39厘米，高58厘米，鼓肩，平口，器身较高，腹最大径明显偏上，瓮身肩部以上满布圆形钱纹，肩部以下为斜格纹。花纹较为模糊。发掘者认为该窖藏的时代为东晋中晚期[4]（图二）。

湖北省鄂州市东吴时期“孙将军”墓中发现一钱纹瓷瓿，器高26.5厘米。敛口，宽肩，平底，肩有双系，器身肩、腹部饰8层“大泉五十”文钱纹。该墓出土的一件青瓷院落明器的楼顶内面刻有“孙将军门楼也”铭文，发掘者推测此墓墓主人“孙将军”可能是吴大帝孙权的家族成员[5]（图三）。

安徽省南陵县麻桥东吴墓（M2）中曾出土一件青瓷罍，器口径25.8厘米、腹径40.4厘米，底径16

厘米，高31.2厘米。圆口双唇，球腹平底，肩部至腹下印有10层葵花形纹饰[6]（图四）。这种纹饰虽不是钱纹，但其装饰风格与同时期的钱纹瓷器非常相近，故在此将其列入“钱纹器”系列。出土该器的墓葬（M2）与同时发现的M1时代相似，而M1内发现了带“赤乌八年（245年）”纪年铭买地券，这为我们判断该器的具体年代提供了重要的参考依据。

安徽省马鞍山市发现的东吴左大司马、右军师朱然墓中出土了2件黄褐釉陶钱纹罐，一件口径22.8厘米，腹径42.8厘米，底径20厘米，高32厘米，方唇，短颈，口微外侈，丰肩，鼓腹，小平底稍内凹，肩及上腹部拍印8层钱纹，钱纹周有放射状栉齿纹，下腹部饰三角形填线纹[7]（图五）。

朱然墓出土的另一件钱纹罐造型与上器相似，广口，溜肩，腹部饱满，小平底略内凹，肩腹部拍印9层钱纹，钱纹周边一圈为放射状栉齿纹[8]（图六）。

浙江安吉天子岗一座吴末晋初（约在公元260—280年之间）墓葬（M3）中出土了一件青瓷钱纹罐，口径21厘米，底径18厘米，高30.5厘米，器侈口斜沿，丰肩鼓腹，平底内凹，肩及上腹部印4层钱纹，下腹部拍印块状斜方格纹。器身施青黄色釉不及底[9]（图七）。

浙江嵊州市石璜镇苔山西晋太康九年（288年）墓中出一件青瓷钱纹罐，口径24.5厘米，底径16厘米，高33厘米。器侈口，方唇，丰肩，鼓腹，最大径偏上部，平底；从肩至腹拍6层钱纹，钱纹周边为一圈放射状栉齿纹，下腹部拍印长方块内填斜方格网纹。器身着青黄色釉，釉不及底[10]（图八）。

广西合浦县母猪岭一东汉墓中出土一件钱纹陶瓮（M6:8），口径18厘米，底径19.1厘米，高30.8厘米，瓮敞口，尖唇，卷沿，腹微鼓，平底。器身拍印细方格纹和五铢钱纹，肩、腹部各饰一道凹弦纹[11]（图九）。

湖北巴东茅寨子湾遗址出土过一件酱黄釉钱纹罐，口径31厘米，残高25厘米。直口，广肩，深斜腹，肩、腹部拍印钱纹[12]（图十）。从器形判断，其时代应为六朝早期。

镇江市区跑马山东晋墓曾出土褐釉钱纹罐一件，口径23.5厘米，底径15.2厘米，高28厘米，宽沿短颈，溜肩，鼓腹，下腹急收，小平底。肩部设两个牛鼻耳并饰4排钱纹带，钱纹四周为放射状栉齿纹，钱纹之外有斜方格纹，施半截褐釉[13]（图十一）。

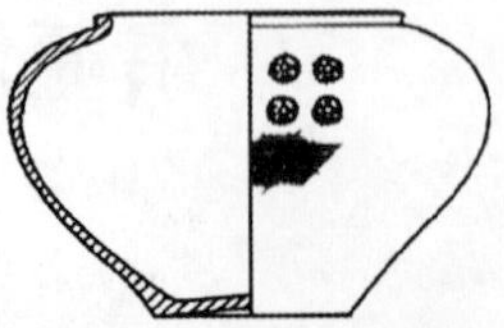

图一 浙江龙游县上圩头乡西晋太康八年墓出土褐釉钱纹罐

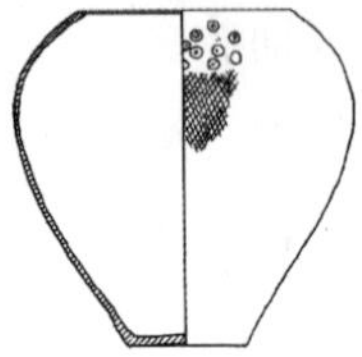

图二 丹徒东晋窖藏出土钱纹陶瓮

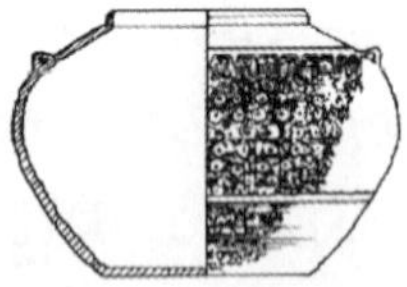

图三 鄂城东吴“孙将军”墓出土钱纹瓷瓿头

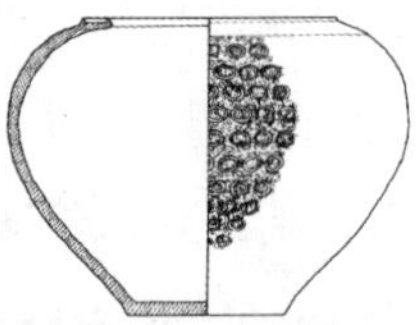

图四 南陵麻桥东吴墓出土印纹青瓷

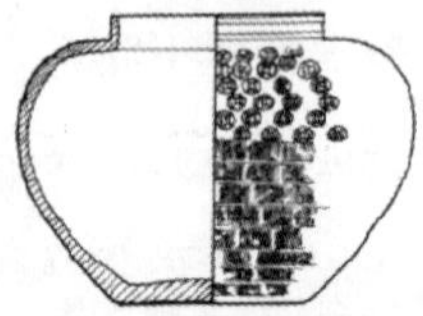

图五 马鞍山东吴朱然墓出土钱纹罐

南京大行宫东吴地层内出土一件钱纹罐，方唇，直口，丰肩，鼓腹，器肩至腹部拍印8层钱纹，钱纹周边为放射状栉齿纹，器身施青黄色釉不及底（图十二）。在同一地点及南京市区范围内还出土过数量较多的东吴至东晋的钱纹陶、瓷器残片，其装饰的钱纹有“五铢”、“大泉五千”、“大泉五百”、“大泉当千”、“太平五百”、“大五当千”、“大泉五铢”、“五五五五”以及无文四出钱纹、变形钱纹等，钱纹周边基本都有一圈放射状栉齿纹，器型主要有罐和罍二种[14]（图十三）。

近年来，笔者在江苏宜兴、溧阳等地考古调查中还发现过几件钱纹器，在此一并予以介绍：一为红陶钱纹罐，器直口略外侈，丰肩，鼓腹，器腹饱满，小底，器身从上到下拍印6层变形钱纹，钱纹周有放射状栉齿纹（图十四）；一为酱褐釉泡菜罈，器肩有4耳，肩腹部从上到下拍印5层钱纹，下腹部饰布纹（图十五）；一为褐釉钱纹罐，口径15.6厘米，高32.4厘米，底径14.4厘米，斜唇，口外侈，溜肩，最大腹径明显偏上部。肩腹部拍印4层变形钱纹，钱纹周边为放射状栉齿纹，下腹部饰布纹。器身施褐釉不及底[15]（图十六）。

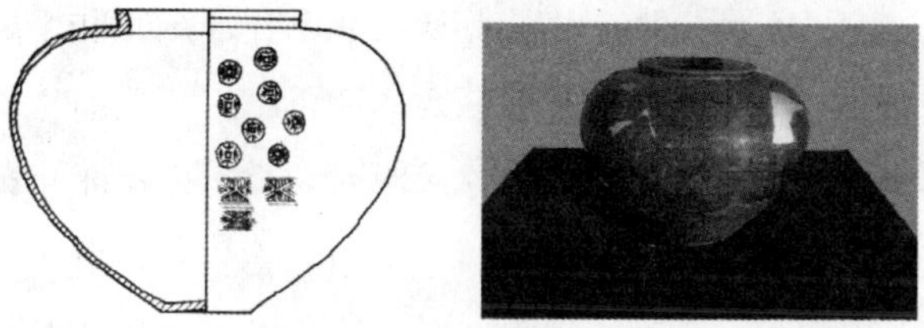

图六　马鞍山东吴朱然墓出土钱纹罐

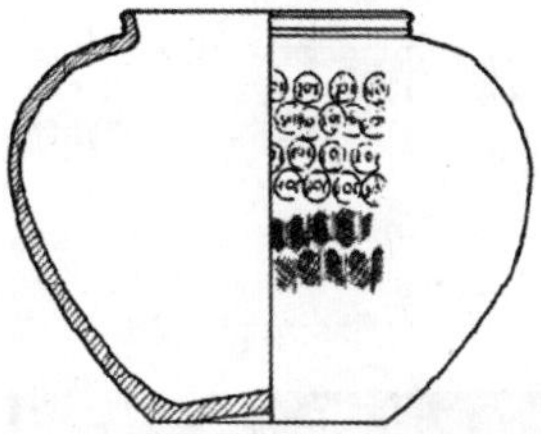

图七　安吉天子岗M3出土青瓷钱纹罐

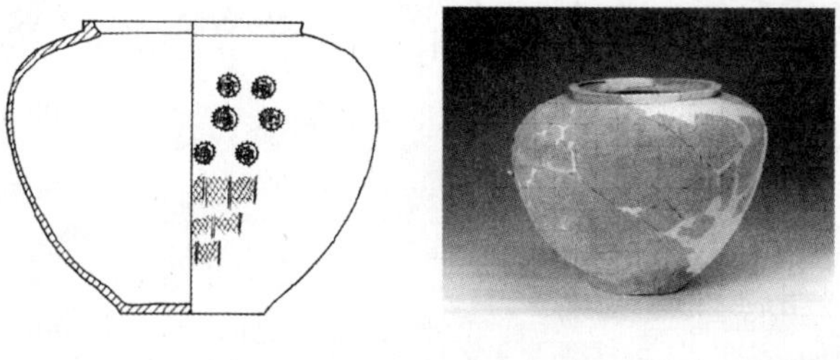

图八　浙江嵊州市石璜镇西晋太康九年墓出土青瓷钱纹

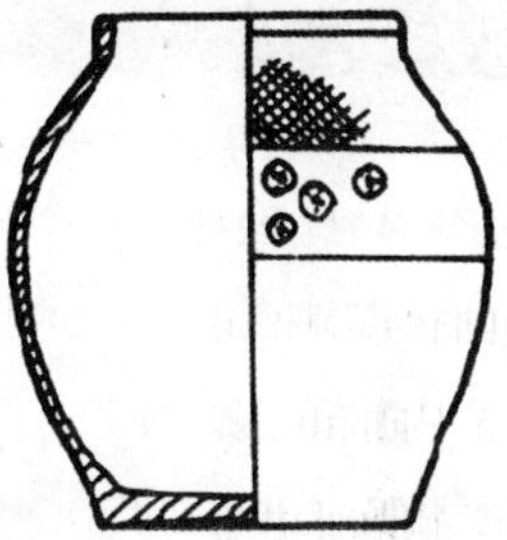

图九　广西合浦母猪岭东汉墓中出土钱纹陶瓮

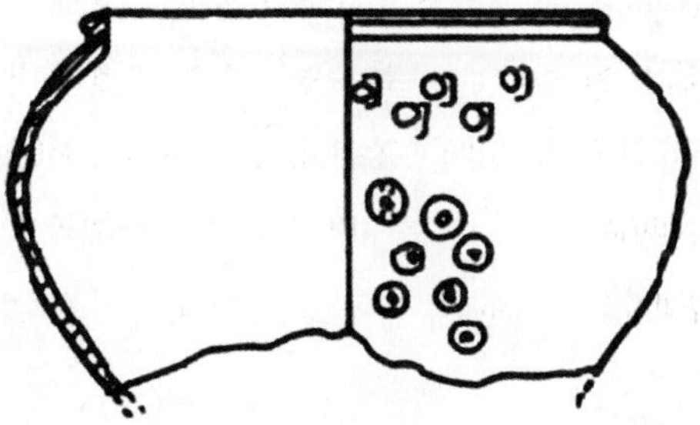

图十　湖北巴东茅寨子湾遗址出土六朝早期钱纹罐

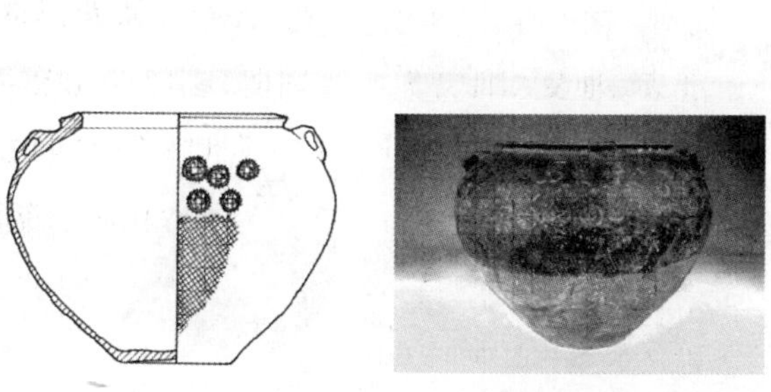

图十一　镇江跑马山东晋墓出土褐釉钱纹罐

另外，在湖南省湘阴县湘江岸边的竹园里窑址出土了东汉时期的饰“五铢”钱纹的陶罐碎片[16]；在浙江省上虞市越窑窑址中出土了约为东汉中期的酱褐釉“五铢”钱纹瓷器残片[17]；在浙江省武义县芦北乡管湖村东吴时期窑址中出土了褐釉钱纹罍残片[18]；在江苏宜兴市附近的溧阳市南山北麓发现了东汉至吴晋时期专门烧制钱纹陶瓷器的窑址等[19]。

东亚地区除中国之外，在韩国、越南境内也发现过数例钱纹陶器片，具体包括：

1985年，金元龙等在韩国汉城（首尔）附近的梦村土城发现过黑褐釉钱纹陶片2件，1989年又发现同类特点的钱纹陶片1件；2001年权五荣等在汉城（首尔）附近的风纳土城发现过黑褐釉陶质钱纹瓮1件，器高56厘米，口径34.2厘米，底径23厘米（图十七）；1994年，李康承在洪城神衿城遗址发现黑褐釉钱纹陶片1件。以上5例钱纹陶（图十八）的时代都被定为约相当于中国的西晋或晋代遗存，成

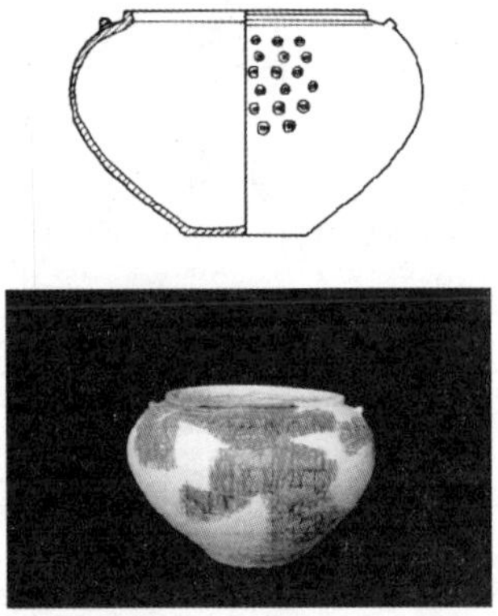

图十二　南京大行宫东吴地层出土青黄釉钱纹罐

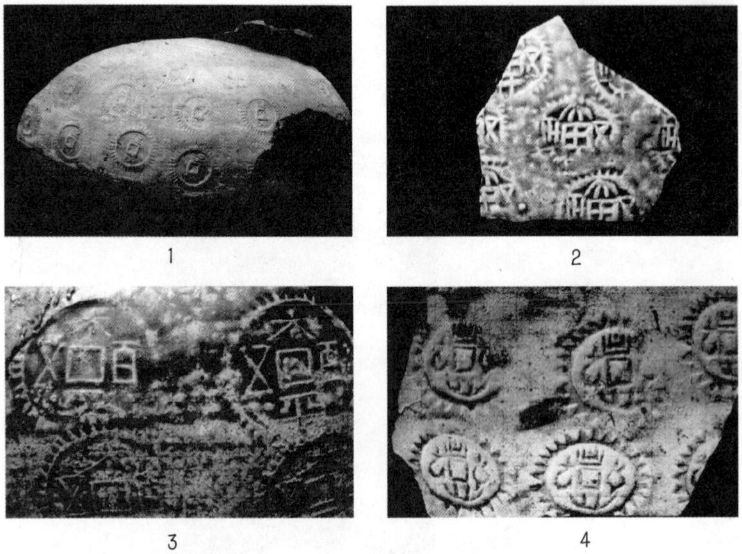

图十三　南京东吴地层出出钱纹陶器（罐、罍）残片

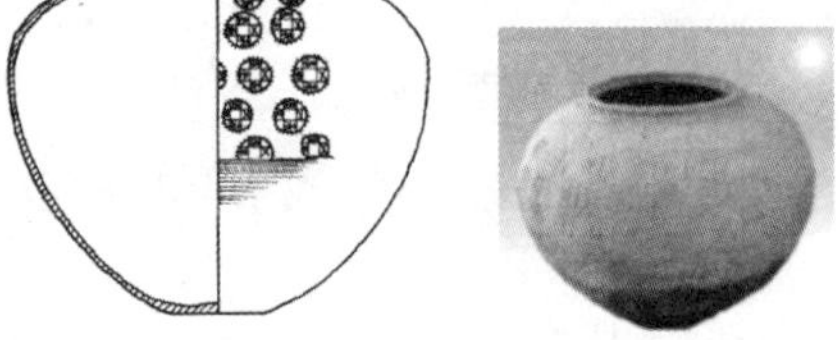

图十四　宜兴出土红陶钱纹罐

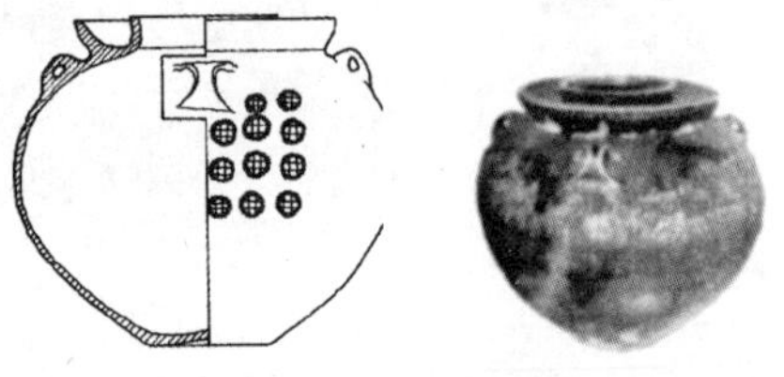

图十五　宜兴出土酱褐釉钱纹泡菜

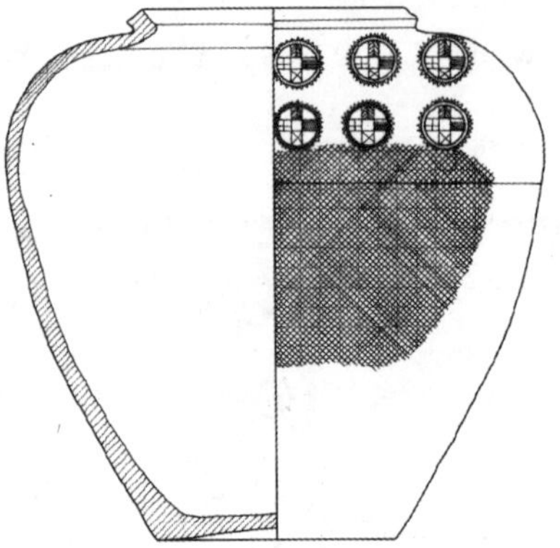

图十六　宜兴张渚出土褐釉钱纹罐

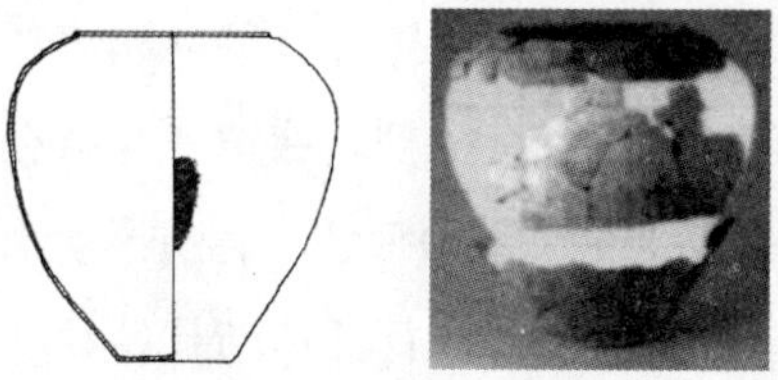

图十七　韩国风纳土城出土黑褐釉钱纹陶瓷

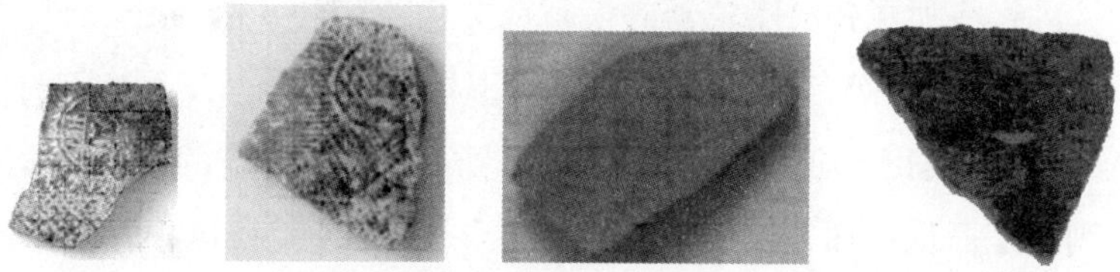

1　2　3　4

图十八　韩国境内出土的钱纹陶片
（1.2、3.梦村土城遗址出土；4.洪城神衿城遗址出土）

图十九　越南岘港茶乔遗址出土的钱纹陶片

正镛先生则认为它们是百济文化汉城期的遗物[20]。

在越南中部的第一大港岘港西南约40公里的茶乔，出土过大约相当于中国东汉至三国时期的钱纹陶片，笔者所见资料可能是一件罐类器的腹片，上有残存的约半个钱纹（图十九），从保留的“铢”字推论钱文应为“五铢”二字[21]。

现对以上资料略作分析。

1.分布地域

从出土地域看，中国境内这一时期的钱纹陶瓷器主要发现于江苏、浙江、湖北、湖南等长江中下游乃至岭南地区的范围内，淮河以北仅有江苏徐州一例，且器型不明。这说明东汉至两晋时期的钱纹陶瓷器主要流行于中国长江以南区域。除窑址所见外，具体出土地点以东吴都城建业所见数量最多，其次大多为汉末到吴、晋时期的重要城市如武昌（今湖北鄂州）、京口（今江苏镇江及丹徒一带）、义兴（今江苏宜兴）、当涂（今安徽马鞍山市地区当时属紧靠都城建业的当涂县地）及会稽郡（今浙江绍兴市及附近地区）境内等。中国以外地区如韩国出土钱纹陶的地点也属于当时重要的政治城邑所在，越南境内出土地则为汉末以后林邑国国都所在[22]。这些应说明当时的钱纹陶器属于一种比较珍贵的器种，其拥有者具有相对较高的社会地位。

2.烧制窑口

依据目前资料，钱纹陶瓷器的烧制窑口主要包括长江中游地区的湘阴窑、长江下游地区的越窑、婺窑、宜兴窑等。釉色有青釉、褐釉或黑褐釉、酱黄釉等。其中尤以长江下游地区烧制量最大，我们在江苏溧阳境内甚至发现了东汉至六朝早期的专门烧制钱纹陶瓷器的窑场遗址[23]。钱纹陶瓷器的器型以盛贮用具如罐、瓿、瓮等为主，还有泡菜坛等。

3.时代差异

钱纹陶瓷器的时代延续较长，目前可知，它在西汉晚期已经出现，经东汉、三国、两晋甚至南北朝，整个存世时间长达400—500年，对其做出分期或年代上的辨析很有必要。钱纹陶瓷器的断代大约可以从两个方面进行，一是钱文，二是造型。

迄今所见钱纹陶瓷器的模印钱文有“五铢”、“大泉五十”、“大泉五百”、“大泉五千”、“大泉当千”、“太平五百”等。在中国钱文中，“五铢”铭始自西汉武帝元狩五年（前118年），到唐武德四年（公元621年）废止，延用长达739年。尽管不同王朝铸行的“五铢”钱在“五铢”二字的写法上存有差异，但因陶瓷器上拍印钱铭多数不太规整或较为模糊，所以根据拍印的“五铢”钱写法进行具体断代往往较为困难，但我们至少可以认为，“五铢”钱文在钱纹陶瓷器系列中出现的时代为最早，目前可知，中国徐州下园墩发现的西汉时期钱纹陶器残片、中国广西合浦母猪岭东汉墓出土钱纹陶瓮、中国湖南湘阴县竹园里窑址及浙江上虞市越窑窑址中出土的东汉中期的钱纹陶器，其拍印钱纹都有“五铢”钱文，这种现象也见于越南境内茶乔出土的约相当于中国东汉至三国时期的钱纹陶器残片。但“五铢”文钱纹陶瓷器的延续时间也可能较长，在南京大行宫东吴至西晋时期地层中，包括甚至怀疑为南朝梁代的南京中和桥西南出土的钱纹陶瓷器残片上还有“五铢”钱文的出现。

晚于“五铢”钱文的是“大泉五十”钱文，该种钱币始铸于王莽居摄二年（公元7年），直到西晋时期可能还有使用[24]。目前可知，“大泉五十”铭钱纹在东汉“永元十四年”（102年）纪年铭砖上已经出现[25]（图二十），该种钱纹陶瓷器出土于湖北鄂州东吴时期“孙将军”墓中和浙江衢县街路村西晋元康八年（298年）墓中，表明“五铢”和“大泉五十”这两种钱文在陶瓷器上从西汉末期一直流行到西晋时期。

图二十　“永元十四年”铭“大泉五十”钱文砖

“大泉五百”钱始铸于东吴时期孙权嘉禾五年（236年）；“大泉当千”钱为孙权赤乌元年（238年）所铸大钱。此外，在东吴时期，还铸有“大泉五千”、“大泉二千”钱等，南京大行宫等地出土的钱纹陶器上见有“大泉五百”、“大泉当千”、“大泉五千”等钱文，当为东吴嘉禾五年（236年）以后的产品，而且，由于大钱属于高额虚值钱，铸行以后并不受百姓欢迎，所以流行时间不长[26]，为此，拍印这类钱纹的陶瓷器也应该存世不致久远，换句话说，拍印这类钱纹的陶瓷器应可视做东吴嘉禾五年以后至西晋时期的典型器物。到目前为止，属这类钱纹的完整器物尚未发现，但南京市区东吴地层出土的该类钱纹陶瓷器残片已有多例，且钱文清晰，器型有直口罐（或罍）、双唇罐等。还有一些钱文也应该属于汉末到东吴、西晋时期的作品，如南京出土的“太平五百”、“大五当千”、“大泉五铢”、“五五五五”钱文陶瓷器残件等。“太平五百”究竟为三国时期的吴钱还是蜀钱，学术界存有争议，因蜀地出土过“太平五百”钱铸造铜母范，因此，我们还是倾向于认为这种钱应为蜀地铸币[27]，但它在东吴地区也较为流行，迄今出土已有多例，作为一种陶瓷器装饰纹样，其存在时间也应大约在东吴到西晋时期，这不仅因为南京市区出土东吴至西晋时期的钱纹陶瓷器中存有这类实物，而且在南京郊区西晋永宁元年（301年）墓葬中还发现过拍印这种钱纹的墓砖[28]。“大五当千”、“大泉五铢”钱文究竟是对实际金属铸币的模仿，还是陶瓷器制造者自行参照金属钱铭并进行改造、组合而设计出的纹样，目前无资料佐证，但它们的纹样特点无疑具有东吴至西晋时期的特点。而“五五五五”等钱文，却曾见于实际铸币，古钱币界称这种钱为“五铢异品”，它当时可能不是市场上的流通货币，而是作为一种“厌胜钱”存在于民间[29]。另有部分钱纹无钱文，但是一种“四出钱纹”即穿之四角各出一条直线到达边郭的钱纹铸行于东汉末中平年间（公元184—188年），这种钱纹在南京钱纹陶瓷器残片上也有较多实例，它们应是属于汉末至吴、晋时期的遗存。

综上所述，我们大体可以知道，迄今发现的钱纹陶瓷器以“五铢”钱文出现时间最早（西汉晚期），延续时间也最长（至少到西晋），东吴之前有清晰钱文的钱纹陶瓷器几乎都是属于“五铢”钱文类；“大泉五十”钱文尽管在东汉时期已用于砖上，但见于陶瓷器皿则是东吴和西晋时期；三国时期东吴嘉禾、赤乌年间铸行的“大泉五百”、“大泉当千”以及蜀汉铸行的“太平百钱”等钱文主要见于三国和西晋时期的钱纹陶瓷器上。大约在东汉中期以后，出现变形钱纹或“厌胜钱”纹，这类钱文也流行于东吴境内，一直到东晋仍未绝迹。东汉晚期到吴、晋时期的钱纹形态，基本都是方孔圆钱，钱纹周边有一圈放射状的栉齿纹，似象征着光芒。

以下我们根据造型再对钱纹陶瓷器做一时代上的分析。钱纹陶瓷器以罐（瓿）、罍、瓮为主，一般体型较大，从东吴——西晋（早期）到东晋（晚期），其演变规律大体如下（参见表一、图二十一）：

1.钱纹陶瓷器的口沿由高到低。早期多见高、直口或直口微侈，也有少量双唇口；晚期口逐渐变低，甚至出现平口（如丹徒东晋钱纹瓮）。

2.器身由矮逐渐变高。器物口径与身高之比从早期的1.5∶1甚至1∶1到晚期的约2∶1，即大体由体型较矮胖的罐（瓿、罍）形器演变成体型较高的瓮形器或罈形器，器肩也从丰肩发展为溜肩。器腹的最大径早期在中部，晚期明显偏上部。

3.器体从上到下拍印钱纹的层数由多到少。钱纹陶瓷器的钱纹一般都拍印在肩部和腹部，从上到下排列有序，每层绕器身一周，腹下部则为拍印的几何纹，如布纹、网格纹、三角或菱形填线纹等。早期的钱纹层数较多，如东吴器一般为6—10层，西晋时一般为4—6层；晚期的钱纹层数只有2—4层。随着钱纹层数的减少，原先下腹部的几何纹也逐步向上发展到腹中部甚至到了上腹部。

4.早期的钱纹拍打有力、纹路较深，图案清晰，常见“五铢”、“大泉五十”、“大泉五百”、“太平百

表一　中国和韩国出土部分钱纹陶瓷器（罐、瓮）器体规格登记

单位：厘米

时　代	出　土　地	器口径	器　高	底　径	钱纹层数
东吴（赤乌八年）	中国南陵麻桥	25.8	31.2	16	10
东吴（赤乌十二年）	中国马鞍山朱然墓	22.8	32	20	8
东吴	中国鄂州孙将军墓	19	26.5	19	8
西晋（太康九年）	中国嵊州石璜镇	24.5	33	16	6
西晋（太康八年）	中国衢县街路村	28	28	18	4
西晋	中国安吉天子岗	21	30.5	18	4
东晋	中国镇江市区	23.5	28	15.2	4
东晋	中国宜兴张渚	15.6	32.4	14.4	2
东晋	中国丹徒高资	39	58		
东晋(?)	韩国风纳土城	34.2	56	23	

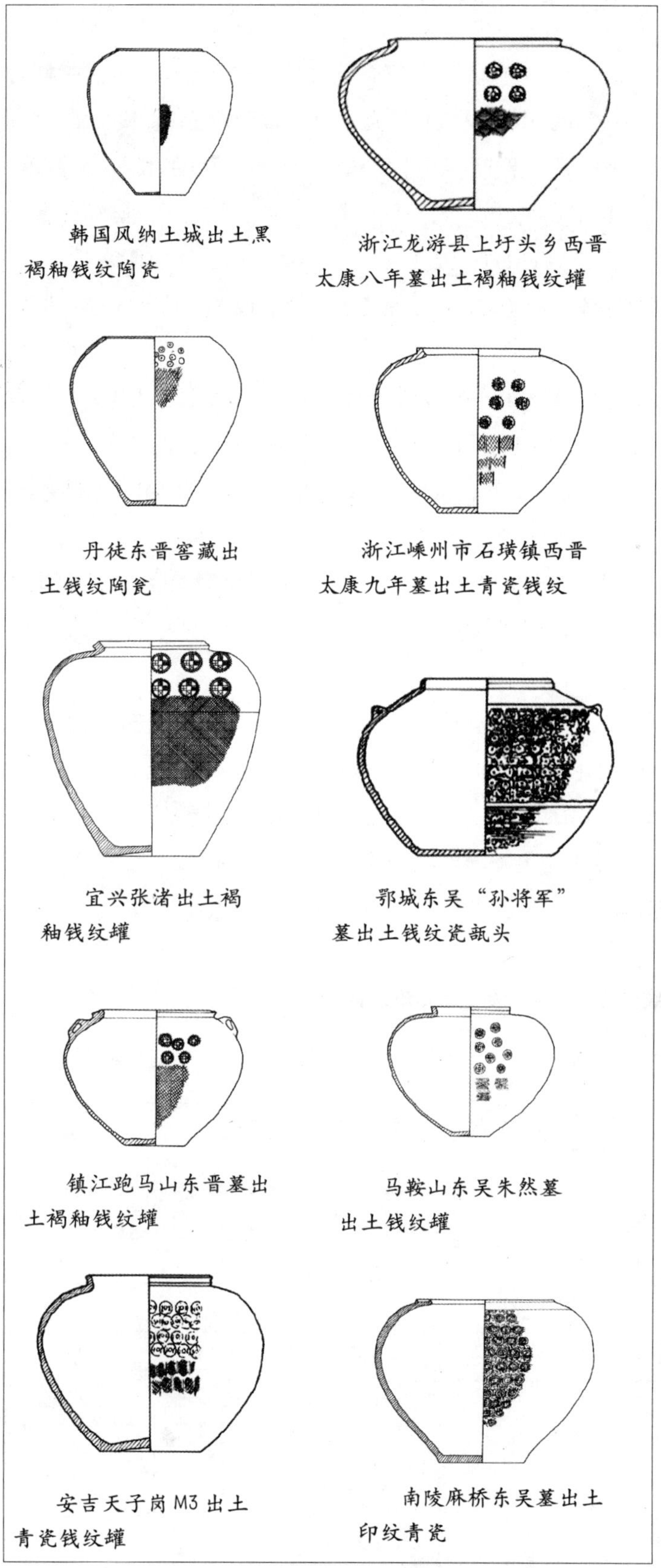

图二十一　早期钱纹陶瓷器器形演变图

钱”等含义明确的钱文，后逐步出现无文钱纹或变形钱文、厌胜钱纹图案；晚期钱纹图案较浅甚至趋于模糊，钱文大多呈变形状态或厌胜钱纹，钱文含义不明，也有部分无文钱纹。

当然，以上四个方面的演变特征是我们根据现已出土的钱纹陶瓷器资料所做的分析，今后随着新的资料出土，或许还会有局部的增减修改。根据以上的演变规律，我们认为，钱纹陶瓷器可能最早出现于长江下游地区和江淮地区，时间约在两汉之际；早期质地皆为陶质，器形以罐、瓿为主，纹饰主要是“五铢”钱纹，少数为“大泉五十”钱纹；至东汉中后期，这类器物在长江中游地区也已出现，但最为流行的仍然是长江下游地区，质地以硬陶为主，其风格应当是本地区先秦时期以来几何形印纹硬陶工艺的延续与发展。器表多施酱釉，器类、纹饰大体延续了早期的传统；汉末东吴时期，在今天的江浙地区多个窑场都烧制这类器物，并且出现了钱纹陶器和钱纹瓷器，硬陶质者多施褐釉或黑褐釉，瓷质者多施青釉或青黄釉，器类增加了泡菜罐（坛）等，纹饰品种增加了“大泉五千”、“大泉当千”、“大泉五百”、“太平百钱”等，同时也出现了大量的变形钱文或无文钱纹或厌胜钱纹等；到了西晋中后期至东晋时期，钱纹陶瓷器已进入衰落时期，器型由罐、瓿向瓮、罈的方向演变，纹饰变浅，主要饰于肩部上下，多为变形钱纹和厌胜钱纹或无文钱纹，酱釉易脱落。进入南朝以后，钱纹陶瓷器基本不见，1935年在南京中和桥与梁代钱范一起出土的“五铢”钱纹陶片资料由于不是正规的考古发掘材料，目前只能存疑[30]。南北朝以后出现在陶瓷器上的装饰钱纹[31]，与本文所说的钱纹陶瓷器已不属于一个范畴，本文即不再给予讨论。

在此，我们对韩国境内出土的钱纹陶器的时代发表一点看法。韩国境内出土的这类遗物，一般多数认为其时代是西晋时期，但我们从风纳土城出土的一件可复原的钱纹陶瓮观察，其器身较高，最大腹径明显偏上，钱纹不太清晰，且拍印层数较少，钱纹主要分布在肩部上下，这些都更具有年代稍晚或具体说是东晋时代的特点。梦村土城、风纳土城、洪城神衿城等出土的钱纹陶片所饰皆为变形钱文。胎釉结合较差，普遍有脱釉现象，总体特征也呈现出时代较晚的迹象，推测大约也属于东晋时代的遗存。

二、钱纹砖瓦

在砖上装饰钱纹，大约开始于西汉晚期到东汉早期，河南郑州等地出土的两汉画像砖上装饰有成组的钱纹，但这类钱纹一般都是作为辅助纹饰出现的[32]。东汉时期，产生了以钱纹为主题纹饰的画像砖，以四川地区最为盛行，图案也较为复杂，如联钱纹、钱币连璧纹[33]等（图二十二），钱文有“五铢”、“大泉五十”、“大泉五百”等[34]。在长江中下游，则流行构图较为简单的但也是以钱纹作为主题的钱纹砖，这方面的实例较多，如江苏丹阳东汉中期墓中出土的“大泉五百”双圈钱纹砖[35]，广东韶关出土永和三年（138年）铭钱纹砖[36]，云南大理下关出土“熹平年十二月造”（172—178年）铭钱纹砖[37]等。实际上，东汉至南朝时期，在长江流域各省几乎都有钱纹砖的发现，而同一时期的北方地区钱纹砖则相对很少[38]，所以，在中国东北辽南地区发现的一些钱纹砖，被学者们认为可能是受到了东南沿海地区影响所产生的结果[39]。东吴到西晋时期，在一些钱纹砖上出现“大泉当千”[40]、“太平五百”（有“永宁元年”纪年铭及“吴兴阳羡人“铭等，为公元301年遗物）[41]等钱文。东晋、南朝墓出土墓砖上的钱纹一般都无钱文，少数有“五五五”、“五五”等变形钱文或厌胜钱纹[42]，仅广州南越国宫署遗址东晋至南朝时期地层中出土有“大泉五十”钱文砖[43]，但由于是地层中出土的残砖，其烧制年代是否确为东晋至南朝时期应该慎

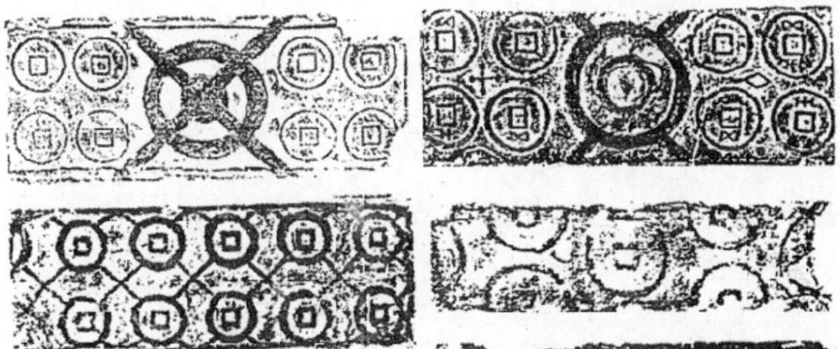

图二十二　四川出土的东汉钱纹砖纹饰

图二十三　南京市区出土汉末－东吴时期钱纹瓦（NYQW30）

重考虑。

以上钱纹砖上出现的钱文，与钱纹陶瓷器的时代可以互相参照，如三国之前的钱文，一般是“五铢”、“大泉五十”等；东吴、西晋时期除“五铢”钱文外，又增加了“大泉当千”、“太平五百”等钱文，西晋以后无钱文或变形钱文较多见。在此要说明的是，依笔者查阅，在钱纹砖资料中出现了两例三国之前的“大泉五百”钱文[44]，而钱币界早已认定“大泉五百”钱铸行于孙权嘉禾五年（236年），所以我们在判定“大泉五百”钱文陶瓷器时，都把这种钱文陶瓷器的烧制时代定在东吴至西晋时期，而现在所见这两例资料竟出现了东汉甚至西汉时期的“大泉五百”钱文砖，究竟是“大泉五百”钱的铸行时期远远早于东吴时期，还是有关研究者对该钱文砖甚至有关墓葬的时代定年有误，应是一个有待研究的问题。依笔者主观的意见，我们更倾向于这种钱文砖的时代可能还是东吴嘉禾年间以后的产物。

图二十四　韩国百济时代墓葬出土的墓砖钱纹组合纹

钱纹瓦迄今出土实例不多，一例出土于江苏高邮邵家沟东汉时代聚落遗址[45]；一例出土于南京市东吴时期地层中[46]（图二十三）。从这两例可以看出，钱纹瓦主要流行地区也是在长江下游地区。

让人们感兴趣的是，钱纹砖瓦（钱纹砖和钱纹瓦当）也出现于韩国百济时期的墓葬或遗址中，其中百济武陵王墓出土的墓砖上出现了钱纹组合纹[47]（图二十四），这种钱纹组合纹样在中国东晋、南朝时期的墓葬或建筑遗址中常有出土；而百济时期出现的钱纹瓦当则迄今未在中国发现，可能它是百济人的一种发明，该种瓦当在风纳土城出土了多枚，有的是在当面上用“十”字分出四区，每区内装饰一个钱纹（图二十五）；有的是在当面上装饰着钱树式的纹饰，钱树上的钱纹已做变形，在圆形钱纹内加一“X”形纹（图二十六），而这种变形钱纹在中国的钱纹陶瓷器上也有存在，它们之间是否存在模仿的关系还值得进一步研究。而钱树式的钱纹曾在中国的四川、河南都有发现（图二十七）。而且，在发现钱纹瓦当的风纳土城遗址也有钱纹陶器的出土，它们两者之间的关系同样值得引起关注。

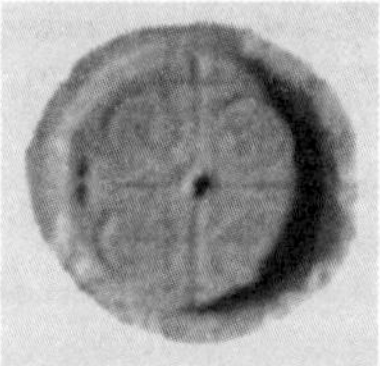

图二十五　韩国百济时期风纳土城遗址出土饰有“十”字分区的钱纹瓦当

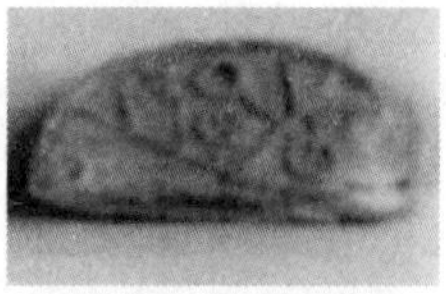

图二十六　韩国百济时期风纳土城遗址出土饰有“X”形纹钱纹

毫无疑问，中国东汉时代和三国南北朝时期的钱纹陶瓷器、钱纹

图二十七　河南方城县城关镇发现的摇钱树纹砖

砖瓦，和韩国百济时期遗址及墓葬中发现的钱纹陶器、钱纹瓦当、钱纹砖以及越南出土的钱纹陶器（残片）等，彼此在钱纹的造型和时代上存在着明显的联系，构成了东亚地区不同国家先民共同对“钱纹”器物的欣赏和喜爱的文化现象，而这种文化现象的源头应当是在中国。在中国传统的思想里，钱纹首先具有象征“天圆地方”的意义[49]，“于一钱之中，法备天地，天覆地载，万宇一统，象征君临万方，皇权至上”[50]，即钱纹具有国家君主权力的象征意义；其二，钱纹拥有钱币即财富的含义，钱纹陶瓷器最土量最大的是都城遗址，如中国东吴时期的都城建业和东晋时期的都城建康（今南京市）[51]，此外，还有重要的城邑或贵族墓葬，有的钱纹陶器出土时器内还装有钱币，因此，我们认为，在陶瓷器或砖瓦上装饰钱纹有追求财富、向往富贵的含义；第三，钱纹还有辟邪、厌胜、祥瑞的用意。将钱币用于“辟邪”，可能至迟在中国西汉时期已经开始，如辽宁省西丰县乐善乡西岔沟墓地西汉早、中期墓中出土过一枚钱形铜佩，钱上有“除凶去央（殃），辟兵莫当”的铭文[52]，这种“厌胜钱”后来一直流行，人们普遍认为，具有厌胜功能的佩钱可以驱邪镇祟，为人们带来平安和吉祥。有的钱纹陶瓷器或钱纹砖瓦上的钱纹作变形状，即这类钱纹其实已经并不是“财富”的象征，而是更多的包含着辟除邪恶的意义，所以，我们会看到，钱纹可以与佛教莲花图案、道教中的方胜纹等组合在一起，构成更为复杂的象征系统，从而使原本简单的“钱纹”折射出当时人丰富的精神世界。今天，当我们面对着中古时期诸多的钱纹器物遗存，再次读一读晋人鲁褒的《钱神论》时[53]，我们可能会发现，“钱神论”不仅仅是对当时世风的讥刺，同时也是真实地反映了那一时期人们对“钱”的神化和种种的向往，而这种复杂的钱币思想当时随着“钱纹”器物和钱纹装饰风格的传播也从中国逐步扩散到了东亚其他的民族和国家，从而使钱纹装饰和钱纹器物在东亚地区作为具有一定共性的文化形式得到了传播和共同的理解与认知。

贺云翱 冯慧 李洁（南京大学历史系　南京大学文化与自然遗产研究所）

1.商承祚《记南京出土之梁五铢泥范》，《金陵学报》第五卷2期；又见邵磊《对南京通济门草场圩萧梁铸钱遗存的整理》，收入邵磊著《冶山存稿》一书，凤凰出版社，2004年。
2.张寄庵《徐州市云龙山发现北朝末期墓葬及汉代五铢钱范》，《文物参考资料》1955年11期。
3.衢县文化馆《浙江衢县街路村西晋墓》，《考古》1974年6期。另参见浙江省博物馆编《浙江纪年瓷》图58，文物出版社，2000年。
4.镇江市博物馆《江苏丹徒东晋窖藏铜钱》，《考古》1978年2期。
5.鄂州县博物馆《鄂城东吴孙将军墓》，《考古》1978年3期。
6.安徽省文物工作队《安徽南陵县麻桥东吴墓》，《考古》1984年11期。
7.安徽省文物考古研究所、马鞍山市文化局《安徽马鞍山东吴朱然墓发掘简报》，《文物》1986年3期。
8.此器蒙安徽省马鞍山市博物馆馆长王俊先生提供相关资料，深表感谢！
9.程亦胜《浙江安吉天子岗汉晋墓》，《文物》1995年6期。
10.浙江省博物馆编《浙江纪年瓷》图33，文物出版社，2000年。
11.广西文物工作队、合浦县博物馆《广西合浦县母猪岭东汉墓》，《考古》1998年5期。

12.国家文物局三峡文物保护领导小组湖北工作站等《湖北巴东茅寨子湾遗址发掘报告》，《考古学报》2001年3期。
13.本资料蒙镇江市博物馆考古部霍强先生提供，深表感谢！
14.本资料蒙南京市博物馆考古部王志高先生提供，深表感谢！另参见冯慧、贺云翱、路侃《南京新出土六朝钱纹陶瓷器标本研究》，《东亚考古》（创刊号），韩国（财）忠清文化财研究院，2005年4月。
15.此蒙江苏省宜兴市著名紫砂陶艺家徐秀棠先生和宜兴市收藏人士杨海波先生分别提供资料，深表感谢！
16.刘永池《浅谈湘阴窑》，见中国古陶瓷学会《中国古陶瓷研究》第九辑，紫禁城出版社，2003年。
17.林士民《青瓷与越窑》第10页，上海古籍出版社，1999年。
18.贡昌《婺州青瓷》38—41页，紫禁城出版社，1988年。
19.该窑址的考古调查工作由南京大学文化与自然遗产研究所与溧阳市文化局等于2005年合作进行。
20.韩国境内出土的钱纹陶资料分别见梦村土城发掘调查团《梦村土城发掘调查报告》，1985年；金元龙《梦村土城西南地区发掘调查报告》，汉城大学博物馆，1989年；李康承《神衿城》，忠南大学博物馆，1994年；权五荣《2001年风纳土城调查与发掘成果—中心建筑遗址》，另见《风纳土城的发掘成果·纪念韩神大学建校74周年学术讨论会集》37—59页。
以上资料均引自韩国忠南大学考古学者成正墉《百济和中国的贸易陶瓷》，《百济研究》第38辑，2003年8月。
21.此资料蒙日本早稻田大学考古学者山形真理子和越南考古学院的阮金蓉博士到南京大学作学术交流时赐告笔者。另参见山形真理子《从考古发现谈公元2—3世纪时期的林邑瓦当》，刊载于新加坡国立大学亚洲研究所杂志2004年5—6期。
22 出土钱纹陶的今越南广南省维川县南茶轿，古代称典冲，东汉末年林邑建国时为国治所在，《水经·温水注》载"林邑……治典冲，去海岸四十里……秦、汉象郡之象林县也……后去象林，复林邑之号。建国起自汉末，初平之乱，人怀异心，象林功曹姓区，有子名连，攻其县，杀（县）令，自号为王，值世乱离，林邑遂立"。参见胡阿祥《六朝疆域与政区研究》46页，西安地图出版社，2000年。
23.南京大学文化与自然遗产研究所、南京大学历史系考古专业和溧阳市文化局的考古人员于2005年在江苏溧阳县郊区调查发现了一处东汉至六朝时期的窑址，并采集到数百件陶瓷器残片标本，标本上绝大多数模印有钱纹。资料正在整理中。
24.《汉书·食货志》载："王莽更造大钱，经过二分，重十二铢，文曰'大泉五十'。"在江苏宜兴周墓墩发现的西晋时期墓葬中即出土了"大泉五十"钱等，参见罗宗真《江苏宜兴周墓墩古墓清理简报》，《文物参考资料》1953年8期。
25.殷荪：《中国砖铭》158页，江苏美术出版社，1998年。
26.《晋书·食货志》："孙权嘉禾五年铸大钱一当五百，赤乌元年又铸当千钱。……钱既太贵，但有空名，人间患之，（孙）权闻百姓不以为便，省息之，铸为器物，官勿复出也；私家有者并以输藏，平卑其直，勿有所枉。"这说明东吴时铸行的这类大钱流通时间并不长。
27."太平百钱"的铸造地点和年代存有多种观点，参见丁福保《古钱大辞典》及刘建国、高岚《三国吴钱初探》载《江苏省钱币研究会第四次学术讨论会文选》，（1987年），陈显双《成都市出土"太平百钱"铜母范—兼谈"太平百钱"的年代》，《文物》1981年10期等文。
28.参见上注刘建国、高岚一文。另参见《南京板桥镇石闸湖晋墓清理简报》，《文物》1965年6期。
29.高汉铭《简明古钱辞典》203页，江苏古籍出版社，1990年。
30.商承祚《记南京出土之梁五铢泥范》，《金陵学报》第五卷2期。
31."钱纹"在南北朝之后仍然会出现在陶瓷器上，如内蒙古和林格尔县土城子古墓出土晚唐至辽初的陶罐底部印有钱纹（《文物》1961年9期）、河南登封唐代至元代的窑址出土瓷器上有钱形纹饰（《文物》1964年3期），河南保定市出土一批元代瓷器上也饰有钱纹（《文物》1965年2期）等，相关资料较多，但这类钱纹与南北朝之前的钱纹陶瓷器在器类、器型、钱纹风格和工艺上有根本区别，故不在本文论述之列。
32.参见张秀清、张松林、周到《郑州汉画像砖》13、16、17、26、27、30、33、36、37、40、46、47、50、53、54、57页等，河南美术出版社，1988年。
33.张德全《四川汉代钱币图纹砖考略》，《四川文物》1999年1期。本文所说四川出土钱纹有"五铢"凤鸟纹、钱币龟纹、"五铢"鱼纹、"五铢"璧纹、"大泉五十"钱文等。另参见李正光等《画像石、画像砖、帛画》，湖南美术出版社，2000年。书中118、119页所收钱纹砖皆为四川出土。
34.参见殷荪《中国砖铭》99、100、148、158页，江苏美术出版社，1999年。该书收录资料中出现西汉的"大泉五百"钱文砖，疑时代判断有误。
35.镇江市博物馆等《江苏丹阳东汉墓》，《考古》1978年3期。该墓钱纹出现"大泉五百"钱文，作者认为该墓是为东汉中期，而东汉中期以前并未铸行过"大泉五百"钱，因此该墓的时代应予认真研究。
36.广东省博物馆《广东韶关市郊古墓发掘报告》，《考古》1961年8期。
37.大理州文物管理所《云南大理市下关城北东汉纪年墓》，《考古》1997年4期。
38.如河南省文物局文物工作队在收集的一批花纹小砖中，有一件"五铢"钱纹砖，出土于河南淅川，为东汉中期至魏晋时期，但这种以钱纹为独立纹样的钱纹砖在中原地区极少发现，而且这一实例发现地点在淅川，也属于豫西南近湖北地区，所以我们认为以钱纹作为砖瓦主题纹饰的做法在东汉至南北朝时期主要流行于中国南方地区。见河南省文物局文物工作队《河南省收集的古代花纹小砖和文字砖》，《文物》1965年5期。另参见张晓军《南阳汉代花纹砖》，《中原文物》2005年4期。
39.许玉林《辽南地区花纹砖墓和花纹砖》，《考古》1987年9期。

40.李蔚然《南京六朝墓清理简报》，《考古》1959年5期。
41.南京市文管会《南京板桥镇石闸湖晋墓清理简报》，《文物》1965年6期。
42.《湖北省公安县发现一座晋墓》，《文物》1966年3期。
43.中国社会科学院考古研究所等《广州南越国官署遗址2000年发掘报告》，《考古学报》2002年2期。
44.见本文注34、35中的相关资料。图参见本文图十九。
45.江苏省文管会《江苏高邮邵家沟汉代遗址的清理》，《考古》1960年10期。
46.该实物现保存于南京大学文化与自然遗产研究所。
47.《百济》图263，1999年，韩国国立博物馆，百济特别展图录。
48.《风纳土城》图100、105，2002年，韩国特别展图录。
49.钱的形状为圆形方穿，即外圆内方，古人认为天道为圆，地道为方，圆、方两者法天象地，此说见《吕氏春秋·季春纪·圜道篇》、《季冬纪·序意篇》、《庄子·说剑篇》、《淮南子·兵略训》等。晋人鲁褒《钱神论》中亦言钱“内方象地，外圆象天”，“钱之为体，有乾有坤，内则其方，外则其圆”等。
50.参见千家驹、郭彦岗《中国货币史纲要》第30页，上海人民出版社，1987年版。
51.参见冯慧、贺云翱、路侃《南京新出土六朝钱纹陶瓷器标本研究》，《东亚考古论坛》创刊号。据笔者调查，在南京东吴时期地层中，有较多的不同类型的钱纹陶瓷器残件出土，表明当时东吴都城建业流行这类器物。
52.孙守道《“匈奴西岔沟文化”古墓群的发现》，《文物》1960年8、9期。
53.鲁褒《钱神论》曰：钱“动静有时，行藏有节……难朽象寿，不匮象道，故能长久，为世神宝”，“失之则贫弱，得之则富强。无翼而飞，无足而走”，“钱之所祐，吉无不利”，“官尊名显，皆钱之所致……由是论之，可谓神物；无位而尊，无势而热……钱之所在，危可使安，死可使活；钱之所去，贵可使贱，生可使杀”；“死生无命，富贵在钱，何以明之？钱能转祸为福，因败为成。危者得安，死者得生，性命长短，相禄贵贱，皆在乎钱”；“夫钱，穷者能使通达，富者能使温暖，贫者能使勇悍”……一般人都认为，这是鲁褒对当时世风日下的讥刺，但其实也是汉晋时期世风的真实反映，这对理解钱纹陶瓷器及钱纹砖瓦在当时的流行现象颇有启发意义。

六朝建康城的研究、发掘与复原

六朝建康城遗址的考古发掘工作先后已持续8年，完整的考古资料虽然尚未发表，但媒体及发掘人员的近著中已公开了部分资料。这部分资料虽是冰山之一角，但其对建康城复原研究工作的价值已经充分显示了出来。为了做好考古资料全面公布后建康城遗址研究的准备，笔者曾对20世纪以来建康城研究的学术史进行了初步梳理，肯定其成果，指出其问题之所在，并提出了建康城复原的新思路[1]，希望在相关材料公布后对建康城址展开进一步的研究。本文在旧稿的基础上，增补笔者近两年来的一些心得，以为蒋赞初先生八秩华诞之贺。

一、基于文献的六朝建康城复原研究

公元589年陈平以后，六朝建康城被夷为耕地，唐宋时期已几无遗迹可寻。现今的南京市区又直接叠压在历代城址之上，给考古调查工作带来了相当的困难。然而，作为3到6世纪南中国政治、文化中心的六朝建康城，因其历史、学术意义的重大，受到了历代学者的高度重视，寻踪和研究工作一直没有间断过。

进行六朝建康城的形制、规模和布局的探讨，除相关正史中保存的片言只语外，唐人许嵩撰述的《建康实录》二十卷是目前所能见到的最早最丰富的史料。全书除正文以外，还以合本子注的形式，广引《金陵记》、《寺记》等六朝典籍，对六朝建康都城宫观寺庙作了比较详细的注释，这一部分内容是研究六朝都城建康最重要的史料。但由于许嵩时代的参照地点于今亦失之殆尽，从而想利用《建康实录》的记述来准确地复原六朝建康城已是几无可能。宋元以后，方志兴起，南宋张敦颐的《六朝事迹编类》、周应合的《景定建康志》，元代张铉的《至正金陵新志》等，直至民国的《首都志》，虽有部分内容来自撰者的考证，但主体部分都没有超出正史及《建康实录》，且因时代久远，其具体的古迹推定亦难免出现谬误。

明清学者对建康城的研究和叙述也令人瞩目，明人陈沂《金陵古今图考》，王士性《广志绎》，清人顾炎武《历代宅京记》、《肇域志》，顾祖禹《读史方舆纪要》，陈文述《秣陵集》，甘熙《白下琐言》等，都具有一定的参考价值。但他们的著述，从性质上来说均属个人的学术研究成果，与唐宋人编撰的史料不同，使用时应该加以甄别考证。

今人对六朝建康城的研究始于1935年冈崎文夫的《六代帝邑考略》[2]和1936年朱偰的《金陵古迹图考》[3]。尤其是朱偰的《金陵古迹图考》，在文献考察的基础上第一次绘制了有别于古籍版本的六朝建康城平面布局示意图，在以后的半个多世纪中给学术界带来了深刻的影响。20世纪50年代以后，探讨六朝建康城的论述不下40余种，其中较多涉及建康城复原的论述亦在20种前后。在六朝建康城的整体复原研究中，意见分歧较大，以下基本上按照时代的先后，将主要的学术观点及存在的问题介绍评述如下。

1.朱偰《金陵古迹图考》

朱偰称：建康遗址，今已不可考，唯鸡鸣寺后所余古城一段，尤为六朝遗物；故除北界外，东西南三面所至，已不可确定；唯依据古籍，宣阳门距淮五里，假定都城为正方形，则周围二十里十九步，每边当为五里；然则自古长乐渡（今镇淮桥东北，古朱雀航所在）而北，五里当为建康南界，十里当为建康北界，宣阳门当在今土街口一带，其四至亦不难以此推得矣。(图一)朱偰先生绘制的孙吴、东晋、宋、齐、梁、陈六代建康城图，不仅包罗了六朝鸡笼山（今北极阁）、潮沟、运渎，甚至还包括了五台山的一部分。

朱偰复原建康城图的出发点是认定今北极阁鸡鸣寺后的一段古城墙为六朝建康城北墙，将今中华门北侧镇淮桥东北的长乐渡视为都城南端的朱雀航，并想象建康城基本呈正方形，从而推断都城的正门宣阳门在土街口（今新街口以东中山东路洪武路口）。朱偰先生得出这一推断的依据至少有两个方面：一

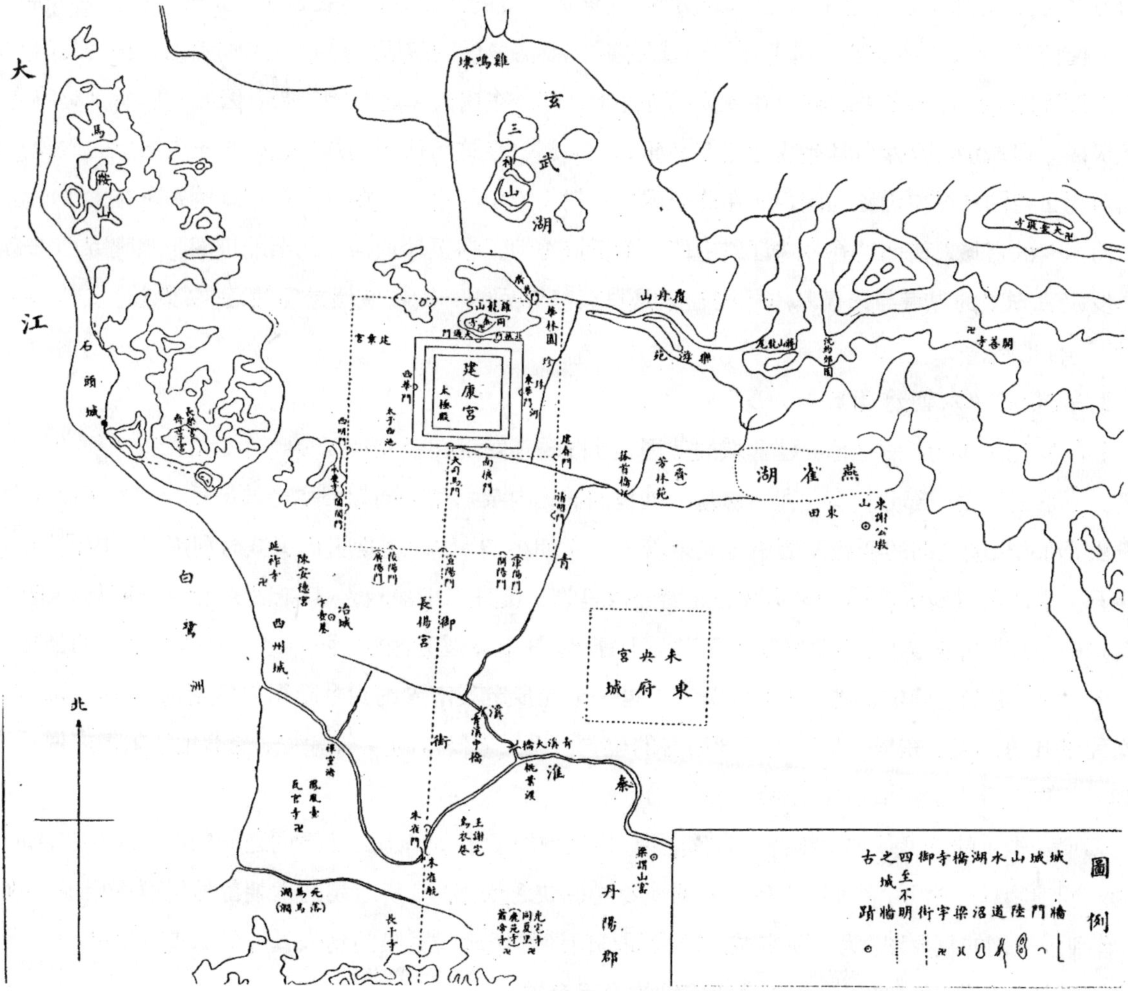

图一　朱偰复原图

是认为今鸡鸣寺后的一段古城墙为建康都城北墙遗址，视城南内秦淮河上的长乐渡为朱雀航；一是将鸡鸣寺比定为梁代的同泰寺。将鸡鸣寺后的一段古城墙视为建康都城的北墙，应该说是一个误传，最早见于清代南京学者甘熙的《白下琐言》[4]，视长乐渡为朱雀航也与文献不符；而鸡鸣寺后的一段古城墙与六朝没有关系，已被证明是明代城墙中被废弃的一段[5]。因此，复原出来的建康城位置整体上与《秣陵集》等古籍中的记载多有不合。

蒋赞初先生的《南京史话》继承了朱偰的上述观点，书中所附的“南京历代都城相互关系图”中，六朝建康城的位置与朱偰所绘完全相同[6]。随着研究的进一步深入，后来蒋赞初先生多次提及都城北界应在今北京东路以南一线。[7]

2.罗宗真《六朝考古》

罗宗真先生在其著《六朝考古》中，对朱偰《金陵古迹图考》将今鸡鸣寺后的一段古城墙呼为“台城”一说做了订正，认为：自魏晋以后，宫城亦称台城，处于都城之内，占地甚小，建康宫城在孙吴宫城基础上营建，其周不过八里。《建康实录》、《至正金陵新志》、《宫苑记》均确认台城即建康宫城，而非建康都城。在南齐以前，城墙和城门以土墙和竹篱建成，鸡鸣寺后六朝古城为砖砌，故其建造年代当在南齐之后。《建康实录》卷十七：“大通元年，（梁武）帝创同泰寺，寺在宫后，别开一门，名大通门，对寺之南门。”又《舆地志》：“同泰寺与台城隔路”，很清楚说明建康宫城在今鸡鸣寺南，宫之北门与寺之南门遥遥相对。证明台城北界应在今鸡鸣寺之南，即今东南大学之北墙一带。因此我们所见鸡鸣寺北到北极阁一段城墙，即为当时都城之北界，而非“台城”。在这一认识的基础上，罗先生给出的六朝都城的四至为：西约在今中山路西侧，北在北极阁（六朝鸡笼山）下，南在中山东路南侧，东在太平北路东侧；而当时的宫城，南面约在今珠江路中段，西抵进香河，东至珍珠河，北至北极阁下鸡鸣寺前一带[8]。

罗宗真先生的观点与朱偰基本相同，只是将鸡鸣寺后的一段古城墙推定为建康都城的北界，而非“台城”的北界。

3.郭黎安《六朝建康》

郭黎安先生认为：关于孙吴建业城的范围，考古调查发现在今北极阁鸡鸣寺后沿西家大塘（旧称栖玄塘，原系玄武湖一部分）有一段古城墙，外包明砖，内杂六朝小砖，俗称台城；而今小九华山（六朝覆舟山）到北极阁之间的明代城墙中也夹杂着不少六朝小砖。估计这是明代筑城时利用了六朝遗留的残垣砖石。由此可以断定，孙吴建业城的北墙当依鸡笼、覆舟二山而筑。《广志绎》和《秣陵集》谓“城据覆舟山之前”并非虚语。建业城的东界当至于青溪，并以青溪为濠堑。西界绝不会越过今日的鼓楼冈。东、西、北三边既已确定，则可根据城周二十里一十九步定其南界约到今新街口以南淮海路一带。东晋南朝建康城的范围因东吴之旧。关于建康宫的位置，近人朱偰推断今东南大学是其地。朱偰之说不谬，唯其云西界达今中山路似过于西偏[9]。（图二）

郭黎安先生的意见基本上维持了朱偰之说，并且增加了小九华山之北极阁之间的明城墙中夹杂的小砖为六朝遗物这一物证。然而，小砖为六朝遗物之说缺乏依据；其所绘制的六朝都城示意图已成不规则形，有别于朱偰的复原图。为了使宫城南门大司马门经都城南门宣阳门到朱雀航的御道与文献中的七里相合，不得不使御道弯曲，这与其宫城位置的推定有关。

4.秋山日出雄《南朝都城建康复原序说》《南朝古都建康》

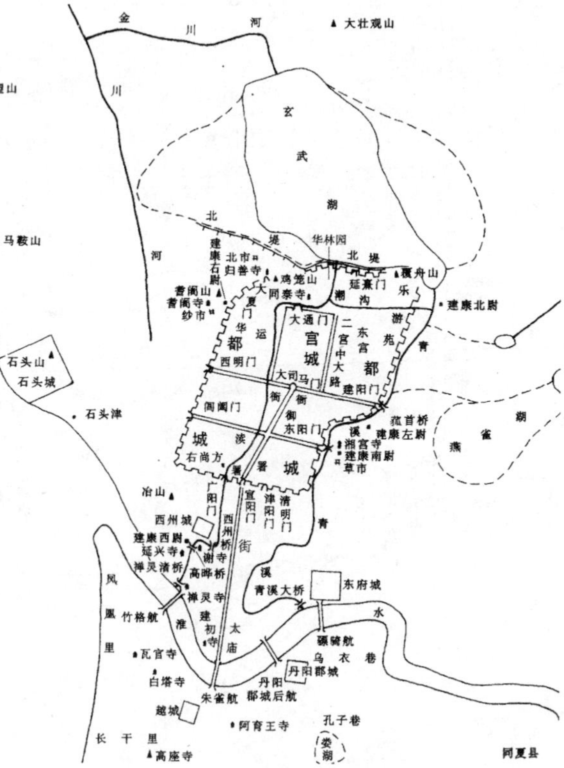

图二　郭黎安复原图

图三　秋山日出雄复原图

日本学者秋山日出雄先生于20世纪80年代连续发表《南朝都城建康复原序说》和《南朝古都建康》两文[10]，旨在说明建康的城市布局是日本古代宫城的祖型之一。其主要观点可整理如下：(1) 孙吴时期的建业宫城，接受朱偰的观点，推定在今东南大学一带，都城相当于南唐金陵城的北半部，南部沿今建业路南水道，东、西、北三面与南唐金陵郭城一致。(2) 东晋的都城是在孙吴都城的基础上扩展的，往南包含了秦淮河南北两岸，是洛阳城所谓"九六城"的重现。(3) 刘宋时期，都城更向东、南、北三面扩展，东面达到了钟山东麓，北面与明城墙重合，西界大江，南过雨花台。(图三)

5.中村圭尔《关于建康都城》

日本学者中村圭尔先生认为：建康都城的北墙位于北京东路一线，北墙的东端在九华山的南麓附近；西端从北极阁南麓附近至进香河路洪武北路口附近一线；东墙从小营路蜿蜒而过太平桥附近至利济巷附近；南墙在镇淮桥北五里，即火瓦巷、户部街和三十四标附近，正门宣阳门在火瓦巷户部街口附近。并认为都城并不像人们想象的那样规整，而是很不规则的，特别是沿青溪而建的东墙，由于青溪有九曲，因而墙也应该是曲折蜿蜒的[11]。(图四)

中村先生此文中的考察对象主要是建康都城，将都城的北界考订为九华山南麓的北京东路一线，对都城的西界和东界也提出了新的见解。不规则的都城形状与郭黎安的意见相似。

6.郭湖生《六朝建康》

1993年以后，郭湖生先生发表了《六朝建康》等一系列有关建康城的考证论著。[12] 在涉及建康城位置时，郭先生指出：鸡鸣寺北边的一段古城墙，从南北朝时期的遗迹分布现状来看，难以将之作为六朝遗迹。都城的北垣与宫城北垣相重合。在其绘制的"六朝建康形势图"中，都城的

形状呈正方形，北以潮沟为界，远离鸡笼山和覆舟山；西以运渎为界，东面离青溪还有一定的距离。（图五）

郭湖生先生将建康宫城的位置推定在今大行宫一带，这个意见彻底改变了朱偰以来的看法。此后的研究多倾向于这一意见[13]。这一意见的部分观点也被近年来的考古发掘逐渐证实。但在其“六朝建康形势图”中，由于没有按照南京市区图进行绘制，因此，运渎、青溪的位置似仍有问题，尤其是南部，两水之间的距离设定得过远，因此绘出的都城复原图依然呈正方形。

7．马伯伦主编《南京建置志》

马伯伦、刘晓梵主编的《南京建置志》对六朝建康的都城、宫城范围作如下推断：都城在今南京城中部偏东，其中心部位约在今太平北路与珠江路、长江路之交点一带。东界凭青溪西岸，以青溪为濠。北起今太平门，近钟山西麓，沿青溪南下，呈东北—西南走向，至今太平路东侧文昌巷南附近。南界在今淮海路稍南一线，东起太平南路东侧红花地、大杨村附近，西至今中山南路附近。西界北起鸡笼山南麓偏西，约今进香河路、洪武北路一线，偏西向南延伸，至中山南路淮海路口，与都城南界会。北界在覆舟山、鸡笼山南，今北京东路更南一线。东起太平门内一线，西至进香河路。宫城则在都城中心偏北部，约在今大行宫民国总统府一带。[14]（图六）

宫城位于今大行宫一带，这一意见与郭湖生的观点一致，但与郭湖生复原的平面正方形的都城相比，《南京

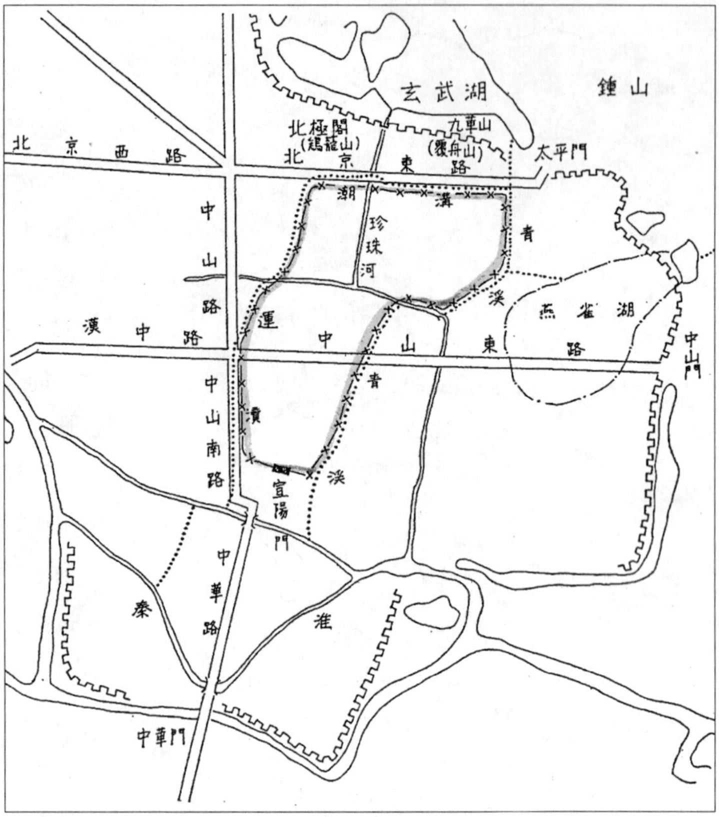

图四　中村圭尔复原图

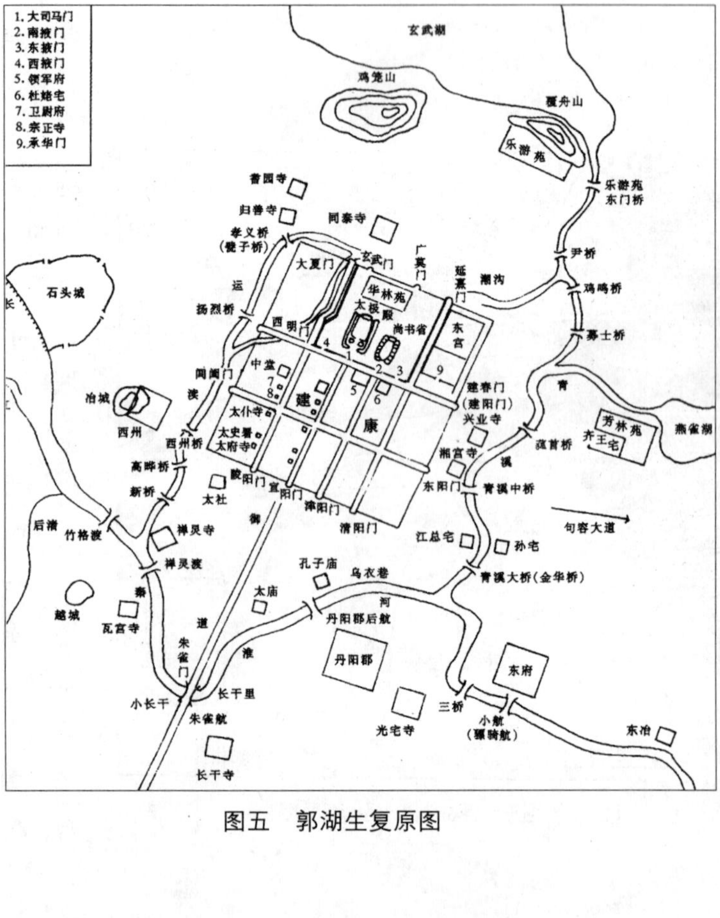

图五　郭湖生复原图

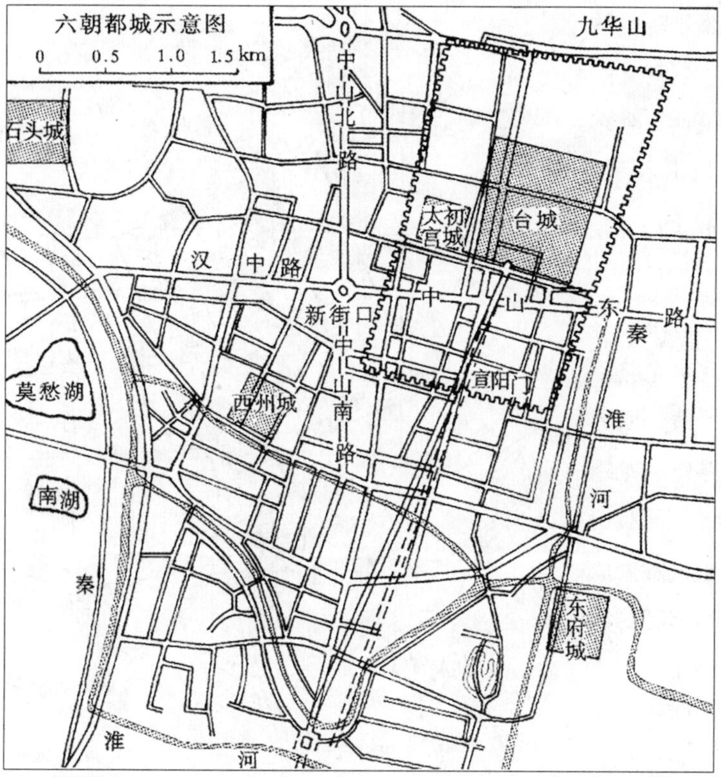

图六 《南京建置志》复原图

图七 贺云翱复原图

建置志》更多地考虑到了青溪、运渎实际流向以及两水之间的距离，绘制出来的示意图因此呈东西窄南北长的近长方形。问题是《南京建置志》推定的建康宫城横跨今珠江路南侧水道的南北，如果这一水道是六朝潮沟遗迹的话，那么，宫城横跨潮沟这一设想就与文献记载不相符合。在都城西界北段的推定上，受朱偰学说（将进香河视为运渎旧道）的影响依然可见。

8.李蔚然《六朝建康发展概述》

李蔚然先生1998年撰文《六朝建康发展概述》，对建康都城的四至作了推测，认为都城东界以青溪和燕雀湖为限，北部以覆舟、鸡笼二山为界，西界由今北京西路南京大学西侧向南至今王府大街三茅宫一带，南界约当今羊皮巷一带[15]。

李文的中心不在建康城址的研究，因此对都城四至的描述，既然没有参考郭湖生、马伯伦等人的成果，也没有建立在文献的考证和考古遗址的分布之上，其推测的范围只是一个泛泛的空间概念。

9.贺云翱《六朝瓦当与六朝都城》

贺云翱先生《六朝瓦当与六朝都城》中绘制的六朝历代都城复原图，总体上与《南京建置志》的复原图是非常相似的，但在青溪的流向上与之稍有不同，将今民国总统府围墙东侧的东箭道视为青溪故道的一部分[16]。（图七）将东箭道视为青溪故道的一部分，这一意见与上述郭黎安、中村圭尔的观点一致。这类观点或许受到了早年朱偰先生《金陵古迹图考?金陵古水道图》和部分地质钻探资料的影响。但是，近年来在民国总统府东南方南京美术馆新馆工地上发现的六朝铺砖道路证明，今东箭道不可能是青溪故道。因此，郭黎安、中村圭尔、贺云翱三家的复原图中的这一部分可以得以修正。

10.卢海鸣《六朝都城》

卢海鸣先生在其著中称：假设都城为正方形，其整体微略呈东北—西南方向倾斜，北界在北京东路以南或更南一线，南界约在户部街、常府街一线，西界约在进香河路、廊后街、破布营一线，东界位于龙蟠路与黄埔路之间一线。宫城在今大行宫一带[17]。(图八)

卢海鸣《六朝都城》首次利用了部分考古发掘成果，其宫城位置的推定大致可信。然而，其推定的都城东界已远远超出青溪，到达了今黄埔路一带，与青溪为建康都城东侧防线的文献记载不符，黄埔路一带可能已在六朝燕雀湖中。究其原因，是作者首先将建康都城设定为正方形。将建康都城设想为正方形这一做法，朱偰、郭湖生亦然，这忽视了南京城市独特的自然地理因素。

11.外村中《六朝建康都城宫城考》

日本学者外村中先生在仔细考证历代文献史料的基础上，对建康都城和宫城的位置进行了比定。与上述各家的研究相比，外村先生充分考虑到了青溪和运渎这两条流经建康都城东、西两侧的水道的位置和作用，其都城复原方案为：都城南墙，今南京朝天宫之东；都城东墙，宋代府城东濠之西；都城北墙，宋代府城北濠以北。都城西墙，运渎之东。宫城南墙，都城南墙北二里；宫城东墙，都城东墙之西；宫城北墙，宋代府城北濠之南；宫城西墙，都城西墙之东。在文献考证的基础上，绘制了六朝建康都城、宫城复原图[18]。(图九)

外村先生所说的宋代府城是指宋代建康府城，亦即杨吴、南唐金陵城。东濠、北濠，则分别指流经玄津桥、逸仙桥下和流经珠江路南侧的城壕。参照其绘制的复原示意图，建康都城、宫城均呈南北长、东西窄的长方形，而且东西南北墙都设定为直线，都城南

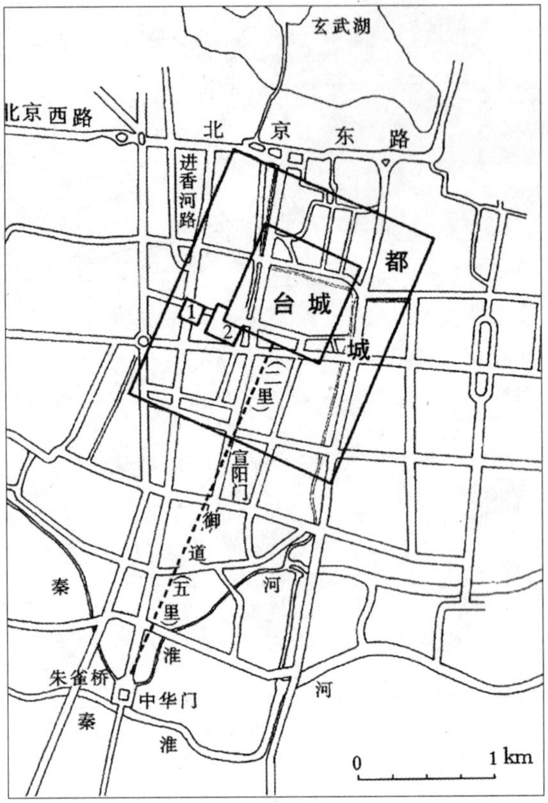

图八　卢海鸣复原图

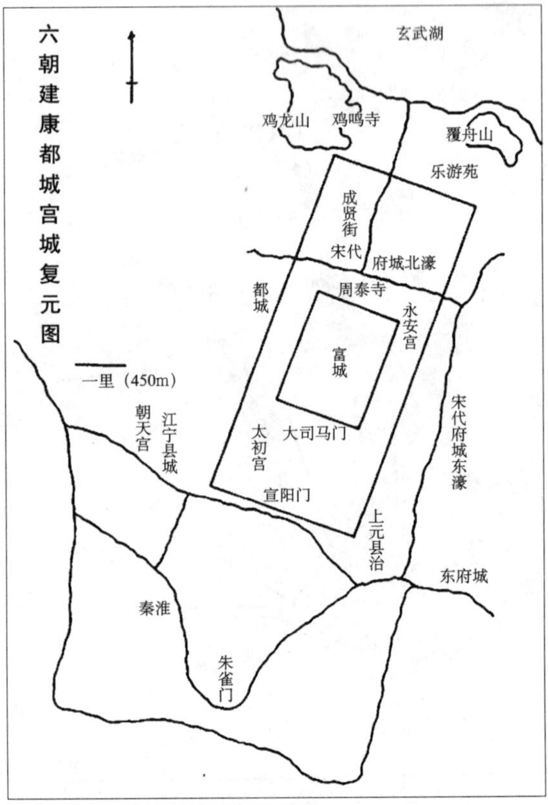

图九　外村中复原图

门宣阳门位于今内桥北侧，与南唐宫城的南门靠得较近。

综上所述，自20世纪30年代以来，学者们对建康都城和宫城位置的推测有十余种意见，这十余种意见基本上又可以分成四大类。

第一类意见出现得比较早，源自于20世纪30年代朱偰的《金陵古迹图考》，并影响了半个世纪以上。这一类意见的共同点是将建康宫城的位置推定在今珠江路、进香河路、北京东路、太平北路所围成的范围内，基本上是今东南大学成贤校区的位置；都城则在其外围一圈，都城南门宣阳门在今新街口、淮海路一带。

第二类意见是日本学者秋山日出雄提出的，由于其复原的思路和掌握的史料与其他学者大相径庭，因此得出的结论和复原出来的位置图亦有悖于常理。

第三类意见出现得相对较晚，源自于20世纪90年代初郭湖生的《六朝建康》等论文。这一类意见的共同点是将建康宫城的位置推定在今大行宫民国总统府一带；都城在其外围一圈，都城南门宣阳门在今淮海路以南的羊皮巷、户部街一线。

第四类意见是日本学者外村中提出的，建康都城为南北狭长形，范围被限制在青溪和运渎之间，都城南门宣阳门在今内桥北侧，相当于南唐宫城南门。这一意见一经提出，便得到了日本国内一些学者的认可[19]。

第一类意见和第三类意见的内部，虽然在细节上存在有一些差异，但基本观点是共通的。这两类意见中，第三类意见是在长期的学术研究中对第一类意见的反思，一经提出，便得到了多方面的支持，似处于有利的地位。然而，以上四类复原意见的基础，基本上都是传世历史文献，其正确与否，必须要有考古发掘资料的验证。近年来六朝都城遗址的发掘，为验证各种复原意见提供了实物资料，也为重新复原六朝建康都城、宫城的位置提供了新思路。

二、六朝建康城的最新考古成果

为探明六朝宫城（台城）的位置，弄清都城布局等重大问题，自2001年5月起，南京市博物馆配合城市基本建设，有计划地对一些地点进行了抢救性发掘。截至2004年，已发掘15个地点，发掘面积累计1万多平方米。这一系列发掘的考古报告尚未发表，公开的部分资料均属于考古新发现的简介一类，部分出自发掘者近期的著作中[20]。

发掘工作分前后两阶段。前一阶段工作重点：东南大学、成贤街地区。发掘地点有：A原老虎桥监狱、B成贤街43号大院、C东南大学校园北部科技楼工地、D成贤街星汉大厦工地、E东南大学成园工地、F浮桥工地、G珠江路北侧华能城市花园工地，计7个工地。发掘结果，除G地点外，珍珠河西侧的各工地，尤其是东南大学校园工地，六朝文化层浅薄，没有发现任何与建康宫城或都城相称的重要遗迹现象。

第二阶段的工作重点移到了大行宫一带。发掘地点有：H中国近代史博物馆（民国总统府）工地、I人防广场工地、J日月大厦工地、K华夏证券大厦工地、L新浦新世纪广场工地、M南京图书馆新馆工地、N市体育局工地、O 延龄巷工地，计8个工地。其中，太平南路东侧的L、M地点的发掘终获突破，发现了与建康城相关的丰富的遗迹现象。现择其与本文密切相关的部分介绍如下。

1.在中山东路与太平南路交叉处东南角的新浦新世纪广场工地（L地点），发现一条北偏东25度的南北向道路。这条道路向北跨越中山东路，延伸到南京图书馆新馆工地（M地点），上下叠压着从孙吴至南朝多个时期的路面，各时期道路的两侧对称分布着砖砌的路沟。孙吴时期的路面比较窄，宽度为15.4米，南朝的路面最宽，有23.3米。东晋时期的路面在孙吴时期路面的基础上往西位移了约6米，南朝路面又在东晋路面的基础上向动拓展了近10米。其中东晋时期的路面上整齐地铺着青砖，路面上还保留着清晰的车辙痕迹。有的青砖侧面还有东晋的年号，证明路面的铺设在东晋成帝和康帝时期，这正是苏峻之乱后，在琅邪王氏家族的王彬主导下大规模建设都城时留下来的遗物。

2.在南京图书馆新馆工地（M地点）发现的道路是新浦新世纪广场工地（L地点）向东北方向的延伸。此外，在该工地的西北侧发现一段南朝时期的东西向夯土墙。从地层关系上看，这段夯土墙的使用可以分成三个阶段，其中早期阶段的夯土墙基槽宽12.4米，残深1.4米。各阶段夯土墙的外侧发现包砖。晚期阶段的夯土墙残高0.7米，夯土纯净，结构致密，夯层在5—10厘米之间，墙的基础中发现一些木桩。在工地的东北侧发现该墙往北折。夯土墙的南侧发现孙吴和南朝两个时期的壕沟。孙吴时期的壕沟宽9.75米，深2米，壕沟两岸有护岸木桩；南朝时期的壕沟宽5.6米，深1.1米，局部发现有护岸砖墙。在东西向壕沟与南北向道路的交接处发现木桥一座，桥面板不存，桥桩保存完整。壕沟南岸发现东西向道路，有孙吴到南朝时期的多层路面，与南北向道路垂直。南北向道路的西侧还发现10余处砖结构房屋遗址，规模、形制不一，但墙址的走向与道路相同，均呈北偏东25度。最大的是8号房址，南北宽12.5米，东西残长13.5米，从柱洞分布情况看是面阔五间、进深三间，北墙上还保存着宽2.1米的门道。周围有回廊，廊道外有砖铺散水和排水沟。排水沟多为明沟，砌筑整齐，有些地方穿过道路下方，用砖砌成券顶暗沟。此外，还发现了5个南朝水井，井底铺有木板，井壁用特制的陶井圈砌筑，每个井圈上有4个进水孔。

2005年以后，南京市博物馆利用城市基建机会，见缝插针，对建康城遗址继续进行发掘，资料虽未正式公布，但就媒体报道和笔者走访，有以下一些地点获得了重要成果：(1) 大行宫民国总统府西侧省警察博物馆工地，发现了北偏东25度的铺砖道路，与L地点、M地点的铺砖道路南北相续；(2) 大行宫南京美术馆新馆工地，发现北偏东25度的铺砖道路；(3) 利济巷西侧长发工地，发现南北向包砖夯土城墙一段，这段城墙前后沿用，各时代宽度不一，最宽的晚期城墙宽达24.5米，城墙外侧的城壕宽17.25米[21]。(4) 游府西街小学附近工地，发现了东西向的壕沟遗址。(5) 大行宫民国总统府东侧原汉府街汽车站工地，发现了北偏东的城墙、城壕遗址，与利济巷西侧工地发现的城墙、城壕在同一条直线上。(6) 新街口东北角邓府巷工地，发现了北偏东的水道遗迹以及与之垂直的沟渠遗迹。这些最新的考古成果，对建康城的复原无疑是极其珍贵的资料，希望这批资料能够早日公布。

在公布不算太多的考古资料中，对建康城的复原工作最具启示意义的是贯穿L地点和M地点的道路走向，北偏东25度这个数据。道路西侧的房屋遗址也均呈25度，新近发现的南京美术馆新馆工地的铺砖道路，倾斜角度与前者相同。这说明L—M地点的这条道路的倾斜度不是孤立的，足以证明六朝建康城的倾斜特征。

三、关于建康城的倾斜问题

《太平寰宇记》卷九〇《江南东道二·昇州》及《资治通鉴》胡三省注均引《金陵记》称："梁都之时，城中二十八万户，西至石头，东至倪塘，南至石子冈，北过蒋山，东西南北各四十里。"[22]《金陵记》所言虽是南朝萧梁时期的情况，但作为前后相继的六朝都城建康，虽然在规模上各代有所差异，但总体方位应该没有什么变化。这里值得关注的是都域概念的四至。东为倪塘，据载在今南京市东南25里，具体地点虽然无法确定，但推测在江宁区方山附近。南边的石子冈，是包含今雨花台在内的城南东西走向的一系列土岗。西边的石头城，位于今水西门迤北。蒋山即今天的紫金山。如果将这四个点用线联起来的话，可以发现建康城是斜的，而且还倾斜得很厉害，中轴线从西南的石子冈往东北的蒋山，倾斜了近45度。当然，蒋山是一座非常广大的山，由好几个山峰和余脉组成，石子冈东西延绵数公里，石头城也不是一个点，因此，线从哪儿联起，这对倾斜的角度的计算有很大的影响。《金陵记》只是告诉了我们这样的大概念。大行宫两工地发现的道路，其走向为北偏东25度，证明了六朝建康城的倾斜特征。

建康之所以会是一座倾斜的都城，首先应该与长江的流向有密切的关系。长江从九江以下开始东北流，芜湖到南京段更是几近北流，过了南京西北江面的八卦洲，江水开始东流。这一现象早在秦汉时期已经被人们所认识，将长江的东南方称为"江东"，或者称作"江左"；将江东的对岸称为"江西"，或者称作江右。被视为南北流向的大江影响到了建康城的方位。明初在南京修筑宫殿时，方向已经改正。其次，与城东青溪的流向也有很大的关系。青溪从今太平门附近流入南京市内，朝着西南方向委婉曲折注入秦淮河。六朝建康始终以青溪作为城东的天然屏障，因此，青溪的流向也影响到了建康城池的方向。

在清代和民国的南京地图上，甚至在今天的南京地图上，我们都可以发现众多的倾斜的道路，它们有规律地呈西南—东北走向。这些街道虽然不一定就能与六朝建康城的某一条街道或河道对应得起来，但其走向应该是六朝建康城的余韵。

四、建康城复原的新思路

在确定六朝建康城位置之前，首先有三点需要明确。

第一，作为建康城中轴线的御道南端（朱雀门、朱雀航）的具体位置。朱偰将这个地点推定在秦淮河最往南凸出处（即今天中华门内镇淮桥）东北的长乐渡，即今马道街上的朱雀桥一带。但多数意见将之确定在今镇淮桥北侧。唐道宣《集神州三宝感通录》卷上称："东晋金陵长干塔者，今在润州江宁县故扬都朱雀门东南古越城东废长干寺内。"长干寺，孙吴时初建，称阿育王寺，宋代名天禧寺，明代重建后称大报恩寺，太平天国时毁，遗址在今中华门外长干桥东南晨光机器厂内。长干寺塔在六朝建康朱雀门东南，则朱雀门的位置在今镇淮桥之说可以成立。不过，由于这一带秦淮河的宽度在六朝隋唐时期河面宽广，建在河面上的朱雀桥（未建桥时为浮航）"长九十步，宽六丈"[23]，折算成今制则长在140米前后，宽近20米。如此，御道南端的朱雀门可能在今镇淮桥北百米以上（约在今中华路与马道街口东北），可暂名之为"甲地点"。

第二，青溪的流向。六朝历代的城池，均以城东的青溪为天然防卫屏障，这就是文献中所说的"皆不出青溪”。青溪是一条天然河道，发源于钟山第三峰南坡，汇合钟山西侧诸水，往西南方向蜿蜒曲折流入秦淮河，连绵十余里，有“九曲青溪”之说。古青溪今已湮没，不复可寻。根据唐宋人的记载，青溪大致上从今太平门附近西南流至今小营一带的竺桥附近，然后曲折蜿蜒继续朝西南方向流，大致流经今毗庐寺、三条巷北端、常府街东端、复兴巷、文思巷，在今淮清桥一带注入秦淮河。10世纪杨吴和南唐国在营造都城时，将青溪南北拉直作为金陵城的东城壕，这条城壕就是今天竺桥往南，流经逸仙桥、玄津桥，至建康路南注入秦淮河的水道。青溪的委婉曲折部分被围进南唐都城内，逐渐淤塞，在清代江宁省城图上，这一沿线还留下许多水塘，这些应是青溪及其支流的孑遗。因此，建康都城应该在这一线之西。

第三，运渎的位置。运渎是孙吴时期开凿的人工运河，南接秦淮河，北接潮沟，是向宫中运送物资的水道，今亦湮没。《建康实录》卷一载：“晋永嘉中，王敦始为建康，创立州城。今江宁县城所置在其西，偏其西则吴时冶城，东则运渎，吴大帝所开，今西州桥水是也。”《实录》所言“州城”即东晋南朝扬州刺史的治所“西州城”；冶城位于今朝天宫；江宁县城，是指许嵩生活的唐代中期江宁县治所。因此，运渎的位置推定与西州城的位置密切相关。《宋书》卷三《武帝纪下》称刘裕因思念扬州刺史徐羡之，便步出西掖门，出西明门，前往西州城。西明门是建康都城的西门，可见西州城在建康都城的西城墙外，运渎夹在建康都城和西州城之间。贺云翱先生认为：“按今天的地理方位推论，唐江宁县城约在省委党校一带，而西州城就在今张府园‘护龙河’遗迹之西至丰富路一带。”[24]此说甚是。西州城一旦推定，则运渎的位置应该在今明瓦廊、糖坊桥一线，六朝建康都城应在这一段运渎之东。

以上三点是推定六朝建康都城范围的前提。大行宫工地北偏东25度的六朝道路的发现，又给复原工作增添了新的依据。如果设定这条道路的走向与建康城的倾斜度一致，那么，从镇淮桥北的甲地点开始，按北偏东25度就可以画出建康都城的中轴线御道。结果，这一条线往东北方向可以延伸到今太平南路与马府西街交界处（乙地点）、太平南路文昌巷西口（丙地点）、民国总统府、小九华山三藏塔（覆舟山最高点）。值得庆幸的是，大行宫工地L地点和M地点发现的六朝道路，正好与设定的都城中轴线重叠。如果这一段路面在宫城之外，那无疑就是御道；如果在宫城之内，那就应该是建康宫中的中轴线。从朱雀门（甲地点）至都城南墙正门宣阳门五里（约2200米），宣阳门至宫城正门大司马门二里（约880米），那么，宣阳门就应该在今太平南路与马府西街交界处（乙地点），而大司马门则在今文昌巷西口（丙地点）附近，游府西街小学附近发现的东西向城壕，与文昌巷基本上在同一线上，这条城壕应该是建康宫城南侧的护城壕（以上按南京市区地图推算，可能存在着一定的误差），这两个关键点由此确定下来了。

推定的中轴线与青溪和运渎之间的距离并不长，都只有600余米。如果设想建康城是以御道为中轴线对称分布的话，考虑到九曲青溪岸边众多的王公贵族的别墅所占的面积，那么，从宣阳门到南墙东墙交接处的距离设定在一里（约440米）比较适合（南京市行政学院南门附近），则南墙的总长度在二里（880米）。北墙的长度也应如此。都城总长度为二十里一十九步，除去南北二墙四里外，剩余的长度就是东西墙的总长。由此构成的南北长方形的区域应该是都城的范围：西南角基本上在中山路西侧张府园附近，西北角基本上在珍珠桥西侧，东南角在白下路市委党校东南，东北角在龙蟠中路东侧军区大院西门内。当然，由于受建康水道的影响，部分地点出现不规则形的可能性也不能完全排除。值得注意的是，如此推定出来的都城范围，其北界在小九华山（覆舟山）下稍南，这与文献中“城据覆舟山之前”，即都城在覆舟山之南的记载是一致的。

上文依据中轴线的偏斜角度和御道的里数，推定建康宫城的正门大司马门在今文昌巷西口附近，宫城则在其北。考虑到宫城的东西两侧还有东宫、左右卫等设施，宫城的东西墙与都城的东西墙之间必定有一定的距离。在本来就比较狭窄的都城中，总长八里的宫城，南、北墙设定在一里、东、西墙设定在三里是比较合适的，由此构成的区域应该是宫城的范围。其北界在今珠江路南侧水道（推定为潮沟遗迹）以南的太平桥南一线，已经发掘的L地点和M地点，以及往北延伸的民国总统府、梅园新村等地均在建康宫城范围之中。

关于建康城的各种历史文献，均将二十里十九步的建康都城看成是孙吴建业城的旧制，东晋以后只是因循其旧。但这种认识是不确切的，二十里十九步的都城在孙吴时不应该存在，而是东晋成帝重建建康城时的规制。朱雀航至覆舟山最高峰的这条都城的中轴线，应该是东晋成帝重新规划建康城时规定的重要设计思想。东晋元帝时就有重新规划建设都城的想法，只是因为建国伊始，举步维艰，但王导遥指南郊牛首山为“天阙”的传说，为我们留下了六朝人以牛首山为正南方向的印迹。刘宋大明三年（459年）九月甲午，“移南郊坛于牛头山，以正阳位”[25]。将国家祭天的南郊坛迁至牛首山，使之与正南方位一致。如果将牛首山双峰之间与覆舟山最高峰这两点连接起来，可以发现，这条线与我们上面推断的都城中轴线基本上重合，是贯穿建康城南北的“神圣线”。

通过以上思路复原出来的建康宫城和都城示意图（图十），有别于其他所有的复原图。究其原因，在于前人在复原建康城图时，均将宫城和都城想象成正方形或近似正方形，或者没有考虑到青溪、运渎的位置及其作用。唯一的例外是外村中1998年的复原图。外村中的复原图中，宫城、都城也呈南北向的狭长方形，与笔者的思路和复原图非常相似，只是整个位置比笔者的复原图南移了百余米，并且略为偏西了一点。原因在于外村中将都城南墙的宽度设定为三里，宫城南墙的宽度设定为二里强，这一点与笔者之间有一定的差异；另外，外村中也忽视了六朝秦淮河的宽度，并对城西运渎的具体位置在认识上恐亦不尽相同。尽管如此，在大行宫工地六朝道路的方角发现以前，单凭文献资料就能复原出如此准确的建康城图来，不得不说慧眼独具。

以上的推论过程虽然比较琐碎，但对我们认识掩埋地下的六朝都城还是有帮助的，并且对于我们长期生活在南京、熟知南京街巷的人来说，并不算太难。通过以上的推测，我们大致可以获得这样一些认识：

第一，建康的宫城和都城都是南北狭窄的长方形。这种形状，在魏晋洛阳城中可以找到它的源头，在北魏洛阳城的子城中可以看到它的影子。尤其是在宫城北侧外部设置面积宽广的苑囿（华林园），这与曹魏邺城在宫城西北设立铜爵园、北魏洛阳城北面设置华林园、隋唐长安城宫城北设置西内苑的做法有着惊人的相似，这正是中国中世纪都城注重宫城北边防御的共性。孙吴时期的建业城，在太初宫的东北即设有苑城。东晋成帝重新规划都城时，将潮沟以南设定为宫殿区，潮沟以北依然辟为苑囿，仿照洛阳之旧，称华林园[26]，将之纳入都城篱墙范围之内，撤出原有的少量住宅，在其中建立专供皇室使用的殿宇、蔬圃，尤其是听讼堂等建筑，更是皇帝处理政务之所。因此，从华林园的功能属性来说，它是宫城的御苑，将之划入都城墙范围，作为宫城的重要组成部分，合情合理。刘宋时更将华林园之北、覆舟山南麓的东晋北郊坛等设施撤出，扩充苑囿，命名为乐游苑，使得宫苑的范围达到了玄武湖畔。宫城南

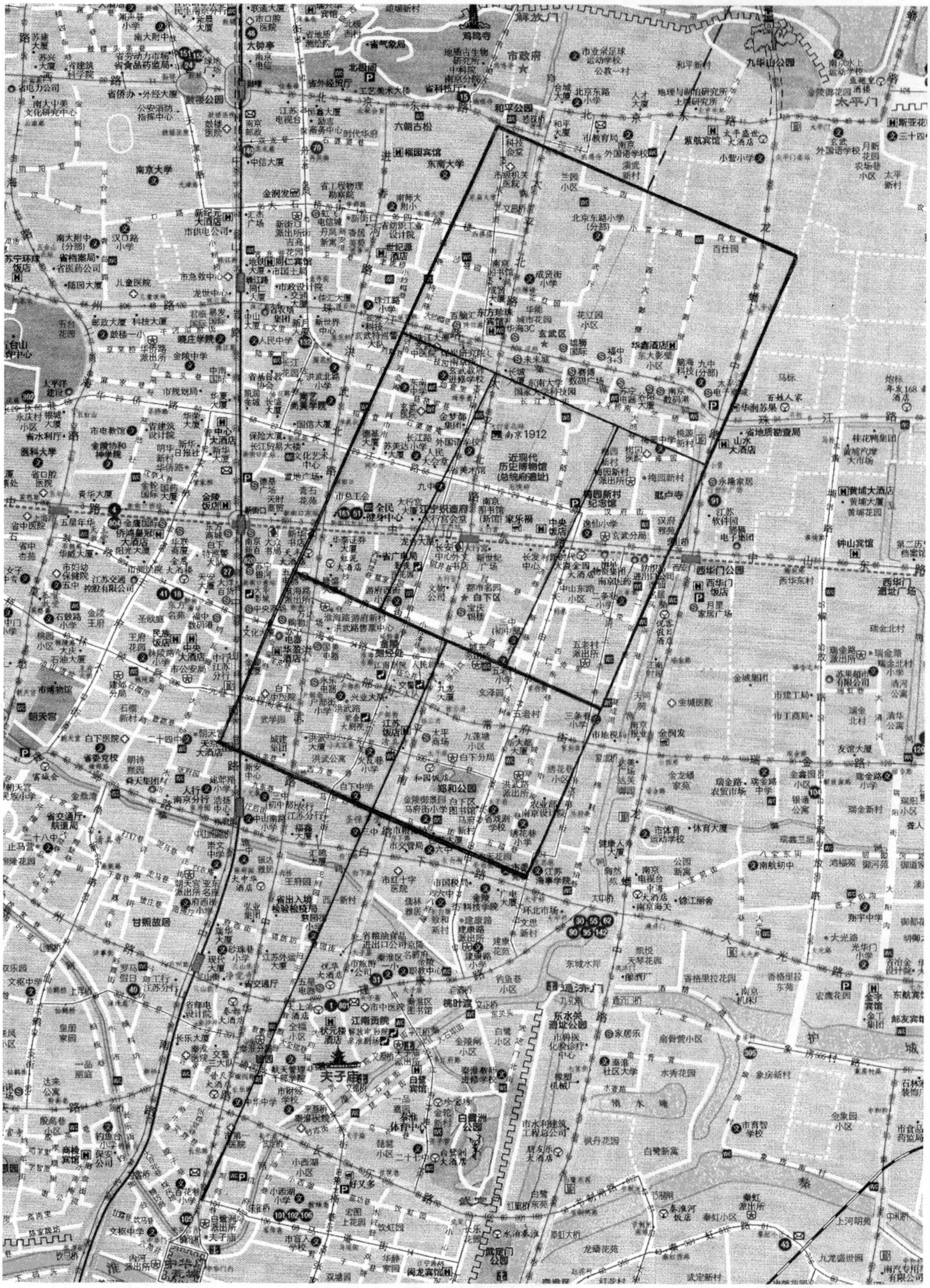
鸡鸣寺
解放门
市政府
九华山公园
太平门
北极阁
鼓楼公园
大钟亭
六朝古松
南京大学
东南大学
南京1912
近现代
历史博物馆
(总统府遗址)
梅园新村
纪念馆
西华门公园
朝天宫
郑和公园
江南贡院
夫子庙
白鹭洲
公园
通济门
东水关
遗址公园
中华门

图十　笔者复原示意图

部的都城部分，则主要集中了各类政府机构、寺院或部分大型住宅，这一部分相当于北魏洛阳铜驼街两侧。而主要的居民区和商业区则集中在都城墙之外。这些都应该是中古都城的共同特征。

第二，大行宫工地发现的六朝街道，应该是位于宫城中的一条南北主要道路，这条道路与宫城南门大司马门外的御道相接。据报道，在大行宫工地北端东西两侧，发现了与道路垂直的夯土墙遗迹，夯土墙南侧有壕沟，有木桥桩，东端的夯土墙还有往北延伸的迹象。夯土墙的倾斜角度、是否有门道遗迹等等，虽然都还不十分清楚，但从以上的推算中可以判断，这一夯土墙应该是宫城内部的隔墙。

第三，基本上呈东西流向的潮沟，在《建康实录》等文献中均被作为建康的“北堑”。从笔者的复原图中可以看出，今天沿珠江路南东西流向的水道无疑就应该是潮沟，东端在今竺桥附近与青溪相接，西与运渎相通，往北通过太平北路西侧的珍珠河（孙吴时开凿的城北渠）与玄武湖水相通。这里想强调的是，潮沟不应该是整个建康都城的北界，在潮沟以北还有广阔的御苑，都城二十里十九步当包括苑囿在内。[27]南朝萧梁时梁武帝数次舍身的著名佛寺同泰寺，就应在潮沟北侧的苑囿之内。《建康实录》卷十七引《舆地志》称同泰寺“在北掖门外路西，寺向与台隔，抵广莫门内路西。”北掖门是建康宫的东北门，广莫门是建康都城的北门，因此，包括同泰寺在内的苑囿包含在二十里十九步的都城墙之内，这一点是可以肯定的。2001年11月至2002年1月，考古工作者对玄武区政府西侧的小贵山地区进行了大规模的发掘。在距地表约2米深处，出土了大量的遗物，除青瓷盏、盘、碗、盘口壶、钵等日常生活用具外，还有大量的筒瓦、板瓦、瓦当等建筑材料，其中的莲花纹瓦当尤其精美。同时还发现了砖砌的正方形建筑、砖井壁、道路等遗迹。[28]这或许与皇家内道场同泰寺有着密切的关系。更值得注意的是，这一地点发现的建筑物墙壁、道路均呈西南至东北走向，与建康城的整体方角完全一致。

以上的讨论，仅仅是在不多的考古资料基础上展开的，都城、宫城的位置推测也是初步的，复原示意图也没有在更加精确的地图上进行，之所以作这项工作，目的仅在于为今后六朝建康城的复原研究工作提供一个新思路。在最新出版的《南京城墙志》中，建康城考古工作主持者王志高先生也提示了“南朝建康都及台城位置示意图”。[29]该图与笔者的示意图之间存在着一些差异，这主要表现在王先生将二十里十九步的建康都城全部纳入了潮沟的南部，没有将覆舟山下的苑囿纳入都城的范围。造成这一现象的原因，推测与我俩之间对建康城中轴线的倾斜度、青溪下游的流向、运渎的位置以及对邓府巷水渠遗迹的性质问题等有着不同的看法。弥合认识上的差异，展开更加精深的复原研究，必须依靠今后更多的考古材料的发表。

五、中国都城发展史上的建康城

在论及六朝建康城在中国都城发展史上的意义时，必定会提到蒋少游这个人。蒋少游是北魏时期乐安博昌（今山东博兴）人，敏慧机巧，善画能刻，具有工程方面的天赋。年轻时作为“平齐户”被带往平城，后受到孝文帝的赏识，“平城将营太庙、太极殿，遣少游乘传诣洛，量准魏晋基址”[30]。南齐永明九年（北魏太和十五年，491年），蒋少游作为魏使李道固的副使出使南齐，摹写建康宫掖而归。因此，众多学者认为北魏洛阳城的城市宫庙布局就是模仿建康宫城并结合北方城市宫城布局的特点兴建而成的。[31]然而，北魏洛阳城的营建虽有可能因蒋少游的出使而受到了建康城的影响，但北魏洛阳城宫殿衙署所在的内城部分，其基本形制依然是魏晋洛阳城的旧貌，与建康城之间的相互关系不明显。其实，建康城与北魏洛阳城内城之间的相似性，并不是谁模仿谁的问题，而是中国中世纪都城所具有的共性。

东晋建康城自北往南苑囿、宫城、都城、工商业居民区的布局，其渊源何在，这是一个非常有意义的学术问题。在迄今为止的建康城研究中，基本一致的观点如，建康城继承了魏晋都城旧制，传承了华夏文脉，代表着中华正统，对同时代以及隋唐都城建设产生了积极的影响。又如，这一总体布局，开我国都城布局特有风格的先河，对后世都城规划有重大影响。在谈论到这一类的都城时，又通常认为它是中国古代都城制度的继承和发展。作为中国历代都城发展史上的一环，继承前代的传统是不言而喻的，但如果将包括建康城在内的魏晋南北朝隋唐都城放到当时的大历史环境中去考察，可以发现，在传统之外，还有来自遥远草原帝国的文化因素。

战国中期以后成书的《考工记》，是一部纪录和总结中国先秦时期手工业技术发展的文献，其中谈到了王城的营建问题："匠人营国，方九里，旁三门，国中九经九纬，经途九轨，左祖右社，面朝后市。"即天子之都，方圆九里，每边三门，每门三个门洞，城中形成南北向和东西向的道路各九条，左边设置宗庙，右边设置社稷坛，朝廷在前，市场在后。由于所有的都城都不可能在空旷的平地上从头开始设计，多少会受地理环境的影响，因此，《考工记》中所说的形制不排除有某些理想的地方，但作为一种营造都城的技术总结，应该有比较现实的一方面。事实上，根据文献复原的战国时期鲁国都城、燕国都城、宋国都城等，在很大程度上都与《考工记》的要求一致。[32]从依据文献记载和考古资料复原的西汉都城长安图中也可以看出，都城虽然受到渭河流向的影响而没有形成规则的方形，城内的大部分空间被名称各异的宫殿所占据，市场位于宫殿区的后方，在"旁三门"，"左祖右社，面朝后市"这些基本要素上与《考工记》依然是一致的。此外，西汉长安城的明显特征之一还有"多宫制"，即宫殿分布于都城的各个部分，没有像后世那样集中在一个宫城之中。

最早把宫殿集中在一起，建筑宫城，并将宫城安排在都城北边、衙署和居民区安排在都城南边的是曹魏的邺城。邺城位于今河北省临漳县，曹操时开始经营，是曹氏集团的政治中心，曹丕建立魏王朝后，继续起着曹魏政治中心的作用。从经实测复原的邺城平面图来看，应该是一座经严密设计而建造的城市。邺城东西长七里，南北五里，平面呈长方形。建春门和金明门之间的大街是邺城唯一的一条东西大街，它将邺城分成南北两个部分。北部正中是宫殿区，东部是贵戚居住的戚里，西部是苑城铜爵园。园内置武库、马厩、仓库，与城西北部的金虎、铜雀、冰井三台相连，这一部分既形成游苑区，又构成了都城的防御区。南部从东往西分成长寿里、吉阳里、永平里、思忠里四大居住区。正中有南北大街从宫城门通往中阳门，大街两侧分布着各级衙署。外郭城中整齐的里坊则受到了北方游牧民族部落遗制的影响。

曹魏的另外一个都城洛阳，后来被西晋利用，统称魏晋洛阳城。虽然魏晋洛阳城沿用的是东汉都城，都城的总体形制一下子很难改变，但东汉时期的南宫在魏晋时期消失了，宫殿建筑全部集中到了东汉时期的北宫之中，在宫城与都城北墙之间设置广阔的苑囿（芳林园，后避齐王曹芳讳改称华林园），并在城西北角增筑了金墉城，加强了北边的防御。至于都城之外是否有整齐的外郭城，目前还没有找到考古学上的证据。东晋成帝时规划建设的东晋建康城，从布局形制上受到了曹魏邺城和改革后的魏晋洛阳城的深刻影响：宫掖集中在宫城之内；宫城正门之南的御道两侧集中政府官署；宫城与都城北墙之间设置广阔的苑囿；在都城周边，用56个篱门围成观念上的外郭城[33]。这种都城形制，在后来的北魏都城洛阳的改造扩建中得到了发展。宫城在都城的北部中央，宫城正门到都城正门之间的铜驼街两侧安置大小官署和佛寺，宫城与都城之间用东西向横街隔开。在都城之外，用外郭城把位于都城以南和东西两侧的工商业区和居民区包围起来，并将之划分为整齐的里坊。在六七世纪的隋唐都城长安的规划设计中，更是将官衙集中到了宫城南侧，修筑城墙形成皇城，工商业区、居民区和佛寺集中在皇城以南，形成外郭城。隋唐长安城使曹魏邺城以来的都城形制达到了完善。

从上述曹魏至隋唐的都城发展中可以发现，虽然都城通常呈方形或长方形，每边三个城门，主要城门都有三个门道，左右设置宗庙和社稷，这些要素与《考工记》中的要求是基本一致的，但是，苑囿、宫城、都城（主要是御道两侧的官署区）、工商业和居民区（外郭城）由北往南按御道对称分布，这种形制却是一种崭新的形式。为什么都城形制在汉魏之间会发生如此大的变化呢？这与中国历史文化的发展演变有着密切的关系。

先秦是中国固有传统文化形成、发展的阶段，《考工记》中关于“匠人营国”的技术总结，是这一固有文化在都城形制上的反应。秦汉统一国家形成以后，中国文化向外拓展，对周边地区的文化发展产生了强烈的促进作用。在中国文化的刺激下，周边的许多族群开始觉醒。魏晋开始，接受了中国文化的影响慢慢觉醒起来的周边族群，在中国国力衰落之际，宛如日耳曼人侵入罗马一样，反过来侵入到中国内地，建立起自己的政权，中国历史进入了魏晋南北朝阶段，隋唐帝国则是这一历史潮流的延长。从大历史的发展角度来看，这就是中国的“中世纪”。中世纪的历史文化，是中国固有的传统文化与周边文化，尤其是来自于北方草原的游牧文化和来自西域的印度文化的相互融合。隋唐以后，匈奴、鲜卑、羯、氐、羌都不见了踪影，融合了各种文化因素以后的中国文化，以一种崭新的面貌出现在隋唐时期，成为中国中世纪文化的巅峰。

形制新颖的曹魏邺城，就是在这样的大背景下出现在中原大地上的。两汉以来与匈奴的交往，东汉末年曹操与乌丸的争战，大量游牧族群定居内地，等等，都将草原上的居住形式带到了中原。以匈奴为代表的草原强悍族群，其部落形态、政权性质、生活方式影响到了他们的聚落形式。根据匈奴的制度，大单于居中在北，面南分左右两翼，以左贤王、左谷蠡为首的左翼居东为上，以右贤王、右谷蠡王为首的右翼居西为次。在匈奴大单于王庭的布局中，大单于的帐幕最大，居中居北。左翼诸王的帐幕居东，按高低自北往南排列。右翼诸王的帐幕居西，也按高低自北往南排列。匈奴之后的草原大帝国在进入农耕地区之前，恐亦是如此。即使到了后期，满清入关前营造的沈阳故宫也好保留着草原帝国的痕迹。沈阳故宫的西侧是努尔哈赤、皇太极时代的居所，东侧的十王亭是满洲部落联盟的议政场所。联盟首领努尔哈赤的龙庭居中居北，往南东西两侧按序为各旗亭。曹魏邺城和洛阳城、东晋建康城、北魏洛阳城、隋唐长安城的规划设计，与草原帝国单于王庭的布局有着千丝万缕的联系。

包括东晋建康城在内的魏晋南北朝隋唐都城，动辄被视为中国传统都城的典范，但从上述内容中可以看出，其实是在接受匈奴、鲜卑等草原文化基础上的发展，是中国中世纪都城特有的形制（后代真正忠实地按照《考工记》的理念来规划设计的都城，其实是元朝的大都）。处于发展巅峰的隋唐长安城，则是中国社会及文化从东汉末年走向分裂后再生的结果。而偏处于江南的东晋建康城，即使远离中原，由于人员的流移，也没有逸脱出历史的发展潮流，成为中世纪都城发展史上的关键一环。

张学锋（南京大学历史系）

1.张学锋《六朝建康城的发掘与复原新思路》,《南京晓庄学院学报》2006年第2期。
2.冈崎文夫《六代帝邑考略》,见其《南北朝における社会经济制度》,弘文馆书房1935年。
3.朱偰《金陵古迹图考》,商务印书馆1936年。
4.参见卢海鸣《六朝都城》,南京出版社2002年,第84页。
5.参见杨国庆《明南京城墙设计思想探微》,《东南文化》1999年第3期。
6.蒋赞初《南京史话》,江苏人民出版社1980年。南京出版社1995年再版。
7.参见卢海鸣《六朝都城》,南京出版社2002年,第82页。
8.罗宗真《六朝考古》,南京大学出版社,1994年。
9.郭黎安关于六朝建康城的研究有《试论六朝时期的建业》(《中国古都研究》第一辑,浙江人民出版社,1985年),《魏晋南北朝都城形制试探》(《中国古都研究》第二辑,浙江人民出版社,1986年),《六朝建都与军事重镇的分布》(《中国史研究》1999年第4期)等篇,后集结为《六朝建康》,香港天马图书有限公司,2002年。
10.秋山日出雄《南朝都城建康复原序说》(南朝都城建康の复原序说),载《橿原考古学研究所论集》第7,1984年;《南朝古都建康》(南朝の古都建康),载《中国江南の都城遗迹》,1985年。
11.中村圭尔《关于建康都城》(建康の「都城」について),唐代史研究会报告第Ⅵ集《中国都市の历史的研究》,刀水书房,1988年。
12.郭湖生《六朝建康》,《建筑师》第54期,1993年;《台城考》,载《中华古都》,空间出版社,1997年;《台城辩》,《文物》1999年第5期。
13.如曾布川宽、冈田健主编《世界美术大全集·东洋卷三· 三国南北朝》(小学馆,2000年);傅熹年主编《中国古代建筑史》第二卷"三国、两晋、南北朝、隋唐、五代建筑"(中国建筑工业出版社,2001年)等。
14.马伯伦、刘晓梵等主编《南京建置志》,海天出版社,1994年。
15.李蔚然《六朝建康发展概述》,《东南文化》1998年增刊2。
16.贺云翱《六朝瓦当与六朝都城》,文物出版社2005年。
17.卢海鸣《六朝都城》,南京出版社,2002年。
18.外村中《六朝建康都城官城考》,载《中国古代科学史论 续编》,京都大学人文科学研究所,1998年。
19.如爱宕元、富谷至主编《中国の历史》上册《古代—中世》,昭和堂,2005年;辻正博《魏晋南北朝时代の听讼と录囚》,《法制史研究》55号,2005年。
20.王志高、贾维勇《六朝古都 掀起盖头》,《中国文物报》2004年3月10日第1版;王志高《南京大行宫地区六朝建康都城考古》,《2003年中国重要考古发现》,文物出版社,2004年;罗宗真、王志高《六朝文物》,南京出版社,2004年;王志高、贾维勇《南京发现的孙吴釉下彩绘瓷器及相关问题》,《文物》2005年第5期。
21.杨国庆、王志高著《南京城墙志》,凤凰出版社2008年,第55页。
22.《资治通鉴》卷一六二梁纪武帝太清三年胡注引。
23.《建康实录》卷七。
24.贺云翱《六朝"西州城"史迹考》,《南京史志》1999年第3期;又见其《六朝瓦当与六朝都城》,文物出版社2005年。
25.《南史》卷二《宋本纪·孝武帝》,中华书局1975年版。
26.《景定建康志》卷二二《城阙志三·园苑》称:"古华林园在台城内,本吴官苑也。"卢海鸣《六朝都城》据此将华林园推定在宫城之内(第212页),但《景定建康志》所谓"台城"的概念似与今日讨论之"宫城"不完全一致,似泛指官苑。从华林园的功能、属性来说,其应为皇家专有,因此,从这个意义上说,华林园作为"台城"的组成部分亦在情理之中。
27.关于潮沟,各种意见及复原示意图上均将之作为建康都城的北界,其基本史料来自《建康实录》卷二吴大帝赤乌四年条:"冬十一月,诏凿东渠,名青溪,通城北堑潮沟"。许嵩自注云:"潮沟亦帝所开,以引江潮。其旧迹在天宝寺后,长寿寺前。东发青溪,西行经都古承明、广莫、大夏等三门,西极都城墙,对今归善寺西南角,南出经阊阖、西明等二门,接运渎,在西州之东南流入秦淮。……其沟东头,今已湮塞,才有处所。"潮沟开凿于孙吴时期,当时是否已经有二十里十九步的都城范围,这是一个很大的疑问。笔者基本上持否定态度,认为二十里十九步的都城范围是东晋成帝以后的概念。《实录》所言"城北堑"的城应指当时的苑城,晋成帝时修以为建康宫,故被称为"城北堑"的潮沟就成了建康宫的"北堑"。许嵩注解中又称潮沟流经"都古承明、广莫、大夏等三门",广莫、大夏二门确实是都城北墙上的门,但承明门却是宫城北墙上的门,而且,广莫门原先也是宫城北门,后"广莫"之名被用于都城北门。因此,许嵩的注释似乎也不能完全不加怀疑地利用。又如《实录》卷七注引《舆地志》称都城"正北面用宫城,无别门"。这似乎意味着建康都城与宫城共用北墙,部分学者也据此复原建康城图。但事实上南朝以后在都城北墙上陆续开出了广莫门、大夏门、延熹门、玄武门。因此运用这些史料应该谨慎。
28.参见卢海鸣《六朝都城》第76页。
29.杨国庆、王志高著《南京城墙志》,凤凰出版社2008年,第35页。
30.《魏书》卷九十一《术艺传·蒋少游》,中华书局1974年版。
31.参见杨宽《中国古代都城制度史研究》第164页,上海古籍出版社,1993年。
32.参见曲英杰《先秦都城复原研究》,黑龙江人民出版社,1991年。
33.关于建康的外郭城,《太平御览》卷一九七引南朝《宫苑记》云:"建康篱门,旧南北两岸篱门五十六所,盖京邑之郊门也。如长安东都门,亦周之郊门。江左初立,并用篱为之,故曰篱门。南篱门在国门西;三桥篱门在今光宅寺侧;东篱门本名肇建篱门,在古肇建市之东;北篱门在今覆舟山东头玄武湖东南角,今见有亭,名篱门亭;西篱门在石头城东,护军府在西篱门外路北;白杨篱门外有石井篱门。"充分证明建康外郭的存在。

公州宋山里6号坟几个问题的探讨

我虽然不是蒋先生的入室弟子，但自1990年参加工作以来，却一直有缘能够经常聆听先生的教导。我把自己的主要研究方向确定在六朝文物考古和南京地方历史，更是深受先生的影响。多年以来，先生于我工作和学习提携甚多，我的每一点滴进步，都有先生的鼓励和关爱。特别是在我所主持的六朝建康城遗址的考古发掘过程中，我们每遇困难和困惑，总是先向先生求援，而先生不顾年事已高，也总是有求必应，令我终生难忘。这篇习作是我在整体把握以南京为中心的六朝墓葬特征后对朝鲜半岛三国时代百济砖室墓葬比较研究的一些心得，也算是和先生长期倡行的文风一脉相承。谨以此文敬祝先生学术之树常青，生命之歌永奏。

韩国公州宋山里6号坟是一座重要的百济古坟，它与著名的武宁王陵一样，采用了典型的中国南朝砖室墓葬形制结构，墓壁还发现了罕见的"四神"彩绘壁画，对公元3至6世纪中、韩两国关系史的研究有着重要的学术价值。然因此墓系上个世纪30年代由日本人挖掘，且早年被盗，随葬文物一无所存。对它的综合研究，韩国、日本学术界虽有一些论著涉及，但是限于条件，远不及武宁王陵深入、全面，甚至关于它的具体时代及墓主身份还有较大争议，中国学者更无专文涉及。本文拟在全面比较宋山里6号坟与武宁王陵以及中国南方东晋、南朝墓葬形制结构异同的基础上，深入分析它的具体时代、墓主身份以及"四神"壁画的渊源，进而结合文献记载，探讨此墓建筑工艺技术传统的复杂性，以及这类特殊的砖室墓葬在百济古坟中的地位问题。

在进行本文讨论之前，先作两点解释说明。其一，2005年，在《百济武宁王陵形制结构的考察》长文中，笔者曾对武宁王陵与中国南方东晋、南朝墓葬从葬地选择、排葬方法到砖室形制构造等诸多方面进行了全面系统的比较研究。由于宋山里6号坟属于公州宋山里百济王及其宗室成员陵区的组成部分，特别是此墓与武宁王陵在形制结构上存在不少相似性，为避免不必要的重复，凡与该文内容相近者本文一般从略，而对宋山里6号坟形制结构的特殊性则加重点分析[1]；其二，限于个人能力和条件，特别是受阻于韩、日两国文字的识读，笔者只能就能够检索到的有限的与本文主题相关的材料和论述，对上述问题作一粗浅的探讨，既难免会有重要材料遗漏，亦难保证拙识偶与前贤高见雷同，故有闭门造车之嫌，欢迎大家批评指正。

一、宋山里6号坟形制结构的特殊性

1932年10月，首先在宋山里5号坟西侧的山体顶端发现6号坟的砖砌排水沟。次年7月，又在距离排水沟北端约25米的地方发现此墓的砖砌封门墙及早年遭盗掘破坏的甬道顶部。同年8月，遂由日本人藤田亮策和小泉显夫对墓葬进行了调查发掘。由于宋山里6号坟非经严格意义的正式考古发掘，故有关资料的科学完整性不比武宁王陵。[2]

宋山里6号坟从属于以武宁王陵为中心的一个独立墓区。在这个墓区中分布有4座墓葬，其中武宁王陵大体位于该墓区北侧中央位置，无疑是这一墓区的主墓，宋山里6号坟、5号坟则分居武宁王陵神道前的西侧和东侧，29号坟又位于6号坟神道前的西南侧（图一）。显然，这一墓区经过了统一的规划，各墓葬的位置是在一定秩序和制度的指导下作出的安排[3]。

与武宁王陵一样，宋山里6号坟也由封土、墓道、排水沟和砖室等部分构成，但封土、墓道的原始情况已难知其详，仅知在砖室封门墙前的地面上铺有一段略呈梯形的地砖。在封门墙前墓道底部铺砖的现象也见于南京吕家山1号墓[4]。它的排水沟从甬道底部铺地砖下穿过封门墙，一直通向墓前山体边缘，长约20米，在砖室前的部分应位于墓道的底部中央。排水沟系在山体上开挖沟槽，再在沟槽底部砌砖，砌法为下有一层纵平砖，以上两侧各为一层纵平砖，中央留有泄水孔，其上覆盖两层纵平砖（图二）。排水沟的这种砌法与武宁王陵基本相同，在南京地区六朝墓中更是屡见不鲜。

宋山里6号坟砖室为平面呈“凸”字形的前设长甬道的单室券顶结构，由封门墙、挡土墙、甬道、墓室等部分组成。封门墙砌于甬道口内外，全部用顺砖平砌，门券上部砌有较高的挡土墙。甬道的砌法与武宁王陵颇不相同。武宁王陵虽在甬道后部与墓室交接的地方设置了一道简易的木门，但木门前后甬道的宽度和高度完全相同。宋山里6号坟甬道基本位于墓室前部正中，全长2.3米，分前后两段，两段的宽度与高度都不一样。前段宽0.8米，高1.32米，后段宽1.1米，高1.49米。此墓甬道前后分段的原因，学术界未予关注，其实

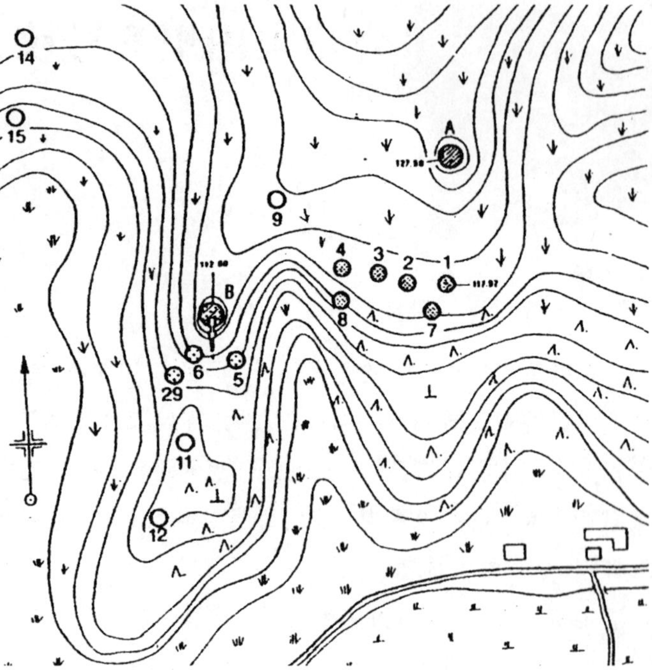

图一　宋山里6号坟位置示意图（图中B为武宁王陵）

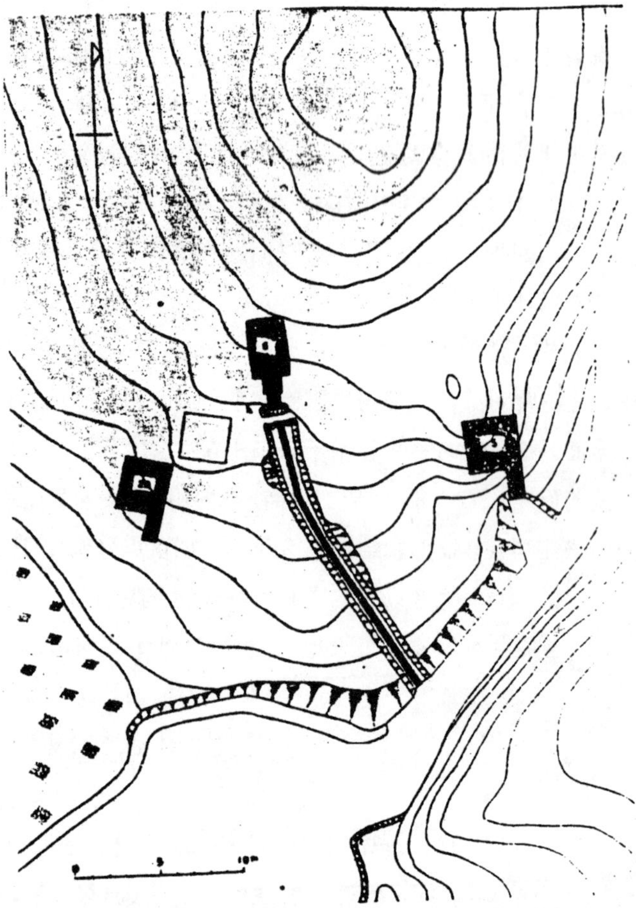
图二　宋山里6号坟平面及与5号坟、29号坟位置关系图

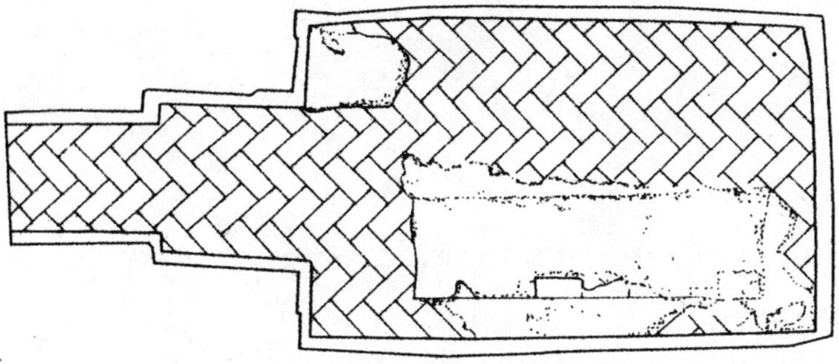

图三　宋山里6号坟平面图

图四　宋山里6号坟墓室前部及甬道

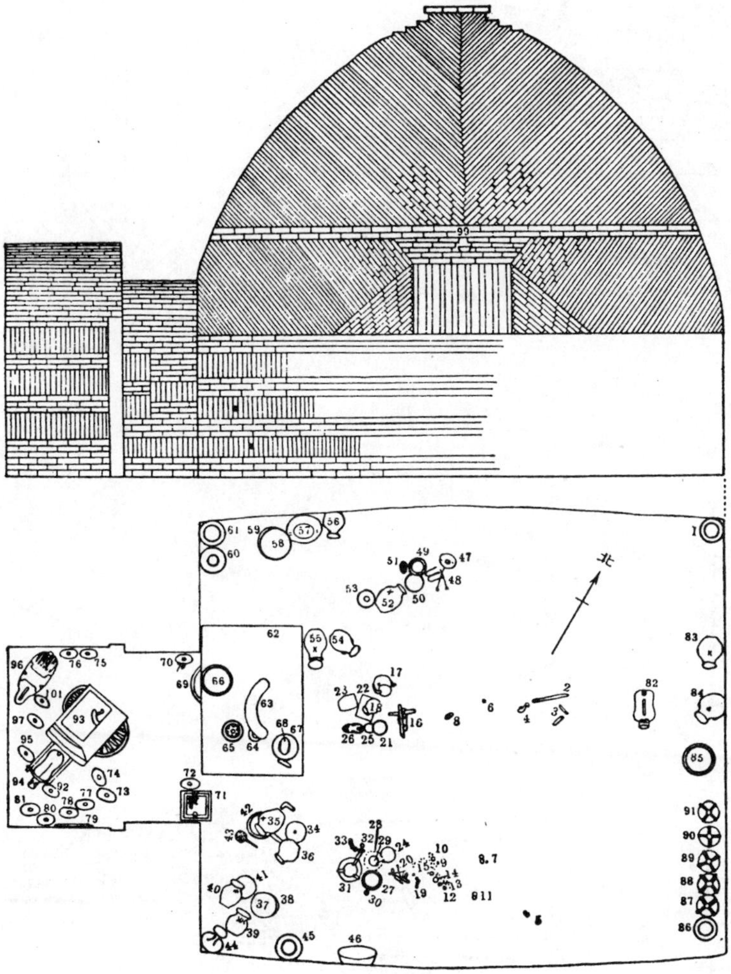

图五　象山7号墓平剖面图

这是因在甬道分段处设置木门的缘故，木门易朽，故发掘时已不见遗存（图三、图四）。类似的这种甬道砌法和木门设置的方法在南京地区东晋及南朝刘宋早期墓葬中颇为常见，如象山7号墓（图五）[5]、温峤墓（图六）[6]、郭家山5号墓[7]、前新塘南朝早期墓（图七）[8]、苜蓿园2号墓（图八）[9]、尹西村2号墓和3号墓（图九）[10]等都属此例。这些墓葬都以木门为界把甬道分为前后两段，不过与宋山里6号坟相反，它们的前甬道的宽度和长度都大于后甬道，只有江宁下坊村东晋墓等少数墓葬后甬道的宽度大于前甬道（图十）。[11]

宋山里6号坟墓室为长方形，内长3.7米，内宽2.24米，高3.13米，侧壁和后壁平直略外弧。墓室东侧设一长方形砖砌棺座，棺座由三层纵平砖砌筑，区别于武宁王陵在墓室后部铺设砖砌棺床的作法。墓室

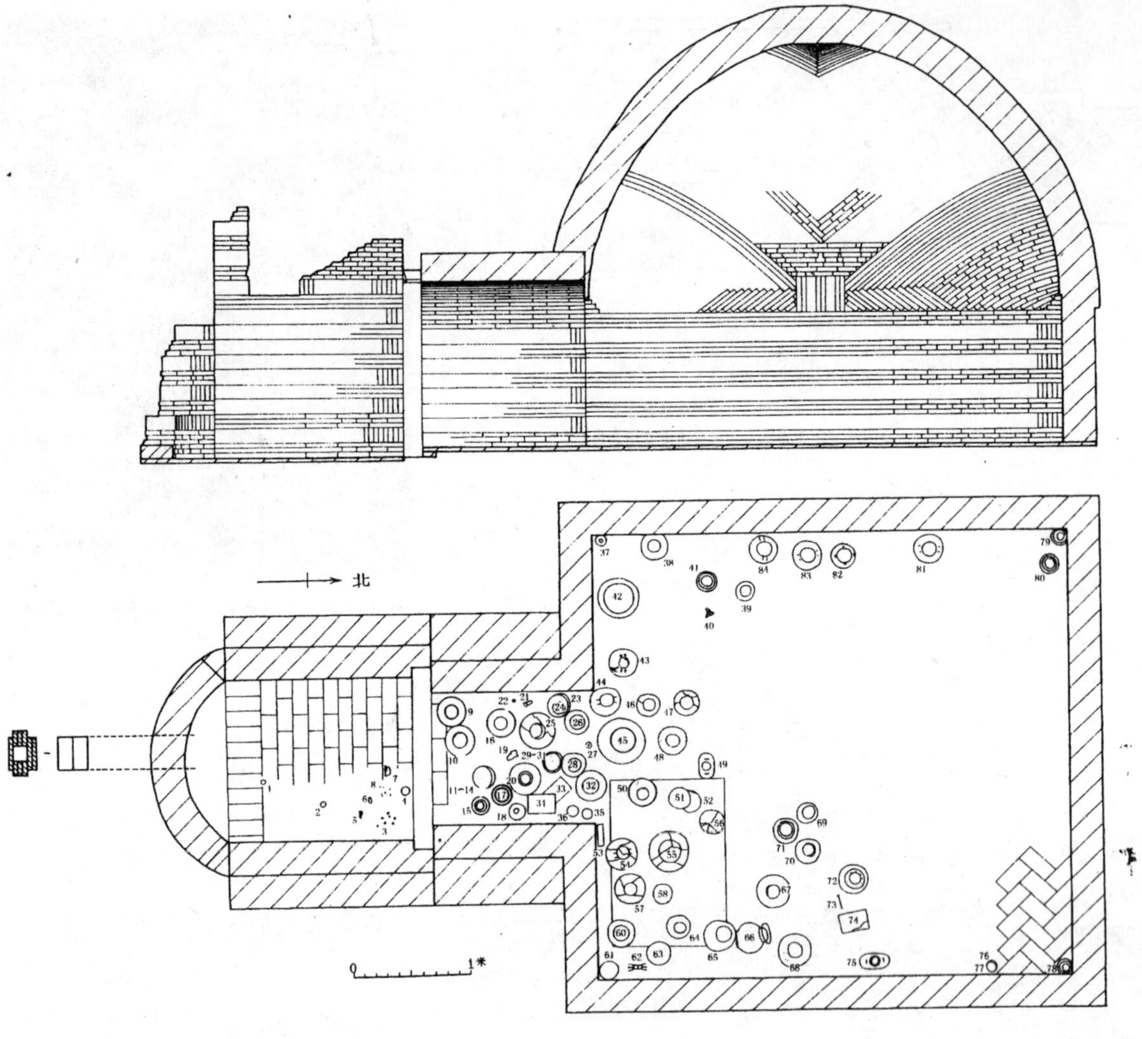

图六　温峤墓平剖面图

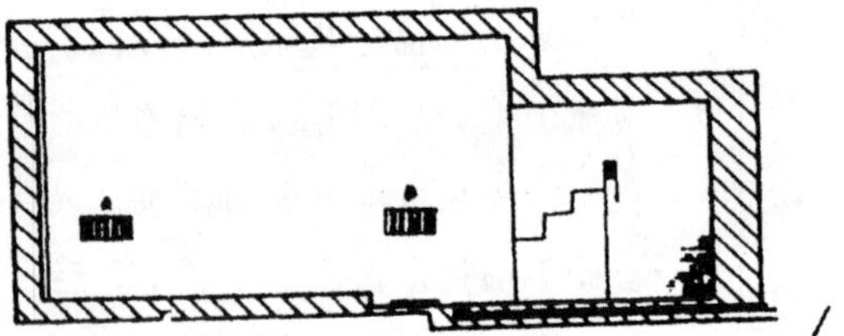

图七　前新塘南朝早期墓平剖面图

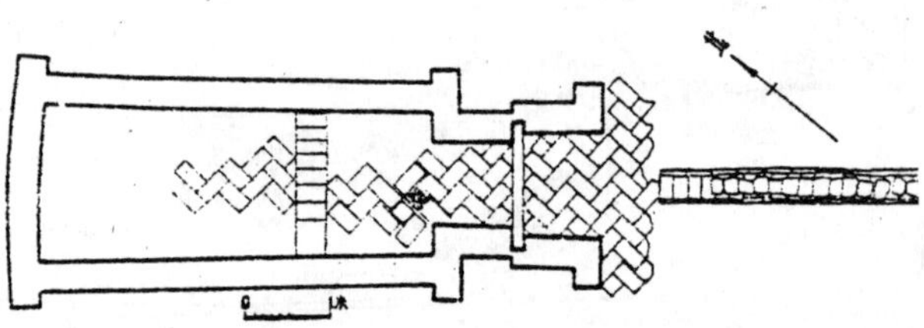

图八　苜蓿园2号墓平面图

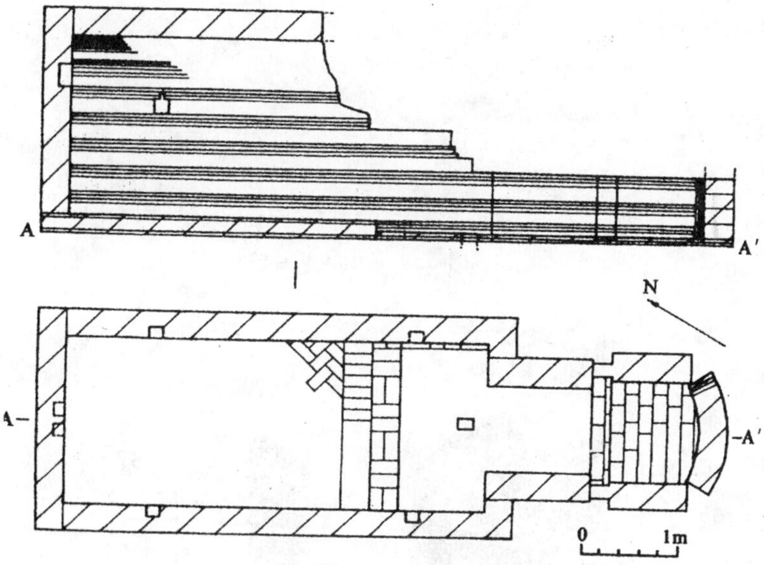

图九　尹西村3号墓平剖面图

图十一　宋山里6号坟墓室全景

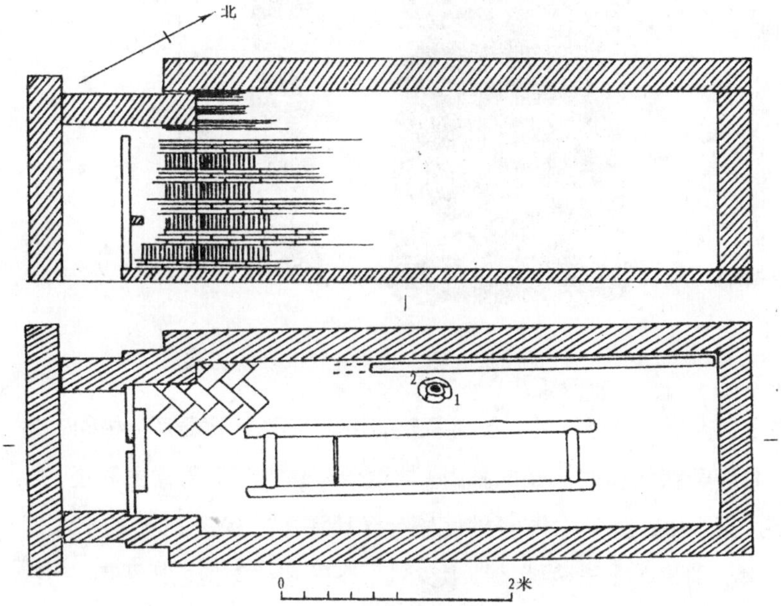

图十　江宁下坊村东晋墓平剖面图

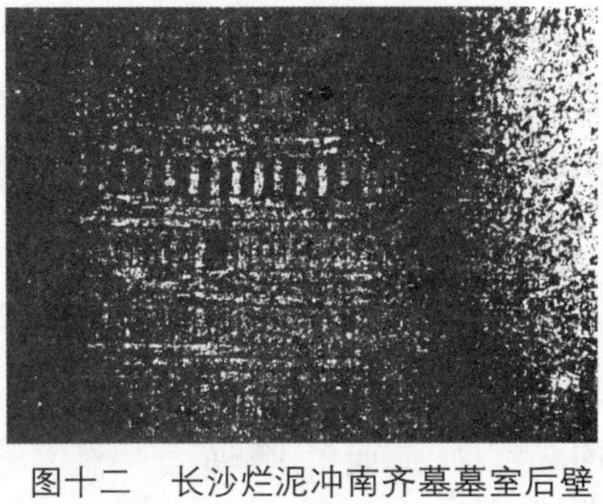

图十二　长沙烂泥冲南齐墓墓室后壁

侧壁和后壁共设置7组直棂假窗和火焰形灯龛，其中两侧壁各相间布列3组，后壁中央设置1组，灯龛均由两块特型砖相拼而成，其边缘用朱红和青绿两色描绘灯龛的轮廓线和火焰纹（图十一）[12]。直棂假窗与边缘彩绘火焰纹的灯龛虽在武宁王陵和以南京为中心的建康地区南朝中晚期大型墓葬中同样发现，但在具体数量和配置方法上有所区别，后者墓室侧壁和后壁共设5组直棂假窗和火焰形灯龛，两侧壁各比宋山里6号坟减少一组。另外一个明显区别就是，宋山里6号坟各组火焰形灯龛均在直棂假窗的下方，且排列亦不整齐，有在假窗正下方的，也有偏置一侧的，而武宁王陵和南朝墓葬火焰形灯龛均在直棂假窗的上方中央。灯龛在直棂假窗下方的南朝墓例，唯见湖南长沙烂泥冲南齐永元元年（499年）墓的墓室后壁，但此墓灯龛为简单的长方形，假窗的直棂多达15个（图十二）[13]，与上述武宁王陵、宋山里6

号坟以及南京地区南朝中晚期大型墓葬没有直接关系。

宋山里6号坟墓壁、墓顶和铺地砖的砌法也与武宁王陵和南京地区东晋、南朝砖室墓不全相同。它的墓室前后壁和侧壁由下向上分别以十顺一丁、八顺一丁、六顺一丁、四顺一丁组砖砌筑4组，以上再用顺砖平砌起券至顶。甬道的顶高因为不及墓室，底部两组砌砖与墓室相同，其上后甬道为一组四顺一丁组砖，然后顺砖平砌起券至顶，前甬道则为一组二顺一丁组砖，再上亦为顺砖平砌起券至顶。墓底铺地砖一层，均为斜人字形平铺。武宁王陵墓壁和墓顶主要用四顺一丁组砖砌筑，只是在接近墓顶的部分使用少数几组三顺一丁组砖。南京地区东晋、南朝券顶砖室墓则多以三顺一丁组砖砌筑。但三者以顺砖和丁砖交替砌筑的原则无疑是一致的。它的地砖铺法与武宁王陵及南京地区自孙吴以降的大多六朝墓葬相同，唯武宁王陵甬道内铺地砖前后各以一排竖平砖锁口，这一现象不见于宋山里6号坟和南京地区东晋、南朝墓葬。

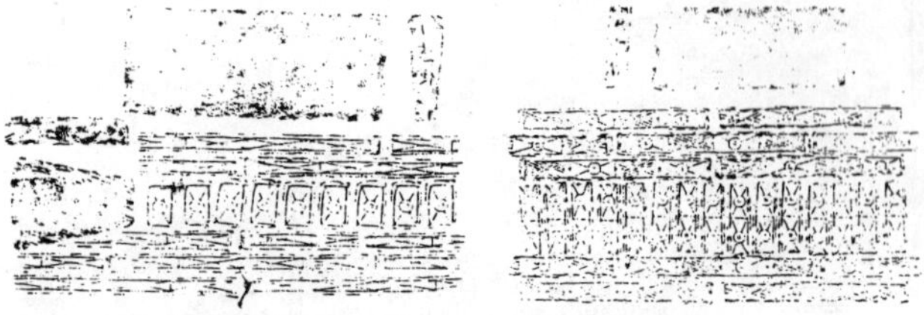

图十三　宋山里6号坟花纹砖

图十四　宋山里6号坟发现的铭文砖

关于墓砖，宋山里6号坟也有长方形、楔形、刀形三类，各类墓砖的用途与武宁王陵完全相同。大多墓砖的侧面和端面模印有各类花纹，且有花纹的一面均朝向墓内，故整个墓葬内壁显得富丽壮观。与武宁王陵甬道和墓室大量使用各类莲花纹不同的是，宋山里6号坟仅在封门墙中的一块楔形砖的窄端模印有莲花纹，而甬道和墓室内壁大量使用的则是武宁王陵挡土墙上少量发现的花纹类型，所见有：在长方形砖和刀形砖的侧面模印菱形与四出钱纹的组合纹或对角线纹，在长方形砖的端面模印双四出钱纹，在楔形砖的窄端模印单四出钱纹（图十三）等。除花纹砖外，还发现在一些墓砖的端面模印有文字，如“急使”、“中方”、“使大”等，这些文字砖与武宁王陵中所出同类墓砖相同。特别值得提出的是，在前述于封门墙中发现的唯一一块模印莲花纹的楔形砖的侧面还刻画有一行草书铭文“梁官瓦为师矣”，可能系制砖工匠在砖坯未干时用锐器信手刻就（图十四）。与宋山里6号坟类似的文字砖、花纹砖，乃至它们在墓壁上的砌筑方法都常见于建康地区南朝中晚期大中型墓葬。关于两者的详细比较，可参拙稿《百济武宁王陵形制结构的考察》一文，兹不赘述。

综而言之，宋山里6号坟无论墓道、砖砌排水沟的设置，封门墙、挡土墙、以木门分为两段的甬道、墓室、直棂假窗、火焰形灯龛的砌筑，乃至墓砖规格、铭文、花纹等都能在建康（南京）地区的东晋、南朝墓葬中找到渊源，尤其是墓室内壁所见的火焰形灯龛迄今唯见以南京、丹阳两地为中心的都城建康地区的南朝中晚期大型墓葬之中。因此，它的形制结构与武宁王陵一样亦可称作典型的“建康模式”。然与武宁王陵相比较，两墓在形制结构上虽有许多相似性，但在墓葬规模、甬道的分段砌筑、木门的设置、墓壁和墓顶的砌法、直棂假窗与灯龛的具体数量和配置、棺床和棺座的选择、花纹砖以及下文述及的墓壁装饰等不少方面都存在着差异。这种差异是如何造成的，它与墓葬的具体时代、墓主的身份地位以及不同国度之间文化传播的特点之间究竟有什么样的关系，这将是我们后文需要探讨的问题。

二、宋山里6号坟“四神”壁画的渊源

武宁王陵与宋山里6号坟最明显的区别还有墓室内壁装饰的不同，前者墓室仅用各类花纹砖装饰，而后者则较复杂，不仅在各类花纹砖的表面相间涂饰黑白两色漆彩，装饰整齐而有规律，更为引人注目的是墓室四壁装饰的“四神”壁画，东、西两壁中部所绘分别是头向墓门的青龙（图十五）和白虎（图十六），南壁甬道入口上方中央所绘为朱雀，两侧还有日、月和云纹图案（图十七），北壁火焰形灯龛

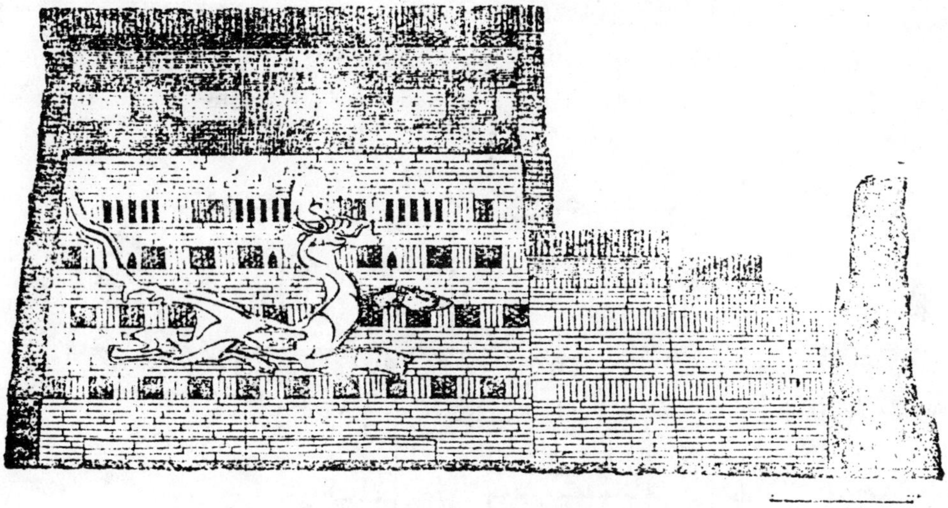

图十五　宋山里6号坟墓室东壁所绘的“青龙”壁画

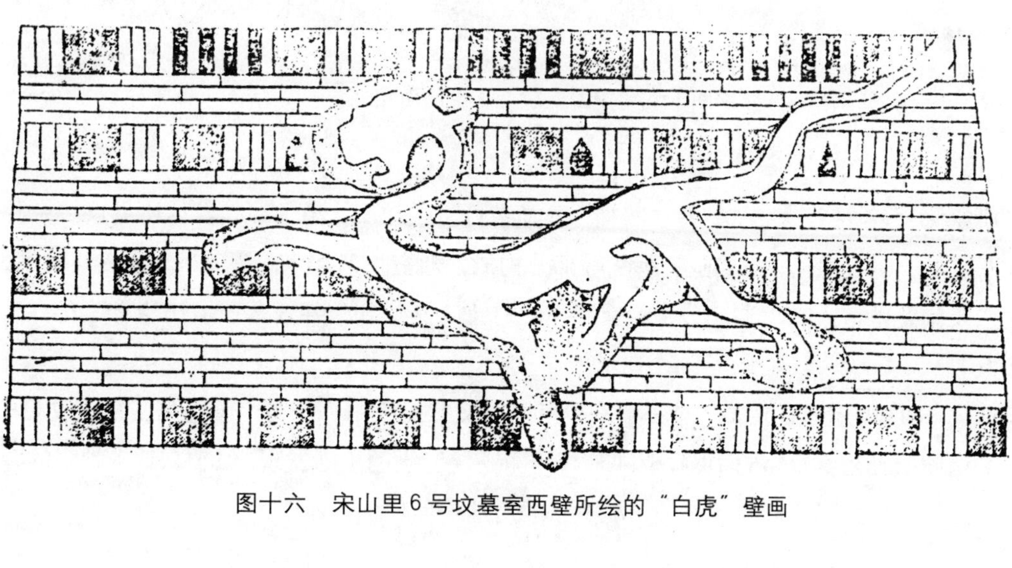

图十六　宋山里6号坟墓室西壁所绘的“白虎”壁画

图十七　宋山里6号坟墓室前壁所绘的“朱雀”壁画

图十八　宋山里6号坟墓室后壁所绘的“玄武”壁画

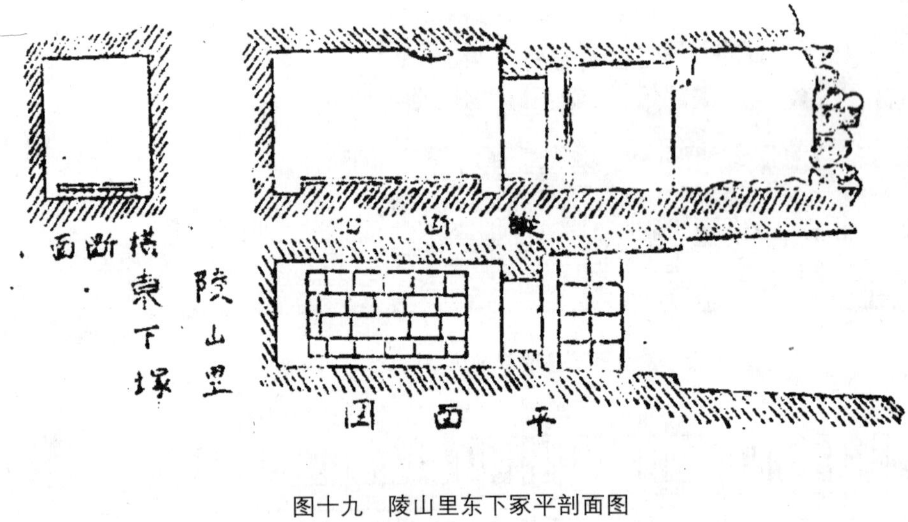

图十九　陵山里东下冢平剖面图

下方中央所绘为玄武（图十八）。这种“四神”壁画在百济古坟中十分罕见，以往所见仅抚余陵山里东下冢。东下冢是一座石室墓，由甬道、墓室等部分构成，墓室长3.21米，宽1.6米。在其墓室的东壁、西壁、北壁及南壁甬道入口上方亦分别绘有青龙、白虎、玄武和朱雀，墓顶上还绘有莲花、云气等图案（图十九）。[14]

关于这类“四神”壁画的源流，过去学术界考虑到文献记载中百济与中国南朝密切的政治关系，一般认为是受南朝绘画艺术风格的影响，但随着高句丽古坟壁画的不断发现，似乎有越来越多的专家学者相信这类“四神”壁画乃与高句丽有关，故有必要对这一问题加以澄清。

百济虽与高句丽接壤，但两国差不多一直处于敌对状态，战争几乎没有停歇，特别是盖卤王二十一年（南朝宋元徽三年，475年）秋九月，高句丽长寿王率兵三万围攻百济都城汉城。城陷，盖卤王被杀，百济被迫南迁都城至熊津[15]，两国关系恶化到了极点。在这种时代背景下，如果百济墓制竟然接受高句丽的影响使用了“四神”壁画，则让人匪夷所思。另一方面，高句丽古坟壁画自成系统，其绘画题材广泛，色彩艳丽，主要有墓主画像、车马出行、狩猎、仙人、侍女、供养人物、殿阁、门将、力士、珍禽瑞兽、擒敌斩首、星象等等，大约继承了大陆中原以及东北地区东汉、魏晋墓葬壁画的传统，也与同时代的北魏、北齐墓葬壁画关系密切，其中虽然屡见“四神”之内容，但显然处于从属地位，与宋山里6号坟、陵山里东下冢壁画内容简约，“四神”占据壁画唯一主体核心位置有着霄壤之别。总之，包括宋山里6号坟在内的百济古坟中的“四神”壁画不可能与高句丽有染。寻找它们的渊源，只能把视线转向与百济长期友好亲善的中国南朝。

已经发现的明确的直接以彩绘壁画的形式来装饰墓壁的南朝墓葬并不太多。南京西善桥陈义阳郡公黄法氍墓最为典型。此墓墓室内壁先涂一层厚约5毫米的石灰层，其上有断断续续的以红、黄、绿等色彩绘的壁画，惜其内容因潮湿漫漶不得而知[16]。与其相似的现象还见于南京灵山南朝大墓[17]。从笔者在南京地区近二十年的六朝墓葬考古的实践看，其他一些大型南朝墓内原来可能也有彩绘壁画，只是因为南京地下水位高，壁画不易保存和发现而已。建康地区的一些大型南朝墓曾经流行彩绘壁画，这一点现在大致可以肯定。由于南京象山、老虎山等一部分东晋砖室墓内壁也见有涂施石灰的现象，我们甚至怀疑其上原来可能也有彩绘壁画[18]。

与彩绘壁画相关的还有南京、丹阳两地发现的多座大型南朝墓内发现的大幅砖拼阳线刻壁画。这些砖拼壁画皆以数十块以至上百块的画像砖拼砌而成，装饰于整个砖室内壁。目前所见有南京西善桥宫山南朝墓[19]、西善桥罐子山南朝墓[20]以及丹阳建山金家村南朝墓、胡桥吴家村南朝墓[21]、胡桥仙塘湾南朝墓[22]。根据研究，这5座墓葬的墓主很有可能都为南朝的皇帝，丹阳的3座大墓可能为齐的帝王陵墓，南京西善桥的2座大墓可能是陈的帝王陵墓。因此，可以推测南齐以降的南朝帝王陵墓使用大幅砖拼壁画可能是当时葬制规定。需要注意的是这几座南朝大墓内也见有彩绘壁画的痕迹，如丹阳胡桥两墓的甬道口均发现有彩绘壁画，以青绿色为底，用红、白、蓝三色彩绘四神或龙凤一类图案。甬道内左右两壁嵌砌的“狮子”砖拼壁画表面亦涂彩色，耳、眼、鼻、舌涂红色，两颊涂白色。只是由于潮湿暴露，彩绘多已剥落或褪色。甚至一些花纹砖上也有涂彩。建山金家村南朝墓墓室内嵌砌的“竹林七贤与荣启期”砖拼壁画局部同样发现有彩绘，其中树木和乐器都用红彩涂绘。显而易见，当初这些精美的大幅砖拼阳线刻壁画原来上面都有绚丽的着色，是名符其实的立体彩绘壁画。[23]

关于各类题材砖画在墓葬中的位置及内容，可以保存较好的丹阳三座陵墓为代表加以复原。从甬道口由外而内，最先是顶部偏东、西两侧分别嵌砌象征天空的“日”、“月”砖画。向内两壁依次为守卫墓门、辟除不祥的“狮子”和“武士”，各为两幅。墓室两壁壁画由外而内分为上、中、下三行：上为凌空飞舞的飞天（或称天人），有两幅；中部西壁为“羽人戏虎”（图二十）和半幅“竹林七贤”，东壁为“羽人戏龙”和另半幅“竹林七贤”，中部和上部的砖画分别表示引导墓主灵魂升天的神兽、圣贤以及灵魂升天后的境界；下部两侧各有四幅“仪仗出行”砖画，对称排列，依次为甲骑具装、立戟侍卫、侍扇盖仪仗和骑马鼓吹，共同组成墓主出行的仪卫卤簿。这是中国学者对此类大型砖画表现内容和图案布局

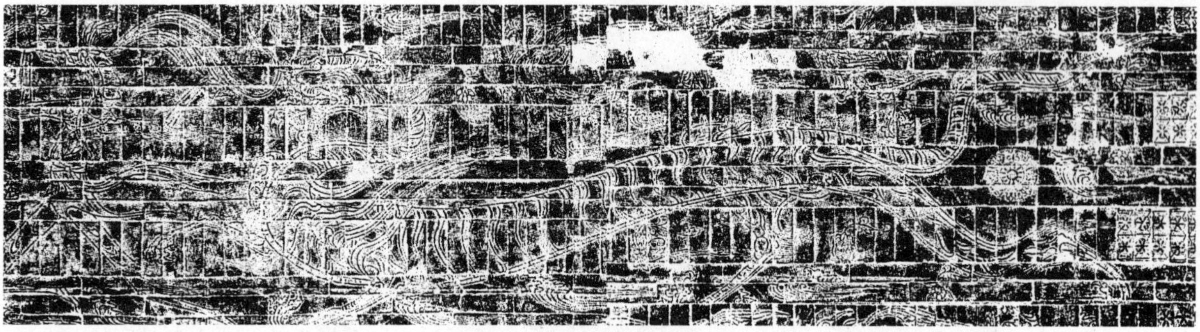

图二十　建山金家村南朝墓墓室西壁的"羽人戏虎"壁画

的一般认识[24]。

然而日本学者曾布川宽经过考证认为，上述南朝陵墓中的“羽人戏龙”、“羽人戏虎”所表现的不是引导死者灵魂向天界飞翔的“升仙图”，而是“四神”中的青龙、白虎。龙、虎前侧的羽人是照顾青龙、白虎并诱导它们与之嬉戏的天界仙人。吴家村南朝墓中“羽人戏龙”砖侧发现的“大龙”字样，仙塘湾南朝墓“羽人戏虎”砖侧发现的“大虎”字样，可以为证。而仙塘湾南朝墓中发现的刻有“朱鸟”和“玄武”字样的砖铭（图二十一），推测原来就在墓室的前壁和后壁。这样，墓室四壁嵌饰的“四神” 砖画可为墓主辟邪守护四方，它与甬道顶部的“日”、“月”砖画共同构成了墓室中的宇宙[25]。曾布氏的上述论断可谓真知灼见。简言之，在南朝最高等级的帝陵中，“四神”与“竹林七贤”、“仪仗出行”等题材占据了墓室壁画的最主要位置，它是砖画所欲表现的最重要内容。

那么，次帝陵一级的南朝宗室王侯和其他高等级贵族墓中彩绘壁画的题材和布局究竟怎样？由于作为典型墓例的南京西善桥陈义阳郡公黄法氍墓彩绘壁画已完全漫漶，其内容不得而知。但同时代的其他一些画像砖墓则可为我们提供有益的线索。最值得注意的是1988年山东临沂金雀山清理的一座砖室墓。这是一座典型的平面呈“凸”字形的前带甬道的单室墓。墓室后半部有砖砌棺床，墓壁用三顺一丁组砖

图二十一　仙塘湾南朝墓发现的"大虎"、"朱鸟"、"玄武"铭文砖

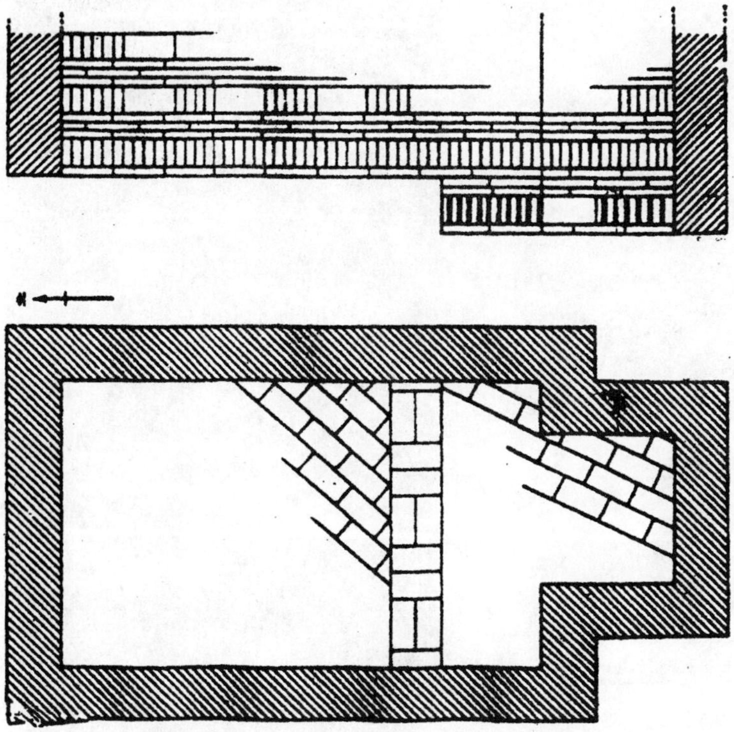

图二十二　临沂金雀山南朝墓平剖面图

图二十三　临沂金雀山发现的“四神”画像砖

砌筑（图二十二）。墓室四壁嵌有浅浮雕类画像砖，均一砖一画，其中东壁有青龙、白虎，西壁有朱雀、狮子、马，北壁有玄武，另有一种人物图像画像砖散见于以上三壁。画像砖中虽然“四神”布列与方位不完全对应，但“四神”种类齐全，足证是画像题材的主要内容（图二十三）。此墓形制和画像风格与常见的北朝墓迥然有别，而具有南朝砖室墓的一般特征。因临沂在南北朝时期一度属刘宋领辖，故被推定为一座刘宋时期的墓葬，或为年代略晚但受南朝文化强烈影响的北朝墓[26]。

我们还可把视线向前追溯。建康地区可以确认的东晋时期彩绘壁画墓虽迄无发现，但远在西南的云南昭通后海子东晋交宁二州刺史、成都县侯霍承嗣墓可为参考。此墓墓室四壁和墓顶发现有题材多样的彩绘壁画，除了墓主坐像、众多的侍从仪仗、楼阙建筑、珍禽异兽，以及极具地方民族特色的汉族和少数民族部曲形象外，基本按方位布置的“四神”图也是壁画表现的重要内容[27]。南京地区清理的姚家山东晋晚期画像墓就更为我们提供了极具价值的佐证。此墓东向，砖室全长9.05米，平面呈“凸”字形，由墓道、封门墙、甬道、墓室等部分构成。墓内嵌砌的花纹砖和画像砖排列整齐而有规律（图二十四），其中甬道和墓室北（左）侧画像砖为侍男和青龙（图二十五），南（右）侧画像砖为侍女和白虎（图二十六），墓室的后壁见有以上四种画像砖，而在棺床前部的铺地砖中发现一块刻画类的朱雀画像砖（图二十七）。由于该墓墓室后壁上部在清理前已遭施工破坏，故发掘者不排除此中有玄武类画像砖遗失。显而易见，这是一座以“四神”为主要内容的画像砖墓[28]。要言之，中国南方地区的东晋、南朝时期的贵族墓中一直存在着以“四神”图像为主要表现内容的艺术传统，以临沂金雀山南朝墓为代表的边远地区

图二十四　姚家山东晋墓墓室东壁

图二十五　姚家山东晋墓发现的"青龙"画像砖

图二十六　姚家山东晋墓发现的"白虎"画像砖

图二十七　姚家山东晋墓发现的"朱雀"画像砖

同类墓葬可能受到了来自都城建康的影响。虽然到目前为止还没有发现以"四神"为全部表现内容的东晋、南朝时期画像砖墓或彩绘壁画墓，但我们相信在建康地区这一类型的南朝壁画墓终有发现的那一天！

根据笔者研究，武宁王陵的营建参照了建康地区南朝墓葬的等级制度，使用了次帝陵一级的B型墓葬，与其身份相吻合。同一陵地的宋山里6号坟也不例外，使用的也是同一等级的B型墓葬[29]。宋山里6号坟中彩绘壁画唯绘"四神"和"日"、"月"图案，不见前析建康地区南朝最高等级的帝陵所置的"竹林七贤"和"仗仗出行"等题材，而与以南京姚家山东晋画像砖墓为代表的贵族墓画像题材大体相符，甚至四神的绘法及布局也有一定的相似性。宋山里6号坟在壁画内容上反映的墓葬等级和在墓葬形制结构上反映的墓葬等级完全一致。因此，从图像传播的原理看，宋山里6号坟"四神"壁画的渊源应是中国南朝贵族墓中的同类彩绘壁画。

然则从文献记载看有没有这种可能呢？在4至6世纪的东亚国际关系格局中，百济与高句丽一直处于战争状态，与新罗也因为领土纠纷战争时断时续。与大陆中原王朝北魏的关系亦颇冷淡，自472年首次遣使请求北魏发兵讨伐高句丽遭拒后，便从此断绝往来[30]，此后两国之间甚至还发生了军事冲突。与百济长期稳定交好的盟国只有地处日本列岛的倭和大陆南方的东晋、南朝政权。据不完全统计，百济向五胡十六国、北魏、北齐、北周诸北方政权派遣使节仅只5次，而向东晋以降的大陆南方诸政权朝贡累计达33次，在刘宋元嘉年间更是“每岁遣使奉表，献方物”[31]，两国使节的往来可谓不绝于途。综观当时大陆王朝对外的册封体系，百济在南朝的地位一直稳步上升，由东晋一代的“镇东将军”升至梁代的“征东大将军”。相反，自南齐以来，高句丽在南朝的地位则急剧下降，到梁代普通元年（520年）更是跌至百济之下[32]。

学者们已经注意到，百济与南朝的交往尤其注重制度和文化的吸收与交流。百济不仅使用南朝历法，“用宋《元嘉历》，以建寅月为岁首”，[33]而且在元嘉二十七年（450年）向刘宋上表“求《易林》、《式占》、腰弩，太祖（宋文帝）并与之”。[34]至梁大同七年（541年），更有南朝梁的工匠、画师受邀赴百济。据《梁书》卷五十四《诸夷传·百济》载：“中大通六年（534年）、大同七年（541年），百济累遣使献方物。并请《涅槃》等经义，《毛诗》博士，并工匠、画师等，敕并给之。”《三国史记》卷二十六《百济本纪第五》则明确记载百济表请画师是在圣王二十九年，即大同七年。如后所析，宋山里6号坟墓主很可能就是百济圣王，另一座“四神”壁画墓——扶余陵山里东下冢一般认为也是一座泗沘时代的百济王陵，其时代还要晚于宋山里6号坟，而在此前的武宁王陵及其他高等级百济古坟中都没有发现这种“四神”壁画的踪影。这不禁使我们怀疑就是大同七年（541年）后受邀的这批南朝梁的画师参与或指导了包括宋山里6号坟、陵山里东下冢在内的百济古坟“四神”壁画的艺术创作。在圣王之后的百济古坟中，“四神”壁画墓应是最高等级的百济王陵。

三、宋山里6号坟的时代及墓主身份

宋山里6号坟中发现的可供直接判断墓葬时代的遗物只有甬道口封门墙中的一块楔形铭文砖，砖铭为“梁官瓦为师矣”。这块铭文砖不同于砌建该墓的一般墓砖，它的窄端模印的是半朵四瓣莲花，不是此墓中常见的各类钱纹，而与武宁王陵中的同类花纹砖十分相似。这样一块楔形砖，本来是应该用来成组相拼砌筑起券以上部分的墓壁和墓顶的，所以很可能是宋山里6号坟筑就入葬墓主后发现预计的封门砖不足，临时从其旁武宁王陵余留的墓砖或其他库存墓砖中挪用的。它的时代虽然可能要略早于宋山里6号坟，但用于界定此墓时代的上限是没有疑问的。换言之，从砖铭上记录的“梁”看，宋山里6号坟的时代显然晚于中国南朝的梁代。

墓中发现的其他铭文砖、花纹砖和火焰形灯龛也有助于对墓葬相对时代的推定。如前所述，宋山里6号坟中发现的各类钱纹砖及“急使”、“中方”、“使大”等模印铭文砖，不仅皆见于武宁王陵，也与建康地区南朝中晚期大中型墓葬出土的同类墓砖大同小异。特别是墓室侧壁和后壁设置的7个以两块特型砖相拼的火焰形灯龛，更是仅见于南京及丹阳两地南朝齐代以降的帝陵或宗室王侯墓，不见于建康以外的其他地区以及建康地区的东晋和南朝早期墓葬。所以，单从墓砖的花纹、铭文以及灯龛的形制也可推定宋山里6号坟的时代相当于南齐以降的南朝中晚期。

问题的关键是比定武宁王陵与宋山里6号坟的相对早晚。我们首先考察宋山里6号坟在这一墓区中的位置。这一墓区中的4座墓葬大体呈前后3排分布，武宁王陵位于墓地北侧中心位置，其他各墓则均在其前两侧。类似于这种成组分布的墓群在百济古坟中虽然屡见不鲜，但是因为百济古坟中极难见到准确的纪年材料，所以同一墓群中各墓的相对早晚实难确认，它们的分布规律就更难把握。我们不妨参考深受其文化影响的建康地区的东晋、南朝墓葬。检索南京地区已有的六朝墓葬资料，可以参比的是与之相似的仙鹤观东晋高崧家族墓地[35]。该墓地南向，3座砖室墓分前后两排，北侧后排中央的6号墓规模大，时代早至东晋早期，墓主推测是高崧父母丹阳尹高悝夫妇，但因其东侧不远便是孙吴另一世家大族墓地，没有足够空间来营建其他墓葬，故稍晚的2号墓、3号墓只能在墓前瘗埋。又因6号墓前西侧还有另外一座孙吴晚期墓，故此两墓均葬在墓前西侧。其中西（右）侧的2号墓主是东晋中期的侍中、建昌伯高崧夫妇，东（左）侧的3号墓主被推测是卒葬于东晋晚期的高崧之子高耆夫妇（图二十八）。在这一墓地之中，显然以后（北）侧居尊，时代最早，前（南）侧时代晚，其中西（右）侧又比东（左）侧时代早，地位尊重，大约遵循的是长者尊者居后、居右的原则[36]。比之这一排葬规律，则宋山里的这组墓葬中，武宁王陵时代最早，地位最尊，其南（前）侧的6号坟、5号坟均晚于武宁王陵。6号坟在西，又相对早于5号坟。而29号坟因在6号坟西南，时代相对更晚。概言之，这一墓地中各墓时代从早到晚的排序是武宁王陵、6号坟、5号坟、29号坟。

再从墓室四壁装饰的“四神”彩绘壁画看，与之相同的“四神”壁画在百济古坟中迄今唯见扶余陵山里东下冢，而后者公认是定都于泗沘的某一百济王陵。又据前引《梁书》和《三国史记》中圣王向南朝梁代表请画师的记载，我们在前节已经得出百济古坟中发现的“四神”彩绘壁画晚于梁大同七年（圣王十九年，541年）的结论。由此观之，宋山里6号坟的时代亦比武宁王陵晚。

耐人寻味的还有宋山里6号坟墓室中的砖砌棺座。这种砖砌棺座不见于武宁王陵以及宋山里陵地东侧时代相对较早的其他古坟，而独见于同一墓区时代相对较晚的5号坟和29号坟，在扶余陵山里等其他泗沘时代的百济晚期古坟中也发现有与其结构相近的砖石砌筑的棺座，可见砖砌棺座是一种晚出的墓葬

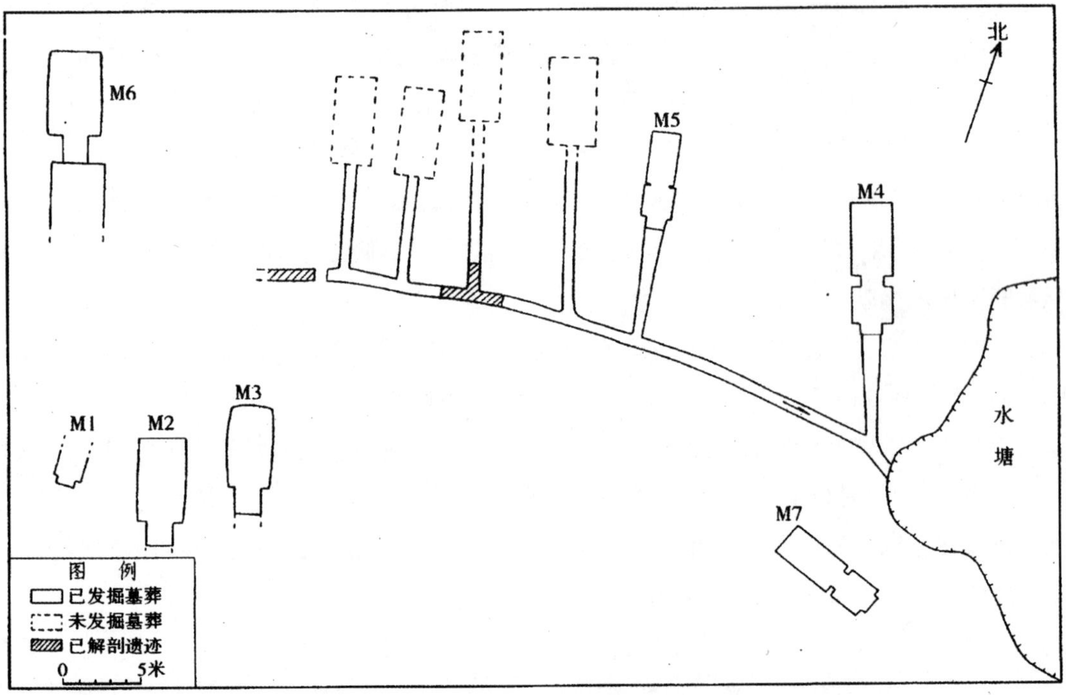

图二十八　仙鹤观东晋高崧家族墓地墓葬分布示意图

设施。此外，武宁王陵墓室中直棂假窗与火焰形灯龛组合的形式与建康地区南朝中晚期大中型墓葬同类构造如出一辙，而宋山里6号坟虽组合的要素相同，但上下排列的方位却与前者迥异。根据文化传播中距离愈远、时代相距愈久，文化特征变异愈明显的一般规律看，也是宋山里6号坟时代较武宁王陵为晚。

关于宋山里6号坟的墓主，因为没有出土可证墓主确切身份的文字材料，亦只能根据有关线索作出推论。此墓墓室东侧设置一处砖砌棺座，其上明显是放置墓主棺木的。这种棺座的渊源颇疑与南京地区南朝墓葬的石棺座有关。南京地区南朝墓墓室内绝大部分有砖砌棺床，大型墓葬的棺床上还有石棺座。石棺座一般以2块厚大石板前后相拼，故石板的数量能反映是合葬墓还是单人墓。如果是4块石板拼成两具棺座，则是双人合葬；如果是2块石板拼成一具棺座，则是单人葬。单人葬又视具体情况的不同分为两类，一类如马家店村南朝墓，仅在棺床中央设置一具石棺座，这是一种预先规划的单人葬（图二十九[37]）；一类如隐龙山3号墓，墓室内棺床的大小足够布置两具棺座，但仅在棺床东侧发现一具石棺座，西侧置空为待葬者预留位置（图三十）[38]。这是一种预先规划合葬，但因某种原因未能实施合葬的单人葬。宋山里6号坟与隐龙山3号墓极为相似，它亦在墓室内东侧单独设置一具棺座，说明这是一座单人葬墓，但因其西侧预留的位置足够再放一具棺座，可见也是原来规划合葬，但最终未能实施。这名墓主的性别，可据武宁王陵推导。武宁王陵是武宁王与王妃的合葬墓，据甬道内发现的两方志石（买地券）以及能够

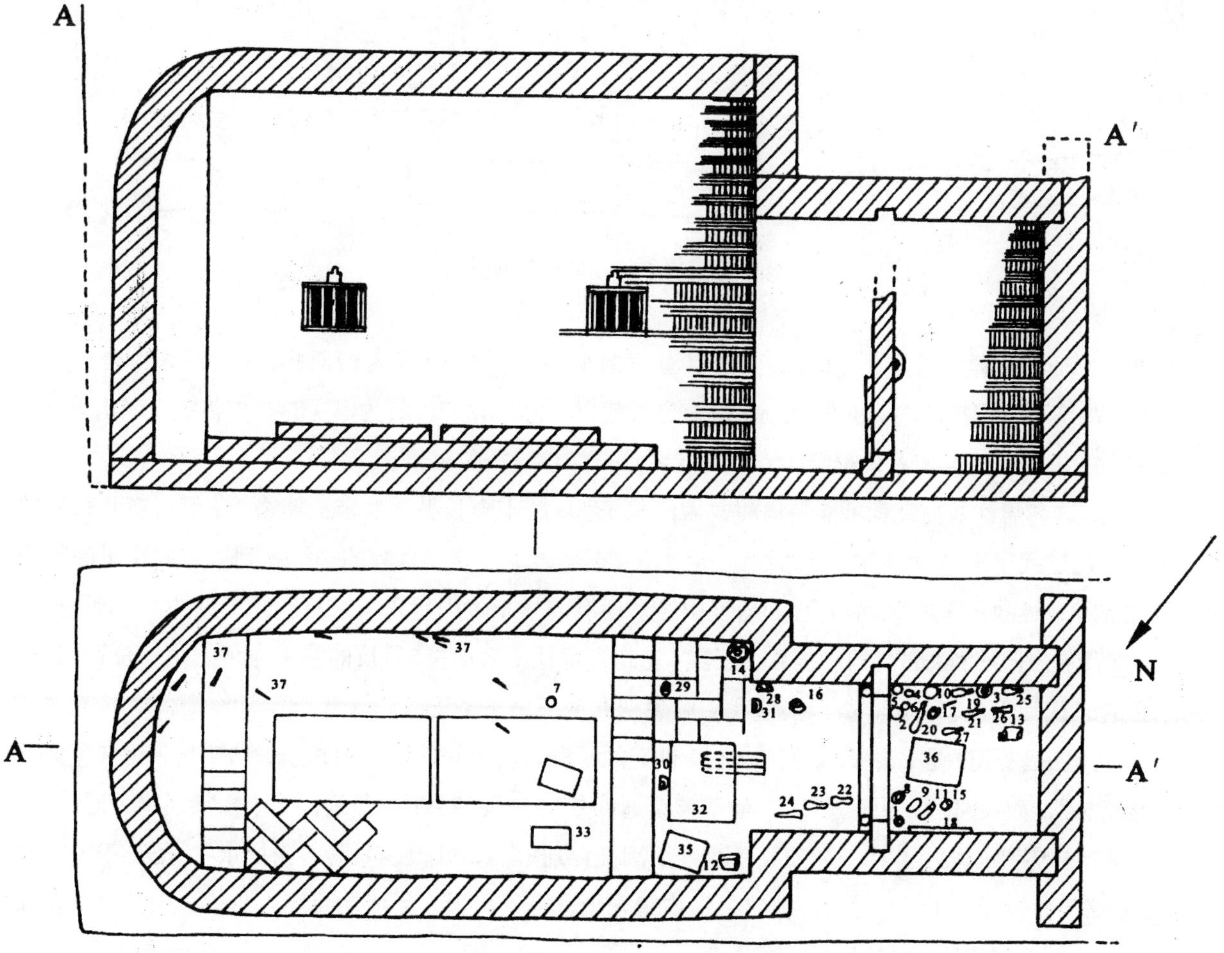

图二十九　马家店南朝墓平剖面图

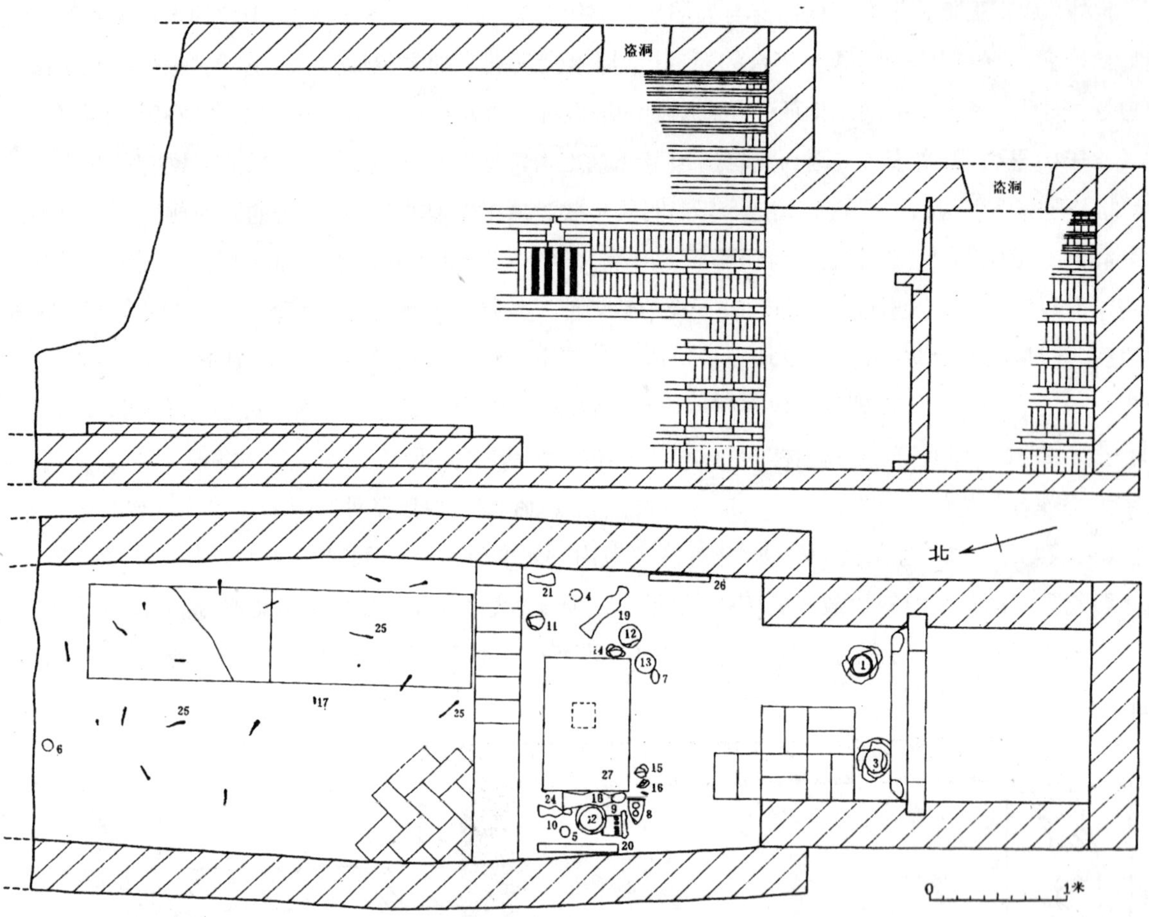

图三十　隐龙山3号墓平剖面图

判断性别特征的随葬品的位置分析，武宁王葬墓室内东侧，王妃葬于墓室内西侧。由于两人都是头向墓门而葬，故实际上男棺在右，女棺在左，符合自汉代以来大陆以“以右为尊”的礼俗传统。宋山里6号坟墓室内的砖砌棺座位于右首东侧，入葬的这名墓主应该是一位男性。

那么，这名男性墓主究竟可能是谁呢？宋山里6号坟砖室全长虽比武宁王陵略小，但甬道和墓室的高度都要超过武宁王陵，甬道内也设置有一道木门，在建康地区南朝墓葬的等级序列中与武宁王陵一样同属次帝陵一级的B型墓葬。而且它的墓室中还发现有与扶余陵山里东下冢相同的罕见的“四神”彩绘壁画，而后者公认是泗沘时代的一座百济王陵。凡此皆可证明宋山里6号坟的墓主也可能是一位百济王。由于它的时代晚于武宁王陵，故只能使我们联想到武宁王之子圣王。

根据《三国史记》卷二十六《百济本纪第四》的记载，圣王是武宁王的长子，讳明禯，因“智识英迈，能断事”，而被国人称为“圣王”。他于梁普通四年（公元523年）即位，于十六年（梁大同四年，公元538年）春把都城由熊津（今公州）西迁至泗沘（今扶余），并改国号为“南扶余”。圣王三十二年（梁承圣三年，公元554年）七月，他“亲帅步骑五十，夜至狗川。新罗伏兵发，与战，为乱兵所害”。圣王没有丧还新都泗沘，而是归葬旧都熊津乃父陵旁。一种可能，这是圣王生前的遗愿；一种可能，圣王被害之地狗川当在百济西部与新罗交界的边境，当时尚值酷暑，也不便于长途移运灵柩至新都，就近安葬在旧都是不得已而为之的举措。要之，我们认为宋山里6号坟很可能就是武宁王子百济圣王的陵墓，而圣王妃则因故留葬在都城泗沘。

四、宋山里6号坟墓葬建筑工艺技术传统的复杂性

在《百济武宁王陵形制结构的考察》一文中，笔者曾指出武宁王陵的构筑时代虽然相当于中国南朝的梁代，但其形制结构在不少方面却与南京地区的东晋晚期至刘宋时期的砖室墓葬比较接近，明显较南京地区同一时期南朝墓葬形制结构的演进迟缓。具体而言，武宁王陵使用的花纹砖、铭文砖、拼砌灯龛的特型砖其工艺传统显然来自于齐梁，而与墓葬形制结构直接有关的砌墓技术传统则可能源自元嘉以前的刘宋。

以上论断同样适合于宋山里6号坟，甚至在某些方面比武宁王陵还要典型。研究表明，南京地区刘宋早期的大中型砖室墓葬如司家山永初二年（公元421年）谢琉墓，其形制结构与东晋晚期墓基本没有区别，甬道中仍设置木门，墓室底部仅设砖砌棺床（图三十一）[39]。大约从刘宋中期的元嘉时代开始，以司家山1号墓为代表的大中型砖室墓葬的形制结构出现新的因素，甬道中虽仍设木门，但墓室砖砌棺床

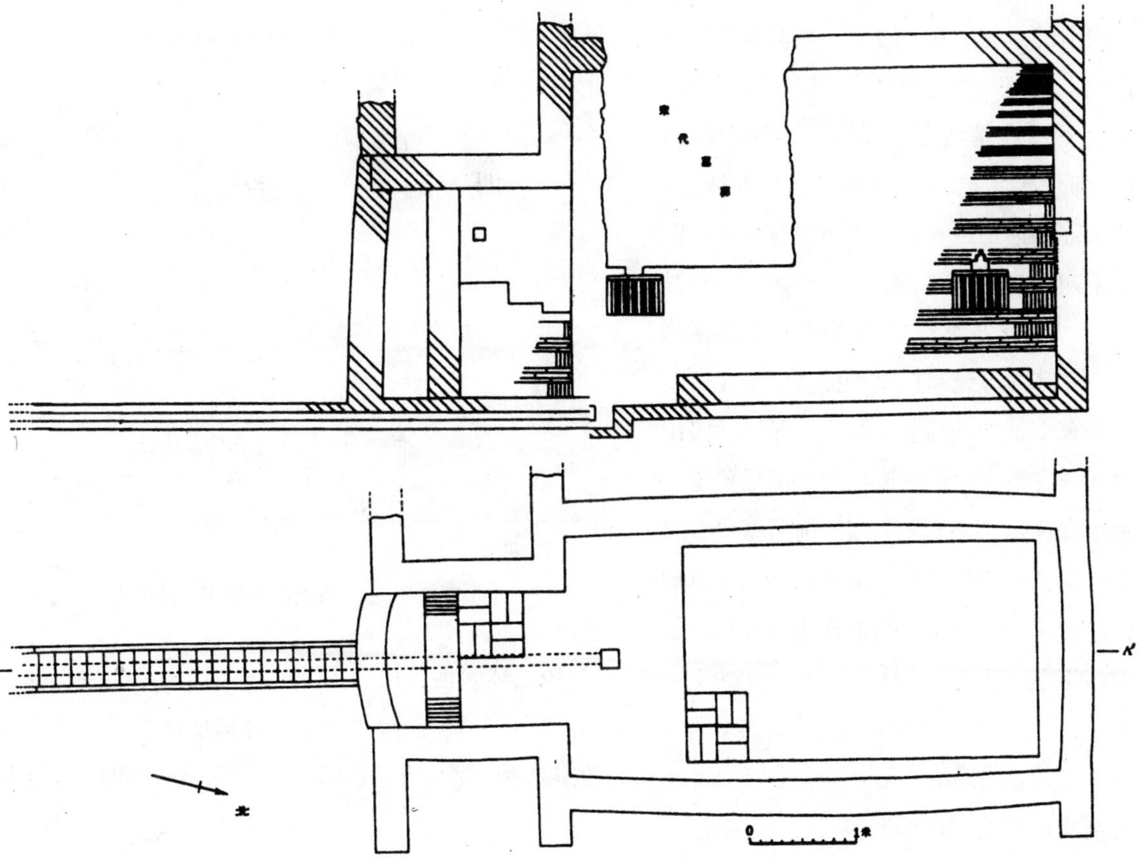

图三十一　司家山永初二年（421年）谢王充　墓平剖面图

上发现有石棺座（图三十二）[40]。这是墓葬制度由东晋向南朝转变的时期。时代为刘宋中晚期的隐龙山的3座砖室墓，虽然仍使用素面砖砌筑，墓室的前后壁仍为垂直上砌接顶的形式，且自东晋以降形成的直棂假窗与“凸”字形灯龛组合的形式也未改变，但砖砌棺床上已垫置石棺座，而且甬道中的木门也改易为石门，墓室侧壁及后壁均略向外弧凸，标志着南朝墓制的初步确立（图三十三）。丹阳的3座萧齐陵墓及南京郊区的萧梁宗室王侯墓则是典型南朝中晚期墓制的代表，即大型砖室墓不仅甬道中设置一道或两道石门，墓室砖砌棺床上置石棺座，墓壁普遍使用花纹砖或砖拼壁画、彩绘壁画装饰，侧壁及后壁向外弧凸更加明显，开始流行火焰形灯龛与直棂假窗的组合。这一时期的大型墓葬，在外观上还有一个重要特点，就是墓室的前壁、后壁在基墙之上砌顶时因使用楔形砖、刀形砖起券，使之呈弧形向内卷抹，故其前部和后部的一段墓顶近乎穹隆形（图三十四）。南朝晚期的大中型墓葬，可以被推定为陈宣帝显宁陵的罐子山南朝墓为例，其墓室侧壁和后壁外弧更为严重，使整个墓室近似花瓶状（图三十五）[41]。宋山里6号坟甬道中设一道木门，前后甬道的宽度和高度都不相同，墓室前后壁仍垂直上砌接顶。这些特点与前文列举的南京地区东晋至南朝刘宋早期的砖室墓葬别无二致，明显区别于与其时代相当的南朝晚中期墓葬，较之建康地区南朝墓葬形制结构演进的步伐慢了一个节拍；然而它的全部使用花纹砖的墓壁装饰，“中方”、“急使”等类砖铭，特别是以特型砖拼砌而成的火焰形灯龛，都绝不见于建康地区刘宋以前的砖室墓葬，而与齐梁以降的大中型墓葬相似，又基本保持着与南朝墓制同步的节奏。

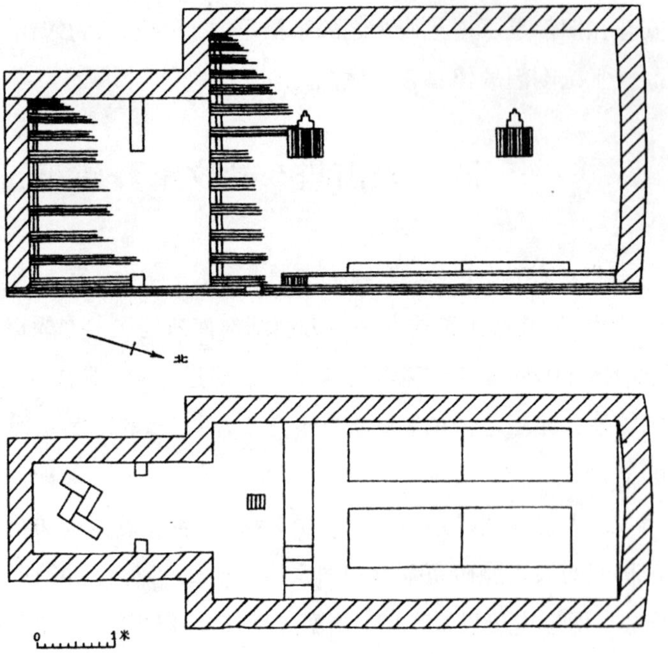

图三十二　司家山1号墓平剖面图

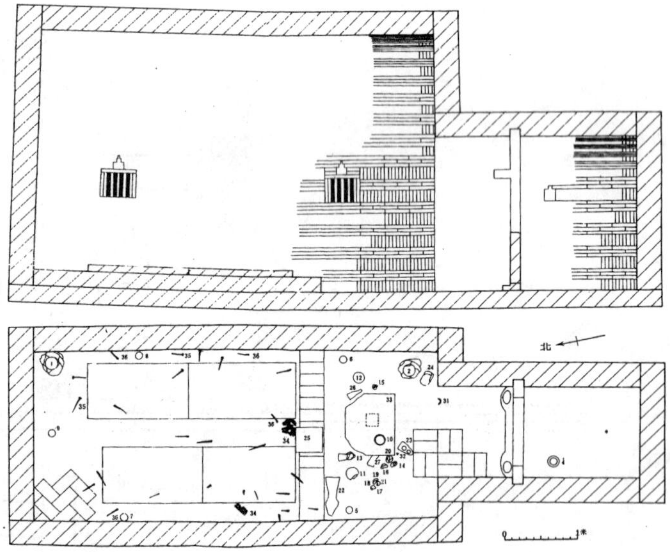

图三十三　隐龙山1号墓平剖面图

对于造成武宁王陵与宋山里6号坟上述这种墓葬形制结构复杂性的原因，我们曾给出解释，认为这两座墓葬的筑墓和造砖匠师可能分属不同的工艺技术传统，前者很可能源于元嘉以前的刘宋，后者来自

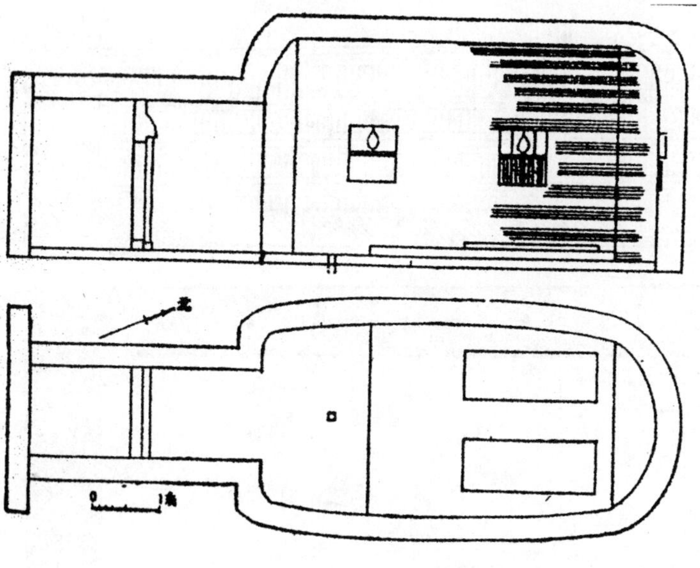

图三十四　仙鹤门南朝墓平剖面图

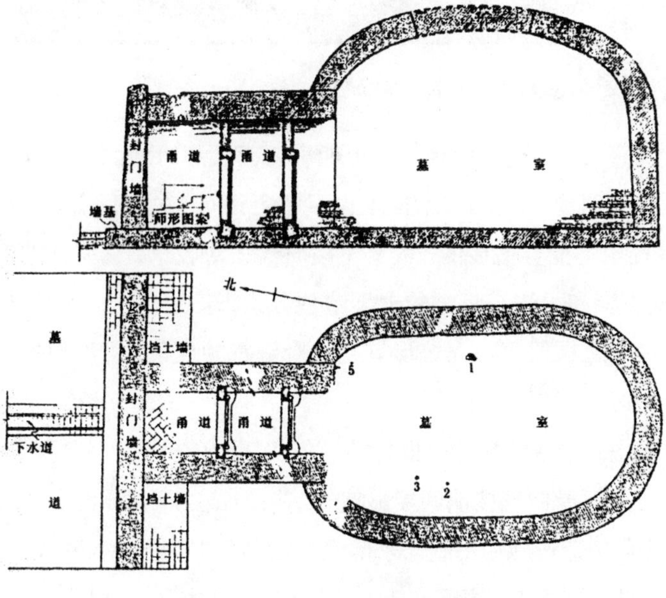

图三十五　罐子山南朝墓平剖面图

于齐梁，并从史料记载的角度讨论了这种可能性的存在[42]。其实，因文化传播造成的滞后性和复杂性，不仅在相隔遥远的不同国度之间发生，就是在同一国度的不同地区之间也可能存在。

湖北武昌东北郊的何家大湾南朝墓就是这样一个典型墓例。这是一座平面呈“凸”字形的单室券顶砖墓，由封门墙、甬道、墓室等部分构成，砖室全长达8.4米。它的甬道中段原来可能设有木门，以木门为界把甬道分为前后两段，前段比后段略宽。墓室中后部满铺砖砌棺床，墓壁平直，皆以三顺一丁组砖砌筑，左右侧壁和后壁共设5个直棂假窗，其中侧壁各2个，后壁为1个。因墓顶和上部墓壁不存，其直棂假窗上原来是否设置灯龛不明（图三十六）。墓葬尽管早年被盗，但仍出土陶、瓷、铜、铁等质地遗物40余件。据其中一合陶质买地券可知，墓主为刘宋武陵王前军参军事刘觊，葬于南齐永明三年（485年）十一月。[43]

这座墓葬的形制结构显然不属长江中游两湖地区东晋、南朝墓葬系统[44]，甚至与同时刊布的武昌东北郊的其他三座南朝砖室墓也大不相同。它在甬道中以木门分隔为前后两段的作法，墓壁上直棂假窗的形制、数量、位置，以及墓室后部满铺的砖砌棺床，都与南京地区东晋至南朝早期的砖室墓极其相似，因而可以划列为典型“建康模式”的南朝砖室墓葬系统。然而，有意味的是，这座墓葬的纪年虽为南齐永明三年（485年），但如前文所析，它的形制结构却颇具建康地区刘宋中期以前砖室墓之特点，也表现出相当明显的滞后性和复杂性，个中原因当与墓主刘觊特殊的身份和个人经历有关。它虽与武宁王陵、宋山里6号坟构筑的复杂背景不同，但两者完全可以类比，皆可证明是文化传播过程中的正常现象。

另一个重要问题是，宋山里6号坟与武宁王陵墓葬形制结构的差异应该如何解释？前文已析两者之间的差异，主要表现在甬道的分段砌筑，棺床与棺座，以及墓室中直棂假窗与火焰形灯龛组合方式的不

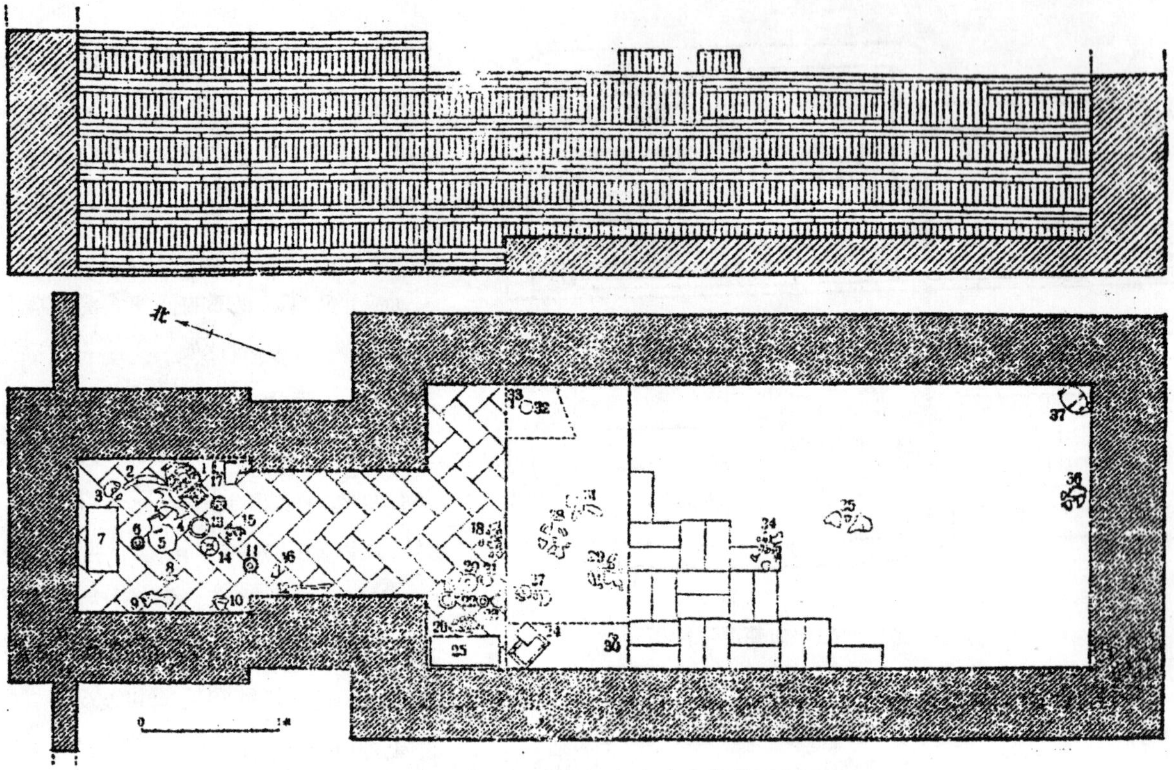

图三十六　武昌何家大湾南朝墓平剖面图

同等。关于前二者，显然与筑墓工人的技术传统有关。两墓的修筑虽然可能都有南朝建康地区的工匠直接介入或间接参与指导，但肯定不是同一批工匠，甚至他们的技术传统也不完全相同；关于后者，则当与筑墓工人的技术传统无关，而是文化传播过程中的变异造成的。武宁王陵时代相对较早，它完整地保留了建康地区南朝中晚期大中型砖室墓葬直棂假窗和火焰形灯龛的上下组合方式。宋山里6号坟时代相对较晚，因为在时空上都远离了传播源，才会发生直棂假窗与火焰形灯龛组合倒置的现象，可以想象与此墓砌筑有关的南朝工匠至少对这样一种组合方法已经陌生了。

这种文化传播过程中因时空阻隔发生的异化现象在南朝墓葬中也同样存在。如目前的考古材料可以证明长江中游两湖地区南朝墓葬中的直棂假窗是受建康葬制直接或间接影响的结果。有迹象表明，两湖地区接受了下游建康的影响后，又进而把直棂假窗这种构造设施输出到广东地区。但是相对来说，两湖地区南朝墓中的直棂假窗比较接近建康地区，甚至还偶见与建康地区相似的与“凸”字形或长方形灯龛相配置使用的情况，而广东地区的南朝墓葬如罗定鹤咀山南朝墓（图三十七）[45]、梅县梅程2号墓（图三十八）[46]、揭阳揭山赤2号墓（图三十九）[47]等虽常见直棂假窗，但其形制与砌筑位置已与建康地区相去甚远了。

五、砖室墓葬在百济古坟中的地位

众所周知，百济古坟有积石冢、土圹墓、石室墓、砖室墓、瓮棺墓、火葬墓等多种类型[48]。石室墓无疑是其中数量最多、类型最为复杂、使用最为广泛的墓葬类型。考古发现的石室墓中，既有不同规模等级的一般贵族墓，亦有被推定的百济王陵。《三国史记》卷二十五《百济本纪第三》云：盖卤王听信高句丽浮屠道琳谗言，“取大石于郁里河作椁，以葬父骨”，可证传统葬制中的百济王陵确是一种石室墓。

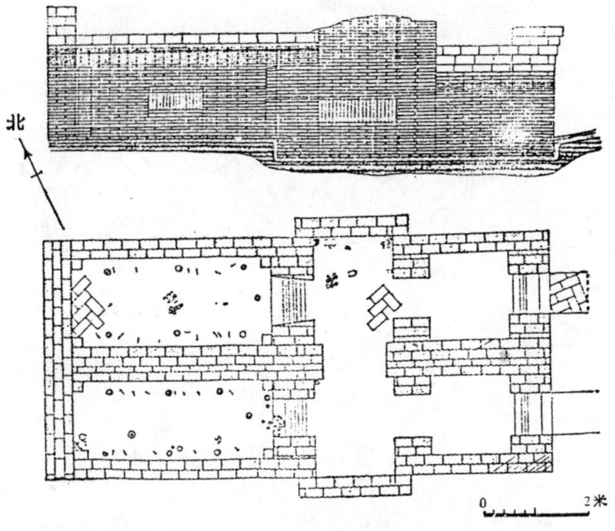

图三十七　罗定鹤咀山南朝墓平剖面图

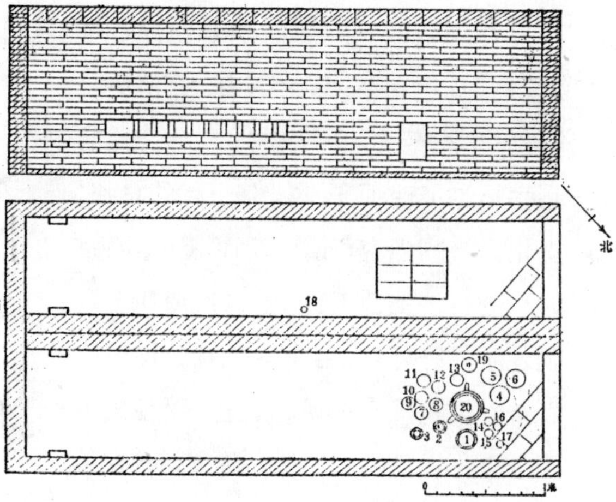

图三十八　梅县梅程2号墓平剖面图

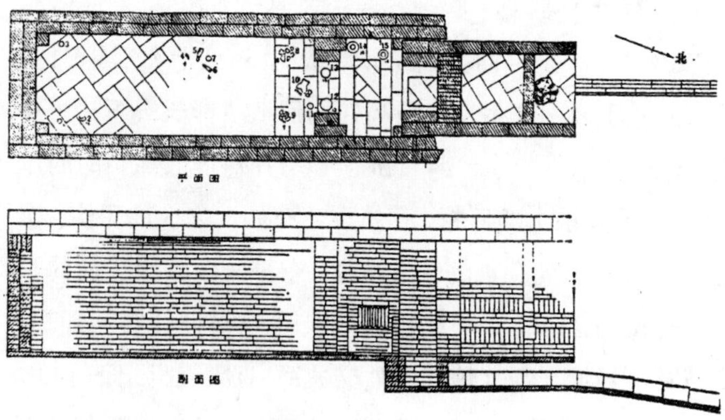

图三十九　揭阳揭山赤2号墓平剖面图

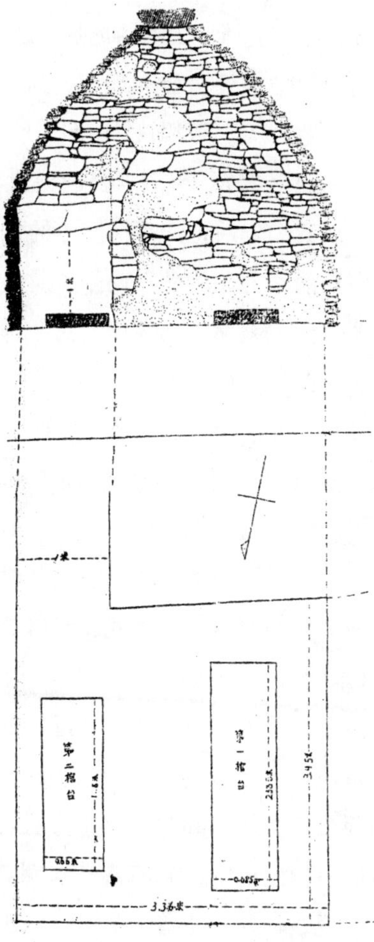
图四十　宋山里5号坟平剖面图

砖室墓在百济古坟中显得十分突兀，它不仅发现极少，除武宁王陵、宋山里6号坟外，只有校村里2号坟、3号坟等，而且仅局限于作为百济中期都城熊津的今公州地区，不见于百济早期都城汉城地区，也不见于百济晚期都城泗沘地区。此外，还有一类砖石混筑墓，如宋山里5号坟（图四十）[49]、29号坟（图四十一）[50]等，亦仅见于公州宋山里百济王陵区。此类墓葬作为古坟主体的墓壁及墓顶用石料构筑，但墓底铺地砖、棺座及排水沟却用与武宁王陵、宋山里6号坟相同的灰砖砌建，显然是一种受砖室墓影响的新的墓葬类型。

百济古坟中砖室墓的突然出现，中、韩、日三国学者公认是受南朝特别是梁代葬制的影响。但是根据中、韩两国古代文献记载，汉城时代的百济近肖古王、近仇首王、枕流王、腆支王、毗有王、盖卤王等诸王不下18次先后遣使至立国建康的中国南方东晋、刘宋政权朝贡。在刘宋元嘉二年（425年）之后的一段时间内，百济更是“每岁遣使奉表，献文物”。文化交流的频率超过了南朝齐、梁、陈三代的总和，文化交流的内容可谓广泛而深入。泗沘时代的百济威德王也不下4次遣使至南朝建康的陈朝贡。但是，为什么这两座百济都城都没有发现砖室墓，而独出现于今公州地区呢？为什么砖室墓葬在百济古坟中只是昙花一现？显然，以往学界的解释过于粗略简单，不能令人信服。我们认为南朝“建康模式”的砖室墓葬在百济葬制中的植入，应与当时错综复杂的东亚国际关系背景有关，是某一特定时期百济与南朝政治外交关系密切化的产物，它的起因可能是百济东城王六年（南齐永明二年，484年）遣使中国南齐要求内属。

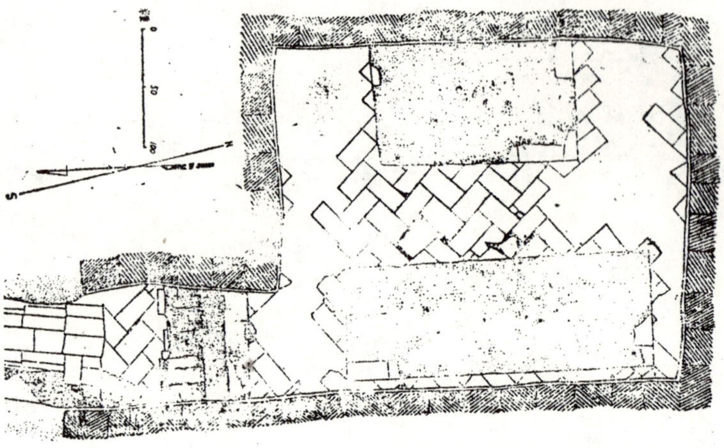

图四十一　宋山里29号坟平剖面图

百济向南齐遣使要求内属，这一重要政治外交事件，中国方面文献没有记载[51]，仅见于《三国史记》卷二十六《百济本纪第四》：“（东城王）六年春二月，王闻南齐祖道成册高句丽巨琏（即长寿王）为骠骑大将军，遣使上表请内属。许之。”[52]表面上看，这一政治外交事件与百济担心南齐对世敌高句丽的过高册封影响到自己在东亚的国际地区有关。但这种国际关系上的册封，竟使百济有如此之大的恐慌，实在有些令人不可思议。按照一般常识，如果不是危及国家生死存亡的突发事件，东城王断不至于匆匆举国内属于南齐。然而当我们把它与“魏伐百济”这一东亚国际军事冲突相联系，则上述疑问便豁然开朗。

我们先对这一事件发生的背景略加分析。史载百济长期未与北魏建立外交关系，直到五世纪下半叶，高句丽长寿王为了向南拓展，屡屡侵扰百济北境，百济形势严峻。为了改变这种局面，公元472年，百济盖卤王毅然首次遣使北魏乞师讨伐高句丽，并允诺臣服于北魏。然北魏考虑到高句丽“称藩先朝，供职日久”的友好关系，拒绝了百济欲结盟的要求，并派使者回访。使者邵安先为高句丽所阻，后从东莱渡海，又遇风不达而还。盖卤王由此生怨，“遂绝朝贡”[53]。公元475年，又发生高句丽兵围汉城，盖卤王被杀的悲剧。此后，文周王虽南迁都城至熊津，但内乱频仍，积弱的国势未有改变，与北魏的关系亦未得到改善，乃至在东城王在位期间爆发了北魏大举讨伐百济的战争。

这场战争的起因、胜负和时代，各方史料记载出入颇大，今人亦多争议。《南齐书》卷五十八《东南夷传·百济》记建武二年（公元495年）百济王牟大（即东城王）在给南齐的奏表中称：“去庚午年（永明八年，公元490年），猃狁弗悛，举兵深逼。臣遣沙法名等领军逆讨，宵袭霆击，匈梨张惶，崩若海荡。乘奔追斩，僵尸丹野。由是摧其锐气，鲸暴韬凶。”《三国史记》卷二十六《百济本纪第四》记：东城王十年（南齐永明六年，公元488年），“魏遣兵来伐，为我所败”。《建康实录》卷十六则载：“永明二年（公元484年），魏虏征之，大破百济王弁都。”[54]关于战争结果，有百济获胜和北魏获胜两说，而战争发生的时间则有南齐永明二年（公元484年）、永明六年（公元488年）和永明八年（公元490年）三说。韩升先生曾著文对三说进行了分析，认为公元490年时当北魏太皇太后冯氏崩。此乃国丧期间，北魏不可能大举讨伐百济，故排除了永明八年一说，而倾向于《三国史记》所载的永明六年一说[55]。但笔者结合公元484年东城王突然上表要求内属南齐的记载，认为《建康实录》所记的永明二年可能更为接近事实。在北魏大举来伐、国难临头的紧要时刻，东城王以内属为条件转向南齐寻求结盟和支援就完全可以理解。

百济内属于南朝后，为了表示效忠之诚意，执行了完全一面倒的外交政策，在东城王、武宁王、圣王三王时代，彻底断绝了与大陆北朝诸政权的外交来往，而仅向建康的齐、梁政权朝贡。但到圣王之子威德王执政期间，随着中国南北朝力量对比的悬殊，百济可能放弃了原来内属南朝的国策，而改行更为灵活、实用的多面外交政策。这一时期，百济虽仍多次向南朝的陈遣使朝贡，但亦先后两次接受北齐后主的封拜，并于威德王十九年（陈太建四年，公元572年）首次入齐朝贡。此外，百济还先后四次入北周和隋朝贡，更于威德王三十六年（陈祯明三年，公元589年）遣使奉表贺隋平陈。要之，公元484年之后的东城王、武宁王、圣王时期，百济可能一度内属于南朝的齐、梁。

无独有偶，可称为典型南朝“建康模式”砖室墓代表的百济武宁王陵、宋山里6号坟的墓主正为前述内属时期百济三王中的武宁王和圣王，而其他与南朝葬制有关的罕见的砖室墓和砖石混筑墓也都分布于内属时期的都城熊津。这不能不使我们推想所谓“内属”可能并不仅仅只是表面上的外交辞令，而是包含着相关具体内容的制度规定和要求。换言之，以南朝葬制构筑百济古坟中高等级的砖室墓葬，很有可能就是内属时期的制度规定与要求之一。由此我们可以推测，在内属时期，大约只有百济王及其他极少数身份特殊的百济贵族才被允许使用这种与南朝葬制有关的砖室墓。其中最高等级者无疑是像武宁王陵、宋山里6号坟这样规模和形制的百济王陵，次一等级者应该是诸如校村里2号坟、3号坟等一类规模稍小的砖室墓以及以宋山里5号坟、29号坟等为代表的受砖室墓制影响的砖石混筑墓，而一般的石室墓则更等而下之了[56]。我们还可进一步推测，迄今尚未发现的内属时期的另一位关键的百济王——武宁王之父东城王的陵墓也可能采用了与武宁王陵、宋山里6号坟相类似的砖室墓葬形制结构。

王志高（南京市博物馆）

附记：应韩国忠清文化财研究院及高丽大学韩国考古环境研究所之邀，2007年12月，笔者赴韩就此论题作过专题学术演讲。本文在此演讲稿的基础上作出了一些修改和补充。

1.王志高《百济武宁王陵形制结构的考察》，《东亚考古论坛》创刊号，第157—180页，韩国（财）忠清文化财研究院，2005年。又收录于南京市博物馆编《南京文物考古新发现》，第227—250页，江苏人民出版社，2006年。

2.参见轻部慈恩《百济美术》，第116—126页，（东京）宝云舍，1946年；轻部慈恩《百济遗迹研究》，第55—64页，吉川弘文馆，1971年；大韩民国文化财管理局编《武宁王陵》（日语版），第1、86页，1974年。

3.过去，笔者曾认为宋山里29号坟南侧的11号坟、12号坟也可能属于这一墓区。现在看来，它们所在的岗坡相对独立，与武宁王陵等墓所在的岗坡并不相连，故属同一墓区的可能性并不很大。

4.南京市博物馆《南京吕家山东晋李氏家族墓》，《文物》2000年第7期。

5.南京市博物馆《南京象山5号、6号、7号墓清理简报》，《文物》1972年第11期。

6.南京市博物馆《南京北郊东晋温峤墓》，《文物》2002年第7期。

7.南京市博物馆《南京北郊郭家山东晋墓发掘简报》，《文物》1981年第12期。

8.南京市博物馆《南京前新塘南朝墓葬发掘简报》，《文物》1989年第4期。

9.南京博物院《南京中山门外苜蓿园东晋墓清理简报》，《考古通讯》1958年第4期。

10.南京市博物馆等《南京尹西村六朝墓发掘报告》，刊于《南京文物考古新发现》，江苏人民出版社，2006年。

11.南京市博物馆等《江苏江宁县下坊村东晋墓的清理》，《考古》1998年第8期。

12.轻部慈恩在《百济美术》和《百济遗迹研究》二书中记录这种灯龛为“舟形佛龛”，并推测龛内原来可能置有铜制如来立像，后因盗掘遗失。其实这种龛形构造据武宁王陵及南京地区发现的南朝中晚期大型墓葬同类壁龛中放置的瓷质灯盏看，应是灯龛，其形状模仿的是灯焰，故笔者已在多篇文章中建议改称这类灯龛为“火焰形灯龛”。
13.湖南省博物馆《长沙两晋南朝隋墓发掘报告》，《考古学报》1959年第3期。
14.参见轻部慈恩《百济美术》，第132—135页。
15.《三国史记》卷二十五、二十六《百济本纪》第三、第四。
16.南京市博物馆《南京西善桥南朝墓》，《文物》1993年第11期。
17.南京市博物馆考古部发掘资料。
18.参见罗宗真、王志高《六朝文物》，第295页，南京出版社，2004年。
19.南京博物院《南京西善桥南朝墓及其砖刻壁画》，《文物》1960年第8、9期合刊。
20.罗宗真《南京西善桥油坊村南朝大墓的发掘》，《考古》1963年第6期。
21.南京博物院《江苏丹阳胡桥、建山两座南朝墓葬》，《文物》1980年第2期。
22.南京博物院《江苏丹阳胡桥南朝大墓及砖刻壁画》，《文物》1974年第2期。
23.河南南阳邓县学庄发现的南朝墓也是一座重要的砖画墓。不仅墓门有艳丽的彩绘壁画，而且墓内四壁嵌砌的大量画像砖上也都填染着色，然其题材内容庞杂，与本文讨论的主旨关涉不大，故恕不引。参见陈大章:《河南邓县发现北朝七色彩绘画像砖墓》，《文物参考资料》1958年第6期；河南省文化局文物工作队编:《邓县彩色画像砖墓》，文物出版社，1958年。
24.参见罗宗真、王志高《六朝文物》第八章“承先启后的绘画作品”，第281—295页。
25.参见（日）曾布川宽著、傅江译《六朝帝陵——以石兽和砖画为中心》，第94–98页，南京出版社，2004。
26.临沂市博物馆《山东临沂金雀山画像砖墓》，《文物》1985年第6期。又参郑岩:《魏晋南北朝壁画墓研究》，第129页，文物出版社，2002年。
27.云南省文物工作队《云南省昭通后海子东晋壁画墓清理简报》，《文物》1963年第12期。
28.南京市博物馆等《南京南郊姚家山东晋画像砖墓》，《考古》待刊。
29.参见王志高《百济武宁王陵形制结构的考察》。
30.《三国世纪》卷二十五《百济本纪》第三。
31.《宋书》卷九十七《夷蛮传·百济》。
32.参见韩升《“魏伐百济”与南北朝时期东亚国际关系》，《历史研究》1995年第3期。
33.《周书》卷四十九《异域传上·百济》。
34.《宋书》卷九十七《夷蛮传·百济》。
35.南京市博物馆《江苏南京仙鹤观东晋墓》，《文物》2001年第3期。
36.参见罗宗真、王志高《六朝文物》，第112—114页。
37.南京市博物馆等《南京铁心桥马家店村南朝墓清理简报》，辑入《南京文物考古新发现》，江苏人民出版社，2006年。
38.南京市博物馆等《南京隐龙山南朝墓》，《文物》2002年第7期。
39.南京市博物馆等《南京南郊六朝谢珫墓》，《文物》1998年第5期。
40.南京市博物馆等《南京司家山东晋、南朝谢氏家族墓》，《文物》2000年第7期。
41.参见罗宗真、王志高《六朝文物》，第123—124页。
42.参见王志高《百济武宁王陵形制结构的考察》。
43.湖北省博物馆《武汉地区四座南朝纪年墓》，《考古》1965年第4期。关于此墓甬道前后分段的原因，发掘简报未作说明。笔者认为，这是因为甬道中部设置木门的缘故，木门易朽，故而不存。其旁发现的一根残长32厘米的铁钉，发掘者怀疑是棺钉，但这样长的棺钉不仅以往考古发现绝无仅有，而且也与棺钉数量一般较多的情况不符，故笔者认为它很可能就是用来固定木门的门钉。
44.长江中游两湖地区六朝墓葬的一般特点，可以参阅罗宗真、王志高:《六朝文物》，第132—137页。
45.罗定县博物馆《广东罗定县鹤咀山南朝墓》，《考古》1994年第3期。
46.广东省博物馆《广东梅县古墓葬和古窑址调查发掘简报》，《考古》1987年第3期。
47.广东省博物馆等《广东揭阳东晋、南朝、唐墓发掘简报》，《考古》1984年第10期。
48.参见大韩民国文化财管理局编《武宁王陵》，第83—87页。
49.轻部慈恩《公州に於ける百济古坟（四）》，《考古学杂志》第二十四卷第五号，1934年5月。
50.参见轻部慈恩《百济美术》，第126页。
51.今存《南齐书》卷五十八《东南夷传》很不完整，脱《高丽传》之下半篇、《百济传》之上半篇，很可能有关百济内属的内容就在脱漏的范围之内。参见中华书局1972年1月点校本第1019—1020页校勘记第5条。
52.东城王六年即南齐永明二年，484年。据中国方面文献记载，这一年在位的是南齐的武帝萧赜，高帝萧道成已经死亡两年，故《三国史记》的这条记载尚需考订。
53.这一事件的经过详见《三国史记》卷二十五《百济本纪第三》，又见《魏书》卷一百《百济传》、《北史》卷九十四《百济传》。
54.（唐）许嵩《建康实录》卷十六，上海古籍出版社，1987年10月。此处“弁都”当为“牟大”之误，即东城王。
55.韩升《“魏伐百济”与南北朝时期东亚国际关系》，《历史研究》1995年第3期。
56.内属时期百济葬制中的等级是一个牵涉面甚广的复杂问题，拟将作专文讨论。

南京师范大学仙林校区东晋墓地的开发与利用研究

一、六朝墓葬背景概述

门阀士族制度是魏晋南北朝最基本的特征之一[1]。统治阶级标榜族望门第，生前聚族而居，死后则以归葬祖茔为荣。这一葬俗在三国两晋南北朝时尤为突出。从考古发掘看，南方六朝墓葬多成片分布，鲜有脱离家族墓地存在者。

据不完全统计，迄今发现的六朝时期墓葬近2000座[2]，是研究六朝历史的重要实物资料。其中世家大族墓地有：安徽马鞍山孙吴左大司马、右军师朱然家族墓地[3]，南京仙鹤观孙吴世家大族墓地[4]，江苏宜兴周墓墩西晋周处家族墓地[5–6]，南京北郊象山王氏家族墓地[7–10]，老虎山南麓颜氏家族墓地[11]，戚家山、铁心桥司家山谢氏家族墓地[12–13]，仙鹤山南麓高氏家族墓地[14]，吕家山南麓李氏家族墓地[15]，郭家山西南麓温氏家族墓地等。南朝时期的墓葬虽发现较多，但墓葬保存较差，且大多遭盗掘；出土墓志多石灰岩质，文字极易漫漶，墓主大多无从查考；加上南朝皇族势力加强，世家大族由盛转衰，家族墓地更加难觅踪影。

（一）家族墓的特点

世家大族墓地多分布于土山丘陵的半山腰，前临开阔的平地，形似靠椅，其分布多与当时盛行的“风水”、“堪舆”观念有关。能葬在同一家族墓地，则血缘关系必定亲近。据研究认为有三种排葬方式[16]。

①一行排列式：最为常见，清晰显示死者生前身份等级关系。

②前后排列式：一般有其特殊原因。如高崧家族墓地最早的M6在后排西侧，因其东侧不远处便是孙吴另一大族墓地，无足够位置建墓，故稍晚的M2、M3只能选择前排东侧瘗埋。可以视为①式的变异。

③综合排列式：大多数的墓葬群情况较为复杂，排葬观念也受当时的政治形势、经济状况影响。如象山东晋王氏家族墓地，自西向东划为几个不同墓区，南麓西段和中段两个墓区发现的8座墓葬又可划分为前后几排。

（二）六朝墓葬的现状

现存的六朝陵墓[17–19]，主要集中分布在南京近郊及邻近县、市境内，迄今共发现有33处。陵墓方位以地面石刻为主要认证标志。这些地点一般是就地作为文物保护单位进行管理的，尚没有被开发，更无从谈论建设专门博物馆进行展示性保护的问题了。

经发掘过的世家大族墓地虽然很多，但大多数在挖完后也未进一步采取有效的保护措施，现场多已

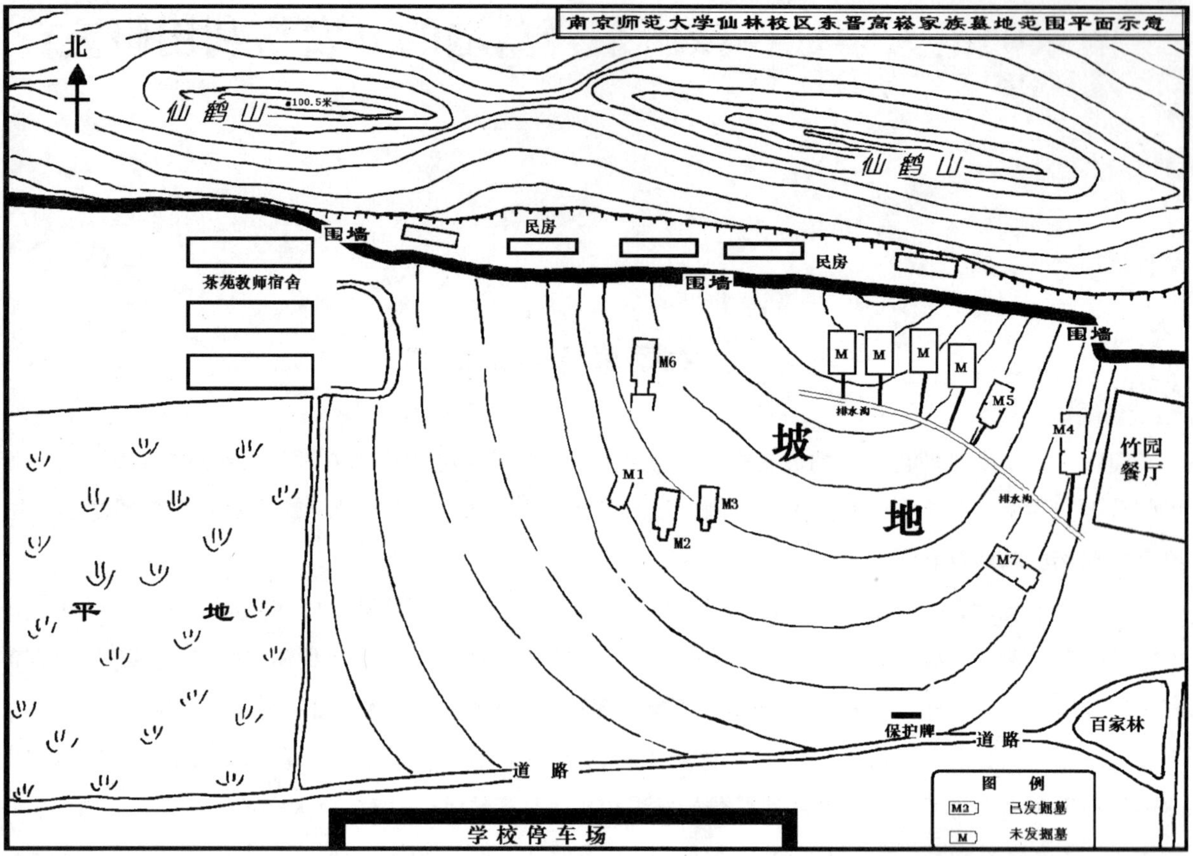

图一

不存，许多文物无法发挥它们的教育、实证和审美功能。

在这个问题上，安徽省马鞍山市的文物保护工作是个典范。当地有关部门高度重视朱然家族墓地的保护工作，不惜巨资建立了“朱然家族墓地博物馆”，在国内填补了六朝墓葬类博物馆的空白，此墓又于2001年被公布为全国重点文物保护单位，具有重要的影响。

近年来，市有关部门已经开始认识到六朝墓葬在南京地区历史文化中的重要性，曾呼吁建设“六朝陵墓石刻博物馆”，但由于受各方面条件和因素的制约，至今尚未落实。至于世家大族墓地的保护，也同样引起关注，如高崧家族墓在发掘后，切实采取了有效的控制性保护措施，使墓地的原始风貌得到最大限度的保存，在2002年10月，高崧家族墓地被公布为省级文物保护单位。

二、高崧家族墓地情况简介

1.高崧家族墓的发现及现状

高崧家族墓地处南京栖霞区仙鹤门外仙鹤山东南麓海拔约50米的小土山南坡，位于南京师范大学仙林校区内。1998年6月，在南京师范大学仙林新校区的施工过程中，发现了此处六朝砖室墓群（共计11座，已经发掘了其中的7座墓）。 南京市博物馆组织考古队进行了抢救性发掘。经确定， M2、M3、M6为东晋高崧家族墓，保存状况较为完好。出土时M2、M6内部均积满淤水，淤泥纯净，未见早年盗扰的痕迹，而M3内有局部地砖遭到撬动，遗物多残碎，推测早年曾遭盗扰。三座墓结构相似，排列有序，具有家族墓地的特征。M2、M3几乎并排位于M6东南，前后相距不到20米。三座墓葬均为砖室结构，平面凸字形，墓向在162 － 1670之间，由封门墙、甬道、墓室组成，从券顶墓道、墓壁墓底砖的砌法、墓室内的小灯龛、直棂假窗以及随葬器特色来推断，此处为一六朝家族墓群。尤其在M2墓室中发现的两块砖志，是说明该墓葬群所属年代与家族的确切证据，确切地表明了墓主夫妇的身份。

2.墓地内的其他墓葬情况

另外，与高崧家族墓同时发掘的是M1、M4、M5三座孙吴时期墓葬（另外尚有四座墓葬未发掘，见示意图一）。除M5中一纪年陶盒上刻有“赤乌十年”铭外，没有出现其他的纪年标志。从墓葬的形制与出土的标准器物来判断，三座墓葬时代均处于孙吴中期以后。三座墓葬都有不同程度的破损，比起高氏家族的墓葬，保存状况逊色许多。然而，在其间有一套完善的排水系统值得注意，说明此墓地有总体的规划。墓群东南部的M7也是一规格较高的墓葬，但它与两个家族墓之间是何种具体关系，仍不能确定。

3 高崧家族墓地在六朝墓葬中的定位

此处六朝墓地曾被评为1998年度“全国十大考古发现之一”，出土文物精美，丰富了六朝考古研究的内容，如出土的玻璃碗、组玉佩和两块砖墓志等等都比较罕见。

玻璃器在六朝时期不像今天一样普遍，稀有程度比起金、银、玉来更胜一筹。玻璃易碎，在墓葬内出土并流传至今的，很难有完整器。南京六朝墓葬内发现的玻璃器为数甚少[20]，

仅在象山王氏家族7号墓，南大北园东晋墓等几座大墓中有刻纹玻璃杯及其碎片出土，经研究确认是由西方传入的。M6中出土的玻璃碎片，经过专家的拼对和修复，可复原为一只完整的玻璃碗，现存放在南京市博物馆。如此珍贵的文物，对于研究六朝东晋时期中国与西方国家的文化交流及商贸往来等有着重要的作用，同时也显示出墓主人所拥有的特殊地位。

M6和M2中出土的大量玉器也是在同期同规格的墓葬中十分少见的，尤其是全套组玉佩的出现，令人惊喜。自西周以来，佩玉制度[21]作为一种礼制一直为后人沿袭。在动荡的魏晋南北朝，墓葬遭受破坏的可能性最大，其内出土遗物的完整组合更为稀少，这对研究当时的丧葬制度带来了相当的困难，此处多套完整组玉佩的出土，是六朝时期墓葬的空前发现，填补了这一研究领域的空白。M6中的一套保持原状出土，给组玉佩结构、佩戴方式及发展演变的研究提供了重要的物证，解决了六朝时期丧葬用玉制度上的一些问题。

M2中出土的高崧夫妇两块墓志又是评定该墓葬价值的一大标准[22]。通过砖志的记载，可以了解墓主人的生平[23]。可贵的是，砖志上的人物可以与历史文献结合起来，高崧其人最早见于《世说新语》[24]，作者刘义庆生于刘宋，在年代上与高崧十分接近，故其所载内容可信度很高。由唐代房玄龄等编纂而成的《晋书》，也有高崧[25]列传，同时在谢安[26]、幸灵[27]等传中也有相关的内容。另外，后世一些文献也在引用前人成果时保留下了高氏的相关记录[28-31]。

三、关于建馆的理由

从1905年张謇创办南通博物苑以来至今，各类博物馆拔地而起。随着科学技术的进步和思维模式

的转变，博物馆的创办理念也得到日益完善，从原先单纯的保管、陈列文物上升到保护历史文化遗产的高度，博物馆工作不再仅限于如何布置展览，保管藏品，而放眼于更高层次，着力发挥其社会效用，在宣传与教育、保护与传承文化遗产方面占据主导地位。

博物馆类型的划分，按其所展示的内容来看，有历史类、科技类、自然类、人文类、艺术类、遗址墓葬类、政治军事类……本课题提出就高崧家族墓地建馆，正是希望能在校园内建立一座隶属学校的六朝墓葬类博物馆。

目前，就全国而言，遗址、墓葬类的博物馆屈指可数[32]：定陵博物馆、满城汉墓博物馆、秦兵马俑博物馆、章怀太子墓博物馆、徐州狮子山兵马俑博物馆、朱然家族墓地博物馆、西安半坡遗址博物馆、大河村遗址博物馆、河姆渡遗址博物馆、良渚博物馆、铜绿山古矿冶遗址博物馆等。

参照朱然家族墓地博物馆的成功经验，分析高崧家族墓地的具体情况，我们认为就高崧墓地建博物馆有诸多优势和有利条件。以下简要对朱然家族墓地博物馆建馆的原因及优势条件剖析如下：

① 朱然家族墓地位于马鞍山市内，交通便利。博物馆本身的功能明确，有助于提高城市的知名度，吸引专家学者莅临。

② 墓地所在范围地势空旷，原先沪皖纺织联合公司就打算在此扩建仓库，因此不存在迁移居民等问题，财政上不会有过多额外的支出。

③ 朱然墓虽然被盗，但是结构上依然得到较完好的保存，从整体上看是一笔非常珍贵的文物资料。

④ 墓主身份通过出土文物得到充分确认，并有历史文献资料可考，在同时期墓葬中更为突出。

⑤ 文物精美，种类、数量多，尤其是出土的大量漆器，在南方同期墓葬中罕见。

⑥ 在长江下游地区，同时期、同类型的墓葬类博物馆在此之前尚属空白。

高崧家族墓的发现，在一系列的施工、发现、抢救、保护上有与朱然家族墓相似的地方，并且出土器物更多，墓葬保护更完整，因而南京也有条件建立起一座墓葬类博物馆。以下将陈述建馆的必要性和可行性。

1.必要性

① 南京作为六朝古都，本身具有得天独厚的历史条件向后人展示六朝时期的社会面貌与民俗风情。南京市内主要的博物馆机构中具有六朝特色的博物馆当数南京市博物馆，其对于六朝与明初的文物、墓葬、遗址等有保护与管理的责任。除此以外，偌大的南京至今尚没有一座可以鲜明地诠释“六朝古都”这一称谓的专门性博物馆，这不能不说是六朝古都的一大遗憾。

② 我校社会发展学院于2000年创办文博系，经过学校、院系领导的不懈努力，该系师资力量日渐雄厚，并于04年获得了国家文物局考古发掘团体资质，具有良好的发展前景。当今国内的一些高等院校，如北大、南开、南大、厦大、中大……均设立有考古或博物馆学专业，在校内都建有与专业教学密切结合的各式博物馆。为把我校创办成在全国有影响的、教学科研型综合性大学，参照兄弟院校办学的成功经验，并结合我校的实际情况及其独特的优势资源，充分利用高崧家族墓地位于校园内的地理位置，完善校园整体规划，就高崧家族墓地建馆堪称英明之举，使校园规划与学科建设、文物保护得到有机统一。

实物展示是博物馆的一大基本特征与最普遍的办馆模式，但形式比较单一，使博物馆功能的发挥受到局限，如利用校内现有条件建立墓葬类博物馆，这是一个十分难得的机会，具有开创性和突破性，也填补了六朝墓葬类博物馆的空白。在强调素质教育的今天，对于其他非文博专业的学生来说，也同样具有重要的教育意义，这样具有历史文化底蕴的文化场所在校区内出现，必定会引起广大师生的兴趣与关注，必将有利于广泛提高学生的整体素质。

③ 六朝帝王大都葬于南京近郊，若能依据帝陵建馆，将是件好事。可正如前文所述，帝陵的保存状况很差，盗掘现象严重。而且，其他一些世家大族的墓葬发掘后，基本上就是取走文物，然后回填了事，现在除了知道所在大致地点以外，其原貌已难再次寻觅。由于先前人们文物保护意识薄弱，加上城市建设的需要，使得许多珍贵的文化遗迹永远地消逝了，故在我校校园建馆就显得更加及时或必要。

2.可行性

① 就该墓地在六朝墓葬中的定位来看，价值很高，正如前面所说，它保存完好，以家族墓群的形式出现，在研究六朝砖室墓结构等方面均有实证意义。出土器物种类多、数量大，又以大量精美玉器为主，受到学术界高度重视。因此，就该墓群建馆将使得对其的陈列与展示、恢复与保护、管理与利用成为可能。

② 高崧家族墓地系1998年，学校在仙林校区进行基建施工时无意发现的，地处仙鹤山南麓的半坡上，此地地势开阔平坦，在学校原先的规划中，这里本来就是将要修建地面建筑的，只是由于这一次的考古发现而被迫停工。按照学校的总体规划，此处地面进行建筑施工的可行性就绝无非议，同时，在该坡地周围无高大建筑，不会对馆的整体风格造成影响，也不会牵涉到拆迁居民与厂房的问题，资金投入相对较少。倘若就地建馆，不仅能突出学校特色，对学校的总体规划也是进一步的完善。

四、建立博物馆的设想

本馆建成后将定位为现场展示性质的古墓葬类博物馆，紧密结合我校学科建设及专业发展的特点，同时要充分体现辅助专业教学的特色。

1.规划范围

墓地位于仙鹤山南麓，总体平面略呈东西向的长方形。大致范围在仙鹤山之南、校园内五号路之北，竹园餐厅以西、教师宿舍之东及南部，总面积约3万平方米。该范围内的地势呈北高南低的缓坡状与仙鹤山相连，墓葬集中分布在东部的一小山岗上，西部地势稍平缓。

2.外部环境

目前此范围内没有地面建筑设施，周边建筑较少，楼层建筑高度在六层以下，十分便于规划设计一些大型主体建筑。北部的仙鹤山山体完整，山上植被葱绿、景色优美。南部校门外的小河流与仙鹤山的呼应，体现了有山有水的独特环境风貌，我们对此加以整合，让山、水、墓在古文化的背景下达到统一。学校是年轻人集中的地方，在展示古老文化的同时必须充分考虑年轻人生性活泼、思想开放的特点，所以我们设想以西南部的平地范围为核心建设一个“六朝文化广场”。遍植花草树木，考虑季节因素，保持四季常青；为体现六朝文化的特色，在适当地点可设置一些以六朝文物精品（器物与石刻等等）为原型的雕塑，展现六朝文化的深厚底蕴；为使周边环境、广场及博物馆风格融合，可以采用高冠类的树木进行美化性遮挡，形成相对独立的文化单元。

3.主体建筑

为体现古老文化特色及本博物馆的自身特点，主体大楼应为六朝时期的建筑风格，以灰色调为主题，参考出土文物资料及古建筑研究成果进行专门设计。主体建筑高度不易太高，控制在3层（15米左右），辅助建筑应在2层（10米左右）。主体与辅助建筑的设计最好能组成六朝时期的院落布局。

4.内部设想

大致可以将展厅分为四个部分：

①现场展示室，也就是此博物馆最具特色的主体陈列室。

基本思想是以墓葬发掘现场作为内部展示的主题，尽量将墓葬规划在展厅的中部，四周空间不能过于紧密，留出便于观众观看的走道。高崧家族三座墓葬分为前后两排，高崧和儿子高耆的墓位置靠南，可以把高崧墓放在博物馆的第一展厅，由于父子二人的墓葬相距不远，可以考虑在一间展室里同时展出两座墓葬，一座墓葬完整，一座墓葬经过盗掘，相信同时展示会产生强烈的对比效果。墓内原有的结构尽量复原，牢记修旧如旧的原则。另外，原有的木质葬具，可以考虑采用复原陈列，标明是当今制造，意在说明其摆放葬具的位置。高崧墓出土的两块砖墓志可以制作复制品摆在原来出土的位置，标明是复制品。展厅中不设其他展柜，四周墙壁上布置以原始照片、资料为基础内容的展板，介绍一些背景知识，使参观者能有更加直观的感受，达到身临其境的效果。北部另有辈分最高的高悝墓一座，其展厅形式应该与这个展厅保持一致。

对于其余四座墓葬与尚未开发的墓葬也当给予考虑，尤其是连通M4、M5与未开发的墓之间的排水管道系统，应在原址上进行修复，需要注意的是，必须在说明牌上写清楚其所属年代，以免造成错觉。

②文物展示室——集中展示出土的文物标本，使观众对古代礼仪习俗有比较具体的了解。

展出此地出土的文物，展厅中使用组合式展柜与独立式展柜，像玻璃碗，组玉佩等珍贵文物与一些具有六朝典型风格的文物，可以选几件进入独立展柜展览。当然，其中也应包括非高崧家族墓出土的若干具有代表性的文物，如M5中的纪年陶盒与M7中的瓷唾壶等。其余所有不参展的文物收归库房保管。另外，砖墓志可以和拓本一起展览，旁边也可以附上《晋书》中的《高崧传》以表现出它们之间相互补证的关系。

③临时展览室——为适应当今考古学的发展需要，结合教学的需要，加强与兄弟院校及博物馆的联系，可以引进一些学生感兴趣的小型临时展览，丰富校园文化生活。

可以另外建立这样的一个展室，也可以重复利用文物陈列室。可以根据不同主题文物的不同风格，临时布置展室，以配合展览，也可以在不移动展柜内文物的情况下，通过适当的安排或说明，利用这个空间，办一些成本较小的图片展览。

④教学实验室——这一块的内容比较丰富，可以比较灵活地进行安排。

实验室一：作为平时上课使用的教室，因为人数不多，可以建得小巧些。定期举办讲座，主讲老师可以请本校的资深教师，也可以请其他兄弟学校的一些教师前来，就文博、国学之类的问题做专题演讲，还可以根据最新的（考古）学术动态组织报告会，提高广大学生的专业素养，丰富校园文化生活。

实验室二：作为现场实验室。此地还有其他墓葬，也需要得到保护。在本专业学生学习考古绘图、考古测量、考古摄影时启用，选取其中某个墓葬进行模拟，让没能去工地实习的同学，也有零距离接触考古现场的机会。必要时，这种现场教育指导的学习模式可以允许非本专业的学生参与，提高他们对文物、对考古的感性认识，这也是一个扩大宣传考古知识的有效途径。

实验室三：文物修复与文物摄影实验室。学生和老师都可以享有充分的空间、充分的资源进行教学互动。

5.人员组成

我校文物与博物馆学系有专业教师4名（教授博导2人、教授1人、副教授1人、讲师1人），其中有3人具备国家个人考古领队资格。2004年我校获得国家团体考古领队资质，这在国内省属高等院校中是仅有的。博物馆的业务支持依赖于我们的专业老师，我们的老师大多来自考古一线，具有十分有丰富的实践经验和理论知识，在国内相关研究领域具有一定的声望，可请他们担任指导工作。

结语

本课题的主旨是就高崧家族墓建立一所校院园内的专题博物馆，无论就地区而言，还是与兄弟学校的博物馆相比而言，它都是独一无二的。关于建立博物馆的意义，笔者在文中已有多处涉及，在此，总结如下：

1.有利于文物保护

保护文物是每一个博物馆的宗旨，原地建馆能有效地保护历史遗迹。对于高崧家族墓地来说，博物馆建在校内，具有适当的场地条件，人员条件，并且展厅、库房、办公区、修复与保护实验室等等都有进一步完善的条件，可以最大限度地保护出土文物不受损伤，历史遗迹不受破坏。

2.有利于教育教学

文物保护有一个很重要的方面，就是要让这些古人们遗留下来的实物，来告诉现在的人们历史的真相，而不是永远地被陈列在展柜里或不见天日的库房里。如果仅仅是这样，那么文物保护就失去意义了。完善我校的博物馆学学科建设，进行有条不紊的教育教学工作，就是发挥文物作用，让它们开口“说话”的好途径。主要思想已在第五部分讨论如何建立教学实验室的时候进行了阐述。

3.有利于科学研究

“科研”是一个博物馆在长期的建设和管理中，能够永葆活力的关键。如果一个博物馆只是单纯地用于陈列展示的话，它迟早会丧失它的生命力。不仅是“门前冷落鞍马稀”，甚至无法继续工作。这样，保护文物反而会阻碍文物作用的发挥，变成一种桎梏。而科研需要一定的条件，有专题对象、专业人员、专项经费、专门设备、研究氛围、研究方法等等。博物馆的存在需要科学研究的技术支持，同样，科学研究也需要博物馆的物质保证，两者双向选择，而我校就现有条件建立博物馆，一定能使得这种选择落到实处。

4.有利于素质拓展

文中已较多地论述了对于本专业的学生，博物馆的建立将会带来的诸多益处，对于非本专业的学生，博物馆将同样使之受益匪浅。最为重要的在于“素质教育”。博物馆所能做的尽管十分有限，但它是一个名副其实的教育基地，无论是“参观”还是“参与”，都将真切感受到古代文化所散发的魅力，虽然也许 与其他博物馆比起来规模小、藏品少，但它具有贴近学生，潜移默化的优势。

大学的教育在于培养综合性的人才。博物馆代表的是文化遗产，校内建立起六朝墓葬类博物馆，作为学校的一种教学设施，会自然而然地去影响学生。学校还具备着社会大环境下难以明确表现的特性，因为它的范围更小，更有凝聚力，信息传输得更快，时尚流行得也更快，前文所描述的博物馆式文博系如果得以建成，作为新鲜事物将给“博物馆”这个旧名词赋予新的概念。年青人对于新鲜事物的热情是毋庸置疑的，博物馆能为更多的学生所熟悉，学生对博物馆的运作方式也将有新的认识，彼此达成一种理解，这就是博物馆“潜移默化”过程中最好的收获。如今，跨学科的研究方法已渐成潮流，博物馆的设立，也将为培养跨学科的人才提供素质教育的平台。

5.有利于文化普及

从专业到非专业，光是局限在一个小圈子里，也绝非博物馆的出路。因此，又需要从校内走向校外，对公众开放。它属于学校的一个组成部分，但也是社会文化资源中不可缺少的。大学校园环境幽雅，博物馆前的文化广场又别具一格，博物馆内部更是蕴蓄着无穷的文化魅力。我校校内的六朝墓群处于学校西北，茶苑以东，范围开阔，而且，最重要的是，它离学校教学、实验、生活的集中区域较远，人流量的增大对于学校的整体环境不会造成负面影响。这是一项得天独厚的优势，加上管理工作的认真落实，博物馆的参观活动定能组织得有条不紊，在此基础上扩大文化的普及面，也能够拭目以待了。

朱雪菲　王根富（南京师范大学文博系）

1.韩国磐《魏晋南北朝史纲》，人民出版社，1983年；罗宗真《魏晋南北朝考古》，文物出版社，2001年。

2.李蔚然《南京六朝墓葬的发现与研究》，四川大学出版社，1998年。

3.安徽省文物考古研究所、马鞍山市文化局《安徽马鞍山东吴朱然墓发掘简报》，《文物》1986年第3期。

4.南京市博物馆、南京师范大学文物与博物馆学系《南京仙鹤山孙吴、西晋墓》，《文物》2007年第1期。

5.南京博物院《江苏宜兴晋墓发掘报告》，《考古学报》1957年第4期。

6.南京博物院《江苏宜兴晋墓的第二次发掘》，《考古》1977年第2 期。

7.南京市文物保管委员会《南京人台山东晋兴之夫妇墓发掘简报》、《文物》1965年 第6期。

8.南京市文物保管委员会《南京象山东晋王丹虎墓和二、四号墓发掘简报》，《文物》1965年第10期。

9.南京市博物馆《南京象山5号、6号、7号墓清理简报》，《文物》1972年第11期。

10.南京市博物馆《南京象山8号、9号、10号墓发掘简报》，《文物》2000年第7期。

11.南京市文物保管委员会《南京老虎山晋墓》，《考古》1959年第6期。

12.南京市文物保管委员会《南京戚家山东晋谢鲲墓简报》，《文物》1965年第6期。

13.南京市博物馆、雨花区文化局《南京司家山东晋、南朝谢氏家族墓》，《文物》2000年第7期。

14.南京市博物馆《江苏南京仙鹤观东晋墓》，《文物》2001年 第3期。

15.南京市博物馆《南京吕家山东晋李氏家族墓》，《文物》2000年第7期。

16.李蔚然《南京六朝墓葬的发现与研究》，四川大学出版社，1998年。

17.蒋赞初《南京东晋帝陵考》，《东南文化》1992年第3、4期合刊；南京博物院《南京富贵山东晋墓发掘报告》，《考古》1966年第4期。

18.南京大学历史系考古组（蒋赞初）《南京大学北园东晋墓》，《文物》1973年第4期。

19.《南京幕府山六朝墓清理简报》，《文物参考资料》1956年第6期。

20.罗宗真《试谈南京出土东晋玻璃杯和金刚指环的来源》，《海交史研究》第2期1980年。

21.罗宗真《魏晋南北朝出土玉器的研究》,《海峡两岸古玉学会议论文专集》2001年9月。
22.王志高等《南京仙鹤观东晋墓出土文物的认识》,《文物》2001年 第3期。
23.邹忆军《高崧父子生平考》,《东南文化》2000年第7期。
24.《世说新语·言语第二》:"谢万作豫州都督,新拜当西之都邑,相送累日,谢疲顿。于是,高侍中往,径就谢坐,因问:'卿今仗节方州,当疆域理西蕃,何以为政?"《世说新语·排调二十五》:"谢公(谢安)在东山……卿屡迁朝旨,高卧东山,诸人每相与言,安石不肯出,将如苍生何?今亦苍生将如卿何?"
25.《晋书》卷七十一《高崧传》。
26.《晋书·谢安传》:"征西大将军桓温请为司马,将发新亭……中丞高崧戏之曰'卿屡迁朝旨,高卧东山,诸人每相与言,安石不肯出,将如苍生何?苍生今亦将如卿何?"
27.《晋书·幸灵传》:"时高悝家有鬼怪,言语呵叱,投掷内外,不见人形……适值灵,乃要之……"
28.《法苑珠林·敬佛篇·观佛部》:"……东晋成帝咸和年中,丹阳尹高悝往还市阙,每张候桥浦,有异光现,乃使寻之,获金像一躯,西域古制,足趺并阙。……"
29.《建康实录》卷九:"中丞高崧戏之曰,卿屡迁朝旨,高卧东山,诸人每相与言,安石不肯出,将如苍生何?今苍生亦将如卿何?"
30.《资治通鉴·晋纪二十三》:"帝信方士言,断谷饵药以求长生。侍中高崧谏曰'此非万乘所宜为,陛下滋事,实日月之食。'不听,辛未,帝以药发。"
31.《扬州府志》:"高嵩字茂琰,广陵人,悝之子,少好学……"
32.《中国大百科全书·考古卷》,中国大百科全书出版社,1986年。

临淄北朝崔氏墓与清河崔氏乌水房

上世纪70年代发掘的山东临淄崔氏墓，是魏晋南北朝时期重要的家族墓地。考古材料虽已经发表多年，但迄今并没有得到充分的利用。目前对崔氏墓的研究主要是考古学上对其墓葬形制和出土器物进行类型学研究，以及利用出土墓志补充崔氏家族的世系[1]。本文主要通过考察临淄崔氏墓的形制特征和出土墓志内容，并参考文献记载，对清河崔氏乌水房的居地、葬地、世系和家族的吉凶仪范略作探讨。

一、临淄北朝崔氏墓的发现及其特征

临淄北朝崔氏墓地位于淄博市临淄区黄山北麓，1973年第一次发掘共清理了14座墓，都是朝西北方向的石室墓，都有墓道。其中除了M5（崔德墓）平面呈正方形外，其余13座墓平面都呈圆形。出土墓志的墓葬有M1（崔鸿夫妇墓）、M3（崔混墓）、M14（崔鹔墓）和M12（崔博墓）[2]。（图一）1983年第二次发掘又清理了五座墓葬，分别为M15—M19，都是平面呈圆形或椭圆形的石室墓，仅M15出土墓志，据墓志可知为崔猷墓。（图二）从两次发掘出土的墓志[3]可知，此墓地为清河崔氏的一处家族墓地，始于北魏，延至北齐，经历了北朝时期约百余年的时间（纪年墓中崔猷墓最早，为493年；崔博墓最晚，为577年），是北朝时期典型的家族墓地[4]。

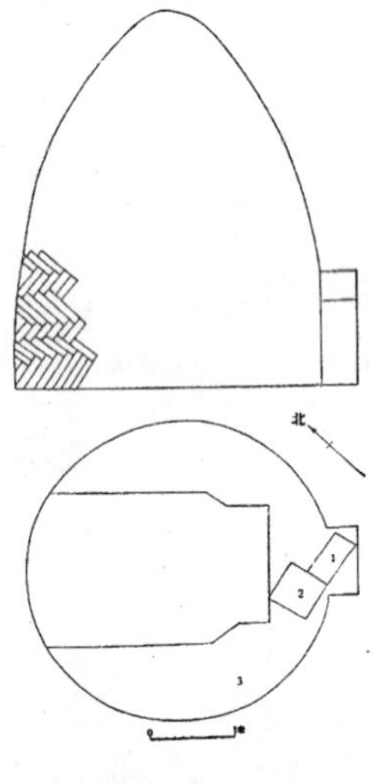

图一　临淄北朝崔氏墓M1平剖面图

1965年在济南市东10公里发现了东魏邓恭伯妻崔令姿墓。该墓坐北朝南，有前后两个圆形石室，平面呈“8”字形，前室直径3.1米，后室直径4.5米。穹隆顶。据墓志可知崔令姿为清河崔氏，崔琰之后。曾祖高，宋清河太守；祖灵之，广川太守；父延伯，清河太守。该墓使用了圆形石室墓，比临淄崔氏墓多出一个墓室，但仍属于同一传统[5]。

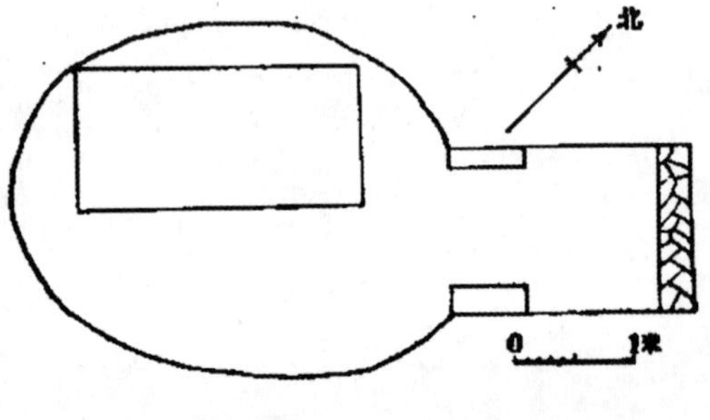

图二　临淄北朝崔氏墓M16平面图

其他地区的北朝圆形墓还有河北平山县发现的北齐祠部尚书、赵州刺史崔昂墓[6]和北京王府仓发现一座北齐砖室墓[7]。崔昂墓是一座斜坡墓道单室砖墓，墓室平面圆形，直径约10米左右，穹隆顶高约8米。墓室北部围绕墓壁砌半圆形棺床。崔昂属于博陵崔氏，其家族是从博陵郡安平县迁至今河北平山县的。该家族墓地至今仅发掘了这一座墓，无法了解是否也有使用圆形墓的传统。北京王府仓北齐砖室墓墓室平面呈半圆形，南壁为东西向的直壁，应是圆形墓的变形。崔昂墓与北京王府仓墓均为砖室墓，时间晚于临淄崔氏墓，可能受到了临淄崔氏圆形石室墓的影响。

根据乔梁的统计，北朝时期的墓葬以方形和不规则形最多，圆形墓很少。北朝时期的圆形墓（包括椭圆形墓）共发现24座，其中4座为砖室墓，20座为石室墓[8]。也就是说，北朝的圆形石室墓，基本都是今山东地区的清河崔氏墓葬。

北朝时期的家族墓地已发现多处，如河北赞皇的赵郡李氏家族墓地[9]、河北景县的封氏墓群[10]和高氏墓群[11]等。这些墓葬都是平面方形或弧方形的单室墓或前后双室砖室墓，有的主室带有 葬用的耳室。而同样为世家大族的临淄地区清河崔氏，却使用了有别于其他大族墓葬形制的圆形石室墓，显示出其家族独有的特征。

二、清河崔氏乌水房居地、葬地和世系

清河崔氏是中古时期最著名的世家大族之一。据《新唐书》卷七十二下《宰相世系表二下》崔氏条，崔氏出自姜姓。齐丁公伋嫡子季子让国叔乙，食采于崔，遂为崔氏。至崔伯基，为汉东莱侯，居清河东武城，是为清河崔氏之始祖[12]。据唐长孺先生考证，在南北朝时期，有一批河北大姓随慕容德南徙到青齐地区，并迅速融入当地，成为当地的豪族，被称为“土民”[13]。葬于今淄博的这支清河崔氏，就是这批河北大姓之一。慕容德南徙之事见《晋书·慕容德载记》。北魏攻取后燕河北郡县，慕容德时镇邺城，见魏军来攻，人心浮动，乃率民户四万，车两万七千乘，从邺城南迁至黄河南岸的滑台，称燕王。公元399年又迁都广固（今山东青州市），改称燕皇帝，史称南燕。

临淄崔氏墓墓主崔鸿等人，皆为崔旷的后代。《魏书》卷六七《崔光传》：“清河鄃人。祖旷，从慕容德南渡河，居青州之时水，慕容氏灭，仕刘义隆为乐陵太守，父灵延，刘骏龙骧将军、长广太守，与刘彧冀州刺史共拒国军。”[14]前揭《宰相世系表》崔氏条称：“怡生宋乐陵太守旷，随慕容德渡河居齐郡乌水，号乌水房。生清河太守二子：灵延、灵茂。灵茂，宋库部郎中，居全节。”可知崔旷为清河崔氏乌水房的始祖，其家族居住地在齐郡乌水，另有一支居住在全节（平陵县）[15]。乌水即时水，“在（临淄）县西南二十五里，其色黑，俗又谓之‘乌河’，亦名黑水，又谓之源水”[16]。乌水只是一条河的名字，用来表示崔氏居地的特征，崔旷居住地应该是在乌水所在的县。

刘裕平南燕后置东清河郡，属齐州，故崔鸿墓志云“齐州清河人也”。清河崔氏乌水房成员往往称“鄃人”，如《崔光传》称其为“清河鄃人”，崔混墓志称“东清河鄃人”，崔鹔墓志称“清河鄃县人”，崔猷墓志称“东清河东鄃人”。也有不称鄃人的，如崔鹍的两个儿子崔德、崔博墓志均称“清河武城人”。清河崔氏泛称郡望，一般是称清河东武城，因其始祖崔伯基居住于清河东武城之故。史书所载崔氏传记和已知墓志也多作清河东武城人，即使是迁居青齐地区的房支也不例外，如《魏书》卷六十六《崔亮传》、崔芬墓志[17]均称“清河东武城人也”。此处称“清河武城”，很可能与称“鄃县”一样，是实指的东清河

郡武城县。武城、鄃县皆属东清河郡。临淄墓地在鄃县境内，崔猷、崔鸿墓志均称葬于本邑黄山之阴，而称清河武城人的崔德、崔博兄弟墓志则不书“本邑”。似乎乌水房崔氏除了崔灵茂一支居平陵县外，居住在乌水附近的房支也分居鄃、武城两县。鄃县治今淄博市东南，武城县治今淄博市西南淄川区东，清河崔氏乌水房家族就居住在这一带。鄃、武城两县在北齐天保末年（550—559年）省并州县时被废，崔德、崔博墓志时代分别为天统元年（565年）和武平四年（573年），虽晚于天保年间，仍按习惯沿用了旧县名。

鄃县和武城的崔氏族人虽然不住在同一县，但埋葬在同一祖茔。临淄崔氏墓地已知的墓主有崔鸿夫妇、崔混、崔鹔、崔博、崔德、崔猷。崔德 “葬于太保翁之墓所”，太保翁指崔光，故崔光的墓葬也在此墓地。《宰相世系表》载崔旷有灵延、灵茂二子，据崔猷墓志，崔旷还有一子灵瓌。崔猷为灵瓌子，崔光为灵延之子、崔敬友之兄，崔鸿、崔鹔等都是灵延之孙、崔敬友之子，崔混为崔鸿之子，崔博、崔德是灵延之孙、崔鹍之子。他们都是崔灵延和崔灵瓌两支的后人。

临淄墓地没有发现崔旷的另一子崔灵茂家族的墓葬，这可能有两种原因：第一，因为崔灵茂居住在济南郡平陵县，已经不葬在临淄的旧茔，而是就近选择新的墓地。第二，崔氏在该墓地按不同房支分区埋葬（如灵瓌子崔猷墓就是在第二次发掘中发现的，应该与第一次发掘的灵延一支的墓葬有一定距离），所以发掘中没有发现崔灵茂一支的墓葬，或者是因为恰好崔灵茂一支家族成员的墓志被盗，导致虽然墓葬已经被发掘了仍不为人知。

根据出土墓志提供的信息，可以补充《新唐书 · 宰相世系表》记载的清河崔氏乌水房世系。现列出清河崔氏乌水房世系表如下。

伯基—昱—绍—雅—忠—泰—景—挺—权—济—湫—融—温—就—公安—岳

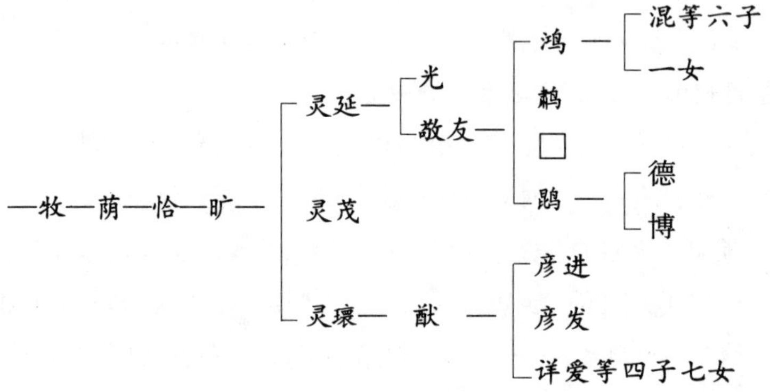

对比乌水房世系表和墓志记载，发现有矛盾之处。崔德、崔博，均为崔鹍之子，其二人墓志也相似，都称崔琰是十二世祖。但崔德称崔岳为九世祖，崔博称为八世祖，从世系表看应为八世祖，崔德志误。

据《新唐书 · 宰相世系表二下》：“伯基八世孙密。密二子：霸、琰。”则崔琰为崔伯基九世孙，与乌水房世系表中崔济同辈。崔德、崔博墓志均称“十二世祖琰”，但从乌水房世系表上看，二人的十二世祖是崔融，比崔琰低两辈。而且按照宰相世系表的记载，崔琰和乌水房世系是并列关系，并非崔德、崔博先祖。宰相世系表和墓志必有一方记载有误。《新唐书 · 宰相世系表》晚出，对前代谱系的记载可能较混乱，但是应该参考了多家的谱牒，有一定的可信度。崔鸿和崔猷墓志追溯先人到崔敬友，崔猷墓志追溯到七世祖崔岳（按世系表应是六世祖），都没有提到崔琰。崔德、崔博墓志晚出，却追溯到十二世祖崔琰，考虑到崔琰的声望更著的原因，不能排除二墓志有冒认著支的嫌疑。

清河崔氏乌水房在崔光、崔鸿时候达到鼎盛。崔光位至太保；崔鸿拜黄门侍郎，加散骑常侍、齐州大中正。此后逐渐衰落，崔德没有任职；崔博最后以徐州长史“辞禄位”，做官也不显达。贵族越是处于衰落的阶段，越是强调门第的高贵，因此崔德、崔博墓志中把先祖追述到崔琰也就容易理解了。研究者对于寒庶冒认士族的情况关注较多，而对士族内部冒认著房著支的现象很少措意，崔德、崔博墓志显示的与世系表记载的矛盾，提醒我们今后也应关注这一问题。

同样追溯到崔琰的还有崔令姿墓志。志云：“夫人讳令姿，清河武城人也。魏中尉琰之后，曾祖高，宋清河太守。祖灵之，广川太守。父延伯，清河太守。”称 “清河武城人”，又称为崔琰之后，与崔德兄弟墓志属同一类。考虑到崔令姿使用了圆形石室墓，故崔令姿可能出自乌水房，与崔德兄弟血缘关系较近。崔令姿曾祖高曾任宋清河太守，证明崔高和崔旷等人一样，也是随慕容德从河北迁到山东的。

三、圆形石室墓与崔氏的吉凶仪范

魏晋南北朝时期，各个大族都有自己独特的家学家风，家学家风在一定程度上成为大族的立家之本。清河崔氏是著名的文化世族，南北朝时期，家学一直传承不替。唐长孺先生指出：北朝经学实即河北之学，基本上沿袭汉末的郑玄之学，普遍学风保守，继承汉代传统，注重章句训诂，与南朝注重义理的魏晋新学风有显著的差异[18]。曹魏时期的崔琰青年时代曾就学于郑玄门下，因此清河崔氏的家学可以说是北朝经学的代表。乌水房崔氏中，崔光，崔鸿等都以博学著称。崔光“太和六年，拜中书博士，转著作郎，与秘书监李彪参撰国史[19]”；崔鸿“少好读书，博综经史”，曾著《十六国春秋》[20]。又如崔猷墓志谓其“闺庭雍整，树言树行，有礼有法”，正是北朝士族多以经学礼法著称的写照[21]。

另一支从河北南迁到山东的清河崔氏崔逞之后崔休，为“清河大房”始祖。崔休长子崔㥄，史书载“㥄一门婚嫁，皆是衣冠之美，吉凶仪范，为当时所称”[22]。“吉凶仪范”，指吉凶礼仪的规范和传统，每个重视礼法的家族都应有自己的吉凶仪范。清河崔氏在吉凶仪范上为人称道，说明崔氏的确在礼法上有自身的传统，甚至有与其他大族不同之处。清河崔氏乌水房连续几代都使用了独特的圆形石室墓，显示出这一家族在丧葬礼仪上已经形成了自己的传统。所谓“吉凶仪范”，自然包括丧葬礼仪的内容，圆形石室墓应当就是乌水房崔氏的“吉凶仪范”的一种表现。

临淄崔氏墓使用了石室，大概是受到山东地区画像石墓的影响。画像石墓产生于西汉晚期，至东汉末衰落。墓室使用石材或砖石混合建造，在墓门、墓壁、墓顶等处分布有建筑、舞乐、狩猎、车骑出行、古圣先贤事迹、珍禽瑞兽等各种题材的画像。信立祥先生指出：在汉画像石流行的背后，显然有着更为深刻的社会背景，即两汉时期的厚葬风俗。而儒家学说为汉代厚葬风俗的出现和盛行提供了思想上和礼制上的依据[23]。除了地下的画像石墓外，汉代还流行在地面上建立石祠等建筑，内部也有画像，画像石墓和石祠建筑都是汉代儒学和孝道在丧葬上的表现形式，其中的画像也有不少具有儒家教化的作用。画像石墓和石祠在东汉末的战乱中多被毁坏，南北朝时期仍能看到不少遗存，《水经注》中就有相关记载。崔氏以儒学著称，对于汉代画像石墓应该有所了解，也应目睹过一些遗存。崔氏墓虽然没有使用画像石，但继承了石砌墓室的传统，并进一步发展为独具特色的圆形石室墓。

崔氏墓使用了前所未有的圆形形制，很令人费解。圆形墓渊源何自尚不得而知，是否反映了某种思想，或是对某种当时的建筑物的模拟，值得进一步探讨。十六国时期，慕容鲜卑和鲜卑化的汉人曾在北方建立过前燕、后燕、北燕三个政权，统称三燕。清河崔氏较早就和鲜卑政权合作，其族人很多在三燕政权任职。如崔遵为后燕慕容垂少府卿[24]；崔琼为后燕慕容垂车骑属[25]；崔逞由十六国入魏，先后事前燕、前秦、东晋、翟魏、后燕、北魏[26]。临淄崔氏墓地使用圆形墓的传统延续了上百年时间，绝非偶然一现的现象。这种墓葬形制，是汉族自身的传统，还是因为崔氏任职鲜卑政权而受到胡族影响的产物呢?

慕容鲜卑的墓葬，已经发现了不少，对其基本特征也已经有较多的了解。据田立坤研究，三燕时期墓葬，绝大部分的棺椁呈前大后小状，木棺两侧置吊环，土圹前壁设龛，或椁内设祭台，上置牛骨等；椁室用石板立支或用石块垒砌。随葬陶器种类少，而且器形小，有的底部有印迹，口部有意打残或器身穿孔。一些地位较高者还有金步摇、鎏金带饰及马具[27]。

辽宁北票西南房身村发现的3至4世纪的石板墓群，是大约3世纪中叶以后南迁到大凌河中下游的慕容鲜卑的遗迹。墓葬都在1米深左右的土圹中，用大小石板、石块拼砌成长方形的平顶墓室。在后燕任职的崔遹的墓葬已经发掘[28]，位于朝阳市朝阳镇，为土圹石椁墓。土圹长方形，南北长5.8、东西宽3.95米，没有墓道。石椁平面楔形，前宽后窄。椁室东西两壁各用5块石板立支，南北两壁各用2块石板立支，再用5块石板东西横搭于壁上，成为墓顶。石椁内置前宽后窄木棺。崔遹墓的形制与传统的汉族墓葬不同，显然受到了慕容鲜卑墓的影响（图三，朝阳市崔遹墓平面图）。安阳孝民屯发现了四世纪中叶的一批墓葬，可能是鲜卑人墓葬或受鲜卑影响的墓葬，为长方形土圹竖穴墓，土圹木棺前宽后窄，土圹前壁有龛，内置牛骨，与朝阳地区魏晋时期慕容鲜卑墓形制、葬俗完全相同[29]。

可见，无论是在旧都龙城，还是后来的邺都，慕容鲜卑的墓葬特色都很明显，都没有圆形墓的特征。临淄崔氏墓的形制绝非受其影响。

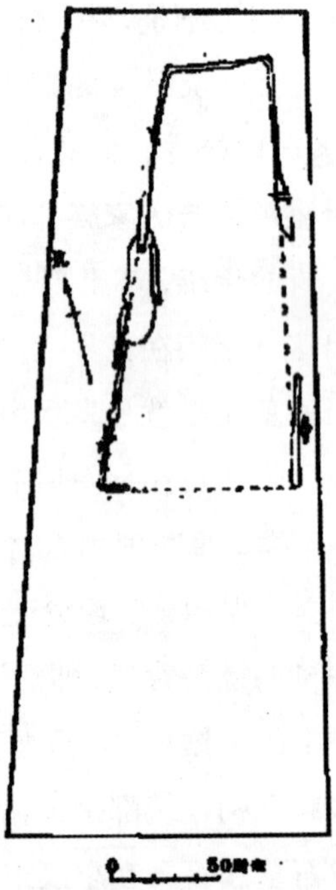

图三　崔遹墓平面图

北魏平城（今山西大同）地区已发掘北魏墓葬近800座，已经发表资料的212座。墓葬形制的发展顺序是：早期延续拓跋鲜卑民族的固有葬俗，以土坑竖穴墓为主，墓室平面呈梯形，并已流行汉人的长方形竖井和斜坡墓道土洞墓，但墓室平面保持梯形；直到4世纪中期，由于人口的大量迁移带来新葬俗，逐渐形成以长墓道带天井、过洞、甬道，砖砌四壁外弧近方形单室，四角攒尖顶的墓葬形制[30]。平城墓葬的文化特征是鲜卑式的，如随葬装饰暗纹的陶器，墓主人常戴指环、臂钏，木棺为大头小尾式，普遍随葬牛、马、羊、狗头骨。墓主人以拓跋鲜卑人为主，也有鲜卑化的汉人[31]。北魏冯太后永固陵，是一座前后双室的砖墓，前室梯形，后室近方形[32]。大同东南郊的北魏司马金龙墓也是一座前后双室砖墓，前室附带一个耳室[33]。平城地区墓葬无论大型墓还是小型墓，都没有圆形形制，临淄崔氏圆形石室墓也不是受平城地区影响的产物。可以肯定，圆形石室墓是清河崔氏乌水房在山东地区形成的传统，与胡人无关。乔梁根据对北朝墓的统计也指出：“在一定程度上汉人墓葬同鲜卑等北方少数民族的墓葬存在着一定区别。如圆形墓室基本只用于汉人。”[34]

总之，临淄崔氏墓虽然被盗严重，但其墓葬形制风格独特，出土墓志包含了丰富的信息，对研究中古世家大族文化和魏晋南北朝史有着重要的意义。

崔世平（南京大学历史系）

---

1. 考古类型学的研究主要有乔梁《北朝墓葬研究》（载《宿白先生八秩华诞纪念文集》，文物出版社2002年）、杨效俊《东魏、北齐墓葬的考古学研究》（《考古与文物》2000年第5期）等，都不是对崔氏墓的专门研究，仅是将其作为整体研究对象的一部分。对出土墓志的研究主要有夏炎《中古世家大族清河崔氏研究》（天津古籍出版社2004年），该书依据临淄崔氏墓出土墓志补充了崔氏世系。

2. 山东省文物考古研究所《临淄北朝崔氏墓》，《考古学报》1984年第2期。

3. 发掘简报附有墓志拓片，本文所引用的崔氏墓志内容，均来自发掘简报拓片，并参考赵超《汉魏南北朝墓志汇编》墓志录文（天津古籍出版社1992年）。

4. 淄博市博物馆等《临淄北朝崔氏墓地第二次清理简报》，《考古》1985年第3期。

5. 济南市博物馆《济南市东郊发现东魏墓》，《文物》1966年第4期。

6. 河北省博物馆等《河北平山北齐崔昂墓调查报告》，《文物》1973年第11期。

7. 北京市文物管理处《北京王府仓北齐墓》，《文物》1977年第11期。

8. 乔梁《北朝墓葬研究》，载《宿白先生八秩华诞纪念文集》，文物出版社，2002年。

9. 石家庄地区文化局文物发掘组《河北赞皇东魏李希宗墓》，《考古》1977年第6期。

10. 张季《河北景县封氏墓群调查记》，《考古通讯》1957年第3期。

11. 河北省文管处《河北景县北魏高氏墓发掘简报》，《文物》1979年第3期。

12.《新唐书》，中华书局，1975年。

13. 唐长孺《北魏的青齐土民》，载其《魏晋南北朝史论拾遗》，中华书局，1983年。

14.《魏书》，中华书局，1974年。

15. “全节”是世系表使用的唐代县名，在今章丘市西龙山镇。据《元和郡县图志》卷第十“齐州·全节县”条：“本春秋谭国之地，齐灭之。汉以为东平陵县，属济南郡。宋省‘东’字。后魏为东陵，至周省。其全节县，本是隋末土人李满率乡人据堡，赡以家财，武德二年归国，于堡置谭州及平陵县，以满为谭州总管。贞观元年废谭州，县属齐州。十七年燕亮构逆，满及男君求固守。贼平县废，有诏重置县，改名全节，以旌其功焉。”

16.（清）顾祖禹撰、贺次君等点校《读史方舆纪要》，卷三十五“临淄县”条，第1631页，中华书局2005年。

17. 山东省文物考古研究所等《山东临朐北齐崔芬壁画墓》，《文物》2002第4期。

18. 唐长孺《魏晋南北朝隋唐史三论》，第233～238页，武汉大学出版社，1993年。

19.《魏书》卷六十七《崔光传》，中华书局，1974年。

20.《魏书》卷六十七《崔鸿传》，中华书局，1974年。

21. 关于崔氏家学的论述，可参考夏炎《中古世家大族清河崔氏研究》第八章《清河崔氏的家传文化》。

22.《北齐书》卷二十三《崔㥄传》，中华书局，1972年。

23. 信立祥《汉代画像石综合研究》，第17页，文物出版社，2000年。

24.《魏书》卷二四《崔玄伯传》、《北史》卷二四《崔逞传》作“慕容垂少府卿”，《新唐书·宰相世系表》作“后燕太常卿”。

25.《新唐书·宰相世系表二下》，第2770页，中华书局，1975年。

26.《魏书》卷三二《崔逞传》，中华书局，1974年。

27. 田立坤《三燕文化遗存的初步研究》，《辽海文物学刊》1991年第1期。

28. 陈大为、李宇峰《辽宁朝阳后燕崔　墓的发现》，《考古》1982年第3期。

29. 中国社科院考古所安阳工作队《安阳孝民屯晋墓发掘报告》，《考古》1983年第6期。

30. 王雁卿《北魏平城墓葬发现及其形制研究》，载《山西省考古学会论文集（四）》，山西人民出版社2006年。

31. 王银田《试论大同南郊北魏墓地的族属》，载《山西省考古学会论文集（四）》，山西人民出版社2006年。

32. 大同市博物馆等《大同方山北魏永固陵》，《文物》1978年第7期。

33. 大同市博物馆《山西大同石家寨北魏司马金龙墓》，《文物》1972年第3期。

34. 乔梁《北朝墓葬研究》，载《宿白先生八秩华诞纪念文集》，文物出版社，2002年。

邢窑的装饰艺术

瓷器和四大发明一样是中国古代劳动人民对世界作出的巨大贡献。与陶器相比，瓷器从一开始就以其特有的品质不断装扮和改变着人们的生活。瓷器本身也是一门艺术，一门泥土的艺术。古代制瓷工匠们竭其所能，在阴暗潮湿的作坊里，在酷热难耐的窑炉边，挥洒智慧，燃烧希望。一堆堆寂寞的泥土最终变得鲜活、可爱，不仅满足了人们实实在在的生活需求，同时也映射出古人对美的崇尚与追逐。

邢窑瓷器以其丰满、素净、盈润的特色为世人所称道，更因透影白瓷的出土而著名，“光素无纹”、“邢瓷尚素”也一直为研究者所公认。如同我国北方大部分窑口的瓷器一样 ，“光素无纹”是一定时期内瓷器制作和装饰的主旋律。当然，“光素无纹”、“邢瓷尚素”并不是其全部，在每个时期，它都有较为丰富的装饰方法和内容，时代特征也比较鲜明，这是我们研究和了解邢窑的一个重要方面。

一、邢窑瓷器装饰方法

瓷器装饰大致可分为四种，即坯体装饰、化妆土装饰、釉装饰、加彩装饰[1]。坯体装饰，有人叫“胎体装饰”[2]，也有人称之为“胎形装饰”[3]。本文又把坯体装饰分为“胎形装饰”和“工具装饰”两种：“胎形装饰”，是因器物自身的需要，在不改变器物形态的前提下进行装饰，如器物把手、耳、系、人物和动物造型等，有模印、雕塑、旋纹、粘贴等手法；而“工具装饰”是用各种工具进行器物成型后的再装饰，追求一种装饰的刻意，有刻画、镂空、削边、镶嵌等手法。另外一种是“加彩装饰”，也是器物成型后的刻意装饰，有点彩、三彩、彩绘等手法。本文所说的邢窑装饰不包括化妆土装饰，因为化妆土装饰在邢窑瓷器中的表现效果不明显。邢窑瓷器装饰方法和内容分述如下。

模印，用于制作佛龛、各种人像、埙、花叶、兽头、鹦鹉杯、莲花座、印花扁壶等。简单的器物如莲花座、小花叶等为直接用模具一次制作成型；俑头则分前后两片分别制成后再进行粘接；鹦鹉杯等一些复杂的器物则分片模印，再经组装而成。分片模印的模具纹饰有焦叶纹、莲瓣纹、连珠纹、柿蒂纹、圆圈纹、动物羽毛纹样等，而这些模具上的纹饰又是用刻画的方法做成的。具体印制有两种方法，一种是把瓷泥填塞进带有图案的模具中，另一种是直接用模具在未干的瓷泥上印制，即戳印。

雕塑，主要用于制作冥器人俑和小型玩具马、羊、猴等。人俑的制作分三部分：下部方座为手制，头为模制，身体为模制加雕塑等，再粘接在一起。身体的制作似应先模制成大型，再细部加工、润色。细加工时可能是把模印好的前后两片坯泥粘附在一尖状木棒上，再根据需要进行雕、刻、划等细加工。

旋纹，在器物如钵、盆、罐等外壁轮制时有意留下一道或几道旋纹，除少数用于粘附系、耳的参照线外，大部分还是用于装饰，其中主要用于青瓷装饰。

粘贴，把印制或捏制成的小东西如器物系、耳、把手、乳丁、小花朵、兽头等粘附在器物内外壁或模具上的一种做法，兼具实用和装饰双重作用。

刻画，多出现在印花模具图案上，包括多见的线条和动物毛发纹等，大部分用刻画的方法做成，再行印制。也有单独刻画在器物内外壁上的，或实用，或装饰，如研磨器内壁交叉刻画纹等。另外各种字款和符号如"笼盖"、"苏家"、"盈"等，也可理解是刻画而成的。

镂空，在唐代白瓷片上见有镂空装饰，但数量很少。其制作应是在瓷坯未干时先模印或刻画出图案，再用刀类工具挖去其中的一部分成透空装饰。

削边，用刀类工具在器物胎体未干时在口或边沿部位等距离的削去一小部分，使器物变成花口或花边的一种装饰，主要用于碗、盘类器物上。

点彩，所用不多，主要用在动物眼睛和钵类口沿等部位。

三彩，主要器物是三足镀、钵、高足盘（豆）等。单色彩以绿色为主，隋代已出现低温绿彩。三彩主要是褐、绿、黄色，也有红、白、蓝等色。

彩绘，所见不多，主要有黑彩和红彩两种，绘在佛像、菩萨、力士等模制和雕塑的人物身上，个别再描以金彩，使之亮丽美观。这种彩绘产品可能大多用作墓葬冥器。彩绘装饰是一种后加彩，即产品制作和窑场烧制完成后，再根据市场需要而进行的深加工。

二、邢窑瓷器装饰的阶段特点

邢窑瓷器烧造约起始于北朝后期，经隋代、唐代、到五代时基本告一段落[4]。瓷器装饰内容和技法特点大致可分为三个阶段，即第一阶段(北朝、隋)，第二阶段（初唐、盛唐)，第三阶段（中唐、晚唐、五代)。

第一阶段，即现在已知北朝后期到隋代，器物装饰数量较多，大多胎形装饰技法都已存在和使用，如模印（包括简单的压印和戳印)、雕塑、粘贴、刻画、旋纹等。另外还发现有单色彩、点彩和彩绘。

本阶段器物装饰以模印最为常见。模印器物种类相对较多，见有佛龛、佛像、力士、菩萨、鹦鹉杯、兽形杯、兽头、莲花座（图一)、扁壶等。本阶段雕塑技法主要用在模具的制作中，而模具纹饰的制作也同样离不开刻画和戳印（图二）等装饰技法，只有少量的文字和符号如"笼盖"、"苏家"、"×"等刻画在窑具上。模具纹饰有戳印的花朵、连珠纹、圆圈纹，刻画的焦叶纹、莲瓣纹、柿蒂纹等，线条不很流畅。

旋纹作为装饰运用的不太多，除少数用作器物安装系、耳的参照外，因本期青瓷釉透明度高和高温流动性好的特点，使得旋纹的凹凸成为一种较好的装饰方法，旋纹或凸或凹，凸旋纹处釉薄而色浅，凹

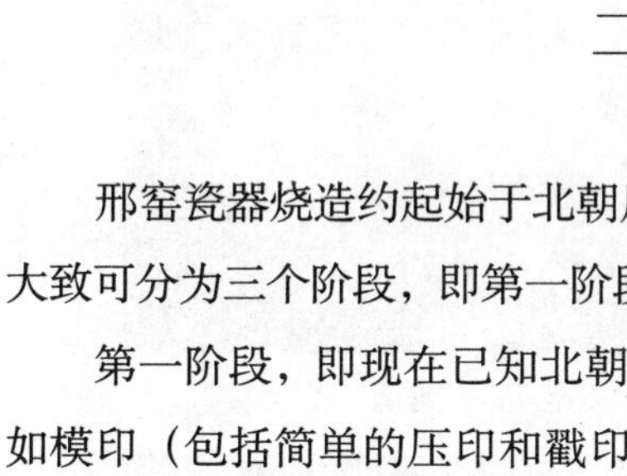

图一

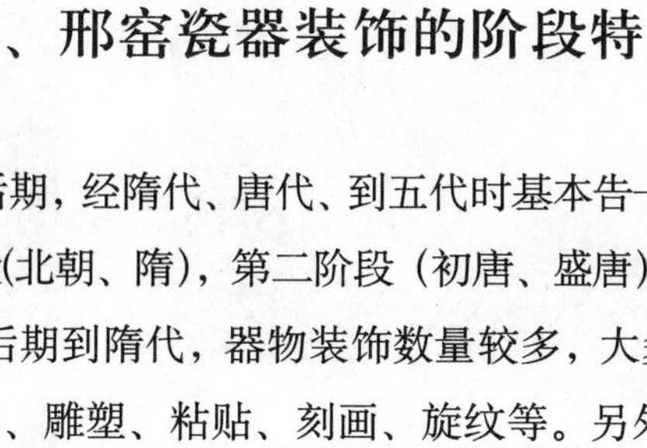

图二

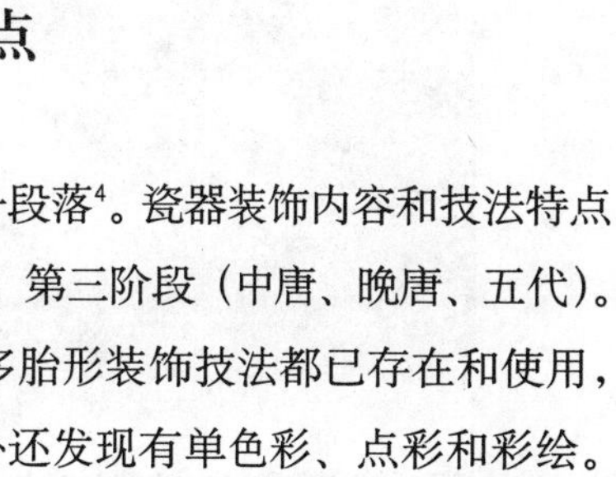

图三

旋纹处因积釉而色深（图三），层次简洁、明快，有事半功倍之效果。

单色彩器为低温烧成，虽未发现实物，但发现了一些薄胎的素烧器残片和少量三角支钉上粘连有绿彩（图四），可证此时已至少开始生产单色彩器。

点彩的使用只见装饰在动物眼睛部位，如鹦鹉杯、兽头形杯等（图五），为釉下彩。

彩绘为后加彩，是在器物烧成后的美化装饰，以红彩最为常见，主要彩绘在供墓主人随葬用的冥器上，如陶俑、佛像、佛龛（图六）等。

第二阶段，初唐、盛唐阶段。本阶段所见的装饰可分两种情况，一种是前一阶段已经普遍使用的胎形装饰模印、雕塑、旋纹、粘贴和工具装饰刻画等的继续使用，但也略有不同。模印和雕塑大都使用在制作冥器人俑（图七）和动物造型的器物上，极少数用以装饰生活用器皿。特别是模印的使用频率和模印器物种类似不如前一阶段，连前阶段模印的莲花座也成了手制。刻画技法使用不多，仍主要用在模具的制作上。因釉透明度的降低，旋纹深浅明快的装饰效果已不如从前。

另一种是本阶段新出现的三彩、镂空（图八）、削边装饰，工具和后加彩的刻意装饰效果显而易见。此时的削边模式简单，基本用在碗、盘（图九）类器物的口沿部位，削成花口再修整削痕，使之协调不生硬。削边的使用不多，但达到了美观和改变器物口部形状的意图。

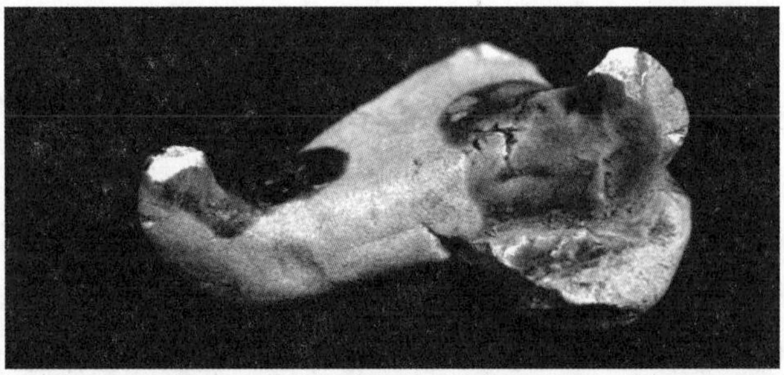

图四

图五

图六

图七

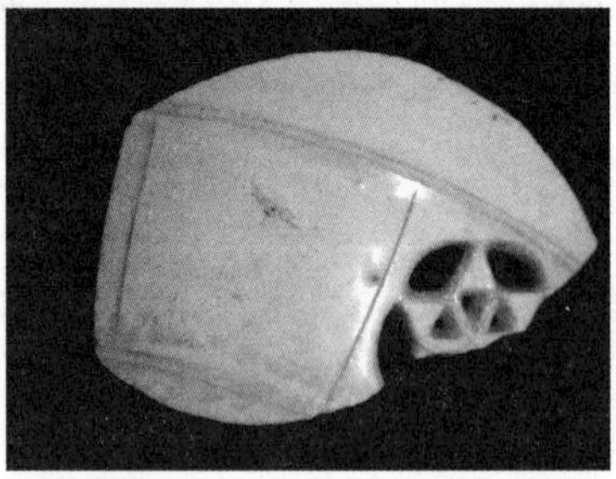

图八

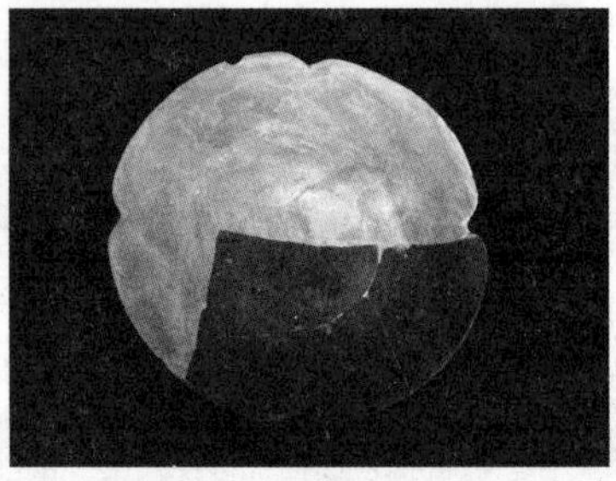

图九

三彩使用较多的是褐、黄、绿彩，也有红、白、篮彩，其中以黄、褐或黄、绿（图十）两种色彩组合最为常见。邢窑虽是生产过三彩的窑口，但因发掘面积有限，没有发掘出批量的三彩器物或残片，故三彩器的整体面貌不清，尚有待进一步的工作。

第三阶段，中晚唐、五代阶段。本阶段未发现三彩产品，但从河北同一阶段的井窑情况看，此时邢窑也应烧制三彩器。其他装饰手法基本都可见到，有模印（包括戳印、压印）、刻画、雕塑、粘贴、旋纹、点彩、削边等。

本阶段模具成型的完整大器基本不见，大概是其制作比较麻烦的缘故，而常见简单的压印和戳印纹饰，如执壶上的压印人字形纹（图十一）和鱼瓶上的戳印鱼鳞纹等。在一些器物如敛口钵口沿上又新使用了口部压印花边或花边泥条贴附于口部，再于上点彩的装饰（图十二）。

雕塑和粘贴是本阶段较多见的瓷器装饰手法。如手制的器物把手、器流、系等大都是运用了手制成型后再粘贴于器体的方法，瓷塑小人和马（图十三）、狗、羊、兔、鸽子、猴等动物皆为捏制成型后再经细部刻画、加工、点彩等制成。

刻画的使用较多，除了正常的刻画装饰外，又增添了新的功用。如较多的研磨器内壁刻画纹饰就兼具实用和装饰作用。第一阶段只见于窑具上的刻画文字和符号到这一阶段大量出现在瓷器底足上，常见的有数字、姓氏、方位（图十四）等，少量用在窑具上。但此时的刻画还远没有达到像井陉窑、定窑、磁州窑等那样，在宋金时期大量使用工具刻画花纹刻意装饰瓷器的阶段。

削边的使用还不很多，与第二阶段相比，这时大多削的较浅，有的甚至是稍稍把边压低一点，或用工具在器物口部向里轻轻挤压成花口而已，比原来的做法省时、省力，亦不失美观。

另外，本阶段的有些器物装饰比较华丽，如双鱼瓶（图十五），高圈足横断面成六边形，足外壁饰以刻画竖条纹。圈足分体制成后再和瓶身粘接，接缝处粘贴一周压印的小团花。瓶身有两条相对的压印泥条象征鱼脊。鱼翅部分也用手制泥条粘贴于瓶身。另外周身戳印有未封口的圆圈以象征鱼鳞。

综合本阶段瓷器装饰，有三个明显特点：其一，目前所见，除三彩外几乎所有的装饰都或多或少的使用。其二，装饰涉及的器物品种众多，有碗、盘、钵、罐、执壶、研磨器、漏斗、穿带瓶、双鱼瓶、小瓷塑玩具等。其三，刻画字款和符号的明显增多，几种装饰方法用

图十

图十一

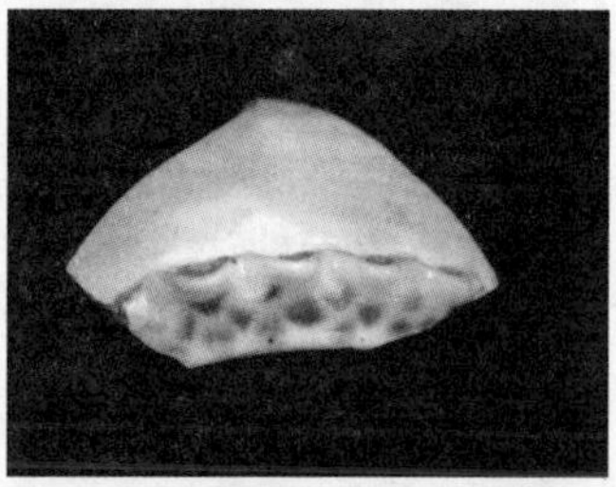
图十二

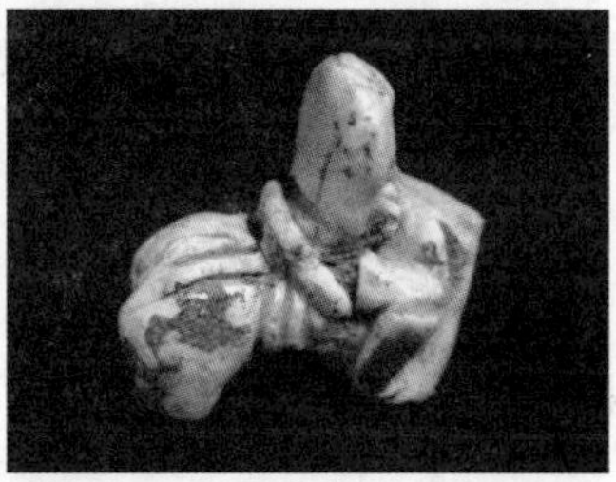
图十三

图十四

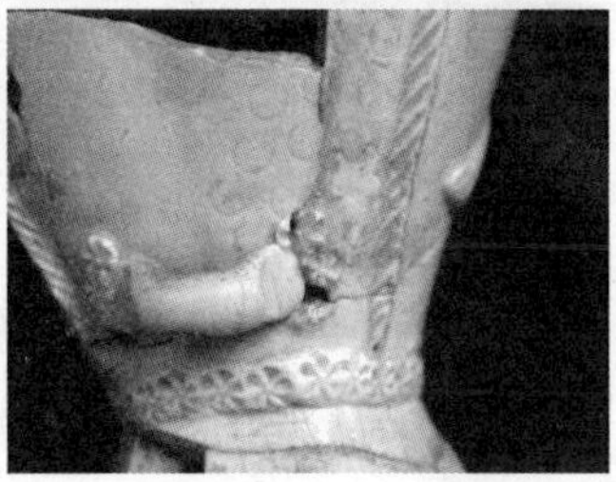
图十五

在同一件器物上的例子比以前增多，不仅体现了一种刻意的装饰追求和人们的审美需要，也是社会发展和商品经济下生产竞争的反映。

三、瓷器装饰背景浅见

任何事物的出现与发展都与当时的政治经济和文化生活密切相关，邢窑瓷器和装饰也不例外，除了包含有制作者本身的素质、修养、见识和水平外，大部分瓷器及装饰也是那个时代的政治、经济、文化和审美思想的直接和间接的反映。

1.中国青瓷的发展历史悠久，特别是南方青瓷，有着长期成功积累的经验。南北朝时期，社会的动荡加剧了人口的迁徙，促进了民族的大融合。同时也促进了南方青瓷向北方的扩散和传播。邢窑瓷器的创烧应与之相关，其早期瓷器的器物种类、器型、釉色、烧造方法等都比较接近南方同时期青瓷，而且其使用的所有的装饰技法也都是南方青瓷传统的装饰方法，在发展过程中再经互相影响和补充，形成了自己比较独特的风格。

2.南北朝至中唐几百年间，佛教盛行于中国大江南北，各种石窟寺、寺庙的建立和各种雕塑佛像等的制作成为一种社会风气，并影响、渗透到各个阶层、各个行业。瓷器装饰技法上同样受到佛教雕塑和模印等技法的影响，特别是第一、二阶段的佛龛、人俑等，从制作、刻画线条到莲花、连珠等器物花纹等都体现出佛教影响的方方面面。唐中后期，特别是发生在唐武宗会昌年间全国范围内的大规模灭佛运动，佛教受到毁灭性的打击，寺庙、佛像被毁，僧尼还俗，这些都不可避免地影响到社会生活的各个角落。反映在窑址中，基本不见了前两阶段的佛龛、佛像等产品和与佛教有关的器物和装饰花纹。

3.南北朝至隋唐时期，厚葬盛行。特别是到隋唐时期，厚葬之风尤盛。《旧唐书·舆服志》载："王公百官，竞为厚葬，偶人像马，雕饰如生，徒以眩耀路人，本不因心致乱。更相扇慕，破产倾资，风俗流行，遂下兼士庶。"由此可以推测，隋唐时期我国南北方瓷器大发展不能不说是有这种原因的成分，原来大量用以随葬的陶器变成了瓷器或陶瓷为主的混合，瓷器窑场除生产供活人使用的日常生活用品外，还大量生产供墓葬随葬用的陶瓷器等冥器产品。

4.中唐以后曾有几次禁止使用铜器的国家行为，《旧唐书·食货志》卷四十八："贞元九年正月，张滂奏：……伏以国家钱少，损失多门。兴贩之徒，潜将销铸，钱一千为铜六斤，造写器物，则斤直六百余。有利既厚，销铸遂多，江淮之间，钱实减耗。伏请准从前敕之，除铸镜外，一切禁断。"又《新唐书·食货志》卷五十四："宪宗以钱少，复禁用铜器"，"大历七年，禁天下铸铜器"。由此推测，中晚唐时期屡次禁用铜器可能间接促进了瓷器的生产和使用。就目前所知，中唐以后，在全国范围内，瓷窑和瓷器生产如雨后春笋般迅速成长起来，达到了空前繁荣的阶段。此时邢窑瓷器的精美装饰虽也偶能见到，但生产与大众生活息息相关的产品成为瓷器生产的主流，少数器物加上简单的装饰，实用又不乏轻巧，朴素更兼有美观。

5.从文献和考古资料看，到唐代，金银器的制作和使用进入了非常繁荣的时期。由于金银器有很好的韧性，且美观、耐用，到隋唐时期又具备了制作金银器的各种工艺，各种类型的金银器物及不同形状的花口、器壁和底足，以及装饰精巧的花草、人物和动物等浮雕、镂空和凹凸的旋纹等都不拘一格呈现出多姿多彩的金银器制作风格，受到皇室和上层社会的青睐和追捧，也成为当时贡奉、赏赐和上层交往中的重要物品。美观、耐用的金银器和上层社会这种风气的蔓延势必影响到瓷器等行业，所以中唐以后各窑场都出现了较多的有金银器风格的瓷器造型和花纹。

6.唐玄宗时期的安史之乱给河北地区经济带来了较大的冲击，除了原材料及运输等方面的因素外，邢窑一部分制瓷窑炉约停烧在中唐前后，恐与这种动荡的社会背景有关。安史之乱后至九世纪前半叶是唐时期经济恢复阶段，部分制瓷作坊和窑炉又趁机迅速发展了起来。此时河北境内的井陉窑正炉火不断，定窑可能也开始生产，加入了产品竞争的行列。也正由于制瓷窑场的增多，加剧了全面的竞争，表现在瓷器上，由于中晚唐时期各种组合窑具的开发使用以及灵活的装烧方法等原因，出现了较多制作精制的高质量白瓷器，一些装饰精美的瓷器也同时出炉，还在较多的瓷器上刻画上属于自己的印记符号。即使如此，仍然不能阻挡历史的潮流，邢窑也在兴盛了几百年后，到五代时基本走到了尽头，高档白瓷非常少见，色泽也不纯正。瓷器整体不上档次，窑场的繁荣每况愈下。而井陉窑、定窑则后来居上，成为宋金时期白瓷生产的主角。

四、结语

瓷器源于人类的生活实践，并在生活实践中不断革新、创造。瓷器装饰的丰富多彩亦再现了人们丰富多彩的生活。一代代制瓷工匠们用他们独特的画笔、独具匠心的手法，或真实、或模仿、或夸张、或创造性的描绘一切能描绘的事物，使之成为一种源于生活而高于生活的瓷器装饰艺术。

邢窑瓷器装饰由初始阶段的光素无纹发展到早期最为常见的胎形装饰。在胎形装饰阶段，窑工们已能够熟练掌握多种器物的成型和装饰技法。大多数器物虽以光素无纹的形式展现给世人，但却显示出朴实、庄重、洒脱的美感，有的甚至丝毫不亚于刻意装饰过的器物。

入唐以后，社会经济渐趋繁荣，盛唐时期达到鼎盛，三彩器的流行也成为一种时尚。邢窑窑工也与时俱进，迎合当时的社会需求，成功烧制出三彩器物，使邢窑成为早期屈指可数的三彩窑址之一，这也为河北境内已发掘的唐代墓葬中出土的三彩器物找到了可资参照的依据。同时工具装饰出现了削边、镂空，追求刻意装饰的效果，也应该说是瓷器装饰方面的进步。

中唐至五代阶段，随着社会需求的增加，各窑瓷器烧制产量的增加，邢窑产品也成为“天下无贵贱通用之”的大众产品，所以瓷器制作也更贴近人民生活，多种装饰品种也更齐全。胎形装饰产品继续生产的同时，刻意装饰的产品越来越多，更突出一些综合装饰的艺术效果。可以说多种装饰手段用于同一器物不仅是审美心理的变化，也反映了人们对美好事物的不断追求。同时客观上会直接影响到定窑、井陉窑的瓷器装饰，为定窑、井陉窑在宋金时期繁华装饰的大发展奠定了一定的基础。

王会民　马冬青（河北省文物考古研究所）

1.周淑兰等《中国古代陶瓷艺术精选》，中州古籍出版社，1992年。
2.河北省定窑研究组美术组《邢窑造型装饰研究》，《河北陶瓷》1987年2期。
3.河北省定窑研究组美术组《定窑的装饰技法与造型艺术》，《河北陶瓷》1984年2期。
4.河北省文物研究所等《邢窑遗址调查试掘报告》，《考古学集刊》14集，2004年12月。

宋朝医疗救济初探

《中国大百科全书·社会学卷》对社会救济的解释是:“国家和社会对贫困者提供最低水平生活需求的物质援助，并增强他们适应社会生存能力的一种社会保障制度。又称社会救助。”宋朝社会救济事业较为发达，所谓“宋之为治，一本仁厚，凡振贫恤患之意，视前代尤为切至”[1]。在医疗救济方面，亦有相当的作为。限于篇幅，本文将从养病、医疗、医药机构的设置及其医疗救济方式等方面对宋朝医疗救济情况作简单的考察。

一、养病机构

两宋时期，朝廷先后设置了福田院、居养院、安济坊、养济院等或贫病兼收或专养病患的社会救济机构，意在“使穷者有所归”，“病者有所疗”[2]。

福田院原是唐代寺院创办的收养贫、病的机构，后改称养病坊，基本成为官方养病机构。宋承唐制。北宋初年，京城开封设置东、西福田院，收养“老、疾、孤、穷、丐者”。当时福田院规划尚小，“给钱粟者才二十四人”，远远不能满足需要。英宗时增置南、北福田院，收容规模达到1200人[3]。但在寒冷的冬季，仍有许多乞丐冻死街头，为此，神宗熙宁二年（1069年）命四福田院可在冬季额外收养“老疾孤幼无依乞丐”，第二年春季放出。诏曰:“京城内外，值此寒雪，应老疾孤幼无依乞丐者，令开封府并拘收分擘于四福田院注泊，于见今额定人数外收养……每日特与依额内人例支给，与钱赈济，无令失所。至立春后，天气稍暖日，申中书省住支，所有合用钱于左藏库见管福田院钱内支拨。”[4]

随着贫困人口增加，需额外收养的人口越来越多，许多人未及诏令下来已冻饿而死。哲宗元祐二年（1087年）十二月，范祖禹上疏请求不限人数收养贫民[5]。元符元年（1098年）十月，哲宗颁布“居养法”:“诏鳏寡孤独贫乏不能自存者，以官屋居之，月给米豆，疾病者仍给医药”[6]。也就是说，官府要出面安置社会上那些生活无依的人，不单提供食物，还安排住处，有病的还要负责看治。居养法在政策上推动了救济事业的发展，几年后，徽宗朝在养病机构的设置上达到了一个高潮。

徽宗崇宁元年以前，除杭州安乐坊外，各地基本没有专门的病坊，因而福田院、居养院也承担了养病的责任。由于是贫、病兼养，疾病的相互传染是在所难免的。在开封府吴居厚乞请“诸路置将理院”，“以病人轻重而异室处之”之后，崇宁元年（1102）八月，徽宗下诏各路置安济坊。十一月令各县置安济坊[7]。崇宁四年十月，诏京师“根本之地，王化所先”，“虽有四福田院，所养之数未广，祈寒盛暑，穷而无告及疾病者或失其所”，令“依外州法居养鳏寡孤独”，并设置安济坊[8]。五年九月，诏“城、寨、镇、市户及千以上有知监者”，依各县条例增置居养院、安济坊，“务使惠及无告”[9]。“安济坊医者，人给手历”，记录治愈与死亡人数，到年终加以统计，作为考核依据。政府经常委官检察。坊内收留人数，亦有限制，“责保正长以无病人充者，杖一百”[10]。

大观末年，居养、安济之事出现地方上“奉行太过甚”，以致“縻费无艺，少且壮者游惰”，白混饭吃的情况。大观四年（1110年）八月，徽宗下诏“各州县以前所置居养院、安济坊、漏泽园许存留外，仰并遵守元符令，余更不施行。开封府创置坊、院悉罢，见在人并归四福田院，依旧法施行。遇歉岁大寒，州县申监司，在京申开封府，并闻奏听旨”[11]。也许是矫枉过正，一年后，政和元年(1111年）十一月，尚书省言及提举常平司官“不复察民之无告，坐视不救，甚失朝廷惠养之意”。政和四年，各地又出现了“实病而真欲安济者”，因官吏渎职，横遭遣逐的情况[12]。对此，朝廷申令严加督责，并未中止收留医治贫病的事业。

南宋建立后，安济坊发展式微，其功能逐渐被养济院所代替。

养济院创办于南宋初年，是一个兼顾居养院和安济坊功能的综合救济机构。绍兴元年（1131年）元月，通判绍兴府朱璞言：“绍兴府街市乞丐稍多，被旨令依去年例日下赈济。今乞委都监抄札五厢界处应管无依倚流移病患之人，发人养济院，仍差本府医官二名看治，童行二名煎煮汤药、照管粥食”[13]。可知，绍兴府养济院在绍兴元年即已存在。从设置初衷看，养济院主要是针对无依无靠流浪街头的患病乞丐的。这与宋室南迁，北人纷至沓来，流移街头的乞丐不断增多有关。此后，养济院逐渐普及，各地多有设置，其中不少系由原来的居养院改造而来，既有官办，也有民办，而以官办居多。多为贫病兼济的综合性机构，但也有专门收治病患的，其中，尤以收治行旅病人的为多。较著名的有临安府养济院、建康府养济院与绍兴府养济院。

二、医疗、医药机构及其医疗救济方式

1.医疗机构及其救济方式

（1）翰林医官院。宋朝时，翰林医官院是翰林院下属四局之一，主管医疗及医药行政事宜。其设立应不晚于太宗太平兴国四年（979年）。因为《宋史》卷四六一《方技传》载：太平兴国四年，刘翰被任命为翰林医官使。翰林医官院“掌供奉医药及承诏视疗众疾之事”[14]，内廷、朝臣、诸路州军将士、学生患病，或民间有疾疫时，医官院有派遣医官进行治疗的责任。元丰五年（1082年）翰林医官院改为翰林医官局[15]，其职能依旧。

（2）太医局。宋承唐制设置太医局，隶属于太常寺。其设置时间应不晚于太宗淳化三年（992年）。据《宋会要》职官二二之三五载：淳化三年五月，汴京疾疫流行，朝廷命“太医局选良医10人”，“于京城要害处，听都人之言病者，给以汤药，扶疾而至者即诊视”。《宋史》卷五及《宋大诏令集》卷二一九中有内容相同的一段文字，唯“太医局”为“太医署”。此处存疑。太医局是中央的医疗及医学教育机构。

如果说安济坊、养济院等作为地方性的医疗救济设施，是皇帝仁政象征的话，那么，太医局、医官院等则是皇家的“特权”，是御用机构。但在疾疫流行或易爆发疫病的季节，朝廷亦派遣这些机构的太医、医学生、医官等，到市井街巷、治河工地、南方边远地区甚至监狱等易流行疫病的地方，无偿施医

散药。如：太宗淳化五年六月，汴京出现疫情，宋廷派出翰林医官“煮药给病者”[16]。元丰元年四月，诏“太医局选医生十人，给官局熟药，乘驿诣曹村决河，医治见役兵夫”[17]。哲宗元祐八年（1093年）四月，开封军民中很多人染上疾病，缺医少药，朝廷令太医局“选差医人就班直军营坊巷”诊治[18]。

南宋时，这种措施亦相沿袭。高宗绍兴十六年六月二十一日，“诏方此盛暑，切虑庶民阙药服饵，令翰林院差医官四员，遍诣临安府城内外看诊。合用药仰户部行下和剂局应副，置历支破”[19]。孝宗乾道五年（1169年），因“盛暑细民阙药”，令翰林院差医官到临安府城内外诊治，“其合用药于和剂局置历支破”，候秋凉日方罢[20]。孝宗淳熙（1281年）八年四月，军民多有疾疫，朝廷派翰林医官“巡门诊视，用药给散”[21]。

2.医药机构及其救济方式

（1）药品生产机构：和剂局。宋朝具有炮制成药职能的机构有尚药局、御药院及和剂局。其中尚药院和御药院都是御用机构，掌“和剂诊侯”，“按验秘方，以时剂和药，以进御及供奉禁中之用”[22]。而和剂局“掌修合汤药，出卖以济民疾”[23]，负责药品生产，然后供应官办药铺经销，是专门服务于民间的官方制药厂。

和剂局的前身是合药所。宋初，制售成药的机构主要有熟药库、合药所和市易务卖药所。熙宁九年五月，“诏罢熟药库、合药所，——并隶合卖药所”[24]，在京城设立了一个兼营制药和售药业务的专门机构，称“熟药所”或“卖药所”[25]，隶属于太医局[26]。

最初，卖药所只有一所，“崇宁中，置药局七所”[27]，说的是崇宁二年，因业务扩大的需要，将卖药所增至五所，专门负责出售药品，而将原来卖药所兼营的制药业务分离出来，单独设立了两个“修合药所”，成为专门的制药机构[28]。政和四年四月，将两修合药所更名为医药和剂局；五出卖药所更名为医药惠民局[29]。和剂局的名称此后一直沿用到南宋。

和剂局的成药平时由熟药所出售给老百姓。但在疾疫发生或易流行疫病的季节，则免费供药给军队和老百姓。如：绍圣元年(1094) 四月诏：“访闻在京军民疾病者众，令开封府关太医局取熟药疗治，逐厢使臣学生并给钱有差”[30]。高宗绍兴十六年六月二十一日诏：“方此盛暑，切虑庶民阙药服饵，令翰林院差医官四员，遍诣临安府城内外看诊。合用药仰户部行下和剂局应副，置历支破”[31]。

孝宗乾道五年（1169年），因“盛暑细民阙药”，派医官到临安府城内外诊治，“其合用药于和剂局置历支破，候秋凉日方罢”[32]。孝宗淳熙十四年正月二十七日诏：军民疾病者众，令“和剂局取拨合用汤药，分下三衙并临安府，各就本处医人巡门表散”[33]。

（2）药品专卖机构：太平惠民局。太平惠民局是宋代专门经销药品的机构。在没有疾疫流行期时候，以平价售药给老百姓；但在疾疫流行的非常时期，则听命调遣，无偿提供药品。

太平惠民局的前身与北宋前期已存在的熟药库、市易务卖药所有关系。前面提到，徽宗崇宁时，京师熟药所增为五所，成为专门的售药机构（政和四年改名为“医药惠民局”）。由于业务发展的需要，徽宗采纳吏部尚书何执中的建议，于各地开办熟药所。大观三年三月，再次重申诸路会府依旧置熟药所出售药品[34]。北宋末年，为节省财政开支，压缩了医药惠民局的规模。到南宋高宗绍兴六年时，仅存四所，且其中一所以和剂局为名。绍兴十八年将行在（即临安）熟药所（即医药惠民局）改称“太平惠民局”[35]。绍兴二十一年，各路会府州军将熟药所改名为太平惠民局，这样，从京师到地方所有的熟药所都称作太平惠民局了[36]。

老百姓不仅到太平惠民局买药，有时也看病。高斯得《耻堂存稿》卷四《江东提刑司新创药局义阡记》载："民有疾，咸得赴局就医，切脉给药以归。"各惠民局都藏有官府颁给的监本医书，以方便百姓购药疗疾之用[37]。

随着熟药所（即后来的医药惠民局、太平惠民局）的设立，各地运生药到京师换取熟药或批发熟药的特别多。为适应地方上生产熟药的需要，徽宗命修订《太医局方》（后名为《和剂局方》）颁行天下，成药的使用有所普及，给民众医治疾病带来了便利。由于官吏舞弊，导致药材质量越来越低劣、药料减少，而珍贵细药为权贵所把持。"故都人谓惠民局为惠官局，和剂局为和吏局"[38]南宋末年，惠民局已是名存实亡。

值得一提的是，从仁宗时期开始，便已形成了固定的岁赐合药钱的制度。皇祐元年（1049年），知云安军王端奏请"诏诸州岁市药以疗民疾"[39]。诏准，遂行于天下[40]。嘉右二年（1057年），从韩琦之请：令"列郡每夏岁支系省钱二百千，合药散军民[41]"。元符三年，诏"诸路应岁赐药钱处遇民疾时，州县委官监视医人，遍诣闾巷，随其脉给药"[42]。但在实施过程中，也出现过"庸医盗其直，或有药而不及贫下"的现象[43]，所以乾道五年，中书门下省言："勘会诸路州军亦有岁赐合用钱，许诸军民请服。尚虑州军不切奉行，诏令户部申严条法，行下诸路州军遵守，务行实惠"[44]。

此外，诸如刊刻、颁行医书，普及医药知识；兴建地方医学，提高地方医疗水平；建立漏泽园制度，及时掩埋无人收葬的尸体；在边远地区严禁巫觋，移风易俗，推广医药等，也是宋廷实施医疗救济的内容，在此不展开叙述了。

总之，有宋一代，由于城市经济和文化的繁荣、医学的发展，朝廷对医学和疫病防治的重视（尤以北宋为最），先后建立了较为系统的养病、医疗和医药机构，将对老百姓的社会救济纳入官府的工作范畴，较之单纯的仁政表达有所进步。其中养病机构和惠民药局等设施，对后世都有很深的影响。

段惠青（中原工学院人文与社会科学学院）

1.《宋史》卷一七八《食货上六·振恤》，中华书局，1977年。
2.徐松《宋会要辑稿》食货六十之一零，中华书局，1957年影印本。
3.《宋史》 卷一七八《食货上六·赈恤》。
4.《宋会要辑稿》食货六十之三。
5.范祖禹《范太史集》 卷一四《乞不限人数收养贫民札子》，文渊阁四库全书本。
6.《宋会要辑稿》食货六十之一。
7.《宋会要辑稿》食货六十之三、食货六八之一二九。
8.《宋会要辑稿》食货六十之四、六八之一三零、一三一。
9.《宋会要辑稿》食货六十之五、六八之一三二。
10.《宋会要辑稿》食货六十之四、六八之一三一。
11.《宋会要辑稿》食货六十之六。
12.《宋会要辑稿》食货六十之六。
13.《宋会要辑稿》食货六十之八。

14.《宋会要辑稿》职官三六之九七。
15.《宋会要辑稿》职官三六之九九。
16.《宋史》卷五《太宗本纪二》。
17.《宋会要辑稿》职官二二之三七。
18.《宋会要辑稿》职官二二之三八。
19.《宋会要辑稿》职官三六之一零四。
20.《宋会要辑稿》职官三六之一零五。
21.《宋会要辑稿》食货五八之一四。
22.《宋史》卷一六四《职官志》。
23.《宋史》卷一六五《职官志》。
24.《宋会要辑稿》职官二二之三七。
25.周煇《清波杂志》卷十二《惠民局》，文渊阁四库全书本
26.《宋会要辑稿》职官二二之三七。
27.《宋史》卷一六五《职官·太府寺》。
28.周煇《清波杂志》卷一二《惠民局》，文渊阁四库全书本。
29.《宋会要辑稿》职官二七之二一、二二。
30.《宋会要辑稿》职官二二之三八。
31.《宋会要辑稿》职官三六之一零四。
32.《宋会要辑稿》职官三六之一零五。
33.《宋会要辑稿》食货五八之十七。
34.史继纲《宋代药局建设与药品经营管理》，西南师范大学学报（哲学社会科学版）1994年第2期。
35.李心传《建炎以来系年要录》卷一五八绍兴十八年闰八月戊申，中华书局，1956年“国学基本丛书”影印本。
36.史继纲《宋代药局建设与药品经营管理》，《西南师范大学学报（哲学社会科学版)》1994年第2期。
37.《宋史》卷三十《高宗本纪》，1977年。
38.俞文豹《吹剑录外集》，文渊阁四库全书本。
39.李焘《续资治通鉴长编》卷一六七皇祐元年七月己未，上海古籍出版社，1986年影印本。
40.《宋史》卷一七八《食货志》。
41.《续资治通鉴长编》卷一八六嘉祐二年八月庚戌。
42.《宋会要辑稿》食货五九之六。
43.叶梦得《避暑录话》卷上，文渊阁四库全书本。
44.《宋会要辑稿》职官三六之一零五，1957年影印本。

南京大报恩寺琉璃塔高度考

明成祖朱棣于南京聚宝门外古长干里兴工修建的大报恩寺琉璃塔，以其高耸入云的宏伟建筑规模、遍体琉璃的华丽装饰艺术独步古今，被誉为 “雄丽甲海内”[1]，“中国之大古董，永乐之大窖器”[2]。1856年太平天国“天京之变”期间，此塔不幸被太平军炸毁，导致这一古代建筑杰作不能复睹于今世。此塔的消失不仅留给后人无尽的遗憾，同样也留下了众多谜团，塔的高度即为其中之一。

有关大报恩寺琉璃塔高度的历史记载很多，不过众说纷纭，莫衷一是。在大报恩寺及琉璃塔的研究历史上，民国时期任教于中央大学的张惠衣先生贡献甚巨、惠及后人。他积多年之辛勤，从众多的史籍中博采旁收，将有关史料收罗殆尽，汇成十卷本《金陵大报恩寺塔志》（以下简称为《塔志》），成为今人开展相关研究的重要基础。此书持有闻必录的原则，收录了多种关于琉璃塔高度的史料，但是张先生本人相信清代所绘《江南报恩寺琉璃宝塔全图》（以下简称为《塔图》）的可靠性，采用了其中塔高“三十二丈九尺四寸九分”的说法[3]。他的这一观点影响很深，很多介绍大报恩寺琉璃塔的文章皆沿袭此说。[4]当然，也有不少研究者对此有不同看法：东南大学建筑系成玉宁博士在撰写《天下第一塔》一文时，即按照明代有关塔高24.619丈的记载，将塔的高度推算为78.02米，又根据英国人和《塔图》的记载，给出了79.5米和105.3米两个数据，实际上认为凭借现有的史料尚不能真正确定此塔的高度。[5]而近年新出的，对大报恩寺遗址给予相当全面介绍的《金陵佛寺大观》一书，在论及琉璃塔高度时指出“高度二十四丈六尺一寸，按明代营造尺一尺等于今31.7厘米计算，合78米。还有记载为三十二丈九尺四寸九分，合一百余米，根据中外资料的分析比较，前者尺寸的可靠性较大”[6]。可惜的是，这一论断缺乏详细的、令人信服的论证过程。

2007年，大报恩寺琉璃塔重建工作在南京市政府的大力推动下进入了实施阶段，塔的高度问题对于重建工作无疑具有重要的意义。为此，本文立足现有史料进行梳理，结合南京考古新发现的明代古尺实物，就报恩寺琉璃塔的高度问题提出自己的看法，希望对重建大报恩寺琉璃塔这一百年盛举有所裨益。同时，也谨以此向本人曾亲承教诲的蒋赞初先生之八十寿诞致意。

大报恩寺琉璃塔自建成以来，明、清两代一直以其出类拔萃、超越其他建筑的绝对高度称雄天下，高即是此塔的一个重要特征，因此众多涉及此塔的记、传、诗文都或直接、或间接地介绍、描述过此塔的高度。总的来看，这些关于塔高的记载可分为虚称和实指两大类。

所谓“虚称”是指叙述者为了突出强调琉璃塔之高，夸大其辞，其所说高度与实际相差甚远。在明、清两代文人的诗歌和游记中此类情况甚多。比如：

清康熙帝南巡时所作的《登报恩寺浮图》诗夸赞琉璃塔：“涌地千寻起，摩霄九级悬。琉璃垂法相，翡翠结香烟。”[7]

而另一位清代诗人梦麟以更为狂放的语气写道："脱我薜荔之衣、切云之冠，翱翔何必清霜翰。贾勇直上二千尺，微躯迳造青云端。"[8]

清初著名文人汪士祯在其游记《登木末亭记》中如此描述："冒雨登木末亭……回顾烟岚蓊郁，萦青缭白；城关峰峦、江渚林木皆入空濛。唯长干塔百仞，耸立亭左。"[9]

诗词歌赋、游记小品使用夸张、渲染等修辞手段是这些文体追求气势、创造意境的需要，后人在阅读、欣赏这些作品时一般不会认虚为实，产生误解。但是，在不少专门介绍琉璃塔的说明体、记叙体古文中也存在不少随意夸大塔高的记载，颇能迷惑后人。

曾编纂过重要文献《南畿志》的陈沂（字鲁南、号石亭），嘉靖年间曾为报恩寺琉璃塔撰写过一篇著名的《报恩寺琉璃浮图记》，被誉为报恩寺塔历史上三大名篇之一[10]。该记是第一篇详细介绍大报恩寺琉璃塔修建经过，宝塔主要特点的文章，保存了许多重要信息，是后人了解琉璃塔原貌关键性史料之一。可惜的是，此文在介绍琉璃塔高度时却说："……为大浮图，下周广四十余寻，重屋九级，高百丈。外旋八面，内绳四方。"[11]这一严重失实的记载令该文白璧微瑕，失色不少，在当时就招致有识者的批评（见下文《客座赘语》引文）。

同样有此失误的还有明人葛寅亮。葛寅亮曾任南京尚宝司卿、南京礼部祠祭司郎中等职，他撰写的《金陵梵刹志》保存了大量有关南京历代佛寺的珍贵史料，是研究南京佛教史最重要的文献之一。琉璃塔高"二十四丈六尺一寸九分"的说法就记载于该书第二卷之中，但是在该书第三十一卷中他却另写道："至浮图之胜，高百余丈，直插霄汉。五色琉璃合成，顶冠以黄金宝珠。照耀云日，夜篝灯百二十有八，如火龙腾焰数十里"。如此描述虽然精彩、生动，但是极易使人对塔的真实高度产生误解，也与他自己的记述前后矛盾。

不仅明代学者如此，清代学者施闰章在《书报恩寺浮图事》中也曾写道："金陵报恩寺伟丽第一……造五色琉璃塔九级，高百余丈，周四十寻，积数十年，更三朝乃成。塔灯两夕尽油一石。星火荧荧，照耀云汉。尝见异光殊彩形状百变"[12]。甚至清政府组织大量人力编撰的《大清一统志》对此问题也未能细审。该书第五十二卷"大报恩寺条"记载道："大报恩寺在江宁县城南一里……规模宏壮，塔高百余丈。"对于这些史料我们一定要仔细辨析，不能被古人的信口开河，以及各种疏漏所蒙蔽。

所谓"实指"是指叙述者以实事求是的态度，或者貌似实事求是的态度，所记录的塔的高度。有关琉璃塔高度"实指性"的数据正如成玉宁博士所说，共有三种：即"二十四丈说"、"三十二丈说"，和英国人提出的"约260英尺说"。下面我们一一加以分析。

很多学者以为"二十四丈说"出自葛寅亮的《金陵梵刹志》，其实不然。《金陵梵刹志》成书于明熹宗天启七年，即1627年。实际上，在此之前已有多条关于琉璃塔高二十四丈的记载。

目前发现最早涉及塔高二十四丈的记载出于明人盛时泰。盛时泰(1529～1578年)，字仲交、号云浦，晚号大城山樵。他是南京上元人，明嘉靖间贡生。博学好文，既善画水墨山水竹石，又工书。撰有《金陵人物志》、《金陵纪胜》、《牛首山志》、《栖霞小志》等。他所作《报恩塔赋》同样位列报恩寺塔三名篇之一："出都门以游衍兮，经长干之故墟。瞻宝塔之崒嵂兮，心四顾而踟躕……崇基诡制，巨构殊形。高踰三八，数迈径三，非寻丈也。……"[13]该赋中所说的"高踰三八"和"数迈径三"是指琉璃塔的高度超过二十四丈，而塔高超过塔（底层）直径的三倍。

而以更为准确的数据加以记载的是明人顾起元。顾起元为南京江宁人，万历二十六年进士，曾任吏部左侍郎兼翰林院侍读学士。致仕后，他用多年的间收集、考订南京的历史地理和逸闻掌故而成《客座赘语》一书，留下了一部多方面反映南京明代中后期都城风貌的重要历史文献。该书卷七有“报恩寺塔”专条：

> 大报恩寺塔，高二十四丈六尺一寸九分，地面覆莲盆，口广二十丈六寸，纯用琉璃为之，而顶以风磨铜，精丽甲于古今。……至万历庚子中，其贯顶大木朽蚀者半，金顶亦欹斜矣。雪浪洪恩慨然谋正之，身自募化，凡得金数千。架木易其贯顶之木，又斥其余赀修塔廓，焕然顿还旧观矣。余尝为文记之。……陈太史鲁南《琉璃塔记》曰：“广四十寻，重屋九级，高百丈，外旋八面，内绳四方。”似过其实，而文甚奇丽可重也。

本人认为这是一条非常重要的记载：首先，《客座赘语》成书于明神宗万历四十五年（1617年），这是目前发现完全以“实指”态度明确说明琉璃塔高度的最早记载。其次，此条中顾起元自述曾为报恩寺僧人雪浪（字洪恩）重修琉璃塔之事专门写过一篇记，说明顾起元对此塔重修的过程有相当程度的了解。雪浪重修琉璃塔的目的是更换塔顶的贯顶大木，并且解决塔顶倾斜的问题，此项施工必然要求对塔的高度有非常准确的把握，因此顾起元在撰写该文的过程中应该接触到了塔高的真实数据。更为重要的是，在此条记载中明确对陈沂“高百丈”的荒诞说法给予了批驳，既然敢于批评另一位重要人物的观点，并且以实际的数据加以纠正，表明顾起元对自己记载的“二十四丈六尺一寸九分”的塔高很有自信。

《金陵梵刹志》比《客座赘语》晚十年成书，但由于该书全面收集、整理了南京地区历代佛寺的相关资料，尤其是明代许多第一手材料，因而备受学者重视。该书之第二卷名为《钦录集》，收集的是明洪武至宣德年间，皇帝针对各大寺庙、僧人的具体问题所下的谕旨。其中宣德三年的一条记载对解决大报恩寺研究中的许多重要问题颇为关键：

> 六月十六日御用监太监尚义于左顺门奏：南京大报恩寺已完殿宇数多合，无存留。经手人匠五十六名在寺修理。应天府拨人夫五十名常川打扫，疏通沟渠。南城凤台街四铺总甲轮流巡绰。仍着原管工指挥刘勋带管提调。奏知。奉圣旨：是，着该衙门拨用。钦此。

在此条记载中，负责监督大报恩寺工程的太监尚义将工程完工情况，以及今后对该寺日常维护和管理所做的安排上奏给宣宗。这说明宣德三年大报恩寺已全部建成。在此奏报末尾，尚义将报恩寺几乎所有建筑的尺寸附列于后，供皇帝审阅。其中既有金刚殿、御碑亭、天王殿、大殿、藏经殿等主体建筑，又有厨房、库房等附属建筑的高度和进深尺寸，极为详细。其中对琉璃塔的记载为：“宝塔丈尺：宝塔一座，九层。通高地面至宝珠顶二十四丈六尺一寸九分。地面覆莲盆，口广二十丈六寸。”

这一段记载的重要性不言而喻。它出于管工大臣给皇帝的奏章，各建筑的丈尺直接来自建造人员，而且奏报时必然经过了反复的核对，因此具有很高的可信度。将这条记载与《客座赘语》中的记载比较，两者作者不同，信息来源不同，但是有关琉璃塔的数据分毫不差，足可互证。

除此之外，还有一位关键人物的记载同样能够有力地证明“二十四丈说”的可信性。这个记载来自释德清。德清(1546—1623年)，字澄印，号憨山，安徽全椒人。他自十二岁起入南京大报恩寺听习《法华经》，十九岁正式出家。成年后游历天下，弘法传道，对当世的佛教产生了巨大的影响，与铢宏、真可、智旭三人并称为“明代四大高僧”。德清一入大报恩寺即与长其一岁的雪浪结识，两人志趣相投，感情深厚，被人称为同胞[14]。嘉靖四十五年大报恩寺大殿遭雷火焚毁后，两人发愿重修殿宇。“予(德清）与公(雪浪）相对而泣曰：‘……方今之世，舍我其谁欤？惜乎年轻福薄，无道力，从此决志修行。他日长，养头角峥嵘，终当遂此兴复之愿。’”[15]其后二十多年，两人怀抱理想，“未尝一日忘”[16]。万历二十三年，德清因重修大报恩寺等事向皇太后化缘，触怒明神宗，而一度被投入监狱；而雪浪在琉璃塔发生朽蚀、倾斜等危急情况后，采取向民间化缘的方法，终于完成了重修工作。雪浪先于德清而卒，德清专门为其作《雪浪法师恩公中兴法道传》，详细记述了雪浪的生平，尤其是重修大报恩寺琉璃塔的经过。在该传中，德清写道：“塔高二十五丈，其安塔顶管心木约七丈。架半倍之，则从空而下，如芥投针，其势难矣”。

德清自幼进入大报恩寺，对该寺的一草一木无疑非常熟悉。他与雪浪对修复大殿、琉璃塔等工程筹划多年，对相关事宜也必然了如指掌，因此他的记载不会有错。德清所称“塔高二十五丈”应是二十四丈六尺一寸九分四舍五入后的简便说法。

不仅明人的记载支持“二十四丈说”，清人也有同样记载。戴本孝（1621 – 1693），安徽省和县人，字务旃。他是清初著名画家和诗人，著有《前生诗稿》、《余生诗稿》等诗集。张惠衣《塔志》卷八收录他所作的一首《报恩寺塔灯歌》，其中即有“二十四丈六尺摩青霄，一百六十二炬吐白毫”之句。

根据上述各条史料，尤其是顾起元、葛寅亮和德清三人的记载，我们有充分的理由相信，二十四丈六尺一寸九分就是大报恩寺琉璃塔的真实高度。不过既然如此，“三十二丈说”又从何而来呢？

“三十二丈说”来源于清人绘制的《江南报恩寺琉璃宝塔全图》。据笔者所见《塔图》有两个版本：其一是张惠衣从海关报告中转引的《塔图》(图一)；另一个版本现收藏于南京城建档案馆，据称为木刻版。

两幅图中，塔两侧所附文字的内容基本相同，但是塔的形象差别较大。而且木刻版图中塔顶两侧加上了云纹衬托的“日”、“月”二字，合起来即为“明”字，这是代表明王朝的一个重要标识。明开国功臣汤和、徐达五世孙徐俌，以及武进王洛家族的墓葬中皆出土过类似的实物[17]。木刻版《塔图》的作者可能想以此表明报恩寺琉璃塔为明代所建。更为明显的是，木刻版《塔图》两侧还有一副对联：“由长干迤逦而来，匝地钟声，参天柏影，数南朝四百八十之中，烟雨楼台此间第一；历大劫沧桑以后，残山如故，胜水依然，问阿育八万四千之众，琉璃金碧何日重新？”此联对仗工整，含意隽永，充满了作者对琉璃宝塔被毁的惋惜之情。从这两点可以确定，南京城建档案馆版《塔图》是塔毁之后所刻，而且其制作年代也到不了清代，应该为民国时期，否则该图上不敢公然刻上代表明朝的标志。

张惠衣先生引用的海关报告版《塔图》是否为清人所刻呢？该图中所附文字历来为人重视，张惠衣、胡祥翰、朱偰、晁中辰等先生对其中的记载皆非常重视，在各自的著作中加以引用[18]。其实，对任何史料都应该考证其真实性，不能轻信。现将该《塔图》中的记载全文抄录如下：

古志：金陵聚宝门外浮图一基，古来一刹，内有阿育王塔，由来已久。孙吴大帝赤乌三年始建寺院，重修阿育王塔，名建初寺。后孙皓毁弃，庙宇荒凉。晋太康时有梵僧刘萨诃大师，得舍利子于长干里，贮于寺内。晋简文帝改建于集庆路内，曰长干寺。重修阿育王塔，高三层，以舍利子贮于塔内。后大唐高宗显庆年广修庙宇，改曰天禧寺。宋太祖乾德年改为慈恩旌忠寺。元顺帝火毁。迨至大明永乐十年北迁，因欲报高皇帝深恩，于六月十五日午时起工，至宣德六年八月初一日完工，共十九年。敕工部侍郎黄立恭依大内图式，造九级五色琉璃宝塔一座，曰第一塔，以扬先皇太后之德。其塔高三十二丈九尺四寸九分。而顶以黄金风波铜镀之，以存久远，其色不晦。上九霄龙头，挂铁索八条，垂铃七十二个；上下八角，垂铁铃八十个，通共铃数一百五十二个。而九层外灯计一百二十八盏。下八方殿内及塔心有琉璃灯十二盏，通共点油六十斤。上照三十三天，中照人间善恶，永除天灾。顶上铜锅二口，重九百斤，天盘一个，计重四百三十斤。东至俞通海公神道，南至大米行郭府园，西至来宝桥，北至大河下，周围九里十三步，以此考之而寺宇广矣。自永乐修建之后，有百世之光华，存万载之报恩，故曰报恩寺。额曰第一塔。通身用过钱粮银二百四十八万五千四百八十四两正。顶上铁圈九个，大圈方圆六丈三尺，小圈方圆一丈四尺。计重三千六百斤。顶镇压夜明珠一粒，避水珠一粒，避火珠一粒，避风珠一粒，避尘珠一粒；黄金一锭，重四千两；茶叶一担；白银一千两；明雄一块，重一百斤；宝石珠一粒；永乐钱一千串；黄缎二疋；地藏经一部，阿弥陀佛经一部，释迦佛经接引佛经一部，俱镇压在内。又国朝御书"不二法门"、"赤乌灵梵"匾额悬奉。今于嘉庆五年五月十五日寅时，雷神驱逐怪虫追至此塔，顷刻三方九层损伤，而神力威严，佛法无边，故不能通身损坏。督抚具折申奏，请发帑修理。于嘉庆七年二月初六日开工，六月初二日告竣，而塔焕然重新矣。

该段文字的内容极为丰富，首先介绍了大报恩寺所在地古长干里寺院兴废的历史；再介绍大报恩寺建造的过程；然后重点叙述琉璃塔的主要特点。对琉璃塔介绍之细，没有其他任何一条史料能出其右。但是仔细分析的话，却发现其中漏洞百出，该文的可靠性因而让人十分怀疑。下面本人就已所知，对其中发现的错漏一一给予辨析：

一、"孙吴大帝赤乌三年始建寺院，重修阿育王塔，名建初寺。"康僧会在江南建立第一座寺庙建初寺的记载出于《高僧传》，该书卷一"魏吴建业建初寺康僧会"条记载为："时吴地初染大法，风化未全，僧会欲使道振江左，兴立图寺，乃杖锡东游，以吴赤乌十年初达建邺，营立茅茨，设像行道"。可见建初寺建立于赤乌十年之后，而非赤乌三年。

二、"晋太康时有梵僧刘萨诃大师，得舍利子于长干里，贮于寺内。晋简文帝改建于集庆路内，曰长干寺。"刘萨诃法名慧达，其事迹同样载于《高僧传》。该书卷十三"晋并州竺慧达"条记载道："竺慧达，姓刘，本名萨诃，并州西河离石人……晋宁康中，至京师。先是，简文皇帝于长干寺造三层塔，塔成之后，每夕放光。达上越城顾望，见此刹杪独有异色，便往拜敬，晨夕恳到。夜见刹下时有光出，乃告人共掘，掘入丈许，得三石碑。中央碑覆中，有一铁函，函中又有银函，银函里金函，金函里有三舍利……既道俗叹异，乃于旧塔之西更竖一刹，施安舍利。晋太元十六年，孝武更加为三层。"可见刘萨诃出生于并州，本为中国人，而不是如文中所说的来自于西域的"梵僧"。他于长干里掘得舍利也不是文中所称的西晋武帝太康年间，而是东晋孝武帝宁康年间，两者相差近百年。而且，简文帝建塔在前，而刘萨诃掘得舍利、并且另建一刹于后，与《塔图》所说正好相反。

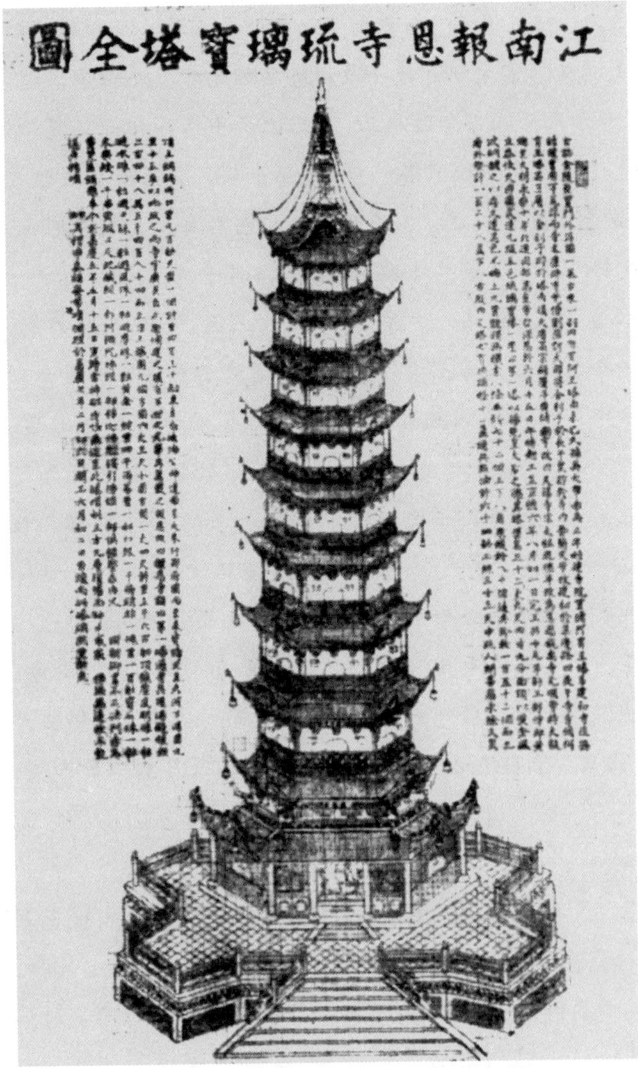

图一　张惠衣引用海关报告版《塔图》

三、“后大唐高宗显庆年广修庙宇，改曰天禧寺。”对此《景定建康志》和《至正金陵新志》皆记载为：“天禧二年，改为天禧寺。”[19]永乐十二年《御制大报恩寺左碑》的碑文中亦曰：“……南京聚宝门外有寺旧名长干，吴赤乌之岁所建。历世既远，兴替相因。宋真宗时改寺额为天禧。”可见天禧寺之名源自宋真宗天禧年间，自宋至明一直有定论。

四、“宋太祖乾德年改为慈恩旌忠寺。元顺帝火毁。”而《至正金陵新志》卷十一对此记载为：“至元二十年，有诏选高行僧三十员，开讲于江南诸郡，择名刹以居之。时槁城德公讲主首奉诏，开席于金陵天禧寺，说经训徒，传慈恩之教。未几，特赐号佛光大师，并拔助故宋太师秦申王坟寺旌忠寺为下院。以其废产共赡讲席。改赐元兴天禧慈恩旌忠寺额。”可见慈恩旌忠寺之名是元世祖忽必烈至元年间所赐，而不是《塔图》所说的来源于宋太祖乾德年间。

五、“迨至大明永乐十年北迁。”明成祖最早显现迁都北京的意图为永乐四年，该年闰七月朱棣下诏：“以明年五月建北京宫殿，分遣大臣采木于四川、湖广、江西、浙江、山西。”[20]永乐五年，成祖徐皇后死去，朱棣不在南京建陵，而是在北京昌平天寿山卜建长陵，明白地向世人昭示了迁都北京的决心。但是北京宫殿正式动工却是自永乐十五年六月起，至永乐十八年方才完成[21]。永乐十八年十一月四日，朱棣正式颁布了迁都诏书，宣布十九年元旦在北京接受百官朝贺，北京成为明王朝的新都[22]。由此可见所谓“永乐十年北迁”的说法是完全错误的。

六、“因欲报高皇帝深恩，于六月十五日午时起工，至宣德六年八月初一日完工，共十九年。”对于报恩寺的始建年代，《金陵梵刹志》卷二《钦录集》收录的明宣宗宣德三年三月十一日所下的一道谕旨有明确的交代：“敕太监郑和等，南京大报恩寺自永乐十年十月十三日兴工至今，十六年之上尚未完备，盖是那监工内外官员人等将军夫、人匠役使占用，虚耗粮赏，以致迁延年久。今特敕尔等，即将未完处所用心提督，俱限今年八月以里都要完成。迟误了时，那监工的都不饶。……钦此。”至于大报恩寺完工的时间，宣宗严令在宣德三年八月前完工，而前述宣德三年六月十六日御用监太监尚义的奏报表明，报恩寺工程在当年六月已全部完工，达到了宣宗的要求。《钦录集》收录的皆是皇帝的圣旨，葛寅亮作为明朝实任官员是绝对不敢伪造和窜改的，因此《金陵梵刹志》中关于大报恩寺建造的始讫年代应是可靠的，由此可见《塔图》的说法又是错的。

七、“敕工部侍郎黄立恭依大内图式，造九级五色琉璃宝塔一座，曰第一塔，以扬先皇太后之德。”黄立恭为洪武年间的工部侍郎，曾负责在长干里重修元末被毁的慈恩旌忠寺及其寺塔，为此明太祖朱元璋亲自撰写了一篇《御制黄侍郎立恭完塔记》[23]。黄立恭，《明史》中无传，但是明代其他文献中有其记载。明王世贞《弇山堂别集》卷五十九中专门记载了工部左、右侍郎的简历，其中写道：“黄立恭，直隶滁州人，国初扈跸渡江。二十二年拜右，二十五年致仕。”明李贤等人撰写的《大明一统志》中也有类似记载[24]。朱元璋渡江占领南京的时间是元顺帝至正十五年至十六年[25]，假设当时黄立恭20岁，至洪武二十五年时，他已是五十八岁的老人，致仕恰当其时。至永乐十年大报恩寺兴建之时，他如健在也已近70高龄，明成祖朱棣怎么可能再起用他主持事务繁重的大报恩寺工程呢？据《钦录集》收录的自永乐十一年和宣德三年的多道圣旨记载，先后主持大报恩寺工程建设和参与监督管理的内外官员有工部尚书吴中，监工内官太监汪福，永康侯徐忠，工部侍郎张信，御用监太监孟继、尚义，太监郑和、王景弘、唐观、罗智，监工内官内使李僧崇，襄城伯李钦，管工指挥刘勋等人，其中并无黄立恭。可见《塔图》误将洪武年间重修慈恩旌忠寺的主持者张冠李戴地作为了永乐十年大报恩寺兴建时的主持者。

《塔图》自开头至此，所叙古长干里佛寺兴废的历史和大报恩寺建造的经过，根据其他可靠史料的比对，明显发现其记载几乎句句有错，遍体硬伤。《塔图》作者学识之低劣，为文态度之不严谨可见一斑。《塔图》从“其塔高三十二丈九尺四寸九分”之句起，其下主要介绍琉璃塔，包括塔高，塔上悬铃、点灯数量，塔顶铜锅、天盘的重量、大小，建塔所用钱粮总数，塔内镇压的各种宝物，以及嘉庆五年至七年宝塔遭遇雷击和重修情况等。其中，除了塔高、塔上悬铃和点灯数量其他史料屡有提及外，其他各个数据仅见于《塔图》，这也是《塔图》向为学者重视的一个重要原因。不过，正是因为这些数据乃孤例，在为数众多的明清史料中不见其他记载与其相互印证，反而显现其可疑之处。而且其中不少记载语涉玄虚，或与常理明显不合。

比如《塔图》介绍塔顶镇压物：

> 顶镇压夜明珠一粒，避水珠一粒，避火珠一粒，避风珠一粒，避尘珠一粒；黄金一锭，重四千两；茶叶一担；白银一千两；明雄一块，重一百斤；宝石珠一粒；永乐钱一千串；黄缎二匹，地藏经一部，阿弥陀佛经一部，释迦佛经接引佛经一部，俱镇压在内。

在自然界中夜明珠虽然罕见，但确有这种物质，按照现代物理学的说法，夜明珠其实就是含有激活态磷光体的矿物。但是其他所谓的避水珠、避火珠、避风珠、避尘珠等除了在《西游记》之类的神话中可以找到外，在自然界中根本不存在。另外，假如重达四千两的黄金、一千两的白银，以及一担茶叶等各种物体真的存在，就必须在塔顶层专辟一处不小的空间收藏它们。琉璃塔一直是对大众开放的，明、清两代有很多人留下了登临塔顶后的诗作。塔顶空间有限，要想既收藏这些宝物又不被人知道几乎是不可能的，但是却没有其中任何一人提到这些物品。再者，琉璃塔自建成后多次出现过险情，急需维修。《雪浪法师恩公中兴法道传》记载，万历年间雪浪为了维修琉璃塔，“数百次行乞于都市”[26]，如果这些金银真的存在，僧人们为何不将其用于修塔，不得不四处化缘呢？总之，仔细分析这段记载，其中自相矛盾、不合常理之处甚多，难以令人相信。《塔图》最后一段记载更加令人生疑。

> 今于嘉庆五年五月十五日寅时，雷神驱逐怪虫追至此塔，顷刻三方九层损伤，而神力威严，佛法无边，故不能通身损坏。督抚具折申奏，请发帑修理。于嘉庆七年二月初六日开工，六月初二日告竣，而塔焕然重新矣。

如果《塔图》的记载是真实的，此次雷击造成该塔全部九层、每层三个面皆有损伤，其毁坏程度是相当严重的，最终惊动了督、抚等高层官员向朝廷申请官帑修复。这不仅对报恩寺事关重大，对于整个南京地方而言也有相当重要的影响，一定会引起社会热烈的反响。南京乃人文荟萃之地，如此题材必为众多文人争相记载，或收入文集，或载入方志，传为佳话。报恩寺及琉璃塔历史上的其他四次重大维修工程皆是如此——万历年间雪浪修塔事如上所述除了《客座赘语》、《金陵梵刹志》、《憨山梦游集》等记载外，《康熙江宁府志》也收录其中[27]；顺治十七年，雷击将报恩寺塔一角损坏，寺僧招募田氏兄弟等人修复，对此施闰章《书报恩寺浮图事》和《康熙江宁府志》皆予记载[28]；康熙三年，居士沈豹募资重修嘉靖年间被毁的报恩寺大殿，此事不仅有沈豹亲自撰写并刊印的《建报恩殿祝文》一书存世，《大清一统志》、《江南通志》、《古今图书集成》等众多史籍皆有记载[29]；康熙三十八年，琉璃塔再次受损，由朝廷拨帑重修，此事《大清一统志》、《江南通志》、嘉庆新修《江宁府志》，以及张尚瑗《石里杂识》等皆有提及[30]。唯有此次雷击损塔事件仅见于《塔图》的记载，而不见于其他任何一本清人文集和志书，这在江宁这种天下文枢之地几乎是不可能的事情，从而暴露出《塔图》造假的嫌疑。而且“嘉庆五年五月十五日寅时”的所谓雷击时间，以及“二月初六日开工，六月初二日告竣”的所谓开工和完工日期，实在过于“巧合”。本人认为这些日期完全是《塔图》作者编造的，而且弄巧成拙。

总之，通观《塔图》中的文字记载，不仅错误连篇，而且有明显的造假嫌疑。它所记录的众多数据，包括塔高“三十二丈”的说法皆没有采信的价值。

“约260英尺说”主要出自《大英百科全书》，张惠衣《塔志》引用了该书第9版和第14版中对大报恩寺塔的介绍。两个版本对塔高的记载皆为“约260英尺”，其中第9版的介绍最为详细：

> 寺为明永乐所建，以追念其母后恩德。在一千二百年前有印度僧人曾于此结一精舍，并建三层塔。元末时，寺塔同遭毁。明永乐建报恩寺，此乃承先代寺刹之址也。永乐十年六月十五日午时开始动工，但此塔未及竣工而永乐已殂。其嗣主继续建造。历十九年讫工。塔为八角形，高约二百六十尺 (and was about 260 feet in height)。中国尺为三十二丈九尺四又十分之九寸 (or as Chinese say 32 chang 9 feet 4inches and 9/10 an inch)。塔之外墙用最精白瓷砖砌成。塔顶有铁棒，置以金球，棒之周围有铁圈九层。由塔顶至塔尖联以铁线，缀以五巨珠，所以镇南京全城之安宁。五珠为：一避灾祸，一避火，一避风、一避雨、一避刀兵。其九级檐角计悬风铎一百五十二。又在同一地点有灯无数，点缀其间。此绝美之伟大建筑惜毁于太平天国之乱。

《大英百科全书》第9版是1875年至1889年间陆续出版的。由于在其编撰的过程中邀请了各个领域的许多著名学者，不少条目达到很高的专业水平，因此该版又被称为“学者版”。从该版所收报恩寺条的内容来看，其作者无疑看到了《塔图》，而且其主要内容大都直接引用《塔图》的说法。但是，在塔高的问题上该作者除了记录了中国人的说法（即《塔图》所持的“三十二丈说”）之外，同时又给出了“260英尺”的数据。按1英尺合0.3048米，260英尺换算成米制应为79.2米。而按中国明代1丈为3.15米计算（明代丈尺与现代米制的换算问题下文将讨论），《塔图》所说的32.949丈等于现代103.79米，两者相差甚远。这说明了两个问题：第一，《大英百科全书》第九版的作者并未真正明白英尺与中国丈尺的关系；第二，“260英尺”的数据不是根据中国丈尺换算而来，而是另有来源。

明、清两代政府虽然长期奉行闭关锁国的政策，但是欧洲人通过传教、经商、出使等方式仍然与中国发生着交往，他们记录并且向西方传播了不少中国的事物，南京大报恩寺琉璃塔就是其中的典型。它经这些西方来客之口传播至欧洲后得到了“南京瓷塔”（Porcelain Tower of Nanking）美名。1655年荷兰东印度公司组团赴华建立商务关系。使团总监约翰·纽霍夫（Johan Nieuhoff）不仅沿途记载旅行经历，并以细致的观察力绘制版画插图。这些材料在1665年以《省联东印度公司使团》的书名出版发行，其中就有描绘南京大报恩寺琉璃塔的版画（图二）[31]。1793年，英国派遣马嘎尔尼率使团访华，他们不仅在热河见到了乾隆皇帝，而且沿着运河一线对中国进行了考察。使团随团画师威廉·亚历山大(William Alexander）沿途绘制了大量的写生素描，其中包括多幅有关南京大报恩寺琉璃塔的作品。1843年伦敦费塞尔公司根据亚历山大的素描稿，由托马斯·阿洛姆(Thomas Allom）重新加工，出版了题为《中国：那个古代帝国的风景、建筑和社会风俗》的大型画册[32]（图三）。目前该画册的中文版也已经出版。这些绘画作品表明，在17、18世纪西方人确实到达过南京，亲眼目睹了大报恩寺琉璃塔的风采。1842年鸦片战争时期，英国军舰直抵南京，逼迫清政府签订《中英南京条约》。在此期间，英国人也曾慕名登塔游览。[33]我们有理由相信，这些西方人的到来不仅给琉璃塔留下了一幅幅画作和文字记录，也应该对塔高等数据进行过大致的测量，这才是《大英百科全书》中塔高数据的真正由来。

图二　约翰·纽霍夫绘制的报恩寺塔图

图三　托马斯·阿洛姆绘制的长干桥和琉璃塔

《大英百科全书》第9版的记载有助于解决两个重要问题，其一，该书提出的“约260英尺说”，其塔高数据与中国人自己记录的“二十四丈说”数据不仅不矛盾，而且非常接近，从而进一步证明了“二十四丈说”的可信性；第二，该书第9版成书于1875年至1889年，其中又大量引用了《塔图》的材料，从而证明《塔图》虽然有造假的嫌疑，但是它应该是清人的作品。本人倾向于认为，海关报告版《塔图》应是1853年塔毁之后，有人利用中外人士怀念琉璃塔宏伟壮丽的心理而制作的。为了体现它的重要性，作者在附录文字中编造了不少琉璃塔的细节和数据，并且编造了嘉庆五年琉璃塔遭雷击，两年之后重修的事件，以便使人们相信《塔图》乃嘉庆七年宝塔重修之后所绘。关于《塔图》真伪的问题，本人拟另作文详述之。

最后我们来探讨一下，大报恩寺琉璃塔“二十四丈六尺一寸九分”的高度按照现代的米制计算应为几何？这实际上是明代丈尺与现代公制的换算问题。

明代的尺度问题比较复杂，一方面因为明代的尺分为营造尺、量地尺和裁衣尺多种，每种尺的标准各不相同；另一方面，即使同属于一种尺，由于制作者的制作水平、所用材料的不同也有可能造成差异。明代的量地尺根据明朱载堉《律学新说》所绘宝源局量地铜尺测量，1尺合现代32.7厘米；明裁衣尺根据1965年上海上塘湾明墓出土的木尺实物测量，1尺合现代34.5厘米[34]。但是对于大报恩寺和琉璃塔这样由明工部“依大内图样”建造的大型建筑而言，上述量地尺和裁衣尺皆不适用，必须依据明工部使用的营造尺进行换算。1956年，在山东梁山宋金河支流发现了明洪武年间的一条沉船，从中出土了一把骨尺，长31.78厘米[35]；另外，故宫博物院还典藏了一把明嘉靖年间的象牙尺，长度为32厘米[36]。一些学者推测认为，这两把尺属于明代的营造尺。

2004年，南京市博物馆对明代南京宝船厂遗址六号作塘（造船船坞）进行了全面发掘。在作塘底层出土了两把明代的木尺，其中一把制作规整，实测长31.3厘米，背面还有“魏家琴记”四字铭文，标明了制作者或者使用者的名字；另一把为两尺长度的木尺，制作较简易，长度为63厘米，1尺合31.5厘米[37]。与这两把木尺同时出土于六号作塘之中的，还有木吹棰、木夯、木刀、铁斧、铁凿、铁钉等大量的造船用具，说明这两把木尺是明代造船工匠所使用的实用器。宝船厂始建于永乐三年[38]，是专门为郑和下西洋而建造的大型官营船厂，由明工部下辖的都水司管理。由此可以确定，宝船厂遗址出土的两把木尺是真正的工部营造尺，具有非常重要的价值。

明工部营造尺实物的出土无疑为我们解决琉璃塔高度的换算问题提供了重要契机，但是这两把工部营造尺仍有细微差异，到底哪一个更为符合明代的实际标准呢？1955年，故宫博物院修建处受文化部委托对北京故宫皇城的前门——端门进行了一次彻底的大修。端门于永乐十八年（1420年）建成。在此次大修过程中，故宫博物院修建处蒋博光先生用现代尺度对端门各部分进行了全面的实测，同时，结合“样式雷”家族祖传抄本《端门工程纪事》中记载的端门各部分的原始数据逐个比对，从而间接地得出了明代丈尺与现代公制的换算关系。蒋博光先生采用这种方法得到的换算关系为：明工部营造尺1尺合31.53—31.57厘米[39]。这个结果说明，宝船厂遗址出土的二尺长的简易木尺可能更接近明工部营造尺的实际标准。

由此，本人根据塔高“二十四丈六尺一寸九分”的记载，以南京明宝船厂遗址出土木尺反映出的“明工部营造尺1尺为0.315米”的换算标准，得出南京大报恩寺琉璃塔的高度应为77.55米。

祁海宁（南京市博物馆）

1.（明）祝允明《野记》卷三。

2.（明）张岱《陶庵梦忆》卷一。

3.张惠衣《金陵大报恩寺塔志》卷首说明，国立北平研究院史学研究会出版，商务印书馆1937年发行。

4.如经盛鸿、胡华《南京大报恩寺琉璃塔的毁灭与重建》，《档案与建设》2002年第8期；李竹《金轮耸日月，金铎鸣千里》，《东南文化》1998年第3期。

5.成玉宁《天下第一塔》，见潘谷西主编《南京的建筑》第40页，南京出版社，1995年。
6.杨新华主编《金陵佛寺大观》第354页，方志出版社，2003年。
7.(清) 玄烨《同治上江两县志》卷首。
8.(清) 梦麟《登长干浮图绝顶放歌》，《大谷山堂集》卷五。
9.(清) 汪士祯《带经堂集》卷四十二。
10.“报恩寺宝塔有三篇名笔：陈石亭文、盛云浦赋、淡园焦先生化缘疏。”(明) 周晖《金陵琐事》卷三。
11.(明) 陈沂《报恩寺琉璃浮图记》，《明文海》卷三百七十二。
12.(清) 施闰章《学余堂文集》卷二十六。
13.(明) 盛时泰《报恩塔赋》，《江南通志》卷四十三。
14.(明) 释德清《憨山老人自序年谱》，《憨山大师梦游全集》卷五十三。
15.(明) 释德清《雪浪法师恩公中兴法道传》，《憨山大师梦游全集》卷三十。
16.同上。
17.蚌埠市博物展览馆《明汤和墓清理简报》，《文物》1977年第2期；南京市文管会《明徐达五世孙徐俌夫妇墓》，《文物》1982年第2期；武进市博物馆《武进明王洛家族墓》，《东南文化》1999年第2期。
18.除张惠衣《金陵大报恩寺塔志》外，见胡祥翰《金陵胜迹志》卷七；朱偰《江苏省现存宝塔的初步调查》，《朱偰与南京》，南京出版社2007年4月；晁中辰《明成祖传》第十一章，人民出版社1993年。
19.(宋) 周应合《景定建康志》卷四十六；(元) 张铉《至正金陵新志》卷十一。
20.《明史》卷六，《成祖本纪二》。
21.《明太宗实录》卷一百一十八。
22.同上。
23.《金陵梵刹志》卷三十一。
24.《大明一统志》卷十八。
25.《明史》卷一，《太祖一》。
26.同注15。
27.清陈开虞本《康熙江宁府志》卷三十一。
28.同注16和注27。
29.见《大清一统志》卷五十二；《江南通志》卷四十三；《古今图书集成》卷六百六十一。
30.见《大清一统志》卷五十二；《江南通志》卷四十三；嘉庆《江宁府志》卷二。
31.参见李明明《十七世纪法国铜版插画中的中国意象——中国风貌溯源》，《国立中央大学人文学报》2001年第6期；张红扬《瓷塔：西洋镜里看中国》，《艺苑》2006年第3期。
32.李天纲编译《大清帝国城市印象——19世纪英国铜版画》，上海科技文献出版社2002年。
33.参见顾云在《钵山文录》卷二；叶灵凤翻译的英国人柏纳德撰写的《“复仇号”轮舰航行作战记》，《叶灵凤文集：灵魂的归来》，花城出版社，2004年。
34.国家计量总局等编《中国古代度量衡图集》第34页，文物出版社，1984年。
35.刘桂芳《山东梁山县发现的明初兵船》，《文物》1958年第2期。
36.同注34。
37.南京市博物馆《宝船厂遗址》第66页，文物出版社，2006年。
38.《南枢志》卷一百一十三《朝贡部》。
39.蒋博光《端门工程纪事——“样式雷”家传抄本(上)》，《古建园林技术》2000年第1期。

南京明代纪年墓出土瓷器浅论

南京是明太祖朱元璋开国建都之地，历洪武、建文、永乐（1421前）三朝，至永乐迁都北京时止，南京作为全国政治、经济、文化中心达54年。之后南京作为地位仅次于北京的南都，仍保留中央百官建置，直至明终。由此保留于南京地面与地下的明代物质文化遗存数量众多，明代开国功臣、王公贵族、皇亲国戚、中层官僚、文人士子等纷纷卒葬于南京，留下大批珍贵墓葬，为我们今天研究当时礼制丧俗、建筑规制、各类工艺技术及物质文化发展演进等方面提供了十分难得的实物资料。

自1949年新中国成立以来，南京地区发掘清理了数以百计的明代墓葬，部分墓葬有明确纪年，墓主人身份高低有别，出土文物种类繁多，其中瓷器数量也较多。特别是明初开国功臣及皇亲国戚墓葬中出土的瓷器，其质量之精、保存之完好为世人所关注。本文拟就历年来南京地区发掘的明代纪年墓出土瓷器（限收藏于南京市博物馆者）加以介绍，并试析其特点，以祈教于各界方家。凡夫妻合葬及家族墓均算作一处，资料截止时间为2006年12月。

一、南京明代纪年墓葬及其出土瓷器

1.汪兴祖墓，洪武四年（1371年）

汪兴祖（1338—1371年），明初将领，安徽巢县人。为朱元璋部将张德胜养子，嗣张德胜官职，随朱元璋征战十余年，破安庆，克江州，大败张士诚于鄱阳。官至荣禄大夫，同知大都督府事（从一品）。洪武四年（1371年）四月卒。追封东胜侯，葬于南京中央门外张家洼东。其墓1970年发掘。墓中共出瓷器13件（其中2件调拨故宫博物院），计有南宋官窑青釉瓷盘12件，元景德镇窑青花云龙纹高足碗1件。

2.吴祯墓，洪武十二年（1379年）

吴祯（1328—1379年），明初将领，安徽定远人。江国公吴良之弟，初名国宝，朱元璋赐名祯。与吴良渡江克采石、攻集庆、下镇江。随常遇春取池州，协助吴良守江阴。洪武十一年封靖海侯。洪武十二年（1379年）卒，追封海国公，特进光禄大夫左柱国（正一品），葬于南京太平门外岗子村，洪武二十三年（1390年）以胡唯庸案削爵。其墓1983年发掘，墓中出土元景德镇窑白釉瓷梅瓶1件。

3.赵圭墓，洪武十七年（1384年）

赵圭（？—1384年），明初将领，安徽滁州人。随朱元璋征战多年，攻取城池，所向克敌，立有战功。由百户、千户升指挥佥事，又升指挥使，洪武七年（1374年）授骠骑将军（正二品）。洪武十七年（1384年）二月卒，葬于南京中华门外油坊桥皇家山。其墓1988年发掘，墓中出土明景德镇窑白釉“太原郡”铭瓷瓶1件。

4.薛显墓，洪武二十年（1387年）

薛显（1329—1387年），明初将领，安徽萧县人。随徐达收淮东，讨伐张士诚。又与常遇春攻湖州，随徐达北定齐、鲁、燕、蓟诸州，屯兵塞上。洪武三年（1370年）十二月封荣禄大夫柱国永城侯（从一品）。洪武二十年（1387年）九月卒，追封永国公，谥桓襄，葬于南京太平门外蒋王庙，洪武二十三年（1390年）以胡唯庸案削爵。其墓1974年发掘，墓中出土明龙泉窑青釉瓷碗1件。

5.王彪墓，洪武二十年（1387年）

王彪（？—1387年），明代千户。千户为一所之长官（正五品），驻守重要府州，统兵1120人。王彪卒于洪武二十年（1387年），葬于南京太平门外蒋王庙，墓中出土瓷器18件，计有青釉高足碗1件，青釉瓷碗5件，青釉瓷盘2件，均为明景德镇窑产品。

6.仇成墓，洪武二十一年（1388年）

仇成（1325—1388年），明初将领。安徽含山人，元末从军跟随朱元璋作战。征鄱阳，取平江，败张士诚于城西南。洪武十二年（1379年）十一月封安庆侯（从一品），洪武二十一年（1388年）七月卒，追封皖国公，谥庄襄，葬于南京太平门外岗子村，其墓1965年发掘。墓中出土明磁州窑白釉瓷梅瓶2件。

7.俞通海夫人於氏墓，洪武二十一年（1388年）

於氏（1329—1388年），明初将领俞通海妻。

俞通海（1330—1367年），安徽巢县人。元末归附朱元璋，拜中书省平章政事。元至正二十七年（1367年）在进攻平江（苏州）张士诚时中流矢身亡，追封豫国公，配享太庙（正一品）。洪武三年（1370年）改封虢国公，谥忠烈。葬于南京中华门外戚家山。於氏洪武二十一（1388年）年六月卒，也葬于戚家山。其墓1979年发掘，墓中出土瓷器4件，计有明磁州窑白地黑花瓷瓶1件，明龙泉窑青釉瓷梅瓶2件，景德镇窑青花梅瓶1件（仅存残片）。

8.俞通源墓，洪武二十二年（1389年）

俞通源（1346—1389年），明初将领，安徽巢县人，虢国公俞通海之弟。在进军中原、陕甘战斗中立有功勋，洪武三年（1370年）封荣禄大夫柱国南安侯（从一品年）。洪武二十二年（1389年）二月卒，葬于南京中华门外戚家山，次年以胡唯庸案削爵。其墓1978年发掘，墓中出土瓷器13件，计有明磁州窑白地黑花瓷瓶2件，明景德镇窑白釉缠枝莲纹瓷盘11件。

9.沐英墓，洪武二十五年（1392年）

沐英（1345—1392年），明初将领，安徽定远人。自幼被朱元璋收养，并随军征战，由帐前都尉晋升至大都督府同知。征战陕、川、藏等地，最后抵定云南，长期镇守滇中。洪武二十五年（1392年）卒于昆明，追封黔宁王（正一品）。朱元璋命归葬京师，葬于南京江宁将军山。该墓曾遭盗掘，1959年发掘，墓中出土元景德镇窑青花萧何追韩信图瓷梅瓶1件。

10.张云墓，洪武二十八年（1395年）

张云（1336—1395年），明初将军。因征东北击败元军，并率军击退倭寇对我国东南沿海的侵扰而立有战功，授昭勇将军、浙江都指挥佥事（正三品）。洪武二十八年（1395年）卒，葬于南京雨花台区铁心桥铁心村唐家凹。其墓1992年发掘，墓中出土瓷器4件，计有明龙泉窑青釉玉壶春瓷瓶1件，元龙泉窑青釉瓷盘1件，明龙泉窑青釉瓷碗2件。

11.宋晟墓，永乐五年（1407年）

宋晟（1342—1407年），明初将领，安徽定远人。明后军都督府左都督，拜平羌将军，委以西北边务，前后四次镇守凉州凡20余年。永乐三年（1405年）授特进荣禄大夫柱国（正一品），封西宁侯。永乐五年（1407年）卒，葬于南京中华门外郎家山（明代称雷家山）。宋晟的父母及三位夫人也同葬于此。宋晟三位夫人许氏、叶氏、丁氏分别卒于永乐十九年（1421年）、永乐十六年（1418年）、永乐二十二年（1424年）。宋晟及其家族墓于1960年发掘。除宋晟父亲墓未见瓷器外，其余皆出有瓷器。其中宋晟母亲墓出土1件，宋晟墓出土171件，丁氏墓出土3件，许氏墓出土4件，叶氏墓出土50件。

宋晟母亲墓出土明龙泉窑青釉菊瓣纹碗1件。

宋晟墓出土瓷器计有：明景德镇窑白釉瓷碗24件，明龙泉窑青釉瓷碗12件，明景德镇窑白釉瓷高足碗6件，明景德镇窑白釉带盖瓷梨壶4件，明景德镇要白釉玉壶春瓷瓶4件，明景德镇窑白釉双兽耳衔环带盖玉壶春瓷瓶2件，明龙泉窑青釉莲花纹瓷炉1件，明龙泉窑青釉瓷盘58件，明景德镇窑白釉瓷盘60件。

丁氏墓出土瓷器计有：明景德镇窑白釉瓷碗2件，酱釉双系瓷罐1件。

许氏墓出土瓷器计有：明龙泉窑青釉瓷碗2件，明景德镇窑白釉瓷碗1件，明磁州窑白地黑花瓷盖罐1件。

叶氏墓出土瓷器计有：元景德镇窑青花鸳荷纹瓷碗1件，明景德镇窑白釉缠枝牡丹纹瓷碗9件，明景德镇窑白釉缠枝牡丹纹瓷盘15件，明龙泉窑青釉瓷盘6件，明景德镇窑白釉双兽耳衔环带盖玉壶春瓷瓶2件，明景德镇窑白釉带盖瓷执壶1件，明景德镇窑白釉折枝牡丹纹带盖瓷梨壶1件，明龙泉窑青釉缠枝牡丹纹瓷执壶2件，明龙泉窑青釉瓷执壶2件，明景德镇窑白釉缠枝牡丹纹瓷高足碗2件，明景德镇窑白釉瓷三足炉1件，明景德镇窑白釉瓷盖罐1件，明龙泉窑青釉瓷盖罐5件，明龙泉窑青釉玉壶春瓷瓶2件。

12.徐膺绪墓，永乐十四年（1416年）

徐膺绪（1371—1416年），安徽凤阳人，中山王徐达第三子，名字乃明太祖朱元璋所赐，官职骠骑将军，中军都督府都督佥事（正二品）。永乐十四年二月卒，葬于南京太平门外板仓，为夫妻合葬墓。其墓1982年发掘，墓中出土瓷器3件，计有明景德镇窑白釉缠枝牡丹纹瓷碗1件，明景德镇窑白釉荷叶形盖瓷盖罐1件，明龙泉窑青釉荷叶形盖瓷盖罐1件。

13.萧氏墓，永乐十四年（1416年）

萧氏（1367—1416年），明代将军。曾任锦衣典亲军，明成祖朱棣即位后升任昭勇将军、孝陵卫指挥使（正三品）。永乐十四年（1416年）十月卒，葬于南京雨花台区铁心桥尹西村，为夫妻合葬墓。其墓1990年发掘，墓中出土元景德镇窑青花缠枝牡丹纹瓷梅瓶1件。

14.沐晟墓，正统四年（1439年）

沐晟（1368—1439年），安徽定远人。黔宁王沐英次子。洪武三十一年（1398年）袭西平侯，永乐六年（1408年）以征安南（越南）有功，进封黔国公，镇守云南。正统四年（1439年）卒，追封定远王（正一品），谥忠敬，葬于南京江宁将军山。其墓1959年发掘，墓中出土元景德镇窑青花缠枝牡丹纹瓷梅瓶1件。

15.谷城郡主墓，正统九年（1444年）

谷城郡主（1410—1444年），明太祖朱元璋孙女，朱元璋第二十四子郢靖王朱栋次女。正统九年（1444年）十月卒，葬于南京中华门外板桥。其墓1969年发掘，墓中出土瓷器3件，计有明景德镇窑白釉双凤纹瓷盘1件，明景德镇窑白釉花卉纹瓷碗1件，明景德镇窑白釉瓷盖罐1件。

16.宋铉墓，正统十三年（1448年）

宋铉（生卒年月不详），西宁侯宋晟长孙，宋琥、安成公主长子，曾官授南京锦衣卫指挥佥事（正四品）。夫人唐氏，正统十三年（1448年）卒，与宋铉合葬一处，葬于南京中华门外东善桥前盛村。其墓1991年发掘，墓中出土瓷器4件，计有明景德镇窑白釉云龙纹瓷碗1件，明景德镇窑白釉瓷碗1件，明景德镇窑釉里红“岁寒三友”图瓷梅瓶1件，明景德镇窑青花牡丹纹瓷盘1件（已残碎）。

17.怀忠墓，天顺七年（1463年）

怀忠（1397—1463年），交南（越南）人，永乐初年入宫，正统十四年（1449年）镇守山西，天顺元年（1457年）起为南京守备、司礼监太监（正四品）。天顺七年（1463年）卒，葬于南京中华门外天堡桥。其墓1987年发掘，墓中出土明景德镇窑白釉“内府”铭瓷梅瓶1件。

18.余俊墓，正德十一年（1516年）

余俊（1457—1516年），号竹居道人，湖北人，生于明天顺元年（1457年），幼时入宫，曾任尚衣监太监，弘治时侍武宗，正德初任御马监太监，掌乾清宫，正德十一年（1516年）任南京内宫监太监，同年病卒，葬于南京中华门外油坊桥贾东村。其墓1985年发掘，墓中出土明磁州窑白釉瓷盖罐3件。

19.徐俌墓，正德十二年（1517年）

徐俌(1450—1517年)，中山王徐达第五世孙。成化元年（1465年）袭魏国公。成化十五年（1479年）掌南京左军都督府事，奉祀孝陵。弘治九年（1496年）守备南京，掌中军都督府事，正德五年（1510年）加太子太傅（正一品）。正德十二年（1517年）七月卒，谥庄靖，葬于南京太平门外板仓，为夫妻合葬墓。其墓1977年发掘，墓中出土瓷器2件，计有明景德镇窑白釉缠枝莲花纹瓷罐1件，明景德镇窑白釉瓷盖罐1件。

20.吴经墓，嘉靖十二年（1533年）

吴经（？—1533年），明代太监。正德年间（1506—1521年）任司礼监首席长官（正四品），执掌宫中内廷仪礼、刑罚及上奏文本等。嘉靖十二年卒，葬于南京中华门外大定坊马家山。其墓1966年发掘，墓中出土瓷器53件（2件白釉瓷碗已成碎片），计有明景德镇窑白釉瓷盘40件，明景德镇窑白釉瓷碗9件，明景德镇窑仿哥釉贯耳瓶2件，明景德镇窑仿哥釉瓷炉1件，明景德镇窑仿哥釉瓷酒杯1件。

21.沐叡墓，万历三十七年（1609年）

沐叡(？—1609年)，黔宁王沐英第十世孙。万历十三年（1585年）袭黔国公（从一品），万历三十七年（1609年）死于狱中，葬于南京江宁将军山。其墓1974年发掘，墓中出土瓷器2件，计有明景德镇窑青釉缠枝莲纹瓷瓶1件，明景德镇窑白釉瓷盖罐1件。

22.王与竹夫妇墓，万历三十八年（1610年）

王与竹（？—1610年），明代中下官宦人士，生平事迹不详。万历三十八年（1610年）卒，同年四月葬于南京中华门外大定坊，为夫妻合葬墓，其妻谢氏万历四十二年（1614年）卒。该墓1988年发掘，墓中出土明景德镇窑白釉瓷盖罐2件，上刻墓主人姓氏与卒年。

23.沐昌祚墓，天启五年（1625年）

沐昌祚（？—1625年），黔宁王沐英第九世孙。隆庆五年（1571年）袭黔国公，万历十二年（1584年）加太子太保（正一品）。天启五年卒，葬于南京江宁将军山。其墓1979年发掘，墓中出土明景德镇窑白釉瓷盖罐1件。

24.陈氏墓，清顺治三年（1646年）

陈氏（1589—1646年），辽阳人，明南皮、河间令佟卜年夫人。佟卜年，进士出身，历任南皮、河间令，后经熊廷弼推荐任山东登莱监军佥事。明天启二年（1622年）被冤定罪遭流放，天启五年（1625年）卒。陈氏初封孺人，后追封淑人（三品），清顺治三年卒，葬于南京中华门外邓府山。陈氏虽卒于清顺治年间，但一生绝大部分时间生活在明代。其墓1987年发掘，墓中出土明景德镇窑青花“寿”字纹碗2件。

二、洪武建都与永乐迁都对南京明墓出土瓷器的极大影响

朱元璋将大明王朝首都定在南京，对南京城的发展产生了巨大的影响，不仅一举改变了南京城千年以来形成的城市格局与风貌，而且改变了南京各阶层市民的生活方式、生活理念乃至丧葬习俗。随着时光的流逝，不仅朱元璋终老于南京，当年跟随他打天下、定江山的一批开国勋臣、中下层军官、乡宦士绅也卒葬于南京，给今天的我们留下了一笔极为丰富的宝贵历史文化遗产。

从洪武建都到永乐十九年（1421年）成祖迁都北京，南京作为全国都城达54年。如前所述，我们已经知道，南京市博物馆历年来考古发掘清理的明代纪年墓（凡夫妻合葬及家族墓均算作一处，下同）共24座，共出土瓷器366件。其中属洪武、永乐二朝的墓葬共13座，包括汪兴祖、吴祯、赵圭、薛显、王彪、仇成、俞通海夫人於氏、俞通源、沐英、张云、宋晟、徐膺绪、萧氏等人的墓葬，占全部明代纪年墓总数的54%。这13座墓葬出土瓷器291件，约占全部纪年墓瓷器总数的79.5%。这说明朱元璋建都南京对南京城市地位的提升有多么重要的意义。通过对这批纪年墓的分析对比，我们认为洪武、永乐时期（即南京作为全国都城的时期）纪年墓具有以下特点：

1．墓葬数量与出土瓷器数量远超过明代其他时期。54年的国都时间相对于有明一代276年的历史，前者只是后者的19.6%，即连五分之一都不到，但发现的纪年墓数量与瓷器数量却分别占到了54%与79.5%，其重要性不言而明。

2．墓主人大多位高权重。这13座纪年墓墓主人中，除赵圭、徐膺绪为正二品，张云、萧氏为正三品，王彪为正五品官员外，其余皆为正一品与从一品官员或其夫人。严格地讲，除王彪属中级官员，其他人均属朝廷高官。

3．瓷器质量精。因墓主人身份地位高，生前拥有很大权力，因此随葬的文物档次高、质量精也在情理之中。如汪兴祖、沐英、吴祯、宋晟、萧氏等人墓中均出土了宋、元至明初景德镇官窑与龙泉官窑的一批瓷器，无论其胎釉、造型、装饰还是烧造技术、绘画水平均出类拔萃，堪称精品。

而永乐十九年（1421年）成祖迁都北京，南京被设为南都，虽仍保留一套中央官制，但实权官员均迁往北京，南京的行政地位实质上大大降低，以此为分水岭，我们可以看出永乐迁都后南京纪年墓的一些特点：

1．墓葬数量与出土瓷器数量均大大减少。自宣德至崇祯（清顺治），发现的纪年墓为11座，占全部纪年墓总数的45.8%，出土瓷器75件，约占全部纪年墓瓷器数量的20.5%。特别是宣德朝纪年墓未见一座，表明迁都效应十分明显。

2．墓主人中握有实权的高官不多。在这些纪年墓中，已不见明朝开国勋臣，只有这些开国勋臣的后代子孙，他们子承父业，子袭父爵。虽不乏像沐晟、宋铉、徐俌、沐叡、沐昌祚这些名人之后，但其所具有的实际影响及对历史所作出的贡献作用是无论如何都不能与其父辈、祖辈们相提并论的。

3．墓中出土瓷器精品数量较少。这批墓葬中除沐晟墓青花缠枝牡丹纹瓷梅瓶、宋铉墓釉里红“岁寒三友”图瓷梅瓶及怀忠墓“内府”铭白釉瓷梅瓶较精外，其余瓷器均不够出众。这种情形的出现与当时南京城实际地位是相符的。而沐晟、宋铉、怀忠三人墓中出土的梅瓶均属前朝产品，应是从上一辈流传下来的，也从一个侧面反映出这些人承荫蒙勋于祖辈的特点。

综上所述，我们认为明成祖朱棣迁都北京，对南京城的影响是巨大的，从此，南京的城市地位下降，政治作用明显减弱。随之而来的是高官北迁，墓葬数量减少，墓中出土的瓷器无论数量还是质量都明显不如洪武、永乐时期，这不能不说是南京城的一个遗憾。

三、明代纪年墓出土瓷器与开国勋臣职官等级制度是否存在关系

从24座明代纪年墓葬主人身份，我们不由得会将出土瓷器与之联系起来，看看这些瓷器是否与墓主人身份等级（包括官阶高低）有所联系。通过我们对洪武－永乐年间的13座纪年墓的分析排比，我们认为朱元璋在洪武五年（1372年）定制时并未具体到瓷器的应用，朝廷高官勋臣丧葬时有一整套的礼仪制度，主要规定墓葬营建、碑碣、石翁仲的营造、下葬与祭祀礼仪及随葬的主要物品规格。查诸史料，未见有对瓷器随葬的有关规定。从这一批明代纪年墓的随葬品组合来分析，也看不出随葬瓷器与墓主人身份等级间有制度上的必然联系。如同为一品勋臣的汪兴祖、吴祯、薛显、仇成、俞通源、宋晟，他们各自墓中随葬瓷器少则1件（吴祯、薛显）、2件（仇成），多则13件（汪兴祖、俞通源）、171件（宋晟），从数量上看相差是很大的。从瓷器数量占全部出土文物的比例来看，少者占到1.5%（吴祯）、1.3%（薛显），多者占到38.2%（汪兴祖）、72.7%（宋晟），这其中似乎也没有什么规律可循。由于洪武——永乐年间的纪年墓除赵圭墓、沐英墓外都未被盗扰，其中出土的文物资料可靠性是非常高的，这为我们今天的研究提供了十分可信的依据。

就本文所涉及的一品勋臣墓，我们也能看出其中共有的一些特点，这里我们先将其归纳为以下三点：

1.洪武朝功臣墓大多不太重视瓷器的随葬，似乎只是将瓷器作为一种装点门面的工艺品。这一时期功臣墓中除汪兴祖墓瓷器稍多外，其他功臣墓出土瓷器都很少。而永乐朝的宋晟则是个例外，宋晟及其家族墓中出土了大量瓷器，其瓷器在所有出土文物的种类中占有很大比重。

2.洪武－永乐朝的功臣墓出土瓷器中精品与一般产品兼有，且分布很不平均，如赵圭、薛显、仇成

三人墓中出土的瓷器品相、烧造工艺均很粗糙，而吴祯、汪兴祖、宋晟、沐英等人墓中出土的瓷器则很精致。笔者认为这样大的差别绝不是由职官等级或丧葬制度造成的，而是由墓主人生前的喜好、贪腐程度等因素造成的。有的人生前喜好精美瓷器，自然会利用职权不遗余力地搜刮。有的人生前粗茶淡饭，粗布麻衣地生活，死后自然对随葬品无所求。加之太祖朱元璋对吏治管理极严，官员纷纷自律而求自保。由此造成了今天我们所见不同功臣墓之间瓷器优劣不均的局面。

3.洪武－永乐朝功臣墓中有一例例外，那就是宋晟及其家族墓。在宋晟本人墓中，共出土瓷器171件，占出土文物的72.7%。连同其母亲与三位夫人墓共出土瓷器229件，是历年来南京地区明代墓葬中出土瓷器最多者，个中原因颇耐人寻味。宋晟在洪武朝时即已是西宁侯、一品勋臣，“靖难之役”时，建文帝曾诏令其率军驰援，打击燕王朱棣军队。而宋晟以各种理由缓兵不进，在客观上帮助了燕王朱棣。朱棣夺嫡称帝后，念及宋晟之恩，对其尊敬有加，分别将自己的两个女儿安成公主与咸宁公主下嫁给宋晟的两个儿子宋琥与宋瑛，与宋晟结成了儿女亲家。这种既是君臣又是亲家的特殊关系，自然使宋晟得到了其他官员所没有的特殊礼遇。宋晟卒于永乐五年，其本人及其家人墓中出土的瓷器相当多一部分是景德镇官窑与龙泉官窑生产的，其数量之大，质量之精，都是其他王公贵族所不可比的。我们认为这里不排除永乐皇帝特赐或特别照顾的因素在内，这也可以看做是二十多座纪年墓中的一个特例吧。据此，笔者认为在洪武时期，朱元璋并未将随葬瓷器与官员职级相关联，以后也是如此。墓葬中随葬的瓷器是与墓主人的喜好及贪婪搜掠的程度密切相关的，这其中宋晟是一个特例，或许宋晟本人十分偏好瓷器，死后也想占有大量的精美瓷器，但更主要的原因则是明成祖朱棣对宋晟的厚爱，政治因素起了主导与决定作用。除宋晟外，有明一代的墓葬均未有以瓷器为主要随葬品的现象，这似乎也能作为一个规律来看待吧。

四、从明开国功臣墓中屡出元代瓷器看朱元璋的反元意识

众所周知，朱元璋是通过多年的战争推翻了元朝统治，建立了明王朝，其反元意识之强烈、决心之坚定为史所罕有。朱元璋称帝后曾雄心勃勃的决心革除蒙元留下的一切“胡俗”，以“治隆唐宋”的思想去“悉复中国之旧矣”。过去蒙古统治者所尊崇的一切悉数推翻，被压抑多年的“唐宋旧制”又一一恢复。元代青花瓷因其绚丽的蓝、白两色代表着蒙古族的色彩图腾，自然应在朱元璋铲除之列，但事实证明朱元璋并未完全做到这一点，具体表现在两方面，一是不少功臣墓中随葬有元青花瓷器，如汪兴祖、沐英（包括沐晟）、萧氏等人，如果没有皇帝首肯，是难以出现这种局面的。二是1964年在南京明故宫出土的洪武时期瓷器中，就有一件景德镇官窑青花云龙纹盘，其装饰手法仍为元代印花，但底足较大而露胎，属明初洪武瓷。1994年在景德镇珠山御窑厂遗址发现大量洪武、永乐时期瓷器，其中就有洪武青花大盘、釉里红大碗等。这说明洪武时期青花瓷器的生产是确切无疑的，这一现象令我们不禁要问，作为一个坚决反元的领导人，为何朱元璋未将青花瓷彻底禁绝，而仍保留了少量的青花瓷生产？我们认为最根本的原因在于青花瓷的美感完全符合中国人内心深处的审美意识，青花瓷画的画面、技法的生动流畅、传神灵动都是千百年来中国人所追求的审美意境。青花的美感令包括朱元璋在内的所有人都无法抗拒，这也就使得青花瓷得以继续生产。但其产量在洪武朝应是不多的，这从南京出土的纪年墓瓷器中未见洪武青花这一点可以看出，或许当时洪武青花奇货可居，或许功臣们从廉洁角度考虑，或许还有其他

方面的原因，总之，洪武朝青花产量少，流通范围小是肯定的，这是由当时连年战乱，生产力遭破坏，社会改朝换代、反蒙反元的大背景所决定的。

五、出土瓷器表明，元代“枢府釉”瓷烧至永乐时期

在前面我们已经提到，宋晟夫人叶氏墓与俞通源墓中均出有白釉印花瓷器，其做法与元“枢府釉”瓷器一样。“枢府釉”瓷器又称卵白釉瓷器，是元代景德镇烧造的一种新产品，其特征是釉呈卵白色，色调颇似鸭蛋青色，略呈失透状，这种釉中 Na_2O 含量增大，而 CaO 含量减少，因此釉的粘度也较高，难以呈现出青白瓷那种玻璃光。由于这种卵白釉瓷中有不少印有“枢府”字样的产品，因而世人习惯于称它为枢府釉或枢府窑瓷器。也有不少学者认为，带有“枢府”字款的作品毕竟不是多数，因而以釉的色调即卵白釉来命名应当更为准确。在宋晟夫人叶氏墓与俞通源墓中均出有一批卵白釉印花瓷器，应是元代卵白釉瓷器在明初的延续，很可能仍是元代那批工匠所制。只是经过比对，仍能看出入明后此类瓷器的新特点，即印花纹样更为清晰，花瓣显得更大，更正面，同时瓷器中再也见不到“枢府”字样，毕竟已经改朝换代了。这批瓷器的出土说明元代卵白釉瓷直至明永乐时期仍在烧制，应是具有相当可信度的。

六、磁州窑瓷器在明代墓葬中屡有发现所说明的问题

在宋晟夫人许氏墓、仇成墓、俞通源墓、俞通海夫人於氏墓、余俊墓，以及中央门外回家山明墓、雨花台区西善桥第二砖瓦厂明墓、太平门外蒋王庙二建公司工地明墓、中华门外铁心桥明墓（1993年7月）、玄武区曹后村明墓、太平门外花园路明墓等墓都出有磁州窑瓷器。从中我们可以看出两个特点，一是大多数磁州窑瓷器为洪武朝生产，少量为永乐朝生产，极个别为成化－正德时期生产。二是一品高官及诰命夫人墓中多出白地黑花瓷器，而官阶较低者墓中多出白釉瓷器。这似乎说明磁州窑在当时存在着高档与低档两类产品，同时也说明磁州窑瓷器在明代仍受到人们欢迎，特别是在明代早期更是如此。同时我们也注意到这样一个现象，即在仇成、俞通源、俞通海夫人於氏、宋晟夫人许氏这类人墓中发现磁州窑白地黑花瓷器，应该也说明了他们作为农民起义军将领所具备的造反叛逆精神与平民本质（於氏实际是按俞通海的规格下葬的）。因为大家都知道，磁州窑产品虽绘画精美，但其乡土气息与生活气息太浓，并不为历朝统治阶层与士大夫们所喜爱，而只能在平民百姓与劳苦大众间取得共鸣。元代统治者也是如此，他们并不看好磁州窑产品，甚至不屑于使用，他们更看重的是卵白釉与青花一类的瓷器，而仇成、俞通海、俞通源、宋晟这些人起于民间，本为一介平民，深受劳苦大众影响，跟随朱元璋打下天下后并未丢弃原有本色，仍旧喜爱磁州窑瓷器这类深受民间百姓喜爱的产品，在他们的墓中出土这类瓷器也就是十分平常的事情，如果是换成元朝统治者的墓，那将是非常令人吃惊的事了。

七、瓷器装饰纹样的一些特点

在本文所涉及瓷器中，相当一部分带有装饰纹样，较为多见的有缠枝牡丹、缠枝莲花、折枝菊花、

云龙纹、凤纹、莲瓣纹、鸳荷纹等。值得注意的是还有一批与宗教有关的图案纹饰，包括宝杵纹、杂宝纹、“卍”字纹等，属于明初十分罕见的装饰纹样。

图案纹饰是我国瓷器传统的装饰纹样，有广义和狭义之分，广义的图案包括瓷器上的所有纹饰如人物图案、动物图案、植物图案等。狭义的图案是指那些自然界中并不存在的，人为制造的图形，如八卦、轮花、饕餮等；也包括那些自然界中虽然存在，但通过人为加工变形之后，布局上基本对称的图形，如宝杵、月华、八宝等，同时也包括几何纹样，如斜格、三角、斜线等，本文所谈的主要是狭义上的图案纹饰。

在宋晟及其夫人叶氏墓中，出土了带有宝杵纹、杂宝纹的青釉瓷盘，在中央门外黑墨营南汽工地M1出土了一件带有“卍”字纹的青釉瓷碗。上述瓷器都是洪武年间龙泉窑产品，均以模印手法装饰内底。

图案作为瓷器装饰起源很早，西晋时期青瓷上就已见有印花菱形方格纹的带状纹饰。唐代彩瓷高度发展，尤以釉下彩绘成就最为显著，釉下彩绘中的菱形、方格形、斜十字等不同图案具有任意挥洒、不拘一格的特点。宋代几何纹饰大量兴起，以吉州窑为代表，普遍流行锦纹与回纹。并以锦地开光的手法加以表现，具有图案效果好、装饰严谨的特点。元代瓷器上创新的图案层出不穷，尤以受宗教文化影响而创绘的图案艺术成就显著，突破了前朝图案多为几何纹的单一局面，极大地丰富了图案表现内容。如广泛流行至明清而不衰的杂宝纹、璎珞纹、宝杵纹、八卦纹等。明代饰有图案纹饰的器物也很多，基本贯穿整个明代。一般来讲，官窑器物的纹样较为精细，民窑则显粗犷。早期布局疏朗，线条苍劲有力，图案纹样较少；中期布局简约，线条纤细柔弱，图案纹样增多；晚期画面较满，线条乏力，以富有宗教色彩的图案为主，不同的时代风格构成了明代不同时期瓷器图案的丰富多彩。

洪武官窑瓷器图案纹样题材的器物较为少见，以前曾见有锦纹，在锦纹上勾描其他纹饰，锦纹外圆内方，互借边廓，线条细腻而流畅，多饰在盘类器物的内心。洪武民窑图案纹样见有八宝纹和结带绣球纹，以一笔点划为主，多饰在碗类器物的外壁。而宝杵纹、杂宝纹、“卍”字纹这类纹饰属典型的宗教纹饰，与佛教有着密切关系，在洪武朝瓷器中以前并未见到，具体原因不详，文献记载中也未提及。我们分析这可能与朱元璋出身有关，朱元璋出身贫贱，少年时曾做过几年和尚，有过一段令他没齿难忘的乞讨（化缘）生涯，因此做皇帝后最不愿人们提到他的身世，凡与和尚有关的“僧”、“光”、“秃”等字，甚至有关的谐音字都不能在他面前出现。史载杭州学府徐一夔在其《贺表》中有“光天之下，天生圣人，为世作则”之语，这本是歌功颂德之词，但朱元璋读后勃然大怒，说“光”即秃也，说我是秃子；“则”字音近贼，骂我做过贼，当即下令将徐一夔处死。至于真正原因是否如此，我们在此不再赘述，相信随着史学研究与考古研究的深入，会给出满意的答案。但不管怎样，洪武一朝与佛教有关的纹饰极少是不争的事实，因此，在宋晟及其夫人叶氏墓及黑墨营南汽工地M1中发现的这些带宗教纹饰的瓷器是极其珍贵与罕见的。

此外，宋晟墓中二件青釉瓷盘饰有瓜果纹，萧氏墓青花缠枝牡丹瓷梅瓶上饰有梵文，均是同时期（明洪武、元代）瓷器中所罕见的，值得我们珍视。

八、关于梅瓶功用的演变问题

论及明墓出土的瓷器，不能不述及梅瓶，盖因梅瓶乃明墓中常见随葬品，更因南京明墓出土瓷器最精者即为青花萧何月下追韩信图梅瓶，这不能不令我们将目光聚焦于梅瓶这一瓷器上。在南京市博物馆收藏的明纪年墓出土梅瓶就有11件，包括吴祯墓1件（白釉）、仇成墓2件（白釉）、俞通海夫人於氏墓3件（2青釉1青花）、沐英墓1件（青花）、萧氏墓1件（青花）、沐晟墓1件（青花）、宋铉墓1件（釉里红）、怀忠墓1件（白釉）。

梅瓶因其瓶体修长，最初又称为“经瓶”，最早出现于唐代，宋代时已大量流行，关于其用途有一个演变过程，经专家学者多年研究，现已对梅瓶用途有了较清晰的认识。梅瓶最初为实用器，多用于盛酒或其他液体物质。如宋代磁州窑生产的梅瓶，其肩部开光内有“清沽美酒”四字，在其他一些梅瓶中，还发现有“醉乡酒海”字样，广西桂林窑址中还出土过一件肩部写有“清香好酒”字样的梅瓶残件。桂林博物馆还藏有一件明宣德时期的青花携酒寻芳图梅瓶，图案为高士出行访友，其中仆人所挑担子一头是食箪，一头是装着美酒的梅瓶，这里梅瓶作为盛酒用具的用途清楚无疑[1]。另外在北方辽代墓葬的壁画中，曾发现有用梅瓶来插花的图案，表明梅瓶还有插花的功能。随着时代的发展，梅瓶的用途也随之发生了变化，开始出现用于随葬的梅瓶。据现有考古资料，早在金元时期就有此例，如北京通县出土的金代宣威将军石宗壁墓[2]、江西波阳出土的一座元代墓[3]，均有梅瓶出土。到了明代，梅瓶用于随葬现象就更多了，但也似乎有了一定的使用制度。就南京地区而言，历年来的考古资料表明，梅瓶作为一种特殊的随葬品，主要用于开国功臣及其袭封后裔、皇族、拥有特殊权力的文臣武将或太监墓中，而非普通老百姓所能有。在有的墓中可能是作为酒器或祭器入葬，有的墓中可能是作为一种“风水瓶”或祈求平安的象征物。

通过对南京市博物馆所藏11件梅瓶分析可以看出这批梅瓶有下述两个特点，一是梅瓶的制作年代均为元代或明代早期，其中尤以元与明洪武时期最多。这与墓主人身份是密切相关的，也就是我们前述洪武建都对南京的影响巨大，一批开国功臣与皇族葬于南京，依其身份尊贵可以享受随葬梅瓶的待遇。以纪年墓为例，出土梅瓶墓主人官职最低者为孝陵卫指挥使萧氏（正三品），已属朝廷高官了。另二位墓主人宋铉、怀忠，虽官职为四品，但其身份均颇特殊，一为宋晟长孙、一为南京守备司礼监太监，且他们二人墓中所出梅瓶都为元代所制，是于前辈高官处流传下来，被他们生前收藏，死后带入墓中的。永乐迁都后，南京高官数量骤减，此后不再见有永乐后生产的梅瓶随葬于墓中，这也对应了前面所述永乐迁都对南京城市地位的影响巨大的结论。我们不妨设想，如果明朝首都没有北迁，一直是在南京，那么我们今天看到的情况应该会大不一样。二是这批梅瓶在夫妻合葬墓中往往出于女墓墓室，而非男主人墓室。以纪年墓为例，俞通海夫人於氏、萧氏夫人王氏、宋铉夫人唐氏墓室中皆出有梅瓶；沐英墓因被盗扰一空，梅瓶摆放位置不明；吴祯、仇成、怀忠为单人墓，唯一例外的是沐晟墓，梅瓶置放于中室近门处，既不在沐晟墓室内，也不在其夫人程氏墓室内。据发掘报告称，该墓内积水较深，墓内2件高64厘米、52厘米，直径71厘米、57厘米的陶缸都漂浮移位，因此，这件梅瓶出土时的位置极有可能不是原始位置，是否置于程氏墓室内还很难说。梅瓶出于女墓墓室的现象表明这是当时流行的一种风尚，个中原因不明，也未见文献记载，笔者认为这应与女性形象有关。自古以来，外貌娟秀、体态轻盈、温柔婉约、婷婷玉立一直是中国人心目中理想的女性形象，而小口、短颈、丰肩、瘦胫、圈足的梅瓶形象恰与国人心目中绰约生姿的女性形象暗合，于是人们自觉或不自觉地将梅瓶与女性联系在一起，梅瓶出于女墓墓室也就是理所当然的事了。

九、南京明代纪年墓出土瓷器在全国的地位

综上所述，我们认为南京市博物馆所藏明代纪年墓瓷器具有相当高的历史史料价值、文物研究与艺术鉴赏价值，与全国其他城市相比，南京明代纪年墓瓷器具有以下特点与突出价值。

1.出土瓷器的纪年墓墓主人身份地位高

由于南京是明朝早期首都，这一得天独厚的政治优势使得其他城市无法与其相比。在24座纪年墓中，除王彪、王与竹、佟卜年夫人陈氏三人地位稍低外，其他均为朝廷高官、命妇、开国功臣及家属、袭封后裔、皇族与手握大权的太监等，特别是开国功臣及其后裔，官阶正一品与从一品，包括了王级（沐英、沐晟），公级（吴祯、仇成、薛显、徐俌、沐叡、沐昌祚），侯级（汪兴祖、俞通源、宋晟）等各级别的高官贵胄，反映出除皇帝外最高统治阶层丧葬的真实情况，具有很高的可信度与极高的文物考古研究价值。在全国范围内也只有北京可与之比肩，在国内明代瓷器研究领域具有不可替代的地位与影响。

2.纪年墓瓷器汇集了当时全国最佳窑口的产品，烧造工艺精湛

南京纪年墓瓷器生产窑口主要是景德镇窑、龙泉窑与磁州窑三处，因为墓主人的原因，这些墓中出土的瓷器大多质高艺精，具代表性的有沐英、汪兴祖、沐晟墓出元青花瓷器，宋铉墓出釉里红瓷器，宋晟及其家族墓出白釉瓷器、青釉瓷器、白地黑花瓷器，俞通源墓出白地黑花瓷器，都是当时各窑口的精粹之作。特别是其中不乏景德镇官窑与龙泉官窑作品，代表了当时瓷器烧造工艺的最高水平，加之出于有明确纪年的墓中，有明确的下限，给我们分型断代提供了十分可靠的证据，是研究明代瓷器不可多得的实物资料。

3.为与国内其他城市出土的明代瓷器，特别是明代纪年墓出土的瓷器进行比较研究提供了确切可信的实物资料

建国以来，全国各地不断有明代墓葬、窑址发现，大量元、明时期瓷器的出土，给我们今天进行对比分析提供了很好条件。在江苏省内，扬州博物馆藏一件蓝釉白龙纹瓷梅瓶，高43.8厘米，口径5.5厘米，腹径25.3厘米，底径14厘米，器身以蓝釉为地，刻白龙纹盘绕于腹部，蓝白相映，工艺精美，其造型与外形尺寸与沐英墓青花萧何月下追韩信图瓷梅瓶极为相近，应是同一时期景德镇官窑产品。镇江出土有元青花梅月把杯、龙纹高足碗，丹徒元代窑址中出土有元青花松竹梅纹高足碗，亦与汪兴祖墓青花云龙纹高足碗相似，均为元青花典型器形。1995年南京博物院在南京玉带河西侧黄埔广场施工中发现的一口明代水井中，清理出一件洪武白釉铁红书“赏赐”款梅瓶，专家们认为是景德镇官窑专为朱元璋赏赐臣下而烧造的，其造型风格、大小尺寸与怀忠墓白釉“内府”款梅瓶相近，烧造工艺一致，亦为同一时期的产品。1957年发现于南京东善桥明驸马都尉宋琥墓中的釉里红“岁寒三友”图带盖瓷梅瓶，现藏南京博物院，高41.7厘米，口径6.5厘米，腹径21.8厘米，底径13.6厘米，与宋铉墓釉里红“岁寒三友”图瓷梅瓶几乎完全一样，由于宋琥、宋铉为父子关系，因此可以肯定这两件梅瓶为同时制作，同时流通使用之物。

景德镇所在的江西，历年来考古工作者做了大量的工作，取得了丰硕的成果。1983—1985年，江西省文物考古所与景德镇陶瓷历史博物馆对景德镇珠山龙珠阁遗址进行发掘，在第二探方第⑤层，出土瓷片783片，以青白釉瓷为主，多高足杯、碗、碟等，还有红釉瓷、黄釉瓷、米黄釉瓷、灰青釉粗瓷等，

瓷器多具宋、元时期特征。还有一类碗、盏腹壁斜削，圈足较高，芒口，底足有脐状突起，应是宋、元至明初瓷器造型特征。另在第一探方第③层和第④层发现有青花高足杯、竹节形杯把，釉色青中泛白，杯把勾绘稀疏弦纹，杯内底绘缠枝花草与莲花图案，是元末明初瓷器造型和纹饰作风。考古学者认为，明代御窑厂应是在元末"有命则贡，无命则止"那类民窑基础上选建充实发展起来的，官窑的始烧年代定在洪武二年似更为确切[4]。这一发掘结果也表明，洪武时期青花瓷器生产量不大，与南京纪年墓中不见洪武青花瓷器相吻合。1983年7月—1985年1月，江西省文物考古研究所对景德镇珠山龙珠阁明御窑厂的两次考古发掘中，共出土各类瓷器和窑工具达23000多件，包括白釉瓷、淡青釉瓷、青花瓷、红釉瓷、蓝釉瓷、黄釉瓷等。其中白釉瓷器中，有碗、高足杯、盅、盏托、盘、碟、扁壶、罐、粉盒、爵、瓶、灯台等。其中有的白釉碗底足为单圈青料"大明宣德年制"或双圈青料"大明嘉靖年制"款。白釉杯的底足有双圈楷书"大明成化年制"、"大明嘉靖年制"、"大明万历年制"款等，表明整个有明一代，白釉瓷都在烧造，且品种繁多，并不局限墓葬中出土的那几种。在南京地区明代纪年墓中出土的大批白釉瓷器多数产自景德镇窑，少数产自磁州窑，于此有了考古学上的根据。

江西各地也发现大批明代纪年墓葬，并出土大量瓷器，这些瓷器可分为青釉、白釉、仿龙泉豆青釉和青花瓷四种，这与南京明纪年墓瓷器品类是一致的。1958年，在江西新建县明正统十四年（1449年）朱元璋第十六子宁献王朱权墓出土的一件白釉瓷盖罐，盖面隆拱，盖沿平折，顶附宝珠纽，短颈，丰肩，椭圆腹，圈足，胎质细腻，通体施白釉，釉汁肥厚匀净。该罐在造型尺寸、胎质釉色等方面与南京铁心桥明太监墓所出2件洪武朝白釉瓷盖罐十分相似。江西有学者将该罐时代定为正统年间似有不妥，该罐生产年代应在洪武时期，朱权在正统年间去世后将其随葬入墓，正统十四年只是其明确纪年的下限，并不是该罐的制作年代。1958年江西新建正统二年（1437年）明宁献王朱权长子朱盘烒墓出土的一件青花缠枝莲纹瓷盘罐，其造型纹饰图样与南京铁心桥景家村明太监墓一件青花缠枝莲纹瓷盖罐相近，后者制作时代为明中期（成化至弘治），前者时代要早一些，我们认为是明早期（洪武至宣德）的产品，而不是正统年间所产[5]。

广西桂林博物馆藏有300余件梅瓶，其中250余件是青花瓷梅瓶，时代贯穿整个明代，但明早期较少，嘉靖、万历、天启、崇祯时期为多，多为朱元璋侄孙明靖江王朱守谦及其后代墓葬的出土品。除青花外，还有哥釉、酱釉、珐花彩、孔雀绿等釉色品种，在国内外有较大影响，但这批梅瓶明早期产品偏少，而我馆收藏的梅瓶，主要是元代与明早期产品，包括青花、白釉、青釉瓷，窑口包括景德镇窑、磁州窑、龙泉窑，且大多质量精美，代表当时梅瓶制作的最高水平，可以与桂林博物馆收藏的梅瓶一起相互补充，反映明代墓葬出土梅瓶的全貌。

4.龙泉官窑与磁州窑瓷器的出土完全印证了文献记载的准确性

如前所述，在南京明代墓葬中出土了不少龙泉窑瓷器，其中相当一部分烧造十分精美，如俞通海夫人於氏墓出土青釉瓷梅瓶、宋晟夫人叶氏墓出土青釉花卉纹瓷盘、青釉花卉纹瓷执壶、青釉玉壶春瓶，线条流畅，造型优雅，釉色青翠，温润如玉，具有非凡的艺术魅力，绝非普通龙泉窑所能烧造，应是当时的龙泉官窑产品。《大明会典》卷一百九十四"陶器"条曾记载："洪武二十六年定，凡烧造供用器皿等物，须要定夺样制，计算人工物料。如果数多，起取人匠赴京，置窑兴工。或数少，行移饶、处等府烧造。"这里所说的处（州）即指龙泉，表明明初龙泉窑是承担为皇家宫廷烧造瓷器任务的，依俞通海夫人与宋晟夫人的身份，是完全可以享受定制瓷器待遇的，她们墓中所出龙泉窑瓷器应是朝廷定烧，由龙泉官窑生产的，这也完全印证了文献记载的可信性与准确性。

南京明代墓葬中还出土了一批磁州窑瓷器，其中特别重要的是4件明代早期纪年墓出土的磁州窑瓷器，分别是洪武二十一年（1388年）虢国公俞通海夫人於氏墓出白地黑花瓷罐、洪武二十二年（1389年）南安侯俞通源墓出2件白地黑花瓷瓶、永乐十九年（1421年）西宁侯宋晟夫人许氏墓出白地黑花瓷盖罐，其烧造工艺与绘画手法虽不够精致，但却是迄今国内所仅见的有明代早期确切纪年的磁州窑瓷器。通过这4件实物，我们不仅可以了解由宋元到明初的磁州窑瓷器演变情况，更主要的是通过这4件瓷器，可以知道（洪武二十年）曹昭《格古要论》“古磁器出河南彰德府磁州，好者与定器相似，但无泪痕，亦有划花、绣花。素者价高于定器，新者不足论也”所言非虚。於氏与俞通源的卒年与曹昭《格古要论》成书年代相当，书中所讲的“新者”当指於氏与俞通源二人墓中出土的磁州窑瓷器，这既印证了文献记载的史实，又给今天的我们提供了宝贵的实物资料，具有非同寻常的历史、考古、文物与科研价值。

顾苏宁 马涛（南京市博物馆）

1.《靖江藩王遗粹——桂林博物馆珍藏明代梅瓶》图69，上海人民出版社，2000年。
2.《北京市通县金代墓葬发掘简报》，《文物》1997年第11期。
3.《江西波阳出土的元代瓷器》，《文物》1976年第11期。
4.参见余家栋《江西陶瓷史》第七章第一节，河南大学出版社1997年。
5.参见余家栋《江西陶瓷史》第七章第四节，河南大学出版社1997年。

中国考古学的类型学实践

一、类型学的产生与发展

中国近现代学术思想的源头，大多来自于欧洲，考古学也不例外。类型学在欧洲的起步，与19世纪古物学的发展和当时的学术思潮有着密切关系。1816—1817年，丹麦的汤姆森负责将国家博物馆的藏品分为石制工具、青铜工具、铁制工具，分别代表三个前后不同的阶段。他并不是孤立地考察这些人工制品本身，而是注意它们与伴生物的关系，成了著名的“三期说”之由来。这以后不久，汤姆森的助手沃索发展了三期说，不仅用它来研究博物馆的藏品，而且用它研究丹麦田野上的遗迹和遗物，沃索被称为“近代考古学之父”[1]。

欧洲学术思潮的另外一个巨变是进化论的出现。英国地质学家赖尔在1830—1833间发表了《地质学原理》，指出从《圣经》以来的所谓大洪水的灾变说是错误的，过去所有的地质演进过程与目前的演进过程是一致的，均经历过一个漫长的时期，没有必要相信所谓的大洪水之类的超自然的灾变，也无须用此类灾变来解释化石和地层记录。这就是“均变论”的理论基础，即如果地质自过去到现在的演变过程是统一的，那么地球表面必定是由于无数年月所发生的沉降和冲蚀而形成的。赖尔在考察过一些考古遗址后，相信石器常常与深埋在地底已经绝灭的动物遗骸共存，他由此坚信人类并不是《圣经》所说的七天创造出来的，所以关于创造世界的时间是公元前4004年的说法是荒诞不经的。赖尔的著作对达尔文、赫胥黎等英国生物学家的进化观念的形成有重大影响。

1859年，达尔文《物种起源》发表和自称为“达尔文的斗犬”赫胥黎1863年《人在自然界中的位置》的发表，以及达尔文本人1871年《人类的起源》的发表，对19世纪的科学界及其科学实践产生了巨大的影响，对考古界和人类学界的影响也很大，其适者生存的观念被很快用来解释人类文化的形成与发展，并成功地被路易斯·亨利· 摩尔根（Lewis Henry Morgan）和爱德华·B·泰勒（Edward B. Tylor）等北美人类学家所吸收并发展出文化变革的进化理论。摩尔根认为，所有社会都循序渐进地经历过蒙昧、野蛮和文明阶段。1865年，英国自然学家和政治家约翰·卢伯克（John Lubbock）创造了“旧石器时代的”（paleolithic）和“新石器时代的”(neolithic）这两个词，用来表示人类文化的两个阶段。在《史前时代》一书中，他提出：自然选择创造了人类社会之间的差异，简陋的技术是与智力上的无知相适应的。

一个多世纪以来，进化论的思想早已超越了学术的范畴，成为无处不在的政治理念。资本主义、社会主义、帝国主义、霸权主义、恐怖主义都在使用它。进化论把复杂的社会等同于自然界的演进模式本身是一个致命的错误。社会的复杂性远不是某个人所能预测的。进化论及其衍生理论往往付出沉重代价：比如，使用先进工具的人比使用落后工具的人在智力上高人一等，文明人比原始人理应有更高的智商，导致白人血统至高无上的种族主义与帝国主义横行；认为民主宪政和三权分立是人类最好的社会制度而一元制和集权制是落后制度的理论实际上导致了不同意识形态国家与社会之间的长期冲突，也成为当今美国向世界输出霸权主义的理论基础；社会的发展都经历从原始社会到共产主义社会的六个阶段论也许并不是适合于世界每一个地区的普遍发展模式；城里人就要比乡下人高贵，社会财富与权利理应向社会精英倾斜等社会达尔文主义也常常是社会动荡的本源。我们看到，社会的多样性在进化论的统一体系里失去了其应有的地位，这是非常不幸的后果。

还是让我们回到19世纪下半叶。这个时期，也正是欧洲考古学日益发展的时期，一系列考古活动给学术界带来了很大的影响。19世纪60年代，法国人埃杜瓦· 拉尔泰（Edouard Lartet）在法国南部进行发掘，发现了动物化石与人工制品共存。1865年，第一届史前人类学和考古学大会召开。1868年，拉尔泰的儿子路易斯·拉尔泰在莱塞济耶地区一处叫克洛马农岩棚的地层内，发现了三个男子、一个妇女、一个小孩的遗骸，时间为旧石器时代晚期。这处遗址随即成为整个现代人的代名词。1869—1872年，莫尔蒂首次对法国的旧石器时代遗址分期，划分出莫斯特、奥瑞纳、梭鲁特、马格德林单线进化的四个时期。在这个时期以后，法国的考古学出现高潮，涌现出象爱德华·皮耶特（Edouard Piette）、亨利·步日耶(Henri Breuil)等一批杰出考古学家。1870年，德国人亨利·谢里曼（Heinrich Schliemann）发掘土耳其希萨克利小土丘，并在1871—1873年间发掘出四个重叠的青铜时代的城市，其中的第二座是被大火焚毁的，谢里曼认为就是特洛伊。1876年他发掘了希腊伯罗奔尼撒半岛上的迈锡尼。1878—1879年重返特洛伊，1882年再次来到特洛伊，并由他的助手威尔汉姆·德普费尔德（Wilhelm Dorpfeld）弄清有7个城市。在1889—1890年的发掘中发现了连接特洛伊和迈锡尼之间文化堆积。谢里曼的发掘，发现了地中海东部先希腊文明——迈锡尼文明，以及以特洛伊二期为代表的先迈锡尼文明的安纳托利亚文明。他旗帜鲜明地向世界表明，用考古发掘工作和对非文字性材料的研究也可以建立起现代的古史体系[2]。谢里曼第一次发掘土墩遗址就剖开地层，分出七层人类活动的层位。这是考古学第一次自觉运用地层学的开始。在特洛伊的发掘中，他详细解剖地层，把所有发现物全部收集，仔细记录每一件重要发现物的地层并予以绘图和照相，尽可能充分地发表工作成果。这是田野考古作业的基本操作要领，谢里曼居然以商人和实业家的素质很好地在考古发掘中实现了。

1885—1899年，弗林德斯·皮特里(Flinders Petrie)在埃及发掘。他的发掘方法基本与谢里曼类似，也注重收集所有发掘品，对一切古迹和发掘过程进行绘图并尽快完整发表报告。他认为陶器可以用来推定年代，考古发掘中地层堆积的每一层都有表现本身特点的陶器类型。他通过对埃及、希腊考古遗物的交叉断代，推广了比较考古学的方法。并对发掘出的墓葬里的陶器进行“系列断代法”分析排队，总结出墓葬的编年。

由于越来越多的古物的发现和收集，制定一个年表以确定古物年代的方法日趋成熟，类型学遂成了人们关注的重要目标。

瑞典人蒙特留斯（Oskar Montelius，1843—1921）是这个时代著名的考古学家，他曾经在欧洲和地中海地区做过广泛地游历和考察，丰富的视野使他能发觉器物在类型上的细微变化。他注意到一些特定的形态总是同时出现，因而可以将它们置于编年序列当中。他在1903年出版了《东方和欧洲的古代文化诸时期》，其中的第一卷，就是专门讲述类型学的原理，叫做《方法论》。中文的译文于1935年发表在《学术世界》第一卷2－6期上，题目为《考古学研究法》。在同一年，腾固也有一个译本，名为《先史考古学方法论》，到1937年由商务印书馆出版。蒙特留斯在书中开宗明义地说："我们无论从事任何一种历史的研究，第一个要件，必须对年代关系具有精确的知识。我们如欲知道所谓先史时代，第一要凭借在这时代里造成的坟墓或其他纪念物，以及用锄锹掘出关于这时代的许多物品之发见。但此等纪念物或物品的年代，很少能直接认识的。倘能作精细的研究，则虽年湮代远，大抵也可凭间接的方法去认识的。"一开始就谈年代，因为年代是作为历史研究的基础。所以，"古物体制学"首要的目的就是要帮助我们去认识时代。他特别强调了"确实的发现物"出土位置的重要性，即"应当完全看做是同时候埋葬的一群物品"。并且指出了在何种情况下的埋藏才会最适合看成"同时放进去的东西"。在"体制学的研究"中，他特别强调了"相互关系"、"并行性"、"联类"等概念。其中"联类"就是器物本身的形态变化，"相互关系"或"并行性"就是共存。蒙德留斯将北欧与南欧的青铜器、陶器及希腊、埃及和西亚的相关器物纹饰进行排队，选取了几类标型器物来进行形态的分析以考察其源流和演变关系，这种方法对于器物的分期和探讨其变化规律是非常有用的。

什么是蒙特留斯的这种从器物演变来确定时代方法的理论基础，似乎没有明确的去处。但是，进化论的渐变理论应该是这种思想的一个重要来源。其实，起先他对于器物是否也一定遵循渐变的逻辑发展不是没有过疑虑。蒙特留斯说，"人类制造一切物品，自往古迄于今日，都是遵循发展的法则，往后下去，亦复不变，这是何等可惊叹的事。难道人类的自由竟会被束缚到不能够制作自己所喜好的形式吗？又难道我们真正被限制得一件一件的东西纵使少有不同的地方，也还只能是从某一种形式向它一种形式缓缓地推移，而绝不许有飞跃的蜕变吗？"在这里，蒙氏已经说出了一个大家想说的问题，许多年以后，中国考古学者还提出过类似的问题。有人认为，因为蒙氏的类型学是参照达尔文物种进化的形态排队方式来进行器物排队，并且在他的若干实践中也取得了成功，使得我们都坚信确有相当多的人工制品的形态是按照年代的顺序而连续渐变的。但是为什么器物的变化会像生物体一样的形态循时渐变，而不是突变，蒙氏却没有很圆满一个说法。他只是说，"在没有对这个问题详细研究的时候，对于如上的问语，恐怕会回答一个'否'字。但自从对于人类主要业绩的历史加以研究以来，便明白了对于如上的问语不能不回答一个'然'字。当然，发展是有沉滞的时候，也有迅速的时候，但在人类制作的形式时，仍然不能不遵循同样适合于其他自然物的发展法则"[3]。

在19世纪80年代，蒙特留斯已能提出新的分期，将欧洲北部的青铜时代划分为6个前后相袭的阶段，后来又将新石器时代划分为4个时期。他承认不同地区发现的类似器物在年代上有交叉平行，他将北欧的分期用在爱琴海和埃及的器物分期上并将后者置于靠前的位置，从而提出了欧洲文明的东方来源说（这种看法一直保持到20世纪60年代后期，才由伦福儒等人修正）。可以看出，蒙氏的这种研究有两个主要目的：第一，根据器物建立编年；第二，根据器物编年探寻文化源流。

几乎与此同时，蒙氏的"竞争者"，丹麦史前学家索福·米勒（Sophus Müller）发展了类型学方法，强调组合的重要，并将器物与建筑结构相结合，并且于1905年出版的《欧洲史前史》一书中，第一次在考古学描述时使用"文化"的概念。这个概念后来被科辛纳（Kossinna）和柴尔德（Child）进一步充实与完善。

蒙特留斯和米勒的类型学处理方法，在19世纪早期由汤姆森、索沃制定的三个时代的体系和舒哈尔特（Schuchhardt）、柴尔德于20世纪早期赖以建立其广泛综合体的区域之间，搭起了一座重要的桥梁[4]。并且将类型学扩展到考古学文化的研究方面。但是，在梳理西方类型学研究的发展史时，我们认识到，这种思想的萌芽，均受到了进化论的影响，具体在物质形态的研究上，就是排序（seriation）。

排序是对考古学材料按照当时的顺序而进行历史地分类的一种考古学方法。排序这个术语偶尔作为缩放比例技术的同义词被使用，有时被指定为某种文化（使用人工制品），作为精确年代的另外一种手段的推定年代的方法，在某种程度上是以其在地层中出现的频率范围来进行分析的。然而，作为一种历史地分类去描述考古材料以便这些材料能够按照本来的年代顺序去排列，“排序”在考古学的发展中扮演了非常重要的角色，特别是美洲考古学的发展。作为一个重要的确定时代的方法，在今天仍然在发挥着积极的作用。

从“排序”概念发展的本意来看，按照Worsaae's Dictum的说法，有时叫做“述说时间”。这种观念在19世纪中叶的欧洲让考古学区别于自然史的过程中扮演了主要的角色。特别是在丹麦学者Christian Thomsen 和 Jens Worsaae那里得到了发展。最初，构建时代序列的标准是技术为第一考量的（比如石、青铜、铁），理论上依据由“进程”所导致的时代序列。但是，除了时间因素的考量，所谓的标准变得更加经验主义和机会主义了，因为任何标准都是人为的。

皮特里在1899年的一篇文章中首次使用“seriation”排序一词。在对前埃及王朝考古材料的研究中，他使用墓葬中的陶器来构建一个年表。他将一个墓葬的共存器物进行整体研究而不是在里面选取某几件器物来分析。既然陶器有自己的发展的历史，那么根据陶器组合的排序就可以找到墓葬的顺序了。

当然，早年的所谓排序基本上都是凭直觉。没有统计学的数据支持，仅仅是通过目测来进行反复排比和调整。任何器物都有一个峰值，这个峰值的前后就是其增长和减少到两端的过程。在科林·伦福儒的书中介绍了两种排序方法[5]。而任何排序，包括共存关系排序和频率排序，都要考虑参与排序的器物具有的特征，即相同性和相似性，在这个子项目下还要考虑或然性和确然性。因为任何两件器物有的是完全相同的，有的却只是相似，它们可以排在同一个时间序列里吗？这就要考虑或然性和确然性了。一般来说，在排序中，有几个问题是必须考虑的：1.进行排序的材料必须是反映没有缺环的短暂的间隔和时间的连续性；2.进行排序的材料必须取自同一个文化传统里的东西，亦即同一谱系的材料才能用于排序；3.进行排序的材料必须是来自同一个区域。所以，排序的关键词是：较短的时间间隔、文化传统、同一区域（brief interval，cultural tradition，local area）。

在1951年，George Brainerd 和W.S. Robinson提出了一种新方法，他们设计了一种类似量度的标准。有几对器物可以按照某种类型特征进行比较，他们对此进行记录，用恰当的解决方法，风格最类似的器物是最具有最小间隔的时间差的。因为顺序是唯一的，一群器物就可以排出一个年代序列来，因为风格最接近的器物是最邻近的，这就是所谓的“相似相近”原则。所以仅凭直觉是不行的，还必须有数字的统计，包括矩阵、线性代数和系列的统计数字才能从根本上摆脱“直觉”和“或然率”，必须用特征而不是类似的字眼，必须用“确定的”而不是“可能的”[6]。一件器物从最早出现到最后消失，是可以找出一条线索的。对于排序存在的空间差异问题，除了用陶器外，还可以通过运用相同原理的相关其他遗存的排序对应来解决这个问题。这些遗存都应该有一个共同的时间特征，因此排序必须是年代学研究中一项复杂的和苛刻的工作。所以考古学界很多人抛弃了它，转而依赖其他的方法比如碳十四测年。但是，排序的方法还是在不断进步，因而也是可以在修正和改进后继续发挥其作用。有人指出经验主义的排序方法为什么会存在错误以及错误发生在哪里。采用一种历史的分类方法来反映不太确定的特征（特征并非在被选定的器物上反映出来，因为这些特征没有反映功能）。这仅仅是一种当时某种空间状态下随机的分布。无论如何，这样的分析定当可以排出器物的发展演变轨迹。这样的方法既然对如空间的排序很有用，那么空间的社会组织和区域分析也是有益的。伦福儒说，类型、组合遗迹文化都是人为的构建，目的是将无序的材料理出头绪，它们仅是对材料条理化的一种手段。但前辈学者作茧自缚，以这些人为的构建来决定他们对于过去的思维方式。

二、类型学方法在中国早期考古学的实践

我国考古类型学的实践，是与近代考古学的出现相关联的。对于发掘的人工制品如何处理，就必须有一套分析的方法。1949年以前在中国考古学上留下重要痕迹的人，在进行他们的田野实践的同时，也运用了类型学的研究方法。安特生对沙锅屯的石器和陶器进行了分类。石器被分为打制和磨制石器；陶器则按质地、色彩与纹样分类。对仰韶的器物，则把石器分为石刀、石斧、石锛、石凿、石镞、石环等，把陶器分成尖底器、陶鼎、陶鬲、陶碗、陶杯。这些器物的分类，对于形态的认识和把握是很重要的。而且这样的工作是形态学的基础，他的关于石刀、锛、戈等器形演变的分析，正是从器物的特征上去考察其形态的逻辑演变规律的。他将甘肃的那批采集、试掘、收购来的材料分为六期，基本上也是从器物的形态上将六组器物分开的。除了齐家的分期有问题外，其余各期的序列则是正确的。我们发现，安特生的分析，既强调了分类，又在分类的基础上考察了器物的形态演变。这种方法无疑是来源于欧洲的类型学思想。

1930年，梁思永在对西阴遗址出土的60多箱陶片进行整理时，他是先将陶片分为彩陶和无彩陶，再按陶质分类，即分为粗陶和细陶，粗陶再按陶色来分，如灰色、黄色、红色等，陶色类下再按基本器型，如灰色下有口沿、器底、柄或者把，器形之下则又有各种型式，为先后相继的五个层次。这基本相当于我们现在的陶系纹饰统计，然后再加上器形，还有定量统计的数字。梁氏是将所有陶片放在一起进行系统分类的，虽然他也在进行分类后按照地层（A、B、C、D、E水平层位）进行了分析和统计，但这种统计只是与先前的大层次的分类结合（陶质陶色）了，而没有与已经有了结果的分型分式结合起来[7]。其实只差一步，梁氏就可以根据分型分式的结果不仅对这批陶片的陶质陶色而且还可以对具体的口沿、底部和柄把的具体形态演变进行分析了。可能因为全是陶片，整体器形的概念没有在他思想里占主导地位，这也许限制了梁氏没有走完这最后的一步。

李济的类型学研究是从殷墟的陶器和铜器入手的。他对于陶器的分类原则曾做过这样的阐述：

1.容器门内陶器的排列，以最下部的形态作第一数的标准；圜底（包括尖底，凸底及凹底）排列在000－099的序数内（序数，原是围棋谱上的名词，用专指顺着某一中秩序为各种形制不同的器物所编的一串号码字，被李济无意中采用[8]）；平底器排在100－199的序数内；圈足器排在200－299的序数内；三足器排在300－399的序数内；四足器排在400－499的序数内[9]。

2.每目内再按照上部的形态，定了0－99的秩序，大致依口径与身长相比的大小及器的浅深为准；口大的，身浅的在前；口小的，身深的在后；中间又以周壁与底部的角度，纯缘的结构等作更详细的划分的准则：向外撇的居前，向内拱的居后。

3.他种形制上的变化，如周壁的曲线，最大横截面所在；耳、把、鼻、柄、嘴、流等，附着品的有无，往往构成一器的个性；这些变化并无秩序可循，只能随着具有这些附着品的器物一般的形制排列；序数后加罗马字，分辨型别，表示它们的个性。这种方法显然是将器物的各种形态以数字来表示，似乎非常科学，也确实能够对器物形态进行准确地记录。但是这只是一种记录方法，并不是归纳方法。器物分类的目的是为了便于归纳出器物的特征，进行分期和器物形态特征的研究。所以李济的分类，将一种器物的整体特征完全分解到数字里面，反而模糊了器物细微方面的形态特征和形态变化。李济也明确表示，这样分目排列的办法只有一个极简单的目的——便于检查。至于由这个排列的秩序是否可以看出形态上的关系来，却是另外的问题[10]。在进行精密拆分的时候，器物的整体性和器物群的组合特征反而愈加不清楚了。一个完整的墓葬出土的陶器和铜器，其共存关系和器物组合在李济的分类思想里是完全不加考虑的。当然，通过这些繁杂的数字码，要理解某一器物的形态，也是一件非常困难的事情。

蒙特留斯说，如欲确定相对的年代，必须决定下列事项：一、怎样的型式才是同时代的东西，即是怎样的型式才滥觞于同一时期？二、各时期依着怎样的顺序而连续下去的？他的第一个事项是对于文化性质的认定，第二个事项是文化内部是如何演变，也就是文化的分期。无论是安特生的仰韶文化六期说，还是李济、梁思永对于仰韶、龙山、小屯诸文化的研究，都只是停留在文化性质的判读上，还没有考虑文化内部的分期。当然，这个时候，蒙氏的书，还没有被介绍到中国[11]。

梁思永、李济是第一批运用类型学方法解决实际问题的中国考古学家，但是他们所运用的资料、研究的方法都存在缺陷。他们均把记录器物形态差别的方法同寻找器物形态排列秩序的目的完全分割开了，虽然对个别器物形成了一定的直观认识，但是类型学的作用并没有得到体现，研究的方法也十分繁琐，不便于记忆。

苏秉琦正确理解了蒙特留斯体制形态学的精髓，或者说，在蒙特留斯的基础上，苏秉琦有了真正的发展。中国考古类型学的实践和发展与苏秉琦的学术历程有很重要的关联，目前在考古界通行的考古类型学研究方法一直是沿着苏秉琦所开创的路子走过来的。欲了解中国考古类型学的历程就必须了解苏秉琦的类型学思想，而要了解苏秉琦的类型学思想，就必须对他的具体研究方法作一番考察。

苏秉琦最初对于考古类型学的成功运用是在斗鸡台沟（戴家沟）东区墓葬的研究上。这批材料为国立北平研究院史学研究所（所长徐旭生即徐炳昶）在陕西宝鸡县斗鸡台陈仓故城遗址1934、1935年发掘所得。

斗鸡台沟东区墓葬共有104座，其中时代较晚和无随葬品的墓葬有22座。余下是82座有随葬品的墓，对沟东区墓葬的研究就是以这82座墓为对象。

苏秉琦的主要目的是想了解这82座墓“可以分为多少个文化时期？各个文化时期的顺序又如何？”最先纳入法眼的是墓葬的形制。通过分析，他首先将可辨认出墓葬形制的墓葬按“墓形”分了“三组”：

A 南北（向）竖穴。计46座。

B 东西（向）竖穴。计10座。

C 洞室。计20座。

以上共计76座，尚有6座没有纳入。

然后对有人骨架的墓分了南北仰身葬（A）23座和东西屈肢葬（B）5座。并在这两大类下再按仰身与屈肢的方式分出若干小的组。

这是苏秉琦对墓葬形制方面的一个基本分析。我们今天的墓葬形制的把握依然遵从这样一个基本方法。

另一方面，器物也就是随葬品的分析是研究的主要部分。对于器物的分析，按照如下程序进行：

将所有的器物按照名称分开，如瓦鬲、瓦鼎、铜鼎、瓦釜一直到当卢、铜鱼、铺首、墓志等共计103项，再在这些项目下进行分型与分组。比如瓦鬲这一项，就分了A：锥脚袋足，B：铲脚袋足，C：折足，D：矮脚。在此之下，再进行分组。如A锥脚袋足又分了a、b、c、d、e五组。这个103项与墓葬形制的2项一起统计为105项。可见苏秉琦是将墓葬形制与随葬品放在同一个分类层次上的。

以上的分析统统放进入"形制总表"的系统。

在进行这样的系统分类后，他对这些项目做了较为复杂的共存关系的分析，这些共存关系现在看来是很繁琐的一件工作。我们从这些复杂的共存关系分析上，可以明白苏秉琦为什么会进行这样的分析，他这样做的目的是什么。

他首先是看共存关系，而这中间的前提是从"墓形"的层次上展开的，因为可辨别墓形的有76座，基本将所有墓葬都包括在内。而进行墓形分类的一个根本原因（即为什么要分出东西竖穴、南北竖穴与洞室三组）是因为有一个假设的前提，即这三组不同的墓形可能存在着时代的顺序差异。

共存关系是将系统所有其他104项归并到这三大组里面来。

与1A(南北竖穴）共存的形制项目有49种，也就是说，这个49的数量是在104项里的数量即为2A（南北仰身葬）、3A（锥角袋足鬲）、3C（折足鬲）、3D（矮脚鬲）、4A（模制瓦鼎）、5A（铜鼎A）、15A（矮足瓦豆）、15Ba(模手瓦壶a）等49种。请注意，这个49种是从大于104项的另外一个数量系统中提取的。也就是为什么49（共存数）大于46（南北竖穴数）的原因。如何理解呢？简而言之，就是在这46座南北向的竖穴墓中，随葬了共49种不同式别的器物。即这些器物与这种南北竖穴墓是共存关系。按照我们现在的理解，就是将器物分到式这个级别以后的器物数，这就是所谓的与"形制1A共存的形制项目"49这个数字的由来。

同样的道理，也可以得出与形制1B共存的形制项目16种；与形制1C共存的形制项目88种。

在这些形制项目中，有些是"互见形制"，比如Aa型I式鬲既见于南北竖穴墓，也见于东西竖穴墓和洞室墓；B型罐既见于南北竖穴墓又见于洞室墓。这些是都有的形制，可以剔除。只留下没有共有的形制，就成了自己独有的形制了。

这样，有42种形制只见于1A（南北竖穴）；13种形制只见于1B（南北竖穴）；80种形制只见于1C（洞室）。这三种独自的形制只分别存在于以上三组不同的墓葬里，这三组形制就可以分为三个不同的时期。

苏秉琦的意图很明确，分组的目的就是为了分期。

然后对每一组形制进行分期。在这样的分期里，先选取典型的器物进行分期。比如第一组墓葬就以瓦鬲（形制3）为典型器物，因为它的发现次数最多、变化最大；次为南北仰身葬（形制2A）及瓦壶（形制15）；再次为铜戈（形制74）。以瓦鬲为主，将另外的共存与平行关系加以考虑，并且以此为标尺，将这一组的所有形制进行了分析。就将这一组形制分为：锥脚袋足鬲时期、折足鬲早期、折足鬲中期、折足鬲晚期、矮脚鬲时期共五期。以此类推将另外两组形制分期。值得注意的是，他将器物的制作工艺与形态联系起来进行综合考察。

整个斗鸡台墓葬的分期，就是建立在这三组形制分期的基础上。将第一组形制称为瓦鬲墓时期，将五期归并成三期四段；第二组形制为屈肢葬墓时期，分早、中、晚三期；第三组形制为洞室墓时期，分五期。在这个分期里，他强调了共存与发展的关系，器物既有时间的发展序列，又有平行共存，也就是说，早期、晚期别共有同一种器物。

《瓦鬲的研究》用单个大写英文字母表示型，与之对应的小写字母表示亚型，两个大写英文字母表示中间型，大写字母加阿拉伯数字表示组别。作者有着鲜明的追求历史过程的研究取向，以进化论的思想按发生学的原则论述了瓦鬲由产生而经历从A演进至B，从B演进至C，进而演进至D并最终衰亡的过程。《瓦鬲的研究》一文“结论”里提出的陶鬲发生、发展及其谱系关系，充分表达了作者对于陶鬲的分类系统的认识。作者先拟定出一条陶鬲进化的链条，每一类型下的组排列成具有演进关系的小链条，各个类型之间在通过中间型连接成更长的、较完整的链条。因此在陶鬲类型学研究中，作者排序的逻辑思维十分突出而分类的逻辑思维却不很清晰，《陕西宝鸡县斗鸡台发掘所得瓦鬲的研究》提出的分组标准，既含有排序又含有分类，推测作者原本打算先把标本区分开，待找到确切的证据后再将其排序，但实际上并没有做到。

当然，在苏秉琦早期的研究中，“社会性质与社会发展阶段”的问题还没有考虑，主要考虑的是分期。

苏秉琦对斗鸡台墓葬所获瓦鬲进行研究是在一个宏观的层次上，对已经发现的中国境内的瓦鬲进行了系统分析[12]。他根据斗鸡台瓦鬲的四种类型：袋足、联裆、折足、矮脚。将其发生发展的脉络进行了系统梳理。苏秉琦列出了几条标准：1.全器的结构。2.腹足的形式。这两条是基本的形制特征。还有几个项为一般特征：1.形式方面如器体的大小、高阔的比例、领、沿、附件等。2.纹饰；3.制作。以斗鸡台瓦鬲的研究为基础，全面整理中国出土的瓦鬲，将其作为“中华古文化的一种代表化石”，进而以此为出发点来探讨龙山－商周时期文化与民族的关系是苏秉琦建国前学术研究的主要领域。

这就是解放前中国考古类型学的主流，我们可以看出，在器物的分类上，李济、梁思永、苏秉琦各有千秋，但在讨论器物形态的演变和逻辑序列方面，苏秉琦却是技高一筹。而且这种类型学思想在认识考古学文化和进行文化分期、分区方面极具价值。

建国以后，在20世纪50年代，也有过类型学的尝试。西安半坡遗址发掘后，见于《西安半坡》报告中的器物形态学分析。其遗物分类原则，是基于功能的分类法，即从器物的原初功能来分类[13]。

1.生产工具 A.农业生产工具（石制的斧、锛、铲、锄、刀、杵、磨盘；陶制的刀）。B.渔猎工具（石制的矛、镞、网坠；骨制的叉、镞、钩）。C.手工业工具（石、陶制的纺轮；骨针、骨凿；各种质料的锥）。D.其他（石制砍砸器、刮割器、锤；陶制的错、砥磨器等）。2.生活用器 A.饮食器（碗、钵、盆、皿、壶、杯、盘、盂）。B.水器（尖底瓶、长颈壶、带流罐、缸）。C.炊器和储藏器（罐、甑、鼎、瓮)。D.其他生活用具(骨匕、杂器)。3.在类、型、式的划分上以Ⅰ、Ⅱ、Ⅲ、Ⅳ等为类;1、2、3、4等为型;a、b、c、d等为式。

《半坡》对于遗物的观察与分析颇为细致。每一件石器,都交代了石质。除了对石料(有37种之多)全面鉴定(由西安地质学校鉴定)外,还对石料的产地、石器的来源作了分析。有一段话摘录如下:"以上这些岩石,除片麻岩、石英岩、角闪片岩、石英角闪片岩、花岗片岩、煌斑岩、矽质片麻岩和绢云母石英片岩都产于西安附近的翠华山、临潼以及蓝田等地外,其他大部分产于关中以西地区。换言之,半坡氏族制作石制工具大材料,只有一部分取材于附近地区,大部分由外地输入。"另外对石器的制作技术也予以了考察。对陶质、陶色的观察不限于外表。而是从掺和料、陶衣原料、装烧技术对陶色的影响等方面进行了分析。陶器纹饰的分类、装饰手法、制作纹饰时所使用的工具、某些纹饰在器物上的装饰部位等,同样有较为细致的考察。

但是,《半坡》存在的问题也是很明显的。主要有如下几点:1.所有遗物都只有一个整理时给定的流水号(有的连流水号都没有)。2.遗物的文字、线图、图版三者不能吻合。虽然在图版器物索引中有遗物的出土单位,但并非所有的遗物都有图版。有的器物虽有图版,却无线图。以Ⅲ3a式盆为例,图版有11件器物,却只发了其中1件的线图。这1件却又无法找到出土单位。3.所选器物不典型也不全面。A.大多数选定器物缺乏层位关系(往往一类器物出在虽有出土地点但毫无层位关系的单位里)。B.很多有明确层位关系的单位没选器物。4.器物线图发表太少,报告说"完整和能复原的"陶器有近1000件,发表线图的仅191件。5.器物型、式划分没有统一的标准,如型的划分,有的以口、有的以腹、有的则以底。6.彩绘纹饰完全脱离器物单独描述,如A1c式人面鱼形纹,是在一件陶盆上彩绘而成。但在陶盆器物文字描述时没有提及。在线图上没有彩绘纹饰的表现。象W6∶1彩陶盆,发表了图片,也发表了盆内的彩绘人鱼线图。但在器物线图(Ⅲ5b)上没有表现。造成一件器物整体特点的支离破碎。后来严文明将其作了"复位手术",发表在《论半坡类型和庙底沟类型》一文中[14]。

《庙底沟与三里桥》是一本出版于1950年代末的专题报告[15],该报告陶器的分类是按照用途的不同,分为容器、炊器、工具、装饰品和玩具。并给每一类器物一个大写的英文字母序号,比如容器为A,容器之下有圜底罐,为A1、盘A2、浅腹碗A3,深腹碗A4,该碗可以分A4a、A4b两式,等等,依此类推。可知类、型、式的表述概念已经存在。但是,这种类型学的分析在标准的确定上没有清晰的逻辑,许多不是同一类的器物被分在了一起。比如敛口盆与深腹盆及深腹碗等,在形制上应该有一个统一的标准。该报告的主要问题是没有类型分析与出土物的地层关系结合起来,所谓的分类、分型和分式基本上没有考虑器物的演变序列,仍然停留在分类的层面上。虽然将类型不同的陶器群分出了庙底沟Ⅰ、三里桥Ⅰ、庙底沟Ⅱ、三里桥Ⅱ共四组是该报告的最大的成果,但由于没有严密的器物序列和逻辑的演变关系,这几组器物的相互关系就变得模糊起来,以致得出了庙底沟Ⅰ早于三里桥Ⅰ的结论。也就是后来争论最多的庙底沟类型与半坡类型的关系问题,因为该报告在资料处理上的粗糙而成为一桩难以处置的公案。

确切地说,邹衡首创并最终为器物形态建立了标准术语[16]。他提出的器物型式表述法,已为中国考古学界通用,即用汉字名称标示"类"、大写英文字母标示"型"、小写英文字母标示"亚型"、大写罗马数字标示"式"。

三、类型学与考古学文化研究

考古类型学在中国的发展，与苏秉琦的关系重大。苏秉琦的一生，始终在推动着考古类型学的发展和进步。在《给青年人的话》中，苏秉琦将自己的学术生涯做了一个简单的回顾[17]。

从苏秉琦的学术生涯来看，可以分为四个阶段。

第一阶段：解放前的30—40年代，主要从事形制学的研究，奠定类型学的基础。代表作为《斗鸡台所得瓦鬲的研究》，1948年出版。

第二阶段：50—60年代，考古学文化研究，“通过解剖一种考古学文化认识社会”。代表作为《关于仰韶文化的若干问题》[18]。

第三阶段：70—80年代中期，区、系类型。代表作为《考古学文化的区系类型问题》[19]。

第四阶段：80年代中期以后，以1985年10月在辽宁兴城的一次谈话，提出古文化、古城、古国为标志，提出了重建史前史与文明起源问题。代表作为《关于重建中国史前史的思考》[20]。

我们现在谈第二个阶段。

1.以《西安附近古文化遗存的类型和分布》为标志[21]，将地层学于类型学结合考察文化。1951年在开瑞庄（客省庄）西南面临路沟的断崖发现了一组“连续堆积的断面”。一个锅底形灰坑（H7）被一平底圆形覆杯状窖穴（H8）打破，该窖穴又被一座竖穴墓（M2）所打破，然后在诸堆积的上面，压了一层灰土，灰土之上是耕土。这样，诸堆积就被分成了不同的单位，这些单位是不同时代所遗留。从里面的包含物可以看出，文化一是以H7为代表，性质为仰韶文化；文化二以H8为代表，性质及命名待定；文化三以M2及其以上灰土层为代表，性质为周时期。这是新中国考古地层学与类型学的第一次有机结合。通过对西安附近的遗址的调查，还对这三种文化遗存的堆积现象和分布情况进行了初步分析，并且指出这当是显示了三个时代在社会生活方面的不同。地层学、类型学、考古学文化、社会生活四个极有考古学个性元素的词句均出现于该文，体现出这个时期苏秉琦的考古学认知。

2.《关于仰韶文化的若干问题》，认真探讨了仰韶文化与庙底沟类型的关系，第一次将半坡遗址的两种不同性质的文化遗存分出来。将半坡晚期纳入到客省庄二期文化范畴里面。该文着重分析了半坡类型和庙底沟类型的关系。认为是同一个文化分布于不同范围的两个类型，而且大体同时[22]。并对两个类型进行了分期、分布和分区的分析，此外还探讨了社会发展阶段及与其他原始文化的关系，涉及西至马家窑，东到青莲岗－大汶口，南包屈家岭文化所覆盖的广大区域。可以说是对仰韶文化及其同时期长江黄河流域的诸文化进行了一次综合研究。

3.在《洛阳中州路（西工段）》中，地层学与类型学的结合进一步完善。并对东周墓葬按照器物组合进行分期，基本思路比《斗鸡台》更加明晰，且将墓葬按期划分出了大型、中型、小型的等级[23]。前两篇文章，标志着苏秉琦完成了从器物形态学向考古学文化的转变。他是基于这样的思想：一支考古学文化必然有一个独特的器物群。这也是夏鼐对于考古学文化的基本界定[24]。当然，这种界定与柴尔德对于考古学文化的认识是有区别的。后一篇是对全国的墓葬研究中如何运用器物组合对墓葬进行分期提出了一个样板，到现在为止，有关墓葬的分期仍然是采取这种方法进行。

以上几步，标志着类型学正式成为认识考古学文化的重要方法。

四、类型学研究的深化与区系类型思想的提出

区系类型的提出与苏秉琦在汝水之滨的业余考古有关。他发现了一条沟通东南（长江下游）与西北（黄河中游）的联络通道。这对“观点”（区系内的与区系间的普遍联系的认识）的形成起了催化作用[25]。苏秉琦正式在《关于“几何形印纹陶”》一文中[26]，提出：中国文化的起源、古文化区系类型、从原始社会到阶级社会的过渡、统一多民族国家的形成与发展，以及民族文化的关系，都是我国考古学上的主要课题。

几乎在同时，苏秉琦发表了著名的《考古学文化的区系类型问题》一文。将中国新石器时代文化分为六个区。即：陕豫晋邻境地区、山东及邻省一部地区、湖北和邻近地区、长江下游地区、以鄱阳湖－珠江三角洲为中轴的南方地区、以长城地带为中心的北方地区[27]。他指出，所谓“区”，则为地区或者区域，所谓“系”则是指时间的联系与空间的关系，因为区系而产生了“类型”。按照他的说法，区是块块，系是条条，类型则是分支。但是，在苏秉琦的论述里，“区系”有时又单指区域。

苏秉琦指出，考古学文化的区系类型的划分，是我国考古工作获得飞跃发展后提到我们面前的一个新课题。随着全国各地考古工作的开展，全国已经发掘了大量的遗址，被命名的考古学文化多达数十种，有些文化的内涵、分期、年代都了解得比较清楚。碳十四测年和其他自然科学手段应用于考古学，为建立比较可靠得史前时期的编年起到重要作用。在这样的学术背景之下，苏秉琦思考着这样的问题：各地史前文化发展的脉络和发展的不平衡性在中国历史进程中的地位。而要将这个问题弄清楚，就必须做好考古学文化的区系类型研究。

在1981年5月，对北大77、78级学生的讲课提纲中，苏秉琦将考古类型学的基本概念（法则）归纳为：

1.典型器物的种、类、型、式；

2.典型器物的发展序列；

3.多种典型器物发展序列的共生、平行关系；

4.多种典型器物的组合关系。

考古类型学的新课题是：

1.器物的源流问题；

2.多处同类遗址典型器物组合关系的综合比较；

3.考古学文化区系类型研究；

4.社会发展阶段研究、不同文化间的相互关系与相互作用[28]。

这是“考古类型学”这一名词的正式出现[29]。我的理解是，这里的“基本概念”，是狭义的类型学，是器物形态学或者标型学、形制学、型式学等称呼。是对不同时代、不同文化或者同一文化的不同阶段、不同地区的器物就其形态进行排比，探索其变化的规律。而“新课题”，则是广义的类型学，将器物形态学的外延扩大到了文化的范畴，并由文化的研究进入到社会关系的研究和社会过程的研究，进而探讨社会发展的规律。张忠培的认识是：以夏鼐的意见，基本上一直采用陶器这种类型能够品作为划分考古学文化的标志[30]。但他又说：“考古学研究考古学文化的起步点，也是遗址、墓地，乃至房屋、墓葬或

其中的陶器。人们对考古学文化的认识，自然是这些具体遗存的抽象。可以说，考古学文化是考古遗存的集合体，经过其具体研究达到对考古学文化的认识。类型学的功能不只限于陶器，凡具有形态的考古学遗存，基本上都可以用类型学研究。类型学的功能，不止于研究个别遗物、遗迹的具体形态或结构，它还可以探讨窑场、村落、城市及墓地等这类遗存的布局或结构，从其在空间或时间所表现的变异，以揭示产生这类变异现象的原因[31]。所以，他将类型学的研究与考古学文化的划分标志是区别开来的。问题是，既然类型学研究主要是针对考古学文化的性质及其变化而提出来的，既然考古学文化的起步点不仅仅是陶器，那么，假如陶器没有变化，而其他的遗物、遗迹的具体形态或结构有了变化，窑场、村落、城市及墓地等这类遗存的布局或结构有了变化，还是一个没有发生性质变化的原来的考古学文化吗？所以严文明在谈到器物标型学研究时，反复强调，共存并不代表同时[32]。严文明认为，标型学又称类型学，是专门研究考古遗迹遗物和花纹等形态变化规律的学科[33]。严文明指出确定考古学文化不能只偏重于几种特定类型的陶器，考古学文化的判断必须从五个方面入手，它们是：1.聚落形态，包括聚落内的房屋、窖穴、水井、作坊等各种遗迹的形态；2.墓葬形制，包括墓地结构及单个墓葬的结构、墓坑、葬具、葬式等方面；3.生产工具和武器；4.生活用具；5.装饰品、艺术品和宗教用品等。按这五个组成部分各自的类别和形制特点进行分析，再综合起来，作为识别考古学文化的依据[34]。俞伟超也表明，一个考古学文化是在一定时空里的一群具有独自特征的遗物和遗迹。时间、空间和文化特征内涵三要素中，文化特征内涵是最重要的，这种文化特征的内涵，除了农作物和捕捞或驯养的动物种类以及建筑物外，人类所制各种物品的形态，是很重要的内容，认识这些形态的特征，自然要靠类型学的方法[35]。

这种逻辑是否合理似乎是可以讨论的一个问题，但我们必须首先承认，如果没有器物形态学建立起来的时空框架作为背景，所谓的文化与社会形态的讨论，就会迷雾重重，完全不着边际。所以，考古学文化的研究，是立足于地层学与器物形态学时空框架之上而又超越之、并且以文化、社会、历史作为研究目标的学术行为。回到前面的逻辑问题，从一种研究方法上来看，先从器物形态学入手，以一个特定的器物群来确定一支考古学文化（尽管这种确定见仁见智而又疑点重重），并且还可以对该文化进行分期。相应的，考古发掘所揭示的不仅仅是单纯的器物（主要是陶器），还有大量的遗迹和非其他遗物，那么，就可以将这些没有进入器物形态学分析领域的部分（房子、墓葬、聚落单元、食物与动植物遗存、其他人工遗存、自然环境、各种科学测试结果等等）按照地层单位进行归档，划入到相应的文化和文化的相应期别中去进行综合。最后才是根据这样的综合的结果来总结出考古学文化的特征或者考古学文化期别的特征，以确定不同的共同体，而“族的共同体与考古学文化有其同一性，我们正可从认识考古学文化入手，去探索它们所代表的族属及其历史”。所以，从这个意义上说，地层学、类型学是考古学研究的基础。其实，对考古学文化的不同认识，只是我们对于资料分析的角度的差异，并不影响资料的客观性。将一个大的文化分解成若干个新的考古学文化，只是分析资料的一种手段，并不会改变资料本身。考古学研究的目的是如何从资料的角度来建立一个段已经消失了的历史。对于探讨历史时空中的社会共同体的联系和发展过程来说，分得越细，我们的认识可能会越清晰。

有人说，正是有了地层学与类型学，考古学才真正从传统史学中分化出来，成为一种利用古代实物资料来恢复人类过去时代面貌的科学[36]。然而，当大家正忙着建立文化谱系的时候，苏秉琦的学术思想其实已经进入到重建史前史的领域中来。他首先发表了著名的《关于重建中国史前史的思考》一文，然后将这一课题引入到文明进程研究，并他提出了古文化、古城、古国以及古国、方国、帝国三部曲和原生型、次生型、续生型三模式。将中国考古学研究带入到一个新的领域。若需将史前的历史讲清楚，就必然要涉及这个问题。这是学术发展的必然，也是中国考古学必须解决的问题。

目前我们的工作，无论是填补文化空白还是进行文化小区的细密梳理，乃至聚落演进与文明化进程的研究，客观上说，都是苏秉琦区系类型思想的一种延续，这将是中国考古学一项长期的任务。在这样的历史条件下，考古类型学已经不是一个需要学习的概念，它已经深深地贯彻到每一项具体的考古作业中去。只不过，我们的手段与方法，都已经有了极大的改进。

五、存在的问题

类型学最大的问题首先是一种基于进化论意义上的逻辑假设，它能够排列出器物的形态演变图谱，但是无法解释这种图谱形成的原因。对于这个问题，俞伟超曾经有过认真考虑，他认为"物品之所以做成某种形态，主要是由用途、制作技术、使用者的生活或生产环境、制作和使用者的心理情况或审美观念这几种因素所决定的。这些因素造成人们共同体综合力量的形成，会成为牢固的传统，使得各种物品已经形成的形态具有相当的稳定性，某些形态就会基本稳定不变[37]。也有人认为，一种强固的文化传统，则可以使一种器物长期保持基本不变的形态。因此，每一种表现为形态是渐变的器物，实际代表了一种还在起作用的文化传统观念。一旦文化传统观念消失了，器物形态的变化也就不受限制了[38]。

问题是，器物能否完全反映文化传统。在以重建古史的为学术目的的考古学作业中，这种方法的不足之处也日益明显，这就是现在的史前史面临被简单化、变成相关遗址和人工制品间的简单排序的危险，而制作它们的人却看不见了。在类型学方面，根据适当的演化和编年顺序对陶器加以分类仍然是优先考虑的问题。一些考古学家拟订的方案首先是基于器物的形状来划分工具的类别，有些器物的名称与这些器物具有的假定功能有关，而其他一些标记则仅仅是描述性的。换句话说，由每一工具的集合体构成的清单，乃是一份与人类活动没有什么直接联系的目录集。整个分类工作是在建立"标准形制"的思想上，它们有自身的变化序列，这种变化又与文化的演进联系在一起。但是，这种按照单线进化思想建立起来的序列实在是太过简单。我们可以得到一张器物型式的排列表，但我们无法弄清这种排列之所以发生的原因和运动过程的机制。比如我们可以排出某一类陶罐的 A、B、C、D 四型，每一型又有若干式，我们据此基本可以了解陶罐的演化序列，但是我们无法知道为什么会出现这四型，每一型为什么会有这些式的变化。当然更谈不上陶罐的这些变化所反映的文化与社会的变迁。

苏秉琦对于瓦鬲的研究和瓦鬲墓的分期堪称经典，他在《洛阳中州路》里所使用的根据墓葬器物组合来进行墓葬分期的方法成为中国考古学墓葬分期所遵循的不二法门。但是，苏秉琦完全是从器物形态最小单位（式别）的共存与期别的关系来论证的，他的假设前提是：具有共存关系的不同形制的器物属于同一个时期，但是没有共存关系的器物绝对不会属于同一个时期，这是苏秉琦器物形态学的基本逻辑。这种方法的缺陷是很明显的，只是小共存而没有大共存，他仅仅考虑了一个纵向的问题，没有从横向的角度来思考。比如等级和层次问题。假如说出鬲、钵、罐组合的器物一般是共存关系，而鼎、敦、壶组合也是共存关系。两组共存关系的器物又很少埋在同一座墓葬里，那么，出这两组器物的不同墓葬到底是时代的差别还是等级或者埋葬习俗的差别？这个问题在楚墓的分期上表现得特别突出。从20世纪50年代以来完全按照苏秉琦的逻辑来分析，其结果是在长沙楚墓，只要凡是出鬲、钵、罐的墓葬均定为春秋墓；凡是出鼎、敦、壶的均定为战国墓。后来发现，他们不仅仅是历时关系，还有共时关系。其实，在战国时期甚至战国晚期仍然还出鬲、钵、罐组合的墓葬。这是一个社会层面或者文化风俗的问题而非时代问题。

我们渐渐发现，长期以来奉为圭臬的考古类型学的作用会在重建古史方面变得有些单薄。其实，这是一种学术范式问题。仔细审视这个问题我们发现，地层学、器物形态学，其实只是一种收集和处理信息的方法。而考古学所要追求的，不仅仅是信息的收集，最终的目的是要从所收集的信息中研究终极问题——朝着复原历史的目标迈近。如果承认这一点，那么，地层学与器物形态学就不再是考古学研究过程中的“唯一的”或者“基本的”了。各种收集和分析实物信息的方法与手段都能够成为这一研究过程中之部分。当代考古学已经以其新的方法与手段证明了这一点。正如前述，地层学与类型学最重要的功能在于它能够提供一个较为完善的时空框架；其次是在这个框架下的按基本单位（地层学的内容）采集各种考古信息和对信息进行基本的分析。但这不是我们的目的，我们的目的是要解释这些信息，并且透过它了解其背后的社会历史的真实情况。地层学与类型学作为考古学作业流程的基本方法和手段已经成为一个考古人必须掌握的基本功，但仅有这个基本功还远远不够。其实，考古地层学是属于发掘过程中对于层状堆积的一种处理方法，至于在这个过程中对于各种信息的记录与提取，则另有许多不同的方法与手段。类型学则属于考古学作业中整理分析资料的方法论范畴[39]。它被认为是最基础的方法，因为它对于考古对象的时空位置的确定上起着至关重要的作用。在某种程度上，它是年代学之一种。年代学的方法，目前所能够应用的，已经不下十数种，能够解决器物形态学无法解决的问题。比如对无法通过器物排队构建时间序列的新石器早期的年代问题。另外就是绝对年代问题。类型学的另外一个功能是从器物的形态来分析文化的形制。不过，当代考古学的研究范围已经不满足于仅仅是对器物的外在形态的分析了，许多研究包括制造工艺与制造过程、产源、使用功能与残留物、废弃方式、空间分布、存在状态和与相关信息的context，甚至包括对于形态、纹饰、工艺所反映的认知领域都已经涉及，这都是分析考古资料并认识其背后社会的手段与方法，这好像都不是类型学所能够完成的。而类型学的发展到今天，似乎也不仅仅是对几种器物形态的分析，作为考古学的研究。有器物的形态，同时还有大量的其他形态，比如房子形态、墓葬形态、聚落形态、经济形态、意识形态、社会形态等等。只要有分析，有对比，就免不了要进行类型的对比、划分与归纳。这都是类型学而不是单纯器物形态学的内容。苏秉琦在《考古类型学的新课题》已经就这个问题进行了阐述。在他的阐述里，我们注意到他是将器物形态学与类型学区别对待的。类型学为区系类型学说的提出奠定了基础就说明它不能仅仅停留在物质的外在形态的描述上。格林·丹尼尔说：“考古学是一门技术，用它来获取建立历史和史前史所需要的史实……考古学家的根本任务应该是撰写历史，没有历史观念，没有解决历史问题的观念，考古学又只能回到单纯收集遗物的水平，因而永远存在着出现新古物学的危险。”[40]中国考古学的任务是什么？苏秉琦的回答很明确：重建古史，特别是史前史。苏秉琦说，史前史不是田野发掘报告的堆砌，也不是考古资料的综合。从史前考古学到中国史前史要有个升华过程，即概括和抽象的过程，科学思维的过程[41]。

如果认识到这一点，那么我们就会使用多种方法来分析和研究古代的物质信息，而不仅仅停留在器物的外部形态上，考古类型学也必然会在自我完善的过程中取得进步。

郭伟民 （湖南省考古研究所）

1.保罗·巴恩《剑桥插图考古史》第92页，山东画报出版社，2000年。以下多项学术史的内容与此书相关，不再标注。
2.格林·丹尼尔《考古学一百五十年》第132页，文物出版社，1987年。
3.蒙特留斯《先史考古学方法论》28－29页。商务印书馆，1937年。
4.保罗·巴恩《剑桥插图考古史》第133页，山东画报社，2000年。
5.科林·伦福儒等《考古学 理论、方法与实践》，文物出版社，2004年。
6.Brainerd,G.W(1951)The Place of Chronological Ordering in Archaeological Analysis.American Antiquity16:301—312. Robinson,W.S.(1951)A Method for Chronologically Ordering Archaeological Deposits.American Antiquity16:293—301.
7.梁思永《山西西阴村史前遗址的新石器时代的陶器》，1930年英文发表。正式中文发表于《梁思永考古论文集》，科学出版社1959年10月。
8.李济《记小屯出土之青铜器》，《中央研究院历史语言研究所中国考古学报》第3册，1948年。
9.有人认为这样的序数的分类法源于李济的体质人类学的学术背景。是否属实不敢妄断。李济自己有一个说明："序数原是围棋谱上的名词，我作陶器分类时并不晓得，无意中采用了，用专指顺着某一秩序为各种形制不同的器物所编的一串号码字。"见李济《记小屯出土之青铜器·上篇》，《中央研究院历史语言研究所中国考古学报》第3册，1948年。注⑦。
10.李济《记小屯出土之青铜器·上篇》，《中央研究院历史语言研究所中国考古学报》第3册，1948年。
11.蒙德留斯《先史考古学方法论》，商务印书馆1937年。1935年郑师许、胡肇椿《考古学研究法》，《学术世界》第一卷此年－6期，1935年。此年由世界书局单行本出版。
12.苏秉琦在整理的基础上，于1940年首先写出了《陕西宝鸡斗鸡台所得瓦鬲的研究》一文。然后才根据此稿写成《斗鸡台沟东区墓葬》的发掘报告。一篇论著和报告同时完成或者略有先后，只是成稿的时间稍有前后而已，基本的认识则是在整理期间获得的。（在一个田野报告发表的同时，也可以辅出一个研究性的文集，因为文章可能要涉及大量的本报告内容之外的许多材料，放在报告中，似有不妥）《陕西宝鸡斗鸡台所得瓦鬲的研究》在1941年6月交香港商务印书馆付印，但因太平洋战争爆发，香港沦陷，资料下落不明。而发掘报告是在抗战胜利以后，1948年在北京大学出版社付印出版。这个报告将那篇研究文章的摘要作为附录，名为《瓦鬲的研究》，与发掘报告一同出版，时为1948年7月。而对于前后相隔7年的这样同一篇文章的两个版本，是有些差异的。《瓦鬲的研究》将斗鸡台的瓦鬲分为袋足、联裆、折足、矮脚四型。而此前写的《陕西宝鸡斗鸡台所得瓦鬲的研究》则是将瓦鬲分为第一、第二、第三、第四共计四个类型，并没有取特定的名称。
13.中国社会科学院考古研究所等《西安半坡》，文物出版社，1963年。
14.严文明《论半坡类型和庙底沟类型》，《考古与文物》1980年第1期。
15.中国科学院考古研究所《庙底沟与三里桥》，科学出版社，1959年。
16.邹衡《试论殷墟文化分期》，《夏商周考古学论文集》，文物出版社，1980。
17.苏秉琦《给青年人的话》，《文物天地》1987年4期。
18.苏秉琦《关于仰韶文化的若干问题》，《考古学报》1965年第1期。
19.苏秉琦、殷玮璋《考古学文化的区系类型问题》，《文物》1981年第5期。
20.苏秉琦《关于重建中国史前史的思考》，《考古》1991年12月。
21.苏秉琦、吴汝祚《西安附近古文化遗存的类型和分布》，《考古通讯》1956年第2期。
22.显然，这一观点是有争议的，它们可能并非平行发展，而是先后相继的两个阶段。严文明已经得出了成果，见严氏《仰韶文化研究》。
23.中国科学院考古研究所《洛阳中州路（西工段）》，科学出版社，1959年。
24.夏鼐《关于考古学上文化的定名问题》，《考古》1959年4期。
25.苏秉琦《给青年人的话》，《文物天地》1987年4期。

26.苏秉琦《关于"几何形印纹陶"》,《文物集刊》第3辑，1978年。
27.后来，这个区系的划分有些变化：以燕山南北、长城地带为重心的北方；以山东为中心的东方；以关中、晋南、豫西为中心的中原；以环太湖为中心的东南部；以环洞庭湖与四川盆地为中心的西南部；以鄱阳湖－珠江三角洲一线为中轴的南方。见《关于重建中国史前史的思考》,《考古》1991年12期。
28.苏秉琦《考古类型学的新课题》,《苏秉琦考古学论述选集》，文物出版社，1984年。
29.俞伟超《关于"考古类型学"的问题》，最早是1981年10月和1982年11月在青海和湖北的两次讲课。《考古类型学的理论与实践》，文物出版社，1989年。
30.张忠培《研究考古学文化需要探索的几个问题》,《中国北方考古文集》，文物出版社，1990年。
31.张忠培《关于考古学研究的几个问题》,《文物研究》第五辑，1989年。
32.严文明《考古资料整理中的标型学研究》,《考古与文物》1985年第4期。
33.严文明《考古资料整理中的标型学研究》,《考古与文物》1985年第4期。
34.严文明《关于考古学文化的理论》,《走向二十一世纪的考古学》90页，三秦出版社，1997年。
35.俞伟超《关于"考古类型学"的问题》,《考古类型学的理论与实践》，文物出版社1989年。
36.俞伟超《关于"考古类型学"的问题——为北京大学七七、七八级青海、湖北考古实习同学而讲》,《考古类型学的理论与实践》，文物出版社，1989年。
37.俞伟超《关于考古类型学问题》,《考古类型学的理论与实践》7页，文物出版社1989年。
38.林沄《关于考古类型学的几点看法》,《温故知新——面向中国考古学的未来》，庆祝北京大学考古学专业成立五十周年国际学术研讨会论文资料汇编。
39.赵辉《关于考古类型学的几点思考》,《考古学研究》(一)，文物出版社，1992年。
40.格林·丹尼尔《考古学150年》，文物出版社，1987年。
41.苏秉琦《关于重建中国史前史的思考》,《考古》1991年12期。

中国艺术考古学初探

一、中国艺术考古学的奠基

中国艺术考古学是建立在中国近代田野考古学理论和实践发展基础上的。20世纪50年代至今，考古学进入了一个新的发展时期。考古学家不仅重视对考古发掘出土的人工制品作准确的地层比较、断代和器物类型的划分等研究，而且开始强调研究制造这些人工制品的人类的意识形态方面。正如俞伟超先生对中国考古学研究工作所走过的历程的分析："在考古学研究的总体中，第一步自然应先做好年代学的研究。谁都知道，在我们面前的一大堆不会说话的实物资料，如果连早晚都分不清楚，任何史的研究都将无从下手。第二步似乎应该理清不同考古学文化之间的相互关系，用我在1983年6月份所写的一篇文章中讲过的话来说，就是要整理出考古学文化的发展谱系。但所有这一些，基本上还是直观性质的研究，主要还是说明人类的具体行动的。我想，第三步就应该透过那些最最具体的考古材料，进而探索人们的社会关系，乃至意识形态。"[1]在中国考古学研究取得了第一步和第二步重大成就的今天，第三步的探索工作，逐渐被考古学家提上了议事日程，古代艺术品作为人类意识形态的重要载体，自然备受关注。以田野考古调查和发掘为主要特征的近代考古学的形成和发展，为艺术考古学的建立奠定了坚实的基础。

中国艺术考古学又是建立在中国艺术学科的确立和发展基础上的。艺术学作为人文社会科学领域的一个分支的建立，在中国是相当晚近的事。20世纪初期，从德国学成归来的宗白华先生，在东南大学（后称中央大学）开设关于艺术学的课程，首次把西方艺术学引入中国。但当时的艺术教育，仅仅是为了培养从事艺术实践的人才。对艺术学的真正重视则要到80年代末，张道一先生提出的应该建立"艺术学"的口号和在东南大学创建艺术学系的实践，为艺术学在中国的学科领域占据一席之地树立了一面鲜明的旗帜，受到北京大学、厦门大学等高校的响应，建立艺术学系已成为综合性大学学科建设中一道亮丽的风景线。艺术学理论和实践的探讨、艺术学框架的构建，开始受到普遍关注，有关艺术学理论研究的论著、论文陆续出版发表，艺术学研究在中国终于有了一个坚实的理论基础和良好的开端。艺术考古学作为一门研究艺术起源、艺术发展史和古代艺术特征的交叉学科，在考古学家和艺术理论家之间达成共识：考古学家从田野考古调查和发掘的艺术遗物和艺术遗迹出发，阐明了建立美术考古学的可能性；艺术理论家则从研究艺术起源、艺术发展历史和规律的需要出发，阐述了建立艺术考古学的必要性。

中国艺术考古学理论又是在艺术考古实践的不断丰富，取得越来越大成就的基础上逐步建立起来的。中国艺术考古学的实践活动姗姗来迟。近代科学考古学在中国的形成，迄今不过七八十年。由于战乱和经济条件的制约，中国考古学走过了一条艰难曲折的道路。在新中国建立之前，考古学的发展比较缓慢。1949年以后，中国的考古学得到了突飞猛进的发展，连外国人也不禁大发感叹："在未来的几个十年内，对于中国重要性的新认识将是考古学中一个关键性的发展"[2]。这一时期，考古学的研究重点依然是重建古代的物质文化史，即根据生产力决定生产关系的原理，特别强调生产力中生产工具的发展，以及由此带来的剩余财富的增加对社会发展的决定性作用，而忽视了生产力发展过程中，人的主观能动性的巨大反作用。因此，对反映古代人类意识形态的宗教、艺术、民俗等领域的研究，一直被冷落、被忽略。

从20世纪80年代起，考古学家的目光开始在业已明了的重建物质文化史建构方面，转向与古代人类关系更为密切的精神文化创造。时代向考古学家发出了"在田野工作中要贯穿研究精神"，"应具备更广泛的知识修养"的召唤[3]，需要培养和造就一大批既能从事田野考古发掘工作，又能进行古代艺术品研究的考古工作者。艺术考古实践活动开始蓬勃兴起。在古代艺术研究领域，改变了单纯由艺术史学者包办的格局，考古学家、艺术史学家开始共同合作，积极参与对考古出土的彩陶、汉画像石、汉唐壁画、陶俑等艺术品的研究。正是有了日渐深厚的艺术考古实践基础，艺术考古学的理论探讨才逐渐被提上议事日程。《中国大百科全书》的考古卷、美术卷，使美术考古学先后占了一席之地。稍后出版的美术卷，对美术考古学有了比较详细的解释，包括美术考古学的研究对象、研究方法、研究目的，以及与美术史的关系等。山东大学的刘凤君先生所著的《美术考古学导论》和《考古学与雕塑艺术史研究》，与中国社会科学院考古研究所的杨泓先生编写的《美术考古半世纪》，是对美术考古学理论的初步探讨。

从目前中国艺术考古实践活动的现状和有关艺术考古学理论的不同观点来看，完整的艺术考古学理论体系的确立还有待于将来艺术理论的成熟和艺术考古实践取得的更大成就。然而，不可否认，艺术考古学是一个值得探索的课题，尤其是中国的艺术考古学，它既有各种不同质地、不同艺术形式、数量众多的考古艺术品可以研究，又拥有世所难匹的浩瀚的历史文献和传世的艺术品可供参考，两者交相辉映，使艺术考古学的研究有了坚实的基础。

二、艺术考古学的研究对象和研究对象的范围

简单地说，艺术考古学的研究对象主要是古代艺术品。古代艺术品的来源，无外乎两大类：一类是历代流传下来的传世品；另一类是经过科学的田野考古调查和发掘得到的艺术品。传世艺术品往往是中国古代艺术发展史研究的主要材料。然而，传世艺术品有两个致命的缺陷：一个是其确切的时代难以认证，给研究工作增加了难度；另一个更突出的问题是，对古代艺术品出于各种不同目的的仿制甚至作伪。许多前代的青铜器、玉器、书画等艺术品，都或多或少地被后人所仿制。因此，传世艺术品，不能成为艺术考古学的主要研究对象。

艺术考古学的研究对象植根于考古学，是运用科学的田野考古调查和发掘的手段得来的。它只是数量、品种众多的考古学研究对象的一小部分。以此为前提，我们可以通过对已有定论的考古学研究对象的分析，逐渐剥离出非艺术性的物质产品，较为合理地勾画出艺术考古学研究对象的面貌。作为艺术考古学的研究对象，其首要条件必须是人类通过运用自己的双手劳动创造的产物，这样就从考古学的研究对象中排除了与古代人类活动有关的"未经人类加工的自然物"，如"各种农作物、家畜、及渔猎或采

集所获得的动植物的遗存等”；同样，从艺术品所具有的审美和情感性出发，考古学研究对象中的灰坑、窖藏、矿井、水渠、壕沟等遗迹，虽然都是人工创造物，但仅具实用功能，或服务于生产生活，或用于战争的防御，很难激起人的审美感受，因此，也不能成为艺术考古学的研究对象；至于古代人类以艺术手法加工制作的陶瓷器、玉器、青铜器、漆器、金银器和各类装饰品等工艺美术品，以及岩画、壁画、画像石、画像砖、雕塑等艺术作品，无疑是艺术考古学的研究对象。然而，考古发掘出土的各种生产工具、日用器具，以及石刻、封泥、墓志、买地券、甲骨、简牍、纺织品、钱币、度量衡器等，都具有作为艺术品的首要条件，即人工创造性的特征，但这些物品却决非都是艺术考古学的研究对象。以古代钱币为例，作为流通使用的方孔圆形的五铢钱和通宝钱，主要是用作在社会流通领域进行等价交换的媒介物，而专为辟邪、祝寿铸造的压胜钱或称“花钱”，却缺失了使用价值，突出了审美艺术价值。因此，从纷繁复杂的考古学研究对象中划分出艺术考古学的研究对象，远远不能如此简单地被量化。

考古学是“根据古代人类通过各种活动遗留下来的实物以研究人类古代社会历史的一门科学”。这个定义无疑把考古学研究的范围限定在古代。一般说来，中国考古学的年代下限定在明朝的灭亡（1644）[4]。中国艺术考古学研究对象的年代下限受考古学年代范围的制约，也应该在明朝末年。

由于艺术考古学研究对象的范围仅限于古代，这样，一方面，体现现代科技和艺术成就的电影、电视、摄影艺术以及设计艺术中的工业艺术设计、视觉媒介设计、环境艺术设计等艺术门类便被排除在研究对象之外，另一方面，时间性、时空性和表现听觉的艺术门类如音乐、舞蹈、戏剧、戏曲、曲艺、杂技也由于时过境迁，逐渐丢失了各自的艺术语言。但是这些动态的时间性艺术形式，却被作为造型艺术的表现题材，静态地展示出来，在古代绘画、雕塑和传统工艺品中，留下了昔日辉煌的痕迹。

三、艺术考古学研究对象的分类

一般来说，学科研究对象的分类，需要以对这门学科的正确定位为出发点。由于艺术考古学是考古学的一个特殊分支，是一门在艺术学和考古学蓬勃发展的基础上建立起来的交叉科学，其研究对象既是考古学研究对象的重要组成部分，又是艺术学科研究古代艺术产生、发展、演变规律的重要资料，因此，对艺术考古学研究对象的分类，要以考古学的分类方法为主线，同时参照艺术分类法进行分门别类的研究。

考古学的研究对象是古代人类通过各种活动遗留下来的实物资料，其中，最主要的是古代人类劳动创造的物质性遗存，一般分成遗物和遗迹两大类。艺术考古学的研究对象则是考古学研究对象中人类精神文化创造的遗存，同样也可以分为艺术遗迹和艺术遗物两大类。

艺术遗迹是指经过古代劳动人民艺术性创造的历史遗留，是艺术考古学研究对象的重要组成部分。艺术遗迹主要是古代的建筑遗存，在中国可以分成地上建筑和地下建筑两大类。

中国古代的地上建筑大多利用各种木料，以斗拱、榫卯结构建造。由于自然的和人为的种种因素的毁坏，保存在地面上的早期（唐代以前）木结构建筑物几乎绝迹，仅存部分建筑物的残缺构件，唐代以后的古建筑遗迹也只有寺观、塔、石阙、石窟寺、桥梁等几类。中国古代的地下建筑是皇室贵族建造的坟墓，以砖、石为材料，大多模拟当时地上建筑的风貌，但趋于简率。相比较而言，考古调查和发掘出土的有关中国古代建筑艺术的实物资料并不丰富，但作为建筑附属装饰的壁画和雕塑却独树一帜，具有强烈的艺术感染力。艺术遗迹的分类便以壁画和雕塑为主。

中国古代壁画的历史悠久，早在史前时期的新石器时代便已出现，远远早于后来的帛画、绢画、卷轴画等绘画种类。一般来说，在天然岩壁面上制作的壁画有一个专门的称谓——岩画。在人工壁面上制作的壁画，则多装饰于建筑物和墓葬，可以分成地上建筑壁画和地下墓室壁画两部分。建筑壁画是中国古代建筑中一门重要的附属艺术，一般图画于神庙、宫殿、寺院、庭苑和石窟寺等较大规模的纪念性建筑内，具有装饰、美化居室环境，宣扬礼义教化和传播宗教教义的特征。墓室壁画的盛衰与中国古代社会生产力发展状况和丧葬礼俗观念有着密切关系。

作为艺术遗迹的中国古代雕塑大多是留存于地面上的古代艺术品，通常是经过考古调查得到的。昔日辉煌的雕塑艺术品因长期暴露在地面上，直接经受着天灾人祸的摧残，渐渐变得残缺不全、伤痕累累，只有那些创作题材上服务于封建统治和宗教思想的雕塑艺术品才被妥善保管、得以幸存。艺术考古学的雕塑遗迹一般可以分成宗教性建筑的雕塑遗留和皇室贵族陵墓前的雕刻遗留两大类。中国古代宗教雕塑艺术的巨大成就，集中体现在开山凿窟造像的石窟寺艺术方面，此外，寺庙、道观中也普遍雕塑神像，一般有石雕、木雕、铜铸、彩塑等，以彩塑多见。中国古代陵墓制度是在封建社会等级观念影响下，按照儒家“礼”仪规范建立起来的。自西汉时期开始，皇室贵族的陵墓前，均摆放着按一定的规范布局的石雕艺术品。

艺术遗物主要是指那些经过艺术加工创造的绘画、雕塑、碑刻书法作品以及实用和审美相结合的工艺美术品，其中工艺美术品无论在数量、种类，还是在艺术题材和艺术成就上都远远超过前者。艺术遗物中的绘画艺术品，主要有帛画与绢画、木版画与木简画、卷轴画等几类。艺术遗物中的雕塑艺术品，主要有墓葬和遗址出土的陶塑、瓷塑、木雕等几类。书法是文字的书写艺术，从最初刻画在陶器上的符号到商周的甲骨文、金文，战国秦汉的货币文字、印章文字、石刻文字、封泥文字、瓦当文字、铜镜文字、简帛文字等，都是成熟的书法艺术出现的基础和源泉。中国古代的工艺美术品，按质地和装饰手法可以细分为陶器艺术品、玉器艺术品、铜器艺术品、漆器艺术品、瓷器艺术品、丝织艺术品、金银艺术品和骨雕、牙雕艺术品等。中国古代艺术品的种类纷繁复杂，除了上述绘画、雕塑、碑刻书法和工艺美术品之外，还包括音乐、舞蹈、乐舞百戏、瓦当、剪纸、面塑等其他艺术品。

四、艺术考古学研究对象的特征

艺术考古学的研究对象，相比传世的艺术品和现代艺术品具有自身显著的特点。

首先，艺术考古学的研究对象具有科学性。艺术考古学研究对象是经过科学的田野考古调查和发掘后得到的艺术遗迹和艺术遗物。对它们的年代确定，得益于田野考古学中地层学、类型学方法论，以及自然科学技术手段和古代历史文献资料的运用，使艺术考古学研究对象有了科学的相对年代或绝对年代的界定。此外，艺术考古学研究对象大多是从墓葬或遗址中挖掘出来的，往往并非是单独的个体，不但出土的古代艺术品之间有密切的联系，就是与之同出的生产工具和生活资料也与它有关，甚至古代艺术品在墓葬或遗址中摆放位置的不同，也对理解它所隐含的创作意图、审美特征和在墓葬或遗址中所担任的角色是一个重要的启示。

其次，艺术考古学研究对象体现了艺术创作的丰富多样性。这些研究对象既有以不同物质材料为载体的绘画、雕塑、建筑、工艺美术和书法等造型艺术品，又在这些造型艺术品的装饰题材和表现内容里，包含了许多古代音乐、舞蹈、戏剧等艺术形式，这是非常可信、稀有和宝贵的实物资料。

第三，艺术考古学研究对象具有功利性。在人类物质文化史的发展序列中，实用是先于审美的。史前彩陶使人类在使用这些生活用具的同时得到美的享受。但这并未改变彩陶器作为原始人类日常生活用具的性质。史前的玉雕艺术品，最早是作为人类装扮、美化自身的人体装饰艺术品的面目出现的，而后逐渐远离了实用性，演变为礼器或图腾崇拜物，将当时的社会意识形态寓于其中。奴隶社会以青铜器的铸造和使用为标志，但青铜却没有被普遍地用作农业生产工具，而广泛铸造成青铜容器、武器，印证了《左传》关于商周时期“国之大事，在祀与戎”的记载。中国古代俑像雕塑艺术品，其功利性的目的更加明显。它们都是专门用来陪葬的模型明器，主要为了满足“事死如事生”的厚葬风俗。中国古代壁画艺术的功利性目的也很强，在建筑壁画方面，绘画是“恶以诫世，善以示后”，“成教化，助人伦”的工具[5]。在陵墓壁画方面，仅是充当陪葬人和物品的角色，是为了满足厚葬风俗的需要。

第四，艺术考古学的研究对象中，有相当大的一部分来源于田野考古的墓葬发掘。这些反映古代人类精神文化的产品，不仅体现了当时社会生产力的发展状况，更具有意识形态的丰富内涵。因此，考古发掘出土物品数量的多寡、艺术价值的高低、所包含文化内涵的深厚与否，都与各个时代的埋葬习俗有着密切的联系。

最后，艺术考古学研究对象中有很大一部分是实用与审美相结合的工艺美术品。工艺美术品是为了满足人们的衣、食、住、行、用等物质生活和精神生活的需要而生产的，它体现了当时人们的生活方式、科技发展水平、经济思想和美学观念。工艺美术品的创造，不仅仅是一种精神文化的创造，更是以满足人类物质生活需要为前提的，因此，它与社会经济的繁荣和科学技术的发展基本同步。

五、艺术考古学的研究方法

艺术考古学是一门建立在考古学和艺术学基础上的新兴的交叉或边缘学科，因此，凡是考古学和艺术学的研究方法都能在艺术考古学的研究中得到运用和借鉴。目前，对艺术考古学的研究，尚未衍生出一套科学的方法论体系，但卓有成效的研究方法却随着考古发掘出土的古代艺术品的日益增多而逐渐露出端倪。一般来说，艺术考古学的研究方法主要来源于对考古地层学和类型学、文化人类学、图像学等研究成果或研究方法的借鉴，以及对中国古代历史文献资料的运用。

考古地层学和类型学是研究资料重要的分类排比方法。正像历史学家从一页页古代文献记录中，寻找人类社会历史发展的轨迹，考古学家也正是从这一层层的古代人类遗留下来的文化堆积层中，艰难地复原古代社会的面貌，使它们成为科学的研究资料。考古地层学给古代艺术品贴上了时代的标签，恢复了历史的真实。考古类型学是考古学研究中整理分析资料的一个重要方法。考古类型学在艺术考古学上的应用，具有双重意义：一方面，通过对古代艺术品形态和装饰题材的分析研究解决年代学的问题，从而使考古资料有更严密的科学性；另一方面，通过对大量材料的分析、排比后，归纳出古代艺术品的内容题材和装饰手法的种类，整理出一套完整的、系统的研究资料。

文化人类学是解决原始艺术问题的一把钥匙。如何尽可能准确地解释史前艺术品，就需要运用文化人类学的研究成果和方法。文化人类学的研究成果是多方面的，既有对史前原始艺术、有史时期野蛮民族和现存少数民族艺术创造的研究成果，又有与古代艺术创造有密切关系的人类生活状况、伦理道德观念、宗教信仰等物质文化和人类意识形态方面研究的成就。前者是艺术考古学研究的直接内容和参考。史前原始艺术品和古代具有少数民族特色的艺术品，既是文化人类学研究对象的一部分，同样也是艺术考古学的主要研究对象。后者则为正确释读艺术考古学的研究对象，提供了必不可少的背景资料。研究现存原始民族的艺术创作动机、目的和艺术产品的用途，可以为部分地复原史前原始艺术品创造过程、正确释读它们所包含的内在意义做出非常重要的贡献。毕竟史前新石器时代的一切已经离现代文明社会的人类实在是太遥远了，不能以现代文明社会人类的思维观念、道德标准、信仰体系来衡量、解释古代艺术品，只有参考在现代文明社会尚存的、与外部文明社会接触较少的部落或民族的资料。

艺术图像学是释读古代艺术品的必由之路。图像学的研究方法对中国古代宗教艺术品的阐释行之有效。宗教艺术品是宗教借用艺术的形式宣传宗教教义的物质化的体现，所表现的内容，一方面是为了传播宗教教义或在宗教仪式中专用，另一方面又受到要表现的宗教教义和宗教仪式的制约，这样，就使得宗教艺术品具有程式化的相对一致性的特征，也正是这独一无二的规定性，使宗教艺术品与宗教教义和仪式紧密地联系在一起。图像学的研究方法对汉画像石的研究也具有重要意义。由于"汉画像石实际上是汉代地下墓室、墓地祠堂、墓阙和庙阙等建筑上雕刻画像的建筑构石。其所属建筑，绝大多数为丧葬礼制性建筑，因此，在本质意义上汉画像石是一种祭祀性丧葬艺术"[6]，因此，它不是一种自由创作的艺术，而是紧紧围绕着当时社会的丧葬礼制，表现当时占统治地位的儒家思想、宗教和宇宙观念等内容，对它们的图像学解释的要旨也尽在于此。

中国古代文献是研究古代艺术品的重要参考资料。这些文献资料详细记录了古代中国人的政治制度、文化传统、科学技术，以及风土人情、宗教信仰和思维观念等方面的内容，是一笔极为宝贵的古代文化财富。古代艺术品的创造是各个历史时期人类生产力发展状况、生活方式和习俗、审美情感、宗教信仰等方面的外化，是古代人类意识形态精神文化的载体，与历史紧密地结合在一起，因此，可以毫不夸张地说，凡是中国古代文献都能成为解释古代艺术品的背景资料。尽管这些古代文献资料，由于历代的传抄，其间有较多的后人附会误传，可能存在着不少不真实的成分，但对解释古代艺术品的文化含义却具有不可替代的参考价值。中国古代文献资料在艺术考古学研究中的重要参考作用，主要体现在神话传说、礼义制度和埋葬习俗、宗教信仰，以及古代工艺等几个方面。

六、艺术考古学与相关学科的关系

艺术考古学研究对象是由田野考古学提供的，是各个历史时期的人类从事艺术创造的结果。它们的创造者不仅分属于不同的民族，而且受到当时意识形态中思想观念、宗教信仰、风俗习惯的制约，使古代艺术品同时具有政治思想性和宗教色彩。对它们的研究自然就离不开考古学、古代艺术史、民族学、宗教学、民艺学等学科的积极参与。艺术考古学与这些学科构成了密切的联系。

考古学为艺术考古学提供科学的研究对象。考古学研究的成果，为艺术考古学研究对象提供了强有力的时代背景、工艺技术背景和文化背景资料。反过来，艺术考古学研究推动考古学向前发展。艺术考古学的研究对象是人类创造的精神产品，古人用绘画、雕塑等艺术手法美化自己的生活，让情感凝聚、铭刻在某些特殊的器物上。这些古代艺术品由于其造型、装饰图案和主题等内容包含了较多的文化信息，不但具有鲜明的时代风格，而且具有与众不同的文化性质方面的特征，可以作为区分考古学文化或文化分期的标志、判断考古遗迹和器物年代的重要依据。

艺术考古学的研究对象弥补了艺术史研究对象的不足。在近代考古学被引入中国以前，艺术史的研究对象主要集中在文人创作的绘画、书法艺术品，以及创作者的创作动机、生活环境、人生遭遇、师承关系等方面。与传世的书画艺术品不同，艺术考古学的研究对象很少与某一个有名有姓的艺术家联系起来；艺术种类多为金属、陶瓷、玉石质地的雕塑艺术品和工艺美术品；纸、帛、绢质地的绘画、书法艺术品因在地下不易保存，考古发掘中十分罕见。艺术考古学研究对象的这些特征，恰好是艺术史研究对象的必要补充。此外，艺术考古学也为艺术史研究对象提供鉴定方法和断代依据。

艺术考古学为民族学研究提供丰富的实物资料。史前和先秦时期人类创造的文化，由于缺乏文字记载，主要是由田野考古发掘的各类遗存提供的，分布于不同的时代和地区，具有风格各异的文化特征，往往对应着各不相同的氏族、部落和部族。不同的考古学文化代表了各不相同的史前民族共同体，但对于具体属于历史上那一个民族的确定，却是相当困难的。然而，考古学文化的民族特色又是一个确然无疑的客观存在，不同考古学文化遗址中出土的史前艺术品，具有各自独立的民族艺术特征。每一个民族因为其所处的自然环境、从事的生产方式、继承的文化传统等因素的不同而形成了各自独特的民族心理，以至于造成在情感活动和审美取向方面的差别。不同的民族心理造就了不同民族艺术家独特的情感和创造力，从而创造出了独特的民族艺术，形成艺术的民族特点。艺术考古学的研究对象，有许多是民族艺术家情感和审美的创造物，体现着这个民族的审美心理、文化习俗和宗教信仰等意识形态领域的思想观念，具有浓郁的民族特色。同样，民族学资料又为艺术考古学研究提供借鉴。民族学对现存民族的实地观察、访问或直接参与各种活动后得到的资料，如古老的婚姻制度、家族制度、宗教和巫术等，以及对这些材料的科学研究成果，必将在艺术考古学研究领域发挥更大的作用。

艺术考古学为探索中国古代宗教的起源和发展规律提供科学的研究资料。在原始社会，人类的意识形态是一种混合的形式，艺术、宗教、哲学、科学、伦理等等都还未分化出来。原始艺术，无论是歌舞还是岩画、雕塑，绝不是单纯的艺术活动，还是巫术或宗教活动，是对世界的一种认识活动，一种传授知识的教育活动，一种交流信息的交际活动，甚至还可能是一种生产活动。此外，中国古代宗教文献是解释艺术考古学研究对象的重要参考资料。张光直先生正是运用东晋葛洪的《抱朴子》和《道藏》中的《太上登真三矫灵应经》有关道士使用龙、虎、鹿三跻与天神沟通的记载，从解释河南濮阳西水坡仰韶文化墓葬出土的蚌塑龙、虎、鹿图像入手，阐述中国古代美术上的人兽母题的[7]。

中国当代著名的艺术理论家、民艺学的积极倡导者张道一先生，在阐述民艺学的学科性质时，明确提出了民艺学与艺术学、考古学的密切关系："严格意义上的民艺学是一门社会科学，而带有边缘学科的性质。在它的周围，必然与社会学、民俗学、艺术学、美学和历史学、考古学、心理学等相联系，相渗透。反过来说，研究民艺学必须具备以上各学科的基本知识"[8]。艺术考古学作为一门在考古学和艺术学科领域成长起来的新兴学科，其研究对象和研究方法横跨考古学和艺术学两大学科，自然而然地与民艺学结下了深厚的渊源关系。首先，艺术考古学为民艺学研究民艺发展史提供真实可信的研究对象。民艺学的研究主要包括民艺的历史、民艺的理论和民艺的采风三个方面。对民艺历史的研究，只能借助于田野考古发掘出土的实物资料。其次，中国民艺学的理论对艺术考古学研究有指导意义。民艺学对本元文化和宫廷艺术、文人士大夫艺术、宗教艺术、民间艺术等艺术形态和层次的划分，对其相互关系之间的研究，为系统研究古代艺术品的文化内涵，提供了方便。有了这样的分类以后，对研究属于不同层次的古代艺术品，就可以有的放矢，运用与之相适应的背景资料做参考，从而开拓研究者的思路。最后，艺术考古学的研究丰富了民艺学的理论。通过对考古调查和发掘出土的古代陶瓷艺术品的分析，从中可以找到民间艺术与其他艺术的相互关系。

七、艺术考古学研究的目的与意义

布鲁斯·坎格尔在《时间与传统》一书中精辟地指出，考古学有三个目的："重建文化史；重建史前文化形态；解释文化过程"[9]。其最终目标"在于阐明存在于历史发展过程中的规律"[10]。艺术考古学作为考古学的一个特殊分支，其研究的目的和意义，不应该局限于对艺术遗迹和遗物的描述、分类及断代，而是需要透过古代艺术品所表现的各种艺术形式，分析它们所表达的艺术题材，探究隐含在古代艺术品造型与装饰图案中的丰富的文化内涵，寻觅隐含在题材中的古代人类的世界观和方法论，找出推动中国古代人类精神文化创造的发展规律。同样，艺术考古学又作为艺术学的一门交叉学科，对研究中国古代艺术的起源和造物艺术的发展规律以及对中国古代艺术史的研究也具有重要意义。

首先，艺术考古学研究是中国古代精神文化研究的重要组成部分。中国古代的精神文化主要包括政治、哲学、文学、艺术、宗教、道德等意识形态诸方面，有关社会政治结构、伦理道德观念、阴阳五行宇宙观、天人合一思想、巫术神话和道教、佛教信仰等精神文化的内容在中国古代文献中有丰富翔实的记载。同样，这些内容也是古代艺术家进行艺术创作的重要题材。浩如烟海的中国古代历史文献和日渐丰富的艺术考古学研究对象，把中国古代的精神文化，通过著作或艺术品的形式固定下来，远播四海、传之后世。艺术考古学是考古学的一个特殊分支，其研究对象是经过田野考古调查和发掘得到的艺术遗迹和遗物，史前彩陶和玉器，商周青铜器，楚汉漆器，秦汉兵马俑，汉代壁画、画像石和画像砖，六朝青瓷，唐墓壁画，宋元瓷器，以及绵延千余年的石窟寺艺术等等，都是中国艺术考古学研究的重要实物资料，其间虽然具有物质文化方面有关工艺技术的因素，但更多的却是体现了古代人类的政治思想、审美观念、道德标准、风俗习惯、宗教信仰等精神文化方面的内容。艺术考古学研究在很大程度上已经超出了纯粹图像意义的阐释，而进入人类观念和思想的领域，成为中国古代精神文化史研究的重要组成部分，并涵盖了整个人类精神文化的各个方面。

其次，艺术考古学研究是中国古代艺术起源和造物艺术发展规律研究的重要组成部分。追溯艺术的起源，不能局限于距今一万年左右的比较成熟的艺术形式，而更应该溯源至人类的远古时期。艺术考古学恰恰能够为这样的探索活动，提供确实无误的资料，昭示史前艺术由萌芽、成形乃至发展、成熟的历史轨迹。如对称形和圆形的造物艺术规律，萌芽于旧石器时代的中晚期，虽然当时人类打制的石器，很难与古代艺术品联系起来，但它们却已经部分地具备了作为艺术品造型艺术的美的形式，艺术起源的探索不能忘却这些看似粗糙的器物所隐含的美和艺术的因素。同样，艺术考古学研究对造物艺术发展规律的探索，也具有重要意义。以新石器时代实用性很强的陶质尖底瓶为例，它原是一件用作汲水的容器。这种器物的造型主要是适应了原始人类的生活环境，因此在仰韶文化和马家窑文化遗址内有较大数量的出土。然而，当人类的居住环境发生改变，如对居住地的表面加以夯平，尖底瓶就需要配备相应的托座，在日常生活中就显得不怎么方便，于是，当人类进入阶级社会，尖底瓶的实用地位便下降了，相反，由于其独特的造型和令人着迷的汲水特点，被礼制所采纳、放大，作为人的行为规范的象征，依样铸成青铜器，置于座右，被称为“欹器”——宥坐之器。表明人类的造物由最初的强调汲水功用，发展到经过彩绘装饰的集实用与审美于一体的彩陶工艺品。最后，由于奴隶主贵族礼制的推动，演变为丧失了实用性的纯粹观赏艺术品。造物艺术的发展史从艺术考古学的研究中找到了规律：即实用先于审美，先有满足人们衣食住行的物质创造，再有实用与审美相结合的工艺美术品，最后派生出纯粹鉴赏性的艺术品。这就是通过对艺术考古学研究对象的分析研究后，得出的一条造物艺术发展的重要规律。

最后，艺术考古学研究是中国古代艺术发展史研究的必要补充。艺术考古学研究弥补了艺术史研究资料的缺陷，新石器时代的彩陶和陶塑、泥塑、木雕、牙雕、骨雕、玉雕等都是中国古代的原始艺术品，是完整的中国古代艺术发展史的最重要的研究资料，这已经被当代的艺术史家所肯定；曾经被忽略的壁画、雕塑、建筑和各种质地的工艺美术品，开始得到重视。考古发现的古代艺术作品弥补了艺术史研究资料的片面性和不确定性，艺术考古学的研究对象具有科学性、丰富多样性、物质资料性的特征。它们恰恰是以往中国古代艺术史研究对象所缺乏的。同时，艺术考古学研究为艺术史研究注入了新的活力。在以田野考古调查和发掘为特征的近代科学考古学被引入中国史学研究以前，中国古代艺术史的编写仅仅依据古代历史文献记载的引用、主要在绘画和书法上取得了较大成就、其上限只是到夏商周三代或者是三皇五帝的传说时期等特点。这一现象要到20世纪80年代中国实行改革开放的国策以后，才有了根本性的改变。考古学家开始开辟研究古代艺术品的新领域，并且结合当时的历史背景和文献记载，追寻古代人类的精神文化创造。

中国艺术考古学是一个大题目，学术研究中都忌讳“大题小做”；艺术考古学研究的基础是考古学提供的研究对象和理论方法，而考古学的主要特征是田野考古调查和发掘，其结果必然是新资料不断涌现，新问题也层出不穷；艺术考古学又是一门横跨考古学与艺术学科的交叉或边缘科学，但目前对艺术的研究，无论从艺术的概念定义、起源动因，还是发展演化的规律性诸问题，尚未有令人信服的解释。因此，本文仅就艺术考古学理论和艺术考古实践中必然碰到的若干问题，做探索性研究，抛砖引玉。

孙长初（东南大学艺术系）

说明：文章发表于《东南大学学报·哲学社会科学版》第五卷第二期，2003年3月；《新华文摘》2003年第8期转载，《高等学校文科学术文摘》（总第115期）摘录，2003年4月；中国人民大学书报资料中心《文艺理论》2003年6月全文转载。

1.俞伟超《先秦两汉美术考古材料中所见世界观的变化》,《庆祝苏秉琦考古五十五年论文集》,文物出版社,1989。
2.格林·丹尼尔《考古学简史》,格林·丹尼尔编,黄其煦、安志敏译《考古学一百五十年》,文物出版社,1987年。
3.石兴邦《简谈田野考古工作的理论与实践》,《考古与文物》1981年第3期。
4.《中国大百科全书·考古卷》,中国大百科全书出版社,1994年。
5.俞剑华《中国画论类编》,人民美术出版社,1986年。
6.信立祥《汉代画像石综合研究》,文物出版社2000年。
7.张光直《濮阳三蹻与中国古代美术上的人兽母题》,《中国青铜时代》,生活·读书·新知三联书店,1999年。
8.张道一《中国民艺学发想》,《美术长短录》,山东美术出版社,1992年。
9.布鲁斯·坎格尔著,蒋祖棣、刘英译《时间与传统》,生活·读书·新知三联书店,1991年。
10.《中国大百科全书·考古卷》,中国大百科全书出版社,1994年。

南京历史文化与社会生活平议
——附及南京历史地图的编绘

来到南京工作与生活已经22个年头了；而第一次系统感知南京，是在1981年的夏天。那时，我是复旦大学历史地理专业的本科生，因为历史地貌学课程实习，在南京早出晚归地转悠了十多天。实习过程中，全班31位同学，近半者都随身携带着一本蒋赞初先生的《南京史话》。老师介绍说，这本书的作者，“人称摸过南京的每一块石头”；而十多天的南京山水地质、历史文化实习，十多天的《南京史话》之作为口袋书，现在想来，竟使我从此缘定南京！

我的第一篇习作是万字左右的关于南京白鹭洲的演变（1981年）；我的硕士学位论文是20万字的东晋南朝侨州郡县研究（1987年）。记忆中的南京，历史文献里的南京，六朝时代的南京，案头之书《南京史话》描述的南京，结果促成我没有多少考虑地离开虽然激情、却也功利的上海，来到尽管土气、但是厚重的南京。

我的专业是历史地理与六朝文史。行走在南京，举目皆是历史地理变迁、六朝文史牵连的课题；于是，曾经的口袋书、然后的案头书《南京史话》，又成了释我疑、解我惑、时常翻阅的参考书。而尤其感觉特好者，在这六朝古都南京，宽厚、平实、稳重、热情如蒋赞初先生、梁白泉先生、罗宗真先生等老一辈学者，予我良多。如蒋先生之考古学与历史学的结合、南京历史地名的探源、南京历史地理与区域文化的研究、南京历史文化保护与传承的理念，等等，启发着我的思维，影响着我的兴趣，充实着我的领域……

今谨以感想式的这篇小文[1]，向我景仰的老师蒋赞初先生汇报，为先生八十华诞颂寿！

从历史文化的角度来讲，古都，应该是南京历史特点与文化地位的集中象征。[2]那么，作为古都的南京，在中国历史文化序列中，具有怎样的地位呢？

中国拥有“上下五千年”的文明历史与“纵横一万里”的复杂空间；而在这样的时间和空间里，曾经有200多处曾为都城。这200多处发展至今，情况当然已经大不相同，或仍为繁华的都会，或已荒草萋萋无人烟。这其中为人称道者，是所谓“五大古都”（西安、洛阳、北京、南京、开封）、“六大古都”（加上杭州）、“七大古都”（再加上安阳）乃至“八大古都”（再加上郑州）的说法。由于“大古都”是鲜明的文化招牌与重要的旅游资源，也是城市历史文化地位的集中反映，所以在中国备受重视，如沈阳、阿城、大同、成都等城市，都在积极争取，希望进入“大古都”的行列。目前，学术界普遍认可的是“七大古都”。

在“七大古都”中，南京排在什么位置？我们按照建都时间的长短、统治地域的大小两条标准，可以把“七大古都”分成三个等级。[3]第一等的大古都是西安、北京和洛阳，它们长期而且连续地作为统一王朝的首都。西安建都时间将近1100年，北京900多年，洛阳800多年。这些首都所联系的王朝，如周、秦、汉、唐、元、明、清，又是中国历史上最赫赫有名的王朝。第二等的大古都是南京和开封，它们曾经是统一王朝的首都，开封是北宋首都，南京是明初首都。南京建都时间450多年，开封220多年。第三等的大古都是安阳和杭州，安阳建都时间300多年，杭州200多年，而且从严格意义上说，安阳和杭州只做过地区性政权的首都。如此，南京是中国的第四大古都，排在西安、北京、洛阳之后。

然而问题在于，所谓“古都”，其实不仅是历史问题，更是现实问题。从现实情况考虑，在城市地位、经济水平、文化素养等等方面，南京超过西安、洛阳；在中国内地农耕社会区域，也就是除了游牧民族、边疆地区以外，是以秦岭、汉水（中游）、淮河划分南北的，而南京是南方第一的大古都。这样，我们所确定的古都南京的地位，可以表述为：从历史的角度来说，南京是中国第四大古都；考虑到现实的因素，是中国第二大古都，中国现在称“京”的城市，也只有北京与南京；就地区的典型性与代表性来说，南京是中国南方最大的都城、第一的古都。

显而易见，这“第四”、“第二”与“第一”的地位，当是南京经济社会发展最大的资源与南京历史文化研究最为重要的课题。而首先要解决的课题就是，南京凭什么拥有这些显赫的地位？我们不妨从地理条件与城市本身的发展过程两方面着手分析。

南京的地理条件非常适合建都，非常适合建设大城市。在冷兵器作战时代，一个地方要成为都城，必须拥有良好的军事地理条件，要进可攻、退可守。在中国的几大古都中，军事地理条件最差者，是号称“四战之地”、周围缺乏地险的开封。至于南京，其进可攻、退可守表现在：南京的北面和西面是长江，该段长江的江面非常宽阔，难以舟越；自古以来，北方军队即使要过长江、进攻南京，也不由南京江面，而是或走扬州，或走和县。扬州、镇江之间江面比较狭窄，江中又有江心洲；和县、马鞍山情况类似。从这两处过长江后，就可由镇江、马鞍山东西包抄南京。再有一种情况是，如果长江中游丧失，北方军队顺江而下，那么长江之险就是南北共有，此时便显出南京的军事要隘石头城的重要性了。石头城扼长江进入南京的秦淮河之口，古时的秦淮河较为宽阔，有“小江”之称，可以容纳大量的商船和战船，这样的秦淮河，等于在西面和南面又给南京加了道防线。而类似石头城这样的防线，又有南京北面的幕府山与东面的紫金山。以此，南京乃是山环水绕之地，自然的山水构成了南京的天然防线。再就南京地域本身来看，也颇适合建设城市，如交通方便，取水方便，又不容易受到水害。按照古代的风水观念，南京称得上是风水宝地。南京作为风水宝地，也表现在经济上。南京的“母亲河”秦淮河流域之经济生产，能够部分地满足南京作为都城的需要；南京与有“粮仓”之誉的三吴地区、太湖地区，水路陆路交通也非常方便。孙中山先生在《建国方略》中曾经说过：“南京为中国古都，在北京之前，其位置乃在一美善之地区，其地有高山，有深水，有平原，此三种天工，钟毓一处，在世界中之大都市诚难觅此佳境也。而又恰居长江下游两岸最丰富区域之中心……南京将来之发达，未可限量也。”

在这样的自然条件与经济基础下，南京城市有着悠久的发展历史。城市意义上的南京，诞生于公元前472年。是年，越国大臣、后世被推为财神的南阳人范蠡，率领着越国士兵在今秦淮河南边、雨花路西侧之高地筑城，以对付西面的楚国。该城习称越城或越台，据推测约有6万平方米。城虽小，却是南京城市史的开端。而范蠡建城后将近700年，南京又开始了它作为都城的历史。南京正式成为都城是在公元229年，这年孙权称帝。实际早在211年，当孙权将其政治中心从京（今江苏镇江）迁到秣陵（今江苏南京）、改秣陵为建业时，南京已经成为孙氏政权的政治中心、事实上的首都、东南地区的首善之地。此后，南京的建都情况，略如下表：

建都南京的政权	建都南京的时间	备注
吴	211—221，229—265，267—280	间隔的两段时间，都城在今湖北鄂州
东晋	317—420	
宋	420—479	
齐	479—502	
梁	502—552，554—557	间隔的一段时间，都城在今湖北江陵
陈	557—589	
南唐	937—975	
明	1368—1420	
太平天国	1853—1864	
中华民国	1912，1927—1937，1946—1949	

据表统计，历代王朝建都南京的时间，累积有450多年。其中，吴、东晋、宋、齐、梁、陈合称“六朝”，所以南京习称“六朝古都”。南京450多年的都城史，六朝占了330多年，于是“六朝”成为南京最鲜明的历史记忆；南京具有代表性的历史文化，一般认为就是“六朝文化”。“六朝”加上南唐、明初、太平天国、中华民国为十朝，故此南京又被称为“十朝都会”或“十朝故都”。又十朝之中，真正的统一王朝只有明初，而明初的53年，也是南京城市发展最快、政治地位最高、物质的东西留到今天很多的一个时段，因而南京人也喜称南京为“大明故都”。其实细算起来，建都南京者还不止于此，如隋唐之际称雄诸国中，吴王杜伏威都丹阳（今南京）三年（620—622年），宋帝辅公祏续都丹阳两年（623—624年）；又1644—1645年，明朝福王朱由崧在南京称帝，这是第一个南明政权。

“钟阜龙蟠，石头虎踞，真帝王之宅”，相传出自传奇人物诸葛亮说过的这句话，点睛了南京的地理形胜与都城地位。而从上述的历史回顾中，可以看出的南京历史最重要的特点，又是什么呢？当是南京的兴衰起伏非常明显。

南京这座城市的地位，既非一直上升，也非一直下降，而是忽上忽下。如何忽上忽下？国家统一的时候南京地位下降，国家分裂的时候南京地位上升，所以南京是一座地位相当尴尬的城市。就中国内地的统一和分裂来说，经常出现的形态是南北分裂；在这种经常出现的南北分裂当中，南京又是南方最适合建都的地方，而中国历史上南北对峙的结果，基本上都是北方战胜了南方[4]，这就决定了南京的政治命运，即统一时代，南京没有例外地受到打压，北方政权不喜欢这座城市，所以说，南京是成也“金陵王气”，败也“金陵王气”。[5]

值得注意的是，在南京地位下降的时候，相应的地域也就是长江下游必须有座中心城市取代南京，这就是扬州。扬州历史地位的变迁与南京恰成对比，南京地位下降的时候，扬州地位上升，南京地位上升的时候，扬州地位相对下降。比如在南京地位最为低落的唐代，“扬一益二”，即拥有长江、漕河之利的扬州之繁华为“天下第一”，成都第二。明了了这点，则明清一些文人笔记记载的南京人不喜欢扬州人的文化现象，就能够得到解释。

城市的意义，不仅在于建筑与交通，更在人口。从南京城市人口的变迁，也可以看出南京城市兴衰起伏的明显。中国的古圣先贤有句话，“五百年出一位圣人”；我们不妨也以每500年切个断面，观察南京人口数字的变化。公元元年，按照现在的行政区域，11区两县的南京，依据《汉书 · 地理志》测算，大约5000户、20000多人，而当时的南京城区范围，约1000户、5000口；[6] 公元500年，这年的人口数字缺考，而稍后的年份，北宋初年的《太平寰宇记 · 江南道 · 昇州》引《金陵记》说，梁代建康“城中二十八万余户”，如果按一户五口计，则达140万口；公元1000年，北宋初年的昇州，大约3万多户、十几万口；公元1500年，明朝南京20多万户、100余万口。人口数字的多寡上下，同样指示出南京城市的兴衰起伏。

总之，在历史上，国家统一则南京衰落，国家分裂则南京兴盛。中国政治的主话语权在北方，北方强势而南方弱势，南京之兴衰规律与城市命运，由此而定。

然而南京毕竟有着近2500年的城市史、450多年的都城史，今天的南京却未留下多少历史的遗迹、遗物。这缘于南京历史上遭受的几次毁城，毁灭了南京丰富而辉煌的物质文明。我们可以说历史没有厚待南京，没有珍惜南京，反过来我们今天更要厚待历史、珍惜历史。回顾南京历史上的这些毁城事件，也可更深层次地理解南京城市的历史特点与文化心态。

第一次毁城在328年至329年，缘于东晋地方官苏峻的反叛。这次叛乱对南京造成的破坏是，宫室焚毁，都城满目疮痍。200多年以后的548年至552年，南京再遭劫难，北方降将侯景发动叛乱，在攻围与进入南京期间，大肆放火，焚烧民居、营寺、楼馆、城门，又引玄武湖水灌入台城，守军则烧东宫台殿，繁华的梁朝都城被糟蹋得一片狼藉。当时百济国使臣出使南京，“见城邑丘墟，于端门外号泣”。紧接着的第三次毁城更是致命。589年，建都于今西安的隋朝灭陈，隋文帝杨坚下诏将南京“平荡耕垦”，于是都城、州城、郡城荡平为田，官署、宫殿等等建筑拆毁，六朝名都化为一片丘墟。这次毁城，可谓十分彻底，它使得号称“六朝古都”的南京，时至今日，除了郊外那孤独的石辟邪，再也无处寻觅六朝的地面旧迹。而令人感慨的是，到了唐朝，在南京这块废墟上竟然成长出了千古传诵的“金陵怀古”文学作品，盖因古今的对照、繁华和衰落的对照太过强烈；甚至直到清代，郑板桥的《六朝》诗仍在叹说：“一国兴来一国亡，六朝兴废太匆忙。南人爱说长江水，此水从来不见长。”建都在南京、建都在长江边的政权，“从来不见长”，这是文学的大幸，历史的大不幸，这也是历史残酷的一面。南京遭到的第四次毁城，发生在1130年，当女真族的金朝军队在占领南京约5个月后撤离时，不仅掳掠了大批居民与大量金银财宝，而且纵火烧城。时至近代，1853年到1864年间，先是太平天国拆用明故宫和众多庙宇的材料，以建设天王府及其他王府，在太平天国内讧中，又毁“高出天表，数十里外可见”的明大报恩寺琉璃宝塔；后则曾国荃的湘军洗劫南京，纵火焚烧七日七夜，全城房屋多数被毁，而“十年壮丽天王府，化作荒庄野鸽飞”，经此一役，那些历朝历代幸存下来的建筑与文物古迹，几乎扫地以尽。至于第六次毁城，至今老南京人记忆犹存，那是1937年底到1938年初，侵华日军在南京制造了惨绝人寰的大屠杀与疯狂的文化大掠夺；日军还在南京到处放火，城南古老的民居与夫子庙等文化建筑多成废墟。

如上所述，南京既是政治地位尴尬的城市；其屡遭毁城的命运，又使南京蒙上了浓重的悲情色彩。

可以认为，在中国的“大古都”中，无论是历史的具象还是文学的意象，最为沧桑、悲情的古都，就是南京！

中华人民共和国建国以后，南京的城市面貌得到了很大改观，这是应该肯定的成就；然而出现的问题也不少。比如中华民国定都南京时期，南京的明城墙、树木绿化、明清民居在国内号称“三绝”。经过20世纪50年代有组织地、大规模地发动群众拆城墙，明城墙之“绝”已经不再完整；当然，幸运的是，曾经长达35.267公里的南京明代应天府城墙，至今仍然留下了20公里左右，既标志着南京过去的辉煌地位，南京现在以明城墙为依托打造的观光带、以明城墙为依托的市民广场，也得到了联合国的高度认可，成为感触南京历史文化的优选之地。南京的树木绿化曾使南京获得“绿色之都”的雅号，“改革开放”之初，出于改造城市商业环境的目的，砍伐了大量的行道树，今天的南京，已非中国绿化最好的城市。至于明清民居尤其是秦淮河房，则在近十多年短视的“旧城改造”名义下，大量而且迅速地消失着，成了永远的遗憾。[7]

如此看来，现实的南京与历史的南京之间，距离已经越来越远。但是南京仍是极为典型的中国古都与极富魅力的旅游城市。关于南京之为极具典型意义的中国古都，上文已有涉及，此不再赘；南京作为极富魅力的历史文化旅游城市，又表现在哪些方面呢？

其一，南京之鲜活的社会与真实的生活极富旅游魅力。

南京颇多在中国其他城市不见或并不典型的社会生活现象。比如南京有万众同爬紫金山，晨练、午练甚至晚练的习惯，这已经成为南京市民文化的一个重要组成部分，紫金山风景区的一道独特风景线，而紫金山作为南京自然与文化象征的“山镇”意义，因此凸显了出来。南京人的口头禅“多大事啊”，在2006年2月南京城市名片评选中，入选为10张城市名片中的“习语名片”，笔者所撰点评认为：

> “多大事啊”，就是没什么了不起的大事，就是对人要多些包容，对事要看得轻些。阅尽人间沧桑的人群，才能积淀成这样的性格；经历兴衰荣辱的城市，才能养育出这样的心态！
>
> 作为城市的南京，从其诞生至今，已经将近2500年了。其间为京为都，为县为邑，辉煌与没落难以言说：“多大事啊！”
>
> 作为京都的南京，前后十朝、400多年，然而屡遭毁城的命运，带给南京人的是自豪的历史记忆与尴尬的现实失落之间的矛盾，人又不能总活在沉重的矛盾中：“多大事啊！”
>
> “多大事啊”的南京城市心态，是种平静厚重；这种平静厚重，与山水城林一起，消融了现代都市的喧嚣烦躁，坚定了古都新城的南京走向未来的沉稳步伐。
>
> “多大事啊”的南京人性格，是种可贵的洒脱，可爱的包容，可亲的温和；对事洒脱、对人包容的温和的南京人，不知不觉中营造着南京优良的人居环境与博大的发展空间。
>
> 功利些说，“多大事啊”也是笔财富，对于吸引人才、吸纳资金十分有利：天南海北的人，都能在不南不北的南京找到属于自己的位置，也都能很快融入有雅有俗的南京社会。[8]

质言之，“多大事啊”反映了南京人特别优良的心理承受能力。而从文化性格上分析，南京虽是古都，却是偏安王朝的都城，又地处富庶的长江下游，所以养成了南京人不思进取的、悠闲风雅的故都文化心理。南京人之悠闲风雅，如《儒林外史》里描述的场景，是"劳动人民"卖完货后，到永宁泉吃壶茶，然后到雨花台看落日；是书中人物杜少卿的说法："金陵城里的酒保、菜佣之流，身上都有一股六朝烟水之气"；是南京一位农民企业家写的《自豪的南京人》歌词："我们南京人，总是不慌不忙，不张不扬，不摇不晃，不卑不亢。"以此，南京是一座厚重平静的城市，这跟上海、深圳、香港等城市显然不同，那是充满激情、浪漫或者功利的城市。

在这样悠闲风雅、厚重平静的南京，诸多社会生活现象可以被认作南京市民社会的符号。如"南京三怪"，即南京老头怕老太、南京人爱吃野菜、南京的鸭子卖得快。南京人之喜吃盐水鸭，使南京有"鸭都"之称；南京民间传说，称中华民国时讨论首都南京城徽方案，久议不决，国民党元老于右任先生遂建议：几条水波之上浮着一只鸭子，鸭子嘴里含上一朵萝卜花，这便是南京。南京人性格淳朴，如同大萝卜[9]，南京人爱吃鸭子，南京水又多。在吃的方面，南京夫子庙的秦淮小吃与南京街头的大碗皮肚面，形象地反映了南京既"南"又"北"、不"南"不"北"的地域性格；在中国东南地区，南京的回民饮食也极具特色，如马祥兴的"美人肝"、"凤尾虾"、"蛋烧卖"、"松鼠鱼"四大名菜，安乐园的鱼肚，七家湾的牛肉锅贴，这显示了南京的民族构成中，回民的重要地位与地域特点；再有一点是，南京在中国饮食文化史上，是汉地佛教断酒肉的发源地。汉地佛教提倡不喝酒不吃肉，这是从建都南京的梁朝之梁武帝时期开始的。

比较而言，南京本土文学的主题往往有些软、粉或者心理阴暗；《南京零距离》一类贴近社会、贴近市民、贴近生活的电视节目内容琐碎、时间冗长而又深受市民欢迎；南京的报业竞争激烈，市民不分年龄、职业、性别，每天耗费大量的时间读报；南京人爱凑热闹，元宵节晚上逛夫子庙、梅花节期间挤梅花山、桂花节时日游灵谷寺、深秋蜂拥栖霞山；南京妇人喜欢"湿搭"，年轻人喜欢逛珠江路电子街，老年人喜欢闲坐市民广场；南京人无论何时见面，问候语往往是"啊吃过啦"，等等，也都属于鲜活、真实的南京市民社会的有趣符号。

这样的"市民南京"与"山水南京"[10]相结合，使得南京对于外地人来说，极具旅游的魅力；而对于本地人来说，不仅老南京人有安土重迁或落叶归根的情结，在南京学习、生活过的年轻人，也往往在离开南京若干年以后，有重返南京的强烈愿望。南京的悠久历史、厚重文化、包容性格、风雅氛围，共同营造了南京优良的人居环境。

其二，南京老地名是南京的历史文化遗产与现代旅游资源。

物质的南京，既然已经较少历史的遗迹与遗物，则退而求其次，重视与体味南京老地名，也是感受南京历史文化的一种高层次的学术旅游。此以"南京十佳老地名"为例，进行分析。

2004年3月至4月间，南京主流媒体之一的《金陵晚报》与南京市行政区划地名学会联合，推出了"南京十佳老地名"的评选活动。八位地名专家（笔者忝列其中）在众多市民投票的基础上，从得票最多的前20条地名中，以无记名投票方式，最终决出"南京十佳老地名"如下：乌衣巷、朝天宫、桃叶渡、成贤街、龙蟠里、夫子庙、长干里、孝陵卫、莫愁路、虎踞关。[11]

对于南京的历史与现实来说，这十佳老地名有着广泛、形象、到位的象征意义与指示作用。如乌衣巷，因为唐朝诗人刘禹锡著名的《乌衣巷》诗"朱雀桥边野草花，乌衣巷口夕阳斜。旧时王谢堂前燕，飞入寻常百姓家"，写尽了南京历史的沧桑之感而闻名遐迩；由此，乌衣巷无论是在本地人还是外地人的心目中，都已经成为南京这座城市的代名词，《乌衣巷》诗，更是南京历史的画龙点睛之笔。这就仿佛提到扬州，人们立刻想到的诗句是“故人西辞黄鹤楼，烟花三月下扬州”，是“天下三分明月夜，二分无赖是扬州”，而提到苏州，人们的脑海里总会浮现“姑苏城外寒山寺，夜半钟声到客船”的意象。一座城市总有一座城市的味道，这种味道，往往就凝聚在一些千古传颂的诗句中，也凝聚在一些生命力长久的地名里。

按照这样的思路，另外九条“南京十佳老地名”也各具特别的象征意义。如龙蟠里、虎踞关这两条一对地名，都来源于相传是诸葛亮说过的“钟阜龙蟠，石头虎踞，真帝王之宅”。钟阜即今紫金山，紫金山逶迤似蟠龙，匍匐于南京城东；石头约当今清凉山，清凉山蹲踞若猛虎，雄立在南京城西。钟阜石头，龙蟠虎踞，南京所以成为六朝古都、十朝都会，正是凭依着这样优越的地理形胜[12]；而“龙蟠虎踞”因此成为南京的习称、别名，新的南京城市旅游形象标识，也是红底白质、似一方印章的“龙蟠虎踞”图案。又桃叶渡、长干里、莫愁路三条地名，共同写照着南京的性情浪漫。桃叶渡得名于东晋著名书法家王献之每每在此迎送爱妾桃叶，“缘于笃爱”，又为桃叶作有几首优美的桃叶歌，千百年来，王献之与桃叶的浪漫故事被传为美谈，桃花、桃叶也成为才子佳人、离愁别绪的象征符号；长干里的出名，与被称为“李白最柔情的诗句”的《长干行》、唐人崔颢等描述长干船家生活的《长干曲》以及南京旧时“长干折柳”的习俗等等有关，其中“青梅竹马”、“两小无猜”、漂泊之感、离别之恨等等的美好意象，使人流连；莫愁路来源于莫愁湖，莫愁湖联系着莫愁女，美丽勤劳的莫愁女的传说凄美感人，而“莫愁”所蕴含的有愁但不要愁、化愁为不愁，也正是南京这座屡仆屡起的城市的文化写照，是古都新城中的南京人失落感与宽容心的微妙反映。由桃叶渡、长干里、莫愁路三条地名，传递出人文沧桑与地理形胜的南京，是一座充满故事的城市，是一座故事里饱含感情的城市，南京城市的旅游形象口号也就是“博爱之都”。再有夫子庙地名，其所指代的地域，既大雅又颇俗，感受南京芸芸众生的衣食住行、士农工商的吃喝玩乐、城市的市井百态，夫子庙可谓最佳之地，这是最生活化、最雅俗化、最复杂化的南京，是闲适风雅的南京人的最爱；而就地名文化来说，夫子庙区域也是南京老地名的难得标本，在夫子庙及其周边，老地名星罗棋布，贡院街、龙门街、文德桥、利涉桥、状元境、瞻园路、来燕路、槽坊园、四福街、教敷营、东牌楼、钞库街、长生祠、大石坝街、琵琶街、平江府路、大全福巷、白塔巷，如此等等，它们有历史，有故事，有歌谣，有风情。作为南京城南老地名的集中地之一，走进夫子庙区域，强烈的历史感觉与生动的文化体验，扑面而来。而与夫子庙形成对比的是成贤街，时人认为读书人进国子监（明朝国家最高学府）培养后即可成为“贤人”，获得做官的资格，故把国子监所在的街道称为“成贤街”；时至今日，成贤街及其周围仍是南京最具代表性的文教区、宗教区，是感触南京人文品位、文化雅致、学风书香的优选之地。至于“南京十佳老地名”中的朝天宫、孝陵卫，朝天宫得名于南京人习称为“洪武爷”的明朝开国皇帝朱元璋，派儒生在此处教演文武百官学习朝见天子的礼仪，孝陵卫因为守护孝陵（孝陵是先葬马皇后、后葬朱元璋的陵墓）之卫的所在地得名。朝天宫、孝陵卫作为帝王之家独有专用的地名，自然有其京都气派、皇家风范，它们从别致的角度，诠释了南京的政治地位与古都文化。

总之，乌衣巷折射了南京的历史沧桑，龙蟠里、虎踞关象征着南京的地理形胜，桃叶渡、长干里、莫愁路写照着南京的浪漫性情，夫子庙代言了南京的市井百态，成贤街标志着南京的人文雅致，朝天宫、孝陵卫显示着南京的京都大气；而令人感慨的是，这十条基础于市民投票选出的南京老地名，竟然将上文所及的南京历史、地理、文化、社会生活、政治地位等等方面的讨论，包容殆尽。老地名的重要意义，由此可见。

进而言之，“南京十佳老地名”之整体，还富有非常到位的指示作用。

首先，“南京十佳老地名”指示了南京城市的时空发展过程。就“南京十佳老地名”特别是其专名部分的产生时间看，先秦地名为长干里，六朝地名为龙蟠里、虎踞关、乌衣巷、桃叶渡、莫愁路，宋朝地名为夫子庙，明朝地名为朝天宫、成贤街、孝陵卫。这样的时间分布，准确反映了南京城市的历史记忆，主要是六朝和明朝，而这正是南京确立其历史地位、奠定其城市规模的两个最重要时期。再就“南京十佳老地名”的分布地域来看，城南占了8个，毕竟城南是直到明朝以前“城市”意义上的南京的范围，集中了明朝以前大部分及明朝以降一部分南京的历史文化；至于城中的成贤街、城东（明朝京城以外）的孝陵卫，与明朝南京城市的扩展有关；城北的空缺，则反映了城北在南京历史发展中后起的事实。

其次，“南京十佳老地名”指示了南京人的怀旧情结与个性追求。南京虽为古城故都，由于自然的侵蚀尤其是人为的破坏或改造，遗存的真正古迹却很少。作为南京人的这种失落感，是许多外地人无法体会的。而另一方面，众多的老地名还在，这些老地名联系着丰富无比的旧人、故事、地方风俗、特色文化，“老南京”们可以由老地名去感触过去，寻梦辉煌，所以南京人爱怀旧，怀旧情结又突出体现在对老地名的唠叨与珍爱上。从“南京十佳老地名”的评选过程与最终结果看，民国时代的地名基本上被市民否定了，究其原因，一是时代不够久远，二是民国时很多物质的东西还在，老百姓还可以切切实实地通过民国建筑来感知民国，所以对其怀旧的心理不如那些实体已经消失得了无痕迹、然而地名仍在者来得强烈。这其实代表了南京人“越老越好”的心理。身处南京这样的沧桑之都，人们在心理上更喜追求一种虚幻的东西，追求“名存实亡”的东西，因为它们的物质已经不在了，只能通过“名”来感受它的“实”，从而反衬着“名”更加可贵。应该说，南京人的这种怀旧情结是值得肯定的，它体现了南京人对南京历史与文化的强烈关注与发自内心的热爱。再有，“南京十佳老地名”在市民提名阶段，很少见到在南京大量存在的、往往是繁华街路的民国时从别的城市“借”来的地名，如广州路、上海路、云南路等等；至于本属规划名称、而在现实中已作为路名使用的经×路、纬×路一类，则绝不见于提名。南京人不喜欢借来的名字和没有文化味道的名字。广州路、上海路、云南路等等，虽然写照了南京之大城市的地位，但这些名字不是南京人自己的，所以南京人不喜欢、不承认；而一些平板的地名，如经×路、纬×路，南京人也肯定不接受，因为没有文化味。可见南京人认为自身的、传统的、有文化韵味的地名才是最好的，南京人的个性追求也由此可见一斑。

讨论至此，我们应该可以作出如下的判断：南京老地名是南京的历史文化遗产与现代旅游资源。作为历史文化遗产，南京老地名仿佛工笔画一样，一笔一笔描述出南京不同历史时期的面貌、不同细部空间的状况、不同社会阶层的生活，这是老地名绘就的南京《清明上河图》，但比《清明上河图》更加丰富与细致，这是老地名绘就的《南都繁会图》，但比《南都繁会图》时间更长、空间更广；而若我们把南京的地理、历史、文化、风俗等等比作一部厚重的百科全书的话，那数量上成千上万、类别上丰富多彩的南京老地名，也就是构成这部百科全书的长短不一、层次各异的辞条。因此，保护南京老地名，就是保护南京城市的历史文化；南京老地名应当上升到历史文化遗产的高度去认识，老地名轻易不能废弃。[13]而作为现代旅游资源，行走在南京这样的城市里，如果你关注老地名，走起来就不会寂寞，因为你时刻在发现，在惊喜，在回味，在追溯；通过老地名，你终会发现南京城市独有的地域特点与特别的文化心态。

诸如南京老地名这样的学术价值，笔者以为，值得引起研究者的关注；换言之，研究者大有必要深入研究长期以来受到忽视的老地名。地名是人们赋予各个地理实体的专有名称。自古至今，那些曾经使用或正在使用的地名，都是人们约定俗成的、命名的、公认的；反过来，地名又成为人类社会各种信息的载体。从这层意义上说，地名是真实而且珍贵的文献资料，是鲜活而且广泛的文化符号。[14]作为文献资料与文化符号，老地名又特别值得研究；对于有着悠久历史、复杂变迁、丰富文化的城市，比如南京，老地名更是蕴涵着可以回味无穷的各样信息。[15]

附：关于汇编《南京古旧地图集》与编绘《南京历史地图集》的设想

目前，在中国，武汉、杭州、天津等城市的"古旧地图集"，北京、西安、上海等城市的《历史地图集》，先后问世。城市古旧地图的汇编、整理与研究，是编绘城市历史地图的基础与前提；而城市历史地图集的出版，则能系统标志城市历史地理研究的水平，综合反映城市史研究的成果。

在中国的"七大古都"中，南京历史地理、城市史的研究水平落后于北京、西安，造成这种落后局面的原因相当复杂，诸如南京迭遭毁损的客观历史原因，南京曾为"国民党反动派黑暗统治中心"的政治原因，以及对南京古旧地图缺乏系统了解与全面整理的学术原因，等等。单言此学术原因，缺乏对南京古旧地图的了解与整理，当然也就谈不上重视与研究。除了1936年朱偰《金陵古今图考》于南京古旧地图略有整理、于南京历史地图有所编绘外，有关本课题的系统研究才刚刚开始。这样的状况，与古都南京重要的历史、文化地位与鲜明、独特的地域特色，显得颇不相称。

近十几年来，在南京历史地理与南京城市史的研究与应用方面，笔者颇多思考；而汇编《南京古旧地图集》乃至编绘《南京历史地图集》，则是笔者最希望努力促成的大事。[16]

按照笔者的设想，将先行汇编《南京古旧地图集》；然后联合各方力量，起码以10年之功，完成《南京历史地图集》。

汇编《南京古旧地图集》的最大难处，在于古旧地图的寻访与收集。翻检、搜罗古籍刻本与民国旧籍中的印刷图已属不易，文博、档案、市政、房产等各部门的相关地图更难寻找，还有相当部分的古旧地图藏于民间。本课题的最大目的，便是进行一次尽可能全面的古旧地图汇编。拟汇编的古旧地图之时间跨度，"古图"的编绘时间是从唐宋至民国、而反映的时间是从秦汉至民国，地域范围则以今南京城为中心、兼及郊县，地图种类包括城郭图、沿革图、形势图、山水图、风景图、名胜图、建筑图、衙门图、学校图、营卫图、寺观图、交通图等等；又"旧图"指民国迄今学者们编绘的、反映南京历史文化诸多方面研究成果与南京各别时期地域状况的地图，包括城市图、政区图、交通图、自然图、人口图、经济图、文化图、军事图、地名图等等，取其质量上乘、内容可靠者。根据笔者前期调查的情况，这样的《南京古旧地图集》，大约能够汇编250幅左右的古旧地图；当然，仅仅止于汇编是不够的，还拟撰写8—10万字的图说。图说将以交代地图出处、藏处、质地、尺寸、内容、价值及其他相关问题为重点，兼及部分古旧地图之地位与贡献、观点与问题的评述。

笔者相信，《南京古旧地图集》如果编成，则其意义是广泛的：首先，留存至今的南京古旧地图，是一份文字史料不能替代的历史遗产，充分挖掘与利用其内在价值，将为南京当今的城市建设与文化建设服务；其次，南京古旧地图一定程度上再现了过去的南京，是南京城市历史地理研究的基础资料，同时也是专题地图学的研究对象；再次，汇编南京古旧地图并略作图说，可以满足一般社会读者对南京历史文化的了解需求，提高社会大众对南京历史文化的鉴赏水平与关爱之心；又次，近现代学者编绘的“旧图”，大都运用了现代绘图手段和表现方式，将其汇集一处并且予以评述，既便于研究者查阅，又可使研究者以此为起点，进行更深入的研究；最后，《南京古旧地图集》的完成，将为下一步多学科、多部门合作，编绘大型的、综合的《南京历史地图集》打下基础。

相对于汇编《南京古旧地图集》，《南京历史地图集》的编绘难度当然更大。就目前的研究成果看，南京古今河道的变迁已有初步研究，本世纪以来南京城市考古取得的进展奠定了六朝建康图的布局基础，《景定建康志》、《至正金陵新志》中的资料与古图为复原晚唐至宋、元时期南京图提供了可能，至于明、清南京图，则黄盛璋先生已经完成了古今地名对照表并绘出草图。如此，编绘《南京历史地图集》是具备可能性的。更重要的是，现在的形势可谓逼人：侯仁之先生主编的《北京历史地图集》（3册，已出1、2册）、史念海先生主编的《西安历史地图集》都已出版，并获得国际学术界的高度评价；世界各国的一些历史文化名城，如罗马、雅典、巴格达等，也在进行历史地图的编绘工作。南京编绘历史地图集，论资料不及西安，但是胜过北京，而中国也只有西安、南京、北京三座城市能够编出真正意义上的《历史地图集》；如此，南京若不从事于此，将难以向学界交代。

进而言之，编绘《南京历史地图集》除了不言而喻的学术价值外，其他方面的意义也确实重大：其一，现实需要。南京城市规划，如果不掌握城市的发展变迁情况，往往造成无法挽回的损失，如在文化遗址上设计施工；甚至出现重大事故，如将建筑物建在古河道上，地基下沉，后果不堪设想。[17] 其二，国际影响。如上所述，能够编绘历史地图集的城市极少，保质保量的《南京历史地图集》如果编成，将为中国文明特别是古都南京增添光彩。其三，政治意义。南京是民国故都，有关南京的记忆，往往关联大陆与台湾之海峡两岸的感情，如白崇禧之子白先勇的南京情结，《南京明清建筑》（杨新华、卢海鸣主编）、《南京民国建筑》（卢海鸣、杨新华主编）[18] 成为南京市政府赠送台湾同胞的最佳礼品，都说明了《南京历史地图集》的编绘，具有重大的政治意义，是不宜等闲视之的。

要之，集合历史、地理、考古、方志、测绘、地图、城建、规划、遥感等等方面的专家学者，争取相关政府部门与科研单位的支持，充分酝酿与设计，深入研究与精心编绘，则包含自然演变、政区沿革、城市变迁、水陆交通、考古文物、历史人文等等内容的《南京历史地图集》，既会成为展示南京城市史研究水平与内容的标志成果，也会成为进一步拓宽加深南京城市史研究以至南京地域学建立的基础与平台；这就仿佛中国历史的研究，对于诸多尚未熟悉中国历史地理变迁的学者来说，谭其骧师主编、200多位学者参与、历时20余年完成、至今还是世界上最权威的《中国历史地图集》八册，是离不开的基础与平台性质的工具书一样。

胡阿祥（南京大学历史系）

1.十多年来，笔者在南京多种场合作过有关南京历史与文化的讲座。这些讲座，虽然在“学术”上无甚贡献，但在“普及”与“宣传”两方面，或许起过些用处。本文即据1999年与2005年的两次讲座录音的部分内容整理而成。

2.这里解释一下“南京”的概念。在当今的社会生活中，“南京”的概念非常啰嗦。比如溧水县、高淳县的人说“到南京去”，溧水、高淳两县其实就在南京市的行政范围内，这是包括两县11区、作为政区的“大南京”；第二个“南京”概念是指11区的南京，这是同样作为政区的“小南京”；第三个“南京”概念，则是除掉5个郊区、专指6个城区（秦淮、建邺、玄武、白下、鼓楼、下关）的“南京城”。再有一个在社会生活中也经常使用的“南京”概念，是大致以明代应天府城墙以内为范围的南京，这可以称为“老南京”。以下的讨论主要围绕“南京城”展开，并且特别关注“老南京”。

3.参考谭其骧师《中国历史上的七大首都》，收入《长水集续编》，人民出版社1994年版。

4.这种情况，及至朱元璋以降有所改变，由于南方的经济力量胜过北方，于是南方政治上有时也胜过北方。

5.这里涉及如何评价南京在中国历史上的地位问题。清光绪二十八年，梁启超著《中国地理大势论》，以为“自古南渡偏安之局，曾无一焉能北进以恢复者……其故可思也”；“历代王霸定鼎，其在黄河流域者，最占多数。……而其据于此者，为外界之现象所风动、所薰染，其规模常宏远，其局势常壮阔，其气魄常磅礴英鸷，有隽鹘盘云横绝朔漠之慨”，反之，“建都于扬子江流域者，除明太祖外，大率皆创业未就，或败亡之余、苟安旦夕者也。其为外界之现象所风动、所熏染，其规模常绮丽，其局势常清隐，其气魄常文弱，有月明画舫缓歌慢舞之观”。然而需要强调的是，建都南京的所谓“偏安王朝”，仍有其重要的历史地位，如言六朝，笔者所撰《推进六朝文化研究的若干思考》（《学海》2005年第2期）指出：“六朝在政局上相对于北方要稳定一些，六朝在经济上取得了明显的进步，六朝在民族融合上成效显著，六朝与北方以及海外的政治、经济、文化交流相当频繁、活跃，在思想文化方面，六朝更是继春秋战国之后又一个思想活跃、文化繁富的时代，给后世留下了非常丰富的思想文化遗产。……六朝政局是分裂的，但在分裂中孕育着未来的统一；六朝政权是割据的，但在割据中传承着先进的文明；六朝政治上是偏安的，但偏安维护了南方的稳定，为南方经济与文化的发展，提供了必要的条件。我们应当看到，在五胡十六国大乱时期，正是由于司马睿、王导君臣在南方重建晋朝，及以后的宋、齐、梁、陈较为平稳的递嬗，才使先进的传统文明在南方得以保存与延续，才没有被相对落后、野蛮且具强大破坏力的胡兵毁于一旦。进一步说，保存、延续于南方的先进的传统文明，也给十六国北朝的统治者逐渐接受这种文明提供了机会与条件。”

6.2004年底，“大南京”500多万人，“南京城”230万人。当然，如果加上大量的外来人口与流动人口，南京的实际人口数字更多。

7.2006年6月，南京市秦淮区政府启动了名为“建设新城南”的大规模拆迁活动，仅存的近100公顷（不到43平方公里南京旧城的2%），秦淮老街面临被拆除一空的局面。对此，专家、媒体、市民以各种方式不断吁请保留南京历史旧城区，“2006”，也因此被称为“老南京保卫战”之年。

8.《南京晨报》2006年2月23日。

9.南京人有“大萝卜”的集体“绰号”。关于此“绰号”的由来，笔者所撰《骑鹤上南京与杨花萝卜》（《现代快报》2005年11月1日）有以下的说明：“大约从隋唐以降直到明清，南京的文人学士对于扬州的繁华富庶，就有种怪怪的心理，逮着机会便拿扬州开涮。比如有这么个流传南京民间甚广的说法：乾隆皇帝下江南，走运河到了扬州府，问府尹也就是市长地方特产，府尹拿出了杨花萝卜。皇帝看了久久无语，然后感慨道：想当年扬州天下第一，如今萝卜才长这么大，免税吧。接着乾隆来到江宁府也就是南京，同样的话问江宁府尹，江宁府尹捧出了又长又粗又白又脆的大萝卜，皇帝老儿龙颜大悦：加税！这免税加税之间，显出了南京人眼里扬州人的精明、刁滑、不地道，反衬着南京人自己的朴实、厚道、缺心眼。其实杨花萝卜也算得南京的特产，杨花开时上市，与烟花扬州并无本质的关系。而南京人也确实爱吃萝卜”云云。

10.所谓“山水南京”，南京的山虽不高、水虽不深，但山水在城或近城，是文化的山水，人文与自然交融的山水。

11.顺带提及，2004年2月，《金陵晚报》发起评选“南京十大遗憾消失老地名”活动，最后结果为：唱经楼、安乐寺、邀笛步、百猫坊、杏花村、子午路、凤凰台、仁孝里、吉祥街、赤石矶。

12.按照风水四象观念，“钟阜龙蟠，石头虎踞”与东青龙、西白虎相合，而南朱雀、北玄武又与朱雀桥、玄武湖相合，南京作为传统王朝建都的风水宝地，由此也得以体现。

13.在国外如日本，老地名保护被提升到了非常的高度，日本民间有众多的老地名保护协会，老地名被视为时间的化石、日本人共同意识的结晶体、日语的重要组成部分、日本历史文化和风土人情的具体表现。

14.参考胡阿祥《“开卷如芝麻开门”——华林甫著〈中国地名学源流〉评介》，《学术界》2002年第5期。

15.在南京，类似“南京十佳老地名”这样由媒体与学会发起、市民与学者参与、政府相关部门支持或认可的活动，近年来很多，以笔者曾经参与者为例，如2005年“新金陵四十八景”评选、2006年南京城市名片评选、2006年“首批南京非物质文化遗产地名保护单位名录”公布；通过这样的活动，激发了政府、学者、市民对南京历史文化与社会生活的关注，并往往进而引起学者对相关课题的深入研究。这可以视为南京历史文化研究的一大特点。这样的特点，就笔者所见所知，杭州的情况与南京相近，而北京、上海、广州、西安等城市则较为少见。

16.在此期间，中国科学院地理研究所研究员、英国剑桥大学被选院士黄盛璋先生多所尽力，指导笔者甚多。

17.《天津城市历史地图集》（天津古籍出版社2004年版）“序”指出：“《图集》的出版，对今后的城市规划、城市建设、土地开发、河道整治、工业配置、农业区划、旅游发展、防灾减灾乃至地域文化特色的探索，都具有莫大的参考价值。”《南京历史地图集》如果编成，其现实意义当然也不例外。

18.2001年南京大学出版社出版，两书皆以收录大量旧照片取胜。

中国的百济史研究

中、韩两国领土相邻、唇齿相依，自古以来友好往来，文化联系源远流长。这些友好往来和文化交流活动，曾对两国的历史、经济发展、文化繁兴和社会进步产生过重要的推动作用和积极影响。中国与百济间的友好往来与文化交流活动是其中光辉的一页。现在，东亚学界对于百济学的研究日趋繁荣，笔者愿就中国方面的百济学研究状况作一介绍，以供学界同仁参考与研究。

一、主要研究成果

中国百济学的研究可分为前、后两阶段，笔者称之为肇始期与快速发展期。

第一阶段，肇始期（新中国建国至19世纪80年代）。

王立达的《新罗、高句丽、百济“三国并立”时期内朝鲜经济、文化的发展及其在沟通中日文化上所起的作用》（《史学月刊》1957年第10期）中总结了百济文化史的两大特点：一是南朝文化的主要输入国；二是南朝文化间接传往日本的主要输出国。

对于“百济略有辽西”这一有争议的史料，刘永志在《百济略有辽西辨》（《学术研究丛刊》1983年第4期）中认为，“略有辽西”应为“略有泗西”之误。

关于百济的历史地理方面，孙玉良在《唐朝在东北民族地区设置的府州》（《社会科学战线》，1986年第3期）一文中对唐朝在灭亡百济后，在百济故地设立的府州及其沿革变化做了说明。

关于百济的国家性质问题，李成德在《试析百济国家的性质》（《史学月刊》1987年第4期）中结合历史文献，论述了百济国家的建立和国家性质问题，提出百济的社会性质在长期的国家历史中一直是奴隶社会占主要的，在公元6世纪到7世纪中叶，百济社会才开始向封建社会过渡。

关于百济的国际关系方面，中国学者多着重于中国王朝和百济的关系及其对百济的影响。已发表的主要的论文有：杨泓的《吴、东晋、南朝的文化及其对海东的影响》（《考古》1984年第6期）谈及了百济与东晋南朝间的密切往来与交流，以武宁王陵和须惠器为例，说明南朝文化对百济的影响及百济沟通中日的桥梁作用；王仲殊的《东晋南北朝时代中国与海东诸国的关系》（《考古》1989年第11期）有“友好的百济国”之说，清楚地表明了百济与东晋南朝的友好往来，并通过武宁王墓说明了百济与中日两国的密切联系。

关于百济艺术史研究，简巧珍的《南朝鲜音乐小史》（《中国音乐》1989年第3期）谈到了百济的音乐，尤其是一种“假面舞剧”和中国南朝的音乐剧很相似。

关于考古学与文物研究方面，百济武宁王陵的研究是一个重要内容。贾梅仙的《朝鲜南部武宁王陵简介》(《考古学参考资料6》,中国社会科学院考古所编,文物出版社,1983年)首次向中国历史学界和考古学界介绍了武宁王陵的基本情况。夏鼐主编的《中国大百科全书·考古学》(中国大百科全书出版,1985年)也有"武宁王陵"条,足见武宁王陵在中韩文化交流上的重要性。杨泓的《吴、东晋、南朝的文化及其对海东的影响》(《考古》1984年第6期)、王仲殊《东晋南北朝时代中国与海东诸国的关系》(《考古》1989年第11期)认为武宁王陵与中国东晋南朝墓葬存在诸多的相同点,包括墓葬构造、出土遗物等,认为武宁王陵是中国南方和百济文化交流的集中体现。

这一阶段的主要特点是:百济学研究处于肇始阶段,在中国建国之后的很长时间内,很少有学者关注百济史研究,发表的文章很少。20世纪80年代以后,随着中国对外开放,中国与国外之间的交流日益增多,百济学研究开始逐渐受人瞩目。关于百济学的研究文章开始增多,其中又以考古学尤其以武宁王陵为多,主要研究学者集中于北京的高校或中央研究机构,如中国社会科学院等。

第二阶段,快速发展期(1992年以来)。

关于百济的历史沿革变化,很多中国学者在文章和论著中都有提及。姜孟山主编的《朝鲜通史·第一卷》(延边大学出版社,1992年)在"百济封建国家"一章中不仅较为详细地探讨了百济国家的建立、社会制度、经济生活、领土扩张活动等等,还涉及百济与中国、日本的经济文化交流,广泛研究了百济的语言文字、科学技术、哲学宗教、文学历史、音乐舞蹈、建筑与美术等内容。韩今玉的《韩国学者关于百济初期史可信性的研究》(《世界史研究动态》,1993年第5期)对20世纪90年代以前的百济初期史可信性研究作了综述研究,将其分为否定论、折中论、肯定论三种。《韩国史新论》〔(韩)李基白著、厉帆译,国际文化出版公司,1994年〕对百济的历史发展、对外关系、政治、社会和贵族文化进行了全新的有益探索。全春元在《早期东北亚文化圈中的朝鲜》(延边大学出版社,1995年)中论述了百济的兴起、三国的分立争战及百济与周边国家尤其是东晋南朝、倭的关系与文化交流,以及百济对日本早期国家形成的推动作用,还论及唐、百济、新罗、高句丽的关系变化及百济的灭亡。徐秉琨著的《鲜卑·三国·古坟——中国朝鲜日本古代的文化交流》(辽宁古籍出版社,1996年)涉及百济的族源与兴起、百济与中国及倭的关系,并对三国时代的百济文物如寺庙与宫殿遗址、历代墓葬进行了相关的介绍与研究。杨军的《从扶余南下看百济国族源》(《北方民族》2001年第2期),从公元前1世纪貊系扶余人的迁徙过程入手,认为百济人起源于沸流部更合适。而熊义民在《公元4至7世纪东北亚政治关系史研究》(暨南大学2003年博士论文)第一章的第一节中较系统、详细地研究了百济国的崛起、中衰、都城的变迁和百济的对外关系,并且在其论文的其他章节中,熊义民也论述了半岛三国之间的和战关系及百济与中国朝代、倭的关系变化和唐灭百济,说明了百济在公元4世纪至7世纪东北亚的地位与影响。

拜根兴著《7世纪中叶唐与新罗关系研究》(中国社会科学出版社,2003年)对此前未被重视的金法敏入唐举讼百济事件涉及的"与百济王义慈书"作了详细分析,指出7世纪50年代初唐与新罗、百济关系的演变轨迹。对于前人少有论及的唐罗联军征伐百济的具体时间上的差异问题,作者考证指出,中韩两方史书记载的差歧乃是双方历法误差所致。通过"大唐平百济国碑铭"推测了罗唐征讨百济战争的具体时间。分析"刘仁愿记功碑"、"刘仁愿等题名"摩崖石刻,对文献资料中的刘仁愿事迹作了补正。对韩国新近发现的"含资道总管柴将军精舍草堂之铭"作了考证,补文献资料之不足,为唐留守百济军有关史实提供有力的佐证。

韩昇的《“魏伐百济”与南北朝时期东亚国际关系》（《历史研究》1995年第3期）围绕北魏高祖年间魏军曾经讨伐百济的事件，深入探讨史籍记载的可靠程度，事件发生的背景及其对南北朝国际关系产生的影响。通过考订史料及其背景，“魏伐百济”很可能发生在488年，这次冲突只能是小规模的。5世纪末，即在百济试图打开与北魏的关系失败后双方发生冲突，对南北朝与百济、高句丽的关系都产生了划时代的影响。其结果是形成了高句丽和北魏、百济和南朝各自相对密切的外交关系格局。

金锦子《论百济与北魏的关系——以百济的上表文为中心》（《东疆学刊》2006年第4期）围绕着4世纪末以来朝鲜半岛局势的深刻变化展开论述。为了寻求自身的安全和发展，百济和北魏都在构建着对各自有利的外围条件。472年，百济上表北魏请兵攻打高句丽，却遭到北魏的拒绝。由于两者在最终利益上的差异，使得它们未能在传统的东亚国际秩序下建立起朝贡册封关系。最终，再无百济使臣前来北魏王朝，两国的关系形态对5世纪后期东北亚国际格局的变化产生了重要影响。

张荣芳在《唐代史书对百济的记载与认识》（《唐史论丛》第8辑，三秦出版社，2005年）一文中认为：隋至唐初，由于中国统一帝国的相继缔造，加强与邻近国家的往来联系乃至于控制等因素，增强了中国对百济的了解与认识。这一与日俱增的认识，形成唐初所撰各部史书包括《周书》、《梁书》、《隋书》、《南史》与《北史》中《百济传》记载的基础，其资料都本于唐代史馆所搜集、撰修的官方史料。其中记载差异不大，仅有详略之别，反映了唐初高祖、太宗朝对百济的认识。唐宋时代纂修的《旧唐书》与《新唐书》二正史、《唐会要》、《通典》以及《册府元龟》等书，其对百济的记载皆源于唐初所修正史和唐代国史、实录。

都兴智的《唐政权与朝鲜半岛的关系述论》（《史学集刊》2001年第3期）分析唐军平百济，及熊津等五都督府的设立与沿革，指出唐政府这些州县的设立虽然属于羁縻性质，但仍然促进了这一地区与中原的文化交流。

关于百济的国家性质问题，姜孟山主编的《朝鲜通史·第一卷》（延边大学出版社，1992年）则认为百济属于封建社会，并研究了百济的封建制度。

关于百济的历史地理方面，孙玉良在《唐朝在东北民族地区设置的府州》（《社会科学战线》，1986年第3期）一文中对唐朝在灭亡百济后，在百济故地设立的府州及其沿革变化做了说明；对于“百济略有辽西”这一有争议的史料，金宪淑的《“百济略有辽西”记事初探》（《延边大学学报（社会科学版）》，2000年第8期）试图从史料分析入手，认为包括《宋书》《梁书》和《南史》都记载了“百济略有辽西”，不能依据《魏书》和《三国史记》没记载相关内容就否定这一史实，并探讨了百济在辽西的活动和百济郡的位置，证明百济略有辽西完全是可能的，但不一定在晋世，百济郡应该于350年在柳城与北平之间设置；但不久刘子敏的《驳<“百济略有辽西”记事初探>》（《延边大学学报（社会科学版）》，2001年第3期）认为“百济略有辽西”之说无论从史料记载还是从其他方面考证，都是不可信的，而且是错误的。他从辽西地理区划沿革与管理入手，认为百济郡并不在辽西，而考古学证据也显示辽西一直处于“三燕”统治之下，之后归于北魏统治，认为“百济郡”应该是百济占领高句丽的平壤城后设立的平壤郡，因为是百济立郡，故也称“百济郡”，而“晋平郡”的“晋”则应该是指晋朝而言。

对于百济移民情况，中国学者也予以高度重视。吴松弟著《中国移民史·第三卷·隋唐五代时代》中提到了百济被唐灭亡后，百济子民迁徙的情况。韩昇的《日本古代的大陆移民研究》（文津出版社，1995

年）中研究了古代日本的百济移民的相关问题。

拜根兴的《高句丽、百济遗民关联问题研究的现状与展望》（《中国历史地理论丛》，2006年第2辑）通过探讨国内外学界对高句丽、百济遗民的人数、流入地、安置地域分布等研究现状，提出了自己的观点：流入唐朝的百济人总数不会超过两万；百济移民大量流亡日本；到达唐朝的百济人除被安置在两京及其周边地区外，还分布在各地。文中对百济遗民的婚姻及与中原汉族的融合问题做了阐释，认为有以下几种情况：与唐人通婚；与同族结婚；8世纪后，逐渐和唐人融合，成为唐人的一部分。拜氏认为限于历史文献记载的缺失，现有研究有深入研究的余地；由于研究者队伍的规模较小，造成了研究关注点少且分散；现有研究多注重个别遗民事迹的钩沉，缺乏对宏观的把握；研究者未能以地域分布概念对遗民安置地域及相关问题进行研究；与国际学界交流有限。因而，拜氏提出应加大史料收集的力度以提高研究可信度，尤其要加强墓志的收集与研究，其次应注意从地方志中查找相关记载，从遗民的地域分布，或者从移民史角度、用历史地理的观点方法来探讨小股分散的、乃至整个高句丽、百济遗民踪迹；最后，加强国际交流，使高句丽、百济遗民关联问题的研究走向深入。

关于百济的国际关系方面，中国学者论述多着重于中原王朝和百济的关系研究。有周一良的《百济与南朝关系的几点考察》（收入周一良著《魏晋南北朝史论集》，北京大学出版社，1997年），韩国磐的《南北朝隋唐与百济新罗的往来》（《历史研究》1994年第2期），范毓周的《六朝时期中国与百济的友好往来与文化交流》（《江苏社会科学》1994年第5期），史义银的《六朝时期及之前的韩国与中韩关系》〔《盐城师专学报（哲学社会科学版）》1995年第3期〕，杨通方的《汉唐时期中国与百济的关系》（收入杨通方著《中韩古代关系史论》，中国社会科学出版社，1996年），卢海鸣的《中国古代江南与朝鲜半岛的交流》（《南京社会科学》1997年第8期），薛瑞泽的《南北朝时期与朝鲜半岛诸国的交往》（《吉林师范大学学报（人文社会科学版）》2005年第10期），韩昇的《百济与南朝的文化交流及其在东亚的意义》（收入石源华、胡礼忠主编《东亚汉文化圈与中国关系》，中国社会科学出版社，2005年）等。以上文章观点大同小异，或单从历史文献出发，或采用历史文献与考古资料相结合的方法，论述了东晋南朝隋唐时期中原王朝与百济的友好往来和中原文化对百济的影响。

王明星的《朝鲜古代文化对日本的影响》（《延边大学学报（社会科学版）》1999年第11期）和王明星、王东福的《朝鲜古代文化之东传（上、下）》（《通州师范学院学报》2000年第1期与第3期）论述了百济文化对日本社会的巨大影响，看到了百济在中原文化东传日本列岛之路上的中介地位。周裕兴《百济与六朝文化交流研究的断想》（《南京历史文化新探》，南京出版社，2006年）研究了4至6世纪东亚的国际关系、百济与六朝交往的特点和研究百济与六朝文化交流的意义。曹汛在《中国南朝寺塔样式之通过百济传入日本，百济定林寺塔与日本法隆寺塔》（《建筑师》2006年第1期）中考证了南朝佛教建筑式样正是通过百济进一步传到日本的。

杨昭全、何彤梅著的《中国－朝鲜·韩国关系史》（天津人民出版社，2001年）中提到了东晋南朝隋唐和百济的交流往来；张日善在《百济与中国的关系》（延边大学2001年硕士论文）中系统地论述了百济的历史、百济与中国各个朝代的交往和文化交流及其特点。

此外，还有一些书中论及古代中国与百济的关系，如姜孟山主编的《中国正史中的朝鲜史料·第一卷》（延边大学出版社，1996年）收入了古代中国正史记载的关于古代朝鲜半岛国家的大量史料，其中包括了中国正史中关于百济的相关记载；周绍良编著的《全唐文新编》的第一部第一册（吉林文史出版社，2000年）和李希泌主编的《唐大诏令集补编（上）》（上海古籍出版社，2003年）中收入了唐朝政府给百济的官方文书，主要是唐朝皇帝的诏书。

关于百济文化艺术史研究，很多学者在研究百济的国际关系的文章中已经包含了百济的文化研究。林贤九《儒学在朝鲜的传播和影响》（《延边大学学报(社会科学版)》1996年第1期）介绍了儒学在百济的传播及儒学思想对百济社会的影响。丁光勋《魏晋南北朝时期朝鲜的社会风俗》（《历史教学问题》1996年第6期）论述了魏晋南北朝时期高句丽、新罗、百济的社会风俗。高明士著的《东亚教育圈形成史论》（上海古籍出版社，2003年）在“韩国古代的学校教育”一章中专辟一节“百济的学校”，介绍了百济时期学校的事迹、性质与发展。王波《魏晋南北朝时期图书的国际流通》（《新世纪图书馆》2003年第5期）在“图书的输出”一节中论述了中国图书东传朝鲜再传至日本的情况。

蔡正德在《〈百济新集方〉年代考》（《延边大学医学学报》第22卷第3期，1999年9月）中界定了《百济新集方》的问世年代，考察《医心方》录有的《百济心集方》医方，根据中医文献的相关记载，研究其传播至朝鲜半岛的时间，认为《百济新集方》的问世年代应相当于南朝梁大同七年至隋开国之前的百济圣王明秾十九年（公元541年）至威德王昌二十七年（公元580年）间。

由韩国建国大学教授朴涌植著、崔成万译的《韩国的故事》（系列文章，共4篇，连载于《当代韩国》1996年第1、2、3期和1997年第1期）分别以上下关系、佛佑神助、神异性、爱情问题为中心或主题探讨了三国时代百济的传说和民间故事。由韩国忠南大学都守熙著、郑成宏译的《百济语研究概要》（共四期，分别连载于《当代韩国》1997年第2和第3期，1998年第1和第2期）研究了百济语的起源与发展、百济前期版图与百济前期语言的关系、百济前期语言和古代日本语的关系、百济后期语言的特征及相关问题等。

关于百济艺术史研究，延续了20世纪80年代末百济艺术研究的热潮，如《中国正史中的朝鲜古代音乐史料》〔（韩）宋芳松著，金成俊摘译，《中国音乐》1990年第2期〕认为中国正史中的《后汉书》、《三国志》、《北史》、《隋书》、《旧唐书》、《新唐书》中的音乐记事是朝鲜古代音乐史研究不可或缺的重要依据，其中就包含很多关于百济音乐的史料。林大雄的《中国正史中的中朝音乐文化交流史料研究》（《中国音乐学》1999年第1期）辑录中国正史中的有关古代朝鲜音乐文化的史料，其中包括了当时百济的音乐史料。王小盾的《朝鲜半岛的古代音乐和音乐文献》（《黄钟——中国·武汉音乐学院学报》2005年第2期）谈及了百济的音乐、乐器。“百济乐”在刘宋时代进入中国宫廷，到唐太宗贞观十四年被列为国家典礼之乐十部伎之一。在日本，百济乐的地位并不亚于高句丽乐。这一点诚然同百济的地理位置（较接近日本群岛）有关，但更重要的原因却应当归结于其音乐的繁荣。翁敏华在《伎乐上云乐舞回回——中日韩戏剧史上的一段因缘》（《文艺研究》2001年第1期）中具体介绍了7世纪初百济人味摩之将得之于中国南方的伎乐传播到日本列岛、古老艺能伎乐的大致面貌，在此基础上，作者着力探讨中国典籍与民俗遗存中的相关演艺——“上云乐”与“舞回回”，指出三者在佛教艺能品格、假面形象、外来神崇拜、瑞兽信仰、演舞形式等方面的同根异花现象，由此得出结论：中日韩三国自古就是文化互动的、有着深厚文化因缘的地域。朴永光在《中韩舞蹈文化交流史概观》（《文艺理论与批评》2001年第3期）提到了南朝吴地伎乐舞东传百济，并进一步传至日本的情况。

周晋、于涛的《隋、初唐时期中国、朝鲜半岛、日本佛教情况之分析》(《东疆学刊》，2006年第2期）分析了隋、初唐时期中国、朝鲜半岛、日本佛教情况。认为中国隋、初唐和朝鲜半岛高句丽、百济、新罗三国时代后期以及日本的推古天皇、天智天皇朝代大致处于人类历史的同一时期，当时三个国家都有佛教，佛教之间既存在密切的联系以及相同之处，又有截然不同的特点。密切的联系和相同之处主要在于佛教的传播和相互间的影响，截然不同的特点则主要表现在佛教在各自国家不同的影响和地位。在朝鲜半岛和日本佛教虽然刚刚传入，却形成了政治佛教、国家宗教。导致这一情况出现的原因在于不同的社会制度、不同的文化特点、统治阶级不同的政治需要和不同的经济环境。

杜石然的《历史上的中药在国外》(《自然科学史研究》，1990年第1期）概述了中药流传国外的历史，具体地阐述了传出的时间、方式、药物种类和意义。在谈到百济的时候，根据百济的“药部”所用药物与中国大致相同，以及中国史书记载，说明中医中药已经传入百济，并通过相关的史料，证明中医中药正是通过朝鲜半岛传入日本的。

而关于百济考古学方面也多有涉及。王巍在《东亚地区古代铁器及冶铁术的传播与交流》(中国社会科学出版社，1999年）一书中不仅介绍了百济与中国南北朝的官方交往，还研究了韩国发现的4至6世纪的百济铁器和冶铁遗迹，探讨了百济冶铁术对日本的影响。韩昇的《百济与南朝的文化交流及其在东亚的意义》(收入石源华、胡礼忠主编《东亚汉文化圈与中国关系》，中国社会科学出版社，2005年）都有对武宁王陵的相关研究，着重考察了墓室构造与砌砖方式，认为百济武宁王陵是南朝梁的造墓工匠营造的，而墓砖是在梁朝工匠指导下完成的。薛红艳在《百济纹样砖略考》(《民族艺术》2002年第1期）中认为百济纹样砖是百济土俗信仰与三教融合的艺术创造，它具有驱邪升天、采吉纳祥的功能，并具有独特的艺术价值，同时还与中国汉画像石、砖有一定的联系。成正镛、李昌柱、周裕兴的《中国六朝与韩国百济的交流——以陶瓷器为中心》(《东南文化》2005年第1期）总结了在韩国百济古地发现的中国六朝陶瓷器，指出中国六朝瓷器在百济的不同时期具有不同的性质，从数量上看，不只是“职贡答礼”的结果，可能具有贸易的性质。(韩国）金妍秀撰、李光明译《论扶余发现的中国青瓷砚》(《辽海文物学刊》1997年第2期）考证了韩国国立扶余博物馆的一枚五足青瓷砚台，由中国南北朝时期的砚台特征入手，与百济砚台作对比分析，分析了中国砚台和百济砚台的关系。韩国赵胤宰先生的《略论韩国百济故地出土的中国陶瓷》(《故宫博物院院刊》2006年第2期）对在韩国百济故地发现的中国陶瓷器中保存较完整、时代较明确的几件器物进行了初步地分析和比较，并试图探讨这些器物的输入途径、烧制窑口、年代等问题。

值得一提的是，杨泓先生的《百济定林寺遗址初论》(《宿白先生八秩华诞纪念文集》，文物出版社，2002年）对于韩国发掘的百济定林寺遗址进行了很有意义的讨论。他在对百济定林寺和北魏洛阳永宁寺的平面布局、出土遗物，尤其是影塑残像和莲花纹瓦当进行比较之后，认为二者存在着很多相同点，但这并不意味着百济和中国北魏有着密切的联系。相反，二者的诸多共同点恰恰证明了百济定林寺和北魏洛阳永宁寺都应该是受南朝文化影响下的产物。随后，杨泓先生在文中进一步从文献和实物例证出发说明百济与南朝的交往紧密程度。他又根据文献和实物说明百济定林寺和北魏洛阳永宁寺出土的影塑分别是接受南朝影响的产物。

韩国学者张寅成发表的《百济金铜大香炉的功能和象征意义》(《东亚古物·A卷》，南京师范大学文博系编，文物出版社，2004年)，重点研究了道教对百济金铜香炉的影响。首先，他探讨了韩国扶馀陵寺和百济金铜香炉的关系，认为百济金铜香炉正是百济王室在陵寺举行祭祀百济历代先王仪式的祭祀法器之一。其次，张寅成认为苑池的建筑构造不仅反映了道教的神仙思想，而且博山香炉正是这种神仙世界的微缩，还有着向外界宣扬王权的政治目的。接下来，文章细致地考察了百济香炉上的图案，认为珍禽瑞鸟代表了圣王降临人间来领导百济开辟新的太平盛世的理想，而神人游乐反映的是百济的三山信仰，体现了百济人希望通过建立新的王都来实现他们的理想世界。

关于墓志考释与人物研究，李之龙《跋唐扶余隆墓志文》(《华夏考古》1999年第2期)以墓志为主结合史载初步探析了扶余隆的生平经历及相关历史问题。黑齿常之是古代中国和古代朝鲜的著名人物，李之龙《唐代黑齿常之墓志文考释》(《东南文化》1996年第3期)考证了黑齿常之降唐后的主要经历，认为黑齿常之降唐后相当长一段时间内都在百济任职，而不能肯定其是否有入唐经历；对其赴边塞后的历年任职与军功也做了详尽的考察；并认为志文是对死者的高度肯定和同情，是武则天平息政治危机的一种手段。束有春、焦正安《唐代百济黑齿常之、黑齿俊父子墓志文解读》(《东南文化》1996年第4期)不仅对志石、拓片的流传和保存情况做了考察，依据志文暗示黑齿常之的墓志石极有可能是私刻不是官刻的，还对黑齿常之父子的姓氏来源、字号、出生地及生卒年和主要生平经历作了细致的考察。束有春《唐代黑齿常之字号及生卒年新考》(《江海学刊》1996年第6期)结合墓志考释了黑齿常之的字号和出生年月，指出黑齿常之的字为“恒元”，依据黑齿常之的卒年与年龄推出黑齿常之生于唐太宗贞观三年，即公元629年。陈暋《黑齿常之评述》(《中央民族大学学报(人文社会科学版)》2001年第3期)评述了黑齿常之的一生，指出黑齿常之少时即受汉文化影响很深，年轻时候就是百济的达率，百济灭亡后并可能参加了百济复兴运动，后受唐政府招安任沙泮州刺史，入唐后南下讨伐徐敬业，北上抗击突厥，功绩突出，武后掌权后黑齿常之蒙冤而死。陈长安的《唐代洛阳的百济人》(收入赵振华主编《洛阳出土墓志研究文集》，朝华出版社，2002年)，结合墓志和史载对葬于洛阳邙山的百济王扶余义慈、百济太子扶余隆、黑齿常之、黑齿俊父子的身世、生平经历、葬地及其相关历史问题做了研究，指出他们四人都葬于洛阳邙山。马驰的《〈难元庆墓志〉考释》(收入赵振华主编《洛阳出土墓志研究文集，朝华出版社，2002年)对志主百济人难元庆的姓氏、族属进行考订，认为其来自于中国北方少数民族乌桓，考证了难元庆高祖的官职及难元庆父祖的仕唐经历，难元庆本人的生平经历、家居地、卒地及其与夫人的合葬地。

拜根兴的《〈大唐平百济国碑铭〉关联问题考释》(《唐史论丛》第8辑，三秦出版社，2005年)考究了《碑铭》一系列关联问题。首先是《碑铭》的撰作时间及缘由，认为纪功碑代表了唐王朝开疆拓土、宣扬国家生威及恩威并用的统治手段，军事将领豪迈情怀和心理的集中反映；其次探讨了历代对《碑铭》的著录和研究；再是撰者贺遂亮的生平事迹；最后对碑铭内容，如嵎夷道行军总管所辖军队的编制组成情况、百济人口及唐军将领都做了必要的解释。

《当代韩国人文社会科学》(李惠国主编，商务印书馆，1999年)客观地介绍了第二次世界大战以来韩国人文社会科学的发展历程及其取得的研究成果，注重80年代以来取得的最新进展，着重全面客观地介绍韩国学者自身的观点。其中就包括百济研究，涉及百济研究的机构、成果、学者等。在“百济研究”(235－237页)一节中，作者收入了百济研究的相关机构、刊物。所收百济论著主要围绕百济文化、百济国家形成、百济税制、百济历史地理等。在《第六章 考古学研究》“第二节 研究现状”中的“历史考古”和在其后附录的“韩国考古学主要论著目录”中列举了1945—1996年百济考古的主要成果。在全书后面的附录一“韩国纪年”中列举了百济王的世系表；附录二“韩国历史大事年表”中列举了韩国历史中有关百济的历史大事。

这一阶段的特点是：百济学研究快速发展，研究范围较之前一阶段更加广泛，成果频出，研究者增多，除北京的高校和中央研究机构外，在中国东北（如吉林，有语言优势）、长江下游城市（如南京，历史上与百济有着深厚的渊源关系）、西安和洛阳等地涌现出一批学有专长的中青年专家。

这个时期的中国百济学研究更加国际化，韩国学者在中国发表文章，和中国学者在韩国发表文章的现象日渐增多，还有不少韩国学者的专著被译成中文发表，反映了中国百济学研究的深入发展

二、回顾与展望

通过上文，我们可以看出，中国学者对百济学的研究是积极的，在诸多领域都作了十分有益的探索，也取得了很多重要的研究成果，成绩是显著的。尤其是中韩建交十四年来，随着两国之间友好交往的日益增多，涉及百济学的有关文化交流活动也日趋频繁。

近年来，韩国忠南大学百济研究所、韩南大学史学科及博物馆、忠南文化财研究院、韩国国际交流财团、韩国六朝文物研究会、韩神大学博物馆、全南大学博物馆、国立公州博物馆、国立扶余文化财研究所、国立扶余博物馆等多家学术机构、团体和组织，纷纷通过举办有关百济学的国际学术研讨会、资助或邀请中国专家学者研修或访问考察等多种形式，极大地推动和促进了中国学界对百济学的了解和研究。如今，仅在中国江苏省南京市的南京师范大学、南京市博物馆、南京大学、南京博物院、南京市文物研究所、江苏省文物局和南京出版社等单位，就已形成了一批对韩国百济文化颇有兴趣的研究者。这些学者急于各自的学识和经验，从不同的视角对百济学研究提出了许多有益的见解，丰富和扩展了百济学在中国乃至在国际上的地位和影响。

但我们也应该看到，中国对于百济学研究的状态仍处于初始阶段，尚待兴起一个高潮，还存在不少局限性，这主要体现在以下几个方面：

一、中国百济学研究的学术基础还显得不够坚实。目前中国学界对韩国百济学的发展源流以及总体概况的掌握还远远不够，缺少对韩国百济学知名学者主要学术观点、流派和最新研究成果的认识和理解，无法把握和明确更深层次的学术研究方向及目标。对于朝鲜半岛历史研究方面，虽然现已发表的文章和已出版的论著为数也不少，但其中真正独立研究百济的文章或专著还不是很多，具有里程碑意义的论著则更缺乏。相比较而言，中国百济学的研究尚稍落后于对高句丽和对新罗及统一新罗的研究。

二、中国百济学研究在多学科的参与和整合方面还做得不够。从学科分类来说，百济学研究涉及中国考古学、魏晋南北朝史、隋唐史和东亚史等多门学科。近年来中国百济学研究的突出成绩，多集中于利用文物考古资料以比较中国与百济的物质交流方面，而对于百济学研究的其他领域诸如社会政治、经济、军事和文化艺术等方面的注意还不多，用力还不大，导致对百济文化认识的不全面性。

三、中国百济学研究的国际化程度还不够高。百济曾在中世纪东亚地区汉字（儒学）文化圈形成的

过程中起过十分关键的作用，在东亚区域历史研究中有着很高的价值和意义。然而目前中国百济学的研究与韩国、日本以及海外的相关研究联系还不是很多，导致中国国内对国际的最新研究成果的认识存在滞后性，不利于进一步拓宽思路和深入探讨。

纵然存在诸多不足，我们必须承认，中国的百济学研究还是取得了长足进步的，今后也将有着很大的发展潜力。展望百济学在中国的发展，我个人认为可以在以下几个方面做好促进和推动工作。

一、继续保持和加强中韩两国学术机构和专家学者之间的友好交流与合作，在适当的时机和条件下可以在中国举办一次有关百济学的国际学术研讨会，以文会友，展示百济学的最新研究成果，切磋百济学的学术话题，共同谋划百济学研究的发展方向，以扩大百济学在中国学术界的地位和影响。

二、在中国推荐翻译出版一批韩国百济学名家专著、专题论文集以及国际论述百济学的文献资料，以方便更多的中国学者从事这项研究；同时，要注意培养一批既有专业知识（历史、考古、文学艺术等），又有一定韩文基础的中国年轻学者或学生，能赴韩进行百济学的研修和学习，此举将会为中国百济学研究再上一个新的台阶打下基础。

三、通过多种途径和形式宣传和普及百济文化，以促进中韩友谊。韩国百济与中国六朝的友好自古就被传为佳话，百济学的研究可以成为中韩两国增进友谊、世代友好的共同主题。希望在百济学研究的带动下，韩国和中国之间能以百济文化为纽带，通过课题合作、出版发表论著、缔结姊妹关系、促进经贸往来、互换展览宣传、创作影视作品、充实媒体报道等途径，加深相互之间的信任与了解。

总之，随着中韩两国文化交流的日益频繁和深入，中国学者也会进一步关注百济，百济学的研究也会得到发展，愿百济学研究为增进两国人民的友好关系谱写出新的篇章。

周裕兴 丁利民（南京师范大学文博系）

（原文刊载于韩国《百济研究》第45辑，2007年第2期）

万里和亲第一人

“和亲”是封建社会历代王朝为了解决民族与边疆危机的一项政治举措。大汉王朝建立以后，为了加强民族间的交往和团结，采取了联姻结盟的方式，希望达到巩固边防的目的。

其中，万里和亲取得成功的第一人，是一位2000多年前的扬州姑娘，她就是汉室公主、乌孙国母刘细君。

刘细君出身于王侯之家，其祖父刘非是汉景帝刘启的儿子，汉武帝的亲兄弟，公元前154年因平乱有功，封为江都王，都广陵。其父刘建于公元前127年嗣位继承江都王位。大约在公元前125年，刘细君降生于江都王刘建的深宫之中。

刘建是一位荒淫残暴的王侯，执政以后更是劣迹昭彰，自制天子印和兵器，图谋造反，案发被究，王后同诛，弃市三日。刘建因谋反被杀，按汉律细君入官为奴。

公元前117年汉武帝之子刘胥被封为广陵王，都广陵。可能是他收养了刘细君，并派人教以女红、音乐、典章、礼仪，使细君成长为才貌双全、亭亭玉立、美名远播、饮誉朝野的奇女子。

公元前119年，张骞出使西域，劝说乌孙王，联汉抗匈。乌孙王猎骄靡派使臣随其入长安，看到了一个强盛的东方帝国，回国后实情禀告。猎骄靡为抗击匈奴的侵略，决定与汉朝联姻，以良马千匹为聘礼，欲娶汉室女为妻。

雄才大略的汉武帝，为联乌抗匈、巩固边疆，决定派刘细君出嫁乌孙。一纸诏书到广陵，封细君为江都公主，远嫁乌孙昆莫王猎骄靡为妻。

传说细君惜别亲人，受命从广陵赶往长安。途经灵璧县，驻马停车，手扶山石，回望远去的家乡，思绪万千，久久不愿离去，以致石壁上留下了深深的手印，后人称灵璧手印。

大约公元前108年，汉武帝赏赐细君丰厚的嫁妆，有车马数百辆，侍从数百人，并亲送细君至长安城外。送嫁、陪嫁的阵容宏大，仪式隆重。细君辞别武帝后，踏上和亲之路。一路上风餐露宿，越过了千山万水，终于来到乌孙国首都赤谷城（今吉尔吉斯斯坦境内）。乌孙国王为了迎接刘细君的到来，举行了隆重的婚礼。全城欢庆，人们载歌载舞，欢迎这位来自大汉朝的新王后。婚庆长达百日，细君被封为右夫人。细君的美貌震惊了乌孙国民，他们称细君为“柯木孜”公主。

因生存环境的改变，细君身染重病，更加思念故土亲人，病中写下了千古绝唱《黄鹄歌》（《悲愁歌》）：“吾家嫁我兮天一方，远托异国兮乌孙王。穹庐为室兮毡为墙，以肉为食兮酪为浆。居常土思兮心内伤，愿为黄鹄兮归故乡”。歌词感人肺腑，催人泪下，这首歌传到长安后，汉武帝“闻而怜之”，于是下令，每隔一年派遣使臣送帷帐、衣物给细君，以示慰劳和勉励。

婚后，细君自治宫室，一年中与昆莫聚少离多，相敬如宾。昆莫王猎骄靡因其年迈，欲将细君转嫁王位继承人、他的孙子军须靡。细君不能接受，上书汉武帝，欲善后归汉。武帝劝慰从其国俗。细君再嫁王孙军须靡。并生有一女名少夫。为了大汉王朝的边关安宁，细君通权达变，不失礼法，她的胆识与气度、美貌与才华，赢得了乌孙人民的爱戴，被尊为国母。细君香殒后，汉朝又派了楚公主刘解忧续嫁军须靡。

刘细君的远嫁，带去了汉朝的典章、礼仪、百工、农业，推动了乌孙国生产力的发展，使乌孙国有了自己的农耕、养蚕、织布、建筑、治陶等生产工艺，开创了汉朝和乌孙国人民世代友好的千秋伟业。

2000年后的今天，为纪念汉家公主的丰功伟绩，伊犁建成了“汉家公主纪念馆”、修建了“细君墓”，扬州和伊犁两地召开了细君学术研讨会，我馆又举办了刘细君专题展，共同缅怀为东西文化交流、各民族团结和谐做出重大贡献的扬州姑娘刘细君，激励后人为民族和谐大业再创辉煌。

一位柔弱的美女，肩负着朝廷的使命，她的传奇人生让人寻味、难忘：她出生在王侯之家，贵为郡主；父母谋反，沦为罪臣之女；一纸诏书，骤升为大汉公主；远嫁乌孙，变成祖孙两代的王后；人格魅力，人民奉她为国母。她是中国历史上万里和亲成功的第一人，是汉代女性抒情诗的第一人，也是琵琶治乐的第一人。她的和亲比王昭君早75年，她的丰功伟绩不知何故蒙尘千年，2000年后的今天，在伊犁和扬州两地人民的共同努力下，刘细君的英名终得彰显。

赞细君

一纸诏书，远嫁乌孙。灵璧手印，眺望故城。帝王亲送，嫁妆万千。赤谷欢庆，喜迎汉臣。公主美艳，惊绝牧人。语言不通，自治宫室。夏宫礼君，相敬如宾。从其国俗，改嫁王孙。心中凄苦，谁人与评。一曲思乡，震动天庭。为报国恩，香殒伊犁。

颂细君

扬州女儿刘细君，才貌双全达朝廷。临危受命嫁乌孙，为了汉邦献青春。红颜永驻伊犁畔，旷古公主佳话传。汉陵重扬和亲颂，千载邗沟慰芳魂。

夏梅珍（扬州汉广陵王墓博物馆）

关于南京明城墙的历史典故和民间传说

南京明城墙自建成以来，就成为南京的标志性建筑。六百多年来，围绕明城墙，在南京地区流传着许多美妙动人的历史典故和民间传说。

典故和传说是两个不同的概念。典故，按照字典上的解释是：诗词或文章等引用古书中的故事或词句。传说，字典上的解释为：民间流传下来的对某些事迹的叙述和评价，有的以特定历史事件为基础，有的则是虚构的。换言之，典故是通过书面形式流传下来的，属于文字史的范畴；传说则是以口头形式传承下来的，属于口述史的范畴。顾颉刚先生《论民间传说》一文认为："它们的不同除了已写出来和未写出来的一点以外再没有什么。"

据不完全统计，关于南京的历史典故和民间传说有13个。其中典故2个，民间传说12个。

一、历史典故

与南京明城墙相关的历史典故最为世人熟知的两个，一是关于南京城门的，一是关于南京民俗的。

（一）城门典故

里十三，外十八

清朝吴敬梓的《儒林外史》第二十四回中写道："这南京乃是太祖皇帝建都的所在，里城门十三，外城门十八，穿城四十里，沿城一转足有一百二十多里。城里几十条大街，几百条小巷，都是人烟辏集，金粉楼台。城里一道河，东水关到西水关足有十里，便是秦淮河。水满的时候，画船箫鼓，昼夜不绝。"

书中提到的"里城门十三，外城门十八"，简称为"里十三，外十八"，是有关南京明城墙的最常见的典故，被各类诗文广泛引用。

（二）民俗典故

走百病

走百病是有关南京明城墙的又一个重要典故。清朝甘熙《白下琐言》卷三记载："岁正月既望，城头游人如织蚁，箫鼓爆竹之声远近相闻，谓之'走百病'，又云'踏太平'。聚宝、三山、石城、通济四门为尤盛。……是其俗自古有之，不第吾乡然也。"清朝潘宗鼎《金陵岁时记·走百病》记载："正月十六日登城，谓之踏太平，亦云走百病。石城、三山、聚宝、通济四门之上，锣鼓爆竹之声相续。……按：'燕城以正月十六日妇女群游，相率过桥，名曰走百病'以此。"民国夏仁虎：《岁华忆语·走百病》亦云:"十六日,居人相率有东南城之老虎头石观音山以登南城,曰走百病,谓能免疾,与登高之意同。城上马道,亦市玩物,以棘枝上安红豆,及炒米花,游人购之而归。" 可见走百病的民俗在南京流传既广又深。

二、民间传说

有关南京明城墙的民间传说,是南京历代民间传说中的一个重要组成部分。这些传说故事按照内容可以分为以下七类:

(一)选址传说

朱元璋选京城

朱元璋打下江山后,忙着选京城。他梦见太白金星要他选在有一百个山头的地方做京城,所谓百山百山,百代江山。朱元璋听说六合冶山有一百个山头,就带人到了六合,坐在最高的一个山头上点数,数来数去,只有九十九个山头。他叹道:"早知只有九十九个,还是选南京好。"刘伯温找来当地的老汉,老汉说确实是一百个。朱元璋这时想起来,自己把屁股底下的忘了。刘伯温说:"既然这里有一百个山头,就选这里造京城吧。"朱元璋连声说自己金口玉言已出,不能更改。刘伯温说:"万岁,你难道只要金口玉言,不要百代江山啊?"朱元璋说:"孤是两者都要。"他灵机一动,说道:"那好,这山不是叫做冶山(六合方言读移山)么,就将它移到南京去吧!"就这样,朱元璋选定南京作为都城,至今南京朝天宫后面还有一座冶山呢。

(二)筑城传说

1.沈万山和聚宝盆

聚宝盆的传说在南京流传甚广。明初建造南京城,所需巨额费用大部分摊派到江南富户的头上,其中江苏吴县的大富翁沈万山单独认捐了洪武门至水西门的造城费用。传说聚宝门(今中华门)建筑之初,城墙屡建屡坍。刘伯温献计要朱元璋使用沈万山祖传的聚宝盆,朱元璋用计强行征用,并把它埋在第一道瓮城东面的墙下,城门果然修成。于是人们将这座城门称为聚宝门。

2.太平人筑矮城

在南京水西门到中华门之间有段城墙,高度比别处城墙矮得多。传说原来这段城墙是由安徽太平县人负责修建的。太平人很穷,民工缺吃少穿,个个瘦得只剩三根筋,而造城没牲口,全靠拿身子拼。眼看期限已到,城墙还未完工。民工对负责检查工程的官吏谎称说:"不知是破了什么风水,我们这儿的人个个得了黄病,能吃能睡,就是不能做。"那官吏看到他们脸色蜡黄,一丝人色都没有,就连忙进宫向皇上禀报。实际上民工们是拿荷叶洗脸将脸洗黄的。朱皇帝随后下了一道圣旨:为体恤太平民工,城墙没完成的就不罚了。不过,既得了黄病就要忌盐,从此太平县再也没有官盐供应了。太平人包的这段城墙,至今比别的城墙矮一截,人们就叫它矮城。

3.迁三山,填燕雀

明朝建国前两年，朱元璋下令开始兴建宫城、皇城和扩建应天府城。刘伯温等所勘定的宫城位置，虽然位于钟山的“龙头”之前，符合风水的要求，但是，由于这一带是前湖（燕雀湖）的湖身所在，地势十分低洼，朱元璋只好调集几十万民工来填平此湖。由于填湖需要大量的土石，故南京民间有“迁三山，填燕雀”的传说。还盛传在填湖过程中，朱元璋曾把住在湖畔的一个名叫田德满的老汉，活生生地投入湖中垫底，作为“填得满”的“吉兆”。后来又封他为“神”，地基问题才算基本解决。

4. 紫金山上架大炮，炮炮打中紫禁城

相传当年南京城修好后，朱元璋颇为得意。有一天，他带着文武百官和众皇子登上紫金山，欣赏他的杰作。在山顶上，第四子朱棣信口说道：“父皇修的这城墙好是好，就是没有把紫金山包进来。敌人来犯时，紫金山上架大炮，炮炮打中紫禁城（一说后宰门）。这城墙就成了聋子的耳朵——摆设啦！”朱元璋听后，脸色变得十分阴沉，默不作声，剥了个橘子递给朱棣。回宫后，其生母碽妃得知此事，交给朱棣一个包裹，对朱棣说：“今天你揭穿了父皇的秘密，父皇给你橘子吃的意思是要扒你的皮抽你的筋，赶紧逃命去吧！”就这样朱棣逃到了北京。而朱元璋见朱棣走了，也就不再追究。他左思右想，觉得朱棣说得在理，于是下令修筑了外郭城墙，将紫金山包进城内。

（三）城门传说

1. 三山门“一道门闩朝外插”

元朝末年，朱元璋攻占集庆（今南京）后，实力雄厚的陈友谅率领80万大军由安庆、芜湖顺流而下，要与朱元璋拼个高低。陈友谅的大军在三汊河驻扎下来后，刘伯温派人诈降。陈友谅信以为真，跟来人约定从三山门，也就是今天的水西门进城，过一道“石栏杆”的石桥，诈降人做内应。陈友谅半夜进城后，诈降人不见了踪影，陈友谅知道上当，急令退军。由于人生地不熟，摸到了三山门，黑暗中摸到了城门闩。哪知道朱元璋用了“里十三，外十八，一道木闩朝外插”的计策，把三山门的门闩从里面搬到了外面。陈友谅打开门后，自以为突围出了城，其实又回到了集庆城里。等到天亮，他才发现自己又上了当。他慌慌张张带着剩下的残兵败将出了三山门，经过江东门、螺丝桥，突出重围。三山门一战，朱元璋以少胜多，打败了陈友谅，后来成了明朝的开国君主。

2. 十三个城门出棺材

相传朱元璋下葬的那一天，南京十三个城门洞开，同样的仪仗，同样的棺材，同时抬出城外。谁也不知这十三口棺材最后抬到哪儿，也不知道朱元璋到底在哪一个棺材里面，从哪个城门抬出去的。这样故布疑阵就是为了让人们搞不清朱元璋到底葬在何处。有人说这是朱元璋的意思，因为他自知杀戮太重，生怕仇人报复，破坏他的陵寝，所以想出这个办法。

（四）护城河传说

栅栏门外护城河

栅栏门在金川门和兴中门之间，这里的一段城墙，传说是分给朱元璋的一位宠臣负责督造的。这位大臣自以为有皇帝作后台，根本不把造城墙的事放在心上。眼看离最后期限只剩十来天，中间百余丈的地方，即使立即备料、派工、挖土、砌墙，也来不及造了。这位大臣的手下出了个主意：用大毛竹把这百余丈地方搭成一个大栅栏，筑在城外一道宽阔的河边上。这天，朱元璋带着文武百官从聚宝门一路巡查，来到这里。由于河道太宽，他们只好远远看上几眼，谁都没有发现问题。大臣刘伯温还夸赞道："皇上，城外挖一道护城河，这个办法好！应该命令城外都挖，与这里连接，出入城门要过桥，岂不更加安全！"朱元璋一时高兴，重赏了那个宠臣。可事隔不久，事情败露，朱元璋大发雷霆，以欺君之罪杀了那宠臣一帮人，拆掉了竹栅栏，补筑了那段城墙。不过，城外挖护城河的规矩倒传了下来，这栅栏门的地名也一直流传至今。

（五）建筑材料传说

糯米汁筑城

关于南京明城墙砖之间的粘合材料，在南京民间有朱元璋用糯米汁筑城的传说，所以南京城墙坚不可摧。也有传说在糯米汁中拌入了桐油和石灰。

（六）高度传说

城门城门几丈高

"城门城门几丈高？三十六丈高。骑花马，带把刀，城门底下走一遭。"

（七）外貌传说

鬼脸照镜子

相传三国时候，孙权在建业建都，造了个石头城。后来石头城墙壁上慢慢拱出了一个"石瘤"，渐渐显出一副棱角分明的鬼脸来，从这以后，这一带就经常闹鬼。有天晚上，平地刮起一阵狂风，天空一下子黑漆抹乌。天上"啪"的一声，裂开一道口子，闪电挟着一个响雷，砸到石头城上，顿时就像天塌下来似的。 第二天大早，鬼脸城底下，倒是多出一口水塘。 又过了好多年。一天，有个打鱼的来到这口塘边撒网。起网的时候，里头一条鱼也没有，只有一面黄铮铮的铜镜子。打鱼人把镜子拾起来，对着镜子一看，乖乖，自己的白骨红筋、心肝五脏，全清清楚楚地照在镜子里头。他猛一抬头，望见城墙壁上的那张鬼脸，又横眉竖眼，龇牙咧嘴，要朝他扑过来的样子。吓得他手一松，"扑通"铜镜又掉到水里。那鬼脸哩，顿时又显出原来一副倒霉瞌睡的神气。从此，人们就把石头城叫做鬼脸城，把它下面的水塘叫镜子塘了。

（八）民俗传说

凤阳人吃豌豆叶筑城

传说朱元璋修筑南京城墙时，将水西门段600米城墙分配给家乡凤阳人筑。这时，凤阳闹饥荒，二三月份，修筑城墙的民工粮草供应不上。民工忍饥挨饿，无奈之下，只好到附近的田地里掐豌豆叶充饥。由于这些民工是朱元璋家乡人，南京的郊农看着干着急。他们想，与其让凤阳人把自家田里种的豌豆叶掐完了，不如自己掐着吃。他们仿效凤阳人，吃起了豌豆叶，一吃吃上了瘾。后来凤阳人掐不到豌豆叶，大骂朱元璋不是东西，不认家乡人，于是消极怠工，所以，水西门段城墙建造的要比其他地段的城墙要矮一点。

三、历史典故的真实性

“里十三，外十八”这个典故是否真实可信？回答是肯定的。

明代南京城由宫城、皇城、京城、外郭四重城垣组成。京城城墙建于1366～1386年间，全长35.267公里，依山傍水而建，平面呈不规则状，气势恢弘，巍峨壮观。外郭环绕在京城周围，规模宏大，周长约60公里。西北据山襟江，东南阻山带岗，连绵不绝，逶迤曲折。它将幕府山、狮子山、清凉山、雨花台、紫金山等重要山丘以及秦淮河、金川河、玄武湖、莫愁湖等重要水域甚至大片的农田全都囊括在内。外郭城墙在大多数地方都是依据自然山丘地形用土垒成，只有在重要的城门位置才用砖垒砌，所以俗称“土城头”。

京城城墙依据地理形势和城市整体布局，在东西南北四面共辟有13座城门，也就是典故中的“里十三”。13座城门的具体分布情况是：南面是聚宝门、通济门、正阳门，东面是朝阳门，西面是三山门、石城门、清凉门、定淮门、仪凤门，北面是钟阜门、金川门、神策门、太平门。

关于这13座城门，明清时期，南京民间流传着这样一首民谣：“神策金川近钟阜，仪凤定淮清（凉）石城，三山聚宝连通济，正阳朝阳定太平。”这首民谣将13座城门自北向南、自西向东按逆时针方向串联起来。明朝的13座城门中，除了石城门、三山门、聚宝门这三座城门分别沿袭了南唐都城的大西门、水西门和南门旧址外，其余的10座城门都是明朝时期建立的。明朝京城13座城门历经600多年风雨，目前仅有聚宝门（中华门）、石城门（汉中门）、神策门（和平门）、清凉门四座城门保存较好，其余均荡然无存。

南京的外郭平面布局突破了我国都城传统的方方正正形状，从军事防御的需要出发，因地制宜，使城墙蜿蜒在自然山水之间，所以呈现的是不规则的菱形。典故中的“外十八”，指的是18座外郭城门，从东向西、由南往北依次是：麒麟门、仙鹤门、姚坊门、观音门、佛宁门、上元门、外金川门、栅栏门、江东门、小驯象门、大驯象门、小安德门、大安德门、凤台门、夹岗门、上方门、高桥门、沧波门。外郭18座城门历经600多年的风雨侵蚀和战火摧毁，已经荡然无存。但时至今日，许多外郭城门的名称，如麒麟门、仙鹤门、姚坊门（今讹称尧化门）、观音门、上元门、江东门、安德门、凤台门、上方门（今讹称上坊）、高桥门等，在民间留下了深深的印记，依然沿用不衰。

再以“走百病”为例。走百病是明清以来流行于北方的风俗，有的在正月十五日，但多在十六日进行。北京、南京等地正月十五、十六日，妇女穿着节日盛装，夜间相约出游，结伴而行，见桥必过，谓可祛病除灾，称为“走百病”，也叫“游百病”、“散百病”等，又称“走桥”。江南苏州一带称为“走三桥”。明朝谢肇淛《五杂俎》：“齐鲁人多以正月十六日游寺观，亦谓‘走百病’。”明刘侗、于奕正《帝京景物略·春场》：“八日至十八日……妇女着白绫衫，队而宵行，谓无腰腿诸疾，曰走桥。”明朝周晖《金陵琐事·史痴》记载金陵史痴在元宵节晚上对妻子女儿说：“家家走桥，人人看灯，易亦随俗可乎？”清顾禄《清嘉录·正月·走三桥》：“元夕，妇女相率宵行，以却疾病。必历三桥而止，谓之走三桥。”

走百病这一民俗流传到南京后，与南京明城墙紧密地结合起来，同时，走百病由妇女的活动发展成为全民健身运动，成为南京岁时民俗中一道亮丽的风景。

由上可见，关于南京城墙的历史典故，其真实性是不容置疑的。

四、民间传说的真实性

围绕南京明城墙有许多历史之谜。人们受到好奇心的驱使，希望了解它的来历，于是便有了种种传说。从有关南京明城墙的民间传说来看，其内容从都城选址、筑城、城门、护城河，到建筑材料的使用、城墙的高度、城墙的外貌以及相关的饮食民俗，应有尽有。涉及宫城、皇城、京城、外郭四重城垣，贯穿了南京城墙建筑的始终。但我们可以发现，无论是那一种传说，其主体人物都离不开朱元璋、马娘娘、朱棣、沈万三、陈友谅等人。这些都是历史上曾经叱咤风云的人物，是普通大众所熟悉的，所以关于南京城墙的一种解释出来，便会为民众所津津乐道，成为世代相传的传说。

民间传说看似浅薄、琐碎、粗俗，甚至常常带有迷信的成分，实际上它在某种程度上体现了时代或一个地区民众的精神。它小中见大，俗中见雅，蕴含着深厚的历史文化内涵。民间传说中往往含有真实的成分。19世纪德国考古学家谢里曼，当年就是凭着希腊史诗——《荷马史诗》，发现了掩埋在地下数千年的特洛伊古城和迈锡尼文明。他的这些发现震动了全世界，并使考古学开始成为一门现代科学。关于南京城墙的民间传说，其真实性又是如何呢?

以“沈万山和聚宝盆”这则民间传说为例。故事的主人公沈万山，历史上确有其人。《明史》“马皇后传”、“王行传”和“纪纲传”中都提到了他。记载他的轶事和传闻的笔记就更多了。综合正史和笔记的材料来看，沈万山，姓沈，名富，字仲荣，行三，又称沈万三。明初称大富豪为万户，因此就叫他沈万山了。他原籍吴县，后定居在金陵。他拥有的财富之多确实惊人。“资巨万万，田产遍于天下”，“富甲天东南”，“后湖中地，乃其花园”，是元朝末年“江南第一富家”。沈万山是怎样发财致富的呢？有的说他在无意中得到一个聚宝盆，有的说他掘地得金而致富，比较可信的记载，是说他除了地租和高利收入外，还进行海上贸易，经常“奔走徽池宁太常镇豪富间，辗转贸易，致金数百万”。而聚宝盆则是民众想象中的事物。在修建南京城墙聚宝门的故事中，加入了聚宝盆这一神奇的宝物，突出了南京城墙修建的不易，揭示了朱元璋的狡诈和冷酷无情，表达了百姓对沈万山不幸遭遇的同情。

再以“紫金山上架大炮，炮炮打中紫禁城”这个民间传说为例。这个传说揭示了明朝宫城、皇城选址的缺陷。王士性《广志绎》云：“本朝宫城，则填东方燕雀湖为之，在旧城之外。”明王朝为了避免地基下沉，当时曾经采取了在城墙下部铺垫巨石，以及在宫殿下面打进密集的木桩，并铺砌砖石结构的大型下水道等措施。然而，到了朱元璋晚年的时候，宫殿地基的下沉现象就很严重。整个皇宫的地势，显出南高而北低，今午朝门以南一带较高，以北则较低。按照封建迷信的说法，这很不利于后代，甚至会“绝后”。这时，朱元璋已经年老力衰，追悔莫及，只好在一篇《祀灶文》中哀叹说：“他本想再一次迁都，但已力不从心，只好听天由命了。”同时，传说中又加进了虚构的成分。如朱棣是受封燕王，驻扎北京的，而不是因为说了上述这句话，生命受到危险逃离南京城的。传说中显然有赞美朱棣的成分。这个民间故事正是因为虚实结合，情节曲折，扣人心弦，所以千百年来，代代相传。

总之，这些民间传说，既有虚构的成分，又有真实的内容，它折射了南京明城墙深厚的历史文化内涵，体现了南京民众丰富的想象境界和智慧的解释方法，具有浓郁的地方特色，是其他地区的传说所没有的。

朱明（南京明城垣史博物馆）

和田玉的文化意蕴

后学跟蒋赞初先生研习考古学，既仰慕先生的学问，更敬佩先生的道德。二十余年来，在先生教授的学业上没有任何长进，惟闲暇之余关注中国玉文化。值先生八十华诞，草成小文，不是学问，算是凑个热闹。最想说一句心窝里的话，先生“如玉人生，人品如玉品”。

玉石既是中国矿物宝藏的特色，也是中国文化的特色之一。产于“万山之祖”巍巍昆仑的和田玉，作为八千年来绵延不绝的中国玉文化的代表，具有深厚的文化底蕴。

和田玉是“玉中之王”。在众多中国闪石玉中，和田玉具有独特的材质优势，矿物粒度小，矿物杂质少，韧度大，结构致密度高，明显优于其他闪石类玉。和田玉具有独特的工艺特性，较高的透明度，较佳的滋润感，明显好于其他闪石类玉。尤其是和田玉中的上品玉——羊脂白玉，透闪石含量在99%以上，几乎是“纯玉”，质地细腻，品质极佳。因此，羊脂白玉也称为“白玉之冠”、“软玉之王”，是和田特产。其他地区虽也产白玉，但品质无法与和田玉比美，更不见羊脂白玉。

和田玉卓尔不群的品质与特性，成为琢玉行业的首选用材。在中国玉器宝库中，凡是重要大玉、礼玉、贵玉，几乎都是用和田玉琢制的。一部和田玉史，也是一部中国玉文化史。和田玉琢成了博大精深的中国玉文化，成为当之无愧的“玉中之王”。

和田玉是“帝王玉”。中外帝王莫不爱金戴珠，中国帝王更爱宝玉，这既是帝王个人的喜好，也是文化传承、礼制建设的需要。我国自商代以来的帝王个人所用、宫内礼仪所需以及内府所藏之玉，均以和田玉为主，和田玉成了名副其实的“帝王玉”。宋徽宗赵佶、清高宗乾隆一生收藏、研究玉器，是中国历史上两位好玉如痴的帝王。

和田玉深受历代帝王厚爱，实因和田玉是帝王身份的象征。帝王是“真龙天子”，自然要用天下奇器珍宝，只有这样才能与其高贵身份相符。所以，帝王服饰用玉，如玉冠、玉带板等，多用和田玉琢磨。帝王御览、御批、御旨使用的玺印，帝王行大礼使用的玉圭、玉磬等，也多用和田玉碾琢，和田玉成了帝王权威的象征。

和田玉是“君子玉”。中国玉象征着权力、财富、地位的时候，未必皆指和田玉，而象征君臣道德、品格的时候，必定首推和田玉。因为只有和田玉才具备古人推崇的玉“五德”、“十一德”的自然、人文双重品格，其他玉均达不到如此完备的品质要求。

在古代，谈及君子高尚的道德操守，多以和田玉比之。《礼记 · 玉藻》云：“古之君子必佩玉……君子无故，玉不去身，君子于玉比德焉。”《春秋繁露》说得更直白：“公侯贽用玉，玉润而不污，至清洁也，故君子比之于玉。玉有瑕秽，必见于外，故君子不隐所短。”古之君子把玉当作修身的标准和以之反映品德的镜子，其坚硬象征品格，圆润象征纯洁，瑕疵象征忠诚，瑕不掩瑜，瑜不掩瑕，玉已成为一种具有社会道德标准含义的特殊物品。

“君子玉”概念的出现，使中国玉走出了权威的神坛，走下了神祇的灵坛，使其被赋予了更多的文化内涵与精神因素。玉不仅融入了政治，也融进了礼仪文化，成为民族文化、民族精神的物化支柱。

和田玉是“品牌玉”。品牌虽是现代概念，却早已存在于古代社会。尤其是商品经济逐步发展起来以后，品牌观念、品牌意识更是深入人心，品牌成为发展商品经济、提高产品质量、扩大市场份额的有力武器。

无论是看玉器交易的历史记录，还是观察目前的玉器市场，或是潜在的大众玉器消费需求，和田玉无疑是最有影响力、最有竞争力的中国“品牌玉”。

皇家琢玉，首选和田玉，其他玉视为次玉、菜玉、类玉。琢玉大师，如明代陆子岗，也非和田玉不琢。优质玉料，是琢磨优良玉器的基础与前提。中国历史上遗留下来的一些著名玉雕作品，几乎无一例外是用和田玉雕琢的。

古代如此，现代更如此。由于和田玉是不可再生的稀有资源，加上开采难度大，需求旺盛，和田玉越来越供不应求，价格也扶摇直上，优质和田玉市值大大高于其他玉材。和田玉价高的背后，不是人为在操作、起哄，而是市场的供求关系在引导，是品牌价值在起作用。另一方面，假冒伪劣者层出不穷，一些貌似和田玉却达不到和田玉品质标准的玉材，冒充和田玉，这更说明和田玉作为品牌玉的无穷潜力。好材出好器。用和田玉雕成的器，就是与众不同，就是不同凡响，就是出类拔萃，就是招人喜爱。和田玉器，成了中国玉器的品牌。品牌和田玉的背后，是品牌的中国文化。

和田玉代表“神秘文化”。中国玉器的神秘色彩，既有玉料的成因，也有碾琢工艺、使用功能的因素，但影响最大，最具神秘感的还是与昆仑山传说有关。

昆仑山高大雄伟，自然景观壮美神奇，在我国历史上有“万山之祖”、“第一神山”的美誉。山不在高有仙则灵，昆仑山不但高峻巍峨，而且是中国古神话中的神山，道教奉为神仙所居的仙山，相传，昆仑山的仙主西王母，居住在仙境“瑶池”。

美丽的和田玉与巍巍昆仑联系在一起，古代文献早有记载，《穆天子传》载周穆王西征至昆仑山“攻其玉石，取玉版三乘，载玉万只”。《史记》载昆仑山“其山多玉石”。《山海经》载昆仑山满山是玉，居住在此的各路神仙琢成玉井，砌成玉台，筑成玉楼……

中国历史上使用的和田玉，主要来自昆仑山的“两河流域”：一条是玉龙喀什河，出产品质极佳的白玉，所以也称白玉河；另一条是喀拉喀什河，出产墨玉、青玉，也称青玉河。河内所产之玉为次生玉，原生玉矿在两河中、上游流域的昆仑山主脉一带，确切地点至今还是个谜。可见，在以行政都城于阗、和阗、和田命名西域美玉之前，昆仑玉早已闻名朝野，深深根植于中原文化，并被赋予神秘的色彩。

历史上将玉视为神物，可以趋利避祛，可以逢凶化吉，可以食之成仙，可以裹尸不腐，多少与昆仑玉的神秘色彩、美丽传说有关。

和田玉是“中国文化的晴雨表”。玉器既反映物质文化、科技文化，更反映着精神文化。中国文化史有多长，中国玉的历史就有多长；中国文化有多深，中国玉文化就有多厚；中国文化影响有多大，中国玉文化影响就有多广。玉器在中国文化史上的重要地位，可用两句话来说明：一是对政治、礼仪、宗教、信仰、风俗、审美意识方面影响的广度与深度，没有哪一种古器物能与玉器相比；二是自远古时代一直延续发展至今灿烂的八千年中华文化，唯独玉文化一直连绵不断，贯穿始终，而且随着中华文化的伟大复兴，其生命力越来越旺盛。中国玉器也是世界六大文明古国中唯一千古流传的物质文化、精神文化。

和田玉（昆仑玉、于阗玉、和阗玉）具有举足轻重的地位，无法替代的位置，中国玉文化辉煌灿烂的历史，绝大部分是由和田玉谱写的。国家稳定了，经济发展了，文艺昌盛了，和田玉交易就活跃了，琢玉业就繁荣了。历史上春秋战国、汉、唐时期，以及清初康乾盛世，都是中国玉文化发达的时期。反之，国家动荡，经济凋敝，文化衰退，和田玉业就萎缩。和田玉成了中华民族、华夏文化兴衰存亡的晴雨表。

和田玉是民族团结的"文化纽带"。中国是个多民族的国家，生活在神州大地的各族人民共同创造了多姿多彩的华夏文化。玉器作为华夏文化的重要组成部分，是由华夏各族人民共同培育和发展起来的。

和田，古称于阗，旧称和阗，意为"产玉石的地方"。和田自古以来就是多民族聚居的地方，同时又是中、西文化交流的枢纽之地。汉、唐时期，和田是西域的佛教中心，许多著名高僧，如晋时法显、唐时玄奘都曾涉足和田，是名副其实的"佛国"。直至公元11世纪，伊斯兰教势力东进，从此和田成为伊斯兰教的天下。明代、清初和田为叶尔羌汗国，主要输出玉石，除河中捞玉外，还开山取玉，和田玉源源不断输入内地，为中国玉文化的持续繁荣提供了充足的玉材。

生命强盛的宗教文化，魅力无穷的昆仑玉石，使和田与中原架起了"丝绸之路"、"昆玉之路"、"文化之路"，成为汉族与西域各族人民的"团结之路"，是多民族国家的"统一之路"。

和田玉是"文化使者"。中国玉器不仅受到国人的喜爱，也受到国外热爱中华文化、华夏艺术人士的喜爱。他们对中国玉器的认识，是从和田玉开始的。现在大家习惯将玉器分为软玉、硬玉，就是由法国地质学家德穆尔根据流传到西方的清代玉器进行矿物分析最早提出的，软玉主要指的是和田玉，硬玉指的是缅甸玉"翡翠"。

国外许多著名的博物馆和大学都收藏中国玉器，并视之为为重要藏品，除少数先秦时期的玉器非和田玉外，其余藏玉几乎都是和田玉。国外厚爱和田玉器，实际上也是秉承了中国传统"首德次符"的品玉标准。在西方学者眼里，质地是玉器形态美、装饰美的关键，一件文化内涵深厚、艺术品位高雅的玉器，质地一定是优美的。所以他们对质地、色泽俱佳的和田玉格外青睐。对古玉如此，对新玉也如此，国外艺术商人还是喜欢经销和田玉雕，尽管价格不菲。和田玉成为传播中国文化的"文化使者"。

正因为和田玉具有崇高的历史地位与独特的品质优势，2008年北京奥运会"徽宝"——"中国印"，取材新疆和田玉，并赋予多层意含：取玉之仁，润泽而温，代表奥运精神的博大包容；取玉之智，锐意进取，代表奥运精神的创新进步；取玉之勇，不屈不挠，代表奥运精神的"更快，更高，更强"；取玉之洁，纤尘弗污，代表奥运精神的高尚纯洁。这是古老中国玉文化与现代奥运精神的完美结合。

殷志强（江苏省政协）

蒋赞初先生学术年谱

1950—1957年

在南京博物院从事文物考古调查发掘工作与陈列展览设计工作，并参加第三届中央考古训练班，担任辅导员工作。

先后参加的文物考古调查发掘工作

江宁祖堂山南唐二陵发掘

南京堂子街太平天国某王府壁画调查

南京太平门外明代刑部与都察院遗址调查

南京近郊六朝陵墓及明代功臣墓调查

皖北寿县附近淮河沿线文物调查发掘

杭州老和山史前遗址与宋代墓葬发掘

西安半坡村史前遗址发掘

西安白鹿原北朝隋唐墓葬发掘

南京北阴阳营史前至商周遗址第一次发掘

南京锁金村商周遗址发掘

南京幕府山六朝墓葬发掘

南京中山门外苜蓿园六朝墓葬发掘

苏北淮河入江通道沿线文物调查

扬州凤凰河商周遗址发掘

新沂三里墩史前遗址发掘

先后参加设计陈列展览

伟大的祖国展览

全国基本建设中出土文物展览

中国历史文物陈列

浙江省历史文物陈列

南唐二陵出土文物展览

先后发表的文章

《南京堂子街太平天国某王府遗址调查报告》(由罗尔纲、潘菽、胡小石、曾昭燏调查，蒋赞初执笔)，刊于《文物参考资料》1953年第3期

《"浙江省历史文物陈列"筹备工作中的一些体会》，《文物参考资料》1954年第11期

《怎样在工地举办出土文物展览》，《文物参考资料》1955年第9期

《参观南京六朝墓葬出土文物展览》，《文物参考资料》1956年第2期

《江苏扬州附近凤凰河遗址发掘简报》，《考古通讯》1957年第1期

《南京锁金村第一、二次发掘报告》(与尹焕章、张正祥合著)，《考古学报》1957年第3期

《谈杭州老和山宋墓出土的漆器》，《文物参考资料》1957年第7期

《扬州地区出土的铜镜》，《文物参考资料》1957年第8期

《南唐二陵发掘报告》中之《发现和发掘的经过》、《出土遗物中之陶俑》、《论二陵出土男女陶俑所代表的身份》、《论二陵出土陶俑在雕塑艺术上的价值》、《出土遗物中之玉、骨、铜、铁等器》五节，另《李昪陵出土的玉哀册》和《李璟陵出土的石哀册》两节，系与曾昭燏合著，文物出版社，1957年

《江苏新沂县三里墩遗址试掘记》，《考古通讯》1958年第1期

《杭州老和山遗址1953年第一次的发掘》，《考古学报》1958年第3期

《南京中山门外苜蓿园东晋墓清理简报》(与黎忠义合著)，《考古通讯》1958年第4期

未刊稿有《〈洪武实录〉中所见之明初功臣墓》(由胡小石先生指导)

1958年——1993年

在南京大学历史系从事考古教学、古代史教学、文物考古调查发掘工作，以及考古学与古代史的研究工作，并创建考古专业和文物陈列室。这一期间先后讲授的课程有：

考古学通论、原始社会史与民族志、中国上古中古史、中国考古学史、中国东南地区考古学、史前考古学、汉唐宋元考古学、三国两晋南北朝考古学、六朝考古学、中国陶瓷史、南京地方史等。1989年应邀至墨西哥国立研究院亚非研究中心任客座教授，讲授中国考古学，并调查了墨西哥五个州以玛雅文化为主的文化遗址。

先后参加的学术活动

参加南京历史学会的历次活动，并担任该会的历届理事和第三届会长

参加江苏省考古学会的历次活动，并担任该会的历届理事和副理事长

参加中国考古学会的历次活动，并担任该会的历届理事

参加中国古都学会的历次活动，并担任该会的历届理事

参加中国古陶瓷学会的历次活动，并担任该会的历届理事

参加江苏省历史学会的部分活动，并先后担任该会的理事和常务理事

参加江苏省六朝史学会的部分活动，并担任该会的常务理事

参加南京古都学会的历次活动，并担任该会的常务理事

参加全国哲学社会科学规划考古学科组的“八·五”规划制订与项目评审等活动

参加国家教委人文社会科学规划考古学科组的“八·五”规划制订与项目评审等活动

参加江苏省省级文物保护单位及历史文化名城名镇的评审活动，并担任省文物管理委员会委员

参加南京市市级文物保护单位的评审活动，并担任市文物保管委员会委员

参加中国科学院硅酸盐研究所组织的多次“中国古陶瓷科技国际学术讨论会”

主持或参加的考古调查发掘工作

南京北阴阳营史前至商周遗址的第四次发掘

南京南郊的文物古迹调查

南京大学北园东晋帝陵的发掘

南京大学北园宋墓的发掘

湖北荆州江陵凤凰山秦墓的发掘

江苏宜兴古陶瓷窑址的调查

南京北京西路北大山唐墓的发掘

陕西咸阳秦都遗址的调查

陕西咸阳唐代契苾明墓的发掘

浙江青瓷窑址的调查

湖北鄂城六朝武昌城的调查

浙江宁波东钱湖东汉六朝墓的发掘

江苏徐州北洞山楚王墓的发掘

江苏镇江六朝唐宋古城的调查与发掘等

先后发表的论著

《南京的原始居民》，《江海学刊》1958年第10期

《1958年江苏省的几项重要考古发现》，《史学战线》1959年第1期

《关于江苏的原始文化遗址》，《考古学报》1959年第4期

《江苏地区的考古发现及其对古史研究的意义》，《江海学刊》1960年第7期

《我国东南地区原始文化的分布》，《学术月刊》1961年第11期；《新华月报》1961年第12期转载

《南京城的历史变迁》，《江海学刊》1962年第12期

《南京史话》，吴晗主编《中国历史小丛书》之一，中华书局，1963年；并收入《名城史话》，中华书局，1984年

《南京大学北园东晋墓》，《文物》1973年第4期

《关于秦淮河流域古代文化的一些问题》，《中国考古学会第一次年会论文集》(1979年)，文物出版社，1980年

《南京史话》(“江苏城市史话”之一)，江苏人民出版社，1980年

《关于长江下游地区的几何印纹陶问题》，《文物集刊》第二辑，文物出版社，1981年

《南京地名考略》，《文博通讯》1981年第3期

《建国以来南京史的研究概况》，《中国故都通讯》创刊号，1981年

《初访古都鄂城》，《中国故都通讯》第2期，1982年

《关于我国早期南京青瓷的发展问题》（与李蔚然合著），《中国古陶瓷论文集》，文物出版社，1982年

《关于长江下游六朝墓葬的分期和断代问题》，《中国考古学会第二次年会论文集》（1980年），文物出版社，1982年

《鄂城六朝考古散记》，《江汉考古》1983年第1期

《关于宜兴陶瓷发展史中的几个问题》，《中国古代窑址调查发掘报告集》，文物出版社，1984年

《关于长江中游六朝墓葬的分期和断代——附论出土的青瓷器》，《中国考古学第三次年会论文集》（1981年），文物出版社，1984年

《河北鄂城六朝考古的主要收获》（与熊海堂、贺中香合著），《中国考古学会第四次年会论文集》（1983年），文物出版社，1985年

《关于南京地方史（古代部分）研究中的一些问题》，《中国古都研究》第一辑，浙江人民出版社，1985年

《长江中游地区东汉六朝青瓷的初步研究》，《江汉考古》1986年第3期

《长江中游地区六朝考古的重要发现》，《南京教育学院学报》1987年第2期

《徐州北洞山西汉楚王墓发掘纪实》，《文物天地》1987年第2期

《六朝武昌城初探》（与熊海堂、贺中香合著），《中国考古学会第五次年会论文集》，文物出版社，1988年

《十代故都》，《金陵风光》，中国画报出版公司，1988年

《古都南京的历史特点与现代化建设》，《南京城市研究》1988年第2期；

《宜兴紫砂的历史及现状》（与杨振亚、贺盘发、李壮大合著），《中国陶瓷·宜兴紫砂》，上海人民出版社，1989年

《近年来宜兴古陶瓷研究的新进展》，《中国古陶瓷科技第一次国际学术讨论会论文集》，上海科技文献出版社，1989年

《明代“两京”建城之比较》（与张彬合作），《南京史志》1990年第6期

《科技考古与考古教学》，《全国第二届科技考古学术讨论会论文集》，中国科技大学出版社，1991年

《中国传统艺术中的雕塑艺术与瓷器艺术》，《历史文化概说》，南京大学出版社，1991年

《江苏出土古代陶瓷简述》，《中国古陶瓷科技第二次国际学术讨论会论文集》，1992年

《南京地区出土青瓷科学技术研究》（与李家治等合作），同上述论文集，1992年

《关于金陵长干寺与禅众寺之舍利》，《中国文物报》1992年3月29日第3版

《南京东晋帝陵考》，《东南文化》1992年第3、4期合刊

《南京六处六朝佛寺遗址考》，《中国历史地理论丛》，1992年第3辑

《论长江下游青铜文化的阶段性及其发展缓慢的原因》（与张彬合作），《铜鼓和青铜文化发展的新探索》，广西民族出版社，1993年

1994年迄今

自工作岗位退休，继续从事考古研究、陶瓷史研究、南京地方史研究与文物保护工作。

先后参加的学术活动

继续参加有关学会的部分活动，担任南京历史学会名誉会长、江苏省历史学会名誉理事、江苏省六朝史学会名誉理事、南京六朝史学会顾问、南京古都学会首席顾问、南京历史文化名城研究会顾问，继续担任江苏省文物管理委员会委员、南京市文物保管委员会委员，以及南京市重要近现代建筑专家委员会委员，参与江苏省和南京市的文物管理和文物保护等活动。并先后参加了上海博物馆召开的“越窑·秘色瓷国际学术讨论会”，北京大学召开的“迎接21世纪的中国考古学国际学术讨论会”，中国科学院硅酸盐研究所举办的“中国古陶瓷科技国际学术讨论会”，以及由中国魏晋南北朝史学会、江苏省六朝史研究会等召开的“六朝文化国际学术研讨会”等学术活动。

先后发表的论著

《南京史话》增订本（上册），《可爱的南京丛书》，南京出版社，1995年

《试论长江中下游陶瓷文化的历史地理背景》，《长江文化论集》第一辑，湖北教育出版社，1995年

《六朝隋唐时期武昌城与京口（润州）城的兴废及其城址的变迁》，《史念海先生八十寿辰学术文集》，陕西师范大学出版社，1996年

《南京历史概述》，《中国历史文化名城》，山东友谊出版社，1996年

《谈关于越窑和秘色瓷的兴衰》，《越窑·秘色瓷》，上海古籍出版社，1996年

《1840年前的南京》，《南京百年风云》，南京出版社，1997年

《考古随笔两则——关于南唐二陵的发掘和徐州北洞山西汉楚王墓的发掘》，《江苏学人随笔》，南京大学出版社，1997年

《中国南京原始瓷器与早期瓷器研究的新进展》，《迎接21世纪的中国考古学国际学术讨论会论文集》，科学出版社，1998年

《应当加强历史考古学的人才培养与研究工作》（与林沄合著），《迎接21世纪的中国考古学国际学术讨论会论文集》，科学出版社，1998年

《长江中下游孙吴墓葬的比较研究》，《六朝文化国际学术研讨会暨中国魏晋南北朝第六届年会论文集》，《东南文化》1998年增刊第2期

《读〈中国科学技术史·陶瓷卷〉》，《考古》2000年第9期

《南京大学历史系考古专业成立三十周年》，主编，并撰写《南京大学所藏宋拓孤本“大观帖卷六”及其流传》一文，天津人民出版社，2002年

《南京大学文物珍品图录》（与洪银兴共同主编），并撰写“前言”，科学出版社，2002年

《从“长沙古文物闻见记”说起》，《商承祚先生纪念文集》，文物出版社，2003年

《徐州北洞山楚王墓发掘报告》，主编及撰稿人之一，与李银德、龚良等合著，文物出版社，2003年

《鄂城六朝墓》，主编及撰稿人之一，科学出版社，2007年

《金陵大报恩寺与琉璃塔的历史渊源》，《郑和研究》，2007年第4期

《追忆南唐二陵发掘》(与张彬合著)，《南京晨报》副刊《大家口述》2007年12月31日起连载10期

《南京城内唯一的史前和商周遗址——追记北阴阳营遗址的发现和发掘》、《巧遇楚王墓——记徐州北洞山西汉楚王墓的发掘》、《初识秦墓——关于楚国郢都遗址内几座秦墓的发掘》三篇考古回忆录将在《考古人和他们的故事》中刊出，学苑出版社

《关于商周以来“北人南下”的移民活动对南京周边地区物质文化的影响问题》，《亚细亚的精神文化与物质文化》，韩国全南大学、中国南京大学，2008年

《历史事实证明“南京云锦”确属“中华一绝”》，《南京古都学会专刊》2008年

此外，蒋赞初先生于2001年由科学出版社出版的《长江中下游历史考古论文集》中曾将上述论文中的40篇（1957年至1998年）结集发表，并撰写了“前言”与“后记”。

韩文宁（南京大学历史系）

编后记

蒋赞初先生1927年5月出生于江苏宜兴，1946年考入中央大学理学院地理系，次年转文学院历史系学习。1950年大学毕业后，分配到南京博物院从事文物考古工作。1958年因工作需要调至南京大学历史系，从事考古学和历史学的教学科研工作。1994年退休后，依然杏坛执鞭，笔耕不辍，并作为江苏省和南京市两级文物管理委员会专家委员，致力于文物保护工作。在几近60年的考古生涯中，蒋先生立足长江中下游地区，尤其是在六朝考古、陶瓷研究和南京地方史研究等领域取得了丰硕的学术成果。

1972年，鉴于全国考古人才的缺乏，国务院同意中央文物组的建议，要求除北京大学已设有考古专业外，其余6所有条件的高校均应设立考古专业来培养考古人才。南京大学历史系即以蒋先生为骨干，创立考古专业，并于当年开始招收本科生。此后，在以蒋先生为首的考古专业全体教师的不懈努力下，南京大学历史系考古专业不断发展壮大，1978年起招收硕士研究生，1998年起招收博士生，逐渐形成了今天研究方向齐全、培养层次完备的学科专业。这一切，都是与蒋先生的奋臂荷锸分不开的。

历经数十年的教学生涯，蒋先生桃李满天下，历届毕业生、研究生、留学生及其他学员遍布海内外。一届又一届的学生在课堂受业和田野实习中，与蒋先生结下了深厚的师生情谊。2006年是蒋先生八十华诞之辰，各届毕业生不约而同地提出要为蒋先生举办祝寿纪念会，藉以表达学生们对蒋先生的爱戴之情。在"蒋赞初先生八秩华诞颂寿会"组委会的筹划下，11月19日，江苏省及南京市文物管理部门的相关领导、南京大学及历史系领导、1972级以来的各届毕业生代表，以及其他闻讯而来的客人共88人，齐聚南京大学南苑宾馆会议室，给尊敬的蒋先生送上了真挚的寿辰祝福。会间，各位师兄弟一致同意编辑出版《蒋赞初先生八秩华诞颂寿纪念论文集》，意在纪念此次盛会的同时，谨祝蒋先生及夫人张彬老师健康长寿、老当益壮。

经过一年多的准备，我们共收到了各类文章46篇，其中包括蒋先生本人及夫人张彬老师的近作6篇。按照文章的内容，我们将之大致分成了四部分。第一部分是蒋先生及夫人张彬老师的近作。第二部分是蒋先生的好友和学生们撰写的有关先生为人处世、教学科研以及近年来致力文物保护工作的纪念和评述文章。第三部分是历届学生及受业者撰写的学术论文。第四部分是蒋先生学术年谱。

文集编委员会由张学锋、刘兴林、夏维中三人组成，负责约稿、出版等事务，张学锋总其事。考古专业汉唐考古及历史研究方向的博士研究生冯慧、朱迪、卓文静及硕士研究生邓玮光、刘可维承担了稿件的审读、编辑等主要工作，付出了很多心血。由于各位作者在专业方向及撰文风格上各具特色，因此，在文集的编辑过程中，我们采取了尊重作者个性的原则，除订正部分错讹、统一文章格式外，在内容和文风上未作改动。

此外，文集的出版费用，部分为“蒋赞初先生八秩华诞颂寿会”的醵金余额，不足部分由南京大学中国思想家研究中心·中国传统文化研究院赞助。学苑出版社的领导及潘占伟先生，在本文集的出版工作中给予了莫大的支持和帮助，在此一并表示衷心的感谢。

张学锋　谨识

2008 年 8 月 8 日